⊙ 探索未知世界 发现科学奥秘 掌握最新知识 ⊙

奥秘世界

刘光达◎主编

天津出版传媒集团

天津科学技术出版社　天津人民出版社

图书在版编目（CIP）数据

奥秘世界：耀世典藏版 / 刘光达主编. -- 天津：天津科学技术出版社：天津人民出版社，2015.2（2022.1重印）

（悦读坊 / 刘光远主编）

ISBN 978-7-5308-9589-4

Ⅰ.①奥… Ⅱ.①刘… Ⅲ.①科学知识—青少年读物 Ⅳ.①Z228.2

中国版本图书馆CIP数据核字(2015)第037926号

责任编辑：房　芳

责任印制：兰　毅

天津出版传媒集团 出版

天津科学技术出版社

天津人民出版社

天津市西康路35号　邮编：300051

电话：（022）23332435（编辑室）

网址：www.tjkjcbs.com.cn

新华书店经销

三河市同力彩印有限公司

开本 787×1092　1/16　印张 27.5　字数 600 000

2022年1月第1版第2次印刷

定价：89.00元

前 言

　　宇宙是大爆炸产生的吗？月亮正在脱离地球的吸引力而去吗？天外来客UFO是真是假？地球是怎样"漂浮"在空中的？海水是怎样形成的？水存在着一种新的形态吗？生命是从火中诞生的吗？怎样给身体换"零件"？人体为什么会发电？动物会做梦吗？长颈鹿为何不会得脑溢血？广袤的宇宙中有着无数壮观的星系与天体，大自然中孕育着种种奇观胜景，生物界中既有惹人怜爱的小动物也有令人毛骨悚然的吃人草……这些光怪陆离的现象，各种匪夷所思的问题，令我们困惑不解，我们越来越发现我们的世界很大很大，奥秘很多很多。用科学解释世界，将世界寓于科学，这是人类认识上的不断进步。自古希腊伟大的哲学家、科学家亚里士多德开始，科学家们就把认识世界，揭示其无穷奥秘视为自己的神圣责任。

　　自人类产生思想以来，便开始了对自身和周围世界的探索：我从哪里来？到哪里去？

　　我们周围的世界为什么会有阳光、水和空气？人们在对一个个问题的求索中，认知世界的同时也改变着世界，然而对未知世界的探索是无止境的，结果常常是伴随着一个奥秘的解开，另一个奥秘又随之而来。我们知道得越多就越发现我们的未知领域越大。因此，我们所能做的，就是坚持不懈地探索，永远保持强烈的好奇心。寻求知识和探索奥秘对于我们人类来说是一件极有意义的事，也是一件极有趣味的事。正如世界伟大的科学家爱因斯坦所言："探索奥秘是人类最美妙的事情。"人类天生对未知事物充满幻想和探究揭秘的强烈愿望，那些或惊险刺激、或离奇玄妙的奇景异闻，都蕴涵着无穷的科学知识，强烈激发着人们的探求热望。

　　本书是一部详尽介绍人类社会和宇宙世界奥秘知识的百科全书，是一部着力为青少年打造的科普书，从青少年最感兴趣的问题着手，精选了1000余个世界奥秘，内容包括宇宙、海洋、地球、自然、生命、动物、植物、科技、医学、军事、建筑11个方面的科学奥秘知识，涵盖面广、知识丰富。本书从科学的视角触摸世界各处的神秘领域——太空、深海、神秘地带，解析宇宙万物之玄奥的科学原理，分析神秘疑团的缜密思维，探究人体内部组织的精微与构造的奇妙，动植物鲜为人知的语言、情绪等类人行为，宇宙空间里奇怪现象所遵循的规律，科技发展到替代人类行为、超越人类想象的世界……依据科学原理，结合最新科学研究成果，以最生动的文字、最缜密的思维、最精彩的图片揭秘大千世界的种种谜题，将其中的奥妙解析得深入浅出、通俗易懂，多角度地向青少年展示神奇世界的无穷奥秘，引领青少年读者进入一个生机勃勃、变幻无穷、具有无限魅力的科学世界，让青少年在惊奇与感叹中完成一次探索发现世界奥秘的神奇之旅，让种种扑朔迷离的科学疑云掩盖的科学真相暴露于"光天化日"之下，让读者瞬间领悟其中的奥秘、感受探索发现的无穷乐趣；让青少面在对所学知识的巩固和运用中，开阔视野，增长科学知识的积累，培养正确的科学思维，树立正确的科学价值观。

本书注重知识和现代审美的有机结合，加上先进的装帧设计，新颖科学的版式，既增加了信息含量，又使页面变得生动、活泼，细致阐释世界奥秘，300多幅科学原理解析图立体解析科学奥秘的内涵，全力为青少年打造一部融文字、图片等多种元素的全新阅读世界，充分满足青少年的阅读需求和求知欲望。本书融知识性、趣味性、实用性为一体，是青少年不可多得的理想读本、受益终生的知识宝库。

科学技术将开拓新的文明，人类的创造力将揭露更多的"天机"，我们拥有一个意想不到的全新世界，科学的最新发现不断冲击着人类对世界的传统认知，激发青少年积极思考、探究。探索世界奥秘，永无止境。

目 录

宇宙奥秘

宇宙是大爆炸产生的吗 2
宇宙为什么在不断地膨胀 3
宇宙的边际在哪里 4
宇宙到底有几个 5
宇宙的最终归宿在何处 6
银河系是如何被发现的 7
银河系究竟有多大 8
银河系的结构是什么样的 9
什么是黑洞 9
月球是撞出来的吗 10
月球的背面是怎样的 12
月球是外星人的宇宙站吗 12
太阳系是怎样起源的 13
太阳是如何形成的,它会衰老消亡吗 15
太阳自旋吗 16
怎样测定太阳的温度 17
天上为何会出现两个太阳 18
太阳能照亮八大行星吗 19
小行星会不会与地球相撞 20
木星上有生命吗 21
木星会将太阳取而代之吗 22
令人神往的火星 22
火星上有生命存在吗 25

水星为何无水 26
水星上有什么 27
探寻彗星活动的周期 29
宇宙中的星星互相"残杀"吗 31
恒星是怎样产生的 31
恒星是恒定不动的吗 33
恒星为何会发出诱人的色彩 33
陨石来自何处 34
流星雨是怎样形成的 36
宇宙中存在外星生命吗 36
那么,宇宙中真有外星人存在吗? 37

海洋奥秘

海水是怎样形成的 40
怎样掌握海洋中的气候变化 40
海水是什么颜色的 42
海水为什么是咸的 43
如何让海水变成淡水 43
潮汐是怎样形成的 46
如何让海洋潮汐造福人类 47
海啸是怎么产生的 48
海洋为何会五光十色 49
红海是怎样形成的 50
骷髅海岸之谜 50
通向大海的四万个台阶 52

百慕大海底的"魔鬼"是谁 53
南海船只失踪与百慕大三角有关吗 54
死海真的只有50年的寿命了吗 54
挪威海底为何成"公墓" 55
海上怪火之谜 56
海洋里到底有没有美人鱼 57
"巨人岛"真能让人成为巨人吗 58
海底的珊瑚还能活多久 59
鲸鱼集体自杀之谜 60
海洋生物为何能预报海啸和地震 61
海豚为什么与人类如此亲近 61
食人鲨鱼为什么会救人 62
鲨鱼抗癌之谜 63
"食肉之王"——
　"魔鬼巨鳄"生存之谜 64
海龟长寿之谜 65

地球奥秘

地球是如何形成的 68
地球是怎样"漂浮"在空中的 69
地球内部的结构是怎样的 70
地球被陨石毁灭过吗 71
地球是完全球状的吗 73
地球的大小怎样测定 74
什么力量在驱使地球运动 75
地球之水来自何方 76
地球存在"温室效应"吗 76
如何保护臭氧层 80
地球上的氧气会不会被耗尽 82
地球最危险的敌人是谁 83

大陨石撞击地球会发生什么 84
板块构造是怎么回事 85
大陆漂移之谜 86
地震是怎样发生的 87
地震为何多在夜间发生 88
火山为什么会喷发 89
火山持续喷发之谜 90
火焰山之谜 91
地球上的煤是怎样形成的 91
地球上的石油是怎样形成的 92
恐龙足印与地质新发现 93

自然奥秘

青藏高原的"本来面目" 96
撒哈拉沙漠曾经是绿洲吗 97
沙子为什么会唱歌 98
沙漠是怎样形成的 99
扑朔迷离的太湖成因 100
怎样有效避免沙尘暴 102
"死水"怎样变成"活水" 103
水存在着一种新的形态吗 104
干旱的塔里木盆地下面有天然水库吗 .. 106
神奇的尼亚加拉大瀑布 107
中国云南石林形成之谜 108
溶洞形成之谜 108
诡秘幽灵岛 109
日本龙三角揭秘 111
神奇的双层湖 112
中国神农架为何如此神秘 113
沙漠中的"魔鬼城" 114

昆仑山"地狱之门"之谜 116
阿苏伊尔幽谷中的谜团 117
海市蜃楼是怎样产生的 118
神秘莫测的间歇泉 119
"厄尔尼诺"形成之谜 120
神奇的极光是怎样形成的 122
雪花是如何形成的 125
龙卷风为什么有如此神奇的威力 126
解开闪电之谜 127
南极"无雪干谷"中的秘密 128

人体冷冻后能复活吗 154
舍利子是怎样形成的 155
揭开人类长寿之谜 156
经络、穴位是怎样发现的 157
梦境形成的原因是什么 158
魔力十足的催眠术 159
男儿有泪要"轻弹" 160
地球生命和外星生命有关系吗 161
人的灵魂真的能不灭吗 162

动物奥秘

生命奥秘

地球生命来自何处 132
关于生命起源与演化的生物进化论 134
人类呼吸的真正起因是什么 137
胎儿在母腹中是怎样生活的 138
解开孪生子同步信息之谜 139
人类生男生女能控制吗 140
人的情根"种"在何处 141
人体自燃之谜 141
人体为什么会发电 142
人类细胞会不会衰老 143
破译人体血液循环之谜 144
人脑记忆的奥秘 146
人脑能不能"死而复生" 147
人类有"第三眼"吗 148
人体不腐之谜 149
人体天线是怎么回事 151
具有透视功能的女孩 152
怀孕的男孩 153

动物觅食智慧 164
动物之间靠什么进行交流 165
动物复活之谜 167
有些动物的肢体为何能再生 168
动物会给自己治病吗 169
恐龙为什么会突然从地球上消失 170
世界上还有恐龙存在吗 171
恐龙与鸟类有血缘关系吗 172
"虎毒不食子"有科学依据吗 173
大象会给自己造墓吗 174
骆驼不怕干旱的奥秘 175
袋鼠繁殖之谜 176
难解的旅鼠投海自杀之谜 177
骡子为什么无法繁殖后代 179
绵羊"多利"是怎样克隆出来的 180
候鸟迁飞之谜 181
鸵鸟真的胆小吗 182
鹦鹉的神奇功能 183
啄木鸟为何不得脑震荡 183

群鸟为何"投火自尽" 185
企鹅为什么不会飞翔 186
信天翁为何袭击美军 188
蝙蝠与夜蛾靠什么"斗法" 190
昆虫在水中是怎样呼吸的 191
蝉为什么要"引吭高歌" 193
蚊子是怎样吸血的 194
探究萤火虫发光的内在机理 196
飞蛾投火为哪般 198
浑身带病菌的苍蝇为何不会生病 ..198
蟑螂为何难以灭绝 199
鲸为什么要喷水 200
探寻海豹的定位技术 201
海豚的语言系统为何如此发达 ..202
鳄鱼为什么要吃石头 204
电鳐鱼身上为什么带电 205
撞物的箭鱼是怎样防备自我伤害的 ..206
青蛙大战之谜 208
蛇怎样吞下比自己的头大的食物 209

植物奥秘

植物光合作用之谜 212
植物也能用语言交流吗 214
食虫植物为什么喜欢"吃"虫 ..214
珊瑚褪色之谜 216
大树"自杀"之谜 217
步行仙人掌"步行"的奥秘 217
会预报地震的植物 218
最不值得信任的植物 219
最致命的种子 220

最危险的陷阱 220
动作最快的植物 221
长得最快的植物 221
现存最古老的无性繁殖生物 222
现存最高的树 222
最令人疼痛的树 223
最有希望的石油树 223
不怕原子弹的树 224
吃人的树 224
最重的树 225
性别可以转变的树 225
孢子最多的植物 226
永不落叶的安哥拉百岁兰 227
最大的种子 228

科技奥秘

中美洲发现的水晶头颅为何会呼吸 ..230
木乃伊心脏跳动之谜 231
莱布尼茨发明二进制
　　与《周易》有关吗 232
古印度人制造宇宙飞船之谜 233
火箭是哪个国家最先发明的 234
美国"阿波罗号"到底登没登上过月球 ..235
越王勾践青铜剑之谜 236
东汉张衡设计的"地动仪"如何运作 ..237
"蒙汗药"是什么药物制成的 ..238
转基因作物——福音还是灾星 ..239
"万有引力"的发现
　　是牛顿一个人的功劳吗 240
爱因斯坦的"相对论"错了吗 ..241

"水火相容"之谜 242
"干冰"是冰吗 243
为什么自来水塔造得很高 243
为什么在高山上煮不熟饭 244
激光"百发百中"之谜 244
如何测定光速 245
"跟踪"电磁波 246
地磁场能影响人体吗 248
爱因斯坦"相对论"视域中的宇宙 249
金属为何有"记忆" 251
有没有比光子速度更快的粒子 252
物质无限可分吗 253
元素到底能有多少种 254
为什么用射线照射的食品能长期保存..255
物质分子永不停息的运动现象
　　是怎样被发现的 256
为什么说纳米材料在未来
　　科技发展中非常重要 256
钻石是怎样形成并被切割的 256
怎样把绝缘体变成半导体 258
LED是怎样做到高效节能的 259
为什么太阳能电池能将太阳能
　　转化为电能 260
木乃伊是怎样制成的 261
怎样利用克隆技术克隆生物 264
自动扶梯是怎样向上移动的 266
桥梁为什么能够转移压力 266
垃圾填埋场如何处理垃圾 269
摩天大楼是怎样设计建造的 271
怎样制造大屏幕电视 273

闯红灯摄像机是怎样
　　拍摄汽车闯红灯的 274
投币式台球桌的内部结构是怎样的..275
烘干机是怎样将衣物烘干的 276
灭火器为什么能灭火 278
即时通讯是如何快速传送信息的 279
怎样利用加密技术保护信息的安全..281
雷达应用的原理是什么 282
为什么雷达测速仪能检查超速驾驶..284
为什么能通过远程输入来控制汽车..285
EAS系统是怎样防盗报警的 286
为什么移动通信中要用"蜂窝"网...288
为什么计算机采用二进位制运算 289
为什么上亿网民上网
　　也不会引发网络混乱 289
为什么抛出去的溜溜球
　　能够自动回到手中 290
钉子枪发射钉子的原理是什么 292
为什么飞机上不能使用移动电话 292
为什么计算机会产生"千年虫问题"..293
复印机是如何"克隆"文件的 293
传真机为什么能远程传送文件 295

医学奥秘

"巴氏消毒法"的发明 298
巴斯德发现病菌 299
巴斯德征服狂犬病 299
揭开王室"血友病"的秘密 300
探寻夜盲症的病因 301
怎样制造人造血液 302

怎样给身体换"零件".................302
寻找"产褥热"的病因.................303
列文虎克发现细菌.....................304
细菌带有磁性之谜.....................305
为什么有的细菌能耐高温.............306
探究有益微生物群的神奇作用.......307
青霉素是怎样被发现的.................308
病毒克星干扰素.........................310
艾滋病病毒是人制造出来的吗.......311
伦琴发现 X 射线........................312
孟德尔发现遗传规律...................313
解读遗传密码............................314
兰斯坦纳发现人类的四种血型.......315
麦奇尼可夫发现白血球................317
啤酒桶与叩诊法的起源................318
受儿童游戏启发发明的听诊器.......318
急诊室怎样安排病人接受治疗.......319
为什么超声波能检查身体.............321
CAT 扫描为什么能形成
　　身体的三维图像...................322
为什么矫正眼镜能矫正视力..........323
给大脑植入芯片.........................325
"断头人"获救............................327
首例人类舌头移植......................327
脸部移植还遥远吗......................329
未来的视力...............................330
人造心脏是怎样延续生命的..........331
使用死人的手............................333
干细胞移植...............................335
未来的子宫移植术......................337
克隆人.....................................338

军事奥秘

安全高效的头盔枪......................342
钻入坦克的神奇炸弹——蜈蚣地雷......342
舰船的梦魇——"飞鱼"导弹..........343
均匀爆炸的炸弹——云雾弹..........344
奔跑的袋鼠与军用汽车................344
刀枪不入的坦克"铠甲"................345
贝壳激发的灵感——复合装甲车...346
喷水的乌贼与军用气垫船.............346
模仿猪嘴的发明——防毒面具......347
蛙眼的秘密与电子蛙眼................348
探测非金属地雷的狗鼻子探雷器...349
不用火药却威力十足的电热枪......349
潜望镜对蟹眼功能的模仿.............350
替代火箭发射的超级大炮.............351
用地下核爆炸制造大地震.............351
如何打赢数字化战争...................352
夜蛾、蝙蝠之战对现代电子战的启示..353
可以像积木一样搭配的枪.............354
坦克为什么被誉为"陆战之王"......355
轰炸机为什么被称为"空中堡垒"...355
预警机为什么要
　　背一个蘑菇状的大圆盘..........356
为什么间谍枪很难被发现.............356
为什么激光枪能百发百中.............356
外层空间会成为未来战争的第四战场..357
为什么称远警雷达为"千里眼"......357
海军航空兵飞行员的救生衣有什么特点..357

为什么国际公约禁止化学武器的使用..358
基因武器为什么能使人类
　　面临灭绝的危险............358
电击枪是如何用来自卫防身的......358
机关枪是如何发射子弹的..........360
防弹衣是怎样做到防弹的..........362
为什么核弹拥有毁灭性的破坏力....363
特洛伊战争是传说还是史实........366
古罗马远征安息的大军失踪之谜....367
西班牙"无敌舰队"覆灭之谜......368
刘邦在"白登之困"中是
　　用美人计脱身的吗..........369
横行欧洲的匈奴王阿提拉
　　是军事天才吗..............370
拿破仑为何会惨败滑铁卢..........371
曹操赤壁战败之谜................372
成吉思汗的骑兵为何能横行欧亚....373
甲午战争中日军登陆之谜..........374
美国为何选择在日本投放原子弹....375
希特勒偷袭苏军的"巴巴罗萨"空战..376
德国纳粹为何没有研制成功原子弹..377
"黄色计划"的神秘魔力..........378
"东方马其诺防线"为何土崩瓦解..380
"金唇"——无法破译的绝密技术..382
谁编制了神奇的"无敌密码"......384

建筑奥秘

埃及的金字塔是怎样建造的........388
古埃及金字塔仅仅是法老的葬身之地吗...389
如何解释金字塔里的超自然现象........390
巴比伦空中花园......................392
罗得岛巨人雕像之谜..................394
耶路撒冷的哭墙之谜..................395
重见天日的古罗马庞贝城..............397
克里特岛山的迷宫是寝陵吗............398
新巴比伦王国修建过通天塔没有........399
英国伦敦塔的神秘力量来自何处........400
海底墓群之谜........................401
复活节岛上的神秘石像................402
"黑色犹太人"是否建造了独石教堂....404
泰姬陵真的是印度王修建的吗..........405
印度尼西亚"千佛寺"之谜............406
古印加人为何要建造"空中之城"......407
马耳他地窖的用途何在................408
雄伟壮观的"太阳门"之谜............409
令人惊奇的土耳其地下城市............411
希巴姆土质摩天大楼不塌之谜..........412
斜而不倒的意大利比萨斜塔............413
秦兵马俑之谜........................413
秦始皇为何将阿房宫取名"阿房"......415
悬空寺之谜..........................416
为何称西夏王陵为"东方金字塔"......417
众说纷纭的明孝陵....................419
北京古城墙为何独缺一角？............421
中国故宫为何称为紫禁城..............422
中国明十三陵中为何十二陵上都无碑文...423

> 探索奥秘对于我们人类而言是最为美妙的事情。它是真正艺术和科学的起源。
>
> ——爱因斯坦

宇宙奥秘

宇宙是大爆炸产生的吗

宇宙为什么在不断地膨胀

宇宙中真的存在反物质吗

宇宙的边际在哪里

宇宙的颜色为何经常变

宇宙到底有几个

宇宙的中心在什么地方

……

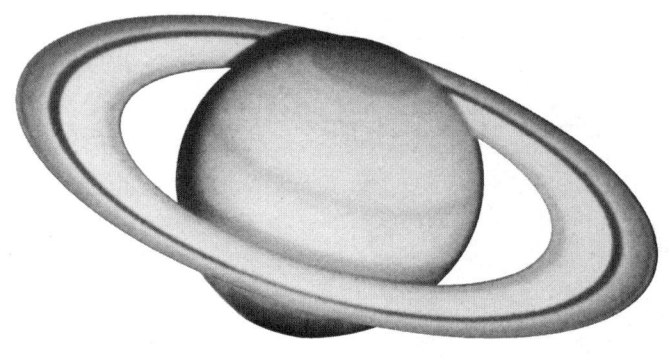

宇宙是大爆炸产生的吗

人是怎么回事，人生活的地球又是怎么回事？地球或者宇宙，就是全部的所有吗？不管是不是全部，我们所知道的人和宇宙，又是从哪儿来的呢？是上帝创造了天地，还是是盘古劈开了混沌世界，或是女娲"捏造"了人类吗？

根据美国天文学家埃德温·鲍威尔·哈勃在1929年所获得的发现，人们知道，宇宙中的其他各个星系在加速远离我们，也就是说，距离越远的星系离开我们的速度越快。这个发现揭示了宇宙在膨胀的事实，它后来被命名为"哈勃定理"。

1946年，美国的伽莫夫提出了后来曾成为天文学界主导看法的"大爆炸"理论。在大爆炸理论的假设中，宇宙诞生于一片虚无。当时，没有空间、时间、也没有能量、没有物质。大约100亿年前，一个质量和密度无限大，而体积无限小的点爆炸了，它炸出了具有时间、空间和物质的宇宙。星系、太阳、地球、水、空气和生命等就伴随着这个不断膨胀的时空逐渐形成。

为了确定哈勃常数，人们建造了以"哈勃"命名的太空望远镜，哈勃常数就是以"啥勃"命名的宇宙膨胀率，许多年来它已成为整个宇宙中最为重要的数字。

根据啥勃本人测得的值来推算，宇宙的年龄居然要小于地球的年龄！这一推算中宇宙约为20亿岁，而地球则有40亿岁的年纪，这显然不可能。

科学家们还在围绕哈勃常数而展开喋喋不休的争论，但他们却能更确切地完成某些星体年龄的测定。目前已能确定银河系中一些最古老的星系的年龄约为160亿岁。这说明大爆炸最迟发生在160亿年以前，但是，根据最近用哈勃望远镜观测到的结果分析，宇宙的年龄应该是120亿岁左右。

这就是说，有的星系先于其存在于其中的宇宙而产生。

如果不是测算失误，只有一种解释：宇宙不是从爆炸开始！

宇宙的"年轻"再度让人们陷入疑惑不解之中。

1999年9月，印度著名天文学家纳尔利卡尔等人向大爆炸理论提出挑战，提出了一种新的宇宙起源理论。

这个由纳尔利卡尔和另外3名科学家共同提出的新概念被他们自己定名为"亚稳状态宇宙论"。

天文学家推测的宇宙诞生理论示意图

他们认为，宇宙不是一次大爆炸，而是由若干次小规模的爆炸形成的。根据这个新理论，宇宙在最初的时候是一个巨大的能量库，而不是一个奇点，即大爆炸理论所描述的没有时间、没有空间的起点。在这个被称为"创物场"的能量场中，不断发生的爆炸使宇宙的雏形逐渐形成。此后，小规模的爆炸又连连发生，使得局部空间发生膨胀。整个宇宙范围的膨胀就是由这些时快时慢的局部膨胀综合形成。

看起来，人类并非天神的宠儿，这个宇宙也不是上帝送给人类的礼物，它或许只是开始于一场混乱，而至今它的开端问题在人们的头脑中还只是一阵混乱。

宇宙为什么在不断地膨胀

美国天文学家斯莱弗早在 1912～1917 年期间用口径 60 厘米的望远镜在洛韦尔天文台观测天体时，出乎意料地发现，除了仙女座大星云和另一个星系正奔向我们之外，在他研究的 15 个星系中有 13 个星系都在离开我们，因为这 13 个星系的光谱中都发现了红移。这些星系退行的速度平均每秒达 600 多千米。

哈勃在几年后用 2.5 米口径的望远镜观测天体，证明了许多星云属于银河系以外的天体系统。在这之后，哈勃在 1929 年又发现了"哈勃定律"，这一定律的提出震惊了世界，并迅速为世人所熟知。

作为验证宇宙膨胀工作的开始阶段，"哈勃定律"所涉及的星系的数目、视向速度和距离都很有限，还必须做更多的观测工作来进一步核实"哈勃定律"。哈勃与他的同事哈马逊密切合作，开始了研究观测工作。哈勃和哈马逊于 1931 年联名发表了一篇文章，这篇文章扩充了观测资料，并进一步肯定了"哈勃定律"。

对于"哈勃定律"的含义以及星系都在退行的问题，人们一直都迷惑不解。星系愈远退行速度愈快这一奇怪现象也让科学家们难以理解。宇宙学家们回顾了历史，并对自爱因斯坦相对论问世以来的这段时期进行了认真分析，终于找到了问题的答案。

人们注意到，荷兰天文学家德西特早在 1917 年就证明了一项由爱因斯坦在 1915 年发表的广义相对论得出的推论，即宇宙的某种基本结构可能正在膨胀，其膨胀速率恒定。

在弗里德曼宇宙模型的基础上，比利时天体物理学家勒梅特对哈勃观测到的河外星系红移作了解释，认为红移是宇宙爆炸的结果，因而得出了宇宙膨胀的结论。勒梅特对宇宙膨胀进行了详细的研究，认为膨胀总是从一个特殊的端点开始的。于是，他进一步提出宇宙起源的设想，认为宇宙起源于一个"原初原子"。后来人们常常称其为"宇宙蛋"。由于这个宇宙蛋很不稳定，结果在一场大爆炸中，宇宙蛋碎裂成无数碎片，逐渐演变成为千千万万个星系；最初这场宇宙大爆炸在 100 多亿年后，就留下了现在的星系退行现象。

那时，勒梅特的这种宇宙膨胀理论还没有经观测证实，科学家们都非常吃惊和怀疑，并对他的理论不屑一顾。后来，英国著名的天文学家爱丁顿提请科学家们注意勒梅特的宇宙膨胀理论，并为此专门写了一篇文章。直到这时，人们才开始关注勒梅特的理论。

宇宙的边际在哪里

如果说宇宙是人类拥有的一份财产，那么，这份财产究竟有多大？人类至今没有弄清楚自己的富裕程度。

爱因斯坦的广义相对论发表于1917年，他提出了一个建立在广义相对论基础上的宇宙模型。这个模型给人们的观念带来一次剧烈的震撼。在这个模型中，宇宙的三维空间独立于时间的影响之外，是有限无边的。

一个长方形的桌面，其长宽一定，则其大小是有限的。同时它是有边的，所以桌面是有限有边的二维空间。而桌面向四面八方无限伸展而成的欧氏几何平面，则是无限无边的二维空间。

如果是一个半径为r的篮球的表面，球面大小是有限的。但是，这是一个无边的二维球面。

依据宇宙学原理，三维空间在宇观尺度上是均匀各向同性的。爱因斯坦认为，这样的三维空间其曲率必为常数，也就是说空间各点的弯曲程度应该相同。四维时空由于物质的存在而应该是弯曲的。三维空间也应是弯的而不应是平的。爱因斯坦认为宇宙很可能是三维超球面。三维超球面是二维球面的一种推广，是有限无边的，生活在其中的三维生物（例如人类就是有长、宽、高的三维生物），在任何方向上都不可能找到它的边。

三维空间的均匀各向同性在时间上是保持不变的。爱因斯坦觉得最简单的情况就是宇宙不随时间而变化，也即静态宇宙。

爱因斯坦试图在静态宇宙的假想模型中求解广义相对论的场方程。场方程非常复杂，而且其求解必须先知道初始条件（宇宙最初的情况）和边界条件（宇宙边缘处的情况）。爱因斯坦非常聪明，他设想宇宙是有限无边的，这就解决了边界条件的问题。他又设想宇宙是静态的，现在和过去都一样，初始条件的问题也同样被排除。再考虑到三维空间均匀各向同性所规定的对称性，场方程就变得好解多了。但还是得不出结果。爱因斯坦苦苦思索，终于明白了求不出解的原因：广义相对论是万有引力定律在高速状态下的推广，其中只包含"吸引效应"，不包含"排斥效应"。而一个宇宙必须要排斥效应与吸引效应相平衡才能维持其恒定不变。这意味着只用广义相对论场方程不可能得出"静态"宇宙，除非修改场方程。于是他的方程中增加了一个"排斥项"，叫做宇宙项。爱因斯坦终于通过这个方程得出了一个静态的、均匀各向同性的、有限无边的宇宙模型。

无疑地，如果宇宙满足宇宙学原理（三维空间均匀各向同性），那它肯定是无边的。但是，其有限性却存在三种可能。

一个三维空间的曲率为正的宇宙是有限无边的。不过，这是一个动态的宇宙，它不可能静止，而是随时间而不断脉动。这个宇宙所爆炸、膨胀的起点是空间体积无限小的奇点。膨胀使得宇宙的温度逐渐降低，物质密度、空间曲率和时空曲率都逐渐减小。宇宙将在体积膨胀到一个最大值后开始收缩。收缩后整个宇宙又会成为一个新奇点。而这个宇宙在到达新奇点之后将开始一次新的膨胀。显然，这个宇宙是脉动的、有限无边的。

而宇宙如果是一个曲率为零的三维空间，也就是说，三维空间是平直的（宇宙中有物质存在，四维时空是弯曲的），则它一开始就具有无限大的三维体积，在初始时，这个无限大三维体积是奇异的（即"无穷大"的奇点）。爆炸使整个"奇点"开始膨胀，其时空不再奇异，而其温度、密度和时空曲率都逐渐降低。这个过程将永不停止。显然，这种宇宙是无限无边的。

如果三维空间曲率为负，初始的宇宙就有无穷大的、奇异的三维体积，即三维"无穷大"奇点。大爆炸在整个"奇点"上发生，爆炸后使无限大的三维体积永远膨胀下去，而温度、密度和曲率都逐渐降下来。显然，这个宇宙也是无限无边的。

宇宙的有限性可经由观测宇宙中物质的平均密度来判定。此外，减速因子也可作为一个判断的依据。河外星系的红移，表明宇宙是在减加速膨胀，也就是说，河外星系远离我们的加速度在不断减小。从减加速度的快慢，也可以判定宇宙的类型。

我们似乎可以根据这两个判据来确定我们的宇宙究竟是哪一种了。对物质密度的观测结果说明，这是一个永远膨胀、无限无边的宇宙！减速因子观测却给我们当头一棒：我们的宇宙是膨胀—收缩—膨胀地脉动的，是有限无边的。有些人更认可减速因子的观测，推测宇宙中可能有某些暗物质被忽略了。另一些人的看法则刚好相反。今天，我们只能肯定宇宙无边，而且现在正在膨胀，而不能肯定它是否无限。当然，我们也知道爆炸发生在 100 亿～200 亿年以前，那就是我们的宇宙"创世"的时间。

非常可惜，我们都不够大，不能看到宇宙的边（如果存在）；我们的生命也不够长久，让我们无法欣赏到宇宙之初那一场壮观的爆炸。但是，如果我们更大、更长久，我们是否又要为一个更大的宇宙而烦恼？

宇宙到底有几个

一次大爆炸已经使我们很迷糊了，有一些科学家还要给我们宇宙的诞生"增加"一次大震荡，并且给我们的宇宙找到了一位孪生兄弟，使它免于孤独。

英国剑桥大学和美国太空望远镜协会的科学家有了一种宇宙形成的新理论，他们正在努力完善这种理论。这一理论认为，大爆炸是发生在另外一次大震荡之后，这就是说，可能还有一个看不见的宇宙与现有的宇宙共存。

在"五维空间"中，我们的宇宙和另外一个"隐藏"的宇宙一直共存，这个关于宇宙起源的新学说让人们吃惊不小。这一理论立刻引起了宇宙学家的普遍关注。

由美国普林斯顿大学的保尔·斯坦哈特教授提出的这一理论被称为"M论",它主要研究宇宙大爆炸发生前的事件和时间。在该理论所提供的模型中,宇宙共有十一维空间,其中六维因绕成微小丝状而可忽略不计。宇宙在大爆炸之前的"和平年代"里是由两个四维平面构成的,其中一个平面是我们今天的宇宙,另外一个是"隐藏"的宇宙。这一"隐藏"宇宙随机波动,渐渐发生形变并接近我们的宇宙。它"溅"入我们的宇宙时,撞击引起了大爆炸,那些能量在大爆炸中转化为现在宇宙的物质和能量。我们的宇宙和一个"隐藏"的宇宙共同"镶嵌"在"五维空间"中。我们的宇宙早期发生的大爆炸,是源自这两个宇宙发生的一次相撞事故,我们宇宙中的物质和能量就来自相撞产生的能量。

中国科学院北京天文台原台长李启斌教授的看法是,这一学说将开创一个宇宙起源研究的新局面。在物质世界各种规律中,宇宙的起源起着决定性的和纲领性的作用。在越来越多的实际天文观察证据的支持下,"宇宙大爆炸"这一种关于宇宙起源的理论如今已被科学界普遍接受。

李教授说,由于多年来不断发现的实际天文观察证据的支持,"宇宙大爆炸"学说如今已被科学界普遍接受。这一理论与所观测到的大爆炸发生1秒之后的宇宙膨胀历史都符合,但是如果追溯到150亿年之前宇宙年龄为10^{-35}秒的时候,当时宇宙尺寸只有直径3毫米。在如此致密的环境中,连光线每秒也只能行进大约10^{-25}厘米。因此人类无法弄清楚这一时间段内宇宙究竟发生了什么。

新理论不仅首次解释了这一问题,而且开创性地运用了物理学的新理论"超弦"。此前"宇宙大爆炸"理论运用的是爱因斯坦的广义相对论。李教授说,在他给中小学生作报告的时候,对宇宙的起源问题的提问,仅次于"外星人"。这一难题的最终破解不仅是科学界的一件大事,也是一个很大的哲学新发现。

人们相信这一理论能解释宇宙为什么膨胀及如何膨胀等有关宇宙的重要细节,其研究结果将可能告诉人们150亿年前大爆炸发生前宇宙是个什么样子。目前,这一仍处于研究阶段的理论已引起了天文学家的广泛关注。

如果我们真的探明宇宙有孪生兄弟,我们又将踏上为这对双胞胎寻找更多兄弟姐妹及其父母的征程,这一工作将有待来者。

宇宙的最终归宿在何处

任何事物都有其发生、发展和消亡的过程,这是事物存在的基本规律。宇宙作为人类目前所能界定的最大个体,科学家们认为它是由大爆炸从"无"诞生的,那它也会以某种方式走向死亡吗?宇宙的最终归宿将是何方?

现代科学家们关于宇宙如何发展提出两种可能:一种是宇宙会继续膨胀下去,另一种是膨胀总会达到一定的极限,然后停止、最后逐渐收缩。科学家们已基本得知,自大爆炸形成宇宙后,至今已有100亿～200亿年,取中间值,也就是说宇宙已有150亿年的历史了。但是,科学家们还不能确定宇宙何时结束生命,也就是说,不能确定宇宙的寿命有多长。也许,这将是一个非常长久的时间,数字大得令人难以想象，或许是几兆年、几百兆年、几千兆年吧！

如果宇宙无限制地膨胀下去，在这个过程中，各个星球将燃烧完内部的核燃料，最后变成白矮星、中子星和黑洞。随后，整个宇宙将成为无比巨大的一个黑洞，宇宙内的所有物质将被黑洞吞噬，整个宇宙将一团漆黑，沦为一个黑暗的世界。最后，黑洞也会消失，组成物质的基本粒子也会衰变，宇宙又回到原先的混沌状态。

那么，如果宇宙膨胀到一定程度后开始萎缩，又将是怎样一种情形呢？首先，科学家们并不能确定宇宙到何时才由膨胀转为收缩。其次，也只能从理论上去推测收缩以后的情况。理论推测的结果可能是这样：

宇宙一旦开始收缩，将会使宇宙空间的物质密度逐渐增大，从而使星球之间的距离缩短，这当然会对星球造成不同程度的影响。不过，温度的变化对星球造成的影响可能最大。在宇宙逐渐收缩的过程中，它的温度将逐渐升高。首先，由于温度的升高，地球上的生物将有可能不能存在下去。接着，地球也将灭亡。随后，当整个宇宙的温度升高到超过太阳的最高温度时，恒星也将化成气体，消失在茫茫宇宙中。而黑洞则可以大肆侵吞宇宙中的物质，使自己逐渐变"胖"、变重。同时，它们还不断地吞并，最后一个大黑洞形成了。宇宙又沿着大爆炸后不断膨胀的逆反过程，回归到原来的状态。

到那时，宇宙是否会再一次爆炸，产生新的宇宙体，再膨胀，然后收缩变成黑洞，如此周而复始不断循环下去呢？以我们目前的科技水平还不能回答，但那肯定是一个非常遥远的时间问题，这是确信无疑的。

银河系是如何被发现的

在古希腊、古罗马的神话故事里解释了银河的起源：万神的主宰宙斯即大神朱比特像一个民间风流的帝王，他和一位凡间女子生了一个名为赫拉克勒斯的儿子。为了让儿子健康成长，朱比特把私生儿悄悄送到熟睡的妻子朱诺身旁，因为朱诺拥有无边的神力，据说吃了她的奶水，孩子的身体就会非常健壮。赫拉克勒斯刚刚吸吮了几口奶水，朱诺就被惊醒了，身体一时失去平衡，乳汁喷射而出，洒向太空，就形成了茫茫银河。

后来，人们知道了银河其实是无数颗星星组成的光带。那么银河系又是怎样被发现的呢？银河系是由天王星的发现者赫歇耳通过数星星数出的一个伟大发现。

英国天文学家威廉·赫歇耳是一位业余天文爱好者。他一生最大的愿望，就是弄明白"宇宙的结构"。为了能数清星星的数目，他热情而又认真地投入了观测。

赫歇耳观测了1086次，共数出117600颗恒星。在数星星的过程中，他发现愈是靠近银河的地方，恒星分布就愈密集，在银河平面方向上恒星数达到最大值，而恒星数目在银河垂直方向上最少。由此赫歇耳提出，银河系是"透镜"或"铁饼"状的庞大天体系统，由恒星连同银河一起构成。其直径与厚度比大约在5∶1左右。

赫歇耳设想，太阳大约位于银河中心的地方。地球人朝银河系的直径方向看去，可以看到一些流星以及许多较远、较暗的星星，当人们用肉眼看银河时，只能看到白茫茫的光带，像是天上的河流。如果地球人向银河系的平面垂直方向看，恒星就显得很稀薄，而人们的肉眼只能看到比较近的、很亮的恒星。

随着科技的发展，人们逐渐发现：银河系薄薄的中间凸起的银盘中分布了多数物质，它们主要是恒星，也有部分气体和尘埃。银盘的中心平面称为"银道面"，银盘中心凸起的部分称为银河系的"核球"，核球呈椭圆形，其中心很小的致密区叫"银核"。分布在银盘外面的是一个范围广大、近似球状的系统，叫做"银晕"。相对于银盘来说，银晕中的物质密度低得多，外面还有银晕，其物质密度更低、大致呈球形。

从银盘上面俯视的银河系颇似水中的漩涡，银河系核球就是漩涡的中心，它向外伸展出几条旋臂，它们是银盘内年轻恒星、气体和尘埃集中的地方，也是一些气体尘埃凝聚形成年轻恒星的地方。迄今为止，已经发现英仙臂、猎户臂、人马臂等存在于银河系中。太阳就在猎户臂的内侧。一般说来，旋臂内的物质密度比旋臂大约高出10倍。恒星约占旋臂内的一半质量，气体和尘埃占另一半。

除了自转外，太阳还携带着太阳系天体以每秒约250千米的速度围绕着银心公转，轨道半径约3万光年，公转一周约26亿年之久。银河系也存在自转，它的旋臂也是绕着银河系的中心旋转。通过观测，人们发现银河系整体朝着麒麟座方向运动着，速度达214千米/秒。

假如从银河系外很远的地方观察太阳，并将它与别的恒星相比较，会发现，太阳在千亿颗繁星中一点儿也不突出，只是一颗大小中等，亮度一般的恒星。从侧面观察银河系像是一个凸透镜状的，直径很大的圆盘。光线从它的一侧走到另一侧，大约需要8万~10万年。

人类对银河系的轮廓、结构、运行等方面的发现，是认识宇宙的又一次飞跃。

银河系究竟有多大

银河系究竟有多大？这个问题一直困惑着人类，根据现代的科学研究表明，银河系主要由银盘（包括旋臂）、核球、银晕，以及外围的银冕等部分构成。

银河系的主体为银盘，它的外形象扁盘状，银河系内的大多数星云和恒星都集中在这个扁盘内，银盘的直径大约达到8万光年，中间部分较厚，厚度约6000多光年，周围渐渐变薄，到太阳系附近便只剩一半厚度了。由于巨大的银河系本身也要进行自转，所以银盘中的亿万颗星球环绕银河系中心做着旋转运动，四条旋臂从银盘中心向外弯曲伸展出来，看上去就像急流中的漩涡。这里所说的旋臂实际上是恒星、尘埃和星际气体的集中区域，但这集聚着物质的旋臂并不是固定不变的，恒星一直在旋臂上进进出出，只是它们能够在运动中基本做到"收支平衡"，所以，旋臂的形状看上去始终保持不变。

银河系的中央部分是一个核球，核球内密集着恒星，核球的直径在1.2万~1.5万光年之间，略呈椭圆形。由于大量的星云和气体尘埃阻挡住了观测的视线，因而科学家们对核球方向的天文观测十分困难，所以，人们至今对它知道的东西还比较少，但确信无疑的是，核球内的恒星分布是十分密集的。

银晕是在银盘外围的一个巨大包层，由稀疏的恒星和星际介质组成。它的体积至少要比银盘大50多倍，但质量却只占银河系的1/10，由此可见其物质密度非常稀薄。事实上，除了那些极其稀薄的星际气体外，球状星团是银晕中的主要物质。

直到20世纪70年代中期科学家们才发现了银冕，银冕处于银河系的最外围，它的范围可远及50多万光年以外，比银河系的主体部分还要大。但银冕内基本上没有恒星，由极稀薄的气体组成了整个银冕，所以很难准确地测出银冕的真正范围。

银河系的结构是什么样的

当时威尔逊天文台有世界上最大的反射式天文望远镜，即"胡克望远镜"，其口径为2.54米。沙普利用它进行探寻球状星团，并且以一种被称为"造父变星"的脉动变星作为研究对象。

沙普利先后对大约100个球状星团进行了观测。他的统计显示，人马座以内有1/3的球状星团；以人马座为中心的半个天球分布了90%以上的球状星团。沙普利根据这一结果推测，在银河系内，球状星团与恒星一样对称分布。但如果太阳是银河系的中心，那么，地球上人们看到的天空中的球状星团就应该是对称分布，可是观测结果并不与之一致。沙普利猜想可能存在另一种可能，即太阳实际上处于远离银河系中心的地方，这样，地球上人们看到的球状星团才呈现出不对称分布的现象。

沙普利依据上述想法，大胆地把太阳放在偏离银河系中心的地方，那么由球状星团组成的天体系统的中心就是银河系的中心，此中心距太阳约15000秒差距（1秒差距等于3.26光年），位于人马座方向。

沙普利利用周光关系推测，距离太阳较近的球状星团为12000秒差距，由它组成的天体系统范围实际上就是银河系的范围，而著名的武仙座球状星团距太阳为30000秒差距。随后50多年的天文观测大体上印证了沙普利的银河系模型的正确性。

什么是黑洞

"黑洞"，又称"坟星"，是天文学名词。按照现代恒星演化理论，当一颗大质量的恒星在核燃烧的燃料耗尽时，逐渐转入收缩(超新星爆发之后恒星就会急剧坍缩)，当恒星迅速坍缩时，物体快速向中心坠落。随着星体坍缩，星体本身的引力会变得越来越强。据测算，从1.5倍引力半径开始坍缩算起，星体百分之一秒后就完全消失了，最终变成一个连光线也无法逃逸的黑洞。这是因为它那极其强大的引力场所致。不仅如此，黑洞强大的引力场还能完全摧毁其内部的一切物体，故黑洞内部不存在任何物质，这在科学界被戏称为"黑洞无毛定理"。正因为如此，人们将它戏称为宇宙中"最自私"的天体。

天文学家经过研究，认为宇宙中的黑洞具有不同的质量和大小。如果从半径

70万千米的太阳表面发射一艘宇宙飞船，它要想彻底"逃离"太阳的引力，其发射的初速至少要达到每秒618千米。如果太阳不断地收缩，它的物质密度会随之变得越来越大，其半径则不断变小。这时，太阳表面有越来越强的引力场，其逃逸速度也必须变得越来越快。倘若太阳缩成一个半径仅为3千米的球体，随着引力强度增大，其逃逸速度就会达到甚至超过每秒30万千米的光速。这样，太阳也就变成了一个黑洞，连光也无法从其中逃离。

此外，"黑洞"还有一个基本特征，那就是它具有一个封闭的"视界"。外界的物质和辐射可以进入视界，而这些物质和辐射一旦进入视界，就再也无法跑出来。英国剑桥大学的著名物理学家霍金提出：黑洞在形成之初，其视界的形状既不稳定，又无规则，零点几秒过后，视界就成为一种恒定不变的规则形状。如果黑洞是不旋转的球对称形，则视面为球面；若是旋转轴对称形，则视面的两极较扁，形似地球，黑洞的角动量和质量决定其扁的程度。科学家指出，角动量、质量和电荷这三个量可用来描述"黑洞"的所有性质。

虽然科学家们无法直接观测到黑洞，但他们根据自己对"黑洞"的理论分析，都可以通过其附近天体的运动变化，推测前者是否有存在的可能。另外，当物质在接近而尚未抵达黑洞的视界时，它们会形似喇叭状或盘状，在黑洞外围高速旋转，并因摩擦而产生高温，会有强大的高能X射线从其中释放出来。所以，人类可以通过探测X射线来获得黑洞存在的重要线索。在一次探测实验中，有一种奇特的强X射线源被天文学家在天鹅座附近发现，后来这种射线源被命名为"天鹅X-1射线源"。一颗大小是太阳20倍的亮星与之彼此围绕着旋转，所以由此可估计这个黑洞的质量要比太阳大8倍。另外，一个名叫M87的椭圆星系也被科学家观测到，其附近很有可能有一个更加巨大的黑洞，质量大约是太阳的90亿倍。"黑洞"很有可能存在于宇宙中的关键天体，这种观点得到了许多天文学家的认同。一些天文学家推断，在我们的银河系中存在一个质量相当于500万个太阳质量的巨大"黑洞"，引力足以吸引成千上万颗恒星，这些在银河系周围飞速旋转的恒星和气体，形成一个庞大的整体，从而构成了浩瀚无边的银河系。

因此弄清宇宙的结构、天体的起源等一系列大问题，对深入研究"黑洞"非常有必要。

虽然，神秘莫测的"黑洞"至今对人类仍然是一个难解之谜，但是，随着科学技术的进步，人类终将在不久的将来解开这一宇宙之谜。

月球是撞出来的吗

月球是地球的卫星，紧紧地围绕着地球而旋转，但月球到底是怎样形成的呢？科学家们提出了许多假说。目前，有关月球形成的最重要的学说认为，大约是46亿年前，一颗大小与火星相似的星体强烈划过并碰撞地球形成了月球。当时因碰撞形成的大量熔岩碎片和尘埃被撞落在地球周围轨道之内，长时间的相互碰撞和聚集后形成了今天的月亮。

阿波罗登月计划的发现有力地支持了这种碰撞学说。宇航员们从月球上采集了大量的土壤标本,这些土壤标本里所含有的矿物质和地球上的非常相近,因此科学家们确信,地球和月亮有着共同的起源。

通过对美国阿波罗号宇宙飞船从月球带回的岩石进行了大量的研究后,瑞士联邦科技研究所的科学家发现的最新证据表明,月球和地球曾经真的相撞过。

目前,科学界还有一种月亮生成的理论。此种理论认为,月亮在最早的时候和火星一样大,科学家叫它为Theia,大约在太阳系形成5000万年后,即地球生成的早期,此星球与地球剧烈相撞,并撞击出大堆大堆的熔岩,今天的月球即由其中某些熔岩聚集而形成的。

此外,瑞士科学家们这次还发现,月球岩石里面氧气的同位素含量和地球的完全一致。另外,科学家通过计算机进行碰撞模拟试验,试验显示月球主要构成物质来源于Theia星球的材料。

为此,瑞士的科学家们断定,月亮和地球同位素的含量既然是一致的,那足以证明Theia曾经同地球发生过碰撞。

一个新的计算机仿真模型,为月球起源的大冲撞假说提供了新的证据。

大冲撞假说认为月球是地球与一个路过它附近的天体相互撞击而产生的,月球的某些特征能用此理论来解释。但在此之前建立的大冲撞模型认为,当初的相撞过程必须具备一些条件才能形成现在的月球,比如相撞的天体体积要非常大、发生撞击的次数要足够多;或者是地球还处于体积比现在小得多的早期状态等。由于这些条件过于严格,难以达到,因此大冲撞假说也一直受到科学界的挑战。

在一期英国《自然》杂志上,美国科罗拉多州西南研究所的罗宾·卡内普及其合作者说,在研究中他们把地球和与之相撞的天体划分为两万多个部分,分析相撞时产生的各种现象如各部分之间的压力、引力等相互作用以及温度升高,然后用计算机模拟不同初始速度和角度下的相撞过程并生成三维图像。结果显示,尺寸类似于今天的地球与一个火星大小的天体斜斜地相撞,足可以形成现在的月球。也就是说,相撞所需的初始条件并不像旧模型

登月宇航员的研究实验揭开了月球的神秘面纱

认为的那样苛刻,月球很有可能通过大冲撞而产生。

现在还没有哪一个假说能完满地解释月球到底是来自何方,天文学界对此也没有确切的解释。也许随着科学技术的发展,有关月球的来源能得到明确的解释。

月球的背面是怎样的

在地球引力影响下月球做旋转运动时，其自转和公转周期是相同的。也就是说，地球上的人们似乎永远只看见月球的半个球面。

月球的背面因为始终背朝着地球，人们没法瞧见，千百年来，它像个猜不透的谜一样笼罩在人们的心头。人们对它的解释也是各持己见，无一定论。有人说，月球背面的重力可能要大于其正面的重力，也许还存在空气和水。有人预言说，可以断定有一片环形山在月球背面，既广阔，又明亮。也有人说，地球南半球海洋多，北半球大陆多。月球上的情形可能也类似于地球：月球正面的中央部分为最高地，月球背面的中央部分是一片"大海"，实际上是一片暗色的平原。

1959年1月2日，前苏联发射的"月球1号"，在1月4日飞抵距离月亮6000千米的上空，拍摄一些照片传到了地球。1959年10月4日，前苏联又发射了"月球3号"自动行星际站。10月6日它开始进入环绕月球的轨道飞行，7日6时30分，它转到距离月亮背面大约7000米的高空。而当时人们在地球上看到的是"新月"。月球背面正是受太阳照射的白天，刚好适合拍照。当行星际站在月亮和太阳之间运行的时候，在40分钟内拍摄到了许多不同比例的月球背面图，然后再进行显影、定影等的自动处理，把资料用电视传真发回地球。这批月亮背面的照片是人类有史以来第一次拍到。从此，科学界终于揭开了这个千年奥秘。

月亮的背面也是一个半球，山区占地表的绝大部分，中央部分没有"海"，其他地方即使有一些海但也比较小。背面的颜色稍稍红于正面。现在，一幅较详细的背面图已经由科学家们绘制而成，并且科学家们还给那些背面的山和"海"，按国际规定给它们取了名字。

以已故著名科学家名字命名的环形山有：齐奥科夫斯基、布鲁诺、爱迪生、居里夫人等。"海"则命名为理想海和莫斯科海等。用中国古代张衡、石申、郭守敬、祖冲之和万户这5位科学家的名字命名了其中的5座环形山。其中万户环形山是规模最大的，面积达600多平方千米，它处于南半球，夹在帕那与赫茨普龙两座环形山之间，而赫茨普龙与帕那环形山则是以英国两位物理学家而命名的。

1966年，从美国"月球太空船2号"拍摄的照片上，人们能够仔细地看清月面上那些形状不一、大量错落的圆丘，这些圆丘类似于美国西北部的圆丘。科学家认为，月球内部熔岩向月面鼓涌形成了这些圆丘。

通过现代科学仪器观测的结果和对宇航员带回的月球岩石所作的分析，科学家得出这样的假设：月球地貌的形成跟火山活动和陨星撞击这两种自然力量都有关系。火山活动中形成了许多圆丘和较小的环形山，而陨星撞击月球时则形成了那些大环形山。当然，这些假设还期待着更多的证据来证明。

月球是外星人的宇宙站吗

1958年，一份来自美国《天空与望远镜》的月刊报道称，有一些闪耀着白光的半球形的"月球圆盖形物体"出现在月球的表面上，这些物体的数目不确定，有的消失了，有的重新出现，有的还会移动位置，它们的平均直径为250米。

宇宙飞船"月球轨道2号"在宁静海即月球上的平原49千米的上空拍摄到一组照片，发现月面上有方尖石。据美国科学专栏作家桑德森说："这些方尖石底座的宽度达到15米，高度在12到22米之间，甚至有的可能达到40米。"法国亚历山大·阿勃拉莫夫博士详细研究了这些方尖石的分布，他对方尖石的角度进行了计算，指出石头的布局就像一个"埃及的三角形"。他认为，这些东西在月球表面的分布类似于开罗附近吉泽金字塔的分布……方尖石上有许多因"侵蚀"产生的几何图形，这些产物不可能来源于"自然界"，人们在宁静海的方尖石照片上还发现了非常正规的长方形图案。

1969年，人类登上月球后，地球人并没有发现月球上有生命迹象。不过，在分析研究了从月球带回的月岩标本后科学家却发表了假说。前苏联天体物理学家米哈伊尔·瓦西尼和亚历山大·晓巴科夫提出："月球可能是外星的产物，15亿年来，外星人一直把它作为宇宙站。月球是空心的，一个极为先进的文明在它荒凉而广漠的表面下存在着。"在美国阿波罗计划进行中，两名宇航员回到指挥舱后，"无畏"号登陆舱突然坠毁在月球上。这时设立在离登陆舱坠落处70多千米外的地震仪，把这次持续15分钟的"震荡声"清晰地记录到了。"声音"由近及远，慢慢变弱，时间长达30分钟，仿佛是一只巨钟发出的悠扬声音。只有在空心的星球上才会出现这种现象。如果月球是实心的，那么"声音"延续的时间只能有1分钟。

"阿波罗11号"宇航员阿姆斯特朗在回答休斯敦指挥中心的问题时非常惊讶地说："……这些东西大得惊人！天哪！简直令人难以相信。我要告诉你们，火山口的另一侧正排列着其他的宇宙飞船，它们在月球上，它们在注视着我们……"美国无线电爱好者抄报到这里，突然无线电信号中断，美国宇航局没有解释阿姆斯特朗到底看到了什么。

"阿波罗15号"飞行期间，斯科特和欧文再一次登上了月球。沃登在月球上十分吃惊地听到，同时录音机也录到了一个很大的哨声，随着声调的变化，传出了一句重复多次的话，这句话由20个字组成，宇航员同休斯敦指挥中心的一切通讯联系被这可能发自月球的语言切断了。这件事至今还是未解之谜。宇航员柯林斯曾独自飞行在月球轨道上，他对一些见到的月面痕迹非常吃惊，但他一直保守着这个秘密，没有作出任何解释。

某些科学家还根据许多稀奇古怪的现象纷纷推测"月球可能是外星人的宇宙站"。

太阳系是怎样起源的

目前，人类的活动还没能突破太阳系之外，而太阳同人类的关系是如此密切，离开了太阳，人类将永远处于黑暗之中，所以两个多世纪以来，许多杰出的思想家都在积极探讨太阳系的起源。关于太阳系是如何起源的，200年来还没有一种权威说法，人们提出了一种又一种假说，这些假说已经有 40 多种了，但其中影响比较大的，主要有以下几种观点。

灾变学说：法国的布封首先提出了这个学说。20 世纪前 50 年，又有一些人相继提出这个假说。这个学说认为太阳是太阳系中最先形成的星体。一个偶然的机会使一颗恒星（或彗星）经过太阳附近（或撞到太阳上），太阳上的物质被其吸引出（或撞出）一部分。这部分物质就形成了后来的行星。根据这个学说，行星物质和太阳物质应来源于一个共同体。它们有"血缘"关系，或者说太阳和行星是母亲和子女关系。他们认为一次偶然撞击事件形成了今天的太阳系，而没有从演化的必然规律去客观地探讨太阳系的起源问题，因为行星系在银河系中是比较普遍的，银河系中绝不只有太阳系这个行星系。只有从演化的角度去探求才有普遍意义。就撞击来说，如果撞击到太阳上的是小的天体，它的质量太小，不可能把太阳上的物质撞出来，太阳必定会吞噬掉这个小天体。1994 年彗星撞击木星就是一个很好的例证。对木星发起连续攻击的 21 块彗核，在木星表面仅引起小小一点涟漪，结果彗星被消化掉了。如果说恒星与太阳相撞，这种可能性就更小了。因此，曾提出灾变学说的一些人，后来也纷纷放弃了原有的观点。

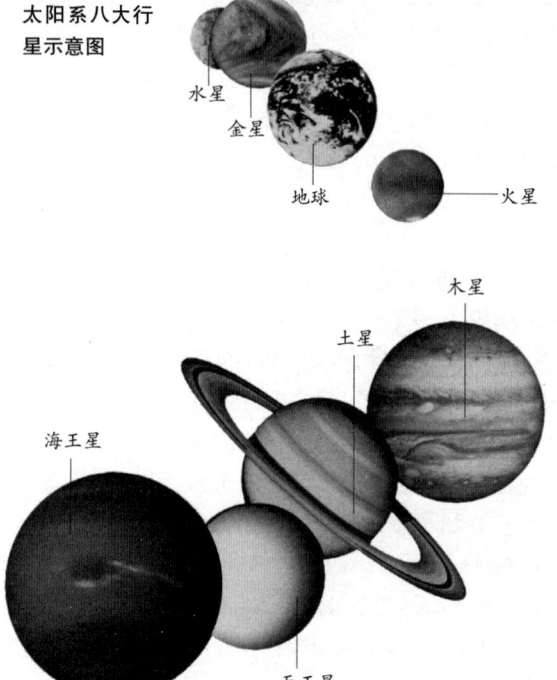

太阳系八大行星示意图

星云说：德国伟大哲学家康德首先提出了这种观点，几十年以后，法国著名数学家拉普拉斯也提出了这一问题。他们认为，一个原始星云形成了整个太阳系的物质，太阳是由星云的中心部分形成的，行星则是由星云的外围部分形成的。然而康德和拉普拉斯他们的观点也存在差异，康德认为太阳系是由冷的尘埃星云经过进化性演变，首先形成太阳，然后形成行星。拉普拉斯则相反，认为十分灼热的气态原始星云迅速旋转后，先分离成圆环，行星由这些圆环凝聚而成，稍晚一些后才形成了太阳。尽管他们的观点差别很大，但是假说的前提是一致的，因此人们把他们的假说合称为"康德—拉普拉斯假说"。

俘获学说则认为，太阳在星际空间运动中与一团星际物质相撞后，太阳靠自己的引力捕获了这团星际物质。后来，在太阳引力作用下这些物质加速运动渐渐地由小变大，最终形成了行星。这个学说的基本前提也认为太阳是最早形成的星体。但是，行星物质不是来源于太阳，而是由太阳捕获而来。它们与太阳物质没有"血缘"关系，只是"收养"关系。

目前，各种假说都有自己的计算和理论根据，但都存在着不足之处，至今仍没有哪一种假说得到科学界的普遍承认。也许随着科学技术的发展，新的理论和方法会最终告诉我们太阳系起源的真正原因。

太阳是如何形成的，它会衰老消亡吗

太阳每天东升西落，给我们带来光明和温暖，我们的生活离不开它。没有太阳，地球上根本不会有生命。

50亿年前，太阳和八大行星还不存在，全部原子都集中在恒星间的尘埃和气体组成的云团里。科学家认为云团里的气体主要是氢气。随着云团在太空中缓缓地旋转，它会聚集起越来越多的气体和尘埃。云团内部越来越大的引力使气体和尘埃向中心聚拢，其中有些颗粒由于引力的作用黏附在一起，形成小块。

与此同时，云团开始以一个方向旋转。我们可以做一个实验来看看它是怎么旋转的：先向杯子里倒入咖啡，用勺子在杯里随意搅动，然后拿出勺子，向杯里倒入牛奶，可以清楚地看到咖啡在杯里是朝一个方向旋转的。

对于云团也是一样的，各个质点的随机运动最终合成为朝同一个方向的旋转。于是，宇宙里就出现了巨大的旋转的云团。

天文学家们又为该现象添加了新的情节。他们认为，如果邻近的恒星发生爆炸，向四周溅射残骸碎片，就一定会有这些物质散播进入气体云，而爆炸带来的冲击波会进一步推动云团向内聚拢。

随着云团的密度变大，它的旋转速度越来越快，就像旋转的花样滑冰运动员收紧了手臂而转得更快。转得越快，云团的形状变化越大。云团的中心开始膨胀，因为越来越多的物质聚集在那里。而云团的外围则慢慢变扁平。很快，云团的形状就像是一个中间夹了球的比萨饼。中间的球就是我们现在看到的太阳的雏形——一个比现在的整个太阳系大好几倍的巨型气体球。天文学家把这个初生的太阳叫做原恒星。

那么太阳又是怎么从一个黑暗的气体球变成炽热发光的恒星的呢？这是一个很漫长的过程，历经成千上万年。原恒星和它周围的云团在万有引力的牵引下持续收缩。对于云团来说，其内部的原子相互碰撞产生热量。云团温度升高，特别是物质相对集中的云团中心，这里的碰撞也更加频繁、剧烈。原恒星内的气体开始发光，在其慢慢缩小变成太阳的过程中，温度不断升高，达到几百万摄氏度。

在高温高压的作用下，原子开始发生新的变化。氢原子开始聚变（结合在一起），形成氦原子。每次氢聚变成氦，都会有一些剩余的能量以光和热的形式释放出来。由于这个反应发生在太阳的核心，能量聚集起来，于是就照亮了整个太阳系：太阳这盏巨大的电灯开始工作了，它正式成为了天空中众多耀眼的恒星中的一员。

为太阳提供能量的反应叫核聚变。聚变是太阳中心发生的持续可控的爆炸，这里的温度高达1500万～2200万℃。如今的太阳每秒钟要消耗掉400万吨氢来合成氦，产生的光能相当于4兆兆亿个灯泡的总和。

但是太阳总共只有这么多氢气，随着聚变的进行，太阳慢慢地发生了变化。太阳刚刚形成时，75%的成分是氢，25%是氦，而数十亿年后的今天，太阳的核心，也就是发生聚变的地方，氢含量已经降至35%。

你可能已经猜到，恒星中心的氢会逐渐被聚变消耗掉。与其他所有的燃料一样，氢最终会被耗尽，而且没有为恒星补充氢的"加油站"。恒星最终会以氦为核，包围着氢"壳"。外壳中的氢也同样会发生聚变变成氦，但此时的恒星已经进入晚年了。

恒星跟人类一样，也会经历生老病死。现在的太阳正当壮年。天文学家估计，太阳的生命还有50亿～60亿年。

太阳一天天衰老，核心的氢也逐渐耗尽，聚变会发生在更靠近表面。但氢聚变迟早会消失，形成的氦核体积会稍稍变小，然后开始一个新的反应：氦聚变。

几十亿年来形成的氦紧紧地挤在一起，氦原子融合在一起生成更重的碳原子。太阳会继续发光，但是几百万年后，太阳的轮廓会向寒冷的宇宙空间扩张，相应的，温度会从现在的5500℃降至3200℃，然后，太阳发出的光就变成了能量较低的红光，我们把这种恒星叫做"红巨星"。

太阳的体积将继续膨胀，直到吞没了水星和金星，此时，地球的温度将急速升高，海水会被蒸干，然后地球变成一个干旱的只有岩石的世界，就像今天的水星。到那时，我们人类可能早已搬到别的星球上去了。

当氦耗尽之后，碳就会聚变。但是核聚变不能永远进行下去，组成太阳的气体会慢慢向太空中流失，最终只剩下一个热核。

这样，太阳就从红巨星坍缩成了白矮星——也许只有地球这么大。因为白矮星的密度实在太大了，一汤匙白矮星物质就有1吨重。然后，再过几百万年，太阳就变成了又黑又冷的余烬——黑矮星。

比太阳质量大的恒星在它的生命中会经历更多变化。氢和氦耗尽之后，它们将碳聚变成氧。一旦恒星的中心变成氧核，氧聚变成氖的过程又开始了。氖还会继续聚变成其他元素，最后，比如硅会被聚变成铁，铁核最终坍缩，可能伴随一次巨大的爆炸。我们把这种爆炸的恒星叫做超新星，它将其所含物质向宇宙空间里四处喷洒。

质量最大的恒星最终会演变成黑洞。黑洞引力作用十分强大，以至于连光都跑不出来。黑洞就像太空的漩涡，它吸进各种各样的物质以此来获得更大的体积。有些天文学家猜测，黑洞或许就是进入其他宇宙的通道，或者可以成为穿梭宇宙的捷径。所以，虽然恒星的生命结束了，却换回了新的天体的诞生。

太阳自旋吗

我们知道，地球绕着地轴自转，朝向或背离太阳，形成了白天和黑夜。我们还知道，地球绕太阳公转，周期是365天多一点，也就是一年。但是我们往往会错误地认为太阳是静止不动的。实际上，太阳是不断运动着的。为了跟得上横穿太空的太阳，它的行星和行星的卫星也需要长途跋涉。

首先，太阳和地球一样，也会自转。其次，天文学家认为太阳会脉动，它的体积有节奏地胀大、缩小。另外，太阳会横穿太空，绕其旋转的行星就像飞蛾绕灯泡飞行一样，也要跟着遨游太空。

太阳之所以自转，原因和行星一样。46亿年前，太阳同地球和其他行星一起，由旋转的气体和尘埃云团演变而来。整个太阳系生来就是运动的。但是太阳不是固体，而是个闪光的气体球，这与地球有所不同，所以它的自转有它独特的方式。比如，太阳的不同部分可以以不同的速度旋转。在太阳赤道附近，也就是中间部分，自转周期是25天。而在顶部和底部，也就是极区，自转周期约为33天。而我们地球是固体的，整个地球的自转周期是24小时。

有很多关于太阳的奥秘，其中之一就是太阳中心的超热核。天文学家认为，这个热核有特定的自转周期，速度大约是其他部分的4倍。

在自转的同时，太阳还会脉动，即大约每5秒钟胀大、缩小一次，就仿佛整个巨大的恒星在呼吸。目前还不清楚太阳究竟为什么会脉动，但有人猜测，这种有规律的膨胀和收缩是由穿过太阳气体的复杂的声波引起的。

太阳上还存在另外一种形式的脉动。天文学家认为引力使太阳每半小时脉动一次：太阳中心附近浓稠的炽热气体向周围气体密度较稀薄的区域扩散，使太阳的体积胀大；随即，引力又将气体拉回到中心，于是体积又缩小了。

怎样测定太阳的温度

最初，人们只是觉得太阳一定无比炽热，谁也无法想象用什么仪器去测量它的实际温度。后来，人们从俄国天文学家采拉斯基教授做的一个实验中受到了启发。他用一个直径1米的凹面镜得到一个1分钱硬币大小的太阳像。该像位于凹面镜的焦点上。当他用这个亮斑照射一个金属片时，金属片很快就弯曲、熔化了。采拉斯基教授测出这个光斑的温度大约有3500℃。他断定，太阳上的温度一定要高于3500℃。

由于太阳一刻不停地以光的形式向宇宙空间辐射巨大的能量。科

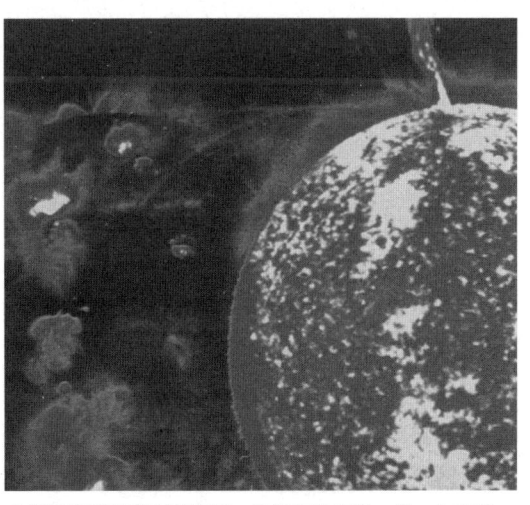

太阳是离我们最近的恒星，像所有的恒星一样，太阳是一个巨大的发光热气球——气体的主要成分是氢，也有氦及少量其他元素。在太阳内部，核聚变的过程不断产生能量，发光发热；太阳核心的温度约为14000000℃。

学家们可以通过专门仪器测定出太阳辐射量，然后根据辐射量与温度之间的关系来测定温度。1879年，物理学家斯特凡推算出了一个重要的定律：物体的辐射量与它的温度的千次方成正比。这样，人们根据测得的太阳辐射数推算出太阳表面温度约为6000℃。

这是一种比较准确的测算方法。随着科学技术的发展，人们在实际研究中发现，物体会随着温度的升高而改变颜色，通常是：600℃时为深红色；1000℃时为鲜红色；1500℃时为玫瑰色；3000℃时为橙黄色；5000℃时为草黄色；6000℃时为黄白色；12000～15000℃时为白色；25000℃以上时为蓝白色。因此，我们可以根据太阳的颜色来估计它的温度。

太阳的表面称为"光球"，是我们平时可以看到的太阳圆轮。光球外面是太阳大气，依次称为"色球"和"日冕"。肉眼只能在日全食时才能看到色球和日冕。光球的颜色呈黄白色，因此我们可以估计它的温度大约为6000℃。我们平常看到的太阳因为受到地球大气的影响而显出金黄色或其他颜色。

天上为何会出现两个太阳

中国"后羿射日"的古老神话中说天空曾出现过10个太阳。

虽然这只是一个美丽的传说，没有必要去追究它的真假，但天空中出现多个"太阳"，却是有史书记载的。

相传赵匡胤陈桥兵变时，天上就出现了两个太阳。赵匡胤借此天体异象发动兵变，黄袍加身，创下了宋朝百年基业。

1933年8月24日上午9时45分，在中国四川省峨眉山的上空，人们发现，在太阳的左面和右面，分别有一个太阳，人们对这种奇异的景象惊奇不已。

1934年1月22日和23日，上午11时至下午4时，古城西安也出现了3个太阳并排在天空的奇景。

1965年5月7日下午16时25分和6月2日晨6时，在南京浦口盘诚集的上空，连续两次出现了3个太阳并排在空中的景观。

天空为何会出现多个太阳？太阳系中难道有几个不同形状的太阳？绝对不是，太阳系中只有一个太阳，这是不容置疑的，那这种现象到底是怎么回事呢？

随着科学技术的进步，人们对产生这种自然现象的原因也了解了。原来，这是由大气变化所引起的，光学原理起了主要作用。科学上把这种自然现象称之为晕。

在离地面6千米～8千米的高空中，一年四季气温都非常低，这里有大量不同形状的冰晶体，六角体小柱或薄片是最常见的，冰晶随着大气上下翻滚。当阳光照到这些小冰晶上，小冰晶就如玻璃三棱镜一般折射太阳光，或者如镜面般把太阳光反射出去。由于阳光被折射后光就从不同角度发出去，这样就在太阳周围绕成美丽的光环——晕。

其实，简单的晕每个人都可以看到。在严寒的冬天，空气里充满冰晶或雪花的情况下，街道上的路灯周围也会形成光晕。而彼得堡的学者洛维茨所看见的晕从木星上看，太阳只有地球上看到的1/5大，到达木星上的光和热也〔只有地球〕的1/25。或许在云层上面，我们还能看到一个小小的、微微发光的太阳。〔在云〕层之下，火星的表面其实是液态金属氢的汪洋。在液面下，我们将失〔去光，在〕一片黑暗中游来游去，只有极强的闪电才能偶尔照亮这里。

〔到〕达土星的阳光比木星少，但这些光却足以照亮巨大的土星环。土星周〔围〕内有数千条环，这些环大部分由冰组成。太阳光照在土星环上，将它〔变成〕光环。随着土星与太阳之间位置关系的变化，土星环会在土星表面投〔下阴〕影，于是土星的南半部分就更黑暗了。

〔行〕星会不会与地球相撞

〔宇〕宙中，无数星球按照既定的轨道在太空中运动着。然而它们也有失〔控的时候〕吗？目前人类所知道的唯一存在生命的星球——地球会遭遇与其他星〔球相撞的〕命运吗？有迹象表明，地球在史前时期曾有过被小行星撞击的现象。在〔美国亚利〕桑那州的可可尼诺郡有一个坑，宽约1.3千米、深达193米，周围的土堆〔有40多〕米高，看起来仿佛一个小型的月坑。长久以来人们一直认为它是一座〔火山，但〕一个名叫巴林杰的矿石工程师却坚持认为这是陨石撞击的结果。现在，〔人们将这〕个坑称为巴林杰陨石坑。坑口堆积有数千吨（也可能数百万吨）的陨石〔碎片，人〕们目前只发现一小部分，但从该地区及附近的陨石中所提取的铁远远高〔于从其〕他地方的陨石中所提取的铁的总量。1960年科学家们在这里发现了〔硅，这证〕实是陨石的撞击产生了这些硅。因为硅的形成需要高压和高温，而〔这只能在〕受陨石冲击的瞬间完成。

〔据估计〕，大约是25000年前一个直径46米左右的铁陨石撞击在这片荒无人烟〔的土地上，造〕成了今天的巴林杰陨石坑，目前它保存得相当完好。在世界上大多数〔地方，动〕植物的生长掩盖了许多类似的陨石坑。从飞机上观察，以前许多不引〔人注目的〕圆形凹陷地貌一下子展现在人们面前，其中有的蓄满了水，有的覆盖了〔植被，它〕们几乎都是陨石坑。这种陨石坑在加拿大就有好几处，包括安大略中部〔的陨〕石坑和魁北克北部的查布陨石坑，它们的直径都有3千米或更大。加〔拿大的陨〕石坑可能有100万年以上的历史。其直径达9.6千米，目前已知大约〔还有类〕似的古老陨石坑，直径总和达137千米左右。

〔科学〕家发现，一些形同锅底的大小湖泊在中美洲的许多地方都能看到。此外〔，一〕个巨大的石球也被人们发现了。在后来的古印第安人创作的浮雕和壁画〔中，类似〕的图像也曾经多次出现过。因此，学者们推断，大约1000年前，陨石群〔频繁〕地侵扰中美洲地区，古印第安人十分恐惧，于是纷纷匆匆逃离了家园。

〔那么，〕地球遭受小行星撞击的危险究竟有多大？现已观测到近12万颗小行星，〔在火星和〕木星运行轨道之间的一个宽阔的小行星带区，聚集着占其总数99%的小〔行星。它〕们环绕太阳不停地运转，在既定的轨道内做着运动，不会对地球造成任〔何威胁。〕但有可能由于大行星引力的影响而使个别小行星偏离原来运行的轨道，可以说是最复杂的了。

他在1970年夏季曾见到这样的奇观:"有两个大,一个小。在它们的上面和下面各有一个发牛角与光圈上下相连。一条与地平线平行的白色光在蓝天上环绕。有两个光彩夺目的幻日出现在白日面向太阳的一侧颜色为红色,而背离太阳的一侧在白色光带上能看见3个同样的光斑正对着太阳耀眼的斑点在不停地闪烁着。这一复杂的光晕形象

光学原理造成了这一让世人惊奇不已的自然现其余的都是虚幻的影子罢了。

太阳能照亮八大行星吗

太阳发出的光在宇宙中各个方向传播,八大离太阳远近不一,所以接收到的光线多少不一样。

我们可以看看远处的星星,它们其中有很多距太阳更大、更亮,但是它们距离地球太远了,所以

水星是距离太阳最近的行星。在水星上看到倍。白天,水星表面非常明亮,但天空却始终是黑也就没有能够反射阳光的东西,这与月亮上的情形

水星上日落时温度最高,可以达到430℃。而到热量可以肆意地辐散到宇宙空间中,温度随之骤降

金星是距离太阳第二近的行星,金星大气层主中飘浮着黑压压的硫酸云,气味刺鼻难闻。硫酸云长年阴云密布。

虽然金星距离太阳比水星远,但它的表面温度水星高,这是为什么呢?这就要从温室效应说起:层中的二氧化碳可以帮助行星保存热量,这与温室可以为里面的植物保温是同样的道理。这样,金星温度可以维持在470℃左右。

越过地球,我们再来看看距离太阳第四近的火在火星上看到的太阳的大小是地球上看到的2/3,到达火星表面的太阳光线只有地球的1/3。暴风把扬起来,所以天空几乎是红色的。夏天,火星上的温度和地球很接近,大约17℃,但是晚上却很明亮。

火星之后的星球体积都比较大,它们主要由气体组包括木星、土星、天王星和海王星。这四个星球都被厚的云层包裹,而且到达这些星球上的阳光更加微弱。

甚至可能会冲向地球轨道。

在数十万颗小行星中，那些近地的、被称为"阿波罗体"的小行星有可能真正对地球造成威胁。

所谓阿波罗型小行星体是指那些在近日点附近与太阳的距离小于1.67天文单位的小行星。据估计，阿波罗型小行星中直径在0.7千米～1.5千米的，大约有500～1000颗，它们真正可能对地球存在着潜在的威胁。1997年1月20日，北京天文台的青年天文学家发现一颗更危险的近地小行星，它在运行到与地球轨道最近处时距离地球只有7.5万千米，还不到月地距离的1/5，它的直径达1.4千米。这颗小行星暂定编号为1997BR。如此大的小行星，它的轨道与地球轨道的距离又这么近，令科学家们非常震惊。全世界的天文学家都在密切关注这一重要发现，这颗获暂定编号的小行星成为有史以来被天文学家观测得最多的小行星。目前，它的动向受到天文学家们的密切注视。

木星上有生命吗

木星之所以被怀疑可能有生命存在，是因为它的生态条件与地球比较接近。但是，这颗太阳系体积最大的行星上根本没有可供登陆的固态地表，这是一颗由气体构成的巨大星体，大气层中充满了氢气、氦气、氨、甲烷、水，这样的条件对生命的生存有着极大的障碍。

随着科学技术的进步，人们对木星了解得越来越多。科学家们对木星大气层的成分进行研究后发现，木星大气成分和形成于早期地球海洋的物质十分相似。因此，木星上存在生命形式也成为一种可能。

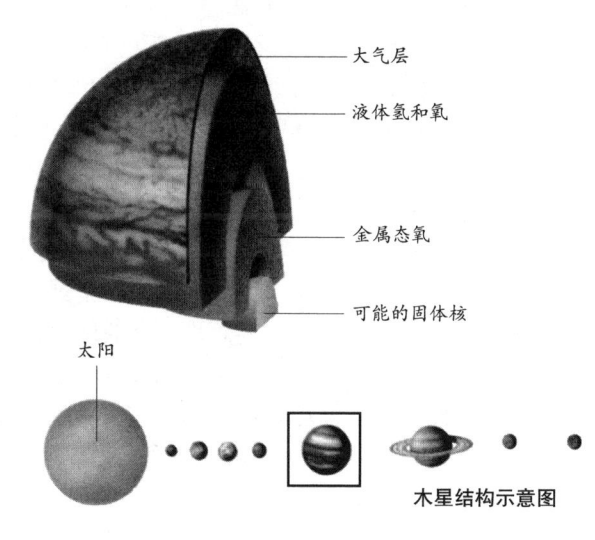

木星结构示意图

然而，进一步的调查显示，木星大气层具有强烈的乱流，而且大气下方温度极高，在这种情况下，很难形成生命。任何生物只要一碰到这股乱流，就会被卷入下方的高温中，化为灰烬。

科学家认为，唯一可以在这种环境下维持生命的办法就是在被烧焦之前复制新的个体，并且借助气流的力量把后代带到大气层中较高、较冷的地方。这种极少的生命形态可以在大气层外侧漂浮，其生命活动的能量主要来自所取用的食物。

令科学家欣喜的是，美国"伽利略"号探测器前不久拍摄的照片显示，在木星的一颗卫星（木卫二）的表面下可能隐藏着一片海洋。如果这片海洋真的存在，那么其中就可能存在生命现象。"伽利略"号探测器拍摄的照片揭示出木卫二表面上有一个网状系统，该系统中的一些山脊和断层很像地球上板块构造形成的形态。有人在"旅行者"号飞越木星以后就猜测木卫二经历过火山活动，此次"伽利略"号拍下的近景照片为这一猜测提供了有力的证据。

据此，某些理论工作者假定，有一片深达200千米的液态水海洋被掩盖在木卫二的冰壳之下。这一观点进一步论证了下述推测：木卫二可能存在类似于在地球深海温泉处富含矿物质的水中繁衍生息的那些有机体的生命形态。

总之，对于木星是否存在生命这一问题，目前我们还无法做出肯定的回答。

木星会将太阳取而代之吗

在太阳系行星的家族中，木星可谓是鹤立鸡群了，它的体积和质量分别达到了地球的1320倍和318倍。此外，它还有个与其他行星不相同的特点：它是一颗发光的行星，有自己的能源。通常，在人们的认识中，行星不能自己发光，只能依靠反射太阳的光线而发光。近些年来，通过对木星的研究，科学家们证实：木星正在把巨大的能量不断地向周围的宇宙空间释放，它释放的能量，两倍于它从太阳那里所获得的能量，说明木星有一半的能量来自它的内部。

"先驱者"10号和11号飞船探测的结果显示，液态氢构成了整个木星，它同太阳一样，没有坚硬的外壳，主要是通过对流形式来实现能量的释放。

前苏联科学家萨利姆·齐巴罗夫和苏奇科夫认为，木星的核心温度已达到280000K之高，热核反应还在其内部继续进行。木星不仅把自己的引力能转换成热能，还不断吸收太阳释放的能量，这就使它的能量越来越大，且热度越来越高，并使它达到了它现在的亮度。观察表明，木星向周围空间释放的热能已融化了它的卫星——木卫一上的冰层，其他三颗卫星——木卫二、木卫三和木卫四仍被冰层紧密覆盖着。

从木星目前的发展趋势来看，它很可能成为太阳系中与太阳相差无几的第二颗恒星。30亿年以后，太阳到了晚年，木星很可能取代太阳的地位。

也有科学家提出，木星要想取代太阳的位置，时间还很远，虽然它在行星中是最大的，但跟太阳比起来，还是太小了，其质量也只有太阳的1/1000。恒星一般都是熊熊燃烧的气体球，木星的组成物质却是液体状态的氢，不具备形成恒星的物质构成。虽然木星是一颗自身能发光的星体，但与恒星相比，这根本就算不了什么。所以有人说，从严格意义上来说，木星不能称为真正的行星，更不是严格意义上的恒星，而是介于行星和恒星之间的特殊天体。

木星的研究仍会继续下去，有关它是否会取代太阳这仍是个非常长久的话题。

令人神往的火星

意大利天文学家斯基阿帕雷利于1877年利用米兰天文台24厘米口径的天文

望远镜观测火星时，发现火星表面上分布着数不清的有规则的暗线条。此时，正是火星的"大冲"时期（所谓"大冲"指的是在其轨道的近日点附近与地球会合，此时距地球最近），这些宽120千米，有的长4800千米的暗线像网络一样纵横交错。他猜测这些暗线条是天然地分割大陆连接海湾的水道。因此，他把它们命名为"沟渠"。然而，后来这一命名译成英文时，却被误译成"运河"。

斯基阿帕雷利起初并没有把这些灰暗的线条与人们在地球上开凿的人工运河等同起来。因此，人们对这一发现并不十分关注。但到了19世纪80年代，由于有人把这些"暗线"与火星上"智慧生物"构筑的运河联系起来，人们对这个问题才开始加以重视。最早提出这个具有"轰动效应"观点的人是美国的天文学家洛韦尔。

洛韦尔为了便于观察火星，变卖了自己的家产，建起了自己的天文台，专门观测火星。在他的著作中，他非常自信地把观测的结果和自己的想象相结合，试图说服人们相信火星上存在"火星人"。然而火星表面严重缺乏生物生存所必须的空气和水，生物如何才能生存？他认为火星的极冠由冰雪构成，夏季融化的冰雪成为生物的水源。火星表面密布着智慧生物构筑的灌溉系统，各暗线向中央地区交汇，便明确显示了要将极地的水引向干旱的赤道地区的意图。另外许多暗线交错处的暗斑被他看成是构成火星文明中心的绿洲。

此后，洛韦尔在自己的观测结果的基础上，先后写成了《火星》、《火星及其运河》、《火星——生命的住所》三本书。他的"火星文明说"很快便得到了很多人的认同。

一时之间，"火星人"和"火星文明"传得沸沸扬扬，市场上充斥着大量有关这方面的书，再加上人们对洛韦尔的热情支持，更是把事情推向了高潮。洛韦尔于是头脑更加发热，后来甚至宣称"战神之星"的火星早已是一个"高度发达的有组织的社会"（在西方人们以神话中的战争之神马尔斯来命名火星），这里高度文明，没有战争。由于绝大多数地球人憧憬未来，渴望和平，因此这些实际上毫无根据的主观臆断却十分迎合人们的胃口。

但是，很多科学家并不认同火星上有"运河"的说法，"火星人"更犹如天方夜谭。后来，随

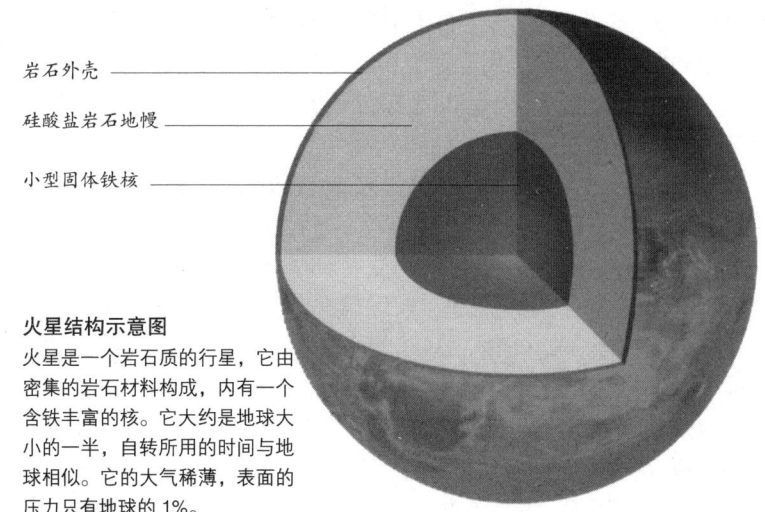

火星结构示意图
火星是一个岩石质的行星，它由密集的岩石材料构成，内有一个含铁丰富的核。它大约是地球大小的一半，自转所用的时间与地球相似。它的大气稀薄，表面的压力只有地球的1%。

着天文观测手段的发展,望远镜越来越精细,人们用望远镜观察,发现上述的一条条连续的暗线是由许多孤立的、形状不规则的暗斑组成的,而并非什么"运河"。之所以有这种错误,是由于在光线微弱时,观察者在主观想象中产生了错觉。人们用雷达进行探测也证明了这一事实。

英国科学家蒙德为此安排一些小学生做了一个极其简单的心理学实验,他让这些小学生坐在不同的位置上临摹大纸上随机画上的许多斑点、圆圈、椭圆、直线、波纹线和不规则的小点,结果,坐在远处的学生交上的往往是一系列有规则的直线。到此为止,关于"火星人"和"火星运河"的说法才算告一段落。

但是,人类对火星的探索不仅没有就此停下来,反而力度比以前更大了。从1964年起,美国连续向火星发射了"水手号"和"海盗号"两个系列的探测器,到1977年,已向火星发射了8个探测器。1971年11月,美国的"水手9号"探测器对火星的整个表面进行了高分辨率的照相。这些照片上的火星完全干涸,死气沉沉,几乎和月球完全一样。另外一些照片显示,有许多类似河床的地质构造位于火星表面。主要的"大河床"分布在火星赤道地区,而且有很多"支流","河床"宽达60千米,长达1500千米,甚至大部分河流都流向下坡。据分析,只有水等易流动的液体,才有可能形成这样的"河床"。洛韦尔所描绘的与它们的具体位置和形状差别很大,毫无疑问,它们只是一些天然河床。

1975年,火星上的河床被一些有兴趣的研究者分成了三大类:径流河床、流出河床和侵蚀河床。其中,径流河床与地球上的河流的相似点给人一种火星上应该有过能让水在其表面自由流动的条件的感觉。科学家通过进一步收集证据,仔细分析后,发现径流河床一般在古老的环形山地出现,经推测,他们认为在大约30亿年以前,像地球一样火星上有降水过程补充水源,气候也比现在温暖,大气也更浓密。20世纪90年代以后,科学家们进一步加深了对火星的认识,"火星探测者"和环火星探测器拍摄了大量的照片,他们通过对这些珍贵的资料进行分析研究,发现有一处高出地表有岩石崩塌痕迹的陡崖,陡崖由一系列岩层构成,高4000米。一些峡谷底部还有干涸的"水塘"和巨型卵石存在。很明显,这些痕迹被洪水冲刷过。因此,科学家们认为在38亿年前,火星上确实存在过汹涌的洪水。

人类为什么会对火星执着探寻呢?究其原因,主要是火星和我们生活的地球有着太多相似之处。

火星的表面像地球一样也是被大气包围着,地形也是起伏不平;它的自转周期与地球自转一周的时间几乎相等,为24小时37分22.6秒,它绕太阳公转的情况也很像地球,也有一年四季的交替和气候的变化。火星的公转周期长达687天,约是地球周期的2倍,这是它与地球的不同之处。而火星体积较小,与地球相比,它的直径只有地球直径的53%,体积是地球的15%,质量是地球的10.8%。另外,火星表面的平均温度比地球低30多度,这是因为火星距太阳较远,获得相对较少的热能。火星的南北两极有"冰冠"、"极冠",这是因为南北极隆起的部分像帽子一样戴在火星上,随着季节的不同,这些"帽子"还会出现变化。从天空中观察火星,火星周围有围绕着它运行的火卫一、火卫二两个"月亮"以及稀薄的大气层。

火星本身也有大气，尽管这大气很稀薄。大气在火星球面上，特别是在它的边缘，形成一层烟幕。火星上大气层的密度相当于地球大气层 30 千米～40 千米高处的密度。大气的主要成分完全不同于地球，二氧化碳最多，占了 95%，此外还有氮占 2%～3%，氩占 1%～2%，氧的含量很少。火星表面气温和气压都变化很快，一天中，最高温度为 -13℃，最低温度为 -73℃，昼夜温差极大。

由此可见，通过人类对火星的探索，可以获得有关火星的形状、自转方向、公转周期和表面结构等资料。收集这些资料，对探索火星的起源问题是很重要的。而且，这一探索对人类自身也很有意义，因为说不定将来人类能在火星上繁衍生息呢。

火星上有生命存在吗

有关火星是否有生命存在的话题在科学界炒得沸沸扬扬，但目前无一定论。尽管火星的外表布满伤痕，但现在已经有许多科学家认为：可能有最低级的、与细菌或病毒相似的微生物有机体，存在于火星地表的下面。另一些科学家虽然感觉到不可能有生命存在于火星上，但也承认并不是说没有这样一种可能性：在某个极为遥远的古老时期，"生物繁盛"的时代在火星上可能曾经出现过。

1996 年 8 月，美国宇航局宣布，在一个编号为 ALH8400 的火星陨石中，他们发现了微生物化石的明显遗迹。科学家莱文这个时候才受到了鼓舞，把自己的实验结果向外界公布了。莱文的观点得到了美国宇航局所公布的证据的证明，即生命印迹一直在这个红色星球上存在着，尽管那里的环境极为严酷，生命却比我们想象的要顽强："不仅在原子反应堆内部的原子燃料棒里发现了微生物；而且在完全没有光线的深海里，也能找到它们。"

这个观点也得到了英国欧佩恩大学行星科学教授柯林·皮灵格的有力支持，他说："我完全相信，火星上曾一度出现了有利于生命产生的环境。"他还指出，在最不利的环境中某些生命形式也能生存，"在零度以下相当低的温度中有些生命形式能冬眠；有的试验证明，有的生命形式能够存在于高达 150℃ 的温度中。你还能找到多少比生命更顽强的东西呢？"

科学家们的报告宣称：在海底 3000 米处发现了一些自养生物，岩石的热量是那里唯一的热源……这些生物能在 113℃ 的高温中生存……在酸流中也能看到这些生物；这些生物不仅能生活在苯和环乙酮等物质的有害环境中，而且能生活在马里亚纳海沟 11000 米的深海里。

可以想象，在火星上这类生物有可能存活着，它们也许被死死地封闭在了 10 米厚的永久冻土层当中。科学家们认为，这种永久冻土层存在于火星地表下面，它们可能已在火星悬浮的大气里存在了一个非常漫长的时期。

科学家们相信随着美国宇航局对火星的继续探索，极有可能发现火星和地球之间存在交叉感染的情况。的确，早在人类开始太空飞行时代很久以前，这种交又感染的情况可能已经发生过了。地球上落有一些来自火星表面的陨石，同样，有科学家认为因小行星的撞击而从地球"飞溅出去的"岩石有时也必定会到达火星。

可以想象，地球上的生命孢子极有可能就是由火星陨石携带过来的——反过来也是这样，生命孢子也可能从地球被带到火星上。阿德莱德大学的保罗·戴维斯教授指出：对地球上的生命来说，火星上的环境并不是特别有利于生存……然而，有一些地球上的细菌物种竟然能够在火星上生存下来……如果说在以往遥远的年代里生命曾在火星上牢牢地扎根和发展，那么，当其生存条件逐步恶化的时候，生命也就有可能逐步地适应其更为严酷的环境。

到底有没有生命存在于火星上？至今科学界对此仍没有答案。也许只有当人类的脚印踩上那颗红色的星球时，这个答案才会大白于天下。

水星为何无水

水星上有水吗？水星到底与水有什么关系呢？

古代，仅用肉眼就能观测到日、月和五大行星。它们在天空能移动，并且通体发亮，能连续不断的发出光，而那些遥远的星星，看上去在星空中的位置很稳定，并不停地在空中闪烁。我们的祖先，就给了日、月及五大行星以特殊的位置，想象它们主宰着物质世界，它们所在的位置就是天神的驻地。在西方，古罗马人把希腊神话中一个跑得最快的信使"墨丘利"的名字给了水星，那是因为他们看到水星绕太阳公转一周的时间最少，运行的速度最快。在中国，古时阴阳五行说非常盛行，宇宙被简化成阴阳两大系统。自然万物的构成变化也被揭示了出来，"阴阳者，天地之道也"。于是，日月的名字又分别叫做太阳、太阴，又可以用五行来表示五大行星，于是就有了现在的水星、金星、火星、木星、土星的名字。它反映了炎黄子孙的智慧和独特思维方式，是东方的精神文化之花。看来，水星和水没有必然的联系。那从现代天文观测事实上看，水星上有水吗？

"水手1号"对水星天气的观测表明，水星最高温度可达427℃，最低温为-173℃，没有任何液态水的痕迹存在于水星的表面。就算是我们给水星送去水，液体和气体分子的运动速度也会因为水星表面的高温而加快，足以让那些分子逃出水星的引力场。也就是说，要不了多久，水和蒸气会全部跑到宇宙空间，跑得没有一点踪影。

另外，据观测，水星上的大气非常稀薄，大气压力仅为地球大气压力的一百万亿分之一还不到，水星大气主要由氮、氧、氢、碳等化学元素构成。水星质量小，本身吸引力不足以把大气保留住，大气会不断地向空中逃逸，现在可能靠了太阳不断地抛射太阳风来补充稀薄的空气。从成分上看，水星大气与太阳风有相似的系统，太阳风的大部分成分就是氢、氮的原子核和电子。科学家们从水星光谱分析得出结论，水星有点大气，但大气中没有水。这已得到了科学界的普遍承认了。

然而，宇宙实在是太神奇了，常常发生令人意想不到的事情。水星上没有液体水，没有水蒸气，但却存在着"冰山"。1991年8月，水星运行至离太阳最近点，美国天文学家在新墨西哥州用装有27个雷达天线的巨型天文望远镜对水星进行观测，得出了令科学家们瞠目结舌的结论——在水星表面的阴影处，水以冰山形式存在着。

冰山直径15千米～60千米，类似的冰山在水星上多达20处，最大的冰山其直径可达到130千米。都存在于太阳从未照射到的火山口内和山谷之中的阴暗处，那里的温度很低，达到-170℃。它们都位于极地，那里温度通常在-100℃，隐藏着30亿年前生成的冰山。因为水星表面处于真空状态，冰山每溶化8米左右需要10亿年的时间。

有关水星冰山的形成，天文学家们是这样解释的：水星形成时，先凝固其内核同时伴随有剧烈的抖动，水星表面形成高山一样的褶皱，同时频繁地发生火山爆发，彗星和陨星又多次冲撞碰击，水星表面坑坑洼洼。至于水是水星本来就有的，还是后来由彗星和陨星带来的，科学家们对此有不同的意见。

美国科学家的新发现，激起了科学界研究水星的强烈欲望。尽管水星是否有水仍需要进一步的研究和考证，但相信科学界会坚持不懈，直至找到最确切的答案。

水星上有什么

人们平常很难看到水星，这主要跟水星与太阳之间的角度有关。水星距太阳最近时约4500万千米，最远时达6900万千米。从地球上看去，其距太阳的角距离最大不超过28°，水星仿佛总在太阳两边摆动。因此，水星几乎经常被"淹没"在黄昏或黎明的太阳光辉里。只有在28°附近时才能见到它。据说，哥白尼去世前抱憾终生的一件事就是未曾见到水星。

在中国古代水星被称为"辰星"。水星的英文名字是Mercury，水星绕太阳运行的速度的确很快，每秒约48千米，它只需要88天就能绕太阳公转一周。这同那些绕太阳缓慢行进的遥远行星相比，水星简直在疯狂地绕着太阳跑。在很长一段时期里，天文学家一直认为它的自转周期跟公转周期一样长，也是88天。

有些人不相信水星的自转周期为88天，但由于受仪器、技术等方面的限制，人们还无法确知水星的自转周期。随着天文学观测水平和仪器精密程度的提高，天文学家终于测出了水星的自转周期。1965年，美国天文学

水星表面的主要特征为卡路里盆地，它是由一个直径100公里的物体撞击后形成的。冲击波以撞击点传遍整个星球并导致了另一边山脉的隆起。

家用一架世界上最大的射电望远镜（口径305米）——阿雷西博天文台射电望远镜，向水星发射了雷达波进行探测，它测出了水星精确的自转周期为58.646天。原来，水星绕太阳公转2圈的同时，绕其轴自转3周。据此进行推算，水星的自转周期刚好是公转周期的2/3。

科学家此后对水星进行了更深入的探测和研究，但即使是当时地球上最好的望远镜也很难让人们看清水星里面的情况，于是，科学家们采用了一种高精度的工具——行星探测器。美国于1973年11月3日发射了"水手10号"行星探测器，这架行星探测器也是迄今地球上的唯一"访问"过水星的宇宙飞船。这次发射的主要任务是探测水星，顺便考察一下金星。它的总重量约528千克，从磁强计杆顶端到抛物面天线外缘的宽度达9.8米。宇宙飞船飞行了3个多月后，于1974年2月5日飞越金星，离金星最近时有5000千米。飞船在对金星考察的同时，借助于金星的引力"支援"，使其改变了运动的速度和方向，进入了一条飞向水星的轨道，3月29日，宇宙飞船终于到达水星上空。

航天科学家对这艘飞船的运行轨道做了极其精心的设计。当它到达水星上空并进行观测之后，就成为一颗绕太阳运行的人造行星了，绕太阳公转的周期设计为176天，也就是水星公转周期的2倍。这样，当水星刚好绕过2周时，飞船就遇到水星1次。"水手10号"飞船先后遇见水星3次。在最后一次（1975年3月6日）离水星仅326千米，拍摄了一批高质量的照片，其摄影镜头甚至能清楚分辨出水星表面一二百米大的地面结构细节。

科学家们通过对飞船的反馈资料进行分析，发现水星表面到处都是大小不一的环形山和凹凸不平的盆地和坑穴等。一些坑穴显示出陨星曾对同一地点撞击过多次。这与月球表面很像。然而，水星表面有一点不同于月面，直径在20～50千米的环形山不多，而月面上的直径超过100千米的环形山很多。水星表面上到处都有一些被称为"舌状悬崖"的不深的扇形峭壁，类似梯形斜坡，其高度1～2千米，长约数百千米。科学家们认为，这种细小轮廓的产生，是同早年由于行星内核状态改变，产生收缩，外壳大面积出现裂纹和移动有关。水星上有一条大峡谷，长达100多千米、宽约7千米，科学家为了纪念美国阿雷西博射电天文台测出水星自转周期一事，将其命名为"阿雷西博峡谷"。

另外，科学家们还发现水星向阳面和背阳面温差很大。由于水星上的大气很稀薄，阳光的热力长驱直入，在太阳的烘烤下，其向阳面温度高达427℃，而背阳面温度却冷到-170℃。水星表面一滴水都没有。水星质量比地球小，它的地心引力只是地球的3/8，所以其表面上的物体，只要速度达到4.2千米/秒就可以逃之夭夭。

"水手10号"飞船探测到水星有一个强度约为地磁场1/100的全球性的磁场。水星具有磁场，这说明它很可能有一个高温液态的金属核。科学家根据水星的质量和密度数值，推算应有一个直径约为水星直径2/3的既重又大的铁镍内核在其内部。

有关水星，人类至今仍有许多不明之处。马克思主义的认识论告诉我们，宇宙间只有未被认识的事物，而没有不可被认识的事物。对于水星的疑问，我们也应当采取这样的辩证唯物主义态度。我们坚信，水星的谜底在不久的将来一定会被彻底揭开。

探寻彗星活动的周期

据说在1682年的一天夜里，突然有一颗明亮的大彗星划过欧洲的夜空。许多人被这一奇特的自然现象吓坏了，以为世界末日就要来到，每天心惊胆战地过日子。当时英国有一位天文学家也看到了这颗彗星，他就是哈雷，当然他没有像世人那样惊慌失措。

哈雷从小就对天文现象感兴趣，他曾亲眼目睹过1664年和1665年出现的彗星。当时的人都十分迷信，大多数人都认为这两颗彗星的出现是不祥之兆，因为当年欧洲发生了黑死病瘟疫和伦敦大火。在父亲的帮助下，哈雷自己买了一架望远镜来观测天象。17岁时，他进入牛津大学王后学院学习。入学的第二年，哈雷就写信给格林尼治天文台台长、皇家天文学家弗兰提斯德，指出了他绘制的木星图和土星图中的计算错误。弗兰提斯德并没有不高兴，而是虚心接受了哈雷的观测记录。哈雷20岁的时候，依靠印度公司的资助前往圣勒拿岛，他在那里建立了南半球第一座天文台。通过长时间的观测，他编制出了第一个包含341颗南天恒星黄道坐标的南天星表。

哈雷具有良好的科学素养，他不仅勤于观测，而且还善于思考，这些良好品质为他后来研究彗星奠定了坚实的基础。

著名的天文学家开普勒当年曾不辞辛苦地研究火星运动，终于发现了行星运动的三大定律。这件事给了哈雷很大启发。他想，既然行星都按照一定的轨道有

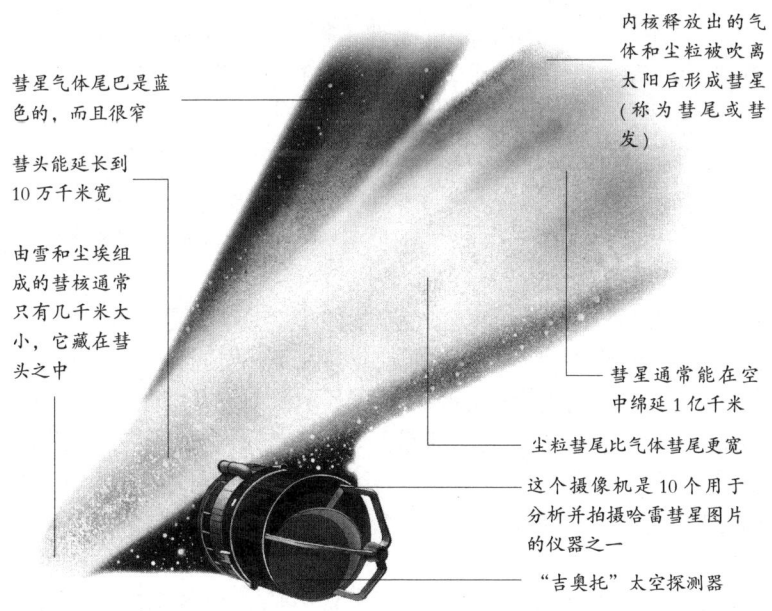

彗星的结构
彗星由彗核、彗头和彗尾三部分组成，彗核的主要成分是松散的雪和岩石尘埃，它伴随彗星生命的始终。

规律地运行，那么，彗星运行是否也有什么轨道呢？其中是不是也有某种规律性呢？一想到这些，哈雷就决心解开这个难题。他花了大量时间搜集有关彗星出现的历史记载，并且编制了一张表，把彗星出现的时间、运行路线和在天空中的位置详细地列在表中。由于种种原因，搜集到的资料都很不完整，所以哈雷对每一颗星的记录都要加以整理计算，以便分析研究。

经过反复地计算分析，哈雷发现1682年的彗星的轨道很像1607年、1531年出现的彗星的轨道，而且前后出现的时间间隔也比较接近，大约都是76年。他根据自己的研究分析，认为这3颗彗星很可能是同一颗彗星在不同时间里出现了3次。1704年，哈雷升任为牛津大学教授，第二年他就发表了《彗星天文学论说》，书中详细记述了1337～1698年间天文学家观测到的24颗彗星及其轨道。他在书中指出1531年、1607年、1682年出现的3颗大彗星的轨道十分相似，由此推断它们是同一颗彗星每隔75～76年飞临地球一次。他甚至预言：1758年底或1759年初这颗彗星将再度回归近日点。令人遗憾的是，哈雷没有等到亲眼目睹这一天文奇观。1742年，哈雷病逝于格林尼治，享年86岁。

哈雷虽然去世了，但他的研究事业还在继续，哈雷彗星开始向世人展示它的秘密。

1743年，一位名叫克雷洛的法国数学家根据哈雷的预言，运用万有引力定律，进一步计算了遥远的木星和土星对这颗彗星的引力效应。最后他得出结论，说该彗星届时会在土星和木星的引力作用下，稍微偏离原来的轨道，这样它回归时出现的时间要迟于哈雷原先预测的时间：它很有可能是在1759年4月出现。

1759年3月，这颗人们期待已久的明亮的大彗星终于如期而至。它比哈雷所预报的时间晚了一些。牛顿万有引力定律的可靠性也再一次得到有力证明。后人为了纪念哈雷在彗星轨道计算方面的伟大贡献，就把这颗彗星以他的名字命名。

彗星的中心部分是彗核，呈固体状，构成彗核的冰冻团块、尘埃在彗星绕太阳运动时都有一部分物质会损失掉。因为在彗星高速行进中，从彗核蒸发出来的气体、尘埃等被吹离彗核，进入到行星际空间。这样一来，彗星总有一天也会"寿终正寝"。彗核中所有的尘埃、气体一次次地蒸发，彗核的结构越来越松散，直到有一天它支离破碎，整个地被瓦解，彗星的生命也就终结了。

彗星的外观很庞大，其实它徒有其表，它的密度极小，整个就是"虚空"的。据说1000亿颗彗星的质量合起来才等于地球的质量，由此可见，它是多么"轻"了。彗核瓦解崩溃后，一部分物质可能成为很小的小行星；另一部分物质变成流星群，游荡在太阳系中。观测表明，地球上常见的流星雨现象和彗星有着十分密切的关系。由于彗星经常游荡在远离太阳的太空中，太阳很少影响到它的活动，许多早期太阳系的信息都保留在它身上，因此彗星在研究天体演化方面具有非常重要的作用。

据史料记载，中国人最早观测到哈雷彗星。中国有一部古书名叫《春秋》，里面清楚地记载着，鲁文公十四年（即公元前613年），"秋七月，有星孛入于北斗"，这里的"星孛"就是指哈雷彗星。这是世界上关于哈雷彗星的第一次确切文字记载。中国的另一部史书——西汉的《淮南子》中也有对哈雷彗星的文字记载："武王伐纣……彗星出，而授殷人其柄。"中国现代著名天文学家张钰哲先生经过推算指出，自公元前240年起，中国的史书记载了每次哈雷彗星的出现，无论是次数还是详细程度，在世界上都是最完备的。

哈雷彗星最近的一次回归是在1986年。现在历史已经跨进了21世纪，我们期待着哈雷彗星再次回归。

宇宙中的星星互相"残杀"吗

一般人都知道，宇宙中星体之间的距离非常遥远，彼此接近的机会很少。但经过天文学家的观测和研究，发现星球之间也存在彼此吞食、互相残杀的现象。科学家们把这类星球称为宇宙中的"杀星"。

前不久，美国天文学家就发现了这种互相吞食的现象。主角是两颗恒星，本来是一对双星，都已进入衰亡期，均属白矮星。这两个星球体积很小，可质量要比太阳大得多。经观测发现，这两颗星体靠得很近，彼此围绕着对方旋转运动。其中一颗大的恒星，在不停地吞吃比它小的那一颗。大恒星把小恒星的外层物质剥下来吸到自己身上来，自己变得越来越胖，质量和体积不断增大。而那颗被吞食的恒星，变得越来越小，现在只剩下一个光秃秃的星核了。

不止是星球之间存在着彼此吞食的现象，星系之间也在互相吞食和残杀。现在有一种理论认为，宇宙中的椭圆星系就是两个漩涡扁平星系互相碰撞、混合、吞食，从而形成的。有人曾经用计算机做过模拟实验：用两组质点代表星系内的恒星，分布在两个平面里，由于引力作用，在一定的规律作用下相向而行，逐渐融合成一个整体。由此可见，在一定条件下，两个扁平星系经过混合的确可以发展成一个椭圆星系。

在宇宙中，除椭圆星系和漩涡扁平星系外，还有一种环状星系。天文学家们发现，这类星系从外表来看，恒星分布于环状圈中，有时环中央什么天体也没有，有时有天体，有时环上还有结点。有科学家认为，这种环状星系的形成，就是由两个星系互相碰撞、吞食的结果。环中心的天体和环上结点，就是彼此吞食后留下来的痕迹。

加拿大天文学家科门迪通过观测还发现，某些巨大的椭圆形星系，其亮度分布异常，仿佛中心部位还有一个小核。他认为，这是一个质量较小的椭圆星系被巨椭圆星系吞食的结果。

但由于星系之间、天体之间距离都极为遥远，碰撞和吞食的机会很少。所以，要想证实以上说法是不是成立，还需要一段时间。

恒星是怎样产生的

恒星形成的原因在科学界有很多不同的解释。其中有1955年苏联著名天文学家阿姆巴楚米扬提出的"超密说"。根据他的学说，恒星是由一种神秘的"星前物质"爆炸而形成的。具体地讲，这种星前物质，密度非常大，体积非常小，它的性质人们还不清楚。不过，多数科学家都不接受这位科学家的观点。

和"超密说"不同的是"弥漫说"，其主要理论是：认为恒星由低密度的星际物质构成。它的来源能够追溯到18世纪康德和拉普拉斯提出的"星云假说"。

星际物质是一些极为细小的尘埃物质和稀薄的气体，它们在宇宙的各处构成庞大的像云一样的部分。这些物质密度很低，每立方千米只有 10^{-8} ~ 10^{-4} 克，主要成分是氢(90%)和氦(10%)，它们的温度为 $-200℃$ ~ $-100℃$。

根据观测，星云可分为两种：被周围恒星照亮的星云和暗星云。它们的形状有面包圈状、网状等，这些星云中，最有名的是猎户座的"暗湾"，其形状像一匹披散着鬃毛的黑马的马头，所以也被称为"马头星云"，但美国科普作家阿西莫夫说它更像迪斯尼动画片中的"大灰狼"的肩部和头部。

地球绕太阳运动时，一颗恒星看上去就会在遥远的恒星背景上发生微小的移动，这产生了视差角，视角差可用以测算恒星与地球之间的距离。

虽然星云是构成恒星的物质，但真正构成恒星的物质量非常大，所以构成太阳这样的恒星需要一个大约900亿立方千米的极为庞大的星云团。

由星云形成恒星，分为快收缩阶段和慢收缩阶段。前者历时约为几十万年，后者历时约数千万年。星云快速收缩后，半径仅为原来的1/100，平均密度提高了1亿亿倍，从而形成一个"星胚"。这是一个又黑又浓的云团，中心是一个密集核。在这之后进入慢收缩，也被称为原恒星阶段。这时星胚温度不断升高，高到一定的程度就会闪烁身形，以示其存在，并进入幼年阶段。但这时发光还不稳定，依然被弥漫的星云物质所包围着，并且向外界抛射物质。

随着近几十年射电技术的不断进步，人们对恒星起源问题又有了更为深刻的认识，但就研究本身来说还是有很多细节不清楚，特别是对快收缩阶段的物理机制的认识还不够全面，还需进行更全面的观测和更深入的研究。

德国大哲学家康德曾经提出著名的时空悖论，强调人们对于宇宙无限与有限的理解必定存在着矛盾。

古典力学创立者牛顿设想：宇宙就像一个无边界的大箱子，无数恒星均匀地分布在这个既空虚又无限的箱子里，依靠万有引力联系着。他的观点引出了有名的"光度怪论"：如果宇宙真的是无限的，而恒星又是平均地分布着，那么夜晚的天空就会变得无限明亮。

恒星是恒定不动的吗

赫恒星之所以被我们称为"恒星"，是因为在过去相当长的历史时期内，人们都持有这样一种概念：恒星是恒定不动的。那么，事实果真如此吗？千百年来，很多科学家都绘制过恒星的星座图形，似乎它们都以保持不变的位置镶嵌在苍穹中。

公元 8 世纪初，我国唐代杰出的高僧天文学家张遂，把自己测量的恒星位置与汉代星图相比较，才发现恒星不是恒定不动的。英国著名天文学家哈雷在 1717 年使用自己观测得到的南天星表，与 1000 多年前的托勒密星表进行了对比，终于证实，恒星的位置是有变化的。

那么为什么在感觉上恒星的位置没有发生变化呢？原来，恒星距离我们极远，它们的运动很难被人们所察觉。恒星的"自行"以每年多少角秒表示，角秒可以描述恒星每年在天球上移动的角度。观测表明，每一颗恒星都在做着方向各不相同的运动，有向西的、向东的、远离太阳的、接近太阳的。恒星的空间运动速度可分为两个分量：在人们视线方向称为视向速度，在这一方向，恒星表现为向前或向后运动；与视线方向垂直称为切向速度，在这一方向，恒星表现为向上或向下运动。由于切线速度表现为在天球上位移。根据物理学中的多普勒效应，天文学家们可以判定恒星视线方向的运动。

1848 年，法国物理学家菲佐指出，光源后退时，光谱线应向红端移动，即红移；而光源移近时，则应向紫端移动，即紫移。这就是移动光源的光谱特性。

1868 年，英国天文学家哈金斯首先测得天狼星正在远离我们，速度是 46.5 千米/秒。22 年后，美国天文学家基勒测出大角星以 6 千米/秒的速度趋近我们。这说明，恒星的切向速度是由所观测的恒星"自行"求得。恒星的运动也得以确认。

恒星为何会发出诱人的色彩

宇宙到底是什么颜色？我们看到的夜空中那些闪烁的星星都是一种颜色吗？事实上，天上的星星的颜色是不一样的。

细心的观星者一眼就可以看出恒星的颜色不一样，有黄色、红色、白色和蓝色等，就像五颜六色的明珠。恒星为何会有这么多种诱人的色彩呢？

到炼钢厂去参观过的人都知道：当钢水在钢炉里的时候，因为温度很高，它的颜色呈蓝白色；钢水出炉后，随着温度的逐渐降低，它的颜色也会变为白色，再变为黄色，再由黄变红，最后变为黑色。由此可知，物体的颜色受到物体温度的控制，天上的星星也是这样。它们的不同颜色表示星体表面的温度不一样。天体的温度不一样，它们发出的光在不同波段的强度也是不一样的。我们从恒星光谱型知道，不同颜色代表不同的温度。通常，蓝色恒星是指如参宿七、水委一、马腹一（甲星）、十字架二（甲星）和轩辕十四等表面温度在 25000℃ 以上的恒星。白色恒星是指如天狼星、织女星、牛郎星、北落师门和天津四等表面温度在 11500℃～7700℃ 的恒星。黄色恒星是指如五车二和南门二等表面温度在 6000℃～5000℃ 的恒星。红色恒星是指如参宿四和心宿二等表面温度在 3600℃～2600℃ 的恒星。

太阳的表面温度约 6000℃，按照这个理论，太阳应该是一颗黄色的恒星，我们为什么在白天看到的太阳发出耀眼的白色呢？原因是太阳离我们较近。假如有机会乘宇宙飞船到离太阳较远的地方，你就会发现，原来太阳也是一颗黄色的星星。美丽的晚霞和朝霞绽放的红光是由于地球大气对太阳光七种颜色中的红光折射偏角最大引起的。

陨石来自何处

科学家在对陨石的不断研究中发现，陨石是坠落地面的流星体残余。在对其物质成分进行分析后，科学家们认为可以把它们分为三大类：

陨铁，或称铁陨石，其主要成分为铁和镍等金属元素，如铁占 90% 左右，镍占 5%～8%，或更多些。已知世界最大的陨铁质量约 60 吨，现仍位于非洲纳米比亚南部的原降落地。中国的"新疆大陨铁"，质量约 30 吨，在世界上名列第三。

陨石是各类陨石的统称，有时为了加以区别，将其称为石陨石。多数石陨石中到处可见的是直径一般从零点几毫米到几毫米的很小的球状颗粒。由于它们形成于特殊的条件下，其结构也是前所未见的，在地球上的岩石内还没有见到过这种球状颗粒结构。含球状颗粒结构的石陨石中，球粒陨石约占 84%。1976 年 3 月 8 日，世界最大的石陨石降落在中国吉林省，在已收集到的 100 多块陨石碎片中，一块约 1770 千克的陨石碎片最为重要。

陨铁石，或称石铁陨石，一般比较少见，基本上由铁、镍等金属和硅酸盐各一半组成，是介于陨石和陨铁之间的一种陨石。

据估计，每年降落到地球上来的陨石大约有几千万颗，其中只有很少一部分被人们找到，其余的大部分都落到了荒无人烟的地方或江河湖海里去了。人们在接待这些"宇宙来客"之时，常常想弄清楚：这些神秘的天外来客究竟来自何处？科学界对此意见不一。

有人认为，陨石来自彗星。因为有些彗星没有彗发和彗尾，只有彗核，这就与小行星难以分别了。日本东京大学的古在山秀博士就认为，最早发现的小行星伊卡鲁斯，很可能就是由彗星转变而来的。有人还分析了小行星和陨石的结构，发现它们具有相同的物质构成。

但更多的人认为，太阳系的小行星带是陨石的故乡。小行星沿着椭圆形的轨道围绕太阳运行，当它们接近地球时，有些便离开了家乡，到地球上安家落户。

1947 年 2 月 12 日上午 10 点左右，在符拉迪沃斯托克北面的锡霍特·阿林山脉，一块巨大的陨石坠落了。根据陨石坠落的方向和角度，考察队员推测出了这颗陨石进入地球大气层时的轨道是细长的椭圆形，远日点在地球内侧，近日点在火星和木星的轨道之间。所有这一切都说明这颗陨石与小行星具有一致的轨道。由此可知，这颗陨石的前身是小行星。1959 年 4 月 7 日晚，科学家根据落在捷克斯洛伐克布拉格市附近菲拉布拉姆镇的那颗陨石的方向和速度，也推测出它的前身是小行星。1970 年，科学家根据降落在美国俄克拉荷马州北部的罗斯特西底的一颗陨石的运行轨道，也证明它曾是一颗小行星。

就在人们寻找陨石的故乡的同时，在陨石当中又发现了金刚石。作为一种比较坚硬的矿物，金刚石若没有高气压是难以形成的。那么，为什么金刚石会出现于陨石里呢？

前苏联地质学家尤里·波尔卡诺夫认为，陨石的母体要达到月亮那么大才可能形成金刚石。因为碳元素是构成金刚石的重要物质，至少需要二三万个大气压，才能使碳元素变成金刚石。月亮的半径是 1700 千米，它的中心部位的压力可达四五万个大气压。所以，陨石母体如果比月亮小，金刚石是难以形成的。

另一种说法谈到陨石中金刚石的成因时，认为金刚石是在陨石与地球相撞时形成的。在美国西部亚利桑那州科科尼诺县，有个世界闻名的巴林杰陨石坑。在这个陨石坑的边缘人们找到了含金刚石的陨石。有人认为，可能是在陨石与地球相撞时所产生的冲击力的压力下形成了这种含金刚石的陨石。只要有足够大的冲击力，就可能形成金刚石。在这种情况下，陨石母体可以不必像月亮那么大。

此外，还有一种观点认为，陨石在空间飘荡的时候，撞到了其他陨石。在足够的冲击力下，金刚石才得以产生。

尽管观点不一，但科学家们仍在寻找着新的证据，相信人类终有一天会寻找到陨石的真正的家园。

陨石撞击地面的过程示意图

陨石从宇宙空间坠落、燃烧、爆炸后与地球撞击，与地球相比，陨石显得太渺小了，被地球撞得粉身碎骨。陨石砸入地球表面，形成陨石坑。埋在陨石坑下的陨石多呈不规则锥形，表面的融蚀坑、融蚀沟很明显。

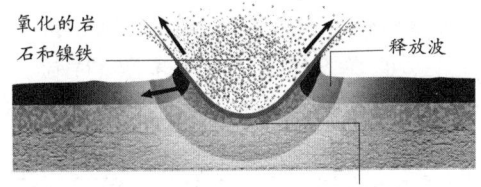

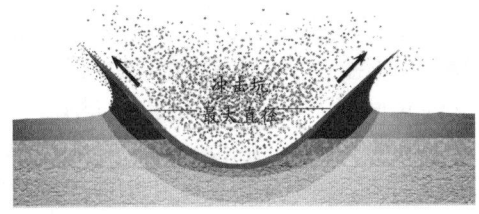

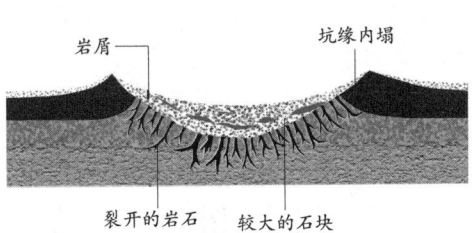

流星雨是怎样形成的

让我们先从流星谈起。在中国古代，有关流星雨的记载很多，它有很多有趣的名字，例如"奔星"、"飞星"、"枉矢"等等。你如果想观察它，最好在子夜到凌晨之前，并且秋季比春季易观测到。流星的成分主要是行星际空间的固体块和尘埃粒等，当它闯入地球大气层时，与大气摩擦，就会产生"流星雨"。偶然出现的零星流星一般被天文学家们称为"偶发流星"。偶发流星完全随机出现，平时一个夜晚，人们可以看到的偶发流星大约有一二十颗。一个1克重的流星体闯入地球大气燃烧发光，它那美丽的姿态可以与织女星相媲美。

人们在1827年观测到一颗名为"比拉"的彗星，这是一颗"偶发流星"。6年零9个月后，人们发现这颗流星又准时沿地球轨道经过。在1846年，当这颗彗星再一次如期而至时，人们发现它已经变成了一对孪生彗星。这是为什么呢？科学家们经过分析研究，认为这颗彗星曾经和太阳相距很近，它被太阳的引力拉成两半；后来，巨大的引力又将这颗两半的彗星扯成碎片；再后来，这对孪生彗星神秘地消失了，不知是飘向宇宙的其他地方，还是变成流星殒落了。

怎样解释流星雨产生的原因呢？

这是因为在宇宙中有许多像"比拉"那样的彗星，随着时间的推移，或许在某一时刻，这颗彗星便被瓦解成碎片了。但是彗星瓦解后形成的数不清的彗星尘粒构成了流星体，并且仍然运行在原来的轨道上。无数流星体物质和尘埃在浩瀚无边的太阳系中，围绕着太阳公转，这就是流星群。当这些流星群在地球引力的作用下冲入大气层时，便出现了壮观的流星雨现象。

流星雨每次出现的规模大小不一，这主要取决于每小时出现的流星的数量。"流星暴"是指在一小时内有1000颗以上的流星坠落。

流星像箭一样从一个地方向四面八方射出去，这个地方的中心点被称为辐射点。辐射点在英仙座的流星群，被称为英仙座流星群；辐射点在天琴座的流星群，则被称为天琴座流星群。以此类推，各个流星群就都有了各自的名字。

可以想象，天文学家曾不得不绞尽脑汁思考流星的起源，其中难免提出某些可能是荒诞无稽的推测。我们可以看到，科学上的成就就是有计划的长时间劳动所结出的硕果，它有时也有赖于各种条件的机缘巧合。然而，不应忘记的是，机会是很少的，必须善于利用它，并为之作好准备。使我们感到满意的是，我们已经发现了许多流星雨的奥秘。

宇宙中存在外星生命吗

美国爱达荷州的一名企业家肯尼斯·阿诺斯·阿诺德于1947年6月24日发现9个圆形物体以一种奇特的跳跃方式在空中高速前进，他是驾驶飞机在华盛顿的雷尼尔山附近看到这一奇景的。对此，几乎所有的美国报纸都进行了报道。阿诺德对记者说："它们像是碟盘一类的器具。它们的速度高达每小时1200英里，转眼间便消失在白云悠悠的晴空中……"这一事件发生后，一场世界性的飞碟热出现了。阿诺德贴切的比喻使"飞碟"一词在全世界广为流传。

1966年8月的一天，一艘UFO滞留在美国西部某导弹基地附近。该基地在对它进行录像之后，几乎将所有的导弹发射装置都对准了它。然而，一个奇怪的现象发生了：该基地所有的装置在同一时间瘫痪，其中一套最先进的装置顷刻间"熔为一堆废铁"，UFO却安然无恙。科学家们听到这个消息后，立即赶来。他们认为，击中装置的射线可能是一种类似于高脉冲的东西，否则，先进的导弹发射装置不可能变成废铁。

由于科学技术所限，科学家们还无法解释飞碟的这些异常特征，当代地球人还达不到这种令人惊叹的科学水平。飞碟究竟是谁制造和控制的呢？似乎只有一个答案，宇宙中还存在一种比地球人更高智能的生物，他们制造并控制着飞碟。

有关发现飞碟的报道在20世纪七八十年代以后变得更多，越来越多的人目睹了飞碟，整个世界为之疯狂。美国和西欧曾一度怀疑，飞碟是前苏联研制的"秘密武器"，因为每次飞碟均从北方飞来。前苏联外交部长葛罗米柯立即幽默地声明："飞碟可能是一个大力气的苏联铁饼运动员掷过来的。"

那么，飞碟究竟来自何处？它真的是外星人的宇宙飞船吗？在浩瀚的宇宙空间中，除了我们地球上的人类之外，是否真的还存在另一种外星生物呢？为此，各国的科学家们开始了对UFO以及外星生物的探索和研究。

关于UFO是否存在，许多科学家认为，大多数目击报告中的不明飞行物只不过是人们对极光、幻日、幻月、流云、海市蜃楼、地震光等已知现象的误认，并不存在什么不明飞行物。还有人认为UFO完全是一种心理现象，它产生于个人或一群人的大脑之中，也许与人类大脑中某个未知领域之间存在某种联系。

另外一些科学家则对UFO的存在持肯定态度，他们认为不明飞行物正在被越来越多的事例所证实，是一种真实的现象。他们还一针见血地指出，对UFO现象，我们不能轻易否认，UFO现象在许多方面的确不符合已知的基本科学规律，这只是因为现代科学家还不能正视因它的存在而造成的理论上的困难。然而，也并非所有持肯定态度的专家都支持"外星说"，认为外星球有高智慧生物，他们制造了UFO。有许多UFO专家表示，不应把相信UFO存在与相信它来自外星球划上等号。因为这只是根据其飞行性能、电磁性质以及目击者的印象推断出来的假设，并不能确定其正确性。他们还认为，不应该把相信UFO存在与相信UFO由外星人驾驶混淆起来。

那么，宇宙中真有外星人存在吗？

科学家们首先把研究的目标对准了太阳系。经过长期的探测分析之后，科学家们一致认为，在太阳系的八大行星中，土卫六、火星和木卫二上最有可能存在生命，但是这些生命可能只是一些非常低级的诸如有机聚合物之类的东西。

即使如此，人们不但没有放弃在太阳系众多行星中"寻找外星人"的计划，而且还把寻访的目标投向了更加遥远的银河系。科学家们相信，在银河系 1500 亿颗恒星中，极有可能存在同地球环境相似的星球。所以，在银河系中，智慧生命和文明社会存在的可能性不会是零。

美国从 1960 年开始通过侦听外星智慧生命发出的电波来寻找人类的同伴，这个行动计划被称为"奥兹玛计划"。美国康奈尔大学的天文学家弗兰克·德雷克用射电望远镜对波江座和鲸鱼座进行观测，企图搜寻能在星际传播的、波长为 21 厘米的氢原子辐射的电磁波。

前苏联高尔基市随后也开始了同样的守候。前苏联电波物理研究所的科学家们日夜"收听"太阳系附近的几百颗恒星发出的电磁波。

美国"先驱者 10 号"和"先驱者 11 号"在上个世纪 70 年代考察了土星、木星、天王星、海王星后，就直奔银河系。飞船上配备了一架特殊的电唱机和一套精心挑选的"唱片"。这些唱片被称为"地球之音"，因为它们记录了地球上各种有典型代表意义的信息，这些信息包括 116 张唱片、35 种地球自然音响、27 种世界名曲、大约 60 种语言的问候词。这些"地球之音"被镀上了金，还在外面加了金属防护罩，以便使其能在漫长的宇宙航行中得以完好保存。据估计，它们在宇宙中保存的时间可以长达 10 亿年，希望有一天，我们可以收到来自外星生物的问候。

虽然破解外星人和 UFO 之谜有极大的困难，但人类始终没有放弃在这方面的努力。随着一架架巨型射电望远镜的启用，宇宙飞船的频频发射和空间技术的飞速发展，相信我们很快就可以找到答案。

海洋奥秘

海水是怎样形成的
探秘美丽的海底"花园"
"海上坟地"马尾藻海
怎样掌握海洋中的气候变化
海水是什么颜色的
海水为什么是咸的
如何让海水变成淡水
……

海水是怎样形成的

对于我们地球上的人类来说，海水是再平常不过的东西，但是，你知道海水是怎样形成的吗？你想过海水来自何处这个问题吗？

大多数研究者持有这样一种观点，即海水是从天上来的，是由坠落的冰陨石形成的。尽管冰陨石坠落的现象我们很少看到，但事实上，冰陨石无时无刻不在撞向地球。由于人类居住的地方在如此巨大的地球上所占面积较小，所以也很少有机会目睹冰陨石降落，但确实有目击者。1958年8月30日，杰伊尔——一个15岁的美国孩子在马路上行走时，突然在他身旁一块东西落在了地上，溅起了许多碎末，他被吓了一跳。他凝神一看，发现是一块约3千克重的冰块落在身旁。杰伊尔捡起冰块，用容器装着，把它送到有关部门化验，科学家对这块冰块进行了仔细的鉴定，鉴定结果表明这是一块从天上坠落的冰陨石。1980年8月初，西班牙马拉加省洛拉市附近农庄里的农民在田地中干活时，突然，一个巨大的冰陨球从天上掉到了田地里，这个冰球体积巨大，有50千克重，落地碎裂。中国江苏省无锡市也曾发生过坠落冰陨石的现象，在国内成为一大新闻。

最先发现冰陨石几乎每时每刻都袭向地球的人是美国科学家弗兰特。他在对1981～1986年以来从人造卫星发回的数千张地球大气层的辐射图进行研究时，发现总是有一些小黑点在上面，每个小黑点出现的时间不长，只有两三分钟。那些撞入地球的冰球便是造成这些小黑点的原因，这些小点是它们融化成水汽留下的阴影。他利用这些小黑点的大小和出现的频率，估计每分钟坠入地球的冰球大约有20颗，冰球的平均直径大约为10米，每颗融化后形成的水重达100吨。也就是说每年地球可以从这种冰球获得10亿吨水。由于地球至今已有46亿年的历史，所以冰球共给地球提供了460亿亿吨水。而地球上全部水量只有145亿亿吨，是这个数目的1/3。据此，他认为，现在覆盖地球表面3/4的水，都是来自于冰球融化。他还推测，千百万年以后，海洋的面积将会因冰球的继续涌入而扩大。

另外有一些科学家则对水是地球固有的这一观念坚信不疑。他们指出，虽然有证据表明地面水的循环是火山蒸汽与热泉水的主要来源，但其中可能混有少量真正的"初生水"。根据计算，如果过去的地球的水汽释放量与现在火山活动时所释放出来水汽总量相同，那么现在地球大气和海洋总体积则只占几十亿年日积月累的总量的1/100。所以他们认为，火山蒸汽与热泉水中99%来自于地面水的循环，但却有1%是以地幔的"初生水"为来源，而海水的真正来源正是这部分水。

看来，"天派"和"地派"之间还存在很大的分歧，人们期待有更多的证据来证明海水的真正成因。

怎样掌握海洋中的气候变化

40多年前，国外有一艘考察船在大海中进行科学考察。

一天，船上的一位气象工作者在施放探测气象的高空气球时，无意中将气球贴在脸上，顿时，一阵剧烈的疼痛袭击了他的耳朵。他不由得喊叫起来，他感到似乎有一种使人感到疼痛的强烈振荡从气球中发出来。

奇怪的是，考察船在当天晚上遭遇了猛烈的风暴。当时，这位气象工作者只是把这些客观现象记录在航海日记中，并没想到这两件事情之间是否有某种关联。

当这艘考察船返航后，科学考察记录被送交科学研究机构，由另一位科学工作者进行审阅。当他看到气球事件的记录后，灵机一动，忽然想到这一个问题：气球振荡与海上风暴是不是有着某种自然联系呢？

为了揭开这个谜团，他们又做了许多实验，结果发现只有在恶劣天气的前夕才会发生气球振荡的现象。同时，他们还做出了更细致的工作，用特殊仪器把每次气球的振荡全部记录下来，并做出振荡曲线。经过比较他们发现，这种振荡和人耳听不见的声波振荡极为相似。

科学工作者坚持不懈地进行深入而又广泛的研究之后，终于从一只气球入手识破了"海洋的声音"的秘密。原来由于风暴所掀起的波浪与空气摩擦会产生次声波，次声波又引起了气球的振荡。人耳既听不到次声波，也听不到超声波。在自然界中，打雷、地震、极光、风暴等现象都能产生次声波。在上述事件中，气球收到的次声波是风暴所发出的。强烈风暴的涡流会导致次声波和很多频率的声波产生，因此当遥远的海面上发生风暴时，风暴中心就会产生强烈的次声波，并且很快向四周传播。次声波传播得又快又远，它在空气中的传播速度达到了每秒340米，远远超过了风暴本身的移动速度。所以，每当风暴来临时，次声波一定会先行，为它奏响"前奏曲"。

尽管人听不到这种声波，但在大自然中，有许多动物都能"听"到风暴的"前奏曲"。

生活在沿海的渔民对于自然界有着深刻的了解，他们通过长期的观察积累知道，如果海鸥和其他鸟类一早就飞出，深入海洋，那么傍晚一定没有强风；若鸟类在弱风中徘徊于岸边，或飞向海洋不远处，便预示着风力即将加强；当大群大群的鸟类从海上飞回海岸，鱼和水母成批地游向大海，生活在近岸水域里的小虾纷纷靠岸，则是风暴来临的预兆。这些动物都能感受到海洋的次声波。

在这些动物中水母对于次声波有着极强的天然感受能力。水母，又称海蜇，常常漂浮在水面上。水母很漂亮，有的是乳白色，有的是青蓝色，还有无色透明的，形状像是一把撑开的伞。有很多触手长在它的伞边上，还有长着小球的一个细柄，它就是水母的耳朵。

如果解剖水母，就会发现，在水母耳朵的内部，有一个极小的听石。听石虽小，却很重要，没了它，水母就不能感受到次声波了。次

水母对次声波有着极强的天然感受能力。

声波传来时，振动了小听石，听石再把次声波的振动传给水母耳壁内的神经感受器。于是水母听到风暴声，就从岸边游向大海深处，为自己寻找一个更加安全的家。

水母接收次声波的现象给了人们很大的启示，根据这个原理，人们成功设计出了"水母耳风暴预测仪"。这种仪器的钟形收音喇叭就相当于水母的听石。它被安装在轮船的甲板上或海岸边，由一个小电动机给它提供动力。它就像雷达的天线一样转个不停，搜索着次声波传来的方向。当喇叭收到"海洋的声音"时，在仪器的反馈系统的作用下，喇叭立刻停止转动，随后谐振器放大次声振荡，再传到压电石英片上，次声振荡便转换为电流振荡，经过电子放大器放大，在荧光屏上显示出来，或由微伏表指示出来。这种仪器对风暴的预测十分有效，能够准确地提前测出风暴袭来的时间以及强度。

目前，次声波接收器还不是很先进，只能发现离海岸不太远的风暴，距离一远它就无能为力了。但我们相信随着科学技术的发展，随着对大自然的进一步探索，不用多久，科学家一定能用更先进的观测技术预测到海洋上的任何一场风暴。到那时，人们就真正能够掌握海洋中的气候变化了。

海水是什么颜色的

蓝色的海水，绿色的海水，无色透明的饮用水……那么水到底是什么颜色的呢？

答案让人出乎意料：纯净的水是蓝色的。但是由于我们喝水的杯子容量有限，很难分辨出水的颜色来。如果将一个像楼房那么大的杯子装满纯净水，我们就能看到它真正的颜色——蓝色。

水的颜色取决于水分子对光的反射和吸收情况。白光，比如阳光，是由七色光混合而成的，也叫光谱。在光谱中，红色到绿色波长范围的光比较易于被水分子吸收，蓝色部分的光则被反射出去，所以我们就看见了蓝色。

但水的颜色并不是一成不变的。在远离海岸的海域中心位置，海水是深蓝色的，甚至有些发紫。然而在靠近陆地的海岸线一带，由远及近，海水的颜色由蓝变绿，再由绿变成黄绿。为什么会发生这样的变化呢？这与水里的浮游物质和水深有关。

在海岸线附近，海水充满了从陆地上冲来的有机物和小植物。其中有一些很小的绿色植物，叫做浮游植物，它们含有一种叫做叶绿素的化学物质。叶绿素能够吸收大部分的红色光和蓝色光，反射绿色光，于是我们看见的海岸边的海水就是绿颜色的了。

在宇宙空间里，海洋的颜色让我们都可以分辨出地球生命的聚集区。绿色的海域好比是陆地上的热带雨林，充满了生命；而深蓝色的水域是很少有生命的地方，这里好比是大陆上无人居住的白色沙漠。

海水和海水里的浮游物对光的吸收方式也改变着水面下的颜色。假设你正在驾驶一辆黄色潜艇，在水面附近，你的潜艇是黄色的，但是随着潜艇慢慢潜入海底，照到潜艇上的光越来越少，当潜艇下降到水下30米的深度时，阳光中的黄色、橙色和红色的光几乎都被水分子吸收了，只有蓝色和绿色的光能到达潜艇表面，这时你的潜艇就变成了蓝绿色。如果再往下降，直到绿色光也消失了，潜艇就变成深蓝色了。

浮游物越多，海水越混浊，对光的吸收量就越多。所以越是混浊的海水，你下降时看到周围环境变暗的速度就越快。

海水为什么是咸的

虽然地球上海水覆盖的面积最大，但现在全球都在提倡节约用水，这是为什么呢？因为大家都知道海水是咸的，并不能直接饮用。

海水为什么是咸的呢？

原来海水中有多种盐类溶解于其中。如果我们把分别盛有自来水与海水的盆子放在阳光下把它们晒干，就会发现，盛有自来水的盆子里什么也没有；盛有海水的盆子盆底上却留下白花花的一层，那就是盐。

那么，海里的盐又是来自哪里的呢？

关于这个问题，目前科学家们的说法还不一致，主要有两种说法：一种认为最初大洋中的海水所含的盐分并不多，甚至是淡水。而现在海水中有很多盐溶解在里面，这些盐是陆地上岩石土壤里的盐分，溶解在雨水中，流入小溪、河流，最后汇入海洋，随着岁月的流逝，水分慢慢蒸发而盐分逐渐积累。一些观测结果表明，现在每年有39亿吨的盐分经江河带进海中。另一种观点则认为最初的海水就是咸的，坚持这种观点的科学家对海水中盐分的变化进行了长期的观测，发现海水中的盐分并没有随着时间而逐渐增多。但是在地球发展的各个阶段中，海水中含有不同数量和成分的盐分，至今科学家们仍在探索产生这种变化的原因。

究竟有多少盐溶解在海水里面呢？根据试验，平均有35克盐溶解在每千克海水中。其中氯化钠（食盐）占的比重比较大，正是由于存在大量的氯化钠，所以海水才是咸的；硫酸镁、氯化镁、硫酸钾、硫酸钙和溴化镁等在其中也占一定的比重。海水的苦味就是由它们造成的。

可是在古巴东北部不远的大西洋里，却有一片淡水区域，直径约30米的。这里经常有往来的船只来补充淡水。

原来有一个巨大的泉眼在这里的海底深处，泉水是从地层下面能透水的岩层里涌出来的。泉水滔滔涌出，每秒钟可涌出40立方米的水量，它排开咸水，一个淡水区域就此形成了。

但是，海水有淡水泉的奇迹终究少有，世界上的水资源是有限的，世界上的淡水资源更是有限的，所以我们大家一定要节约用水，为我们的后代造福。

如何让海水变成淡水

如此丰富的水资源却不能直接被人类所利用，主要是因为海水中的盐分高达

33‰～38‰，根本无法使用。人类要想解决淡水紧缺的难题，淡化海水不失为一条良策。于是，科学家们迈开了探索的步伐并找到了一些行之有效的途径。

目前，人们已研究出了多种海水淡化方法，但比较常用的实现海水脱盐的方法主要有3种：蒸馏法、冷冻法和反渗透法。

最古老的海水淡化方法是蒸馏法，工艺较成熟，比较适用于处理海水。

这是一个大家都见过的方法，原理特别简单。当海水被烧开时会冒出热气腾腾的水蒸气，水蒸气没有什么杂质，遇冷会变成水，这一现象启发了人们。海水蒸馏成淡水的方法，也就是首先把海水加热到100℃，使海水冒出热气腾腾的水蒸气。水蒸气里不含盐分，然后让那些水蒸气通过特别的管子跑到专门预备的冷凝装置里。水蒸气到了那里变成了一滴滴的小水珠，这些小水珠聚集在一起就成了淡水。

蒸馏法尽管简单，但它耗时，而且得到的淡水十分有限，所消耗的能源也特别多。

为了减少能源的消耗，人们便创造了水电联产这种把发电与海水淡化结合为一体的、更为先进的办法。

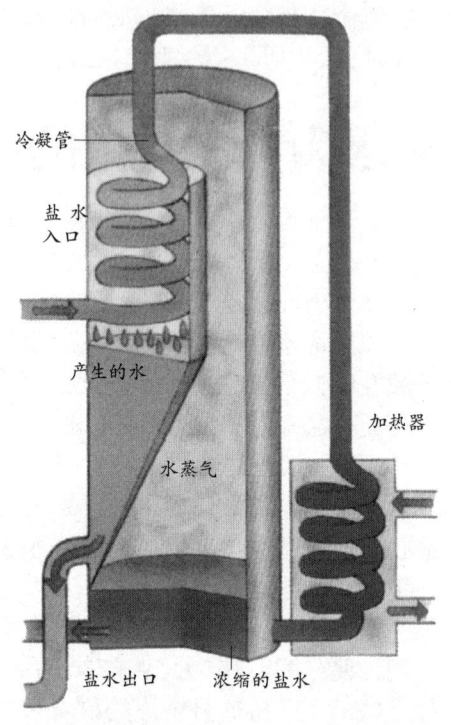

海水淡化装置示意图

这种方法是把大中型海水淡化厂与火力发电厂相结合，利用电厂余热的低压蒸汽作为淡化装置的主要能源。这样，电厂高压、低压的蒸汽能量都得到了充分利用，大大提高了整个工作系统的热效率，大幅度降低了发电与淡化两个系统的设备造价和基本建设费用。因此，海水淡化的成本大为降低。

那冷冻法是怎样的呢？我们知道，在日常生活中，含盐的液体是不结冰的，只有淡水才结冰。海水虽然是咸的，但它依然会结冰，人们对此疑惑不解。后来，人们尝试着把海水冰冻，发现海水不但会结冰，而且结出的冰一点也不咸。原来当海水不完全凝结时，它就分成几乎不含盐的冰和浓缩的盐水。于是人们把冰从盐水中分离出来。就这样冷冻法便诞生了。

冷冻法比较简单，只要使海水温度处在冰点以下，海水中就会结出冰块，然后把冰块取出来融化，就成了淡水。

把海水变淡的另一个主要方法是反渗透法。反渗透法是用一个特殊结构的膜来过滤咸水。这种膜和平常有孔的过滤器不同，它是没有孔的。对咸水施加足够的压力，盐分等水合离子留了下来，而水却能穿过膜，变成人们生活所需要的淡水。

上述是将海水中的淡水分离出来的3种方法，除了这些方法外，还可以采取离子迁移法和化学法除去海水中的盐。食盐以及大多数其他的盐类的结构是由带相反电荷的离子组成的。水合物是这样形成的：当盐溶于水时，这些离子就与水松散地结合在一起。因此，当晶体结构分解时，能独立移动的离子就产生了。由于这两种离子所带的电荷相反，当它们处于两个带相反电荷的电极中间时，它们的运动方向是相反的。用这种方法使海水脱盐，就是离子迁移法。而化学法则包括离子交换法和沉淀法。

既然有这么多的方法可以用来淡化海水，我们就没必要再为淡水的缺乏而发愁了吧？不，以上几种方法虽然可以实现海水的淡化，但是它们都有一个致命的弱点：成本高昂。据估计，用任何方法淡化海水，都需要11.6度电才能生产1000加仑的淡水。为什么耗电如此大呢？我们都知道水是液体，而液态水分子具有紊乱的分枝结构。如果通过离子转换进行淡化，液态水分子的分枝特性仍然是一个障碍。将水合离子推进由分子紧密结合形成的"乱网"一样的液体，就需要能克服阻力的额外的能量。因此，无论采用哪一种淡化方法，淡化成本都是目前最大的难题。

但科学家们为了人类的共同命运，仍在坚持不懈地进行着探索。大家都知道，水的汽化需要消耗热，水蒸气冷凝成液态水则要释放热能。在蒸馏中，这两个过程是同时进行的。这个假设引起了人们的兴趣：如果在同一温度上进行两个过程，热量的释放与消耗正好相等。这样，除了偶然的热量丧失之外，在用蒸馏法进行淡化时，就不需要热能了。这一设想从理论上看起来虽然简单，但实际操作中却没有那么简单方便，因为咸水的蒸汽压略低于淡水。从蒸馏器中释放出来的咸水的蒸汽，在蒸馏器的温度下无法冷凝成液态淡水，除非采用增大其压力和密度的办法将其稍微压缩。如果进行了压缩，在蒸馏的汽化过程中消耗的热量，将在冷凝整齐时在冷凝器中全部释放出来。如果能找到回收所有这种热量的方法，就可将热量再用来蒸发新的咸水。用这种方法回收热量所消耗的唯一能量，是用来压缩咸水产生的蒸汽，直到其压力与蒸馏器温度下淡水的压力相同为止。

科学家在热带和亚热带进行了利用太阳能蒸发盐水的大量实验。太阳能的优点是不需成本，缺点是其能量较弱。随着覆盖在液体上的水蒸气密度不断增大，还没有到达水面，太阳光就被遮掉了。此外，利用太阳能蒸发的最大弱点还在于不能回收蒸发水的过程中消耗的热量。目前，用电热补充太阳能的尝试也不太成功。

为了克服这一缺点，科学家们又研制出新的淡化方式，这种方法是多效蒸发。在多效蒸发中，消耗的热能大部分能从冷凝器中回收，而且可以反复使用好几次。因此产生的蒸馏水量至少为原来的2.5倍，而在蒸汽压缩蒸馏中，则可能为原来的10倍。

此后，又出现了一些更能节约热量的海水淡化法，如真空急骤蒸馏法。这种方法主要是使用低压废蒸汽——蒸汽发生过程中的副产品或工业中产生的蒸汽和电能的副产品进行海水淡化。这种方法，由于预热、热输入和急骤蒸馏的循环被打破，形成许多连续的回路，盐水在回路之间反复循环，因此，和其他方法相比较，蒸发过程需要在温度更高的环境中完成。在回路之间，一部分盐水通过前效应反复循环。和其他方法相比较，这种方法利用热的效率高，因为温度越高，产生的蒸汽越多。现在人们仍对这种方法进行研究，还可能有进一步的突破。

随着研究的加深，向海洋索取淡水已取得了惊人的发展。目前，从事海水淡化工作的国家越来越多，据统计，已有 40 多个国家开始了研究和生产。他们采用的淡化方法各不相同。不过，淡化海水的基本原理不外乎上面所提到的。全世界的海水淡化工厂大约有 7500 多个。在沙特阿拉伯的尤拜尔，有一个淡化厂每天可提供 4.85 亿升淡水，目前是世界上最大的淡化厂。在我国南部海疆西沙群岛的永兴岛上的军民也是靠海水淡化来获取大部分的生活用水。有关数据显示，世界上淡化水的日产量已达到 2300 万吨，并以 10%～30% 的年增长率攀升。世界海水淡化市场年成交额已达 10 亿美元。

虽然海水淡化已取得了一定的成效，但前景却不容乐观。世界上还有许多国家在这方面的研究尚处于起步阶段。因此，目前的海水淡化技术还需要世界各国共同努力去进一步完善，从而解决人类的淡水问题。

潮汐是怎样形成的

大海潮涨潮落，每天都会发生。涨潮时，海水就会淹没大片的海滩；落潮时，大片的海滩又会露出来。古时人们把白天发生的涨潮叫做"潮"，晚上发生的涨潮叫做"汐"。可是你们知道"潮汐"是怎样形成的吗？

很早以前，这个秘密就已被古人所知。比戴阿斯——古代希腊的航海家，在大西洋沿岸，曾仔细观察和记录过潮汐现象。他发现每月有两次特别小的低潮和两次特别大的高潮，并且总是在新月和满月的时候出现高潮，而总是在上弦月和下弦月的时候出现低潮。因此，他断定，是月亮导致了潮汐现象。

王充——中国东汉时代的哲学家则直言："涛之起也，随月盛衰。"名诗《春江花月夜》中也有"春江潮水连海平，海上明月共潮生"的诗句。

现代科学证实月亮确实是导致潮汐现象的重要原因。

由于万有引力在各个星球间都会存在，因此，我们可以设想一下，如果整个地球都是海洋，那么在月球引力作用下，地球会变成什么样子呢？地球这个"水球"就会被拉成蛋一样的长形的球。背着月球和对着月球的两点就凸起。每 24 小时地球就会自转一圈，对某一点来说，就会有两次涨落在那个地方的海面发生。也就是说，从这一次落潮到下一次落潮，或者说，从这次涨潮到下一次涨潮，大约只有半天相隔。

那么每月会发生两次特别大的高潮和特别小的低潮的原因又是什么呢？

原来，万有引力也存在于太阳与地球之间，但由于太阳距地球较远，因此引力不大，平时不明显。可当月亮、地球和太阳处于一条直线即满月或新月时，太阳对海水的引力和月亮对海水的引力就会起重叠作用，这时，就会有大潮出现，这就好比两个人来拔萝卜就较容易拔出萝卜一样。当月亮和太阳与地球形成直角即上弦月或下弦月时，两种引力作用方向不同，就会相互抵消，这时小潮就会出现，这好像是一个大人往前拉车,而后面却有一个小孩向后拖车,车前进的速度因此变慢一样,由于每月出现两次这种情况,所以每个月特别大的高潮和特别小的低潮出现两次。

海洋潮汐这种自然现象极其复杂,除主要与月亮、太阳和地球的相对位置有关外,海盆的形状、海水的深度、气流的情况等对之也会产生一定的影响。

如何让海洋潮汐造福人类

如前所说,潮汐之所以形成,是因为地球上的海域在太阳和月亮引力的影响下,海水发生了周期性运动。其实,从理论上来说,潮汐现象一般不明显,因为太阳的引潮力可使海面升高 0.246 米,月亮的引潮力可使海面升高 0.563 米,二者的合力最多可使海面升高 0.8 米,这应该就是潮汐的最大幅度。

但大自然的神奇常常导致人类的理论测算失败,事实上许多地方的潮汐非常明显,其幅度远远超过 0.8 米。在一些海峡、海湾和河口地带,又浅又窄,在这种情况下,潮差可高达 7~8 米,最高的可达十几米。中国的钱塘江大潮十分有名,其最大潮差达 8.9 米;而加拿大芬地湾的潮汐更加惊人,最大潮差高达 19 米。

潮汐固然壮观,但对人类而言,它在引起海水流动的同时也带来了巨大的动能,这才是人们真正感兴趣的。

这种动能就是潮汐能。据估计,海洋潮汐能的总储量超过 10 亿千瓦。潮起潮落中竟有如此大的能量!海洋潮汐能的前景十分美好,吸引了各个濒海的国家的关注,一场研究、开发和利用潮汐能的热潮也就不可避免地发生了。

其实,在人类历史上,海洋潮汐能算得上是被最早开发的海洋动力资源之一。古人早就注意到这一巨大能源了。有记载表明,早在中国唐朝时期,沿海居民就利用潮汐能来碾磨五谷。如今,1000 多年过去了,科学技术有了很大发展,人类对潮汐的开发利用更加充分,已远超前人。

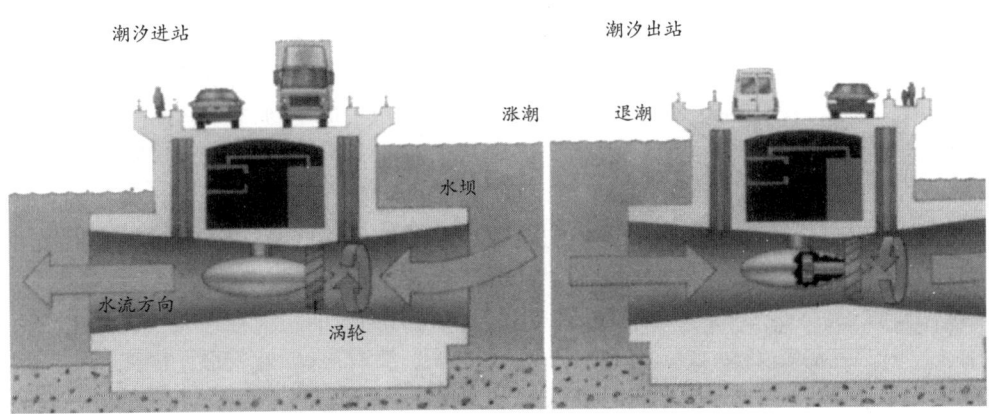

潮汐发电示意图

潮汐主要被用来发电，经过多年探索，潮汐能开发技术已趋于成熟。潮汐能开发技术主要包括电站的运行方式、发电机组、海上建筑物、施工方法、防腐和防生物附着以及泥沙淤积等。潮汐发电的原理很简单，就是水轮机在海水涨落造成的水位差的驱动下，带动发电机发电。目前，潮汐发电技术已被人们用于实践，并且人们不再满足于小规模的潮汐发电，潮汐发电技术正向着中、大型方向发展。

法国是这方面的佼佼者。二战之后，世界第一家潮汐能利用协会在法国成立，此后，法国又于1967年建立了一座双向发电站——朗斯潮汐发电站。这座发电站举世闻名，其运行作业装机容量是世界上最大的，迄今为止已安全运行了30多年了。朗斯潮汐发电站的运行方式是单库双向式，由正向发电获得电量。电站总装机容量高达24万千瓦，年发电量达5亿多千瓦/小时。

1968年，前苏联继法国之后，建成了基斯洛潮汐电站，但其总装机容量远小于朗斯电站，仅为2000千瓦。1984年，加拿大建成了安内纳波利斯潮汐电站，一台全贯流式实验机组装在电站内，容量为2万千瓦。

20世纪90年代之后，随着科技的发展，潮汐电站的建设得到了长足发展。除了法国之外，前苏联、日本、英国、美国和加拿大等潮汐能丰富的国家都在大力推进潮汐发电技术的发展。目前，全世界已建成24座大型潮汐电站。即便如此，人类对潮汐能的运用也只是很小的一部分，潮汐能仍然有巨大的开发潜力。据世界动力会议估计，20年后，全世界潮汐发电量将会大大增加，可能达到1000～3000亿千瓦。

潮汐对于人类，不仅适于观赏，而且其蕴藏的能量还可以成为人类可加以利用的资源，这对人类的意义十分重大。

海啸是怎么产生的

人们都说"无风不起浪"，但为什么有时没有风的时候也会波涛汹涌，形成几十米高的巨浪呢？这种现象叫做"海啸"，海啸发生时会造成严重的破坏。那么，海啸是怎么产生的呢？

海底地壳的断裂是造成海啸的最主要原因，地壳断裂时有的地方下陷，有的地方抬升，震动剧烈，在这种震动中就会有波长特别长的巨大波浪产生，这种巨大的波浪传至港湾或岸边时，水位就会因此而暴涨，向陆地冲击，产生的破坏作用极其巨大。1923年9月1日发生著名的日本大地震时，海浪剧烈地冲击横滨，海水带走了几百所房屋。事后发现，那里附近海底的地壳不仅断裂开来，并且发生巨大的位移，所以会形成270米的隆起与下陷的高度差，所以会形成海浪滔天的景象。

有时海啸是由海底的火山喷发造成的。像1883年，爪哇附近喀拉喀托岛上的火山喷发时，在海底裂开了一个深坑，深达300米，激起高达30米以上的海浪，巨浪把3万多人卷到海里。火山在水下喷发，海水还会因此沸腾，涌起水柱，难以计数的鱼类和海洋生物死亡，在海面上漂浮。

此外，有时海啸还是海底斜坡上的物质失去平衡而产生海底滑坡造成的。

也有些海啸是由风造成的。当强大的台风从海面通过时，岸边水位会因此而暴涨，波涛汹涌，甚至使海水泛滥成灾，由此造成的损失是巨大的。这种现象被人们称为"风暴海啸"或者"气象海啸"。

但是，海啸也并不是所有的海底地震的必然后果，一般而言，海啸是否会出现，与沿岸的地貌形态也有很大的关系。

海洋为何会五光十色

蓝蓝的大海，是许多人的神往之处。可是你知道吗，海洋并不只是蓝色的，在我们的地球上，还有"红海"、"白海"、"黑海"。可以说海洋也是五光十色的，那么你知道海洋为什么会五光十色吗？

我们知道，红、橙、黄、绿、蓝、靛、紫，这7种颜色混在一起，就成了白色的太阳光。我们可以做一个简单的实验来证明这一点：把一张稍厚些的纸皮，裁成一个圆盘，将圆盘分成7个部分，在这7个部分分别涂上7种颜色，那么，飞速地转动圆盘，我们看到的就是白色而不再是多种色彩。

这7种颜色有不同的波长，所以被海水吸收、反射和散射的程度也不同。红光、橙光和黄光光波较长，具有很强的穿透力，水分子容易吸收，射入海水后，随海水深度的增加逐渐被吸收了。一般来说，在水深超过100米的海洋里，这3种波长的光，大部分都被海水吸收。而蓝光、紫光和部分绿光光波较短，具有很弱的穿透力，遇到海水分子或其他微粒时会有不同程度的散射或反射发生，人眼对其中的紫光比较不敏感，因此我们就觉得海水是蓝色。

天气也会影响海水的颜色。万里晴空的蓝天会映得大海更蓝；而在云雾的笼罩下，则使大海显得灰暗。

海水的颜色还会受到海水中泥沙的含量的影响。海水中含有的泥沙若很多，则呈现出黄色。中国的黄河注入勃海时，由于携带了大量的泥沙所以附近海面呈现黄色。

冰层覆盖的海面，则看来为白色。被称为"白海"的海面呈现出一片银白色，是因为1年中有200多天为冰层所覆盖。

此外，海洋的颜色还会受到海洋里生物的影响。

位于亚洲和非洲大陆之间的一个长方形的海，海水微红，被称做"红海"。原来有一种叫"蓝绿海藻"的植物在那里海水的表面繁殖生长。这种植物死后，呈现红褐色，海面上漂浮着大量死去的蓝绿海藻，海水就变成红色的了。

"黑海"的海水流动缓慢，海水很脏，鞭毛虫在海里繁殖生长，看起来就成了黑色；在极地海洋中，海水因甲壳类动物的大量繁殖而被染成玫瑰色；一种蓝绿色的水藻生活在波罗的海里，使它看起来像绿色的草原……所以海洋不全是蓝色的。由于不同的原因，海洋也呈现出五光十色。

红海是怎样形成的

亚洲阿拉伯半岛与非洲东北部海岸之间有一个狭长的内海，那就是红海。红海所处的地理位置极为重要，它是沟通欧亚两大洲、连接印度洋与地中海的天然水道，每年都会从这里通过成千上万艘船只。但是，你知道红海是怎样形成的吗？

大陆漂移与板块学说诞生以后，我们可以从一个全新的角度解释红海的形成。科学家们认为，大约在4000万年以前，红海并不存在。那时非洲与阿拉伯半岛并未分开。后来，地壳在今天红海的位置上发生了断裂，阿拉伯半岛的陆地不断北移，红海各地不断拓宽；通过曼德海峡，印度洋的海水灌了进来，今天的红海才得以形成。

板块学说认为，先前陆地分裂并不断移向两侧才形成了如今的大洋。世界海洋的发育历史被这一学说分成若干阶段。比如，大西洋发育正旺盛，叫壮年海；太平洋正处在发育后期，叫老年海；地中海在不断变小，叫残留海；而红海则刚刚开始发育，称为幼年海。

据科学家研究，目前红海正在"发育"，每年向两侧扩张大约2厘米。

那么，红海有没有变成大洋的可能呢？

板块学说认为，只要红海不停止扩张，随着时间的推移，红海最终一定会变成一个名副其实的大洋。但也有人持有另一种观点，他们认为，即使红海今天的扩张运动一直在进行，但却并不是海底扩张会一直持续下去的有力保证。据现在所知的材料介绍，在以往漫长的地壳发展过程中，有的板块移动不止，最后有大洋形成；有的板块则在移动过程中，由于其他板块的阻挡，移动中途停止，并未有大洋形成。

那么，红海会不会变成大洋呢？结果尚未可知，我们只能等待时间的证明。

骷髅海岸之谜

纳米布沙漠是世界上最古老、最干燥的沙漠之一。它起于安哥拉和纳米比亚的边界，止于奥兰治河，沿非洲西南大西洋海岸延伸2100千米。纳米布沙漠被凯塞布干河分成两个部分，南面是一片浩瀚的沙海，北面是多岩的砾石平原，沿斯凯利顿海岸一带的海洋汹涌险恶。这里是世界上唯一沙漠（纳米布沙漠）与海洋（大西洋）相连处，充满了诡异恐怖色彩的骷髅海岸就在南纬15°~20°之间的纳米比亚西海岸，这段海域因为南极洋流与大西洋洋流相遇，称为"西风漂流"地带。这条500千米长的海岸备受烈日的煎熬，沿岸的年降雨量不到25毫米，湿度来自夜间所形成的露水以及每隔10天左右夜间吹入海岸的雾霭，它们有时深入内陆达50千米。8000万年以来，寒冷干燥的风从海洋吹来，在海岸边堆积起巨大的沙丘。每15年一次，奎士布河的威力足以将沙子全部冲到大西洋海岸，而来自西南方向的海浪再把沙子堆上海岸。这种沿岸的冲积过程可能持续上千年，沙粒被不停地冲来冲去。在海浪下面，沙子堆积成巨大的水下沙坝，加上强劲的海风和频繁出现的大雾，使这里变成了危险的水域。几个世纪以来，无数的船只只要到了这里，就难逃死亡的厄运。

因失事而破裂的船只残骸，杂乱无章地散落在古老的纳米布沙漠和大西洋冷水域之间的海岸线上。葡萄牙海员把纳米布这条绵延的海岸线称为"地狱海岸"，也有人把它叫做骷髅海岸。

骷髅海岸从大西洋向东北一直延伸到内陆的沙砾平原，从空中看下去，是一大片褶痕斑驳的金色沙丘。由于长期以来风力的作用，海岸沙丘的岩石被刻蚀得奇形怪状，犹如妖怪幽灵，从荒凉的地面显现出来。南风

纳米布沙漠一种名叫"千岁兰"的植物
这种植物是一种十分古老的物种，能存活 2000 年，可长到 3 米高，所需的水分是从两片皮革般的带状叶子吸入的。

从远处的海吹上岸来，布须曼人称这种风为"苏乌帕瓦"。"苏乌帕瓦"吹来时，沙丘表面向下塌陷，沙粒彼此剧烈摩擦，发出隆隆的呼啸声，交织成一首奇特的交响乐，就像是献给那些遭遇海难的海员，以及在迷茫的沙暴中迷路的冒险家的挽歌。

纳米比亚自然资源非常丰富，素为西方殖民主义国家觊觎垂涎。19 世纪德国人大举入侵纳米比亚，但从未占领骷髅海岸。骷髅海岸是水手的墓地，无数的船只迷失在这里的浓雾和狂暴的海水中。据说一支德国部队进入骷髅海岸，却因为迷失方向而全军覆灭。一些外国船队也企图在这里登陆，由于浪高滩险，大多船只都触礁沉没。

1933 年，一位瑞士飞行员诺尔从开普敦飞往伦敦时，飞机失事，坠落在这个海岸附近。有一位记者指出他的尸骨终有一天会在"骷髅海岸"找到，可是诺尔的遗体一直没有被发现。

1942 年，英国货船"邓尼丁星"号在库内内河以南 40 千米处触礁沉没，21 位乘客包括 3 个婴孩，以及 42 名男船员侥幸乘坐汽艇登上了岸。那次救援共派出了两支陆路探险队，从纳米比亚的温德胡克出发，还出动了 3 架本图拉轰炸机和几艘轮船。其中一艘救援船触礁，3 名船员遇难。这次救援用了近 4 个星期的时间才找到所有遇难者的尸体和生还船员，并把他们安全地送回。

1943 年，人们在这个海岸沙滩上发现 13 具无头骸骨横卧在一起，其中有一具是儿童骸骨；不远处有一块风雨剥蚀的石板，上面有一段写于 1860 年的话："我正向北走，前往 60 英里外的一条河。如有人看到这段话，照我说的方向走，神会帮助他。"但至今仍没有人知道遇难者是谁，也不知道他们为什么暴尸海岸。

骷髅海滩四下望去，满目萧疏荒凉，这片海岸上的一切都不同寻常。

奥秘世界

通向大海的四万个台阶

　　有这样一个神话，爱尔兰巨人麦科尔砌筑了一条路，从他在爱尔兰北部安特里姆郡的家门穿过大西洋，到达他的死敌苏格兰巨人芬哥尔所在的赫布里底群岛。但狡猾的芬哥尔先发制人，在麦科尔还未采取行动前先来到爱尔兰。麦科尔的妻子机智地骗芬哥尔说，熟睡中的麦科尔是她襁褓中的儿子。芬哥尔听了很是害怕，心想襁褓中的儿子已如此巨大，他的父亲一定更加巨大。于是惊慌地逃到海边安全的地方，并把走过的路拆毁，令砌道不能再用。

　　另一种传说则要平和、浪漫得多。传说，中古爱尔兰塔拉王的武士芬恩·麦库尔爱上了内赫布里底群岛中斯塔法岛上的一位身材高大的美女。为了把这个美人脚不沾水地娶回阿尔斯特，芬恩建造了这条通往斯塔法岛的石路……

　　今天，在爱尔兰北部海岸的贾恩茨考斯韦角，我们看见的数以万计的多角形桩柱，据说就是巨人麦科尔砌筑的。这些桩柱大部分高6米，拼在一起成蜂巢状，构成一道阶梯，直伸入海。从高空望下去，砌道就像沿着270多千米长的海岸，由人工砌筑出来的道路，往北一直延伸到大西洋。这些屹立在大海之滨已有数千万年之久的岩层，以其井然有序的排列组合及美轮美奂的造型，令无数游人叹为观止。

　　贾恩茨考斯韦角的桩柱可分作大砌道、中砌道和小砌道三组，人们饶有兴趣地给这些桩柱起了些古怪的名字，如被峭壁隔开的"烟囱顶"和"哈米尔通神座"

"巨人之路"的石柱林
密密麻麻的玄武岩石柱鳞次栉比地从海里凸出，有些呈灰色并已严重风化，其他则呈漆黑或是深黛色。

观景台。

早在 17 世纪，学者们就开始研究它的起源，"巨人之路"及其周围海岸也很快发展成为一个科学家们频繁光顾的地质学研究场所。撇开神话不谈，关于这条砌道是怎样形成的，就有多种认识。曾有人认为这些桩柱是海水中的矿物沉积所成。

今天，大部分地质学家都认为砌道的形成源自火山活动。约在五千万年前，爱尔兰北部和苏格兰西部的火山活动活跃，从火山口涌出的熔岩冷却后僵化，在新爆发之后，另一层熔岩又覆盖在上面。熔岩覆盖在硬化的玄武岩层土上冷却得很慢，收缩也很均匀。熔岩的化学成分令冷却层的压力平均分布于中心点四周，因而把熔岩拉开，形成规则的六角形。这个过程发生一次后，基本形状就确定下来了，于是便在整层重复形成六角形。冷却过程遍及整片玄武岩，这样就形成一连串的六角形桩柱。在首先冷却的最顶上一层，石头收缩，裂成规则的菱形，当冷却和收缩持续，表面的裂缝向下伸展到整片熔岩，整片玄武岩层就被分裂成直立的桩柱。千万年来，坚硬的玄武岩柱不断被海洋侵蚀，就成了高低不一的模样。石柱的颜色则受到冷却速度的影响，石内的热能渐渐散失后，石头便氧化，颜色由红转褐，再转为灰色，最后成为黑色。不过，地质学家的这种观点还有待进一步考证。

百慕大海底的"魔鬼"是谁

最近几十年来，多宗空难、海难在百慕大发生。明明是晴朗的天空、平静的海面，但是行至此地的飞机和船舰以及其上的乘员却在此神秘失踪，赶到此地的救难者也没有发现任何遇难飞机、船舰的残骸碎片，甚至看不见一个遇难者的尸体。为了揭开这"百慕大之谜"的谜底，世界上许多专家学者从不同科学研究领域探索这一奇异现象。

最早提出海底水文地壳运动说的是苏联科学家。他们说，由于百慕大具有极为复杂的海底地貌，所以百慕大海域的洋流纵横交叉、变幻莫测，在这里形成了多个巨大的漩涡流。后来，美国科学家又对这种说法进行了进一步的证实。他们认为，百慕大海域不仅有巨大的漩涡，而且在阳光照耀下这些涡流产生的温度极高，这就会造成飞机爆炸、舰船沉没。

第二种主要观点就是次声波地磁引力说。在 20 世纪 30 年代苏联地球物理学家舒列金提出海浪可以产生次声波。他们认为，在发生地震、火山喷发、风暴等自然灾害的同时，次声波也随之产生，虽然人耳听不见这种次声波，但是，它的破坏力却十分巨大。当人处在振荡频率约为 6 赫的环境中时，便会感觉极度疲劳，随后出现焦躁不安和本能的恐惧，而当人处在频率为 7 赫的环境中时，人的神经系统和心脏陷入瘫痪。百慕大这个区域次声波最为活跃，致人于死地的次声波就是导致种种惨剧发生的"魔鬼"，它是罪魁祸首。

70 年代中期，美国科学家提出了"虚幻之谜"说，拉里·库什不仅是位科学家，还是一位出色的飞行员，他利用大量可靠的原始资料进行了深入细致的研究，最后的研究结果令世人震惊。他认为，百慕大三角之谜根本不存在。他说发生在百慕大三角的这些奇异现象，早在16世纪哥伦布探险时期就有记载。这些记载说，由于飓风、狂浪、海啸等自然灾害造成了这里的空难或海难，很多研究百慕大的学者也知道这些记载，但没有重视它，甚至有些学者为了猎奇，有意或无意地把这些情节删去，更有些人还把本不是发生在百慕大的空难、海难事故传作在此地发生，以图一鸣惊人。最后，他呼吁："再也没有任何相信有超出科学可知性范围的事会比相信百慕大之谜更为糟糕了。百慕大明显是伪科学、超科学、科学幻想和宣传上胡作非为的最典型的例证。"

到底百慕大海底的"魔鬼"是谁？是不是人为的虚构呢？看来人们之间的争论还会继续下去。

南海船只失踪与百慕大三角有关吗

在南海海域中存在一个三角地带，三角地带的三个顶点，西为香港，东为台湾，南为菲律宾的吕宋岛，面积约10万平方千米，自1979年以来，就在这个海域，在不到10个月的时间里，竟然有3艘货轮神秘失踪，没有任何踪迹可寻。难道在中国的南海区域也存在一个类似于百慕大的"魔鬼三角"吗？

1979年5月中旬的一天，碧空万里，海面平静如镜。在台湾以南、吕宋岛以北的海域一艘菲律宾货轮"海松"号突然遇难，事先并无任何预警。讯号来得如此急促，以致都来不及报告遇难原因和失事的简单情况。过后前去该海域的救难者发现上千吨的"海松"号既没有留下一点点残骸，25名菲律宾和日本籍船员也不知下落。

12月6日，就在"海松"号遇难之地，由菲律宾首都马尼拉驶往台湾的"安吉陵明"号货轮同样神秘地消失了。

仅仅两个月后，即1980年2月16日，东方航运公司的"东方明尼空"号改良式货柜轮从香港出发。该货轮设备比较先进，当货轮行驶到香港与马尼拉之间时，东方航运公司马尼拉办事处的通讯控制室突然接到"东方明尼空"号发来的求救讯号。求救讯号只发到一半，联络即中断。据讯号可以推知，这艘船遇难时正在南海"魔鬼三角"海区行驶。搜寻和救援飞机来到失事地点，未找到任何残迹。30名菲律宾船员也消失得无踪无影。

人们惊异地发现，这个南海"魔鬼三角"的位置，与著名的百慕大三角的位置恰好遥相对应。

这些海难事件与发生在百慕大的海难事件竟然如此惊人地相似，而且，两地的地理位置又遥相对应，那么，南海船只的失踪与百慕大确实有关联吗？

死海真的只有50年的寿命了吗

在巴勒斯坦、以色列和约旦之间有一片美丽而又神奇的水域，湖水中含有很多的盐分,所以没有任何生物在其中生存,这片水域就是"死海"。但现在死海将要成为真正死亡的海了,环保人士预言,死海只有50年的寿命了,这是真的吗?

约旦大学地质学教授萨拉迈赫在经过多年研究后表示,现在死海水面的实际高度是海平面以下412米,虽然在许多地图上标明死海的水面高度是海平面以下392米,但那个数据是20世纪60年代作出的。这个数字说明,在过去40年里死海的水面正以每年0.5米的速度下降。按照这个速度下降下去,10年以后,死海的面积将从60年代的大约1000平方千米减少到650平方千米。如果不能有效控制水位,也许死海最终会变成一个小湖;而萨拉迈赫教授发出警告,如果任凭死海水面不断下降而不采取任何措施的话,死海最终将会真正死去,并永远从地球上消失。

为了能够让死海存活下去,人们已经发起了一项名为"让死海继续活下去"的活动,该活动的目的是使死海应有的水位得到早日恢复。一个名为"地球之友中东分部"的环保机构在欧盟的支持下希望让死海目前正面临的严峻形势和恶劣的状况在一年半的时间内为全世界人所知。环保主义者表示,是人类造成了死海水位的下降,因为死海主要的水源——约旦河中的河水不再流入死海。相反,因为地区性缺水,为了满足工业、农业和家庭用水,约旦河河水的70%改道流向以色列和约旦。此外,许多动植物因死海南部生态平衡的破坏而死亡。环保主义者将以下一组数据列了出来:在过去30年中死海表层面积缩小了1/3,宽度由80千米缩至50千米,水位下降了25米。

不管死海是否真的只有50年的寿命,有一点却是确定无疑的,即死海正在萎缩,那么即使它的寿命不止50年,它也是面临着"死亡"的威胁,如果我们地球上的人类再不采取措施,相信它的寿命比50年也不会长太多。我们应该从现在努力,让我们所喜爱的死海继续活下去!

挪威海底为何成"公墓"

1980年,一场高难度的悬崖跳水表演正在挪威沿海的一个寸草不生的半岛上进行。这个半岛一面是山,三面环水,悬崖下的海水深不可测。来此观看表演的人非常多。

发令枪响后,30名跳水运动员纵身飞下悬崖,做着各种精彩的空中动作,钻进了大海之中。观看者全神贯注地欣赏着运动员的精彩表演。可是,半小时过去以后,却没有一人从水面露出。人们大为惊慌,运动员的亲属伤心痛哭。表演的组织者派出救生船和潜水员寻找运动员,可是连下海救生的潜水员也一去不复返。

第二天,一名配有安全绳和通气管的经验丰富的潜水员下海探索。当安全绳下到距海面只有5米时,潜水员、安全绳和通气管以及船上的潜水救护装置被一股强大的力量全部拖进海底。表演的组织者又向瑞典抢险救生部门求援,该部门派来一艘瑞典的微型探察潜艇。可令人惊异的是,这艘微型潜艇入海后也无影无踪了。

美国派来了一艘海底潜水调查船,地质学家豪克逊主持调查工作。在电视监视器前豪克逊不停地对海底进行搜索。突然,他发现有一股强大的潜流在离船不远的地方,那 30 名运动员、2 名潜水员的尸体和那艘微型潜艇就在那股潜流中,在海底还有不少脚上拴有铁链的人的尸体。

豪克逊非常吃惊,觉得难以置信,但监视器录像机也录下了这一奇景。

是什么造成了运动员和潜水员不能返回水面而被淹死呢?那些脚上拴着铁链的尸体又是来自何处?他们是些什么人?为什么他们的尸体没有腐烂?这些奇异现象令人百思不得其解。关于这个海底"坟墓"人们议论纷纷,说法不一。

经过调查以后豪克逊提出了自己的一些看法。他认为在这里暖流和寒流进行交汇,因而一股强大的漩涡在此形成,附近的人和物体都被卷入涡心,带到水下。这里水质纯净,没有各种生物所需要的微量元素,所以尸体不会腐烂。至于那些脚上拴着铁链的尸体的来源,豪克逊认为,曾经有一座大监狱在这个半岛上,死去的犯人不断被监狱的看守们投入海底,逐渐聚积了这么多尸体。豪克逊还认为,这里寸草不生是因为半岛上的岩石能产生一种看不见的射线,这座大监狱被遗弃可能就是这个原因。但豪克逊也没有搞清楚究竟是一种什么射线。

这只是豪克逊的个人观点。对于海底"公墓",别的学者也有不同的看法。

但想知道海底"公墓"是如何形成的,还得等待更为深入的研究。

海上怪火之谜

不知你有没有听说过海火现象,但在现实生活中,确实多次出现过海火现象。

1933 年 3 月 3 日凌晨,日本发生三陆海啸时,人们看到,当波浪从釜石湾口附近的灯塔涌进海湾中央时,三四个像草帽般的圆形发光物在浪头底下出现,它们色泽青紫,横排着前进,像探照灯那样向四面八方照去,光亮可以使人看到波浪中的破船碎块。一会儿,这圆形发光物被互相撞击的浪花搅碎,然后发光物就消失了。

1975 年 9 月 2 日傍晚,在江苏省近海朗家沙一带,海面上有微微的光亮随着波浪的起伏跳跃,就像燃烧的火焰那样不断跳动,这种现象一直到天亮才逐渐消失。第 2 天夜晚,再次出现亮光,而且更加光亮。以后逐日加强,到第 7 天,人们看到有很多泡沫在海面上

海上怪火

涌现，当渔船驶过时，激起的水流异常明亮，水中还有珍珠般闪闪发光的颗粒，好像灯光照耀一般。几个小时以后，这里有地震发生。1976年7月28日唐山大地震的前一天晚上，在北戴河、秦皇岛一带的海面上，人们也曾看到过这种发光现象。在秦皇岛的码头，人们看到有一条火龙似的明亮光带在海的中间。

1985年6月的一天，天空晴朗，太平洋洋面平静如镜，满载货物的50艘巴西船正在航行。突然，船队发现一片大火在前边的海面上忽然燃起，凶猛的火向船队扑来。全体船员奋力协作，终使船队逃脱厄运，才没有发生大的损失。可是令人不解的是，在浩渺无际的海面上，在没有其他船只、人员和任何燃火物的情况下，大火为什么会突然燃起呢？

1986年和1987年，在大西洋和印度洋的海面上美国船队和日本船队也分别同类似的海上怪火相遇。

联合国曾组织有关地质学家和海洋专家调查过海火现象。调查报告有以下3种解释：第一，由于有难以计数的可燃发光微生物群在海底聚集，随着生殖繁衍其群体日益增多乃至涌出水面，在加上光照和空气中的氧气等条件，怪火就可能酿成；第二，由于恰是可燃气体如沼气等的气源在海底，气源膨胀后可燃气体从水面冲出，与空气摩擦燃着成为怪火；第三，由于海洋波涛汹涌，巨浪互相撞击，如条件合适，水中氢氧元素便会被分开，在强光的照耀下，怪火便会发生。

一些学者认为，怪火的出现与地震关系紧密。美国科学家曾对圆柱形的花岗岩、煤、玄武岩、大理石岩等多种岩石试样进行压缩破裂试验，结果发现当有足够大的压力时，这些试样便会爆炸性地碎裂，在几毫秒内会有一股电子流释放出。周围的气体分子正是在这股电子流的激发下发出微弱的光亮。这些样品若被放在水中，水也会因它碎裂时产生的电子流发出亮光。因此，当发生强烈地震时，很多的岩石破裂，破裂过程中释放的电子流足以产生让人感到眩目的光亮。

但怪火现象极为复杂，可能是因为不同的原因造成的，所以海火也具有不同的特征。但海火现象确实存在，且其形成机制我们尚未完全弄清，尚待我们继续探索。

海洋里到底有没有美人鱼

自古以来就有不少关于美人鱼的记载。2300多年以前，巴索斯——巴比伦的历史学家在《万代历史》一书中写到美人鱼，他说美人鱼形似鱼，但还有一个像人的头长在鱼头下，身体下部有一双与人一样的脚和鱼尾相连。此人鱼用人类语言讲话，发音清楚，能引导人们洞察科学、文字和各种艺术，有着天赋的理性，这种巴比伦的鱼种，每天日出时浮上海面，日落则潜入水中。17世纪一本《赫特生航海日记》于伦敦出版，书中对美人鱼的描写是这样的："人鱼露出海面的胸和背和一个女人极为相像，它的身体大小和一般人一样，白色皮肤，长长的头发披在背上，在它潜水下去时，它海豚似的尾巴可以被人们看到。"

美人鱼被中国古人称为人鱼。《三峡记》中记载，明月峡中有两条清亮的小溪从东流向西。南朝宋升明二年（公元478年），一个叫微生亮的渔人在溪中钓得一条银白色的大鱼，有1米多长。大鱼被他放在船内，并在其上盖上青苗，回家后，他准备做饭，却见一位十七八岁的姑娘在草下睡觉，长得俏丽可爱，她自称是高唐的女儿，此后与生亮共同生活3年后离去，后来才知道那女子乃高唐中的美人鱼。

据说在欧洲维斯杜拉河畔有一个美人鱼，她用优美的歌声将害人的水怪打败。人们在河畔上的城市——华沙建造了一座美人鱼的铜像以示对她的纪念。美人鱼一手执盾，一手仗剑，双目望着远方，成为波兰首都的标志。

1830年，一条美人鱼标本在英国伦敦皇家博物馆展出，当时全世界轰动。后来专家对此作鉴定，是用猴头和鱼身巧妙缝合而成的人头鱼。1980年8月，"红海海岸发现美人鱼"的消息和照片被科威特《火炬报》报道过。然而，不长时间后，有人揭露那是一条鱼和一个女人的裸体照片拼接翻拍而成的，这条新闻根本就不属实。

近年来，科学家做了大量深入的研究。一些专家持有这样一种观点，即它有可能是类人猿的一个变种。这些人猿由于长期在海里生活，下部退化为鱼尾，以适应在水中生存。而中国的科学工作者对此却持异议。他们多次在南海发现一种同美人鱼类似的海兽，经科学鉴定，它们非人也非鱼，是古代遗存动物——儒艮，这种哺乳动物的祖先曾在陆地上生活，也用四肢行走。随岁月变迁，对水中生活也适应了，前肢演化成胸前鳍，而后肢已退化，尾巴进化为尾鳍，以便于游泳。全身呈锤形，3米左右长，约1000斤重。圆头大眼，十分奇特，幼仔胎生，靠母乳喂养长大。雌儒艮在哺乳时用双鳍将幼仔抱住，头部及胸部常露出水面，有着很大的双乳，在晚露映射下，就变成"红裳妇人"。儒艮有稀少的长毛长在背上，这大概就是人们看到的美人鱼的头发了。

"巨人岛"真能让人成为巨人吗

在浩瀚无垠的加勒比海上，有个名叫"马提尼克岛"的神奇小岛。由于生活在该岛上的成年人甚至老年人的身体能长高，因而此岛被称为"巨人岛"。在1948年起10年左右的时间内，一种令人们百思不得其解的奇异现象在这个小岛上发生了：凡是居住在岛上的成年男女都长高了几厘米，成年男子平均身高达1.90米，成年女子平均身高也超过1.74米。如果岛上的青年男子身高不到1.80米，就会被同伴们耻笑为"矮子"。

更让人惊奇的是：不仅岛上的土著居民，而且成年的外地人到该岛来住上一段时间后也会很快长高，例如，64岁的法国科学家格莱华博士和他57岁的助手里连博士，在该岛上仅仅生活两年，2人就分别增高了8厘米和7厘米。巴西40岁的动物学家费利在该岛上只考察了3个月，离开该岛时竟已长高了4厘米。年近花甲的旅行家帕克夫人在该岛旅行一个月后也长高了3厘米。

其实，不仅人，而且岛上的动物、植物和昆虫长得更快。岛上的苍蝇、蚂蚁、甲虫，从1948年起的10年左右时间里蜥蜴和蛇都比通常增长了约8倍，尤其是该岛的老鼠,竟长得像猫一样大。

到底是什么神秘的力量促使该岛上的成年人、动物、植物和昆虫躯体生长速度这么快?这种神秘的力量又是源自何种物质呢?

许多科学家为了揭开此谜远涉重洋,来到该岛长期进行探测和考察,提出了多种假说和猜测,提出了各种各样的解释。有些人认为,可能有一只飞碟或其他天外来客于1948年在该岛的比利山区坠落,这个埋藏在该岛比利山区地下的飞碟或其他天外来客的残骸发出了一种性质不明的辐射光,能使该岛生物迅速增长。但一些科学家对上述说法提出了质疑,因为世界上是否有飞碟或其他天外来客,到目前为止仍然不能肯定。

还有一些科学家认为,该岛蕴藏着某种放射性矿藏,它能使生物体机能发生变异,因而"催高"了身体。

"巨人岛"的秘密究竟如何?至今仍是一个谜,有待科学家们去进一步研究。

海底的珊瑚还能活多久

海水随着污染、破坏性捕鱼活动正在迅速变暖,世界各地的珊瑚礁已变成地球上被威胁最严重的生态系统之一。据最新的统计资料,世界上1/4的珊瑚礁已经"死亡"。如果全球变暖现象持续下去,很可能在30～50年内地球上的珊瑚礁就要消失。

人类正在毫不吝惜地破坏珊瑚礁。印度尼西亚和菲律宾的渔民为了捕鱼,先用氰化物或炸药使生活在珊瑚礁里的鱼"晕"过去,然后将珊瑚礁掰碎,从珊瑚礁裂缝中拉出处于昏睡状态的鱼。目前,世界上只有不到1%的珊瑚礁被保护起来,以免受到如此"残害"。

珊瑚虫是一种奇特的动物,或许正是这种奇特性成为它容易被毁灭的原因。珊瑚虫居住在自己分泌的石灰质骨骼聚集成的"岩石"里,其食物主要为单细胞的藻类。可能全球变暖就是藻类对珊瑚虫的"报复武器":温暖的海水促进了藻类的新陈代谢,它们代谢产生了更

丰富多彩的海底世界

多的氧气。珊瑚虫在40℃的海水中会出现氧气中毒现象，然后它吐出藻类，留下白色的物质（这种现象叫做白化），同时停止再生长。如果海水温度还是那么高，珊瑚虫最后会死去。

1998年发生厄尔尼诺现象使那年海水的变暖区域从非洲开始，穿过印度尼西亚、菲律宾海域一直延伸到太平洋，当时许多珊瑚出现了白化现象。据海洋生物学家推测，如果珊瑚不再被另一次热潮或者风暴袭击，那么它们"白化"后，要想完全"复原"，起码要花上20～50年的时间。如果北半球热带水域的温度自1984年以来每10年上升1℃，厄尔尼诺和强风暴发生的频率将越来越高，每隔三四年珊瑚就会出现一次白化现象，那么珊瑚在不久的将来将永远消失了。

另外，海洋中还有专门吞噬珊瑚的鱼类。隆头鱼尖利的前牙十分大，像鹦鹉的嘴一样集中在一起，它用尖利的牙齿咬碎珊瑚，另外一副牙齿用来磨碎珊瑚，将其磨成沙粒；它还吃珊瑚虫的肉和藻类，一条隆头鱼每年破坏的珊瑚达到1吨重。

采取措施拯救珊瑚，这是当前的一个十分紧迫的任务。

鲸鱼集体自杀之谜

2002年1月4日，美国海军和国际海洋渔业署发布了一份报告，首次承认海军2年前进行的声纳研究实验产生的巨大海底噪音导致了海洋哺乳动物的触礁与死亡。

当时，在进行了一系列实验后，在24小时之内，有16头鲸在巴哈马群岛令人不可思议地群体触礁。哈佛医学院和伍兹霍尔海洋研究所对该事件中死亡的两只鲸进行了部分取样分析。解剖学家通过对鲸类的听觉研究发现，鲸的内耳有出血现象，同时伴有听觉系统、大脑和喉部的损伤——这些地方都是对强烈压力非常敏感的部位。在其中一具鲸尸中，连接耳鼓鼓膜的韧带断裂了，这显然是受到了强烈的肢体冲撞。发生触礁事件之前的10年里，该地区的鲸类科学研究报告中类似这种受到冲撞的鲸从来没有出现过。

国际爱护动物基金会的海洋生物学家发表了一项声明："我们很清楚海军的研究对国家安全至关重要，但我们希望通过不杀害或威胁海洋哺乳动物的其他方式进行研究。"许多环保组织还十分关注海军另一个引起争议的声纳研究项目——低频活动声纳。现在已有替代技术可以在不对海洋哺乳动物的生存造成损害的前提下达到同样的保证国家安全的目的。但有些决策者却无视鲸类专家关于低频活动声纳的担忧，这不能不让人感到遗憾和愤慨。

我们一直在研究大批鲸鱼神秘触礁自杀的原因，这可能也是源于人为噪音，噪音不仅将鲸的耳鼓膜震破了，而且可能导致其大脑神经发生紊乱，以致丧失了辨别力。面对水中的声纳波，它们无法忍受，只有逃离海洋，才能得到解脱，于是出现了上述大批鲸鱼集体触礁自杀的现象。

海洋生物为何能预报海啸和地震

你听说过海洋生物能预知天气变化吗？科学家们告诉我们，在大洋里生活着的好多生物都能准确地预知天气变化。人们往往能从这些海洋生物的特异反应预知天气变化，从而有所准备。这些海洋生物是如何预报天气的呢？科学家们在经过长时间的探索和研究之后慢慢地知晓了其中的奥秘。

平静的海面上，一群水母舒展开的身体像伞花一样，彩绸条似的触手从身体上伸出来舞动着，就像无数白色伞花在蓝天中飘舞着。突然，它们收缩身体，惊恐万状地向大海深处逃去。水母为何有如此反应？

科学家们经观察研究后发现，原来水母得到了暴风雨欲来的信息。水母独特的听觉系统使它能迅速地知道天气欲变的征兆。其原理是这样的：空气和海浪在形成台风的过程中不断发生摩擦，便会产生8～13赫兹的频率，以每秒钟1450米以上的速度传播的次声波，它预示着风暴即将来临，就像天气预报一样。这种人们听不到的次声波，水母却能听到。

不仅如此，水生生物还能预报地震。1932年，日本本州岛东北部海岸附近突然发现生活在500米深处的鳗鱼成群结队地浮出水面。不久，日本发生了强烈的地震。

科学家分析后认为：地震之前，地层深处压力增大，形成的压电效应能分解海水，产生一些带正电的微粒。而鱼类的耳朵和身体上的侧线器官能十分灵敏的感觉到高频和低频振动，对地震引起的"场"变化也能预先感觉到。

地震和海啸也可以通过海洋生物发光来得知。海洋中的许多生物都能发光，如细菌、蠕虫、海绵、珊瑚虫、水母、甲壳类、软体类、鱼类等。由于海底磁场、水压等环境条件在地震来临之前发生异常，使得海洋生物的发光加剧。千万个海洋生物聚集一起发出强大的光柱、光雾，这告诉人们地震和海啸即将来临。日本本州三陆1896年6月发生了海啸，海洋发光细菌随着汹涌的波涛，像电灯一样将海洋照耀得如同白昼。

美丽的海洋是一座巨大的宝库，科学家们正不断加大海洋研究的力度。我们期待着能发现更多的"天气预报员"，从而更好地为人类服务。

海豚为什么与人类如此亲近

长久以来，海员们有一种迷信，那就是海豚会把快要淹死的人托出水面，使之获救，或者形成防御队形把他们围起来，使他们免受鲨鱼的伤害。

关于海豚救人的故事和传说很多。其中有关阿里昂的故事最为出名。据希腊历史学家希罗多德记述：一次，有位叫阿里昂的音乐家，带着巨额钱财乘船返回希腊的科林斯。在航海途中，水手们对他的钱财十分眼红，有了谋财害命的念头，威胁说要杀死他。阿里昂见情况不妙，求水手们允许他演奏生平最后一曲，演奏完毕就投入大海。谁知阿里昂优美动听的音乐，引来大批海豚聚集到船的周围，正在他生命垂危之际,海豚游了过来,它们驮着他,一直把这位音乐家护送到伯罗奔尼撒半岛。尽管这个故事流传已久,但许多人仍感到无法想象。可是近年来,出现了越来越多有关海豚救人的报道,事实证明,海豚救人并不是编造出来的。

那么海豚为什么救人?曾有人认为,海豚的智慧与人类十分接近,可与黑猩猩媲美,具有救人的意识。可是多数科学家提出反对意见,认为海豚还不具有救人的意识,因为如果要有救人的意识,首先必须具备判断能力,其次要有救人的责任感,再次还要有把人救上岸的正确行动。尽管海豚很聪明,但它毕竟是动物,要综合这些复杂的救人思维过程,是完全做不到的,所以属于无意识救人。

美丽的海豚是人类的救星。

海洋生物学家通过长期观察研究,认为海豚救人与它的固有行为关系十分密切。

幼海豚产出后,母海豚会将它托出水面,有时甚至可达几小时或数天之久。海豚互相之间也常常互助,尤其是帮助某个生病或负伤的同伴。海豚生性喜欢游戏,经常像海狸那样推动海面的漂浮物体游戏,而且它们对人很友好,甚至会主动找人玩耍。因为海豚具有这些固有行为,所以当它们遇到一个失去知觉的人时,会误把他当作一个漂浮物体,本能地将其托起,并推上岸去,从而使人获救,这很可能出于好奇心。

食人鲨鱼为什么会救人

1985年圣诞节,在美国佛罗里达州发生了一件鲨鱼救人的事件。

在美国佛罗里达州读大学的罗莎琳小姐,在放假后与两位同学一起乘轮船去游览马勒库拉岛风景区。返回路上,渡轮底舱突然漏水,船上乱成一团。罗莎琳穿上救生衣,和两位同学一起费力爬上了一艘救生艇。当时这个艇上已挤满了18人。由于人多和大家惊慌失措,小艇不停地剧烈摇晃。于是,她和两位同学跳入海中,奋力向着远处的陆地游去。

风浪越来越大,一块又大又重的东西将她撞了一下。她拼命地把这块漂来的大约一二米的木块紧紧抓住，在大海中随波漂流。她无法控制自己游向远处的陆地。过了好几个小时，她突然又看到远处有一团黑色的东西向她迅速冲过来。她定睛一看，原来是一条两三米长的鲨鱼，锋利的牙齿在闪着吓人的光。她知道现在遇到了吃人的魔王，她不可避免地要葬身鱼腹了。

让她奇怪的是，鲨鱼只是咬住了她的救生衣，并把它扯了个粉碎。然后鲨鱼围着罗莎琳的身体打转转，一点儿也没有伤害她的意图。突然，从她的身底下又钻出一条鲨鱼，在她的周围打转转。两条鲨鱼一边一个将她护在中间，跟着她游着，还不时用头推着她前进。

天亮了，两条鲨鱼仍然护卫着她。在两条鲨鱼的外面另有四五条张着血盆大口的鲨鱼也在围着她打转转。每当它们想冲过来时，这两条鲨鱼就立刻将它们远远地赶走。

更有趣的是，其中的一条鲨鱼还突然潜入海中，过了一会儿，把一条已经咬掉尾巴的海鱼推到罗莎琳的面前。早就饥肠辘辘的罗莎琳就边游边吃起这半截鱼来。

暮色又降临了。一架直升飞机在上空发现了罗莎琳，就向她放下了救援绳梯。罗莎琳使出全身力气攀登上绳梯，她获救了，鲨鱼也随之潜入了海底。

罗琳莎被送往医院接受治疗。她完全清醒后，才得知她的两位同学早已葬身大海，而她却因鲨鱼的救护而幸免于难。罗莎琳的奇遇在人类生物史上为后人留下了一个难解之谜。

鲨鱼抗癌之谜

癌症是现代社会困扰人民生活的顽疾。目前，治愈癌症最有效的药物尚未被发现。

生物学家发现，鲨鱼的身体非常健康，几乎不会生病，就是受了很大的创伤，也能在很短的时间内痊愈而不会发生炎症。

鲁尔是美国著名的生物化学博士，他长期研究的课题是鲨鱼的生理和病理。在长达 25 年研究中，他给 5000 条鲨鱼做过病理解剖，只发现一条鲨鱼生有肿瘤，并且还是良性肿瘤。

美国低等动物肿瘤登记处 66 年的记载当中，患癌症频率最低的是鲨鱼。在科学家所调查的 25000 多条鲨鱼中，鲁尔发现仅有 5 条生有肿瘤。鲁尔的发现使科学家对鲨鱼产生了强烈的兴趣。许多国家的科学家都开始对鲨鱼进行研究。

黄曲霉素是一种极强烈的致癌剂。美国佛罗里达州的科学家就曾经用它去喂须鲨。在长达 8 年的实验中，却没有一条鲨鱼生肿瘤。由此可知，鲨鱼具有很强的抗癌能力。可是，鲨鱼是怎样抵御癌症的侵袭的呢？

一些科学家认为，鲨鱼不易患癌是因为肌肉里能产生一种化学物质，它能有效地阻止癌细胞生长。

鲁尔博士则认为，鲨鱼的肝脏能产生很多的维生素 A。实验证明维生素 A 能使刚产生癌变的上皮细胞与正常细胞分化，从而恢复细胞的正常性。所以鲁尔认为维生素 A 是鲨鱼不易得癌的最好武器。

还有一些科学家则认为，鲨鱼之所以能抗癌是因为它的血液中有一种抗癌物质。中国上海水产学院的科学家对这个意见表示赞同。1984 年，科学家们在鲨鱼的心脏里采集血样，从中提取了一定浓度的血清，使它与人体红血球性白血病细胞相结合。他们发现经过一段时间，大部分癌细胞已死亡，癌细胞的正常代谢作用被破坏，鲨鱼的血清对人类红血球性白血病肿瘤细胞具有很强的杀伤力。由此得知，鲨鱼的血液中有抗癌物质的存在。

还有科学家认为，鲨鱼的秘密武器在于软骨组织中。很早以前，科学家就得出牛犊的软骨有防癌作用这一结论。美国麻省理工学院的科学家朗格尔在 1982 年的研究中发现：鲨鱼的骨骼完全由软骨组成。而这些软骨组织中有一种化合物，能阻断癌肿周围的血管网络，它还能使癌细胞的养料供给不足从而使癌肿萎缩，达到杀死癌细胞的目的。他通过实验得出，鲨鱼软骨中的物质能抵制癌细胞的生长而没有一点儿副作用，这要比牛犊软骨中的物质作用强 10 万倍。

美国哈佛大学科学家提取鲨鱼软骨中的物质，用于治疗 32 个晚期癌症患者，其中 11 人治愈，而其余的 21 人的癌肿也明显好转。

墨西哥康脱拉斯医院在 1991 年用鲨鱼软骨提取物治疗 8 例晚期癌症患者，他们的癌细胞得到 30%～100% 的不同程度的控制。

鲨鱼的抗癌武器在胃部，分子生物学家扎斯洛夫这样认为。在实验研究中，他发现鲨鱼的胃部有一种叫"角鲨素"的抗菌素，它的杀菌效果比青霉素还要强，它在杀死真菌和原生物的同时，对癌症和艾滋病都有很好的治疗作用。

"食肉之王"——"魔鬼巨鳄"生存之谜

美国国家地理协会在 2001 年 10 月 26 日声称，世界上最大的古鳄鱼化石，史前最恐怖的地球动物——"魔鬼巨鳄"已经被他们发现，这种鳄鱼比现存最大的鳄鱼大了 10～15 倍，所以说是继恐龙之后，史前动物考古中最惊人的消息了。

1997 年和 2000 年赛罗诺的科研队伍在挖掘到 3 具成年和 3 具未成年的鳄鱼的骨骼化石之外，还

我们现在可以看到的鳄鱼，虽然没有"魔鬼巨鳄"庞大、凶猛，但依然是很血腥的动物。

发掘出此种神秘古生物的头盖骨、脊椎、股骨和一段长达 30 厘米的甲壳状的鳞片化石。保罗和同伴们凭借这些化石拼出大半个神秘史前生物的形状，在考古小组的面前浮现出的是"魔鬼巨鳄"狰狞的面孔。

在位于非洲中西部的尼泊尔的 Tenere 大沙漠古生物学家们找到了长达 40 英尺、重约 10 吨的化石。据研究人员声称，这种现代鳄鱼的远亲生活在 1 亿年前，在印度地区发现的马来鳄和它有很近的亲属关系；但是马来鳄没有古鳄鱼那么庞大。古鳄鱼是恐龙家族最大的敌人。

专家们为此种鳄鱼命名为 Sarcosuchus，它除了惹人注目的庞大体形外，引起专家兴趣的还有巨大的球形的嘴部末端——据说，这也是鳄鱼长寿的特征。

赛罗诺教授声称，这么庞大的爬行动物，也许是世界上真正的"食肉之王"。普通的鳄鱼在湖边或海边生活，而 Sarcosuchus 通常在河流附近生活——如果有恐龙去喝水，很可能就成为它的美餐了。科研人员推断，Sarcosuchus 不仅以吃鱼为生，恐龙也是它的猎物。

令现代人感到十分恐怖的"魔鬼巨鳄"生活在史前白垩纪中期的非洲大陆上。

根据保罗的最初论证，"魔鬼巨鳄"生活在水中的时间占多数，以水下伏击捕食为生。在水中捕食的时候"魔鬼巨鳄"可把整个身体埋在水中，但浮在水面上的却正好是眼睛部位，时刻能观察岸边的猎物的动静。"魔鬼巨鳄"的顶部长着圆形的大疱状的东西。研究人员认为这可增强"魔鬼巨鳄"的嗅觉，甚至有利于发出叫声。

成年"魔鬼巨鳄"窄且长的吻内分布着大小 100 多颗非常尖利的牙齿，拉尔森称这样的牙齿为"铁道路镐"。牙齿分布的特点可以证明，"魔鬼鳄鱼"不光食鱼类，它还吃小恐龙和其他的动物，例如巨型乌龟。

"魔鬼巨鳄"的鳞片从头到尾包着，厚厚的如同装甲。"魔鬼巨鳄"鳞片上的花纹和树的年轮一样，按照保罗的说法，"魔鬼巨鳄"有 50～60 年的寿命。

"魔鬼巨鳄"化石可以说是地球史前生物考古史上稍逊于恐龙化石的发现。美国哥伦比亚州立大学古生物学家戴维·斯科威默尔声称："这一重大的发现弥补了地球生物进化史上鳄类的一段历史空白，有助于帮助人类对地球生物的进化史做更进一步的了解。"

海龟长寿之谜

为什么人们将龟比作"老寿星"，龟为什么长寿百岁？虽然人们说法不一，却不能否定龟是一种长寿的动物。

1971 年，人们在长江里抓住了一只大头龟，龟甲上刻有"道光二十年"（即公元 1840 年）字样，这分明是记事用的。1840 年，正是中国的鸦片战争发生的那一年。换一种说法，从刻字的那年算起，到抓获的时候为止，这只龟至少有 132 年的寿命。在上海自然博物馆里，它的标本至今仍在。另外，据说有一只龟经过 7 代人的饲养，足足有 300 年，一直到抗日战争时候才中断了对它的喂养。

1737年，在印度的查戈斯群岛有人捕到一只龟，那个时候科学家鉴定它有100岁左右。后来，它被送到了英国，在一个动物爱好者的家里生活了很长的一段时间后，被送到伦敦动物园。到20世纪20年代，它有了300年左右的寿命。

1983年，一只海龟在中国人民革命军事博物馆展览，重120千克，在展览的过程中，它还生了30个蛋。根据有关人的鉴定，这只海龟已经活了3个世纪。

龟虽然堪称动物世界中的"长寿冠军"，可是，不同种类的龟，它们的寿命也是长短不一的。有的龟能活100岁以上，有的龟仅能活15年左右。就算是长寿的龟种，事实上也不是每一只都能"长命百岁"。因为疾病和敌害从它们诞生的那一刻起就时刻威胁着它们，人类的过量捕杀和海洋环境的污染，也直接威胁到它们的生命。

人们都认为龟是长寿动物，可是对于龟的长寿原因能不能下定论呢？

有的科学家认为，龟的寿命跟龟的个子大小有关联。个头小的龟寿命短，个头大的龟寿命就长。有记录表明，龟类家族的大个子像海龟和象龟都是长寿龟。但在中国上海自然博物馆的动物学家并不认同这样的观点，因为前边提到的那只大头龟至少已经活了132年了，可是它的个头就不大，这又如何解释呢？

有些养龟专家和动物学家认为，食素的龟要比杂食或食肉的龟活得久。生活在印度洋和太平洋热带岛屿上的象龟，是世界上最大的陆生龟，它们以吃青草、仙人掌和野果为生，所以寿命十分长，能活到300岁，大家都认为它是长寿龟。但另一些龟类研究人员却并不这样认为。比如以鱼、蛇、蠕虫为食的大头龟和一些杂食性的龟，寿命超过100岁的也不少见。

目前，一些科学家还从细胞学、生理学、解剖学等方面去研究龟的长寿秘密。有的生物学家将一组寿命较长的龟和另一组寿命较短的普通龟进行了对比实验。研究结果表明，那组寿命较短的龟细胞繁殖代数一般较少。这也就得出结论，龟细胞的繁殖代数多少，跟龟的寿命长短关系非常密切。

有的医学家和动物解剖学家还对龟的心脏进行了检查，他们把龟的心脏取出来之后，整整两天龟的心脏还在跳动。这表明，龟的心脏机能很强，跟龟的寿命长也有直接的联系。

还有科学家认为，龟的长寿跟它的新陈代谢较低、行动迟缓和具有耐旱耐饥的生理机能有着直接的联系。

总而言之，科学家从各种不同的方面对龟的长寿原因进行探索和研究，得出的结论却各不相同，为什么会不同呢，还需要科学家们进行深层次的论证。

地球奥秘

地球是如何形成的
地球是怎样"漂浮"在空中的
地球内部的结构是怎样的
科学家是如何计算地球年龄的
地球被陨石毁灭过吗
地球是完全球状的吗
地球的大小怎样测定
……

地球是如何形成的

关心和热爱我们这个地球的人，不免会提出这样的疑问：我们生活的这个地球是怎样形成的？当然，像上帝"创世说"这样的答案已远远不能满足具有了一定科学知识的当代人，实际上，法国生物学家布封早在18世纪，就以他的彗星碰撞说把神学的禁锢打破了。然而，或许人们还不是很清楚，随着科学技术的不断进步，已出现了10多种关于地球成因的学说，它们主要是：

第一，法国生物学家布封的彗星碰撞说。认为一颗彗星在很久很久以前，进入太阳内，把包括地球在内的几个不同行星从太阳上面打下来。

第二，康德在《宇宙发展史概论》中提出的陨星说。认为太阳和行星是由陨星积聚形成的。

第三，法国拉普拉斯在《宇宙体系论》中提出的宇宙星云说。认为太阳是由星云（尘埃）积聚产生，行星则是由太阳排出气体物质而形成。

第四，双星说。认为行星都是由除太阳之外的第二颗恒星产生的。

第五，行星平面说。认为由于所有的行星都在一个平面上围绕太阳转动，所以原始的星云盘产生太阳系。

第六，卫星说。认为地球、海王星和土星有大小相等的卫星，也可能有上百个同月球的体积相等的天体，太阳系由这些天体所构成，被遗留下来的"未被利用的"材料就形成了今天我们已知的卫星。

在上述关于地球成因的众多学说当中，虽然康德的陨星假说同拉普拉斯的宇宙星云说在具体说法上有差异，但二者都把太阳系的起源归结为弥漫物质（星云）。因此，这个假说后来被统称为康德—拉普拉斯假说，同时，它也被大多数的科学家所认可。

然而随着科学的进步，人们发现星云假说也出现了许多无法解释的新问题。如角动量分布异常和逆行卫星问题。根据天文学家的观察，太阳本身质量占太阳系总质量的99.87%，而角动量仅占0.73%；另外八大行星以及所有的卫星、流星群、彗星等总共占太阳系总质量的0.13%，但它们的角动量却占到99.27%。天文学上把这个奇特现象叫做太阳系角动量分布异常问题。对产生这种分布异常的原因，星云说是"一筹莫展"。

另外，太空星体相互撞击的现象被越来越先进的现代宇航科学大量发现。美国的一颗卫星在1979年8月30日拍摄到了一个罕见的现象：一颗彗星以每秒560千米的高速冲向太阳，扎进太阳的烈焰之中。彗星冲向太阳被吞噬的情景被照片相当清楚地记载下来，彗星在12小时以后消失得无影无踪。

1887年，也有一次"太空车祸"发生，人们观测到一颗彗星的彗头在行经近日点时，被太阳所吞噬；1945年，也有一颗彗星消失在近日点上。

前苏联天文学家沙弗洛诺夫强调，地球之所以斜着身子围绕太阳转，是一颗直径1000千米、重达10亿吨的小行星在地球形成1亿年后把它撞斜的……

既然天体相撞的事实存在于宇宙间，那么，布封的彗星碰撞说的可能性仍然存在，相应的，新的灾变说也就产生了。

今天，关于地球起源的学说虽然层出不穷，但地球究竟是如何形成的，仍然是一个谜。

地球是怎样"漂浮"在空中的

由于古代的人们根本不知道万有引力的存在，所以认为大地是一块由大象和鲸鱼驮着的巨大的圆盘。

到了15世纪，有人画了一张嘲笑那些主张大地是球体的人的画，名为《脚底相对的人》，还自以为是地说，为什么球体下面的人没有从地球上掉下来呢？

再后来，有人提出大地是一个球体的观点，但遭到了许多人的反对。

多普勒于17世纪提出行星沿椭圆形的轨道运行以后，就产生了这样一个问题：为什么行星不停地绕太阳作椭圆运动而没有在太空中坠落？是不是受到了某种神秘力量的驱使呢？

英国物理学家、数学家牛顿在前人研究的基础上，提出了万有引力定律，其具体内容为：宇宙间的物体都有引力，它是物体本身所固有的性质，这就是引力的万有性。行星之所以在各自的轨道上运行，是由于太阳的引力。

按照万有引力定律，地球上的万事万物如苹果、树叶、尘埃都受到了地心引力的作用而落向地面。而我们通常所说的"向上"或"向下"也应该这样来解释：大地是球面，球的中心称为地心，指向地心的方向称为"向下"，"反地心"的方向称为"向上"。因此，所谓上下的问题也就不存在了，站在地球表面各个不同地点，脚都指向地心引力的方向，头都朝反地心引力的方向。

依据同样的原理，我们可以设想，地球因为受到太阳引力的作用，所以没有坠落而是围绕太阳运行。

但地球在太阳的引力作用下，为什么没有落到太阳上去呢？为了回答这个问题，牛顿以月球作为研究对象，进行了一次测算：月球与地球的距离大约是地球直径的30倍。如果物体在靠近地球表面的地方以8千米/秒的速度绕转，那么月球在其位置上，绕转速度将减少到1/8。这样，从理论上来说，物体在相当于月球的位置，绕转速度约为1千米/秒。

经过严密的推算，月球环绕地球运动的那个圆周半径，是地球半径的60倍，由于地球的圆周长约4万千米，因此这个圆周的长度约240万千米，它是地球圆周的60倍。

根据实际观察的结果，月球环绕地球一周，约27.33天，一天等于86400秒，用它来除月球环绕地球运动的圆周半径，就可以算出月球每天运行的长度了，那就是87820千米，这个答案与牛顿所求出的月球绕转速度完全符合，即运行速度约1千米/秒。

通过这一重大发现，我们可以得出一个结论：一切天体所有的万有引力，包括地球的引力是同一种力。因此月球由于地球对它的引力要落到地球上来，但它本身的运动又要离开地球。这两种力量相互平衡，其结果就导致月球绕着地球运动了。同样，地球和太阳间的距离大约是太阳半径的 215 倍，地球以约 30 千米/秒的速度绕太阳运转，地球运动产生的惯性，使它没有越来越趋近太阳，最终落到太阳上；在太阳的引力作用下，地球又不能脱离太阳。

我们做一个简单的试验就很容易说明这些，把一块石头拴在绳子上，然后飞快地抡转绳子，石块就绕着手进行圆周运动，我们的手会感到绳子有一股拉力。这个拉力也拉着石块，提供了它进行圆周运动的向心力。这样，绳子在固定的轨道上运动。如果我们放开绳子，石块就顺着它运动的切线方向飞出去了。

包括万有引力定律在内的力学三大定律，是古典天体力学的基础。在今天，太阳系处于相对稳定的时期，用它能够很好地解释行星环绕太阳运行的规律性。

地球内部的结构是怎样的

虽然，目前对人类而言到月球上去进行探测已非天方夜谭，但地球的深层是什么样子，至今还没有一个人亲眼看过。就以石油钻井作为例子吧，即使是最深的钻井也只能钻到 1 万米以内，这只有地球半径的 1/630 左右。以目前的科技水平，对人类而言，对地球 1 万米以下的地方进行直接观察，是绝对不可能的，因而，人类只得进行一些间接的推测。

人们现在依靠对地球物理方面观测研究所得出的包括地电、地磁、地热，尤其是地球内部地震波的传播情况的记录以及对其他天体的研究等结果，得出以下的结论：在地球里面不但温度很高，而且压力也很大，越往深处，温度越高，越往深处，压力也越大，物质也越紧密。

依据在许多钻孔和矿井中实际勘测的结果，得出在地面下 10 千米以内，每深 100 米，地温约增 3℃的结论。虽然不同的地方有不同的情况，但总体说来，证明地球里面越深越热。估计在地幔与地壳边缘的岩石层内增温的情况大体相同，但在较深的地方温度升高得可能较为缓慢一些。

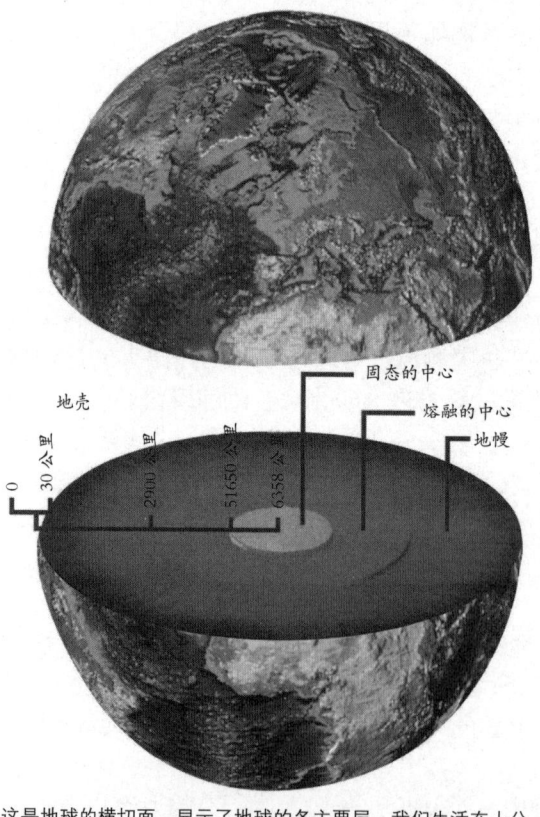

这是地球的横切面，显示了地球的各主要层。我们生活在十分薄的地壳上面。

岩石很难传热，它阻碍着地球内部的热向外散失。在这个岩石圈层底下，温度在1000℃以上，从地幔上部喷出地面的岩浆的温度常在1000℃以上，这说明地幔内的温度是非常高的，由于正处于具有一定塑性的状态和金属的含量比岩石多等特点，所以那里的物质导热能力比较强，上下层之间温度相差比较小，地核内更是如此，因此通常以为地核内的温度最高约为5000℃。

地球从表面到核心越往深处，在单位面积上压着的物质就越多，因而压力与深度成正比。在地壳下面大约有900万百帕(900万个大气压)，在地幔底部大约有14亿百帕(140亿个大气压)，到地球中心则会达到36亿百帕(360亿个大气压)左右。

因此，地球内部是一个高压、高温的世界，就温度而言，那里的物质应该是处于熔融状态的。然而，由于受到的压力十分大，因而，它们大部分仍然是固体的状态，只是有一些具有一定的塑性，因此能够缓慢地流动。一部分人认为整个地幔都呈这种状态；一部分人则认为只有岩石圈层之下的地幔上部呈这种状态。

由于地震波的横波无法通过地核，因此有一些人认为地核是液体，通过更加精细的观察研究之后，他们认为地核外层是液体，但是，在地球的最中心，有一个半径为1000千米的固体的内核。因为那里的压力非常大，而地面上根本不可能有这样的环境，所以对我们而言，那里的物质到底是什么样子是很难想象的；有人曾经设想部分原子的壳层已经破损，物质处于一种超级紧密的状态，但目前仍未得到证实。

地壳主要由岩石组成，相对于地球内部的物质来说，它的密度要小一些，在地球里，越深密度越大，地核中心的密度已达到水的17倍以上。大多数人认为组成地核的主要物质是镍和铁，但现在这一切都还有待进一步探索、求证。

目前人类还没有找到可以直接对地球深部情况进行观测的方法，对人们来说地球里面的许多情况仍旧是一个谜。但是在地球内部温度很高，物质很紧密，压力很大，却是可信的。

地球被陨石毁灭过吗

英国科学家于近日向政府提交了一份建议政府应该积极努力采取防范措施，以防止来自外太空的陨石与地球相冲撞的报告。

这项报告与即将从地球附近掠过的2000RD53小行星的情况相关，这颗行星与地球之间的距离是地球与月亮之间的距离的12倍。虽然这颗"太空巨石"不至于撞上地球，但这颗直径约为300～400米的行星会在"非常近"的距离上从地球边上掠过。这是特别工作小组结论中最最重要的部分。

最近天文学家预测说，会有1000颗左右直径约为1千米，或者直径超过1千米的行星沿着它们的运行轨道从地球边上掠过。

一个直径10千米的行星在大约6500万年前与地球相撞，导致了恐龙时代的终结。但是，迄今为止，还没有出现人因为陨石的撞击而死亡的现象。然而，科学家宣称，现在已经是人类必须认真考虑来自太空陨石的威胁这一问题的时候了。

根据科学家们的推测，大约每1万年就有一颗直径100米的太空物体与地球相撞。大约每10万年就有一颗直径1千米大小的太空物体与地球相撞。

在这份报告中，科学家们向政府提出了包括积极敦促国际社会就这一问题做出努力、注意提高预测外来陨石的能力、提前估算风险以及事情发生后的后果等在内的14项建议。

陨石的坠落虽然会带给地球毁灭性的灾难，但这并不会浇灭科学家们对这一现象本身的研究的热情。美国航天局的一位科学家对外宣布，于30年前在澳大利亚坠落的一颗陨石中含有石化的微生物。

1976年在中国吉林陨石雨中收集到的陨石

当地媒体报道说，科学家通过使用先进的技术发现了这种存在于陨石中的石化的外星生命。这颗陨石是1969年在默奇来的维多利亚镇坠落的，它的年龄为46亿岁。

理查德·胡佛教授——马歇尔航天中心空间生物学小组的负责人对墨尔本的《先驱太阳报》说，他认为这种存在于陨石中的石化的微生物是能够在极端的环境生存的细菌。

他说，有可能生物先是在太阳系中其他地方进化，之后才随着陨石降临到地球上。

他说，还有另外一种可能，即是一颗陨石在与地球相撞之后把尘埃抛到了太空中，此时正在穿过这些尘埃的彗星或者小行星很可能沾染上这些尘埃。

通过电子显微镜拍摄到的这块陨石的相片表明，在结构上这种"外星生命"与生活在南极洲冰盖下或者温泉中的微生物相似。

他说："默奇来陨石中含有大量的微生物化石。倘若这些东西是我们在地球的岩石中发现的，那么整个科学界都会认为这绝对就是微生物的化石。而在我个人看来，则认为这是生命从陨石中起源的强有力的证据，我们已经找到了细胞壁的证据，这些微生物与紫硫磺细菌和蓝细菌相似。"

胡佛说，科学家通过现代技术可以区分陨石样本之内近期的生物污染与真正的微生物化石。

目前美国航天局正在对其他6块陨石进行研究，胡佛认为这6块陨石之中都含有微生物。

地球是完全球状的吗

法国的天文学家李谢在1672年到南美的圭亚纳旅行时，发现在巴黎调整得十分精确的振摆时钟，到了圭亚纳后则每天走慢25分钟。从这一有趣的现象中，李谢推想到巴黎的重力比圭亚纳的重力大，因为重力的大小与它到地球中心的距离相关，因而或许地球是在与赤道相靠近的地方膨胀。

这就是认为地球为椭圆体之学说的发端。从1735年起，法国政府派遣大规模的调查团前往南极附近及赤道附近进行三角测量，终于证实了此学说。之后，通过在世界各地实行三角测量之后知道，地球大体上是在赤道附近膨胀的扁平状回转椭圆体。

1957年10月4日，前苏联在1957年的国际地球观测年首次向太空发射了世界上第一颗人造卫星史普托尼克号。至此，人类终于可以从地球的外面对地球进行观测，并获得了有关地球形状的最新知识。

人造卫星是凭借万有引力定律在地球周围绕转的，而最深刻影响其轨道的是地球的重力、形状。也就是说，人造卫星根据重力的大小飞得高或飞得低。因此，如果对此轨道的变化进行较为周详的调查，便可以知道地球表面重力的分布情况，倘若假想此重力呈某一定值，就能根据这个知道地球的形状。

东京天文台的古在由秀博士从美国的人造卫星"先锋号"获得的资料中得出，地球好比是以北极为顶，在南半球有所膨胀的西洋梨。倘若作出以海面覆盖地球的假定，则在北极海面要比回转椭圆体高14公尺，而在南极则反而向里凹入24公尺，倘若夸张一点，说地球形如西洋梨是恰如其分的。

古在由秀博士还依据对先锋号卫星轨道的计算，得出了地球的重心向北方偏离15公尺的结论。关于重量不变或者南半球与北半球的形状的学说，看来必须得再做修正了。

美国哥伦比亚大学希仙博士则提出了地球膨胀说。他指出每天地球都会稍稍膨胀一点。因为与以往的学说里认为的地球不但不会膨胀反而会缩小的说法相反，故此说立即引起了学术界的关注。他说："当烧饼膨胀时，它外面的硬皮裂开，裂缝出现，地球膨胀时出现的裂缝为海底谷，在裂缝的边缘生成的是海底山脉。地球膨胀之后在海底出现山或谷，好比是地球出现了裂痕。"

但是，也有人对此学说进行反驳，他们认为："纵然是在海底发现了裂缝，把它作为证明地球膨胀过的论据，是不充分的。"至今此说仍是一个假设。

美国海军研究所的弗里特曼博士则认为地球有"尾巴"。他指出在太阳的纯粹的氢原子团经常以长达2000万千米的尾巴状粘住地球。前苏联的宇宙学家也赞同这种说法。

地球的大小怎样测定

世界上第一个测量地球大小的人是古代希腊天文学家埃拉托色尼，他是在亚历山大城长大的。在亚历山大城正南方的 785 千米处有一个叫塞尼的城市，塞尼城中有一个非常有趣的现象：每到夏至那天的中午 12 点，阳光都能垂直照到城中一口枯井的底部。也就是说，在夏至那天的正午，太阳正好悬挂在塞尼城的天顶。

虽然塞尼城与亚历山大城大致处于同一子午线上，但亚历山大城在同一时刻却不会出现这样的景象，太阳总是处于稍稍偏离天顶的位置。在一个夏至日的正午，埃拉托色尼在城里竖起一根小木棍，测出太阳光线与天顶方向之间的夹角是 7.2°，相当于 360° 的 1/50。

鉴于太阳与地球之间遥远的距离，太阳的光线可以近似地被看作是彼此平行的。埃拉托色尼根据有关平行的定理得出了∠1 等于∠2 的结论。

在几何学里，∠2 被称作圆心角。根据圆心角定理，圆心角的度数等于它所对的弧的度数。因为∠2=∠1，所以∠2 的度数也是 360° 的 1/50，所以，图中表示亚历山大城和塞尼城距离的那段圆弧的长度，应该等于圆周长度的 1/50。也就是说，亚历山大城与塞尼城的实际距离，正好等于地球周长的 1/50。

由此可知，测出亚历山大城与塞尼城的实际距离之后，再乘以 50，就可以得出地球的周长。埃拉托色尼计算的地球周长为 39250 千米。

由于这个计算结果是按照大地是球状的假设来运算的，而且得出的数字大得惊人，所以没有人相信。从此以后，对大地的测量和计算在相当长的一段时间内在欧洲中断了。

公元 8 世纪初，我国唐代天文学家张遂曾亲自指导和组织了一次规模庞大的大地测量。测量的范围北起北纬 51° 附近，南至北纬 17° 附近，围绕黄河南北平地这个中心，在全国 13 个点用传统的圭表测量法对各地冬夏至、春秋分的正午日影长和漏刻昼夜分差进行了测量。此外，张遂还对各点的北天极高度（即当地的纬度）进行了实地测量。例如，在河南省平原地区，他测得该地一纬度的经线的弧长约为 129.41 千米。它与现代测算的北纬 34° 5′ 地方的子午线一度弧长 110.6 千米相比，相差 20.7 千米，相对误差为 18.7%。

18 世纪时，法国科学院曾派出两个大地测量队，一个队去了南美洲的赤道地区，另一个队到了瑞典的拉普兰，两队分别测定两个区域里的经线一度的长短。结果证实：地球上经线一度的长度在赤道要比在极区略短些，这说明地球是个扁球体。

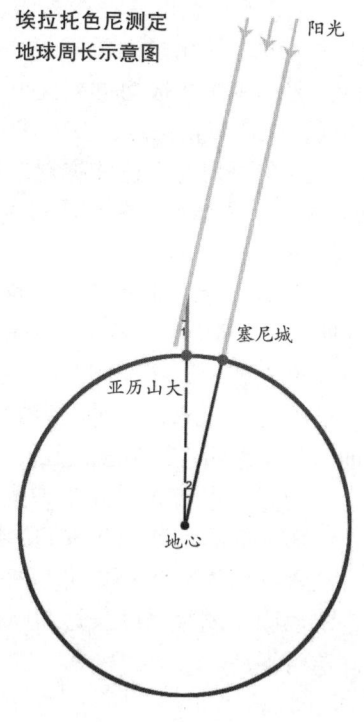

埃拉托色尼测定地球周长示意图

科学家们从19世纪以来又对地球的大小进行了无数次的测量和计算。前苏联学者克拉索夫斯基和他的学生在前苏联、西欧和美国等地进行弧度重力测量后所得出的数值，在当时是较为精确的。

由于近年来测量技术不断进步，人类已获得了对地球测量的各种方法。特别是利用宇宙飞船和人造卫星进行测量，能够使人们获得更为精确的地球数据：地球的赤道半径是6378.140千米，极半径是6356.755千米。赤道半径和极半径之差同赤道半径之比是1∶298.25。如果按照这个扁平率做成一个半径为298.25毫米的地球仪，极半径与赤道半径只有1毫米之差，这样一来，就像一个真正的圆球了。

运用现代科技测量出的相关数据显示：地球的经线圈周长约为40000.5千米，赤道周长大约是40075.5千米，整个地球的质量约为600000亿亿吨，表面积约为5.1亿平方千米，体积约为10830亿立方千米。

什么力量在驱使地球运动

地球的运动是不断变化着的，而且相当不稳定。依据"古生物钟"的研究，地球的自转速度在一年一年地变慢。如地球公转一周在4.4亿年前的晚奥陶纪需要412天；到了3.7亿年前的中泥盆纪，一年则为398天；至6500万年前的白垩纪，每年需用时间约为376天；而现在一年仅仅有365.25天。地球自转正在变慢的结论也可以用天体物理学的计算进行证明。科学家把这一现象解释为是因为太阳和月球对地球的潮汐作用产生的结果。

人们在石英钟发明之后通过石英钟记时对日地的相对运动进行观测，发现地球自转在一年内有着时快时慢的周期性变化：春季自转变慢，秋季自转则会加快。

经过长期观测，科学家认为，地球上的冰和大气的季节性变化与地球自转的周期性变化有关。此外，地球内部物质的运动，如轻元素上浮、重元素下沉集中在地心、岩浆喷发等，都会对地球的自转速度有所影响。

地球的公转同地球的自转一样，也并非匀速运动。这是由于地球公转的轨道是一个最近点与最远点相差约500万千米的椭圆。当地球由近日点向远日点运动时，离太阳越远，受太阳引力的作用越弱，速度越慢。由远日点到近日点时则相反，运行速度加快。

此外，地球公转轨道与自转轴并不垂直；地轴也不是很稳定，而是像一个在地球轨道面上做圆锥形的旋转运动的陀螺。地轴的两端并不是一直指向天空的某一个方向，例如北极点，而是以这个点为中心，画着不规则的圆圈。地球的运动造成了地轴指向的这种不规则性。

科学家还发现，地轴在天空上的轨迹绝对不是在圆周上的移动，而是在圆周内外做摆幅为9″的周期性的摆动。

地球还随同太阳系一道在宇宙中围绕银河系运动，并同银河系一起在宇宙中飞驰。在宇宙中地球不停地运动，生生不息，可能自它形成时起这种奔波便开始了。

就目前地球在太阳系中的运动来说，其减速或加速都不可能离开太阳、太阳系其他行星及月亮的引力。人们一定会有这样的疑问，最初地球是怎样运动起来的呢？将来又将怎样运动下去？它自转速度会一直慢下去吗？

人们或许还会问，地球运动需不需要消耗能量呢？如果需要，所消耗的能量又是从哪里来的呢？如果不需消耗能量，那它会是"永动机"吗？最初使它开始运动的又是什么呢？所谓的第一推动力到底存在不存在呢？

迄今为止，第一推动力的说法还只是一种推断。牛顿在把自己发现的三大运动定律以及万有引力定律进行总结之后，曾耗费其后半生的精力来对第一推动力进行探索与研究。

他得出了这样的研究结论：是由上帝"设计"并塑造的宇宙运动机制。并且，上帝还给予了它第一次动力，使它们可以运动。现代科学对第一推动力的回答则是否定的。那么，究竟什么才是地球乃至整个宇宙的运动之谜的真正谜底呢？

地球之水来自何方

1975年日本科学家——东京电力研究所研究原子力能源的高桥实先生在60岁时，提出了"地球的水是通过引力从冰行星那里夺来的，而不是原来地球上所拥有的。不过最近3000年来，那冰行星却始终没有被发现"的假说，他的这个奇想，在学术界引起了广泛的关注。

这个冰行星大概3000年围绕太阳公转一次，有超长椭圆形的轨道；在以往的数十亿年里面，大概同地球擦身而过五六次；它中心核中的数千千米的水当中的一部分，就是在与地球擦肩而过的时候被地球吸收到地面上来的。

"正是在那一次，出现了全世界范围的大洪水，水把地球彻底地清洗了一回。这也是石油石炭的形成、古生物灭绝的主要原因。《圣经》中所说的挪亚方舟的故事，正是人类的从其他的天体上有水转移过来的记忆。"

高桥实先生断言在宇宙中存在着冰行星，他称之为"M"天体。并且他在计算，那个天体在远日点(即距离太阳最遥远的地方)旋转着，应该到何时才能够向太阳系的中心部位突进。

地球存在"温室效应"吗

什么是"温室效应"？玻璃棚温室是人们用来育种农作物和花卉的，它之所以能起到这个作用，是由于密闭的空间一旦有阳光射入，温度就会升高，再加上室内十分保温，植物在这种环境中便能加快生长或安全越冬。如果将地球看成一个大大的温室，那么大气层就相当于"玻璃罩"。由于大气中的二氧化碳越来越多，阳光照到大地上以后，二氧化碳便像厚厚的屏障一样挡住地球向太空反射的热量，这样一来，地球越来越热，成了一个巨大的"温室"。科学家形象地将这种现象称为"温室效应"。

近年来，全球气候逐渐变暖，经长期观测得到了大量数据，据此科学家们分析指出，全球气候在 20 世纪明显变暖，跟 20 世纪初相比，现在的平均气温上升了 0.5℃，这种温暖期是过去 600 年里从未有过的。在这个气候变暖的世纪中，有两个时期气温的上升十分明显，第一个时期是 1900～1950 年，第二个时期是在 20 世纪 80 年代后，而在这两个时期中间则出现过波动。1999 年 3 月，美国马萨诸塞大学和亚利桑那大学的研究人员通过对树木年轮、两极冰芯等记录气候变化的"替代标志"的测量发现，20 世纪全球气温普遍升高，其中气温最高的时期是 20 世纪 90 年代，到 1998 年，地球表面平均温度比 1961～1990 年间的平均温度高 0.58℃，是地球迄今为止气温最高的 1 年。

全球气候在整个 20 世纪确实一直在变暖，但气候变暖是不是因为"温室效应"呢？会不会持续变暖呢？对此，众说纷纭，莫衷一是。

有些科学家认为 20 世纪气候变暖是"小冰期"气温回升的延续，是自然演变的结果，跟"温室效应"无关。在地球存在的 45 亿年中，气候始终在变化，并且是以不同尺度和周期冷暖交替变化的，也就是说，20 世纪气候变暖是正常的自然现象，人们不必恐慌，到了一定的时期气温自然会变冷。科学家经研究发现：第四纪也就是距今 250 万年前，地球上出现了多个不同尺度的冷暖变化。周期越长，气温变幅也越大。周期为 10 万年左右的冰期，气温变化了 10℃；周期为 2 万年的，气温仅变化了 5℃。在近 1 万年中，这个规律依然在起作用：10 年尺度气候变化的变幅是 0.3℃～0.5℃；100 年尺度气候变化的变幅为 1℃～1.5℃；1000 年尺度气候变化的变幅为 2℃～3℃。

但还有些人反对以上观点，他们认为，全球气候变暖是因为"温室效应"，而人类是造成"温室效应"的罪魁祸首。近几十年来，发展迅速的工业制造业以及日益增多的汽车等，导致燃烧矿物燃料越来越多，人类向空气中排放的二氧化碳大大增加。由于绿色植物尤其是森林遭到了极大破坏，无法大量吸收人类排出的二氧化碳，因此，大气层中的二氧化碳浓度大大增加，阻碍了大气和地面的热交换，引发"温室效应"。由于大量的二氧化碳既能吸收热量，又阻止了地球散热，地球热交换因此失去了平衡，导致全球气温不断升高。

美国俄勒冈大学的科学家在

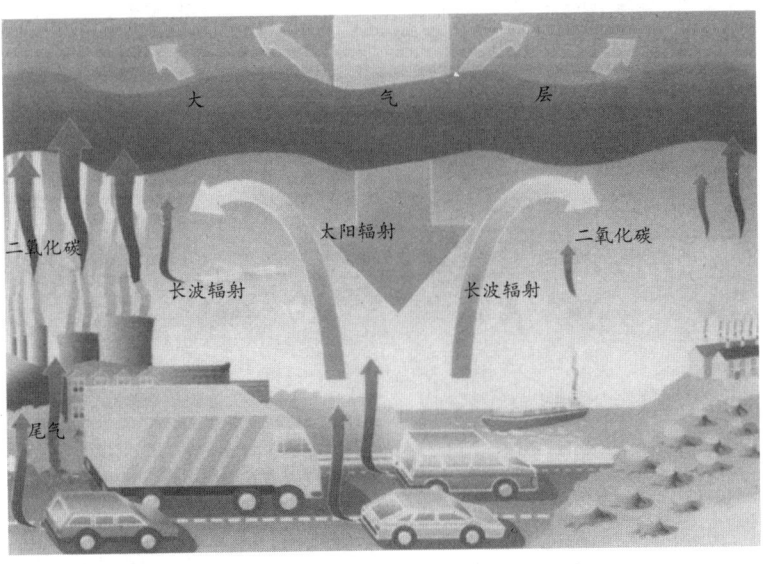

温室效应示意图

对远古树叶化石进行了分析研究后发现,从恐龙时代起,大气中的二氧化碳浓度就能够影响地球的气温变化,二氧化碳含量的变化和全球气温升降的曲线比较吻合。一个权威性的政府组织IPCC对全球气候变暖的问题进行了大量详尽的研究,他们明确指出了大气中二氧化碳含量的增加是全球变暖的主要原因。

现在,地球变暖的现象已经十分严重。如果人类不加以控制,仍以目前的速度排放二氧化碳,据科学家估计,再过50年,全球气温至少会上升3℃。这样的高温必然导致南北两极和高山地区的部分冰川融化,全球洋面会因此至少升高30厘米。

科学家还认为,另外一个导致地球变暖的重要原因是,大气中的甲烷含量增多。目前大气层中所含的甲烷总重量已达6亿吨以上,而3个世纪以前还不足3亿吨。这是由瑞士科学家提出的,他们详细分析了沉积在冰层中的降水成分,彻底弄明白了自1750年以来的大气的化学组成,由此而发现了这一事实。

气候变暖的迹象在大自然中随处可见。由于气候变暖,全球山地冰川一直在消融,雪山也不例外。20世纪上半叶,中国的天山冰川后退了100多米;在1925~1950年间,意大利境内的100多条冰川有80%处于后退状态;近20年来,普若岗日冰原退缩了50米;世界上著名的雪山乞力马扎罗山峰上面的雪在未来的20年内很可能完全融化,变成一座"无雪之峰。"

此外,专家预言,位于欧洲南部的阿尔卑斯山,30年后也将片雪无存。根据卫星图像,从1998年11月以来,南极的拉森陆缘冰和威尔金斯陆缘冰,分别减少了1174平方千米和2200平方千米,处于"全线溃退"状态。20世纪,海冰也大量融化,南极地区的海冰仅在1973~1980年间就减少了250万平方千米,北极海冰减少的面积超过了10%。

各类生物也对气候变暖做出了各种反应:1997~1998年间,生活在太平洋中的大马哈鱼,由于水温升高,种群数量大幅度下降;加拿大哈得逊湾的海冰,在春季融化的日期逐渐提前,致使北极熊产仔减少;北美洲的一种蝴蝶100年内已向北迁移了100千米;过去50年中,由于南极附近海域异常升温,一种身高可达90厘米、体重超过29千克的大企鹅,数量减少了一大半。

气候变暖更是给人类带来了灾难。1998年5月,印度有2500人死于炎热;同年夏,美国达拉斯持续了1个月的37.7℃的高温;2000年,中国西藏大部分地区气温偏高2℃~4℃,雪域高原的人们过春节也可以不穿棉衣;2001年6月4日,中国东北的哈尔滨市的最高气温达到了39.2℃。

毫无疑问,人为因素对气候的影响正日益显著,全球气温正在上升,21世纪全球变暖现象将比20世纪更加显著。IPCC的科学家们利用电脑收集了大量的技术发展预测、人口增长预测、经济增长预测等相关资料,再根据对未来100年里排放到大气中的二氧化碳数量的35种估计值,做出了7种不同模型来预测全球气候,最终的结论是气温在未来100年可能增加1.4℃~5.8℃。如果这种预测变成现实,地球将会发生一场大灾难。20世纪,全球气温不过上升了0.5℃,就发生了许多人们意想不到的事情,如果气温再上升1.4℃~5.8℃,后果将更为严重。农业将遭到毁灭性打击；海平面将上升，淹没更多陆地，并导致淡水危机；各种自然灾害将轮番发生，生态平衡将遭到破坏，有些物种将濒临灭绝，人类将不得不忍受疾病、贫穷、灾难的折磨。

为了防止这些恶果的发生，科学家们想方设法改善环境，应对严峻的现实和未来。

有一些科学家受大自然变化规律的启示，提出了用遮蔽或反射照射到地球上的太阳光的办法来抵消全球变暖的设想。他们从理论上推知：如果给地球造把遮阳伞，照射到地球上的太阳光就会减少，地球就会因此而降温。不仅如此，科学家还对这种方法的可行性进行了论证。按目前地球变暖的发展趋势，大气层中的二氧化碳含量会大大增加，50年后，地球气温将会上升2.5℃。如果将射入地球的太阳光遮蔽掉1.8%，升高的这个温度就会被完全抵消。美国劳伦斯利弗莫尔国家实验室的科学家厄尔利等依据这种理论计算，提出了"太阳盾"方案。

"太阳盾"是一个巨型反射镜，直径2000千米，面向太阳，安放在"拉格朗日点"上，在这点太阳和地球的引力相互抵消。"太阳盾"能反射阳光，将之拒于数百万千米之外，并能改变其角度，以调节地球的温度变化。

除了"太阳盾"方案外，还有许多奇思妙想。美国国家科学院的科学家对"太阳盾"方案提出了改进，主张在地球近地轨道上安5个直径100米的小型太阳反射镜，遮蔽阳光，防止全球变暖。还有些科学家提出，用涂有有机染料或镀银的小型氢气球或者小金属片代替反光镜来反射太阳光。这种方案成本很低，只需几十亿美元。

谁会想到，"温室效应"在带来灾难的同时，也能造福人类。由于"温室效应"，大气中的二氧化碳大量增加，这将会促进植物光合作用，刺激农作物产量增加。此外，科学家推算，如果今后气温升高，俄罗斯和加拿大北部土壤会解冻，耕地会大面积增加；北冰洋沿岸港口将终年不结冰，常年通航。

尽管"温室效应"论十分盛行，多数人都赞同这种观点，但也有不同的声音。不少科学家认为目前地球正朝低温湿润化方向发展。

他们认为，尽管20世纪的气温总体上呈上升趋势，但二氧化碳浓度变化与气温曲线变化并非完全一致，20世纪的40～80年代，有过降温的过程。这种看法也不无道理，他们从两个方面提出证据支持自己的观点。

首先，他们认为，气候变化受地球自身反馈机制的影响。一方面，由于大气与海水间存在着热交换，气温升高时，热交换增强，海水吸收热量升温后，对二氧化碳的溶解度也会增加。不仅如此，气温的升高还会增加地球上的生物总量，寒冷地带由于变热，生长在那里的植物生长期变长，植物带也在高温的作用下移向高纬度的地方，二氧化碳被森林吸收后，要经过更长的时间才能回到大气层。另一方面，由于空气极度湿润，植物残体在这种情况下不能充分分解，以泥炭的形式储存到地壳，这正是碳元素从生物圈到地圈的转化过程。

其次，气温上升过程中产生的水蒸气也能起到一定程度的缓解作用。气温升高导致蒸发加剧，大气含水量增加，形成一些云，大量的太阳辐射会被这些云反射、散射掉,从而缓解气温的上升。

气象系统是十分复杂的,无论地球变暖是否因为"温室效应",我们都应该加以关注。科学家们也在努力研究,相信他们总有一天会弄明白地球变暖的来龙去脉,从而改善环境,造福人类。

如何保护臭氧层

臭氧是由3个氧原子结合而成的气体,它的化学符号是O_3。臭氧是分布在距地表13～50千米之间的一层薄纱,其浓度最大处于离地表20～25千米处。它像一层过滤膜,吸收了大量太阳辐射的紫外线,使地球上的生命体免受紫外线的杀伤,也使大气的热量状况趋于稳定状态。可以说,没有臭氧层,就没有地球今天的绚烂景象。

20世纪80年代初,有一个重要的科学发现——南极洲上空的臭氧层出现了巨大的"空洞",震动了科学界。科学家们于1985年证实,这个"空洞"每年9、10月份出现1次,并预测它还有扩大的趋势。1988年,经严密监测,发现南极臭氧层空洞向北"扩"到澳大利亚和新西兰上空,澳大利亚上空的臭氧层也减薄了1/10。时隔不久,这个臭氧层空洞又向北扩展到智利首都圣地亚哥和阿根廷首都布宜诺斯艾利斯。1989年,科学家透露,南极上空的臭氧层空洞大小已与北美洲面积相当。

1987年,德国科学家的发现同样令人感到不安,他们在地球北极的上空也发现了臭氧层空洞,只不过面积要小于南极的臭氧层空洞。

臭氧层出现空洞,地球就少了一道天然屏障,大量从太阳辐射来的紫外线直接照射到地球表面,使人类患皮肤癌、呼吸道传染病和白内障疾病的可能性增加,使人体内部的免疫力下降。同样,紫外线对地球上的生命的伤害是普遍的,地球上的某些生命甚至可能在强烈的紫外线照射下无法生存,并且这也威胁到了地球上的生态平衡。

全世界都在关注着这一变化。1991年,第一台全球臭氧层测绘光谱仪由"气象-3"号卫

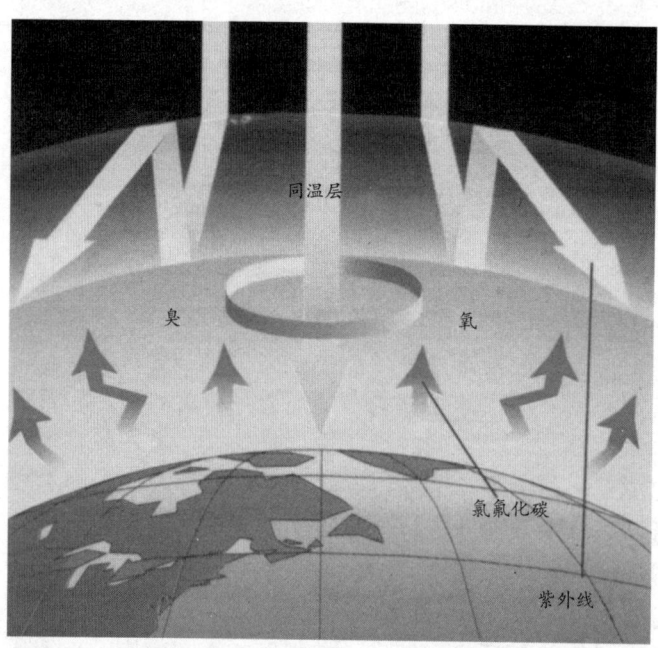

残缺的臭氧层使紫外线更强。污染物阻碍了太阳光的反向逃逸,使地球的温度升高。

星携带升空，该卫星也是美俄之间在航天领域第一次合作的产物，该卫星上的光谱仪可测量全球的臭氧含量及其分布，对大气层中出现的臭氧层空洞进行监视。

1991年9月12日，美国"发现"号航天飞机将1颗臭氧监测卫星送上了太空。该卫星重达7.7吨，其上装有美国、加拿大、法国和英国研制的10台高灵敏度监测仪器，目的是监测臭氧层中的臭氧在3年内减少的情况。

来自宇宙空间的新资料表明，臭氧层越来越稀薄的现象在春季和夏季也发生了，而此前，只有科学家在冬季才能观测到这一现象。最令人惊骇的是，一个更大的臭氧层空洞将笼罩在北纬50°以北的地区，这一地区包括了加拿大、俄罗斯、德国、英国和斯堪的纳维亚半岛等在内的广袤的土地。

现在有关臭氧层出现空洞的事实已被证实。地球大气的臭氧含量在急剧减少，这将导致全球环境的巨变。

造成南极上空空洞扩大的原因很多。首先是核爆炸，其次是高空喷气式飞机的频繁飞行，人类活动中排出的大量废气，农业上大量使用化肥，喷雾器杀虫的气雾剂的广泛使用以及冷却系统——空调机和冰箱放出的氯氟碳化合物，这种物质放出的氯气会破坏臭氧层（1个氯原子可以和10万个臭氧分子发生连锁反应），致使臭氧大量分解成氧分子。有人估算，大气层中的臭氧会因每增加100架现代超音速客机的飞行而每年减少0.7%。

在对臭氧层空洞出现的原因和可能引起的灾难的研究中，科学家也有新的见解。俄罗斯地理学家卢基亚什科的文章说，造成南极上空臭氧层空洞出现的罪魁祸首不是人类的活动，而是大自然。他说，早在40年前，就出现了介绍南极上空出现臭氧层空洞的材料，那时北极和热带地区上空也出现过这种现象。他指出，如果臭氧层空洞是人类活动所致，那么北半球人口集中、工业企业多，空洞应首先出现在这一地区。而南极上空常有强大的高气压，这就使其上空的空气流动速度加快，将距离地面9~10千米高度处的臭氧吹离了南极洲，此外还有一部分臭氧发生衰变，致使南极上空臭氧层出现空洞，所以人类活动与臭氧层空洞并无直接关系。

然而，不管其原因是什么，臭氧层出现空洞会带来极其严重的后果，更多的紫外线袭击地球会带来恶果是肯定的。空洞的出现能改变农作物生长的地理环境，造成农作物产量减少；还能导致地球上气候变暖，雨量增多，使大片海滨地区有被淹没的危险。当然，最大的受害者还是人类。

美国科学院的一份报告说，即使全世界使用化学用品的速度不再增加，到21世纪臭氧也将被消耗16.5%。随着增加的紫外线辐射，仅美国国内每年就将有几十万人患皮肤病。有人算了一下说："臭氧层被破坏10%，皮肤癌患者就会增加20%。"

我们怎样应对这种自然环境的大变化呢？科学家得出的结论是：尽管臭氧层空洞是出现在高空的，但人类的活动，尤其是地面活动，却是其形成的根源。

科学家罗兰德博士于1974年提出了氟里昂破坏臭氧层的观点，因为，氟里昂会在使用过程中散逸到空中。这些游离在空气中的氟里昂，在太阳的辐射下，就会将分子中的氯原子分离出来，在这些氯原子的作用下，臭氧分子转变为氧分子。这样就造成了臭氧层中臭氧的减少，甚至出现空洞。氟里昂是破坏臭氧层、危害人类健康和对地球生命形成威胁的特殊污染物。通过许多科学家、政治家的努力，又经过联合国环境规划署的推动，1985年，各国终于在奥地利的维也纳签署了《保护臭氧层维也纳公约》。1987年，在加拿大的蒙特利尔，各国又签署了《蒙特利尔议定书》，议定书中明确提出了限制使用氟里昂的规定，要求发达国家必须在2000年以前，禁止生产和使用氟里昂。

地球的臭氧层空洞已经形成一定的规模，现在补天乏力，寄希望于臭氧层自行弥合也不可能。即使从现在起全球停止生产和使用破坏臭氧的物质，要恢复本来的臭氧层面目，完全弥合臭氧空洞，至少需要一个世纪的时间。

已出现的臭氧空洞已引起全世界的空前关注，各国纷纷研制氟里昂的代用品，以消除臭氧的"克星"。据英国《新科学家》周刊报道，一个名叫"帮助臭氧"的组织打算在南极上空放飞一些气球，这些气球上悬挂有100个臭氧发生器。这些臭氧发生器由能产生15万伏以上的电压的太阳能电池板提供动力，希望借助臭氧发生器的作用把氧分子变成原子后再形成臭氧，从而增加南极上空的臭氧含量。

另据一些科学研究表明，臭氧层可能只吸收少量波长280～320纳米范围内的紫外辐射，而这部分辐射并不是对地球上的生命危害最大的。一些科学家发现，高波长的紫外辐射对植物的脱氧核糖核酸能造成严重的危害，这种危害是以前人们没有估计到的。过去的研究工作过分强调了臭氧层稀薄以后带来的紫外线辐射量的增加，而没有将研究的重点放在研究320纳米以上波长的紫外线对地球上动植物造成的危害上，这种紫外线造成的破坏是比较恒定的，它不受臭氧层的变化的影响。

即使是这样，我们还是应该极力保护臭氧层，不能让臭氧层空洞继续扩大，从而使这把万物赖以生存的地球保护伞不受损害。

地球上的氧气会不会被耗尽

随着工业的发展和人口的增多，世界上二氧化碳明显地增加，且有继续增多的趋势。"温室效应"是其最直接的后果。在"温室效应"的作用下，冰川融化，温度上升，产生了许多危害，人类的生存受到了极大的威胁。

可即使如此，也不用过于担心氧气会被耗尽。因为地球上依然存在着大量的绿色植物，它们不停地进行光合作用，吸入二氧化碳，排出氧气。通过实验，科学家们发现，1个人1天呼出的二氧化碳相当于3棵大桉树1天吸收的量。令人意想不到的是，石头也能大量吸收空气中的二氧化碳。岩石中含有碳酸钙，在二氧化碳和水的作用下，会变成酸式碳酸钙，它可以溶解，这种变化过程就是岩石的风化过程。科学家在研究岩石的风化现象时，发现每年约有40～70亿吨二氧化碳被岩石消耗掉。岩石风化后的粉尘随着江河湖海流向各地，一旦碰到石灰便会在化学作用下，再次形成石灰石，这就是新生的岩石了。

目前，人们十分关注空气中二氧化碳的含量。为了减少二氧化碳的排放量，各国科学家都在积极寻找有效途径，有些方法已经用于实践，并取得了很大成效。

但是如何增加空气中的氧气呢？专家们指出，保护绿色植物、减少森林面积的流失是保护氧气的最好方法。除此之外，别无他法。没有这些绿色植物，就没有人类赖以生存的氧气。

人类对于大自然索求无度，已经导致了许多难以挽回的严重后果。只有在发展的同时保护环境才能获得真正的发展。如果认识不到这一点，继续破坏环境，总有一天会遭受各种各样的灾难，说不定真会耗尽氧气。人类必须对生存的环境负起应尽的责任。

植物吸收阳光、水分和其他生物呼出的二氧化碳，释放出氧气，而氧气又为其他生物体吸收利用。

地球最危险的敌人是谁

虽然彗木大碰撞已经作为历史一页被翻过，但它却给地球留下了发人深思的警示和启迪：这种灾难性碰撞会发生在地球身上吗？地球发生这种灾难性碰撞的可能性有多大？假若有朝一日发生了，人类可以战胜吗？地球这艘宇宙飞船会不会在这类宇宙交通事故中遇难？

到底有多少像流星体、彗星这样的不安分子呢？它们到底会对地球构成哪些威胁呢？

小行星在这场角逐中，也是不可轻视的角色。

自意大利天文学家皮亚齐于1801年元旦在木星和火星轨道之间发现新行星之日起，人类研究和发现小行星的序幕就已被揭开了。第一颗谷神星、婚神星、智神星、灶神星……整个19世纪，有400个以上小行星被发现，迄今为止，小行星的发现越来越频繁，已有多达5000颗的小行星被天文学家探测到。

这些小行星中，已测算出运行轨道并编号的有3000颗左右。据估算，通过人类现代天文望远镜观测到的小行星不足总数的千分之几。

虽然数量很多，但这些小行星质量和体积都非常小。最大的谷神星直径仅有770千米，比月球直径的1/4还要小，体积也不到地球体积的1/450，倘若你登上小行星，能一目了然地感觉到是在一个行星上，四周越远越往下弯，球形感非常明显。1937年发现的赫梅斯小行星，直径不到1千米，相当于泰山的一半高。因此到目前为止，把所有发现的小行星聚集成团，充其量只不过有一颗中等卫星的大小，比起大行星的体积与质量来，简直是差得太远了。

浩浩荡荡的小行星军团，大多数在木星和火星轨道之间的小行星带上集中行走，很少可以越出这个范围，但也有极少数非常不安分的"卒子"，沿着椭圆轨道运行，最远可以跑到木星以外的空间，有时甚至跨过土星轨道，最近可以踏着大步走进地球轨道内侧，甚至深入到金星轨道以内，变为"近地小行星"，成为太阳家族之中的不安定分子，极有可能成为未来地球的主要"杀手"。

茫茫宇宙中无数的小行星都有可能和我们的地球来一次"亲密接触"。

通常近地小行星轨道偏心率比较大，就地球与它们之间的距离而言，最近时通常有几百千米到5000万千米，极少数的小行星贴近到百万千米内。小行星赫姆于1937年10月在地球外80万千米附近掠过，仅仅相当于月亮与地球距离的两倍，一颗小行星在1989年3月飞到距地球75万千米的位置上，又离我们而去，从辽阔的宇宙空间尺度来看，说这些小行星与地球相隔咫尺，一点也不夸张。如此多的小行星来回穿越于地球附近空间里，的确会让人心惊胆战。

大陨石撞击地球会发生什么

尽管宇宙空间非常空旷，但在太阳系里，仍然有许多高速运行的天体四处乱撞，而且也没有办法控制它们的运动。常见的有冰质的彗星、石质的小行星和流星等，流星往往是从彗星和小行星上脱落下来的碎片。

这些天体有自己奇特的运行轨道。在绕日旋转的过程中，这些天体会穿越地球的轨道，如果这些高速运行的天体来到地球轨道附近时恰逢地球也运动到这里，那么碰撞就在所难免了。

人们甚至可以目睹撞击的景象。1972年，一颗重达1000吨的大陨石曾经掠过大气层，与地球擦肩而过，有人将整个过程用摄像机记录了下来。

但是在几个世纪前的一次撞击中，人类就没有这么幸运了。1908年7月30日，在俄国西伯利亚的通古斯地区，一颗巨大的火球划破了宁静的晨空，然后在半空中爆炸，瞬间，一片方圆1930千米的杉树林被夷为平地。科学家认为，目击者所描述的就是一颗流星或者彗星，它的直径在90米以上，在穿过大气的过程中逐渐破碎。

万幸的是，西伯利亚人烟稀少，只有一位在距离爆炸中心60千米处的商人被烤焦了衣服，浑身黢黑。如果爆炸发生在城市，一场巨大的灾难就难免被载入史册了。不过爆炸带来的危害却不仅限于西伯利亚地区。大爆炸产生了大量尘埃，这些尘埃飘浮在大气层中，随着空气流动蔓延整个星球，影响了地球上的气候，破坏了臭氧层。

在日常的工作和学习中，我们也许不会多想在地球周围漆黑的宇宙空间里到底发生了什么。但是对于天文学家来说，这就是他们的工作。从1990年起，亚利桑那州的天文学家就开始用天文望远镜寻找宇宙中在地球附近徘徊的小行星和流星。就在1991年1月18日，他们发现了一块小行星碎片静悄悄地从地球身边经过。这是一块巨大的岩石星体，它与地球之间的最短距离只有16.96万千米。

你可能觉得这个数字并不算小。不过要知道，地球和月亮之间的距离是38.4万千米，所以科学家们认为，这已经是流星与地球的真正的"亲密接触"了。如果它的轨道再稍微偏一点儿，撞在地球上，这块直径8米的岩石爆炸的威力将是轰炸广岛的原子弹的3倍。

据科学家估计，平均每100年就有一个直径约50米的天体坠落在地球上，但事故现场大都是海域或者其他无人居住的地区。

每100万年，就有一颗直径约10千米的天体坠落，它的破坏力相当于100万个1.3万吨级的TNT炸弹。这样的爆炸即使发生在海域，也足以将大量的尘埃送上天空，遮住太阳，使地球上数月不见天日，随之而来的则是剧烈的气候变化。有人认为，这也许就是6500万年前导致恐龙灭绝的原因。

板块构造是怎么回事

在第二次世界大战后，在战争中发展起来的海洋探测技术逐渐被人们用到了和平的海洋研究之中。人们发现，有一条高高隆起的海底山脊在大洋中心的海底延伸着。更令人惊奇的是，海底山脊的中央还有一条沿着山脊分布的裂谷。在裂谷中，火山活动频频发生。这个被称做"大洋中脊"的海底山脉，不但分布在整个大西洋中，而且还相互连接成一体。许多形成于不同年代的条状火山岩对称地分布在这些大洋中脊的两侧。以太平洋中脊作为例子，能够在中脊的东部由新到老找出1号到32号不同年代的火山岩条带；同样在中脊的西部，也可以找到与东部形成时间相同的1号到32号火山岩条带。

与此同时人们又发现大洋的中心竟然不是海洋最深的地方，大洋的边缘才是海洋最深的地方。大洋的边缘呈狭长的沟槽状，紧贴着一些海岛分布，人们称它为"海沟"。广袤的大洋底部竟然全部都是由年龄很小的岩石所组成的，一般只有几千万年，而且，海底岩石的年龄越靠近大洋中脊越小。

美国地质学家迪茨和赫兹在20世纪60年代初共同提出了一个叫做"海底扩张"的理论。指出因为大洋中脊是新地壳诞生的地方，所以那里的火山活动较为活跃。更新后的新地壳把这些新形成的地壳推离中脊，在中脊两侧形成了较为对称的岩石条带，由于中脊两侧的洋底不断地向外扩张，在抵达大陆边缘时，这些岩石条带受到大陆的抵抗，不得不插入到大陆底下，深邃的海沟由此形成。

1986年，法国地质学家勒比雄在吸收了魏格纳的"大陆漂移"学说与"海底扩张"学说的理论精髓之后，结合当时又发现的众多的新的地质现象，又提出了一个令人眼前一亮的理论——"板块构造"学说。在这一学说中勒比雄把全球地壳划分成面积大小不等的六大块，这些地块最小的也有几百万平方千米，但厚度相对小得多，最大的厚度通常不超过100千米，就像一块块薄板似的，所以把它们称为"板块"。

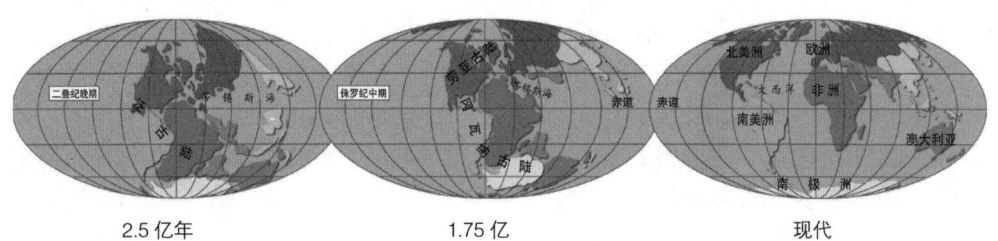

2.5亿年　　　　　　　1.75亿　　　　　　　现代

过去2.5亿年间各个大陆变化图示

后来，许多科学家不断地完善了由勒比雄创立的这一板块学说。在最新的较为完善的理论中指出：岩石圈这层在地球表面包围着的坚硬的外壳，并非铁板一块的完整岩石，而是被许多活动的构造带——如海沟、大洋中脊、活动的大断层等分割成为若干个板块。这些板块有的全部由海洋组成，有的既有大陆，又有海洋。在板块与板块之间，还会有相对的运动发生。有的互相背道而驰，表现的地理现象为海底的扩张。有的迎头撞击，若陆地板块与陆地板块相撞，高高的山脉便会在碰撞处崛起，如喜马拉雅山；若海洋板块与陆地板块相撞，则海洋板块就会钻入到大陆板块下面，形成岛弧或海沟。另外，还有些板块，慢慢地向着相对的方向擦肩远离。这一新理论还指出，板块的现状并非一成不变，它还会随着地球的演变而变化，可能使一个板块分裂成两个以上的新板块，可能使两个老的板块拼合成一块。

大陆漂移之谜

我们脚下的大陆可以移动吗？

人们自古以来都认为地球上的海洋和大陆除了进行上下的升降变化之外，它们的位置是固定不变的。

但是，在1910年的一天，当还在家养病的气象学家魏格纳专心致志地注视着一幅世界地图时，非常吃惊地发现：在大西洋东岸、非洲的几内亚湾凹进去的地方恰好可以和大西洋西岸、南美洲的巴西东北角凸出来的地方相嵌。换句话说就是，倘若把非洲和欧洲大陆的西海岸与南北美大陆东海岸拼凑在一起，完全可以拼凑成一个大致上相互吻合的整体。

这仅仅是一个极为偶然的巧合吗？

从这里出发，经过两年的探索研究，魏格纳提出了以下观点：世界上现在的亚洲、欧洲、非洲、美洲、澳洲和南极地区在很久很久以前，是连接在一起的，后来这块完整的大陆逐渐地分裂、分离，慢慢成了现在这样子。

魏格纳之后，又有许多科学家发现大量的可以证明魏格纳观点的正确性的证据。

例如，有一条宽约1500千米～2000千米，相对高度达1千米～3千米的绵延万里的巨大山脉在大西洋的海底中央，科学家把这条山脉称为"大西洋中脊"。一条裂谷相伴出现在"大西洋中脊"，科学家在这个裂谷中发现了一个被他们称为"地球被撕裂的伤口"的不断溢出黏稠岩浆的地方。

虽然今天的南美与非洲中间隔着大西洋，相距3000多千米，但是在非洲的南部和南美的巴西的同一时代的地层之中，发现了一模一样的一种早已灭绝的叫"中龙"的爬行动物的化石。这种"中龙"习惯于在淡水湖沼地带栖息，绝对没有远涉重洋的本领。

现在，魏格纳的观点已经为越来越多的科学家所信服。更有意思的是，有的科学家还把840万年之后的世界海陆分布图给绘制出来了。在这幅地图上，以色列、埃及、希腊、意大利、沙特阿拉伯等国将会从大陆上消失；一个新的大陆将诞生在澳大利亚北部；日本、新西兰、澳大利亚、新几内亚很可能连成一体……这幅地图的准确性只能有待于我们的子孙后代们在840万年之后对它们进行检验了。

尽管大多数人都已接受了魏格纳的观点，但是因为还有一个关键问题还没有解决，故而它目前只能算是一个科学假说，这个关键的问题即是究竟是来自哪里的力驱动重达1000亿亿吨的6块大陆漂移的？因此为什么大陆会漂移，迄今为止，仍是一个未解之谜。

地震是怎样发生的

如果从地球表面看，一切似乎都很平静，因此一说到地震，人们总是觉得是比较少见的事。事实上，根本不是这样，地球上经常会发生地震。地震是一种非常普遍的自然现象，就像下雨、刮风一样。据科学家们用精确的仪器观测，地球上每年大约发生500万次地震，并且平均一天会发生1万多次。但是，这些地震中大部分都微乎其微，人们不用仪器观测是根本感觉不到的，每一年中这样的小地震大约占当年地震的99%；人们可以感觉到的，只不过才有1%。

地球上为什么会常常发生地震呢？

大多数地震是由地壳运动所引发的。刚硬的岩石在运动中受到力的作用，形状发生改变，有时甚至发生断裂，此时就会发生地震。目前人们虽然对推动地壳发生变动的力量从何而来仍持有异议，对地震产生的根本原因也有许许多多的推测，但大家一致认为某一地区的岩石发生了断裂是该地区发生地震的直接原因。地下的岩石产生了新的断裂，或是原来就有裂缝，再次发生错动是绝大多数地震发生的原因。许多威力极大的地震都发生在地下存在有断裂的地方。当地下的岩石因为受到力的作用而将要断裂时，月亮和太阳的引力作用，水（水库）或大气对地面的压力的变化，都有可能促使断裂发生，有触发地震的作用。

其次，地震又常常作为火山爆发的伴侣出现，在地球上存在着大量的火山，火山每次爆发，会从地下喷射出大量炽热的岩浆，体积急速膨胀，对地壳有所冲击，因此一定会引起地震。

既然每年地球上发生如此多的地震，我们为什么感觉到的很少呢？

原来，在地球上发生地震时，震动也有强度的大小，释放出来的能量也有多有少，按照它们大小的不同，大致可以分为微震、弱震和强震等三大类。可使器皿丁当作响，使吊钟和电灯、壁上的挂图发生晃动的地震称为弱震。可以使墙开裂、山石崩落、房屋倒塌的地震称为强震。一些非常强烈的地震还能在眨眼之间把整个城镇催毁，如1976年

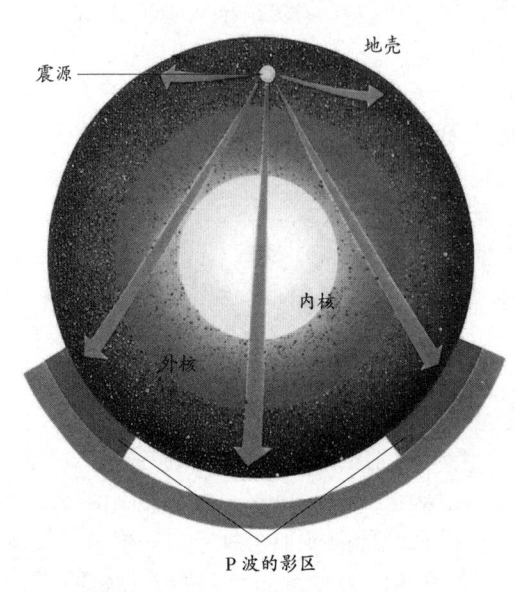

构造地震成因模拟图

的唐山地震，在地球上如此强烈的地震平均每年大约发生10多次，但有时候并不是发生在像唐山这样人口极为稠密的地区，给人类带来的灾害也不会像唐山那样严重。除了强震以外，弱震是不会给人类造成危害的，至于微震，就更没有多大影响了。绝大多数地震都是微震。

地震发生时，也不是所有人都可以感觉得到，在一定的范围内的人们才能感觉到。地震时，人们把震动的发源处叫做"震源"。震动自震源起，以波动的形式向四周发散传出，叫"震波"。在震源处地震波的能量最大，在传播过程中，地震波能量会逐渐消失，越传得远就越微弱，传到一定距离，就可以弱到人一点也感觉不出来。我们住的地方倘若在这次地震中人所能感觉的范围之外，这次地震我们就感觉不出来了。

地震为何多在夜间发生

地震是一种会带给人类极其严重的危害的自然现象。一座城市在一次7级以上的地震中，顷刻间可被夷为平地，人员死伤不计其数，惨不忍睹。

地震的危害不但在于它的突发性强，而且在于夜间出现的频率极高，甚至会突然降临在深更半夜人们熟睡时。例如，有"20世纪十大地震之一"之称的1906年4月12日美国旧金山8.3级大地震，在凌晨5点12分发生；1906年5月22日在智利发生的20世纪最大的8.9级地震，则在日落之后的19点11分发生；中国唐山地区1976年7月28日发生的7.8级大地震，在凌晨3点42分发生；1995年1月17日日本神户发生的大地震，在清晨5点46分发生，当时绝大多数人正在睡梦中。据统计，中国境内1985年总共有25次5级以上的地震发生，其中在日落后的19点以后到次日早晨6点之间发生的大地震竟有20多次之多，占总数的80%。对受害者而言，地震在夜间发生更是雪上加霜。

其实地震随时都可能发生，而事实上多在夜间发生，主要是因为受外因——太阳和月亮引力的影响。我们知道，海水在一天里有两次涨落，是由太阳和月球的引力所引起的。同时，地壳的"潮汐"现象也是由太阳和月球的引力引起的，只是平时我们没有察觉罢了。据测定，北京一带的地壳在朔望时（即农历的初一、十五或十六）大约可以有40厘米的升降。若是地球内部在孕育地震的过程中，当地下的岩石受到接近于破裂的力的作用时，而这时正好又受到太阳和月球的引力作用，这样蓄势良久的地震能量就会猛然间迸发出来。太阳和月球的引力在这里就起到了导火索的作用。

地震不但常在夜间发生，而且还常在农历初一、十五或十六前后发生。因为太阳和月球的引力在农历初一、十五或十六前后是最大的，例如，1976年7月28日发生在中国唐山的大地震，正好是农历七月初二；而1995年1月17日发生在日本神户的大地震，也恰是农历十二月十七。诸如此类的例子，不计其数。

由此可知，地震多在夜间发生，而且还常在农历初一、十五或十六发生，并非偶然现象。

火山为什么会喷发

火山喷发是地壳中的岩浆向上喷出地面时的现象。一般情况下，地壳把岩浆紧紧地包住。地球内部有相当高的温度，岩浆不甘于寂寞，它老是想要逃离出去。然而，由于地下的压力极大，岩浆无法很轻易地冲出去。地下受到的压力在地壳结合得比较脆弱的部分比周围小一些，这里的岩浆中的水和气体就很有可能分离出来，促使岩浆的活动力加强，推动岩浆喷出地面。当岩浆冲出地面时，原来被约束在岩浆中的水蒸气和气体很快分离出来，体积迅速膨胀，火山喷发就此产生。

岩浆冲出来的通道是否畅通与火山喷发的强弱有很大关系。如果岩浆很黏很稠，有时再加上火山通道不但狭窄而且紧闭，这时就极易被堵塞，这就需要地下的岩浆聚集非常大的力量才能把它冲破，一旦冲开，伴随的就是一场威力极猛的大爆炸。有时候，一次火山喷发过程，就可以喷发出来几十亿立方米的火山碎屑物；假如岩浆的黏稠度小，所含气体也不多，通道相对而言比较畅通，经常有喷出活动，那么就不会引起大的爆炸。夏威夷群岛上有一些火山，就是第二种情况。

火山总是在那些地壳运动较为强烈，而且相对而言较为薄弱的地方分布着。这种地方陆地上和海里都有。海底的地壳很薄，一般只有几千米，有些地方还有地壳的裂痕，所以在海洋底部分布着很多火山。例如临近大西洋中部亚速尔群岛的卡别林尤什火山，它位于一条巨大的断裂带之上，当它喷发时，炽热的浪涛从深邃的海洋底部涌出，一时间，洋面会沸腾起来。在开始时人们还以为是一条大鲸吐出的水柱呢！它的火山喷发活动持续了13个月，结果一片好几百公顷的新陆地出现了，这块新陆地与亚速尔群岛中的法雅尔岛连接在一起。海洋中有很多像这样的海底火山。

　　在火山喷发过程中，会有岩浆喷出地面，那些岩浆的活动能力极强，可以时常喷发的火山在地质学中被称为"活火山"。例如，位于太平洋中的夏威夷群岛上的基拉维亚火山，长期以来总有岩浆从中不断地涌出，有时还会发生极为猛烈的爆发，它就属于活火山。有一些火山在喷发之后，需要经过很长一段时间在地下聚集起足够的岩浆才可以再次喷发，当它暂时不再活动的时候，被地质学家称为"休眠火山"。例如在北美洲西部的喀斯喀特山脉中就有很多这样的火山。人类并没有找到它们曾爆发过的历史记载，但根据探测，它们还有活动能力。不过，这一类火山，有的也可能就此一直沉睡下去。还有些火山因为形成时间很早，地下的岩浆已经冷凝固化，不再活动，或是虽然地下还有岩浆存在，但因为那里地壳厚实坚硬，其中差不多所有的裂缝都被以前挤入的岩浆凝结堵塞住，岩浆无法再喷发出来了。地质学上把这些已失去了活动能力的火山叫做"死火山"。例如，非洲坦桑尼亚边境上的乞力马扎罗山，就是一座非常有名的死火山。人们可以从飞机上清晰地看到火山口内堆积着很厚很厚的白雪。

火山持续喷发之谜

　　斯特龙博利火山是位于地中海西西里岛北部的利帕里群岛中的一个圆锥形的小岛，海拔926米，火山口直径约580米。长期以来，每隔2～3分钟这里就响起一阵轰隆声，巨大的烟柱、蒸汽和碎屑随之喷发，直射数百米的高空。烟柱在天空中慢慢弥漫开来，烟和灰尘则随风逐渐消失。火山的喷发严重影响着那里的海陆形式，要知道那里原是深达200米的海底，由于火山的不断活动，岛屿从海底升起了。

　　中美洲萨尔瓦多沿海有座伊萨尔科火山也是一座持续喷发的火山。它海拔1885米，每隔8～10分钟，巨大的高达300米的烟柱就从这里喷向天空，同时炽热的熔岩也泻入海中。海水和熔岩相接触，大量的水汽便因此而产生了。

　　这两座火山的共同之处在于它们都是定时持续喷发，而且都位于沿海地区。黑夜里，每次喷发的烟柱被沸腾的熔岩映得通红，一明一灭，十分显眼。在离火山几十千米到100多千米的海上都能见到，过往船只将它作为辨别方向的天然灯塔。

　　为什么这些火山会经常持续喷发呢？原来，它们不太黏稠的熔岩使得喷出的气体很容易在熔岩中形成气泡，气泡越变越大，最后发生爆炸，发出强烈的嘶嘶声，但是爆炸本身并不剧烈。熔岩夹带着水汽、烟灰升到高空，最后，一部分回到火山口里，一部分掉落到海里。熔岩掉回火山口时，并没有把火山口堵塞住，一些小的喷气孔依然是畅通的。过一会儿，前面的过程再次发生，火山内部的气体不断使熔岩膨胀，再次迸发出巨大的烟柱。就这样，循环往复，火山持续而间歇地喷发着。

火焰山之谜

在《西游记》中，唐僧领着他的三个徒弟来到火焰山下，他们被这座燃烧着熊熊烈火的火焰山挡住了去路，无奈之下，只得由孙悟空千方百计借来了铁扇公主的芭蕉扇，师徒四人在把火焰山的烈火扇灭之后，顺利西行。当然这只是神话传说而已，不过既然火焰山无论是过去还是现在，都不曾燃烧过熊熊大火，那么它为什么会被称为火焰山呢？

火焰山位于中国新疆吐鲁番盆地。仔细观察一下火焰山的地貌，它的山体全部由红色的页岩和砂岩组成。这些页岩和砂岩是由距今1.1亿年前或7000千万年前的中生代侏罗纪和白垩纪以后的新生代第三纪时的泥土和沙粒堆积而成的。那时天气非常炎热，在沙石泥土中沉积的铁元素经过雨淋、高温氧化之后，形成了很多红色的氧化铁。在喜马拉雅山运动时，这些堆积物褶皱隆起，抬升成山，火红底色的火焰山山体由此而构成。

但是，除了火焰山之外，还有其他的山也是由红色岩体构成。火焰山较为出名，主要是因为当地自然环境衬托火红的山色的缘故。吐鲁番盆地是中国西部夏季著名的"火炉"，这里的气候高温炎热。吐鲁番在元代时就曾被称为"火州"。这里的岩石在十分强烈的风化作用下，山石造型极为奇特，沟壑滴水不流，山上寸草不生，山麓沙砾堆积，与一望无际的茫茫灰白色戈壁沙滩相映，灼人的阳光在山势奇特的红色岩石上照射着，烈焰蒸腾，红光闪耀，正如在燃烧着的熊熊烈火。也许正是因为如此，才给了《西游记》的作者吴承恩以创作灵感。

地球上的煤是怎样形成的

众所周知，煤是从地下开采出来的。可是，为什么地下有这么多煤呢？在回答这一个问题之前，首先需要知道煤是如何形成的。

有人说煤长得像石头，甚至通常把质量不好的煤叫做"石煤"，所以认为煤是由石头变来的。但是，如果你再仔细观察一下会发现有些煤块上会有植物的根茎和叶等等形状的痕状；倘若把煤切成薄片，在显微镜下进行观察，有时可以看到相当清晰的植物构造和组织，而且有时像树干一类的东西还保存在煤层之中。在中国著名的抚顺煤矿，大量琥珀含在煤层之中，有的里面甚至包有极为完整的昆虫化石，它是一种相当精美的艺术品。事实上，琥珀就是由树木所分泌出来的树脂演变而成的。这一切都表明煤主要是由植物演变而来的。

古代植物又是如何演变成煤的呢？

原来，在历史上，有一些时期的环境非常有利于煤的形成。由于气候条件适宜，在这时期，茂密高大的植物到处繁殖，大量高等或低等植物、浮游生物以及水草等等生长在沼泽、内陆和海滨地带。由于后来的地壳运动，这些植物就一批一批地被埋藏在地面的低洼地区和海洋或沼泽的边缘地带。这些被泥沙所掩盖的植物，长时间受着压力、细菌和地心热力的作用，原来所含的氮气、氧气以及别的挥发

绿色的植物经过长时间压力、细菌、地心热力作用，竟然形成乌黑的煤炭，大自然的力量真是神秘莫测。

物质等都逐渐地跑掉了，剩下来的大部分就是"炭"（一般称这种作用为"碳化作用"）。这样泥炭就最先形成了，随后泥炭被埋藏得越来越深，碳质的比例在温度和压力的作用之下不断增高，褐煤和无烟煤便逐渐形成了。简单而言，煤就是经过这样的凝胶作用以及碳化作用变来的。

由于各地都有不同的地壳运动特点，有些地区植物遗体堆积速度和地壳下降速度大体一致，保持均衡，很可能形成较厚的煤层；有些地方地壳沉降速度变化非常大，许多薄的煤层可能会在这里形成。

煤形成之后，在漫漫地质时代中，还不断地经受着各种变化和变动。原来水平的煤层可能会因地壳的构造运动而引致断裂和褶皱，有一些煤层被掩藏到地下更深的地方去了，因此至今还在地下沉睡没有被人们发现；而另一些煤层在一些比较浅的地方埋藏着，而且经过后来的侵蚀、风化的作用而露出地表，根据这些露在地表的"煤苗子"，我们找起煤矿来就会相当容易。目前许多埋藏在地下较深地方的煤田伴着人们对于煤的形成规律的进一步掌握以及矿勘探与开采技术的改进，而不断地被发现、开采及利用。

地球上的石油是怎样形成的

石油被人们称为"黑色的金子"，它对于人类而言是生存攸关的重要能源。

石油是由地质时期的动植物的遗体在地下高压高温及微生物作用下，经过漫长而复杂的化学变化逐渐形成的一种较为黏稠的液体矿藏，它也是原油及原油的加工产品的总称。凡是从油田开采出来还没有经过加工处理的石油叫做原油。原油通常情况下是深褐色、黑色的，但是，也有绿色，甚至无色的原油，这主要由开采地的特质所决定，原油不溶于水，有特殊的气味，密度也比水小，溶、沸点不固定。

石油大多在地下（或海底）深埋着，它属流体矿物，所以通常只需打竖井之后通过采油管开采。在打成一口油井的初期，由于地层下有很大的压力，油层内的石油经常受压力驱使而自动向上喷，这时就可以采用"自喷采油法"采油。自喷采油不但设备简单、管理方便，而且开采经济，产量也高，是当前较为理想的采油方式，一般采用先进技术且条件好的油井可保持几年、有时会保持十几年的自喷形式。已过自喷期的油井或油层压力较低，石油只能够流入井里但却没有能力再往地面上喷射，此时要采用机械采油方法亦即通过安装在井上的俗名叫"磕头机"的抽油泵往上抽油。使用磕头机抽油的油井也可以在相当长的时间内维持一定的产量。

现代生活一刻也离不开石油，它是工业的血液，是最最重要的能源之一，而西亚则是世界上的最重要的石油产区。

根据大陆漂移学说的解释，西亚原本是古地中海的一部分，经过沧海桑田的多次变化之后，古地中海的范围渐渐缩小，幼发拉底河和底格里斯河带来的泥沙也在不断地缩小波斯湾的面积。以波斯湾为中心的浅海地区是一片古老台地，这些地区主要进行的是升降运动，它们的褶皱运动非常平缓。升降运动形成4000～1.2万米的非常厚的沉积层。从结构上看，因为褶皱运动不是十分强烈，所以形成一系列平缓而巨大的简单穹隆或背斜构造，这种构造对贮油贮气极为有利。例如举世闻名的沙特加瓦尔背斜构造，长240千米，宽35千米，这里形成了原油储量达到100亿吨以上的闻名遐迩的加瓦尔油田。

西亚的纬度偏低，它的这种纬度偏低的地理条件造成生物数量相当繁多；西亚地区所拥有的"两河"、广阔的浅海的大量泥沙形成相当良好的还原环境；平缓的地质构造和沉积层为原油的储备提供了优良的储油条件，这些就是西亚成为世界储油最丰富地区的自然原因。

恐龙足印与地质新发现

意大利位于欧洲的南端，与非洲大陆距离很近。传统观点认为，这两个地区在古代并不相连。不过，这一看法如今正受到极大质疑，这源于近年来发现的一些恐龙足印。

意大利国土形如简靴，在它的上面，有一个明显突出的"马刺"——加加诺半岛。加加诺半岛遍布石灰岩，其地形特征属于山地，拥有非常丰富的矿物资源。博塞利尼教授率领一支国际地质考察队于2000年6月在此进行考察，在一个位于圣马尔科因拉米斯镇附近的石灰岩矿区偶然发现了一组恐龙足印化石。

这组恐龙足印化石约 60 多枚，其长度从 15～40 厘米不等，化石外形完整，有十分清晰的脚踵部分。在矿区通向出口附近的巨大石面上，有一组两足三趾的恐龙足印，这些足印可能是属于食草类的禽龙，或以禽龙为食的食肉类陆地恐龙。这些足印尺寸很大，人们猜测当时生活在这里的恐龙都是庞然大物，体重过吨。

初步的研究发现，一些足印明显是一种禽龙留下的，这种禽龙体型巨大，其体重可达 4.5 吨，身长 9 米，后腿站立时身高可达 5 米。这样的巨型恐龙必然具有惊人的食量，其种群必须要在成片的森林和广袤的水草构成的生活环境中生存。通过巨型恐龙的这种生存特征，人们推测在很早以前，加加诺半岛曾是林木耸立、水草丰饶的沃野。而对地质构造的分析对比又表明，这里与北部非洲的地质非常相似。国际地质考察队的专家们因此提出意大利南部地区与非洲大陆曾经连在一起的观点。这一观点否定了"意大利南部与非洲大陆不相连"的传统看法。

地质学界长期以来一直认为，独立于非洲大陆的意大利亚平宁半岛南部，在远古时代是一组零星的岛屿。加加诺半岛恐龙足印化石的发现对这一理论提出了不同看法。如果当时意大利南部与非洲大陆毫不相连，那么巨型的恐龙群在这里就难以生存。

爬行类的蜥龙在加加诺半岛发现的恐龙足印化石中，留下了一组呈环形的四脚足印。这种恐龙生活在距今约 1.2 亿～1.3 亿年前。地质学家们推断，由于地壳的运动，在当时，非洲大陆北部的一部分地面开始下沉，下沉部分降到了海平面以下 10～20 米，由非洲大陆延伸出来的岬岛则是由现在的意大利南部地区逐渐转变而成的。它与非洲大陆之间隔着一片浅平的海湾。后来，岛屿部分凸升为陆地，继续下降的海湾部分则转变成为地中海。在这一变动过程中，现在的意大利南部地区逐步变成岛屿，它与非洲大陆之间在约几千万年的时间里，曾是一片宽旷的沼泽地。为了觅食生存，巨型恐龙群由此穿过，迁移到了非洲大陆，并在迁移过程中留下了足印化石。

世界上许多地区都发现有恐龙、恐龙蛋以及恐龙足印化石。只有把恐龙、恐龙足印、恐龙蛋化石和当地地质构造联系起来加以分析研究，人们对地质生态环境演变做出的科学解释才能符合实际，从而造福于人类。

自然奥秘

青藏高原的"本来面目"
探寻黄土高原的成因
撒哈拉沙漠曾经是绿洲吗
月牙泉为何不会干涸
沙子为什么会唱歌
沙漠是怎样形成的
探寻藻类对改造沙漠的作用
…………

青藏高原的"本来面目"

世界上海拔最高的高原在哪里呢?当然是青藏高原。可是令人惊讶的是,科学家们发现,青藏高原在从前并不是高原。那么,它的"本来面目"是怎样的呢?

青藏高原不仅是世界上最高大的高原,同时也是最年轻的高原,它的面积约 250 万平方千米,平均高度超过 4500 米。自北而南绵亘着的一列列长长的山脉构成了青藏高原。广阔的昆仑山、阿尔金山和祁连山在北面,中间是喀喇昆仑山、唐古拉山、冈底斯山、念青唐古拉山,而西南部蜿蜒起伏的则是巍峨的喜马拉雅脉山。

青藏高原有世界上最高的山峰。全世界超过 8000 米的山峰共有 14 座,都位于青藏高原。世界最高的山峰是珠穆朗玛峰,世界最高的山脉是喜玛拉雅山的山脉,而青藏高原以其雄踞地球、独一无二的风姿,得到了"世界屋脊"的称号。

青藏高原的许多山峰都覆盖着厚厚的冰雪,许多银练似的冰川点缀在群山之间,沿着山坡缓慢地坠落。这些冰川正是大江、大河的"母亲",世界著名的长江、黄河、恒河和印度河等都发源于此,从此汲取丰富的水源。

青藏高原地势较低的地方是柴达木盆地,但海拔也有二三千米。雅鲁藏布江谷地位于高原最低处,但谷地里的拉萨城比五岳之首的泰山还高一倍多。

高原上有许多美丽的风景。广阔的草原中镶嵌着无数蔚蓝色的湖泊,雪峰倒映在湖中,十分好看。岩石缝里喷出来许多喷泉,热气腾腾,附近的雪峰、湖泊在喷泉的映衬下显得格外耀眼。

人们在为这瑰丽景色发出惊叹之余,也会产生这样的疑问:青藏高原是怎么形成的呢?它原本就是这个样子吗?

地质学家们在青藏高原层层叠叠的页岩和石灰岩层中,发掘到了大量恐龙化石、陆地植物化石、三趾马化石,以及许多古海洋动植物的化石,如三叶虫、鹦鹉螺、笔石、珊瑚、菊石、苔藓虫、海百合、海胆、百孔虫和海藻等。地质学家们面对这些古代海洋生物化石,思绪不由得飘到了遥远的地质年代。在 2.3 亿年前,青藏高原曾经是一片海洋,跟太平洋、大西洋相通,呈长条状。后来,地壳运动十分剧烈,古生代的褶皱山系由此形成。海洋消失了,古祁连山、古昆仑山产生了,而原来的柴达木古陆相对下陷,成为大型的内陆湖盆地。经过 1.5 亿年的漫长的中生代,由于长期

已灭绝的蕨类植物化石

眼镜虫化石

三叶虫化石

随着越来越多的海洋生物化石被发掘,表明青藏高原确实曾为海洋。

风化剥蚀，这些高山逐渐被夷平了。那些高山上被侵蚀下来的大量泥沙，全部都沉积在湖盆内了。

新生代以后，地壳运动再次活跃起来，那些古老山脉因此剧烈升起，"返老还童"似的重新变成高峻的大山了。在距今4000多万年前，现在最高的山脉——喜马拉雅山地区仍是一片汪洋大海。这里原本是连续下降区，厚达万米的海相沉积岩层沉积于此，岩层中埋藏了各个时代的生物。印度板块不断北移，亚欧大陆板块最终与之相撞，严重挤压了处在这个地区的古海，褶皱因此而产生。喜马拉雅山脉从海底逐渐升起，并且带着高原大幅度地隆起，"世界屋脊"从此屹立于世。

难以想象，曾经的海底如今却变成了世界上最高的地方。而且，科学家发现，喜马拉雅山始终没有停止上升过，至今还在缓慢升高。对此，根据1862～1932年间的测量结果就会发现，许多地方平均每年上升18.2毫米。如果喜马拉雅山始终按照这个速度上升，1万年以后，它将比现在还要高182米。

撒哈拉沙漠曾经是绿洲吗

撒哈拉大沙漠位于非洲大陆的北部，方圆800万平方千米，横跨阿尔及利亚、摩洛哥、埃及等11国的国境。提贝提斯和阿哈加尔两处山脉位于它的中部。非洲的山脉气势雄伟，怪石嶙峋。由于暴风常常袭击山脉，而且昼夜温差很大，山上的石头因此有不少变成了迷宫似的石窟和岌岌可危的石桥。

起初，这些石窟并没有引起人们的注意。后来考古学家在一次科学考察中，在这些石窟山洞里发现了原始人留下的岩画。这些岩画有早期和晚期之分，石刻的属于早期，晚期的则是用黄褐色的泥土画上去的。

当时人们的生活情景是这些岩画描绘的主要内容。这些绘画让发现者目瞪口呆。早期岩画中的动物有长颈鹿、野牛、狮子、鳄鱼、河马、鸵鸟等，还有成群的牛羊和放牛的牧人。后期的岩画中，则已有了两匹马拉车的兴盛场面。

古人的生活场景被栩栩如生地描绘出来了，为后人研究当时的历史提供了宝贵的资料。科学家也由此推测，当时，也就是五六千年以前，撒哈拉地区肯定不是今天这样的寸草不生的沙漠。那时候，这一带十分适合人和动植物的生存。这里气候湿润，植物茂盛，原始人类和野生动物曾在这里生活了很长一段时间。后来不知是什么原因，也不知究竟是什么时候，这一片生机盎然的绿洲消失了，被一片死气沉沉的茫茫大漠取而代之。

有地理学家认为，绿洲变沙漠是自然条件作用的结果。因为这一地带日照时间特别长，气候极为干燥，最热的几个月中平均温度超过30℃，地表温度更是高达70℃。除此之外，还有一股叫"哈马丹"的东北风不停地横扫着这片地区，使整个地区天昏地暗、飞沙走石，再好的植被，也会被扫荡一空，无法生存。

生态学家认为，这片土地自古以来自然条件就十分恶劣，一直经受着太阳的曝晒和季风的侵扰。之所以会有绿洲变沙漠的结果，完全是人类自身的活动所致。人类本身就是生态环境中重要的一环，环境的改变很大程度上取决他们对于这块生活家园的态度和作为。据分析，这里的人们因为犯了一个难以挽回的错误而造成了现在的后果：在当时的农牧社会里，为了发展经济和战胜敌人，增加人口变得越来越重要。随着人口的增多，田地变广了，牲畜地变多了，渐渐地绿色原野就无法负荷了。土地——植物——动物——人类这根生命的链条一旦被破坏，就会在自然灾害的肆虐中完全崩溃。

我们从撒哈拉沙漠形成的过程中得到这样一个启示：在自然——社会——文化生态的系统中，人类的文化必须适应环境的变化，同时应运用生态的理念去帮助自然环境朝积极的方向发展。倘若缺失其中的任何一个环节，环境就会不可避免地走向恶化，人类意想不到的灾难就会从天而降。

沙子为什么会唱歌

你听过沙子唱歌吗？鸣沙山的沙子就会唱歌。

世界上已发现了100多处会"唱歌"的沙丘，这些沙丘大多集中在美洲，如美国的马萨诸塞湾、长岛、威尔斯西岸，巴西里约热内卢附近的索西哥，智利的科帕坡谷，此外还有丹麦的波恩贺尔姆岛，苏格兰的爱格岛，阿拉伯半岛，波兰的科尔堡等。人在这些地方的沙漠或沙滩上行走，都能听到奇妙的"歌声"。

不仅沙漠里的沙丘会"唱歌"，而且有些海边和湖边的沙滩也会"唱歌"。例如，在日本京都府北面丹后半岛海滨浴场上，就有两个分别名为"琴引滨"和"击鼓滨"的沙滩。琴引滨因人们脚踏沙滩时，会发出悦耳的琴声而得名；而击鼓滨则因当人脚踏沙滩时，会发出"咚咚"的鼓声而得名。这两个会唱歌的沙滩有一个共同的特点，即春天歌声悦耳，夏天则变成微弱的低音。

早在2000多年前，中国的《史记》、阿拉伯的

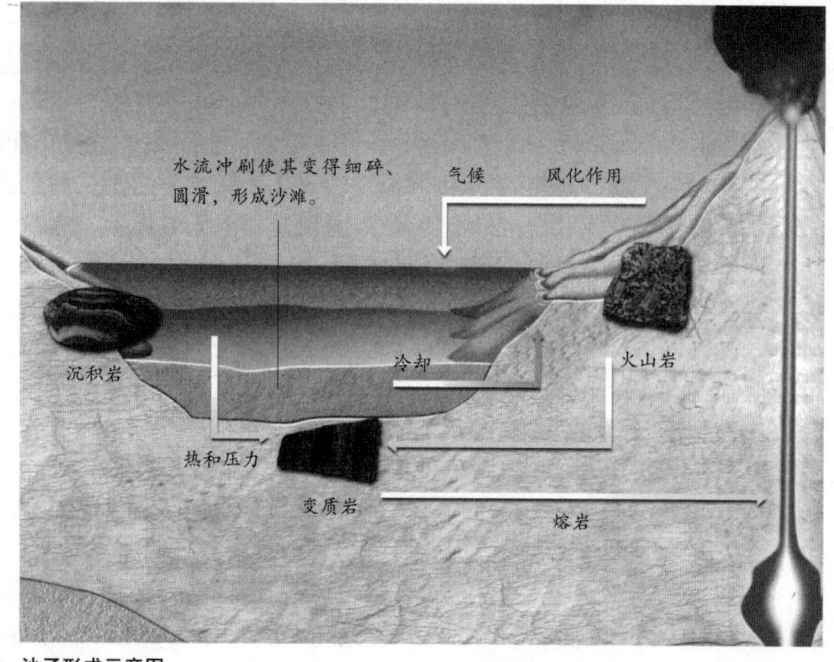

沙子形成示意图

《一千零一夜》就已经有关于鸣沙的记载。意大利探险家马可波罗在著作中也曾提到过中国西部和中亚地区沙漠中的轰鸣沙，他在路过此处时就"时常听到空中回荡着各种乐器奏出的音乐，击鼓声和臂膊撞击声"。1889年，查尔斯·达尔文在他的经典著作《比格尔号上的旅行》中，提到31处沙丘中有轰鸣沙，它们分布在南北美洲、非洲、亚洲、阿拉伯半岛和夏威夷列岛。

鸣沙是一些特别的沙子，在许多有沙子的河滩、湖畔、海滩、沙漠上都曾发现过。一般按发声不同而将鸣沙分为两大类：一类是声音较小的"哨沙"，也称"音乐沙"、"犬吠沙"或"歌唱沙"。哨沙在剪切移动或压缩时会发出短促和高频的声音，持续时间一般不到1/4秒钟；另一类则发生在规模较大沙漠地带的沙丘上，叫做"轰鸣沙"，声音大而低沉，持续时间也较长。有人研究发现，与无声的同类相比，鸣沙有着不同寻常的、规则的表面，它的凹陷和凸起的部分相差仅在千分之几毫米，但是它的表面也不是完全光滑的。鸣沙的湿度通常很低，超过这个湿度，沙粒就会结得紧密，沙丘奏鸣曲也就会变成寂静音乐会了。

有的科学家提出，沙丘会"唱歌"与天然的"共鸣箱"有关，在响沙的背风坡脚下，一般分布有地下水，在地下会由于气候干燥，蒸发旺盛而形成一堵无形的蒸气墙冷气流；而在背风坡向阳的山脊线上却形成一个热气层，两者共同组成了"共鸣箱"。沙丘被风吹动或被人畜搅动后产生各种不同的声音频率，这种频率在"共鸣箱"引起共鸣后，使得沙丘的声音变大，同时在"共鸣箱"的作用下，这个声音的音量互相递加，及至发出轰响。现在，宁夏中卫响沙周围绿化造林改变了大气环境，从而影响到沙粒声的频率，破坏了"共鸣箱"的结构，因此，那儿的鸣沙已经很久不唱歌了。

还有人提出静电发声说，鸣沙山沙粒在人力或风力的推动下向下流泻，含有石英晶体的沙粒互相摩擦产生静电，静电放电即发出声响，响声汇集，声大如雷。

此外，沙子唱歌还可能与空气的湿度有关。例如夏威夷群岛考爱岛南岸有一座高18米、长800米的大沙丘，一旦人在沙丘上走动，或把沙子放在手掌中猛搓，都能听到沙丘发出"汪汪"声。人在沙丘顶跑步，则能听到沙丘发出闷雷般的声音，天气越干燥，雷声越大。科学家认为这声音大多形成于雨后，因为沙丘表层干燥，下部湿沙在蒸发过程中形成一层薄薄的空气膜，空气膜因受到震动，从而发出声音。

沙漠是怎样形成的

人们常常可以在电影中看到这样的镜头，炽热的风吹起细小的粉末漫天飞扬，沙丘如海浪一样此起彼伏，随风推进，在这个金黄的世界里，没有水，也没有绿色，要是没有驼队经过，人们肯定相信这是一个没有生命的星球——而这就是沙漠。

沙漠是怎样形成的呢？

就自然界方面的原因来说，风是制造沙漠的罪魁祸首。风吹跑了地面的泥沙，使大地裸露出斑驳的岩石外壳，或者仅仅剩下些散碎的砾石，成为荒凉的戈壁。那些被吹跑的沙粒在遇到阻拦或风力减弱时，掩盖在地面上，形成许多相连的沙丘，望过去好似波浪起伏的大海。这些沙丘，大小高低不一，一般有 20 米～30 米高。多数沙丘，平面上呈月牙形，而且具有一致的排列方向，形成新月形沙丘；还有些沙丘，像垄冈的形状，平行排列，这都是风的杰作。戈壁是制造沙子的根源，供应沙漠扩张所需的最基本物质——沙。通常戈壁也包括在沙漠之内，由于那里极度的干燥和昼夜巨大的温差，使岩石风化成砾石，砾石又风化成大大小小的沙料，风又将沙吹跑，沙漠因而得以不断扩张。

通常风沙大肆活动的地区，都是气候干燥、地面缺少植物掩盖的地区，地上的泥沙才容易被风吹起来。因而要抑制沙漠扩张，人工绿化是必不可少的措施。

扑朔迷离的太湖成因

太湖的水域形态就像佛手，作为江南的水网中心，太湖蕴藏了丰富的资源并孕育了流域内人们的繁衍生息，自古就被誉为"包孕吴越"；历代文人墨客更是为之陶醉，留下了许多脍炙人口的诗句。太湖风光秀丽，物产富饶，附近的长江三角洲河网纵横，湖荡星罗棋布，向来是中国的鱼米之乡。太湖四周群峰罗列，出产的碧螺春名茶与太湖红橘，在古代就是朝廷的贡品。太湖里还富有各种各样的水产品，其中的太湖银鱼，身体晶莹剔透，肉质细嫩，是筵席上的美味佳肴。

然而，就是这样一个兼具秀丽风景和浩渺壮阔气派的饮誉中外的太湖，关于它的成因，直到今天还争论不休。

早在 20 世纪初，中国地理学家丁文江与外国学者海登施姆就认为，是大江淤积导致了太湖的形成。他们指出，在五千年前江阴为海岸，江阴以东、如皋以南、海宁以北，包括太湖地区在内都是长江淤积的范围，这是最初对太湖成因所作的理论上的描述。

到 20 世纪 30 年代，由于在湖区地下发现有湖相、海相沉积物等，所以学术界对太湖的形成有了较成熟和系统的看法。著名的地理学家竺可桢与汪湖桢等提出了泻湖成因论，泻湖论在以后又不断被充实进新的内容。德国人费师孟在 1941 年提出，经太仓、嘉定外冈、上海县马桥、金山漕泾，直至杭州湾中的王盘山附近，是公元 1～3 世纪的海岸线。后经对位于冈身的马桥文化遗址下的贝壳碎屑进行碳 14 测定，研究者基本上公认冈身是 6000 年前的古海岸线。

华东师范大学海口地理研究所的陈吉余教授等，在总结前人研究的基础上，发展和完善了泻湖论。该论点主要依据太湖平原存在着海相沉积来推断，认为因长江带来的大量泥沙逐渐在下游堆积，使当时的长江三角洲不断向大海伸展，从而形成了沙嘴。以后沙嘴又逐渐环绕着古太湖的东北岸延伸并转向东南，与钱塘江北岸的沙嘴相接，将古太湖围成一个泻湖。后来又因为泥沙的不断淤积，这个泻湖逐渐成为与海洋完全隔离的大小湖泊，太湖则是这些分散杂陈的湖群的主体，又经以后的不断淡化而成为今日的太湖。

近年来，随着对太湖地区地质、地貌、水文、考古和文献资料等方面的不断研究，尤其是几十处距今 5000～6000 年前的新石器时代遗址，以至汉、唐、宋文化遗物的发现，许多研究者对泻湖论中所存的问题提出了质疑。他们认为，在海水深入古陆地的过程中，虽然是一边冲蚀，一边沉积，但这种情况对于整个古陆地来说是不平衡的，有的地方虽有泻湖地貌的沉积，但它不具整体意义。因此，泻湖论虽然可以解释太湖平原的地形和地质上的海湖沉积，但难以解释何以在太湖平原腹地泥炭层之下以及今日湖底普遍有新石器遗址与古生物化石的存在，同时这也与全新世陆相层的分布范围不符。许多人因此提出，太湖平原大部原为陆地，所以古代居民能够在上面聚居生存。

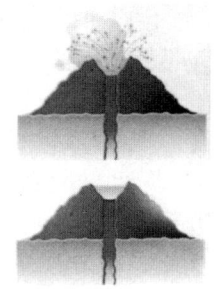

人们推测，大约在6000～1万年前，太湖地区是一片低平的平原，人们曾经在这里生活和居住过。由于地势较低，终于积水成湖，人们还没有来得及搬走他们的家当，就被洪水淹没了。

至于太湖这片洼地的形成，人们认为这和地壳运动有关。太湖地区可能一直是一个地壳不断下沉的地带，由于地势低洼，从四面八方汇来的流水不能及时排出去，自然就形成了湖泊。

太湖的"平原淹没说"还没有得到更多的传播和响应，又一种成因说突然出现了。最近，一批年轻的地质工作者用全新的观点来解释了太湖的形成。

他们大胆地假设，可能是在遥远的古代，曾有一颗巨大无比的陨石，从天外飞来，正好落在太湖的位置上。也就是说，偌大的太湖竟然是陨石砸出来的！他们估计，这颗陨石对地壳造成了强大冲击力，其能量可能达到几十亿吨的黄色炸药爆炸产生的能量，或者等于1000万颗在日本广岛上空爆炸的原子弹的能量。

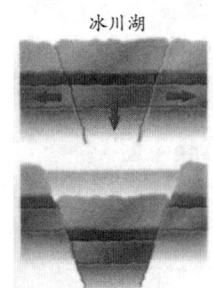

提出"陨石冲击"假说的年轻人，列出了如下几个方面的证据：

第一，从太湖外部轮廓看，它的东北部向内凹进，湖岸破碎得非常严重；而西南部则向外凸出，湖岩非常整齐，大约像一个平滑的圆弧，与国外一些大陆上遗留下来的陨石坑外形十分相似。

各类湖泊构成示意图

第二，研究者在调查中发现，太湖周围的岩石岩层断裂有惊人的规律性。在太湖的东北部，岩层有不少被拉开的断裂，而西南部岩层的断裂多为挤压形成。这种地层断裂异常情况只有在受到一种来自东北方向的巨大冲击时才会出现。

第三，研究者还发现，成分十分复杂的角砾存在于太湖四周，在显微镜下观察这些岩石，其中还可以看到被冲击力作用产生的变质现象。另外，他们还在太湖附近找到了不少宇宙尘和熔融玻璃，这些物质只有在陨石冲击下才会产生。

由以上的证据,他们推断,这颗陨石是从东北方向俯冲下来的。由于太湖西南部正好对着陨石前下方,冲击力最大,所以产生放射性断裂,而东北部受到拉张力的作用,形成与撞击方向垂直的张性断裂。由于陨石巨大的冲击力,造成岩石破碎,形成成分混杂的角砾岩和岩石的冲击变质现象。

对太湖的成因,目前还没有形成统一的认识,但所有这些不同的观点,都有助于推动人们作进一步的调查和研究。随着探究的不断深入,相信人们最终一定能揭开扑朔迷离的太湖成因之谜。

怎样有效避免沙尘暴

20世纪70年代,随着环境的恶化以及人口的增多,土地资源的宝贵及重要性为越来越多的国家所意识到。为了解除沙尘暴的威胁,各国政府一致认为推行免耕法和少耕法是十分必要的。

免耕法在英国普遍实行,政府十分鼓励这种做法,那里一半的玉米栽培都采用了这种方法;而加拿大政府则制定了一项法律,明文规定废除铧式犁,以保证实施免耕法;日本、伊朗、菲律宾等国也普遍采用立法的方式来树立免耕法的权威性。

中国在20世纪80年代后,也逐渐将推广和采用免(少)耕法定为国家的政策之一。1985年,江苏省采用免(少)耕法播种小麦950万亩;黑龙江、河北、北京等北方各地,"苗茬免耕、秸秆全程覆

当免耕法开始实施时,它渐渐地产生了效果,恶劣的天气逐渐变少,沙尘暴有效地得到控制。虽然免耕法有一定的弊端,但它仍不失为一种避免沙尘暴的良方。

盖",免耕法也得到了大力推广,效果很好。

而在中国西部地区情况更为严峻,那里气候干燥,土地贫瘠。专家们认为只有推广免(少)耕法,才有利于发展西部的农业,改善西部的环境。

免耕法在世界范围内得到广泛运用,人们之所以能想到这种方法,还要从日益肆虐的沙尘暴说起。

1934年,美国西部出现了一场席卷大片国土的沙尘暴。这是一场灾难,美国受到了极大的损害,单是卷入大海的土壤,就多达500万吨。人类目睹了这场灾难的危害,不禁发出这样的疑问:地球能经受得住多少次这样的灾难呢?

虽然已经过了很多年，但人们依然记得，美国西部大开发是依靠来自各地的移民进行的。整个19～20世纪初期，大量来自欧洲的移民来到美国西部，这里肥沃的土地给了他们无限的希望。他们勤恳地劳作，开发耕种，逐渐有所收获，最终成了农场主。由于科学技术的进步，农业实现了现代化，人们利用机械对土地进行反复耕作。但是，1934年的沙尘暴使一些有远见的农业研究部门和生产者开始认识到，这种用机械多次反复耕作的方式不利于水土保持，弊大于利。

　　为了防治沙尘暴，有些人重新提出了原始的农业耕作方式：播种时，并不翻整前一茬作物的耕地，而且直接开一条窄窄的沟或挖一个穴，撒下种子就可以了。这样的耕种方法照样可以出新苗长庄稼，并且由于耕地的表层翻动少，也就少受破坏，从而能保护土地资源，减少水土流失。这种方法对于有坡度的耕地更为必要，它能促进土壤中微生物的活动，增进土壤的团粒结构，有利于土壤中水分的渗透和贮存，也能防止水土流失。

　　重新提出这种原始方法的人是美国的一位农业生产者，名叫哈利·杨。他仔细分析了这种原始的耕作方法之后，受到了很大启示，并且在实践中证实了免耕法的益处。

　　20世纪60年代初期，哈利·杨就开始做实验，他在自己的4.25亩的土地上，开沟直播种子而不翻耕土地。这一耕作方法经过实践检验，终于获得了成功，并且从此出现了一个专业名词：免耕法。

　　许多人认为免耕法是简单的复古现象，是时代的倒退，是对现代化的摒弃。并且，这种方法并不适用于所有的农作物，有一定的弊端。但在赞同免耕法的人看来，这是原始农业耕作方式在新条件下的合理运用，是对传统的扬弃性继承，适应了时代发展的潮流，是农业耕作的一种进步和发展。

"死水"怎样变成"活水"

　　水之所以会"死"，是因为它是链状结构，链越长，水就越没活性。水如果长期不运动，链状结构就会不断延伸和扩大，这样一来，水就会慢慢衰老并"死去"。这种衰老的水失去了活力，也失去了养分。如果用这种水来饲养动物或者灌溉庄稼，会严重影响动植物细胞的新陈代谢，它们的生长和发育也会因此受阻。当然，水是否衰老难以用肉眼来分辨。

　　衰老的水从某种意义上来说，是资源的消失与浪费。人们想了许多方法使"死"水变"活"，回复青春。亚美尼亚科学院的工程技术人员研制出了一种"水链分裂器"，类似于我国农村使用的石磨，专门用于"磨"水。"水链分裂器"之所以能"磨"水，是因为它内部装有轮子。轮子高速旋转时，会改变经过这里的"死"水或老水的链状结构，使之由长变短，这样一来，老水会恢复青春，"死"水也会复活。

　　其实，自然界还存在着天然的"水链分裂器"，那就是龙卷风。它们威力无比，能将大树连根拔起，吹塌房屋、折断桥梁、毁掉公路、令海水倒灌。然而水却可以在这种毁灭中获得重生。龙卷风发生时，水被高高卷起，飞速旋转，在风力的猛烈撞击下，水的长链变得支离破碎，活力大增。可见换个角度来看，龙卷风就变成了医水的"神药"了。大自然真是神奇！

"水链分裂器"高速旋转时，会改变死水的链状结构，使"死水"变成"活水"。

恢复青春的水或者说"复活"的水，具有神奇的功效。它能加快细胞的新陈代谢，有效地促进动植物的生长发育。不仅如此，用这种水浸泡的种子，比用普通水浸泡的种子更容易发芽；用这种水养的蛙，比用普通水养的长得快2～5倍。

目前，能令"死水"复活的方法太少，而复活的水又是如此神奇。科学家们正在努力研究，以期找到更多的方法使"死水"复活，造福人类。

水存在着一种新的形态吗

在任何一本教科书里都这样写道：水是一种化合物，它的分子式是H_2O。可是，人们果真知道水是什么东西吗？其分子式对不对？有一点很清楚，水的分子式被人们简单化了。人类受到汪洋大海的包围，而海洋是如何形成的，海洋水到底是什么物质，我们都还茫然无知。

古希腊的哲学家们看到流水源源不断，就得出结论说：水同土、空气和火一样，也是一种元素。地球万物都是由这四种元素构成的。哲学家们的说法堪可称为超群的见解，直到17世纪以前，人们始终觉得他们的说法无懈可击。

在1770以前，人们把气体混合物的爆炸视为壮观的景象。点燃氢和氧，燃烧后自然生成了水。可是当时没有谁留意到进行这种反应时生成的那一点水分。人们只顾争论水能不能变成"土"的问题了，为了观察水能不能变成土，天才的法国化学家安图安·罗兰·拉瓦锡用三个月的时间，连续做着水的蒸馏试验。

当时，以毫无根据的假设为依据的"燃素说"，由于受到名人的推崇而名赫一时，它阻碍了人类认识的发展。"燃素说"论者认为，燃烧着的物质能够释放出"燃素"。尽管也是这位拉瓦锡已经发现了金刚石是由碳组成的，还分析了矿泉水的成分，但他却信奉着"燃素说"。

詹姆斯·瓦特这位工程师和蒸汽机的发明家，最先认清了水的本质。他虽然不是化学家，也没有进行过相应的试验，但他却不固守偏见。詹姆斯·瓦特于

1736 年生于苏格兰，他在各个方面都表现出了出众的才华并取得了杰出的成就：制成了数学运算器、天文仪器、蒸汽机的模型。他热衷研究着技术上的新方向——后来得名的工艺学。瓦特成功地发明了完备的蒸汽机，但是关于水他也许只懂得由水可以制取蒸汽。恰恰由于不受偏见的束缚，瓦特才最先意识到自己的同时代人所进行的试验的意义所在。1783 年 4 月 26 日，他在给 J. 波里斯特利（1733～1804 年）的信中写道："难道不应当认为水是由燃素（氢）和非燃素气体（氧）组成的吗？……"

他的说法得到了人们的支持。英国的学者们对他的发现笃信不疑。是年 7 月，一个年轻的助手作为科学小组的成员访问了法国，并将瓦特的新见解告诉给了拉瓦锡。拉瓦锡重新做了主要的实验并领悟了这一发现的重大意义，当即将实验结果上报给了法兰西科学院。在报告中他对英国学者的研究成果只字不提。结果，拉瓦锡在欧洲大陆上获得了头功，赢得了盛名。围绕发明优先权属于谁的"水之争"从此开始，持续了几十年。瓦特早在 1819 年去世，到 1835 年他的发明优先权才得到了最后的确认。

当时，革命的风暴正在震撼着欧洲，1794 年 5 月 8 日，拉瓦锡这个皇家税务总监被送上了断头台。战争爆发，帝国瓦解，学校和教学计划都重新改组，但除了瓦特的发明外，并没有产生任何新的东西。

其实，水完全不是发明家瓦特所说的那种简单的化合物。事过 250 年，人们才逐渐看到，在正常温度下并不存在水的单个分子，虽然可以无可置疑地说水属于流体，但它却具有固定的结构，一定量的 H_2O 合成了井然有序的浓缩物。水是彼此呈晶型聚合的 H_2O 集团组成的液体。

要具有一种液体能够溶化"水的晶体"，如同溶化盐和糖那样，人们就可以更细致地研究水，那该多好！然而谁也没有找到这种液体。时至今日科学家们还在猜测着：水的晶体里是由 8 个还是 12 个、或者 300 个单个的 H_2O 组成？也许是由大的或是小的集团组成？难道水的组成取决于水的温度吗？哪些测定方法令人置信？科学家们相信"精诚所至，金石为开"，水分子的奥秘终有一天会被揭开。为此，他们付出了更多的努力。

1970 年，物理化学家鲍里斯·捷利亚金提出了不同以往的"聚合水"的新理论。

捷利亚金用石英毛细管冷却水蒸气，实验显得平淡无奇。实验中他似乎觉得自己制得了从未见过的一种新的水。这种水的比重比普通水重 40%，在 500℃的温度下不发生变化，而在 700℃的高温下能够变成"正常的水"，在 −40℃温度下凝结成玻璃状的冰。科学家们以为聚合水是实验纯度不佳、做法错误出现纰漏的产物。后来，当各国报刊对"聚合水"纷纷进行报道的时候，捷利亚金的发现才引起了科学界的重视。

理论家们开始感到，电子计算机的运算和某些原理可以证实聚合水的存在。人们又去做实验，竟真有人发现捷利亚金的结论是正确的！水确实存在着一种新的形态。于是，西欧的学术刊物用大量篇幅报道了聚合水。对于聚合水的存在，有人狂热地支持，也有人激烈地反对。

人们凭常识就可以解释聚合水的产生：像塑料中无数单个的分子能够形成聚合物，乙烯的分子能够合成聚乙烯那样，水的分子聚合形成聚合水——道理何其浅显！或者并非如此？

初看起来，科学家们可以通过实验轻而易举地解决这场"简单的"争论，其实谈何容易！如果准确地按照捷利亚金的方法进行实验，所得结果就与捷利亚金的相同；一旦实验稍有改变，其结果就完全各异，甚至截然相反。人们因此不得不采取了折中的解释：如果水放置在毛细管里，那么就能产生一层特殊的水，其厚度为千分之几毫米，它便是水的特性现成因。

1973年夏，来自各国的科学家聚会马尔堡这座规模不大的大学城讨论水的问题。大会学术论文集已安排就绪，会刊又发表了其他学者对新型水的研究成果。不料突然从莫斯科传来消息说，捷利亚金已经放弃自己原来的观点，他以为自己的发现与水的结构可能毫不相干。

在科学上这种情况屡见不鲜。在学校教科书里，并没有花费笔墨去描写探索真理的复杂而又矛盾的过程。

时至今日，聚合水的争论也没有就此而止。测定的结果依然无法解释。我们期待着这个看似平易实艰辛的难解之谜早日被揭开。

干旱的塔里木盆地下面有天然水库吗

塔里木盆地是中国第一大盆地。南有高耸的青藏高原，西有帕米尔高原，北有天山山脉。夏季风很难到达封闭的盆地，这里极度干旱，平均年降水量不足50毫米。而由于大风和较高的气温，又使这里的蒸发量高达3000毫米以上。于是，除了少数绿洲外，盆地内一片沙海，仅有的几个内陆湖也日益干涸，最后完全消失在沙漠中，浩瀚的塔克拉玛干就在盆地的中部。

然而，奇迹出现了。塔里木盆地的地下居然有巨大的天然水库，仅盆地西部的地下水库每年就可提供60亿立方米优质水，相当于黄河1/8的流量。这个发现对盆地石油开发来说无疑是一个巨大的福音。

塔里木盆地的巨大水库是如何形成的呢？地下水主要是大气降水下渗积聚形成的。这就是说，从塔里木地区丰富的地下水可以推论，这里曾经有过一段气候湿润、降水丰富的时期。

据考察，塔里木地区地下水库是在漫长的地质时期里形成的。

在30万年前，塔里木和柴达木盆地都是一片海洋，后来这里的地壳被抬升成为陆地，但还是个降水比较丰富、草原和沼泽密布的湿润地带。塔里木地区在数万年的潮湿期里积聚了大量地下水。

以后，南面的昆仑山、阿尔金山和青藏高原，北面的天山不断隆起，塔里木相对地沉降成为盆地。四周山地的降水和高山冰川融水大量流入盆地。当时曾有大小河流100多条，光塔里木河、和田河、阿克苏河、叶尔羌河、孔雀河这样的大河就有13条。这些河流的水在所经之处大量垂直下渗补给地下水。

周围山区的洪水和沙漠中的暴雨也会大量直接下渗变成地下水。

当然，在青藏高原彻底阻挡了夏季风之后，塔里木这一内陆封闭盆地的地下水补给仅靠有限的冰川融水的渗透了。

神奇的尼亚加拉大瀑布

尼亚加拉大瀑布是驰名世界的大瀑布，坐落在纽约州西北部美加边境处，位于尼亚加拉河的中段。这条河流发源于伊利湖，向北流入安大略湖，仅长58千米，但是因为伊利湖与安大略湖地势相差100多米，当河水流经陡峭的断岩带时，便形成了气势磅礴的大瀑布。

尼亚加拉瀑布以山羊岛为界，分为加拿大瀑布和美国瀑布两部分，由三股飞瀑组成。两处瀑布的水源虽来自同一处，可是只有6%的水从美国瀑布流下，其他94%的水是从加拿大瀑布流下。其中，在河东美国一侧的两条瀑布，有着"彩虹瀑"和"月神瀑"的美称，后者因其极为宽广细致，很像一层新娘的婚纱，又称婚纱瀑布，两瀑布中间隔着兰那岛。在河西加拿大一侧的飞瀑最为壮观，形状有如马蹄，故称马蹄瀑。马蹄瀑与前两瀑相距约二三百米，但看上去基本是"三位一体"的半弧形。

历史上的尼亚加拉瀑布，曾是美国和加拿大两国争执不休，甚至兵戎相见的必争之地。1812～1814年间，两国曾多次为此发动战争。后来，双方签订了《根特条约》，规定尼亚加拉河为两国所有，以中心线为界。从那时起近200年来，加美两国享有一条和平的边界，双方都在各自的一边设立了尼亚加拉瀑布城。150多年前，拿破仑的弟弟耶洛姆·波拿巴曾携新娘到瀑布度蜜月，开创了到此旅行结婚风俗之先河。据统计，每年来尼亚加拉瀑布旅游的游客约400多万人，其中以情侣、恋人居多。

"尼亚加拉"一词来自印第安语，意即"如雷贯耳"。关于这个瀑布有一则动人的传说：从前，有一位美貌的印第安姑娘被部落的酋长相中。酋长想娶她为妻，但姑娘不愿意，于是，在新婚之夜，她独自划着独木舟沿尼亚加拉河而上。在河水中，姑娘变成了美丽的仙女，后来经常出现在大瀑布的彩虹中。

尼亚加拉瀑布原本是人迹罕至、鲜为人知之地，几千年来，只有当地的印第安人知道这一自然奇观。在他们实际上见到瀑布之前，就听到如同打雷般的声音，因此他们把它称为"Onguiaahra"，意即"巨大的水雷"。据传，欧洲人布鲁勒于1615年领略到尼亚加拉瀑布奇观。1625年，欧洲探险者雷勒门特第一个写下了这条大河与瀑布的名字，称为尼亚加拉。

据说尼亚加拉瀑布已存在约1万年了，它的形成在于不寻常的地质构造。在尼亚加拉峡谷中岩石层是接近水平的，每英里仅下降19～22英尺。岩石的顶层由坚硬的大理石构成，下面则是易被水力侵蚀的松软的地质层。激流能够从瀑布顶部的悬崖边缘笔直地飞泻而下，正是由松软地层上的那层坚硬的大理石地质层所起的作用。更新世时期，巨大的大陆冰川后撤，大理石层暴露出来，被从伊里湖流来的洪流淹没，形成了现今的尼亚加拉大瀑布。通过推算冰川后撤的速度，瀑布至少在 7000 年前就形成了，最早则有可能是在 2.5 万年前形成的，但具体形成于何时还有待考证。

中国云南石林形成之谜

云南，一个令人无限遐想的地方。您去过美丽的苍山洱海吗？您到过神秘的西双版纳吗？也许您去过。那么您知道云南著名的石林吗？也许您不知道。那么就来让我们看看云南的石林之谜吧。

它位于云南东部一个叫做路南的地方，是一座奇怪的岩石园林。它的石柱形状多样，有的像初生的竹笋，有的似精雕细琢的玉石华表，有的又像一根圆的柱子，更令人拍案叫绝的是，其中一根石柱，与撒尼族传说中的美丽的阿诗玛姑娘像极了。

这些石柱高度差不多，高高耸立着，远望去像密林一般，每个石柱周身刻满了一道道的水平条纹，像穿着横条海员衫。

这些石林的形成应追溯到很久以前。最初，这里是一片平坦的、由水平的石灰岩层所构成的地形，纵横交错地布满了许多垂直的裂隙。这些裂缝就是最初的石林的天然模样。

把石灰岩雕成岩石园林的最伟大的力量是水。沿着这些张开的裂隙，无孔不入的水流向下渗透，逐渐溶蚀两旁的石灰岩，这样裂缝朝向地下伸展得更深，张开得更大，在地面上渐渐出现了许多凹下的"溶沟"和突起的"石芽"，原来的平坦地形也随之成了一片起伏崎岖的溶蚀原野。裂隙两边许多石块的崩落，也使"溶沟"更宽，"石芽"更突出，久而久之，一片密密分布的、景色美丽的石柱园林就屹立在祖国大地了。

其实，人们发现，在国外许多气候湿热地带，且有发达的垂直裂隙分布的石灰岩地方，也都有这种景象出现。所以，千万不要认为这是一个奇怪的不祥之地，它只不过是上天的又一件杰作而已。

弄清了云南的石林形成之谜，你在惊叹宇宙的伟大之余，是否想去那里亲自领略一下呢？

溶洞形成之谜

大自然的景观千奇百怪，有许多奇妙的景观。例如，杭州的瑶琳仙境，宜兴的张公洞、善卷洞，桂林的七星岩、芦笛岩……这些溶洞都是旅游胜地。到过这些溶洞的人都不会忘记那千姿百态的石钟乳、石笋和石柱，不会忘记那宽敞高大的洞穴、曲折迂回的通道。人们不仅喜欢这些溶洞，更关心这些引人入胜、宛如地下龙宫的溶洞的形成原因。

过去人们有一种看法，就是这些溶洞是地下水沉淀和溶蚀的结果。虽然溶洞都是十分坚硬的碳酸盐质岩石，但由于长期沉浸在地下水中，因此被溶解，特别是当水中含有二氧化碳时，其溶解速度更加迅速。这样一年又一年，坚硬的岩层就会被溶蚀出一个个洞穴。当溶有石灰质的地下水再次滴入洞中时，由于环境中压力、温度的变化，使水中的二氧化碳逸出，从而降低了水对石灰质的溶解力，这样原本溶解在水中的部分石灰质会因为过于饱和而沉淀析出，长时间的累积就会形成一根根形态各异的石钟乳、石柱和石笋。

但是，不久前这种传统的观点受到了中国科学家的挑战。经过5年的考察，中国溶洞科学家发现，溶洞的形成和藻类生物有着十分密切的关系，并在此基础上提出了溶洞形成的"生物建造说"新理论。

生物建造说认为，藻类是一种地球上最早出现、到现在依然广泛分布的原始植物，它们与其他植物一样具有光合作用的能力和趋光生长的特性。因为它们在生长发育过程中会分泌钙质，可以收集、粘接微细的石灰质颗粒，而且经常集群生活，很多藻类一代又一代地生长在一起，从而形成了许多海洋生物礁。而溶洞中的石钟乳几乎都是迎着光线向上弯曲生长的，这符合藻类的趋光生长的特性。石钟乳、石笋内部还有像树木年轮一样的同心圆状构造，这又可以理解为是藻类生物逐年生长、分泌、收集和粘接石灰质微粒的结果。另外，在有些溶洞的岩石中还找到了近似古代藻类生物的层状化石结构；在有些溶洞的表层，则发现到现在依然在生长的多种多样的藻类生物。

根据上面的分析，生物建造学认为，虽然溶洞的洞穴空间的形成和水的溶蚀作用相关，但溶洞里那些千奇百怪的石钟乳、石笋和石柱的形成，就应该主要是藻类生物在漫长的地质岁月中逐渐建造起来的，然后经过后来的石化作用，才形成今天的面貌。

诡秘幽灵岛

西方人酷爱航海，而历来航海史上怪事多多。在斯匹次培根群岛以北的地平线上，1707年英国船长朱利叶斯发现了陆地，但这块陆地始终无法接近，然而值得肯定的是，这块陆地不是光学错觉，于是他便将"陆地"标在海图上。200年后，乘"叶尔玛克"号破冰船到北极考察的海军上将玛卡洛夫与他的考察队员们再次发现了一片陆地，而且正是朱利叶斯当年所见到的那块陆地。航海家沃尔斯列依在1925年经过该地区时，也发现过这个岛屿的轮廓。但科学家们在1928年前去考察时，在此地区却没有发现任何岛屿。

一艘意大利船在1831年7月10日途经西西里岛附近时，船长突然发现在东经12°42′15″、北纬37°1′30″的海面上海水沸腾起来，一股直径大约200米、高20多米的水柱喷涌而出，水柱刹那间变成了一团500多米高的烟柱，并在整个海面上扩散开来。船长及船员们从未见过如此景观，被惊得目瞪口呆。当这只船在8天以后返航时，发现一个冒烟的小岛竟出现在眼前。许多红褐色的多孔浮石和大量的死鱼漂浮在四周的海水中，一座小岛在浓烟和沸水中诞生了，而且在随后10多天里不断地伸展扩张，周长扩展到4.8千米，高度也由原来的4米长到了60多米。由于这个小岛诞生在突尼斯海峡里，这里航运繁忙，地理位置重要，因此马上引起了各国的注意，大量的科学家前往考察。但奇怪的事情发生了，正当人们忙于绘制海图、测量、命名并多方确定其民用、军事价值时，小岛却突然开始缩小。到9月29日，在小岛生成后一个多月，它已经缩小了87.5％；又过了两个月，海面上已无法再找到小岛的踪迹，该岛已完全消失。

类似的事情也发生在大西洋北部。有一座盛产海豹的小岛，它是100多年前由英国探险家德克尔斯蒂发现的，它也因此被命名为德克尔斯蒂岛。大批的捕捉者来到了这个盛产海豹的岛上，并建立了修船厂和营地，但此岛却在1954年夏季突然失踪了。大量的侦察机、军舰前来寻找均无结果。事隔8个月以后，一艘美国潜水艇在北大西洋巡逻，突然发现一座岛屿出现在航道上，而航海图上却从来没有标识过这样一个岛屿。潜水艇艇长罗克托尔上校经常在这一带海域航行，发现此岛后大为震惊，罗克托尔上校通过潜望镜发现岛上有人居住，有炊烟，于是命令潜水艇靠岸登陆。经过询问岛上的居民才知道，这正是8个月前失踪的德克尔斯蒂岛。

类似的怪事还有很多，科学家们称这种行踪诡秘、忽隐忽现的岛屿为"幽灵岛"。它们不同于那种热带河流上常见的、由于涨水或暴风雨冲走部分河岸或沼泽地而形成的漂浮岛。那么，幽灵岛是怎样形成的呢？这种时隐时现的小岛究竟是从何而来，又因何而去的呢？这成为世界海洋科学家们的热门话题。

法国科学家对这类来去匆匆的"幽灵岛"的成因作了如下解释：由于撒哈拉沙漠之下有巨大的暗河流入大洋，巨量沙土在海底迅速堆积增高，直至升出海面，因此临时的沙岛便这样形成了。然而，暗河水会出现越堵越汹涌的情况，并会冲击沙岛，使之迅速被冲垮，并最终被水流推到大洋的远处。

美国的海洋地质学家京利·高罗尔教授却提出了完全不同的观点。他认为海洋上的"幽灵岛"的基础是花岗岩石，而并非是由泥沙堆积而成。它形成的年

关于幽灵岛的记载，历史上有很多。爱琴海中就曾先后涌现过4个小岛，当时被称为"神岛"。挪威海域的"多尔蒂岛"从1840年到1929年也曾多次神秘失踪。

代久远，岛上有茂盛的植物和动物群，是汹涌的暗河流冲击不垮的。那么"幽灵岛"为什么会突然消失呢？他认为"幽灵岛"出现的海域是地震频繁活动的地区，海底强烈的海啸和地震使它们葬身海底。高罗尔教授还认为，如果太平洋西北部的海底板块产生强烈的大地震使之大分裂的话，日本本州、九州也会遭到和"幽灵岛"同样的命运，沉没在碧波万顷的大海之中，而且他声称自己并非是在危言耸听。

另有学者认为，这不过是聚集在浅滩和暗礁的积冰，还有人推测这些"幽灵岛"是由古生代的冰构成，最终被大海所"消灭"。多数地质学家则认为是海底火山喷发的作用形成此类小岛。他们认为，有许多活火山在海洋的底部，当这些火山喷发时，喷出来的熔岩和碎屑物质在海底冷却、堆积、凝固起来，随着喷发物质不断增多，堆积物多得高出海面的时候，新的岛屿便形成了。有的学者认为，小岛的消失是因为火山岩浆在喷出熔岩后，基底与海底基岩的连接不够坚固，在海流的不断冲刷下，新岛屿自根部折断，最后消失了。有的学者认为，可能在海底又发生了一次猛烈的爆炸，使形成不久的岛屿被摧毁。还有学者认为，是火山活动引起地壳在同一地点下沉，使小岛最终陷落。

以上观点虽然各有各的道理，但都不能说明，为什么有些小岛会一而再、再而三地"耍把戏"呢？为什么它们在同一地点突现、消失、再突现、再消失，而与其邻近的海域却没有异常现象发生呢？到底是什么所为呢？这一难以解开的谜团始终困惑着科学家。

日本龙三角揭秘

1980年9月8日，相当于泰坦尼克号两倍大小的巨轮德拜夏尔号装载着15万吨铁矿石，来到了距离日本冲绳海岸200海里的地方。这艘巨轮的设计堪称完美，已在海上航行了4年，正是机械状况最为理想的时期，因此，船上的任何人都感到非常安全。

这时，船遇上了飓风，但船长对此并不担心。在他眼里，像德拜夏尔号这样巨大并且设计精良的货轮，对付这种天气应该毫无问题。他通过广播告诉人们：他们将晚些时候到达港口，最多不过几天而已。

可是，岸上的人们在接到了船长发出的最后一条消息（"我们正在与每小时100千米的狂风和9米高的巨浪搏斗"）后，德拜夏尔号及全体船员便消失得无影无踪。

自20世纪40年代以来，无数巨轮在日本以南空旷清冷的海面上神秘失踪，它们中的大多数在失踪前没有能发出求救讯号，也没有任何线索可以解答它们失踪后的相关命运。如果在地图上标出这片海域的范围，它恰恰是一个与百慕大极为相似的三角区域，这就是令人恐惧的日本龙三角。

连续不断的神秘失踪事件引发了人们的好奇，科学工作者们开始以不同的方式试图去揭开魔鬼海之谜。

一些科学家试图通过寻找失事巨轮德拜夏尔号，以及对其失事原因的研究来揭示这片海域的秘密。

大卫·莫恩是一名失事船只搜寻专家，在确定沉船地点方面业绩辉煌，同时，他始终抱着实用主义的态度：从纯科学技术的角度进行研究，给出答案。

1994年7月，由大卫·莫恩率领的海洋科技探险队向魔鬼海进发，他们坚信可以揭开事实的真相。

通过对探测器传输回来的图片资料的研究，人们终于找到了沉船的答案：

当年德拜夏尔号行驶到这片海域时就遇到了飓风，但像德拜夏尔号这样的巨轮应该可以抵御最大的飓风，所以船长也自信地认为他们最多也就是晚几天到达目的地。但这时又突然发生了海啸，海啸形成的两个涌浪将钢铁之躯德拜夏尔号架了起来，于是悬空的德拜夏尔号被自己的重力压成了3段。巨浪进舱，致使整艘巨轮快速下沉，下沉的速度之快使得船员们没有任何逃生的机会。此外，巨轮在下沉过程中随着海水压力的增大，被挤压变形，最后沉到海床上时已变为了一堆扭曲的钢铁。

这一建立在科学论证基础上的结论不仅为日本龙三角揭开了神秘的面纱，同时足以告慰那些碧渊深处的亡灵，也给了那些长久沉浸于痛苦之中的亡者亲人们一个圆满的答案。纵观历史，2000年来共有100多万艘船只长眠在这片深蓝色的水下，平均每14海里便有一艘沉船，它说明海洋无愧是地球上最神秘莫测的生存地狱。迄今为止，人们依然无法知道在浩瀚的大洋之下，到底还隐藏着多少等待着去探索、发现的神秘。

神奇的双层湖

在美国阿拉斯加半岛北部伸向北极圈内的巴罗角上，有一个奇妙的湖，叫努沃克湖，但人们却习惯叫它为双层湖。顾名思义，此湖应为双层。一池湖水分上下两层，上淡下咸，其界限如刀切一般，从不混淆，从不掺和。两层水中生长着迥然不同的生物体，上层是淡水区的动植物，下层是海洋类的动植物。

努沃克湖长180米、约深6米，水层的分界线位于距湖面2米处。由于受北极冷空气的影响，在一年之中的绝大部分时间里，努沃克湖处在冰雪覆盖之下，两米多厚的淡水层，被冻结为一个大冰块。

据科学家研究认为，这座湖是由一条把海和地逐渐隔开了的海湾形成的，冬季降大量的雪，在春天融化后，成为大量的淡水流入湖中，而每当海上风暴骤起时，风浪又将海水灌入湖中，由于海水比淡水重，自然就沉积在海底了。

位于哈萨克斯坦与乌兹别克斯坦之间的咸海也是一个双层湖，在咸海海面以下300～500米深度以下的湖中出现了另一层湖，这层湖的水与白垩纪沉积层混合在一起，并与天山山脉之间有暗河相通，湖水从没枯竭过。

在巴伦支海的基丁岛上，有个水层结构比努沃克湖更奇异的湖泊。湖水成分可分为五层：第一层是淡水，生活着普通的淡水鱼，种类繁多；第二层含有微量盐类的水，栖居着节肢动物和甲壳动物，如水母、虾、蟹等；第三层是咸水，栖息着海葵、海星和海鱼；第四层水呈红色，宛如新鲜的樱桃汁液，是水色最美丽的一层，里面生活着许多紫细菌，它们以湖底产生的硫化氢气体作为自己的养料；第五层水是由湖中各种生物的尸体残骸混合泥土而成，生物沉淀、腐朽后产生剧毒的硫化氢气体，除了燃气性细菌外，几乎没有生物的踪迹。由于湖中5层水层次分明，故又有"五层湖"之称。

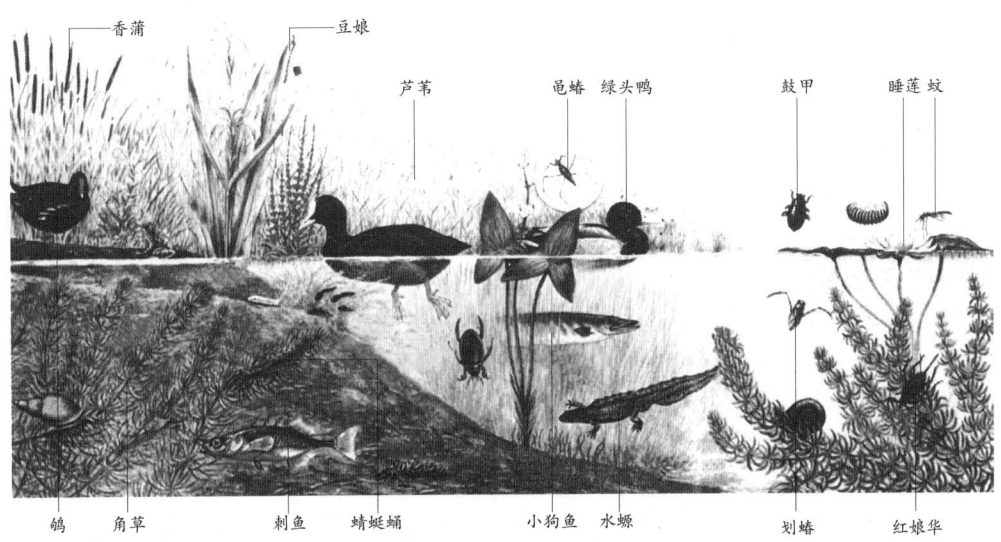

湖泊生态系统示意图
湖泊生态系统的水流动性小，底部沉积物较多，生物群落比较丰富多样，分层与分带明显。

那么，这个湖泊的水为什么保持有明显的分界线呢？湖里为什么又生活着海洋生物呢？

科学家经过观测研究后，作了这样的解释：这个湖位于北极地区，淡水是冰雪融化而来的。淡水较轻，因此处在最上层，而湖面是终年冻结着的，挡住风的吹拂，湖水就很难溶合起来。它们都距离海洋很近，由于地壳的升降，海岸线的变迁，小片的海水被封闭起来，变成湖泊，因此湖里栖息了各种海洋生物。

中国神农架为何如此神秘

神农架位于中国长江与汉水间的川鄂交界地带，有"华中屋脊"之称，面积3250平方千米，林地占85%以上。平均海拔1700米，最高处达3105米，有多种气候类型。

提起神农架，人们不能不想到"野人"。从古至今，大量的关于野人的记载和野人的传说让人难辨真伪。1977～1980年，有关部门组织了两次大规模的野考，搜集到大量关于野人存在的证据，如野人毛发、脚印、粪便等，还发现野人住过的竹窝。考察结果似乎昭示人们：神农架的确存在一种奇异动物不为人们所知。

其实，神农架存在的神秘现象也不仅仅只是野人，还有更多难解之谜。

这里栖息着大量的白色动物。在一个叫阴峪河的地方，终年少有阳光透射，适宜白金丝猴、白熊、白鹿、白蛇等动物栖息，此外还有白乌鸦、白猫头鹰、白龟等等。据说，只有北极地区才有白色动物，这么多动物在神农架返祖变白，成了科学上的待解之谜，因为这绝不仅仅是气候因素能决定的。据说那里的白蛇通体洁白无瑕，盘踞时犹如一尊玉雕，挺立时就像一根银棍，贴地而行，速度奇快。

1986年，当地农民在深水潭中发现了3只巨型水怪，水怪全身灰白色，头部与大蟾蜍相似，两只圆眼比饭碗还大，嘴巴张开时有1米多长，两前肢生有五趾。浮出水面时嘴里喷出的水柱高达数丈。

不仅如此，与水怪传闻相呼应的还有关于棺材兽、独角兽、驴头狼的传闻。据说，最早发现棺材兽的地点是神农架东南坡，这是一种长方形怪兽，长着很大头、脖子短粗，全身麻灰色毛，跑起来的惯力可以撞断树枝。独角兽体态像大型苏门羚羊，后腿略长，头像马，前额正中生着一只牛角一样的黑色弯角，约40厘米长，从前额弯处呈半圆弧弓形弯向后脑。驴头狼好像是一头大灰狼被截去狼头换上了驴头，是个体型远大于狼的灰毛家伙。

除了动物之谜耐人寻味外，神农架还有许多地质奇观更是蔚为壮观。在红花乡境内有一条潮水河，让人迷惑不解的是河水一日早中晚各涨潮一次，更神奇的是潮水的颜色会因季节而有所不同，梅雨之季水色碧清，干旱之季水色混浊。

宋洛乡有一处冰洞，洞内温度与洞外气候大相径庭。当洞外自然温度高于28℃时，洞内就开始结冰，山缝里的水沿洞壁渗出，形成十余米长的冰帘，晶莹剔透，美不胜收，滴在洞底的水则结成顶端如蘑菇状的冰柱，而且为空心。洞外天气转冷时，洞内的冰就开始融化，到了冬季，洞内温度反而高于洞外。

与宋洛冰洞相应成为另一奇洞的是木鱼镇的冷热洞，洞中时而冷风习习，时而热浪滚滚，目前还没有一个最合理的说法来解释这一冷热忽变的现象。还有官封乡的鱼洞，洞里水色伴着春雷产生变化，春雷过后，水色由清变浊，等水色完全浑浊后，成群的鱼在洞里游来游去，这些鱼筷子般长短、无鳞无甲、洁白如银，场面蔚为壮观。

沙漠中的"魔鬼城"

这是一个杳无人烟却又热闹非凡的"城市"。当晴空万里、微风吹拂时，人们在城堡漫步，耳边能听到一阵阵从远处飘来的美妙乐曲，仿佛千万只风铃在随风摇动，又宛如千万根琴弦在轻弹。可是旋风一起，飞沙走石，天昏地暗，那美妙的乐曲顿时变成了各种怪叫：像驴叫、马嘶、虎啸……又像是身边婴儿的啼哭、女人的尖笑；继而又像处在闹市中：叫卖声、吆喝声、吵架声不绝于耳；接着狂风骤起，黑云压顶，鬼哭狼嚎，四处迷离……城堡被笼罩在一片朦朦的昏暗中。这里，就是新疆著名的"魔鬼城"，究竟是谁建造了它？那无数奇异的声音又是从哪儿来的呢？

科学家在经过实地考察后,提出了一个新观点——"风成说"。实际上"魔鬼城"就是一个"风都城",并没有什么鬼怪在兴风作浪,而是肆虐的风在中间发挥着作用。"魔鬼城"的种种现象都可以由地球科学的"风蚀地貌"来解释。在气流的作用下,狂风将地面上的沙粒吹起,不断冲击、磨擦着岩石,于是各种软硬不同的岩石在风的作用下便被雕琢成各种各样奇怪的形状。

"魔鬼城"的地层是古生代的沉积岩,经过漫长岁月的积累,一层又一层相叠而成,厚薄不一,松实结合的岩层,再加上这里地处干燥少雨的沙漠气候,经

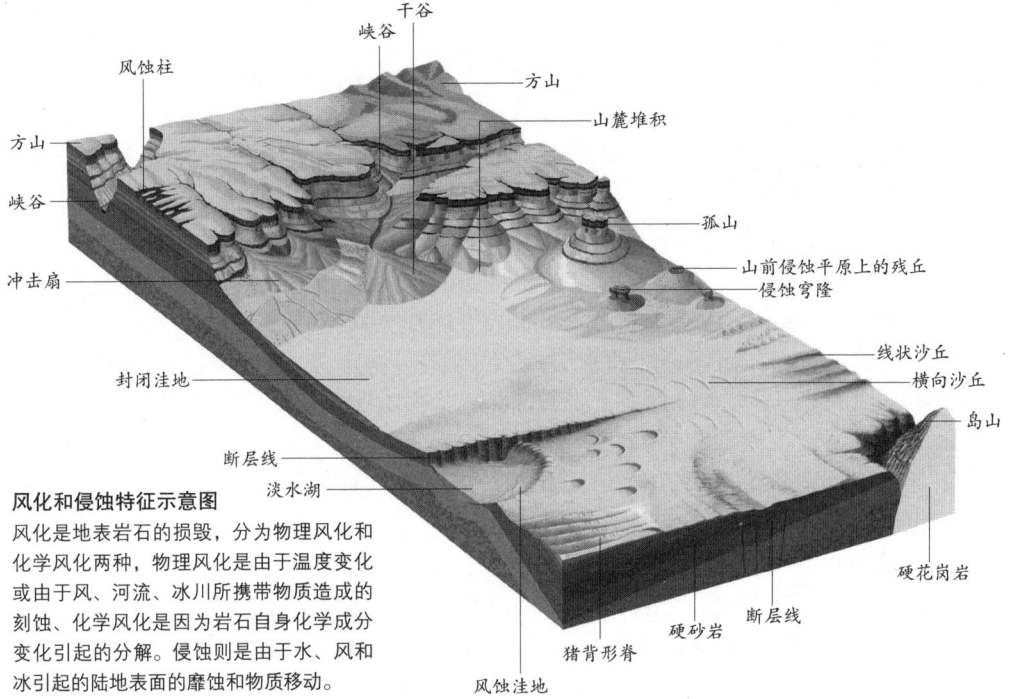

风化和侵蚀特征示意图
风化是地表岩石的损毁,分为物理风化和化学风化两种,物理风化是由于温度变化或由于风、河流、冰川所携带物质造成的刻蚀、化学风化是因为岩石自身化学成分变化引起的分解。侵蚀则是由于水、风和冰引起的陆地表面的靡蚀和物质移动。

过太阳的烧烤,大地在白天时一片灼热。而气温又会在晚上骤然下降,冷热变化十分剧烈。在热胀冷缩的作用下,岩石会碎裂成许多裂缝和孔道。沙漠地区的风面对着准噶尔盆地老风口,再加上常年受到从中亚沙漠地区而来的西北风的影响,这些风最大的风力可达 10~12 级,风力极强。夹带着大量砂粒的狂风扑打在岩石上,长年累月地对那些有软有硬的岩壁进行侵蚀,这样那些岩石也就被雕琢得十分精致而且神奇。

但是,经过实地考察,雕琢"魔鬼城"的伟大工程师绝不止有"风",还有"雨",即流水的侵蚀、切割。是不是"风吹雨打"就足够了呢?不!这还不够。因为"风"和"雨"只是条件,是外因,还缺少物质基础即内因。这个内因就是岩石,而"魔鬼城"里恰好分布着形态各异的山岩,且大多裸露在地面上。看来,"魔鬼城"的建造者不是风、雨、石等个别的因素,当然更不可能是魔鬼,而是多种因素共同作用的结果。"魔鬼城"里的"魔鬼"终于被科学家们找了出来,人们再也不

必为此担惊受怕了。

昆仑山"地狱之门"之谜

"天苍苍，野茫茫，风吹草低见牛羊"，这句古诗是对放牧人生活的写照，在放牧人眼中，草肥水足的地方是他们放牧的天堂。但是在昆仑山生活的牧羊人却宁愿因没有肥草放牧牛羊而饿死在戈壁滩上，也不敢进入昆仑山一个牧草繁茂的古老而沉寂的深谷。究竟是什么原因让牧羊人望而却步呢？

原来这个谷地即是死亡谷，号称昆仑山的"地狱之门"。谷里四处散布着的狼的皮毛、熊的骨骸、猎人的钢枪及荒丘孤坟，无不向世人渲染着一种阴森吓人的死亡气息。牧民中也有一些初来乍到的或是有冒险精神的人不顾这种情况将牛羊赶入谷中，结果怎么样呢？下面是一个真实的、由新疆地矿局某地质队亲眼所见的故事：

1983 年曾有一群青海省阿拉尔牧场的马因贪吃谷中的肥草而误入死亡谷。一位牧民听到这一消息，虽知危险，但也得冒险进入谷地寻马。结果几天过去后，人没有出现，而马群却出现了。后来他的尸体在一座小山上被发现。只能用惨不忍睹来形容他：衣服破碎，光着双脚，怒目圆睁，嘴巴张大，猎枪还握在手中，一副死不瞑目的样子。让人不解的是，他的身上没有发现任何的伤痕或被袭击的痕迹，没人能理解是什么致他而死。

这件惨祸发生不久后，在附近工作的地质队也收到了死亡谷对他们的警告——他们也遭到了死亡谷的袭击。

仍是 1983 年，当时正值 7 月酷暑时节，外面正是酷热难当的时候，死亡谷附近却突然下起了一场暴风雪。一声雷吼伴随着暴风雪突如其来，炊事员当场晕倒过去。在现场同事的紧急抢救下，炊事员才慢慢醒过来。根据炊事员自己的回忆，他当时一听到身后响起的巨大的雷响，顿时感到全身麻木，两眼发黑，接着就丧失了意识。第二天队员们出外工作时，惊诧地发现原来的黄土已变成黑土，如同灰烬，动植物已全部被"击毙"，到处都是倒毙的死牛和其他动物的骨骸，整个山坡充满了一种死亡的气息。

地质队认为这情况太过反常，为了寻求根源，他们迅速组织起来考察谷地。考察后发现该地区的磁异常极为明显，而且分布范围很广，越深入谷地，磁异常值越高。地质学家根据磁异常的现象推测在电磁效应作用下，云层中的电荷和谷地的磁场相互作用，产生电荷放电，电使这里成为多雷区，而雷往往以奔跑的动物作为袭击的对象。这种推测是对连续发生的几个事件的最好解释。

地质学家通过详细考察还发现，有一条暗河隐身于死亡谷底部沼泽地下。人一旦踏在沼泽地上，就会像被印度尼西亚爪哇岛上的魔鬼洞吞噬一样，立刻会被暗河的极大引力拉入万丈深渊。魔鬼洞的 6 个大洞口，都有一种能将任何经过洞口的物体迅速吸入洞中的力量。

上有闪电、下有暗河的昆仑山之谷与其"地狱之门"之称可谓是名副其实。

但对死亡之谷的秘密,地质学家的解释也只是触摸到一些皮毛,更艰巨的考察任务还在后头。科学技术的发展让我们坚信,世界上没有永远的秘密,死亡谷之谜最终将为科学所解答。

阿苏伊尔幽谷中的谜团

1947年,阿尔及利亚和一些外国专家试图探明阿苏伊尔幽谷的深度,他们组成了一支联合探险队,第一个勇敢者是一个身强力壮又有丰富经验的探险队员。他系好标有深度标记的保险绳,朝着幽谷下边看了一眼,就顺着陡峭的山崖一步一步地滑了下去。

时间一分一分地过去了,保险绳上的标记也在100米、300米、500米地往下移动着。探险队员一步一步下到505米的时候,他觉得身体有点不舒服,可仍然没有看到谷底,他怀着恐惧的心情拉了拉保险绳,上边的探险队员赶紧把他拉了上来。

这次探险活动就这样结束了,可是阿苏伊尔幽谷对人们来说还是一个谜。

此后,不同的考察队纷纷赴阿苏伊尔幽谷进行考察,但都没有什么结果。直到1982年,对阿苏伊尔幽谷的考察才有了新的进展。

1982年,阿苏伊尔幽谷又迎来了一支考察队。第一个队员下到810米深的时候,说什么也不敢再往下走了,只好爬了上来。这时候,另一个经常和山洞打交道的有经验的队员已经系好保险绳。

保险绳上的标志已经移到了800米、810米、820米,最后达到了821米。山顶上的人们不禁为这个队员捏了一把汗:现在,他的情况怎么样了?离谷底还有多远呀?他在干什么呢?

其实,那个洞穴专家沿着刀削斧凿般的峭壁一步一步下到821米深度的时候,突然出现了一种莫名其妙的恐惧,他深深地吸了一口气,稍微休息了一下,却发现自己连朝谷底深处看一眼的勇气也没有了。于是,这一次的探险活动也结束了。

阿苏伊尔幽谷探险家们所创下的最高纪录就是821米。至今无人知晓阿苏伊尔幽谷究竟有多深,那神秘的谷底到底有些什么东西。

尽管目前阿苏伊尔幽谷

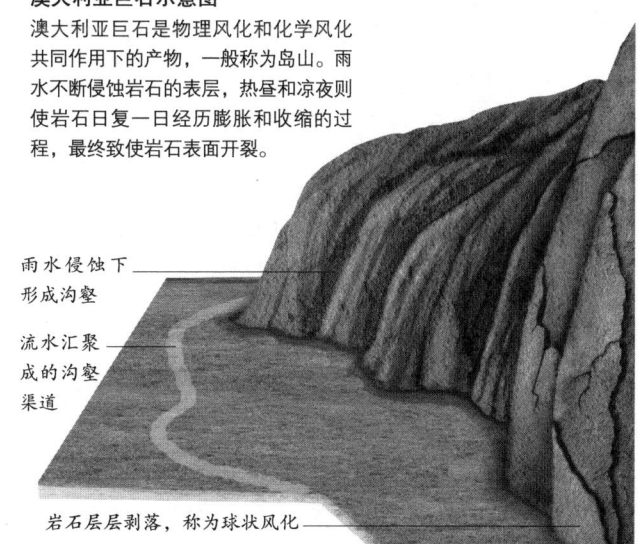

澳大利亚巨石示意图
澳大利亚巨石是物理风化和化学风化共同作用下的产物,一般称为岛山。雨水不断侵蚀岩石的表层,热昼和凉夜则使岩石日复一日经历膨胀和收缩的过程,最终致使岩石表面开裂。

雨水侵蚀下形成沟壑

流水汇聚成的沟壑渠道

岩石层层剥落,称为球状风化

对人们来说还是一个未知领域,但它仍将继续吸引着探险家们,也许在不久的将来这个谜团就会被解开。

海市蜃楼是怎样产生的

你曾经见过海市蜃楼吗?如果幸运,你能在晴朗的天气里看到迷雾笼罩中的大海上,有若隐若现的些许高台建筑,色彩绚丽,美丽绝伦,这就是海市蜃楼。

大体上说,海市蜃楼是太阳在适合的大气条件下活动,将太阳光反射到大气层而形成的扁圆、三角形、鸡蛋形等形状的幻影,通过反射作用,太阳光的颜色也发生变化,由此形成了海市蜃楼。

光线一般都是在密度均匀而平稳的空气中沿直线向外传播,当空气的密度出现不同时,光就不再沿直线传播,而发生弯曲,产生折射现象。

若想证明折射是怎样发生的,只要放一杯水将筷子斜着插入水中,透过杯子,我们就可以发现,筷子在水下那部分与露在水上的部分好像折断了,这种现象就是折射,是由于光在水和空气这两个不同密度的媒介中传播发生弯曲而产生的。

空气的密度随高度的减小而递增,高度越低,则空气的密度越大,所以光的折射是普遍的现象,但光在空气中发生的这种折射现象极为细微,常被忽略不见。

只有在特殊的大气条件下,光发生明显的弯曲,折射现象才会引人注意。

当空气密度垂直变化非常悬殊,光在大气中全反射或折射,此时光就能将远处的看不见的物体像镜子照物一般地投射到空气中,让人们看到幻觉般的虚像,这种虚像就是海市蜃楼。

地球表面有厚厚的大气层,日出时,当太阳在地平线附近射出万道光芒时,光线从水平的方向射向地球时,十分厚重的、密度不同且各层之间时常变化的低层大气常使太阳光发生折射,使太阳出现多种幻形:拉长的、压扁的、弯曲的……有时甚至另成形象,人们可以根据自己丰富的想象力将这些奇形怪状想象成各种不同的影像。

受热空气的不间断对流使在其中传播的光线不断发生折射而多次改变方向,太阳似乎在摇摆、颤动。

我们形容日出时是"红日初升",日落时是"残阳如血"。这两句话是形容太阳颜色的血红,这两种时候的太阳特别红也得归功于大气。红、橙、黄、绿、蓝、靛、紫七种不同颜色的光波组成太阳看似白茫茫的光线,在这七种光线中,紫色光波最短,红色光波最长。空气的微尘、水分、空气分子能起三棱镜的作用,把七色光分散开来,这种分散现象即是散射作用。

散射作用随波长的变短而加剧。日出、日落的太阳呈现血红是由于地平线上的太阳光穿透厚厚的空气时,蓝光和紫光被空气的散射作用减弱,剩得最多的就是红色光而形成。

以上所述都是太阳光在不同大气条件下发生的不同现象,而海市蜃楼即是由于太阳光的反射而形成,并非无中生有。

神秘莫测的间歇泉

在中国的西藏雅鲁藏布江上游的搭各加地有一种神奇的泉水——间歇泉。间歇泉的泉水涓涓流淌，在一系列短促的停歇和喷发之后，随着一阵震人心魄的巨大响声，高温水汽突然冲出泉口，即刻扩展成直径2米以上、高达20米左右的水柱，柱顶的蒸汽团继续翻滚腾跃，直冲蓝天。那么，间歇泉这种神秘莫测的现象又是怎样产生的呢？

与一般泉水不同，间歇泉是一种热水泉，它不是从泉眼里不停地喷涌出泉水，而是喷一阵泉水，好像是憋足一口气似的稍停一阵后，再狠命地涌出一股泉水来。它的喷发周期是喷了几分钟、几十分钟以后就自动停止，隔一段时间才再次喷发。

间歇泉之名即是因它喷喷停停、停停喷喷而得名。

除了中国的间歇泉外，在冰岛首都雷克雅未克附近一片著名的间歇泉区中，还有一眼举世闻名的间歇泉——"盖策"泉。这个泉在喷发的间歇时是一个直径20米的、被热水灌得满满的圆池，水池的热水沿着水池的一个缺口缓缓流出。但是，"盖策"泉喷发的间歇期只能维持一小段时间，不久，池口清水翻滚暴怒，池下传出类似开锅时的呼噜声，随着这种呼噜声而有一条冲天而起的、在蔚蓝色的天幕上飘洒着滚热的细雨的水柱，这条水柱最高竟可达70米！

科学家为了解释间歇泉喷喷停停的原因，了解使它形成的动力，及它若失去动力是否会枯竭而进行了深入的调查研究。

科学家们经过考察得出，适宜的地质构造和充足的地下水源是形成间歇泉最根本的决定因素，此外，还要有一些特殊的条件：

首先，间歇泉必须具有能源，地壳运动比较活跃地区的炽热的岩浆活动是间歇泉的能源，因而它只能位于地表稍

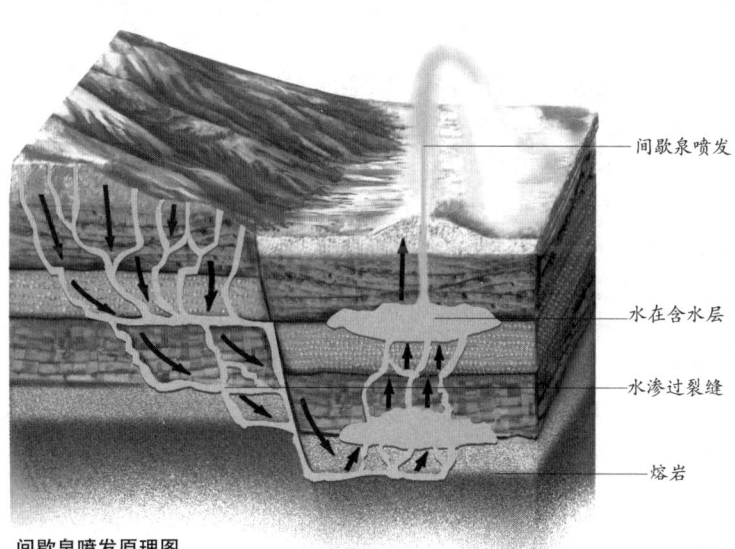

间歇泉喷发原理图

间歇泉与温泉不同，温泉不仅水温高，而且少含硫；间歇泉水温一般比较低，且含大量硫和碳酸气。间歇泉的通道上层狭窄，并且上层的冷水像个盖子，使下层沸水受压力越来越大，终于冲开盖子喷发出来。

浅的这些地区的附近。

其次，要形成间歇性的喷发，它还要有一套复杂的供水系统来连接一条深泉

水通道。在通道最下部，地下水被炽热的岩浆烤热，但在通道上部高压水柱的压力下又不能自由翻滚沸腾。同时，由于通道狭窄，泉水也不能进行随意的上下对流。这样，通道下面的水在不断地加热中积蓄力量，当水道上部水压的压力小于水柱底部的蒸汽压力时，通道中的水被地下高压、高温的热气和热水顶出地表，造成强大的喷发。喷发后，压力减低，水温下降，喷发因而暂停，为下一次新的喷发积蓄力量。

科学家的解释虽已基本揭开了间歇泉的神秘面纱，但人们仍为它雄伟而瑰丽的喷发景观所倾倒。

"厄尔尼诺"形成之谜

1982～1983年，在全球范围内发生了严重的厄尔尼诺事件。在这次厄尔尼诺事件中，许多地方都遭受了灾难。特大飓风袭击了夏威夷群岛，到处房倒屋塌；印度尼西亚、澳大利亚出现严重干旱和森林火灾；巴西北旱南涝；北美洲大陆热浪与暴雨交替出现，当地居民处于"水深火热"之中；欧洲酷暑难熬；非洲由于干旱发生了灾荒；中国北旱南涝，冬天到来时，以严寒著称的东北地区气候温暖，一向温暖的华南、西南地区却奇冷无比。

1986～1987年，厄尔尼诺再次横行全球。巴西东北部、美国、南亚及非洲北部发生了严重干旱；秘鲁、苏丹、孟加拉国暴雨成灾；时速高达320千米的强烈飓风袭击了加勒比海。

20世纪90年代，厄尔尼诺像常客一样频频光顾地球，几乎一年1次。这一时期，全世界连续发生4次厄尔尼诺事件，分别是1991年5月～1992年8月、1993年4月～1994年1月、1994年10月～1995年6月、1997年4月～1998年7月。这种情况是以前从未发生过的，十分罕见。其中，1997年的厄尔尼诺现象最为强烈，危害也最大。厄尔尼诺导致澳大利亚发生了山林火灾，相当于2个英格兰面积的地区被烧得一干二净；非洲暴发洪水，淹死牛群，毁坏庄稼；美国南部遭到了龙卷风的猛烈袭击，海浪侵蚀了整个西海岸。这些灾害导致超过7000人死亡并造成超过100亿美元的经济损失。

厄尔尼诺现象最早是被南美洲秘鲁和厄瓜多尔沿岸的居民发现的。当时，每到圣诞节前后，世界著名的秘鲁渔场鱼产量就会锐减。这种奇怪的现象引起了人们的注意，经过长期观察，人们发现，原来南美西海岸附近海域的海水温度，每到圣诞节前后就会升高。生活在这一带的浮游生物和鱼类适应了冷水环境，水温升高会导致鱼类大量死亡，渔场因此而减产。由于科技的落后，当时的人不明白海面水温为什么会升高，以为是"圣婴"降临了，"圣婴"在西班牙语中的发音刚好是"厄尔尼诺"。厄尔尼诺最初仅仅是指秘鲁沿岸海水温度异常变化的现象，而不像现在这样是灾难的代名词。

世界各国的科学家联合起来为厄尔尼诺做出了一个基本一致的定义：如果赤道东段和中段一带太平洋大范围的海水水温异常升高，持续时间超过3个月，月平均海表温度上升 0.5℃，就称为一次"厄尔尼诺事件"。

厄尔尼诺究竟是怎样发生的呢？毫无疑问，海水异常升温即便不是引发厄尔尼诺的关键因素，也会加剧厄尔尼诺现象。这样一来，弄清海水异常升温的原因就变得非常必要了。科学家们对此进行了广泛的研究，较为成熟的是以下 3 种观点。

第一，地球内部因子论。科学家认为，既然海底火山爆发、海底地震等都可能引发厄尔尼诺现象，那就应从地球内部找原因，是地球内部的变化导致了厄尔尼诺的发生。

第二，天文因子论。附着在地表的海水和大气随地球快速向东旋转，有时，地球自转会突然减慢，出现"刹车效应"，在惯性力的作用下，赤道地区自东向西的海水和气流减弱，于是便发生了一次厄尔尼诺事件。

第三，大气因子论。目前大多数人都持这种观点。由于信风的影响，赤道太平洋形成了海温和水位东低西高的形势，与此同时，在赤道太平洋东侧的下沉气流和西侧的上升气流的影响下，信风会加强，一旦信风减弱，太平洋西侧的海水就会向东回流，太平洋位于赤道东段和中段的水温会异常升高，这也就导致了厄尔尼诺事件的发生。

除此之外，人们不禁会发出这样的疑问：厄尔尼诺现象是孤立的吗？其他地球自然灾害和它有没有关系呢？我们已经知道，它本身会对海洋渔业造成危害。而事实则更为严重，自 20 世纪 60 年代以来，全球范围内的厄尔尼诺现象已发生了 11 次，而且每一次都伴随着其他或大或小的自然灾害。人们由此受到启发，尽力寻找各种看似毫不相干的自然灾害与厄尔尼诺之间的联系。

为了解答上述问题，科学家们对厄尔尼诺现象进行了跟踪研究。气象学家已证实，世界上一些地区气候异常及气象灾害，如洪涝、干旱、森林大火、沙尘暴等，确实是由厄尔尼诺引起的。因为厄尔尼诺发生时，海洋表面温度大大升高，热带太平洋因此而海表热力异常，干扰了地球大气的正常环流，导致全球气候异常，自然灾害频繁，地球陆地生态系统因此受到破坏。人们最初以为厄尔尼诺只是个"小捣蛋"，但随着研究的深入，人们不得不遗憾地承认它其实是个"大元凶"，许多灾难都由它引发。因此，海洋学家和气象学家非常关注这样一个问题，那就是能否利用海洋中各种要素的变化规律，来预测厄尔尼诺的发生。

在过去的几十年中，随着科技的发展和科学家经验的积累，厄尔尼诺研究的进展十分迅速。美国国家大气和海洋管理局的科学家麦克法丹说过这么一句话："厄尔尼诺现象自从 1982～1983 年以后有了彻底的改变。1997～1998 年的厄尔尼诺规模极大，远远超过了 1982～1983 年那次，可是前一次直到接近尾声时，我们才知道发生了厄尔尼诺。而在 1997～1998 年的厄尔尼诺现象中，每天都发生了些什么，我们一清二楚。"科学家们利用了两件新武器——装有仪器的卫星和浮标，才做到了这一点。有了这些仪器，科学家便能对海洋的"风吹草动"了如指掌。

1997 年 9 月，科学家们依据气象监测卫星收集到的大量数据做出了图像，发现了一项异常情况：一片广阔水域的水面竟然比正常情况高出 33 厘米。温暖的热带海水在肆虐的贸易风的推动下剧烈运动造就了这一奇景。它是一次正在进行中的剧烈的厄尔尼诺现象的反映。果然，在随后的几个月中，全球地区几乎全都受到了厄尔尼诺的袭击。这次预测也表明，在短短 10 多年里，人类分析预测厄尔尼诺现象的能力已大大提高。

随着对厄尔尼诺研究的加深，科学家们力图找出过去几十年内厄尔尼诺频繁发生和破坏力加大的原因。

在 20 世纪的百年中，厄尔尼诺经常发生，其中有两个厄尔尼诺多发时代。第一次是在 20 世纪的二三十年代，美国南部地区出现周期性干旱，俄克拉荷马和北德克萨斯的数百家农场毁于这场灾难。20 世纪八九十年代是第二个厄尔尼诺多发期，其影响比以前更广泛，也更恶劣。

有人认为，自然界气候变化的规律性重复，导致了 20 世纪最后 20 年中厄尔尼诺现象的频繁发生。但由于 20 世纪 70 年代之前一直没有关于厄尔尼诺现象的记录数据，所以无法确定这种观点是否正确，同时也无法确定厄尔尼诺的发生周期。

也有人认为，厄尔尼诺之所以频繁发生，是因为太平洋变暖的缘故。这种看法也有一定的道理。

科学家们为了更好地搜集厄尔尼诺的资料，以记录和预测它的发生，部署了一些强有力的新工具。1998 年，美国航空航天局戈达德空间飞行中心将一台十分先进的加强型克雷超级计算机用于处理有关厄尔尼诺的资料。克雷机最大的优点是可以尽可能多地利用资料，改进预报模型，全面处理有关厄尔尼诺的浮标和卫星数据。在上海天文台，中国科学院也利用前所未有的先进空间天文学手段，预测到了即将发生的厄尔尼诺现象。

今天，人类利用先进的科技，越来越多地了解了厄尔尼诺现象，但大自然依然不愿对我们坦露所有真相，许多疑团还是没有解开。我们已经清楚，大洋暖水流大范围运动是厄尔尼诺现象和反厄尔尼诺现象的主因。南太平洋中有逆时针大洋环流，北太平洋则有顺时针大洋环流，这些与暖水流运动有什么联系？厄尔尼诺带来的暖水来自何方？其热源又在哪里？

大自然给我们留下了一个又一个的谜团，要解开它，只能依靠人类的聪明才智和刻苦努力。厄尔尼诺之谜总有一天会被解开，到时候，人们不再只是被动地接受，而是能反客为主，利用各种方式控制它，引导它向有利于人类的方向发展。

神奇的极光是怎样形成的

那是在 1950 年的一个夜晚，淡红和淡绿色的光弧在北方的夜空上闪耀，所有见过那晚北极光的人至今都能回想起当时的盛况。它时而像在空中舞动的彩带，时而像在空中燃烧的火焰，时而像悬在天边的巨伞。它绚丽多姿，不断变幻着自己的形状，一会儿红，一会儿蓝，一会儿绿，一会儿紫，就这样轻盈地在夜空中飘荡了好几个小时。

而这一美丽的奇景也曾在中国的黑龙江漠河、呼玛一带出现过。1957 年 3 月 2 日夜晚 7 点左右，忽然一团灿烂的红霞腾起，瞬间化为一条弧形光带，停留在夜空中长达 45 分钟之久。同年，中国北纬 40 度以北的广大地区也出现了同样的现象。其实，北极光是非常罕见的自然现象，中国历史上记载的极光现象，公元前 30 年～公元 1975 年只有 53 次。

1960 年，在俄罗斯的列宁格勒也出现过罕见的北极光。那晚，北极光异常强烈，光弧发出白、红、绿的光辉，升上高空，越来越耀眼，直上万里。

在极光刚开始出现在夜空时，人们先是看到一条中等亮度的均匀的光弧以直线或稍弯曲的形状横过天空伸展开去（长度几百千米，甚至几千千米，宽十多千米或几十千米）。光弧的上端一般离地 950 千米左右，而下端则是离地 100 千米左右。它往返扫动的速度达每秒几十千米，只需几分钟其高度就可以增加到 1000 倍。

1988 年 8 月 25 日 21 时，在我国黑龙江省漠河县、呼中区、新林区又出现了极光。刚开始时，突然在地平线上出现了一个亮点。而后紧接着，它沿着 W 形的曲线以近似螺旋的轨迹上升。亮点在不断地升高、移动，面积也在不断地扩大，而亮点的尾部留下了像火烧云似的美丽的光带。在这时亮点开始出现了一个淡蓝色的圆底盘，接着，圆底盘从淡蓝色变成了乳白色。亮点射下一束扇状的光面，闪了几下便消失了。正在这个时候，西方低空中的光带向上扩展所形成的淡蓝色的云团就像一个倒放着的烟斗。这条橙黄色带和淡蓝色的云团持续了 40 分钟左右才逐渐消失。

然而，这绚丽壮观的极光却有极强的破坏力。极光给通讯、交通都会带来严重的影响，它能骚扰电离层，影响短波无线电信号的传播。在极光强烈活动的影响下，美国远在阿拉斯加的出租车司机竟然可以收到来自本土东部的新泽西州调度员的命令，监视横跨极地飞行器的预警雷达也因受到干扰而报警。与此同时，极光的不断变化也可能会使电话线、输油管道和输电线等细长的导体中产生感应电流，使输油管道被严重腐蚀。1972 年，在美国的缅因州至得克萨斯州的一条高压输电线跳闸，加拿大哥伦比亚的一台 23 万伏变压器被炸毁，这一切突发事件的"主谋罪犯"就是奇特而瑰丽的极光。千百年来，人们一直在研究、寻找极光形成的真正原因。很早以前就有人欣赏、观察到了这一大奇景，可对于它的"横空出世"，至今还是没有人能够用科学的说法给以完整的解释。

在古代，极光被爱斯基摩人误认为是火炬；而又有一些人把极光描绘成上帝神灵点的灯，鬼神用它引导死者灵魂上天堂；而在罗马，极光被说成是古罗马神话中黎明女神奥罗拉在夜空中翩翩飞舞，迎接黎明的到来。

前苏联科学家罗蒙诺索夫曾经做过这样一个实验：在一个接近真空的球的内部制造人工的放电现象。结果在空气极其稀薄的玻璃球内，随着放电，不断发现闪光。他得出结论：极光是空气稀薄的高空大气层里的大气放电所造成的。后来，这个实验被不断地重复验证，结果是完全相同的。极光是一种放电现象的观点得到证实。但极光仍然有很多谜。比如，高空空气发光是怎样引起的？为什么极光就像万花筒一样可以变幻成千奇百怪的形状，并且在不断变化中从来都是不相同的？极光为什么多发生在两极？大部分科学家希望在太阳那里寻找到答案。

科学研究证实，极光的产生来源于太阳的活动。太阳是一颗恒星，不断放出光和热。它的表面和内部都在不断地进行着各种各样的化学元素的核反应，产生出强大的内含大量带电粒子的带电微粒流；这些带电微粒射向空间，会和地球外80～120千米高空的稀薄气体的分子发生碰撞，由于这个速度太快，因而就会发出光来。太阳活动高潮的周期性大约是11年1次。在高潮期，太阳黑子会呈旋涡状出现，且很大很多。这时的极光因为太阳异常也会比平时更瑰奇壮丽。由此可看出，太阳活动控制着极光活动的频率。有人发现，当一个"大黑子"出现在太阳中心的子午线时，在20～40小时后，极光就会在地球上露脸。因此，是太阳发出的电造就了极光。

极光现象为什么只出现在南北两极呢？因为地球就像是一个以南北两极为地磁两极的大磁石，而从太阳处来的粒子流就是指南针，它飞向两极的运动方式是螺旋形的。事实上，磁极不能控制所有的带电粒子流，在太阳非常强烈地喷发带电粒子流的年份里，人们也能在两极地区以外的一些地方观察到极光。不同气体可分成如氧、氮、氯、氖等，所以空气成分非常复杂，而这些成分在带电微粒流的作用下，产生不同色彩的光，所以极光才能如此美丽多姿。

有人从地球磁层的角度去研究极光。地球磁层把地球紧紧包住，就如同地球的"保护网"，使地球不受很大的太阳风辐射粒子的侵袭。可是这张"保护网"在南北极上空就不如别的地方密实，这里有许多大的"间隙"，因此一部分太阳风辐射粒子就乘机进入地球磁层。这一点从卫星上看得分外清楚：当太阳耀斑开始爆发时，有些电子就加速沿磁力线从极区进入地球大气层。这就在两极上空形成一个恒定的环形光晕，即极光椭圆环。极光都有圆环并不是一成不变的，其大、小、亮、暗都随着带电粒子的涌入量而变化。由于南北极上空有那些"间隙"，所以极光只出现在两极地区的上空。

现在还有一个疑问是，太阳风进入星际空间的行动是连续的，太阳风会进入地球极区"通道"，但为什么南、北极的极光并不是时刻可见呢？难道说太阳风所经过的那些"间隙"中还设有"关卡"吗？关于这一点，有一个很合理的假设：太阳风带电粒子进入这些"间隙"后，并不是一下子就爆发的。地球磁力线有一种能力，可以把这些带电粒子先藏起来，只有在一些特定因素如太阳黑子强烈活动的影响下，地球磁力线才把带电粒子放出来，于是就有了极光。

可是，这些假设都不能解释地面附近出现的极光现象。有人说这些地面极光是地面附近的静电放电所致，因此，极光会出现在离地面4～10英尺的地方。因为有时人们可以在出现这些极光的地方发现臭氧。

因为许多彗星明亮的尾巴与极光有很多相似的地方，这使人很自然地将这两种现象联系起来。除此之外，还有很多观点，这里就不一一列举了。尽管极光之谜还没有完全揭开，但人类已初步了解了它的许多方面。其中有许多地方都和太阳风有关，科学家们对太阳风的研究监测还在紧张地进行，他们希望通过观察确定太阳风的各种参数是如何变化的。

雪花是如何形成的

雪花晶体是在高空中的云团里形成的。随着高度增加，温度不断降低，当温度降到-40℃时，飘浮在云团中的水蒸气就会迅速冻结成冰晶。在低空的云团里，温度相对较高。如果温度低于0℃（冰点），水蒸气就可以在高速运动的凝结核周围缓慢地凝固成冰。

虽然我们通常会认为雪花是"纯洁"的，但事实上雪花都是从一粒灰尘开始形成的。风把尘土扬到空气中，然后水蒸气在灰尘颗粒周围凝结，越聚越大，最后形成雪花。使用功能强大的显微镜，科学家可以找到藏在雪花中心的灰尘凝结核。雪花的凝结核中3/4是黏土，所以你看到的雪花没准就是自家院子里的泥土穿上了雪白的外衣。

科学家发现，雪花通常会呈现出4种基本形状，最简单的形状是长针形，其他3种形状都有六条边，也就是六边形。这3种形状分别是：中空的六棱柱、扁平正六边形和复杂的六角星形。

雪花的形状取决于它形成时的温度。云层的位置越高，温度就越低，在最高的云层之上，空气越来越稀薄，逐渐向寒冷的外太空过渡。卷云是对流层中最高的云，这里的气温是-34℃。卷云完全由冰晶柱组成，在阳光的照耀下格外清澈明亮。

在不同的环境温度下，雪花会长成不同的形状。当温度在-3℃～0℃之间时，雪花会长成片状；在-5℃～-3℃之间，形成针状；在-8℃～-5℃之间，形成柱状；-12℃～-8℃，又会呈现片状；-16℃～-12℃，就会有星形的雪花形成了。如果气温再继续降低，各种形状的雪花便会交替出现。

在高空云团里非常低的环境温度下形成的圆柱形冰晶在下降的过程中会途经较暖的云团，这使其最终变成星形的雪花。这个过程与冰雹的形成过程相同。所以，雪花的形状也记录了它一路上历经的温度情况。

世界上不存在两片一模一样的雪花，每一朵雪花的外貌都是独一无二的。仔细观察一片雪花，你就会发现其别致之处：大星星套着小星星，大图案套着小图案。

在雪花冰晶慢慢长大、增重并降落到地面上的过程中，它的表面形态是不断地变化着的。如果在下降的过程中，冰晶像陀螺一样地旋转，那么它的形状就是完全对称的。相反，如果冰晶下落的过程是随机的、不规则的，或者严重地向一边倒，那么它的形状就一定是不规则的。

下落中的冰晶黏附在一起就形成了雪花。每一片雪花大约由2～200颗冰晶组成。

如果气温在0℃以上，雪花在下降的过程中就会融化，到地面附近时就变成了雨。其实，通常我们见到的落在地面上的雨滴往往是雪花融化之后变成的。但如果环境温度足够低（0℃以下），我们就可以在地面上看到雪花了。

冰晶一旦落在地面上就会慢慢失去最初精致的造型，每一片雪花都会变圆，所以看起来样子都差不多。如果要领略一下雪花的真正魅力，你可以用一块深色的布或连指手套，在雪花落到地上之前接住它。

龙卷风为什么有如此神奇的威力

人们经过长期的观察研究，对龙卷风产生的原因已经有所了解。龙卷风其实就是产生在雷雨云中的一种急速旋转的空气旋涡。这种空气旋涡像一只巨大的漏斗从云底伸下来，有时伸伸缩缩地悬挂在云下；有时则拉得长长的以致触到地面，就像大象的鼻子一样。

龙卷风的直径不大，寿命也不长。从一些被龙卷风破坏的现场可以推知，龙卷风来去匆匆，顷刻即逝；它的直径通常在几米到几百米之间，最长可达1000米。

龙卷风的风速奇大无比，根本不能用风速仪直接测定，即使是最坚固的仪器，也会被龙卷风打得粉身碎骨。人们想知道风速，只能用间接的办法，就是到被它破坏的现场去估算它的最大风速。据估计，龙卷风速度可达每秒100～200米，几乎不比声速逊色。如此巨大的速度，使得一根松树棍在龙卷风的驱动下，可以击穿1厘米厚的钢板；一片三叶草借助龙卷风的力量能深深地嵌入泥墙。

这些珍贵照片拍到1965年南达科他州弗利门镇附近陆龙卷风逐渐形成的经过。图可见漏斗柱从大云团中渐渐垂下。

1970年5月27日，龙卷风在湖南澧县刮起来了，一个30多米高、几十平方米大的水柱在澧水江心被卷起，在短短的时间内河底竟然都露了出来。

在上海青浦的一次龙卷风中，一位正在驾驶室值班的轮船驾驶员亲身经历了龙卷风的突然袭击。龙卷风吹过后，他打开驾驶室舱门一看，发现驾驶室已脱离船体，被搬到离河很远的岸上，而他却安然无恙，毫发无损。

然而，关于龙卷风形成的具体原因，长期以来众说纷纭，至今还没有一个定论令众人信服。但这并不妨碍对这种自然现象的模仿和利用。

人们经过研究发现，龙卷风的中心气压很低，通常只有40千帕，有时甚至只有20千帕，远低于一个标准大气压101.3千帕。据科学家计算，龙卷风气压差产生的功率很大，简直可以相当于10座大电站的功率。龙卷风发生时，当漏斗状旋涡直径达200米时，旋转气流的功率可达3万兆瓦。这使得一些科学家大受启发，想到了是否可以用人造龙卷风发电。

于是，龙卷风模型便诞生了。科学家们在一个塔型建筑的四周用条板间隔成方格形小窗，背风的小窗关闭，朝风的小窗打开，风吹进塔后马上开始旋转，小龙卷风便形成了。塔底被人们装上了螺旋形的转叶轮，当人造小龙卷风将下方空气吸入塔内时，叶轮就会转动，推动发电机发电。

有些科学家想将太阳能与龙卷风结合起来，于是就研究如何用太阳能制造龙卷风发电：建造一座面积很大的透明圆形大棚，用塑料膜搭棚顶，并且从棚的四周向中心逐渐升高，连接到中心烟囱状塔上。当棚内空气在太阳的照射下变热后，流向烟囱状高塔，塔中叶轮在气流作用下转动发电，每小时发电功率可达到70～100万千瓦。

在许多新设计中，比较有发展潜力的是旋风型风力涡轮。这种设计十分简单易行，只需要一个直立的圆筒，风吹进去后在它的内部旋转，形成旋涡，旋涡中心呈真空状态，大量高速运动的风在这种状态下便不断地吹动转子叶片，叶片因此快速转动而发出电来。

这种设计可以应用于实践。在海洋上空，由于太阳的照射，热空气上升，冷空气下沉，上下流动的风便自然形成了。根据上述原理，科学家设计了一种巨大的筒状物并让它飘浮在海洋上空，风吹进去后再用人工方式引导它在筒内上升下降，从而驱动涡轮机进行风力发电。

这些都是人们利用人造龙卷风发电的新思路。随着人们对龙卷风研究的深入，真正的龙卷风也一定能为人所用，变害为宝。

解开闪电之谜

夏天，每当雨天来临，天空乌云密布时，就会出现电光闪闪、雷声隆隆的景象。雷电到底是什么？

在中国古代神话故事里，由"雷公"和"电母"分别掌管"打雷"和"闪电"。欧洲人在近代之前，由于受各种宗教观念影响，普遍相信雷电是"天神"或者"上帝""发怒"的结果。

近代以来，人们渐渐开始了解雷电的真正原因。一段时期里，荷兰学者布尔哈维的观点在欧洲学术界比较流行，他认为雷电是一种"气体爆炸"。再后来，富兰克林做了那个著名的风筝试验，并由此证实天上的电与地上的电实质相同。人们这样解释：携带正电荷与负电荷的两种高电压云团在空中相撞，产生电火花，这就是闪电。这种碰撞可以释放出很大的能量，

闪电形成示意图
在雷暴云内部，水和冰的微粒相撞使正负电荷不断积累，当电荷之差达到足够大的程度时，就开始通过闪电的形式释放电荷。

声光具备，撼人心魄。如果碰巧的话，闪电会导向地面，对人、畜、树木以及建筑物构成危害。但是，闪电依旧包裹在"层层迷雾"中，依然令人迷惑。云层本来是中性的，怎么会产生大量的正、负电荷呢？

科学家们发现，在一般情况下，只有达到两英尺以上的厚度时，雷电云层才会产生闪电。带负电荷的往往是温度很低的下部云层，而带正电荷的往往是温度很低的上部云层。当正、负电荷之间的电场足够强时，绝缘层就会被击穿，于是闪电就发生了。但是，驱使正、负电荷分开的力量究竟是什么呢？

有人认为，充电过程最初是在冰雹与冰晶或极冷水滴撞击时产生的。冰雹块被撞裂开后，便在云层的上部集中了带正电的轻冰粒，而较重的带负电的冰粒下降，在云层下方形成负电荷。但是，这种说法有片面之处。因为，如果单用降雨来解释闪电，那么，闪电为什么经常发生于降雨之前，而不全是降雨之后或降雨过程中呢？另外，在火山爆发时也会产生闪电，这又是为什么呢？

以上说法被推翻后，接着有人提出了另外一种说法，认为电荷产生在雷电云层之外。大气中过量的正电荷被吸附到上面的云层中，在这个过程中云层本身又吸附了自身上方大气中的负电荷，但由于气流的作用，负电荷又被裹挟而下。正是由于这种上下的剧烈运动，使得正电荷在上，负电荷在下，正、负电荷分开，最终形成闪电。

然而，这一假说也只是猜测而已，并未得到证实。"总是如此"呢？

神秘的雷电既诱人又危险。一些具有勇敢探索精神的科学家为解开闪电之谜，付出了很大的牺牲。而提出上述几种假说的科学家们更是付出了大量的智慧和劳动。但是，这些假说都存在着这样或那样的问题，没有一种是被普遍接受的。看来，只有等待条件进一步成熟，才能对这一自然现象给出一个令人满意的答案。

南极"无雪干谷"中的秘密

在南极洲罗斯海海域的西南端有一座罗斯岛。从罗斯岛朝着东北方向走去，就可以到达一个叫麦克默多的海湾。无雪干谷就位于麦克默多湾的东北部。无雪干谷主要是三个依次向北排列着的山谷：维多利亚谷、赖特谷、地拉谷，无雪干谷西侧是南极横断山脉。

无雪干谷周围是被冰雪覆盖的山岭，这些山岭的海拔高度大约在1500～2500米之间，而且这些山上的冰川向着谷地里边流落而去，形成了冰瀑。不过，这些冰瀑流落到山谷两旁的时候就消失了。冰川到达不了的地方，一年四季都不下雪，"无雪干谷"就因此得名。由于无雪干谷地区一年到头都没有任何降水，因而气候显得特别干燥。

长期以来，无雪干谷地区一直无人涉足，因而这块无雪之地也从不为人所知。最早走进这个无雪干谷地区的人是著名极地探险家斯科特。当斯科特走进无雪干谷地区的时候，他被谷中的景象惊呆了。他看到，这里没有冰，也没有雪，只有裸露的岩石，还有岩石下面那一堆堆海豹等兽类的遗骨。斯科特心想：这里看不到任何生命，生命在这里都被扼杀了。看起来，这里边有许多难解之谜呀！于是，斯科特就给这个地方起了个名字叫"死亡之谷"。从那以后，人们也称这个无雪干谷为"死亡之谷"。

后来，又有好多科学家及探险者到达过这个无雪干谷地区，他们看到岩石下一堆堆海豹和兽类的遗骨，也是百思不得其解：这个地方离最近的海岸也有数十千米，远一点儿的要有上百千米，海豹这种在海岸边生活的动物不应该到这么远的地方来，可眼前的这些海豹遗骨，却偏偏说明有些海豹违背了通常的生活习性，来到了这里。那么，是什么促使海豹要从那么远的海岸往这里爬呢？

对此，科学家们提出了不同的意见。

有的科学家根据世界上曾经出现过鲸类自杀的现象，认为这些海豹也像鲸类一样，跑到这无雪干谷地区来自杀。可是，科学家们又找不到海豹自杀的理由。要不，这些海豹就是受到了什么惊吓，被一种什么东西驱赶到了这里。那么，在过去的年代里边，是什么东西让海豹如此恐惧？又是一种什么样的东西将它们驱赶到了这里呢？这不能不让人疑窦丛生。

有的科学家说，这些海豹是因为在海岸上迷失了方向才到了这里。这个无雪干谷地区里没有冰雪，海豹们没有了可以饮用的水分，不等它们爬出谷地就已经没有了一点儿力气，最后就被活活地渴死了。

这只是科学家们毫无依据的猜想而已。在确凿的证据出现之前，这些海豹的遗骨只能是一团迷雾。

随着科学家们研究的不断深入，他们发现无雪干谷地区有着很多不为人知的秘密。

在这个无雪干谷的腹地，新西兰建立起一座"范达考察站"。考察站的旁边有一个湖，叫做"范达湖"。从那以后，这个无雪干谷地区再也没有以前那种凄凉的情景。

1960年，日本的一些科学家实地考察了无雪干谷里的范达湖，他们发现范达湖存在奇异的水温现象，在三四米厚的冰层下，水温是0℃左右。在15～16米深的地方，水温升到了7.7℃。到了40米以下，水温竟然可以升到25℃，这种水温已经跟温带地区海水的温度相当。范达湖这种深度越大水温越高的奇怪现象，让科学家们兴奋不已，他们纷纷跑到这里进行考察研究。

那么，范达湖的这种奇怪现象到底是怎么形成的呢？这种现象应该怎么解释呢？科学家们又有了不同的观点。这当中有两种主要观点：一种是地热活动观点，另一种是太阳辐射观点。

认为是地热活动观点的科学家们的理由是：范达湖与罗斯海相距50千米，罗斯海附近有墨尔本火山和埃里伯斯火山。前者是正处于休眠期的活火山，后者现在仍然在喷发着。这就可以表明，这一带的岩浆活动得很剧烈，会产生很高的地热。范达湖的水温上冷下热的现象就是因为地热的作用形成的。

然而，让这种观点无法在科学界立足的理由是：有很多证据都表明，在无雪干谷地区并没有任何地热在活动。

认为是太阳辐射观点的科学家们说：南极地区夏季的光照时间较长，范达湖湖面接受太阳辐射的能量就比较多；而冬天的时候，湖面几米厚的冰层使湖水含的盐分增高，所以水的密度就会变大。这样，即使夏天水温升高的时候，由于表面水的密度大于中层和底层水的密度，导致温暖的表层水下沉，从而形成了范达湖奇特的水温现象。

太阳辐射的观点提出后，也同样遭到了人们的反对。有人说：南极在夏天的时候，太阳辐射的时间虽长，但光照却不足，总是阴沉沉的，到达地面的太阳辐射就显得比较弱了。不仅如此，范达湖的冰面又反射了90%的太阳辐射能量，能够到达水面的辐射就变得更少了，不可能使表面的水温升得很高。另外，假设暖水下沉的观点真的成立的话，通过水的热传递，整个湖水的水温即使升高也是均匀的，不可能只有底层的水温增高。况且南极的极夜时间足足有半年，范达湖不可能升到25℃！这样看来，太阳辐射的观点又怎能让人信服？

那么，关于范达湖的争论，究竟孰是孰非？没有人敢轻易下结论，所以范达湖给本来就充满神秘色彩的无雪干谷地区又留下了一道不容易解释的谜。

无雪干谷地区范达湖的谜还没有解开，探索者们又发现了另一个不易解开的谜。

从范达湖往西10千米的地方，有一个叫"汤潘湖"的小湖泊。汤潘湖的直径也就是数百米，而且湖水浅得不像"湖"——只有30厘米。汤潘湖的湖水含盐度比较高，如果把一杯湖水泼到地上，眨眼之间就会在地面析出一层薄薄的盐。科学家们对汤潘湖湖水的冰点进行了研究，发现湖水就是到了－57℃的时候也不会结冰，所以汤潘湖又有"不冻之湖"之称。

关于汤潘湖的湖水不结冰的研究结论也不统一。有的研究者认为湖里的盐分比较高，它就不会结冰了。有的科学家说，汤潘湖在那么冷的情况下不结冰，不仅仅是因为湖水盐度太高，可能还由于周围的地热在起作用。

与"不冻之湖"形成鲜明对比的是"永冻之湖"。这个湖也位于南极洲无雪干谷地区，叫"皮达湖"。人们在对这个湖的冰面钻探后发现，整个湖几乎是一个特别完整的大冰块。那么，这个湖的冰为什么一年之中都没有融化的时候呢？这又是一个谜。

神秘的无雪干谷地区吸引着无数的科学家，这一道道难题何时才能解开？尽管目前尚无结论，但科学家们探索的脚步是永不会停止的，终有一天它们的庐山真面目会呈现在世人的面前。

生命奥秘

地球生命来自何处
关于生命起源与演化的生物进化论
生命是从火中诞生的吗
人类呼吸的真正起因是什么
人最多能活多少岁
胎儿在母腹中是怎样生活的
解开孪生子同步信息之谜
…… ……

地球生命来自何处

几千年来，人类一直渴望揭开这个秘密，并为此付出了努力，可直到今天，人们仍没有找到这个问题的答案。生命之谜太神奇了。

科学家们进行了许多艰苦的探索和实验，希望能科学地解释生命的起源，并提出了各种各样的假说和理论。其中"自然发生说"就是最古老的假说之一。

公元前4世纪，亚里士多德就认为从非生命的物质中，生命可以自然地产生出来。按照他的说法，蜜蜂、萤火虫或蠕虫这样的生物可能是由黏液和早晨的露水或粪土的混合物形成的。一直到13世纪，人们还相信亚里士多德的这种观点，认为从树上能长出小羊来。更有趣的是，17世纪的比利时医生范·赫尔蒙特还开了一个药方子，说是照方子中的办法就可以生出小老鼠来。方法很简单，就是把破衬衣用人体汗水浸透，然后和小麦放在一起，塞进一个瓶子里，等到它们发酵以后，小老鼠就会从发酵的破衬衣和小麦中长出来。这个荒谬的方子自然是不会成功的。

1864年，法国化学家巴斯德进行了著名的"曲颈瓶"实验：他把肉煮好捞起来扔掉，只留下煮沸的肉汤，再把肉汤倒入烧瓶里，然后把烧瓶的瓶颈弄成S形，以便通入新鲜空气，同时阻止任何细菌或微生物随空气飘入瓶子里。实验结果表明，即使在这样S形的长颈瓶子里，连最简单的生命——微生物都不会自然发生。这个实验说明了自然发生说的荒谬性，人们只能另寻解释生命产生的途径。

此外，还有一种观点是"宇宙发生说"。这种观点认为生命来源于太空，运载生命种子来到地球的"飞船"就是陨石，陨石通过撞击地球的方式，把生命种子播撒到地球上。由于地球的环境条件适宜生命活动，所以来自宇宙的生命就生存发展起来。

19世纪70年代，霍伊尔、维克拉玛辛等科学家在遥远的恒星周围的尘粒中发现了一些奇怪的物质，他们猜测这些物质是生命的遗痕。由此，他们做出以下推断：

一颗与太阳相仿的不知名的恒星，其轨道中运行着一颗体积极小的彗星。在这颗微小的彗星体内，有一个只能在显微镜下才能看到的孢子，它就是外星生命的"种子"。孢子正静静地躺着，处于休眠期。过了若干年，恒星的引力突然发生了变化，导致这颗彗星从原轨道上脱离出来，飞向太空。在后来长达一亿多年的时间中，它独自遨游在广漠、寂静而冰冷的宇宙空间里，直到它偶然闯进了太阳系。几颗巨大的气体状行星快速划过它身边，然后，一颗庞大的、夹杂着片片褐色的蓝色星球离它越来越近，这个蓝色的星球就是地球。这颗彗星与无数陨星碎片夹杂在一起，猛烈地撞击在地球上，彗星被撞得碎裂开来。在彗星体内休眠了几亿年的孢子被抛进了地球表面温暖的海洋中。这颗珍贵的生命种子，受到了某种催化作用，在经过了一系列化学反应和生物反应之后，形成了最原始的生命。从此，地球上有了生命。这种生命的原始起源大约发生在33亿年前，地球上从此开始了一个全新的、有生命的时代，从一个无生命的星球变成了有生命的行星，并且越来越美丽。

射电天文学和宇宙化学的迅速发展为人类研究生命起源提供了契机。20世纪60年代,科学家们发现在宇宙空间中有大量的有机分子,同时也在那些落入地球的陨石中发现了近20种氨基酸和10多种烃类物质。但是,宇宙发生说只解释了生命是从宇宙空间移居到地球上来的,并没有揭示出生命起源的真正原因。1953年,美国化学家做了一个关于生命起源的实验。从此,没有人再相信维克拉玛辛和霍伊尔等人的假说了。

斯担利·米勒是美国圣迭戈大学的一位科学家,他于1953年进行了一个有趣的化学实验。他先把氨气、甲烷、氢气和水蒸气等气体,按照"地球原始状态"时的组成比例混合在一起,装入一个玻璃瓶中。然后,他用电流模拟闪电,轰击这些气体。闪电是今天常见的气候现象,同时它也很古老,它在地球最原始时期就存在了。一个星期后,米勒惊喜地发现,在玻璃瓶中出现了一种橘黄色气体,这是以前没有的。米勒对这种气体进行了测定,测出大量氨基酸等有机物质存在于这一气体中。此后,德国的科学家格罗茨和维森霍夫也进行了与米勒相类似的实验,他们先按照"地球原始状态"配置气体,然后用紫外线长时间照射这些气体,结果也得到了氨基酸。

在20世纪60年代,科学家奥罗利用氰化氢等物质,成功地合成了生命物质腺嘌呤,它是核酸的重要组成成分之一。1963年,波兰的佩鲁马等科学家利用紫外线照射,得到了一种在生命体中用于传输能量的重要物质

米勒在做氨基酸生成实验

ATP。这些实验有力地证明:在一定的能量条件和物质条件下,无机物转化为有机物、简单的有机物转化为复杂的生命物质的进化过程,即使没有生物酶的作用,也完全有可能在地球上实现。

就这样,一种新的学说——化学进化说,开始被越来越多的人接受。

这个学说认为,早期地球的大气中存在着大量有机分子,这些有机分子在漫长的时间里逐渐产生了一种相互关联的结构,这种结构能临时组合在一起。又过了许久,这种分子周围出现一层黏稠状的东西,它能随着外界环境的变化,排放出一部分有机分子,也能接受另一类有机分子。这种复合化的分子被看作是最初的生命形式,它已经具备了最简单的代谢和繁殖功能,形成了生命的基本特性。这种最低级的生命形式结构极其简单,连今天最简单的微生物都比它复杂许多,

但它们已经具备了生命的基本特征，能靠自然选择来进化成各种各样的高级生物体。

但是地球生命诞生的奥秘仍没有解开。科学家们发现，在太阳系的八大行星中，木星、土星、海王星和天王星的大气成分主要是氨气（NH_3）、甲烷（CH_4），而火星、金星等类地行星的大气，则主要是二氧化碳（CO_2）。于是，有人提出了这样的问题：为什么就可以断定"原始状态"时的地球大气中，一定含有甲烷而不是二氧化碳呢？

最近，德国和法国的两位科学家在格陵兰38亿年前形成的古老的石英岩层中，发现了单细胞有机物的内含物。这种细胞外观上呈椭圆形或是丝状体，一般具有鞘。它的内含物由生命物质组成；它的细胞壁和鞘的结构以及繁殖方式，与现代的酵母菌几乎相同。这样的单细胞有机物大约需要5亿年时间才能形成。因此可以推测，生命应该在43亿年前才开始形成。

根据最新的考察结果，人们认识到生命的出现与行星的诞生几乎是在同一时期实现的。

美国科学家经研究发现，在其所含有的能量的作用下，普通的泥土也可以合成氨基酸等生命物质。科学家还发现，地球上凡是有深而大的断裂带的地方总会有许多大型油气藏。这表明这些油气藏可能来自地下深处，也就是说在地球内部曾经发生过有机物的大规模合成。

虽然地球生命诞生的奥秘目前仍无法解开，但是这么多新的重要发现也让寻求生命起源的历程变得奇妙有趣了。我们有理由相信，终有一天人类将解开生命起源之谜。

关于生命起源与演化的生物进化论

科学家们推测：微生物诞生之后生活了很长时间，直到大约在5～6亿年之前，最早、最原始的藻类和动物才开始在原始海洋里出现。那时候，陆地上还看不到生命的迹象，没有森林，没有动物，甚至连一根草都没有，只有光秃秃的岩石和荒凉的土地。

在原始时代的海洋里，除了小得看不见的海藻类绿色植物以外，已经出现了很多低等动物。那个时候，统治整个海洋的是一种叫做"三叶虫"的动物，模样很像今天的虾。它们是当时最能适应地球环境的生物。

三叶虫统治地球几亿年时间，但后来还是灭绝了。其中有一种进化成了能够捕捉别的水生动物的水蝎，适应环境的能力较三叶虫强，但是它后来跟三叶虫一样，也因不能适应环境而灭绝了。

三叶虫和水蝎灭绝以后，在淡水溪流的泥底里出现了一种新的物种。这种动物的身体又小又扁，行动迟钝，适应环境的能力极强。它们是地球上最原始的脊椎动物。它们全身长着鳞，身体的前部长有骨片，而且已经有了脑，科学家将这种动物称做"甲胄鱼"。

大约过了7500万年，有一种甲胄鱼发展进化，演化成真正的鱼类。它们拥有了脊梁骨和一副能支持全身肌肉的骨骼，它们有腭，嘴巴可以自由地张合。它们的身上长有鳍，尾巴能在水中有力地划动。它们的身体也比原来大了，体形呈流线型。这些新器官有利于它们在水中自由地游动和抵御敌人。

这种鱼不习惯呆在淤泥里，而是喜欢游来游去，看到什么可吃的东西就吞下去。流线型的身体使它们在水里行动自如，鳍和尾巴可以帮助它们迅速逃离危险。虽然它们没有甲胄鱼的那副盔甲，可是生存能力和自卫能力却比祖先们更强了，因而它们更适应周围的环境。

这些鱼不断地繁衍发展，它们后代的踪迹在淡水中随处可见。后来，它们一部分子孙成群结队地迁移到了海洋里，并在那里定居下来。那时候正值鱼类发展的高峰时期，它们的种类特别多，样子也千奇百怪，地球的所有水域都是它们活动的范围。古生物学家把这以后的5000万年，叫做"鱼的世纪"。

在鱼的世纪里生活着2种极为重要的鱼，一类是鲨鱼和它的近亲，它们用鳃呼吸，且骨骼都是软的；另一类是已经有肺的鱼类，它们的骨骼都是硬的。后一类鱼占多数，已经灭绝了的总鳍鱼就属于这一类。

众所周知，肺这种器官能从空气中吸取氧。在鱼的世纪里，经常发生干旱。遇到干旱的时候，成千上万没有长肺的鱼类因缺氧而死去，时间一长，没有长肺的鱼就渐渐灭绝了，而长肺的鱼得以幸存。

过了若干年，地球上的气候又变了，干旱渐渐减少，溶解在水里的氧气又多了起来，足够供给鱼类用鳃来呼吸。于是，鱼肺的作用和功能渐渐退化，有些鱼的肺变成了一个能装空气的囊，叫做"鳔"。

在鱼的世纪的末期，陆地上已经布满了羊齿类的森林，森林中的植物有的高达10多米。这样就为脊椎动物准备了丰富的食物。

大约在3.65亿年以前，长着肺的总鳍鱼从水里爬了出来，逐渐在陆地上生存繁衍开来。它们的骨骼同两栖动物的蛙类的腿内骨骼比较相似，它们的胸部和腹部还长有成对的鳍。由于总鳍鱼具备了在陆地上生活的能力，所以后来逐步进化成为陆生动物。

原始两栖动物最初由总鳍鱼进化而来，它们在陆地上生活得很艰难。离开了水，它们明显地感到地球强大的吸引力，所以它们一生中有大部分时间呆在水里，靠吃小鱼和虫子为生。它们也将柔软成团的卵产在水里。

几千万年以后，这些古代的两栖动物也逐渐灭绝了，只留下了诸如青蛙、蟾蜍（癞蛤蟆）和蝾螈之类的动物生活在温带。这时候，适应能力更强的原始的爬行动物开始出现。

爬行动物产下的卵外面有一层硬壳保护着，从而可以离开水直接在陆地上孵化。爬行动物的四肢离得很近，更适于支撑身体的重量。胸肌和肋骨的活动能帮助它们进行呼吸，同时，使血液循环系统也更有效率。依靠这些优点，爬行动物成为陆地上的统治者，开创了一个"爬行动物时代"。

爬行动物又不断分化成许多种类，恐龙就是其中的一种。"恐龙"这个名字的意思是令人恐怖的爬行动物，它是动物世界中体积最庞大的一种。

大约在 7000 万年以前，地球环境急剧变化，曾经统治地球的恐龙没有逃脱灭绝的命运。只有一些体积较小的爬行动物存活了下来，逐渐进化成现在的蛇、蜥蜴和鸟类等。另外有一种小型恐龙，也进化成了鸟类。

有一些最初从爬行类发展来的小动物，开始变得活跃起来。小动物们像老鼠那么大，跟祖先相比，它们有 2 个特点：第一，它们的血是温热的；第二，浑身长毛。在此以前，大多数脊椎动物的血液都不能保持恒定的温度，常常变化。如果周围环境的温度改变了，它们的血温也会随之改变。这些长毛的温血动物就是恒温动物。在恐龙灭绝以后，恒温动物得到了很大发展，并最终演变成了最古老的哺乳类动物。

所有生物都起源于海洋，它们向不同的方向进化，形成许多分支，经过千百万年，许多物种灭绝了，取而代之的是新的生命形式。

与爬行动物相比，哺乳动物的优点更多，如它们的毛和热血能抵御寒冷。并且，它们有高度发达的大脑和感觉器官，在沼泽地带干涸的时候，它们可以机智灵活地找到食物，得以维持生命。另外，它们传宗接代的生殖方式也更为有效。它们不会生出爬行动物那样的蛋，而是让胎儿留在母亲的身体里加以保护，并且在发育过程中供给它营养物质，从而促进了后代的成长。

在以后漫长的年代里，地球上又出现了更高级的哺乳类动物。其中有一种动物，后来逐渐统治了新世界，它就是灵长类动物。灵长类动物一般生活在树上，其分化出来的分支有狐猴、猿类、猴类和人类等。

那么，今天这些生活在地球上的生物物种是怎样繁衍下来的呢？许多科学家做出了种种假设，而达尔文的"生物进化论"是最科学的一种解释。

他在《物种起源》一书中详细论述了有关生命起源的许多问题，提出了"生存竞争"这一中心论点。在生存竞争中，有利的变异能更好地适应生存环境，可以保存下来，并繁衍特质相同的后代；而那些不利的变异将被消灭。适者生存，不适者淘汰，这就是大自然的法则。在自然界中，一切生物都是少数几种生物的直系后代,并非上帝创造的。在生存竞争中,物种经过自然选择的优胜劣汰,逐渐产生新物种,从而实现了物种的不断进化。达尔文认为自然界中生物的物种是不断变化的,不断地由低级向高级,由简单向复杂发展,无数考古事实都证明了这一点。生物的进化完全是自然选择的结果。

达尔文的"进化论"取代了"神创论",从根本上否定了"上帝创造世界和生物"的谬论。由此,我们更加确信生命的起源和繁衍是遵循"适者生存,不适者淘汰"的自然法则进化而成的。

人类呼吸的真正起因是什么

在人体中,肺这个器官是非常忙碌的。从早到晚,它都不能有片刻的休息,即使是在你睡梦之中。它总是不停地呼入新鲜空气,并有选择地把空气中的氧气留下来;与此同时,它还需要把身体产生的废气(二氧化碳)呼出去。人的身体每时每刻都离不开氧气,更容不得废气存留体内。如若不然,身体里的所有化学变化,非乱套不可。

每一个正常人的肺部都这样一天到晚地工作,可是人类呼吸的真正起因是什么呢?当人还在母体中孕育的时候,肺是瘪的,里边没有一点空气。而且肺里还灌满了水,这些水就是医生们所说的"肺液"。这样,等到人出生后就有很多问题接踵而至。第一点是,必须先把肺液全部弄走,否则,空气就无法正常进入。第二点是,要让瘪瘪的肺张开,这就需要婴儿自己能吸气才行。可是婴儿又是如何才能知道自己出生了,应该吸气了?这第一次呼吸到底是怎么发生的?

医学家们实验得知,胎儿肺里的水不是个小数目,少的有60～70毫升,多的有100～200毫升。可是婴儿一出生,只要一吸气,这些水又几乎全都不见了,它们究竟哪里去了呢?这是医学家一直探究的课题。

医学家们经过研究证明,小婴儿第一次吸气时都很用力,吸力大,进肺里的空气就多;接下来他们再用力呼气,从而把肺内小泡泡里的水往上赶,肺的淋巴管马上把水吸走。就这样经过几次呼吸,肺里的水基本上就被排除得干干净净了。

可是还有一个问题非常有意思:婴儿的肺为什么会一出生就开始呼吸呢?

多数医学家认为是由于冷刺激的原因。婴儿从妈妈的肚子里,来到这个冰凉的世界,由于冷的刺激唤醒了大脑中主管肺呼吸的脑神经,呼吸就这样开始了。为了验证这一点,他们用羊的胎儿做实验,从母羊的肚子中取出羊的胎儿,并将之浸泡在凉水里,本来没有丝毫呼吸的胎儿,开始呼吸起来。随后,他们一点点地增加水温,胎儿仍有呼吸,可是,当水温增加到40℃时,呼吸反而消失了。可见促使胎儿开始呼吸的原因应该是寒冷。

还有一种说法认为,人都有一种天生的本性:一旦遇到惊吓或者非常意外的事情,都会不由自主地倒吸一口凉气。婴儿出生,对他自己来说也是一种突然变化,这种变化会把婴儿吓得倒吸气,这一吸,促成了呼吸的开始,从此就呼吸不止了。可是,另有一些医学家通过测量发现,婴儿的第一口吸气的力量比平常吸气的力量大两三倍；可是当受到惊吓时，倒吸气远没有这么大的劲，他们认为这个说法有点牵强。

此外，还有一些医学家认为，在婴儿出生之后，原来靠妈妈供应的氧气没有了，可是大脑主管呼吸的神经还没有下达呼吸的命令，这时，身体极度缺氧，废气排不走，又堆积在体内。这样，大脑受到缺氧和废气双重反应的催促，于是就会叫醒专管呼吸的那部分神经，给肺下达命令，于是肺就乖乖地喘起气来。这个说法，听上去相当有理，但反对的医学家认为也有相当大的疑点：在胎儿时期，他们呼吸到的氧气不是太多，但是这些氧气对他们已经足够了。所以胎儿的大脑对于低氧状态已经习惯了，他们在出生后即使两三分钟不呼吸，也不会让脑惊慌得手足无措。

其他的说法，还有好几种。医学家对此还在不断地寻找、探索人类呼吸的真正的起因。

胎儿在母腹中是怎样生活的

科学家可以借助于超声扫描技术直接从荧光屏上观察胎儿的生活，从而更好地研究胎儿在子宫内最后几周的运动和情感变化。

妊娠期间，母亲的腹内并不是一个理想的安静场所，有大量的声音传入胎儿的耳内，胎儿会不断地"凝神倾听"。母亲胃内发出的咕噜咕噜的声音是最为嘈杂的。另外，胎儿还能倾听到母亲与他人轻微的交谈声。然而，母亲那富有节律的心脏搏动声才是支配胎儿所处环境的声音。如果心脏的节奏正常，胎儿就会知道一切正常。

胎儿在最后几周的时间里感官已发育良好。在腹内，视觉是不重要的。但是在孕妇裸露的腹部加一道明亮的光线时，胎儿会睁着眼睛，把脸转向有光的地方。当播放录音时，胎儿会转动脑袋，把耳朵靠近声音。

胎儿在出生前的一些生理活动为其出生后的生存打下了基础。胎儿不需要呼吸，但横膈也要像呼吸时那样上下运动。胎儿由母亲供给营养，但自己也要"进食"（吞一些羊水），吞咽时会引起一串打嗝。这时，母亲能感觉到胎儿在进行一系列小的、有规律的跳动。

令人难以置信的是，胎儿竟然有灵敏的味觉，并能食其所好，若在羊水中加入味道苦涩的脂醇，胎儿吮吸的次数就会减少，甚至出现皱眉的表情。与此相反，把糖等带有甜味的物质加入羊水中，胎儿吮吸的次数就会剧增。

母体遇到的意外状况也会影响胎儿。当母亲重重地跌了一跤时，胎儿在羊水等缓冲保护作用下不会受伤，但会被惊醒，并开始躁动不安。母亲的疼痛和紧张会使体内肾上腺素和其他与紧张有关的激素分泌增加，此时供给胎儿的血液量会相对减少，这时胎儿会感到不安，并会哭。但子宫内没有空气，所以胎儿的哭并没有声音。当母亲平静下来，激素分泌恢复平衡时，胎儿又会恢复原来的状态。

以图像的形式直接观察胎儿的生活，是现代技术应用于医学研究的结果，为对进一步研究和了解胎儿的生长、发育，以及对研究优生的方法都起到了极大的促进作用。

解开孪生子同步信息之谜

科学家曾做过这样一种研究，他们对两个从小就被分开的孪生子进行调查，这两个人在30年后重新相遇时，发现两人不仅都受过法律教育，而且，两人有着同样的爱好，他们都爱好木工制作和机械制图。更不可思议的是，两人的前妻的姓名也一样，儿子的名字也完全一样，甚而至于续娶妻子的名字也一样，并且他们都喜欢去佛罗里达州度假。

另外，科学家们也调查了许多多胞胎。三名刚出生的三胞胎兄弟分别被送到三个不同背景和文化的家庭中抚养，等到几十年后他们重新相逢时发现，虽然三人成长在不同的环境里，但是却拥有许多相同的习性，譬如，三人都喜欢吃意大利菜，喜欢听摇滚乐，喜欢摔跤，而且三人的智商虽然都很高，但数学却同样不及格。此外，三人都曾经受过精神医生的治疗。在三个人重逢时，他们拿出的香烟竟然是同一个牌子的。

中国在近年来也开展过双胎或多胎的遗传研究，结果也同样发现了不少这种神秘的同步信息现象。据此，人们还能说这些事例完全出于巧合吗？这里面会不会有什么必然的内在联系存在呢？

科学家们对孪生子这种"同步信息"现象进行了非常深入的研究，可是得出的结论都极为不同。

一种观点认为，在双胞胎或多胞胎中存在的一些疾病和性状的相似性，是因为受精卵分裂时的时间因素在起着作用。而且当一个受精卵分裂为两个相同的受精卵时，所用的分裂时间越短，那么二者相似的程度就越大。

第二种观点认为，孪生子之所以会产生同步信息，应该是由于他们之间的生物电接收器和释放器同步"运行"的缘故。每当一方的生物电作用器开始启动时，另一方会在极短的时间内感受到，并且会释放出相同的生物电，从而就形成了孪生子在思想和行为上的同步现象。

最后一种观点认为，孪生子之间心灵上的感应现象，可能是一种四维空间遗传现象，它比普通遗传现象更为复杂。因为孪生子的遗传因素基本上完全相同，所以能表现出很多相同的性状或疾病，另外，如果再加上相同的时间因素，就会产生同步信息，从而表现出同步的一致性。

可以说，以上三种观点，虽然都有一定的合理性，在一定程度上揭示了孪生子同步信息的奥秘，但是三者也都存在着一些不很严密的地方，因此，时至今日，还没有一种观点得到普遍赞同。据此，人们认为只有等待科学水平的进一步发展才能彻底揭开孪生子同步信息的秘密。

人类生男生女能控制吗

2001 年 11 月 14 日,印度孟买的一家公司在最大的日报《印度时报》刊登了一则广告并持续了好几天,它在广告中宣称自己的产品是"引进美国最新技术,可以让你在怀孕之前就决定孩子的性别"。这一广告立刻激发了无数印度人的争议,一些人对此喜形于色、暗暗叫好;另外一些人,尤其是妇女则义愤填膺,声讨这个公司。这个公司以前一直只是通过自己的网站做生意。

从这个叫做"基因选择"的公司的网站你可以购买到他们的这种所谓的最新产品,这个玩意儿叫做"生男生女盒子",装在两种不同颜色的盒子里,一个是蓝盒子,一个是红盒子。据说它能够帮助一对新婚夫妻决定自己孩子的性别。如果他们想要男孩,就买那个蓝盒子;如果想要生女孩,就买那个红盒子。

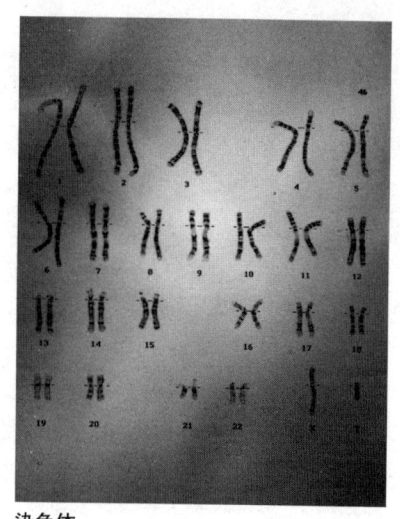

染色体

这一"基因选择"的业务在印度很受欢迎。很多平头老百姓铆足了劲儿要生个男孩,他们可没有社会学家那么具有忧患意识。这样一来,印度势必会成为一个人口统计学家的地狱。这一产品让此前对其毫无概念的社会学家、妇科医生、儿科医师、人口统计学家甚至包括健康部门都目瞪口呆,被打了个措手不及。

"基因选择"公司为自己辩解说,他们的产品不是"出生前"的。这个公司的老板理直气壮地解释,"基因选择"并没有使用什么诊断技术。它采用的只是一些诸如"调整排卵时间,合理饮食和改善阴道环境"等方法,从而为受孕过程创造出一个良好有利的条件。这是一种经过严格科学验证的复合方法,而且还采用许多创造手段来达到目的。女性受孕过程中的所有因素几乎都被考虑到了,从男性射精的次数到女性阴道分泌物,从子宫颈黏液,到尚未受精的卵子大小。这个公司给这种方法起名叫做"完整综合计划"。按照他们产品中提供的指示一步步地进行操作,然后服用他们产品中提供的独家药片,最后再用他们的特殊药液冲洗,就可以使得受精卵中的 XX、XY 染色体按照父母的意愿组合搭配,让父母称心如愿地怀上自己想要的男孩或者女孩。他们提供的资料证明这种方法的成功率高达 96%。他们的网站上还说,"基因选择"公司所采用的这种方法已经在全球范围内使用了大约 30 多年,"一直都很成功"。

可是印度国家女性委员会对此颇为愤怒,根本不理会这一套说辞,愤然指责这个产品"违背常伦"。社会学家素米特·卡认为:"从社会学角度来看,这是不能为人们所接受的。为了更好地控制男女比例失调的局面,他们已经禁止使用性别检测技术,可这个盒子又让情况变得错综复杂起来。"另外,许多法律专家则认为"基因选择"可能没有违反法律,不过已经有两个印度律师对《印度时报》提出起诉，因为《印度时报》上刊登了"基因选择"公司的广告。

值得一提的是，自从争议开始之后，"基因选择"公司的网站就暂时停止了这桩别具一格的好生意。在发生争议之前，每个盒子的"建议零售价"为5800印度卢比，大约折合119.95美元。

人的情根"种"在何处

美国医疗心理学家马奈认为，那些被切除脑下垂体的人，因为无法分泌爱情物质，再加上传输这种信息的神经系统的通道在这个部位发生了故障，因此，要让他们动感情真是难上加难。按照马奈的研究成果，我们可以给爱情下一个科学的定义：男青年在丘脑下部分泌的具有爱恋作用的化学物质的作用下，神经活动被突然激发，产生对恋人亲近、甜蜜和不可离弃的感情；女青年也作出相应的变化。从而双方都有一种"相见恨晚和难舍难分之感"。

如此来形容互相钟爱的男女，虽然没有一点诗情画意的浪漫气息，但是，这种形式的大脑化学作用，确实是爱情的本质。

发现了爱情的本质后，马奈并没有停止研究的脚步，他又发现了一个新的问题。他在对化学与爱情问题经过更深入的研究后指出，有些本该进入恋爱季节的青年男女，却对异性朋友冷若冰霜，好像根本不知道人生还有"爱情"二字。原因就在于，他们的脑下垂体对爱情物质的分泌和传输出了毛病。

不过，这种情况有补救的办法。这时，如果他们去看医生，医生就会给他开一种叫做安眠酮的药。之所以开这种药，原因有三：一是它是人脑的化学物质，外界补充容易吸收，没有副作用；二是它能很好地激发人的爱情感；三是人工合成这种药比较容易，售价低廉。

看来，人身上真有情根，而且爱情出了问题还是有药可医的。

人体自燃之谜

人体自燃现象最早见于17世纪的医学报告，时至今日，有关的文献更是层出不穷，记载也更为详尽。那么，什么是人体自燃呢？人体自燃就是指一个人的身体未与外界火种接触而自动着火燃烧。

1949年12月15日，美国新罕布什尔州的一个53岁、名叫科特里斯的妇女在家中被烧死了。曼彻斯特警方在调查中发现，那具不像人形的可怖尸体躺在房间的地板上，可是房间内的物体却没有遭到丝毫破坏，而且壁炉也未曾使用过，甚至在其他地方也找不到火种。美联社报道说："该妇人在燃烧时一定像个火球，但是火焰却没有烧着她家里的任何木料。"这事实令人惊诧。

1951年佛罗里达州圣彼得堡的利泽太太被人发现在房中化为灰烬，房子也是丝毫未受损坏。在这个案件中，调查人员使用各种现代科学方法，以确定这一神秘意外的来龙去脉。可是，虽然有联邦调查局、纵火案专家、消防局官员和病理专家通力合作研究，历时一年仍然没有把事件弄清楚。

在发生事故的现场除了椅子和旁边的茶几外，其余家具并没有严重的损毁，可是在屋内却出现了一种奇怪的现象：天花板、窗帘和离地4英尺以上的墙壁，铺满一层气味难闻的油烟，在4英尺以下的墙壁却没有。椅子旁边墙上的油漆被烘得有点发黄，但椅子摆放处的地毯却没有烧穿。此外在10英尺外的一面挂墙镜可能因为热力影响而破裂；在12英尺外梳妆台上的两根蜡烛已经熔化了，但烛芯依然留在烛台上没有损坏；位于墙壁4英尺以上的塑料插座也已熔化，但保险丝没有烧断，电流仍然畅通，以至于护壁板的电源插座没有受到破坏。与一只熔化了的插座连接的电钟已经停摆，上面的时间刚好指在4点20分。当电钟与护壁板上完好的插座连接时，仍然可继续走动。附近的一些易燃物品如一张桌子上的报纸以及台布、窗帘，却全部安然无损。

在世界其他地区亦有像利泽太太这样人体自燃的事例，而且自燃的形式多种多样，有些人只是受到轻微的灼伤，另一些则化为灰烬，更令人不可思议的是，受害人所睡的床、所坐的椅子，甚至所穿的衣服，有时候竟然没有烧毁。更有甚者，有些人虽然全身烧焦，但一只脚、一条腿或一些指头却依然完好无损。在法国巴黎，一个嗜好烈酒的妇人在一天晚上上床睡觉后自燃而死，整个身体只有她的头部和手指头遗留下来，其余部分均烧成灰烬。

在以前发生过的人体自燃事件中，男女受害人的数目比例大致相同，年龄从婴儿到114岁的老人都有，其中很多是瘦弱的。他们有的人是在火源附近自燃，有的人却是在驾车或是毫无火源的地方行走时莫名其妙地着火自燃的。

但是，时至今日，现代科学界和医学界都否定人体自燃的说法。有人虽然曾经提出一些理论，但是一直没有合理的生理学论据足以说明人体如何自燃甚至于化为灰烬，因为如果要把人体的骨髓和组织全部烧毁，只有在温度超过华氏3000度的高压火葬场才有此可能。那么，至于烧焦了的尸体上尚存有未损坏的衣物或者是一些皮肉完整的残肤就更令人觉得有些神秘莫测了。

人体为什么会发电

在如今这个电气化的时代里，人们生活中每一处都可以说是离不开电。于是有人幻想，如果人体自身能发电该多好啊。然而世界上确实存在着这样的人，对于这样一位身体会发电的人来说，能发电可并不见得是一件好事。

在意大利罗马南方的一个村子里，住着一位名叫斯毕诺的16岁青年人，他的叔父艾斯拉模·斯毕诺在1983年8月首先发现了他的奇异之处：每当斯毕诺来到他家时，他家里的电气产品就会发生故障，而且他身边的床还会无缘无故发生自燃，油漆罐也会着火爆炸等。

英国的贾姬·普利斯曼夫人是另一个会发电的人的例子。贾姬的丈夫普利斯曼先生是位电气技师。但他的夫人却时时发"电"：一旦她靠近电器，电器制品就会损坏，电视会自己转台、灯泡会爆炸……已经毁坏了24台吸尘器、9

台除草机、12台吹风机、19个电饭锅、8台电炉、5只手表、3台洗衣机。

科学家用尽各种办法来研究以求解开这个不可思议的人会发电之谜。他们从电鳗的健康与发出电能的相关关系得到启发，纽约州立监狱的南萨姆医师用囚犯做实验，用"肉毒菌"让被实验者暂时得病，暂时发电的现象在病人身体上出现了。这时从病人的体内可以检测出大量的静电。不过，病人的身体一旦恢复健康，发电的现象便消失了。

这个实验证明，人的生理机能的失衡引起了人体的发电现象。

而韦恩·R·柯尔博士认为，从理论上来讲，约3立方公分的人类肌肉细胞可以产生40万伏特的电流。他试验利用冥想在肌肉中产生静电，实验取得了成功。

其实人人都可能隐藏着会发电的潜力。

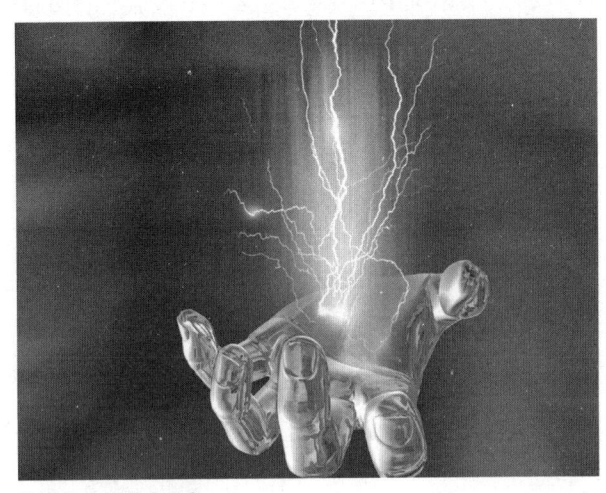

奇异的人体发电现象

如果照柯尔博士所说，通过冥想就能发电，那么，就让我们在日常生活中多多冥想吧，那样的话，我们的电气化时代就名副其实地来到我们身边了。

人类细胞会不会衰老

世界各国科学家都孜孜以求地致力于探索生命衰老之谜，延长人类生命这一课题。中国科学家经过多年研究，到目前为止已初步发现，人类细胞衰老的主导基因P16在人类细胞衰老遗传控制程序中居于主要地位，揭示了P16基因在衰老过程中高表达的原因，从而可以说是初步揭开了人类细胞衰老之谜。

北京大学医学部教授童坦君和张宗玉是这一课题研究的负责人。他们在接受记者采访时表示，这个研究项目采用的是国际公认人类细胞衰老模型，它通过对人类细胞衰老的主导基因P16的作用机理及其调控的研究，从而初步阐明了P16基因的作用地位。P16基因不仅是细胞衰老遗传控制程序中的主要环节，而且它还可以影响细胞寿命与端粒(细胞的生物种)长度。它主要是通过调节Rb蛋白的活性，而不是激活端粒酶起作用的。同时研究还发现，负调控机制减弱是在细胞复制性衰老时，P16基因高表达的重要原因。

研究人员在研究过程中发现P16基因存在一个负调控的元件。此负调控元件相当于P16基因的刹车装置，它的基因序列为GAAGGT。研究人员还发现了掌管这一刹车装置的蛋白质因子，这个因子的分子量约为24000道尔顿。通过进一步研究显示：

年轻细胞的这种蛋白质因子可与负调控元件结合，从而抑制 P16 基因表达，而衰老的细胞因为缺乏此因子，所以造就 P16 基因高表达。

另外，研究组还采用细胞衰老的 4 项定量指示，共同证明：抑制 P16 基因表达，不仅可以延长细胞寿命，减轻衰老程度，而且还可以减缓端粒长度的缩短速度；反之，如果增强 P16 基因表达，不仅会缩短细胞寿命，加重衰老程度，而且还会明显加快端粒长度而缩短其速度。

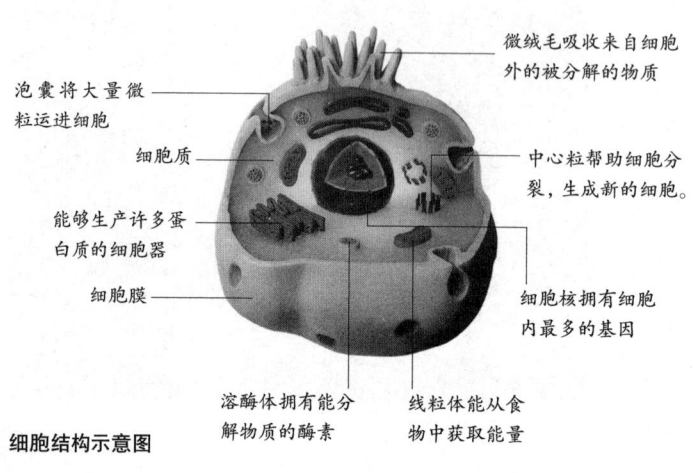

细胞结构示意图

童坦君表示，生物衰老的基本单位是细胞衰老，它也是人类老年病的共同基础。"一切生物学关键问题必须在细胞中寻找"已经获得当前生物学家的共识。通过"衰老细胞与分子机理研究"这一课题研究，我们至少可以说，可以利用基因重组技术来进行调节人类某些细胞的寿命。

2001 年 8 月，美国科学研究人员也发表研究报告表示，在破解人类寿命之谜的路途上科学界又前进了一步，科学家们已经发现，决定人类寿命的"长寿"基因位于第 4 号染色体上。

这份研究报告的两位主要撰写人来自美国波士顿，其中的一位是儿童医院的孔克尔，另一位是贝斯以色列医院的托玛斯·波尔斯。

报告中指出，决定人类寿命长短的基因位于第 4 号染色体上，但是，它们的数量并不确定，可能是几个，也可能只有一个。孔克尔发表声明说："在低等生物体中，仅有少数几个基因会影响寿命长短，这是众所周知的。"现在看来，这种情况在人体中也同样存在。

破译人体血液循环之谜

在 17 世纪以前，由于盖伦的血液运动学说中充满了神秘色彩，而教会很需要这种宗教气息，因而，盖伦的学说为不可动摇的经典理论。

曾因怀疑及试图修正盖伦理论的比利时医师和解剖学家维萨里，被流放到耶路撒冷。因批评盖伦的理论而戴上异端罪名的西班牙医生塞尔维特也被宗教裁判所判处火刑，惨死在日内瓦。然而，教会和经院哲学的黑暗势力丝毫吓唬不了追求科学真理的进步学者们，他们坚强不屈地继续进行观察和实验，从不同的侧面驳斥盖伦的理论体系。

　　哈维正是这样一位真理的探索者。他在帕多瓦大学求学开始，不断地对动物进行解剖、观察与研究。在长期的观察过程中，他积累了大量的实验记录材料，通过这些材料，他逐渐发现盖伦的血液运动理论与解剖学事实相距甚远，显得漏洞百出，自相矛盾。

　　经过一次次坚持不懈地活体解剖，哈维终于发现了人体血液运动的奥秘。他发现，人体中的动脉血液从心脏里流出来，然后又经过静脉回到心脏，如此周而复始，始终向着一个方向循环着。依靠这种血液循环，人体的新陈代谢才能正常进行。他的这一重大发现，找到了当初他的导师不能解答的问题的正确答案，并最终揭开了千百年来的血液循环之谜。

　　1616年，哈维在为圣巴多罗买医院做的系统医学演讲中，第一次把酝酿已久的、与盖伦学说截然不同的血液循环运动思想公布于众。在演讲中，哈维提出了"心脏水泵"说，即心脏像个水泵，血液的循环运动由心脏的搏动而引起。

　　人们对哈维的这一发现议论纷纷，支持的和反对的人各执一词。有人警告哈维，让他记住布鲁诺被烧死的惨痛教训。但哈维并没被困难所吓倒，他沉着冷静，坚持不懈地工作着。为了使自己的观点更完整严密，他对40余种动物进行了活体心脏解剖、结扎、灌注等实验以及大量的尸体解剖。经过无数次科学实验、观察，他更坚信自己的发现是正确的。

　　1628年，哈维的《动物心血运动的解剖研究》一书在法兰克福出版了。这本又译为《心血运动论》的专著凝聚着哈维20多年的心血和坚强不屈的革命精神。

　　德国出版商菲茨热心承担了该书的一切费用，使它得以顺利出版。作为世界科学史上最重要的著作之一，它宣告了盖伦体系的彻底解体，终止了长达1500年之久的错误理论，并提出了血液循环的基本规律，论述了完整的血液循环运动理论。该书还开拓了近代生理学的活体解剖实验法，把人体生理学和运动生理学确立

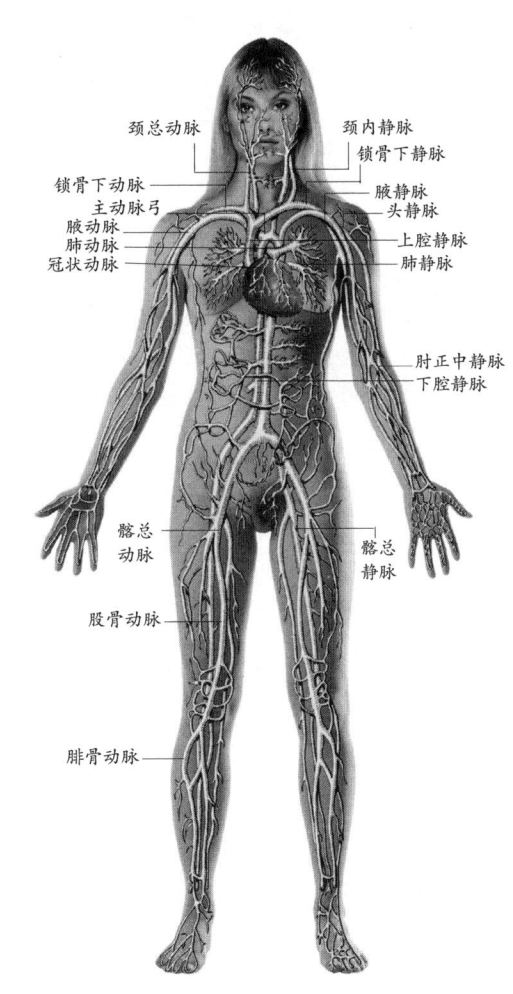

人体血液循环示意图

为科学。哈维勇敢地冲破神圣不可侵犯的传统与权威的束缚，在斗争中确立了科学的新学说。这一伟大功绩和他百折不挠、无所畏惧的革命精神，一直让世人敬仰，他对科学和真理的不懈追求也鼓舞和启迪了后人。

1675年6月，哈维在伦敦逝世。在哈维诞辰300周年的日子，人们在伦敦为他举行了纪念大会，以此来纪念他的科学功绩。大会由著名科学家赫胥黎主持，到会的人数众多。不久，人们又为他建立了铜像和纪念馆。1905年，美国成立了哈维学会。哈维的学说至今对学术界的影响颇为巨大，而他高尚的品格也受到人们的崇敬。

人脑记忆的奥秘

记忆，简言之，就是过去经历过的事物在大脑中的反映。若用现代信息论的观点来解释，记忆就是把感知的信息传入大脑，在外部的刺激下，大脑中会留下化学（或其他的）印迹，这些印迹能保留一定的时间而不消失。在这段时间里，我们若想再现输入的信息，只要回忆一下就可以了。概括地说，信息的贮存就是"记"，信息的再现就是"忆"。

除了人类之外，其他有神经的动物，包括牛、羊、鸡、狗、猫、燕子、蜜蜂……也都有一定的记忆本领。假若没有这种本领，它们在离家出走后，肯定是回不来的。

人的记忆与动物的记忆比较起来，要复杂、高级得多，而且，人的记忆能力也有高低不同。从古至今，记忆力非凡的人不在少数。例如，蔡文姬是我国汉朝时期有名的女文学家，她的父亲蔡邕的400多篇作品因战乱而散失，她凭着惊人的记忆力把它们背录了下来，使之直到今天还在世上广为流传。卡斯帕洛夫是俄罗斯著名的国际象棋冠军，他能够熟记近万个棋谱，他的脑海里贮存着1000多人的地址和400多位朋友的电话号码，从来没有记混过。

记忆在人的心理活动中的重要地位是显而易见的，如果没有记忆，人类知识经验的积累、高级认识活动的进行以及个性的发展都将是不可能的。那么，记忆的本质是什么呢？人究竟为什么能记忆？人们为搞清这两个令人感兴趣的问题曾进行过长期的探索。最早，对记忆进行探索的是古希腊哲学家柏拉图。他认为，记忆就如同火烤蜡纸，蜡纸上出现的许多景象就是记忆的信号。很明显，这个猜测只是一个虚无的想象，并不是建立在事实根据的基础上。

现在，随着科学技术的日新月异，人们对记忆的认识越来越深入。

有人认为，记忆与乙酰胆碱有密切的关系，该化学物质具有传递信息的功能。如果让产妇服用一种具有分解人体乙酰胆碱功能的叫做"东莨菪碱"的药，产妇就会失去对手术的记忆。美国医生也曾做过临床试验，如果老年人的记忆力出现衰退现象，服用一定的乙酰胆碱药物即可使其记忆力有所好转。这再次表明：乙酰胆碱与记忆确实有一定的关系。但它为什么能够具有促进记忆的功能，它是否就是贮存记忆信息的物质，人们还没有彻底弄明白。

1958年，瑞典神经化学专家海登首先提出了记忆贮存在蛋白质分子（或多肽－蛋白质片段）里的理论。随后进行的若干实验似乎也证明了这一点。例如，世界著名的生物化学家乔治·昂加尔分析比较过两种大白鼠脑细胞的化学物质，发现未受过记忆训练的大白鼠脑细胞中的蛋白质、多肽含量比受过训练的大白鼠的要低很多。并且，他进一步指出，记忆就是脑细胞中多肽分子迅速形成的结果，一种记忆就代表着多肽分子的一种排列组合顺序。

　　有的科学家对这种观点并不认可，他们重新做了昂加尔的实验，结果发现有2/3的大白鼠效果不明显。因此，海登的"蛋白质分子记忆"学说面临着极大的挑战。

　　另外，美国的科学家通过实验研究还发现，人脑中的促肾上腺皮质激素和黑素激素不但能促进人的记忆，而且还能治疗多动症，增强注意力。有人美其名曰"天才药"。这两位"不速之客"是如何提高人的注意力和记忆力的，至今仍然是个难以说清的谜。

　　总之，要想打开记忆的"密码锁"，我们还有很长的路要走。当前许多脑专家和化学专家研究的热点是：记忆究竟涉及哪些物质，它们是怎样工作的，不同事物的记忆区域究竟在人脑的哪些部位，记忆超群的人与一般人为什么会有差别，这些差别主要体现在哪些方面……至今，这些问题还都没有结论。日本已把脑科学列为21世纪重大科研课题之一，正不遗余力地加强这方面的研究。也许在不久的将来，人类将解开人脑记忆的奥秘。

人脑能不能"死而复生"

　　"死而复生"是从古至今许多人追求的目标，人脑的死亡就预示着人的死亡，如果人脑能"死而复生"的话，那么，人不就能死而复生吗？科学技术的发展，似乎正在一步步把这个"死而复生"的神话变成现实。

　　2002年1月中旬，世界上的实验获得成功：一只大脑在超低温下完全阻断血流达80分钟之久的实验猴"死而复生"。这次手术是上海长征医院、昆明医学院附属二院和南京军区福州总医院联合进行的一次攻关项目。这项神经外科研究领域的重大突破给人们

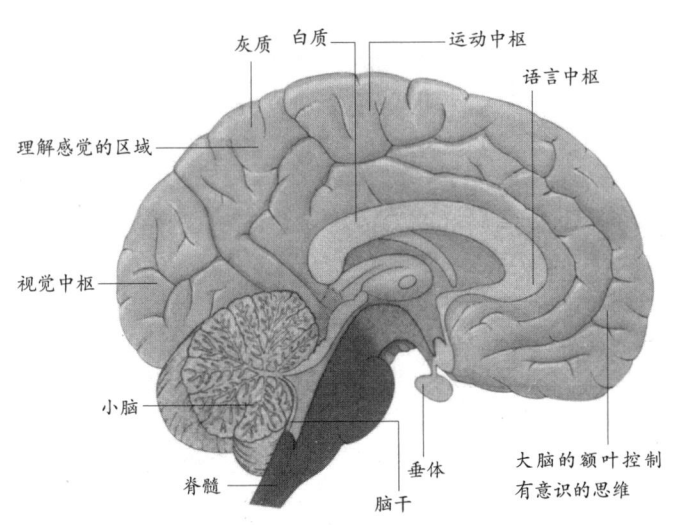

人脑结构示意图

提出了一个重要问题：猴脑能复活，人脑是不是也能复活呢？

在常温下，人和动物的大脑血流阻断的极限是 5～8 分钟，一旦超过这一极限就会因脑缺氧而死亡。可是在这个实验中为什么这只猴子能断血 80 分钟而不死呢？

说到底，它的保护神是超低温。科技人员在研究中发现，脑温每降低 1%，细胞的耗氧量就降低 4%，而达到脑温比体温降低 20℃时，脑细胞几乎不耗氧。所以脑温越低，就越能使脑细胞承受缺血缺氧的时间得以延长，也越能保护脑神经元。

猴脑复活，对人脑损伤修复有着非常重大的意义。猴脑与人脑在解剖学上差异非常小，二者的血管造影等几乎完全一致。应该说，在实验猴身上成功的脑部手术，在人脑手术中也有极大的可能会成功。

上述在超低温下的脑部断血再复苏的手术，比较适用于那些特重型颅脑伤、颅底肿瘤和巨大动脉瘤患者。它不仅能减少手术过程中大出血的危险，从而为医生赢得更多的时间，使手术变得简单和容易，而且在人脑损伤修复中采用这种脑部断血方法不会对病人其他脏器造成损害。

对于植物状态患者，现在的先进医疗设备和技术可以长期维持其呼吸和心跳，并能从体内排除废物，可是这不等于患者还活着，当然也不能说死者还可以复活。所以，人们通常所说的"植物人"中有很大一部分可能已经死亡。正确做法是，要尽快地、仔细地对脑干或脑干以上中枢神经系统进行系统性检查，以确定究竟是否已经发生脑死亡。如果确实已经证实发生了脑干死亡或者大脑皮质弥漫性坏死所导致的永久性植物状态，那么就要停止一切以复苏为目的的医疗活动。

一般来说，脑干死亡＝脑死亡＝死亡。

其实，如果发生了弥漫性脑损伤，一般来说大脑皮质死亡要先于脑干死亡，所以采用脑干死亡作为个体死亡的判定标准更具有保守性、安全性和可靠性。举个例子来说，当人体缺氧时，脑细胞对缺氧耐受时间分别为：大脑皮质大约 4～6 分钟；中脑 5～10 分钟；小脑 10～15 分钟；延髓/脑干 20～30 分钟。

在人死后，如果借助器官保存液可以使各种离体的器官安全保存一段时间：小肠大约 2 小时，心脏 6 小时，肝脏 24 小时，肾脏 48 小时。这种方法可以说就是死中有"生"，不过这种"生"已经不能说明生命个体的继续存在了。

人类有"第三眼"吗

我们从神话传说可以看到许多神仙都有 3 只眼睛，除正常的一双和常人无异的眼睛外，还有一只眼睛长在额头上，而且这只眼具有无上的神力。

神话毕竟是神话，自然与现实不同。可是，也许你想不到，其实你、我、他等芸芸众生，虽然不是神仙，却同样也长着 3 只眼！

希腊古生物学家奥尔维茨，在研究大穿山甲的头骨时，在它两个眼孔上方发现了一个小孔，这一小孔与两个眼孔成品字形排列，这引起他很大兴趣。经反复研究，这个小孔被证明是退化的眼眶。这一发现，轰动了整个生物界，自此以后，各国的生物学家纷纷加入研究行列。各项研究结果表明，鱼类、两栖类、爬行类、鸟类、哺乳动物，甚至包括人类，都有3只眼睛。人们通常忘记了自己的第三只眼，或是从来没有想过它的存在，这只是因为这只额外的眼睛已离开原来的位置，不在脸部表面，而是深深地埋藏在大脑的丘脑上部，而且拥有另外的名字——松果腺体。

大多数脊椎动物的第三眼见于颅顶部的皮肤下，例如蛙、蜥蜴的第三眼虽然被鳞片遮盖着，但也能在皮下找到。科学家们经过大量研究发现，冷血动物的第三眼被当作温度计了，可以测量周围的温度。在两栖动物中，第三眼可根据光的强弱来调节皮肤颜色。而人的第三眼已经变成一个极为独特的、专门的腺体，人体中除了松果腺体以外，再也没有其他腺体具有星形细胞。星形细胞不是普通的细胞，它在大脑半球中含量十分丰富。至于腺体和神经细胞究竟为什么会盘根错节地缠绕在一起，人们还不是很清楚。

现在，第三眼的功能和另两只眼睛相比虽然功能迥异，但还是有点"藕断丝连"，松果腺体对太阳光有极强的敏感性，它通过神经纤维与眼睛相联系。松果腺体在太阳光十分强烈时受阳光抑制，分泌松果激素较少；反之，碰到阴雨连绵的天气，松果腺体就会分泌出较多的松果激素。松果激素可以调节人体内其他激素的含量，所以当阴天时，松果腺体分泌出较多的松果激素，它使得甲状激素、肾上腺素的浓度相对有所降低，而这些激素是唤起细胞工作的。若相对减少，人就显得无精打采、委靡不振；及至天气晴朗时，松果腺体受到强光的抑制，体内其他激素就会增多，所以人们就显得生气勃勃、情绪良好。另外，通常人晚上的血压比白天低，这也是由于晚上没有阳光，人的松果激素增加，压抑了其他激素的缘故。

此外，人们发现在第三眼的组织结构中含有钙、镁、磷、铁等晶体颗粒。刚出生的婴儿根本没有这种奇怪的称之为"脑砂"的东西，在15岁以内的孩子中也极为少见，但是15岁以后，"脑砂"的数量就开始逐年增加。在第三眼中有那么一小堆砂子，竟丝毫不会影响它本身的功能。看来，科学家对其的研究还有待深入。

人体不腐之谜

古今中外，人体不腐的事情非常多，这一现象引起了科学界和医学界专家们的高度重视。他们对这一现象进行了多方面综合的考察，但是人体究竟为何会不腐呢？

中国古代僧人用秘方保存肉身的事例也甚多。唐代高僧元际禅师的肉身，历经千年至今仍然保存完好，被学术界视为"世界唯一奇迹"。可惜的是，现在这国宝级的文物却不在中国，而在日本。肉身现存于横滨鹤见区总持寺，被日本视为"国宝"。

在唐贞元六年（公元790年），91岁高龄的元际禅师知道自己来日不多了，于是悄然返回故乡湖南衡山的南台寺。从此时开始他便停止了进食，只嘱咐门徒把他平日搜集来的百多种草药熬汤，每天他都要豪饮10多碗。饮食后小便频繁，大汗淋淋。门徒见到这种情况，纷纷劝阻，元际禅师只是笑而不答，仍然继续饮用这种散发芬香的草药汤。一个月后，他更加清瘦了，可是脸色红赤，两目如炬。有一天，他端坐不动，口念佛经，安详地圆寂了。这样又过了月余，禅师的肉身不但不腐，而且还散发出芬芳。门徒们感到非常惊讶，认为这是禅师功德无量的结果，特地建了寺庙敬奉。千百年来，香火非常兴盛，一直持续到清末民初。

20世纪30年代，军阀割据，战乱频繁。潜伏在湖南一带，以牙科医生为掩护的日本间谍渡边四郎早就知道元际禅师肉身的价值，于是他便乘乱毒死了寺内的小和尚，把元际禅师肉身隐藏了起来。不久以后，这个寺庙毁于兵火之中，世人都以为禅师的肉身也一起遭劫了。直至抗日战争末期，渡边看到日本侵华军大势已去，便偷偷地将肉身伪装成货物，装船偷偷运回了日本。

渡边刚开始将肉身辗转放置在他所在的乡间，后来又将之移置在东京郊外一座小山的地下仓库里，并且秘而不宣。直到1947年渡边病重身亡时，人们才从他的日记本中得知这一重大秘密。日本当局立即派人打开仓库，发现了禅师的肉身。只见禅师盘腿而坐，双目有神，俨如活人。专家们认为，一般的木乃伊，只是人工药物制的"躯壳"，不足为奇。可是禅师的肉身一直暴露于空气中仍能千年不朽，实在是世界唯一奇迹。经检查，禅师腹内无丝毫污物，体内渗满了防腐药物，嘴及肛门也都被封住，这些可能都是肉身不朽的主要原因。至于他临终前饮用的大量汤药究竟是什么草药，已经无法考究了。

无独有偶，国外也有这样的奇事。有着悠久历史的意大利西西里岛的古老遗址中，至今还保留着旧石器时代绘画的驿罗萨里奥洞窟教堂。这个教堂有一个神秘之处：在这里的地下，竟沉睡着8000具木乃伊！这着实令人惊叹不已。

在教堂的地下有个墓室，在墓壁两侧密密麻麻地站立着许多木乃伊，这种情形令人心惊胆战。

而真正令这座地下墓室在世界闻名的却是8000具木乃伊中一个年龄仅有4岁的木乃伊女童。

这名名叫伦巴尔特·劳扎丽亚的女童，死于1920年12月6日。她死后，她的母亲十分悲哀，特地将巴勒莫的一位叫萨拉菲亚的名医请来并且向他恳求："请您想方设法让我孩子的遗体永不腐败，这是我唯一的祈愿。"

据说萨拉菲亚医生使用了数种药剂为这个女童做了特殊注射。时至今日，80多年过去了，这个女童仍安然地躺在一个单独的玻璃棺内，无论从什么角度去看，都会令人觉得她依然是活人。凡是看见了女童的人，都会情不自禁地发出感叹：呵，她还活着！

她的面庞仍像生前那样红润、丰满，肌肤也是那样粉嫩、光滑，依然那样可爱、美丽。此时此刻谁能相信，她已死了80多年了呢？事实上，即使对于众多的科学来说，女童的永不腐朽也是一个无法解开的谜团。

但是，令人遗憾的是，医生萨拉菲亚在给女童做了不腐处理之后不久，便突然死去，死因无法查明。而且在他死前，对保存遗体的秘方也是只字未露。所以，人们无从知道女童不腐的最终原因，那一秘方也成了永远的谜。

人体天线是怎么回事

芝加哥的一名男子说,他小时候掉了一颗牙齿,大约在 1960 年,牙医用金属丝将一个套子拴在他的牙床上。从那以后,他开始明显地听到脑袋里有音乐声,尤其是在户外的时候。他说音乐轻柔而清晰,但他分辨不出是哪个电台。一两年之后,新牙医解下了金属丝套子,音乐也停止了。另一个美国人在 1947 年也曾有过类似的经历,当时她乘火车从家乡克利夫兰去罗德岛上学。她说自己的头部接收到了某个广播电台,并持续了大概 10 分钟,她记得听到的是商业节目,还有一个广播员的声音。她曾有几个牙齿里面填充过银,但她记不清楚是不是在这件事之前填充的。

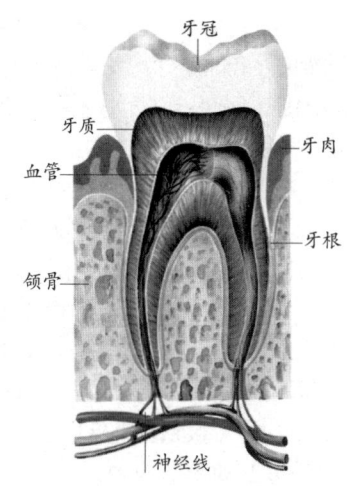

一些人的牙齿真的能收听广播吗?或者,清晰的广播声音只是嘴里的化学反应?

最有名的例子发生在喜剧女演员露西·鲍尔身上。她说在 1942 年,自己临时用铅填充了几颗牙齿,过了几天,她晚上在加利弗尼亚开车的时候忽然听到了音乐。她写道:"我弯下腰去关收音机,但它本来就关着。音乐声越来越大,我才发现声音是从嘴里发出来的。我甚至听出了是哪首曲子。我的牙齿嗡嗡作响,被鼓点敲击着,我以为自己昏头了。我想,这是见什么鬼啦?然后声音开始平息。"第 2 天,她在摄影棚里满腹狐疑地把这件事讲给演员巴斯特·基顿听,基顿笑着告诉她说,那是因为她牙齿里的填充物收到了广播,他有个朋友也遇到过这种事。当然,这个故事可能被好莱坞夸大了,但是在 20 世纪 30 年代和 40 年代,当美国各地安装了功能强大的 AM 发报机之后,的确有许多当地居民说从栅栏的铁丝、浴缸和牙齿填充物上发出了音乐。这完全是民间传说,还是具有科学依据的事实呢?

一些科学家说,只要有合适的条件,人的嘴完全可以像收音机电路一样工作。收音机电路最基本的构成只需要 3 部分:天线,用来接收广播电磁信号;检波器,一种把无线电波转换成人耳可以听到的声音信号的电子元件;转送器,即任何能实现喇叭功能的东西。他们说,在极少数情况下,人的嘴能够达到这种构造。人体具有导电性,可以充当天线。牙齿里的金属填充物和唾液反应,能像半导体一样检验波音频信号。转送器可以是嘴里任何能振动并产生声音的东西,例如松动的填充物。

其他人不认同这种想法,说听起来像无线电波的东西,其实只是一种化学反应,由嘴里的填充物和唾液中酸的奇特作用引起。当然,这只是理想化的情况。

不管怎样,虽然通过牙齿听到音乐的报道偶然还会出现,但此类事件的多发时期已经过去 40 多年了。这是否与收音机的过时或与牙齿填充物类型的变化有关呢?我们也许永远都不会知道。

具有透视功能的女孩

10岁那年,娜特莉亚切除了阑尾。很不幸,医生把消毒棉忘在她肠子里,所以她不得不进行第2次手术。手术1个月之后,她忽然相当详细地描述出她母亲的内脏情况,虽然她还不知道各个器官准确的名字。她父母相信女儿的特异功能是由那次拙劣的手术引起的。

娜特莉亚的母亲忧心忡忡地带她去精神病医生那里看病,女孩却看出了医生有胃溃疡,而医生的确患有此病。娜特莉亚有超能力的消息传开了,她在萨兰斯克医院接受了严格的测试。在一次测试中,医生让她观察一个病得很严重的女孩。娜特莉亚事先不知道患者的病情,却辨认出了所有的疾病。超声波检查证实了她的判断。还有一次,医生让她观察一位患癌症的女士。娜特莉亚说:"我看着她,没发现哪里不正常,只是有一个小囊肿。"后来的检查证明娜特莉亚是对的。虽然很多医生很自然地对此表示怀疑,但医院的主治顾问医师艾莉娜·卡什说:"她判断的正确率非常高。"

2004年1月,娜特莉亚前往英格兰接受电视节目"早间新闻"的采访。她在那里准确地判断出4个陌生人的身体状况———一个没有左肾,一个脊柱受损,一个脾脏做过手术,还有一个肩部有旧伤。节目的住院医生克里斯·史蒂尔确认了此事。

对人体最黑暗角落中最细微的病症,常规超声波检查往往发现不了,她却能辨认出来。她说:"我可以看到人体的整个器官。很难解释我是如何发现具体疾病的,但我能感觉到从受损器官发出的信号。我的第二视力只在白天工作,晚上它就休息了。"

娜特莉亚能够透视人体并生动而详细地描述出来,对此俄罗斯科学家至今也无法解释。虽然在美国她的表现不佳,在7个人里只看出4个人的病症,但她通过护照上的照片就能判断出此人得了什么病,这引起了日本科学家的兴趣。从一张小照片上,娜特莉亚立即发现那个人患有肝癌。对面前接受检查的7个人,她还准确地给他们做出诊断。东京大学的木村昌郎教授专门研究有特异功能的人,他说:"我们做了全面的测试,发现最奇怪的是她能够对照片运用超能力,即使是护照上的小照片也可以。她观察照片,就能清楚地看到疾病所在。她无疑具有某种我们还不能解释的天赋。"

尽管怀疑者还不完全相信,但俄罗斯的人们却盼望着向她咨询。她每天会接到20多个电话,她家外面也经常有人排着长队。她从不拒绝任何人,也不收取任何报酬。她希望接受进一步的实验来找到一些答案。她说:"我没什么好隐藏的,让他们尽管对我做实验吧。也许他们能够找到我第二视力的根本原因。"同时她在莫斯科学院学习医学。"会使用医学术语的话,我最终的判断就能更精确。我必须了解所看到的东西。"

怀孕的男孩

曾有报道说，在成人切除的囊肿里发现了头发和牙齿。维琴妮亚·鲍德温博士是温哥华的儿科病理学家，她对阿拉木詹做出诊断，说他属于重复畸胎。这种畸形十分罕见，在发育早期，双胞胎中的一个在另一个周围生长，未发育完全的胎儿成了另一个健康胎儿体内的寄生物。这个胎儿长20厘米，附着在阿拉木詹的血管上，一直生存在哥哥肚子里。

在过去的200年中，只发现了70例重复畸胎，但鲍德温博士相信实际的畸胎人数比这个统计数字多。

"出现双胞胎的时候，他们对资源产生竞争，也许只有一个胎儿能存活。根据身体结构和双胞胎共有的胎盘的生理状况，环境发展可能对其中的一个胎儿有利。如果血液流动不平衡，就可能出现危险。对身体信号敏感的女人会告诉你，她们发现有什么事不对劲，但不知道发生了什么，但也许任何迹象都没有留下。如果异常双胞胎中的一个在发育早期夭折，它常常消失得无影无踪。"

医生不知道是什么导致了重复畸胎。一种理论说这只是在双胞胎的胚胎发育中出现的一种危险情况。双胞胎可能由两个卵子分别受精而来，也可能是由一个受精卵分裂成两个而来。前者是异卵双生的双胞胎，后者就是同卵双生的双胞胎。胚种细胞是最后长成生殖器的细胞，它最早在与胚胎连接的卵黄囊中发育。在少数情况下，同卵双生双胞胎的两个卵黄囊是连在一起的。如果一个胎儿的心脏先发育，健康胎儿的血液就会传送到卵黄囊，再通过连在一起的卵黄囊传给发育较迟的胎儿的动脉里。这会使第2个胎儿的心脏停止生长。胚胎进一步发育的时候，卵黄囊正常地长回胎儿体内。在重复畸胎的情况下，健康胎儿会把另一个胎儿连同它的卵黄囊一同收回到体内。如果作为寄生物的胎儿得到大量的血液供应，像阿拉木詹的弟弟一样，它就能活下去并长出可以辨别的特征，例如腿和手指。

范伦蒂娜·弗斯瑞柯娃是负责给阿拉木詹做手术的医疗组的组长，她说："这个病例非常奇怪。我们给他做扫描的时候简直不敢相信自己的眼睛。我们在他体内看到一个轮廓清晰的胎儿，还不小。他寄生在男孩的身体里将近7年。胚胎明显是男性的，就这样躺着靠哥哥生存。从技术上讲，胎儿虽然从哥哥身上分离出来之后失去了供给，但它还活着。我们从未听说过这种事。感谢上帝，校医坚持让他来医院。如果继续拖延下去，我们也救不了他了。"

阿拉木詹终于脱离了苦海，他的父母为了让孩子免受心理伤害，没有告诉他"怀孕"的事，骗他说是因为吃了没洗的水果生病了。他母亲格尔娜拉说，孩子问她是不是有什么东西从他肚子里拿走了，她只好让孩子先出去，好编造故事。她啜泣着说："我没听完就让他不要问了。医生告诉我这个消息的时候我险些晕过去。我当时惊呆了，真的不想听到这种事。我们知道他有点超重，但是怀孕……？"

人体冷冻后能复活吗

科学家告诉我们，人体 3/4 的成分是水。水在冰冻之后，体积要增大，细胞可能会受到破坏。细胞里面的水一旦结冰，就可能将细胞膜撑破，而细胞外面的液体冻结，则会挤压细胞。此外，细胞内外液体的钠离子浓度相差很大（外液比内液高得多），当细胞外液出现冰晶时，细胞里面的水会在渗透压的作用下外渗，造成细胞的脱水，这将导致细胞的死亡。因此，冷冻人的关键之一，就是冻结的过程要在瞬间完成。液氮的温度为 -196℃，现在的冷冻法，一般都是将准备冷冻的物体，直接置于液氮中使其快速冻结，这样就有可能避开结冰的过程。

不过，即使这样也不能保证完全没有冰晶出现。因此，还需要在人体组织中加入甘油和葡萄糖，而且这些冷冻保护物质的浓度，应和冷冻速率相吻合。这一环节也直接影响冷冻人解冻时的成活率。

然而，人类对自身的了解极其有限，这才是冷冻人真正的最棘手的问题。人体的复杂、精密程度是任何机器都无法比拟的，毫厘之差，都足以破坏它的协调运行。所以科学家们在进行活人的整体冷冻之前，进行了许多关于人体的局部组织和器官冷冻的探索。

最早成功的是冷冻精子，目前，这项技术已经十分成熟。用人的冷冻精子授精而诞生的婴儿，无论是在形体上还是在智力上，发育都是正常的。

1985 年，第一个由冷冻受精卵培养的婴儿成功地诞生了。冷冻受精卵比起冷冻精子来，技术难度要大得多。在此基础上，对血液和骨髓的冷冻实验也都取得了可喜的结果。

肝脏是除大脑以外最复杂的器官，1973 年，科学家在液氮中冷冻保藏了 90 只老鼠的心脏，11 年后解冻了其中的 10 只，结果它们都复活了 1～2 小时。以此为基础，科学家着手冷冻兔、猪、牛、猿等大型动物的心脏。猪肝的冷冻实验基本获得了成功。在研究者的不断努力下，有人已成功地将一只大白鼠冷冻至 -20.56℃，然后使它复活。日本科学家曾成功地将一只猫的脑子冻结了 203 天。但是，目前的技术还不能冷冻人脑及其重要组织，这些性命攸关的组织在人死后都难以保存。

不过，几十年前已经有人做了"冷冻人"的先行者。

1967 年，美国加利福尼亚大学的心理学家佩斯福特教授立下遗嘱自愿冷冻遗体，原因是其患有无法治愈的肝癌，他要求在死后立即将他的遗体冻结，等到人类能攻克癌症的时候，再将其遗体解冻治疗，使遗体复活。根据他的遗言，医学家将防冻甘油注入他遗体的血管中，然后将遗体置入 -196℃ 的液氮中密封冰冻至今。佩斯福特的做法使一些身患绝症的人看到了光明，以后陆续又有人加入死后自愿冷冻的行列。

这些人能够等到复活之日吗？这些人都是死后才冷冻的。可以说他们复生的希望是非常渺茫的。现代医学理论认为人死是无法复生的，从这个意义上来讲，佩斯福特及步其后尘者只是应用现代技术花钱保存尸体罢了，那么，如果人生前就冷冻起来能复活吗？

从科学发展的角度来说，冷冻人复活的可能性还是存在的。不过科学家普遍认为，就目前的科学技术水平来讲，科学家还要经过漫长的探索才能实现这一目标。在几十年内恐怕不会出现冷冻人复活的事情。如果这一天到来的话，人的生命将能随意延续，还可按照自己的意愿选择活着的时间。到那时，人类社会又将是怎样的一种状态呢？

舍利子是怎样形成的

舍利子是得道高僧的象征，据传，佛教创始人释迦牟尼圆寂后，弟子阿傩等人在火化其遗体时，获得了很多舍利子。并将这些舍利子分为三份，一份升天，一份入龙宫，还有一份留存人间。

但是舍利子是如何形成的？千余年来，这一直是佛学者和医学、生物界研究者的一个重要课题，迄今为止，产生了多种说法。

有一种说法认为：气功家在修炼气功过程中，在调神、调息和调身的气功三要素要求下，人的思维活动长期处在运气自如、恬淡虚无的绝对入静境界，最大限度地获取自然界的真如能量，达到天人合一，内外身心充分融洽，精气神相依转化，从而生发出大无外、小无内的混元（阴阳环抱的太极）现象，这样全身的精力和物质力量逐渐凝结聚集，就出现了舍利子。但这种说法似乎太过玄乎。

香港某报曾发表《佛门舍利子本是钙化结石》一文。该文认为，"所谓舍利子，其实是人体内的结石，尤以肾结石和胆结石为多"。文中还揭示了舍利子的形成原因："因为僧人起居以坐为主要姿态，而吃进体内的又多是植物纤维，不易消化，加之长期取坐姿，体内纤维堆积过多，久而钙化成结石。"文中还举出了实证的例子：最近在香港圆寂的保贤法师，火化后发现为数达八九十粒的舍利子。但是仍然存在着疑点：保贤的死因和有否结石症。

著名老中医董竟成在《法音》撰文，指出：有些以坐禅甚至通宵坐禅而不卧为修持的僧人，他们吃的也是素食，多是植物纤维，他们死后火化，却不一定发现舍利子，而不长期坐禅和没有长期素食的人也能出现舍利子。这就证明了舍利子的形成，与长期取坐姿与素食没有必然的联系。

佛教典籍《元镏绩霏雪录》曰："舍利，按佛书室

悉达多降生人间 印度绘画

利罗，或设利罗，此云骨身，又曰灵骨。有三种色，白色骨利、黑色发舍利、赤色肉舍利。"又《金光明经舍身品》说："此之舍利，乃是无量戒定慧香之所熏馥。"佛家也就沿着这种说法而发挥。台湾圣严法师认为："肉食者死后火化也有舍利子，此与肉食与否无关，凡是修定，或是疑心、憾心而达到修身目的的人，烧了会有舍利子。通常说，要修持戒、定、慧三学的人，才有舍利子。但是舍利子本身是人体分泌物的结晶和凝结，它有若干程度的神圣和神秘，为佛教徒所重视，但未必是佛教徒的大事，因为这还是属于界内色身的变现，终究不出无常的范围，这才是圣者所重视的。"

关于人死后火化出现舍利子的科学原理，目前还没有一个可靠的证据，还需要医学、生物学尤其是佛教界的相互配合与同研究。

揭开人类长寿之谜

在现实生活中，百岁寿星如今已不算奇事。那么，在正常情况下，一个人的寿命应该是多少呢？美国的生物学家海弗利克提出的"海弗利克极限论"是现代生物生命科学解释人类衰亡现象的权威学说，该学说指出：人类的正常细胞大约分裂50代以后就停止分裂而死亡，并得出细胞分裂一代的周期约为2～2.4年。根据他的理论推算可知，人类的平均寿命应在100～120岁之间。

但这只是一家之言。事实上，世界上有些人的寿命远远超过了120岁。据记载，英国的弗姆·卡恩活了207岁，他是目前世界长寿纪录的保持者；而南美洲的一位妇女玛卡兰珠则活了203岁；日本的满平夫妇是世界上最长寿的夫妻，妻子活到173岁，丈夫活到194岁；埃及的伊巴也·艾高米，165岁时仍每周2次步行去菜市场买菜，此间他要行走9.7千米的路程。他有130个子孙。据调查，世界范围内超过120岁的人，可谓不胜枚举。看来，120岁还远非人类寿命的"极限"。

近年来，一些科学家取得了可喜的成绩。他们研究发现，合理的膳食、体育运动和激素治疗，都能延缓甚至逆转人体衰老的过程。

人类衰老的过程在一定程度上受每天进食量的影响。科学家的研究表明，如果减少任何一种动物每天的进食量，就能防止各种疾病的发生，并能使它们的寿命延长50%左右，这一规律从原生的水蚤到哺乳类动物都已得到了实验证实。为了确定这些在动物实验上反映出来的成果是否适用于人类，美国的医学专家们正在观察1组被严格节食的猴子的衰老过程。猴子是人类的"近亲"，这项试验可以帮助人们进一步了解节食对延长人的寿命的作用。

体育锻炼可推迟衰老。塔夫脱大学的玛利亚·菲亚泰隆领导的1组研究人员正在做这项实验，他们让1组90岁以上的老年男女在固定的体育器械上锻炼腿部肌肉，每周3次，每次用腿提重15分钟。这种训练对90岁以上的老人来说强度是非常大的，因此每次训练结束时，这些老人都筋疲力尽。然而，8周以后，老人的肌肉都大为改善，他们步行的速度是训练前的1.5倍。他们还让60岁以上的老人在固定蹬车和划船器上进行锻炼，长期的训练使他们的心脏输血功能提高了

1/4,并消耗了大量的体内脂肪,胆固醇的水平也有所下降。

生长素是人脑垂体分泌的一种能调节人类生长、发育和衰老过程的激素。通常,脑垂体分泌生长素的功能在人30岁的时候开始下降。但是,在60岁左右的老人中,脑垂体具有分泌生长素功能的仍占2/3。美国威斯康星州医学院的丹尼尔·鲁德曼和他的同事对1组年龄在61～81岁的男性老人给予一定剂量的生长素。6个月后,这些脑垂体已丧失分泌生长素功能的老人的体态发生了明显变化,他们由胖变瘦,皮肤也变得厚实而有弹性,许多人感到精神焕发,体力充沛,仿佛年轻了10～20岁。当然,我们也决不能由此而认为使用生长素就能延缓衰老。

科学家们一直致力于人类衰老的遗传学基础的研究。现在,科学家已经用人工培养人的皮肤细胞的方法找到了"衰老基因",这种基因能阻止细胞的增殖,迫使细胞衰老。通过全世界科学家的共同努力,人的衰老之谜终将真相大白于天下,到那时,延年益寿、青春常驻将不再是梦想。

经络、穴位是怎样发现的

中国针灸的经络、穴位在世界医学中占有一席之地,其功效让世人不可思议。那么这一神奇的医术是怎么发现的呢?考古学家从不同地方的石器时代遗址中出土的用来戳皮肤的石制尖锐工具来看,这种医术的起源似乎可追溯到石器时代。

针灸学在秦汉时期得到了充分的发展。1993年春,在四川省绵阳市永兴镇双包山发掘的2号西汉木椁大墓后室中,出土了一件髹有黑色重漆的小型木质人形,上面有一些针灸的经脉循行径路,但没有文字和经穴位置的标记,只用红色的漆线来表示这些径路,在木色烘托下格外清晰分明。这是迄今为止在世界上所发现的最早的标有经脉的木质人体模型。后来在长沙马王堆3号墓出土了帛书《经脉》。书中论述了人体内十一经脉的循行、主病和灸法的古灸经。这也是有关医学理论基础的经脉学的古文献。另外,中国古代医学还有一部宝典是《黄帝内经》,它是春秋战国及西汉时期,不少古代医学家的宝贵经验总结,积累了各时代的医学成就。其中介绍9种不同的针,按用途分,可分为大针、长针、毫针、圆针、锋针等类型。各种针有3～24厘米长。书中编列了医治各种病痛和疾病方式的365个穴道,并为之一一命名。书中指出,金针虽然价格昂贵,但因其能刺激身体的功能,所以医治某些疾病格外有效。而银针则有显著的镇静作用。河北汉代中山靖王刘胜墓出土有4根金针、

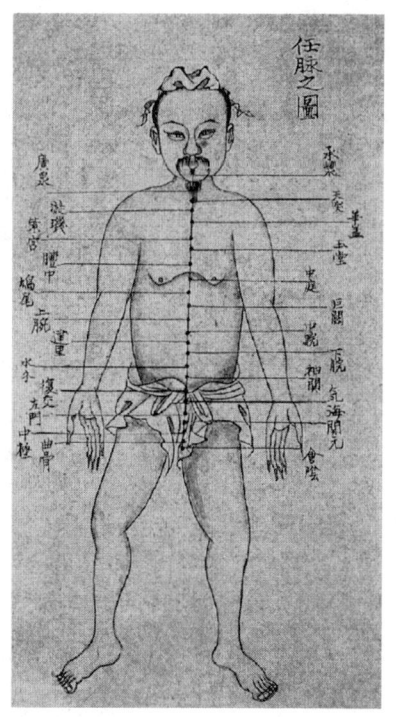

任脉图

5根银针,能识别的有金质毫针、锋针和银质圆针,而有的因残破不能识别针型。

黄帝创意施行了各种《黄帝内经》中的医疗方法,尔后中国历代还有许多帝王,对生理学,特别是对神经系统,有浓厚的兴趣。例如,据称公元1世纪,王莽在医生和御属协助下曾切开一名敌对者的尸体,用竹签来研究人体神经系统。无独有偶,1000年后,宋徽宗雇了一个画家,画出经肢解的一名罪犯的人体器官。在徽宗之前,宋仁宗叫工匠打造了一个铜人,铜人身上显示出人体的整个神经系统。这个铜人还用来作医官院学针灸的学生学习和考试的指导实物。据记载,凡针灸科学生考试,先在铜人体外涂蜡,把水灌到体内,要求被考查者向指定的穴位进针,下针准确,则蜡破水出,否则就没水出来,这使成为检验学生的好手段。宋仁宗有一次因病昏厥,御医束手无策,最后只好找到一位民间医生来进行针灸。这个医生用针刺进了仁宗脑后一个不知名的穴位,刚一出针,宋仁宗就苏醒过来,睁开双眼,连声称赞"好惺惺",夸赞医术高明。"惺惺"在当时就是高明的意思,惺惺穴这个名字便由此而来。在古书中,类似这种创新的例子很多。治疗全身麻痹、妇人难产、小儿脐风、腹痛、心口痛、头痛、风湿、五官科等病甚至是起死回生,针灸均能做到。

针灸医术的高明,是中国古代人民对世界医学的巨大贡献,但它究竟为何有这么多功效还需进一步研究。

梦境形成的原因是什么

研究表明,刚出生的宝宝大约要用一半的睡眠时间去做梦,而60岁的老人只用睡眠时间的15%去做梦。我们无法了解腹中的胎儿或出世不久的婴儿究竟在做些什么"梦",但是科学家认为,宝宝们的神经联络系统需要通过梦才能良好地建立,从而促进脑的发育。对一个古稀老人来说,他至少有5年时间是在梦中度过的,而梦中往往充满了焦虑和死亡的阴影。由于从小就看不到周围的世界,先天盲人做的梦就不可能像正常人那样绚丽多彩。但是他们拥有触觉、嗅觉、听觉,所以就真实感而言,盲人的梦境与常人是一样的。戴维·福克斯是美国亚特兰大市埃默里大学的心理学家。他曾对6名盲人的梦进行研究后发现,后天失明的盲人能在梦中见到周围的景物和人,而先天失明的盲人则只能描述梦中用手收拾厨房里的蔬菜和听到洗衣机的转动声,人的谈话声……

那么,为什么每个人都要做梦呢?科学界对此众说纷纭。

有许多专家都认为:人在睡着后,脑子对刺激产生某种反应,梦境就产生了。梦境常常很荒诞,这是因为做梦时,只有部分脑细胞在活动。梦见熊熊大火可能是阳光照在脸上;光脚在冰雪中奔跑的梦可能是双脚露在棉被外。有人做过一次试验,给33个睡着的人皮肤上轻轻滴水,其中有14人梦见水。

为什么这些轻微的感觉会被"放大",科学家们认为是大脑在睡眠中失去整体调节功能的缘故。德国的《快捷》画刊在1991年的一篇文章中说:"人做梦,是大脑在打扫房间。"文章认为梦对白天的各种信息和情感体验进行加工和整理后,会有选择地储存一部分。荣获诺贝尔医学和生理学奖的英国科学家克里克也说:"只要做了梦,人的头脑就会灵敏。"这是因为做梦使脑力得到恢复的同时能清理掉脑中的无用信息。

著名学者弗洛伊德提出"日有所思,夜有所梦"的理论,他认为梦是因潜藏的愿望而引发。1999年初发表的研究报告证实了这一理论。

新的研究资料告诉我们:做梦时,大脑肯定在进行有意识的、解决问题等思维活动。可以这样认为,大脑在宁静的夜晚处理问题更灵敏,因而效率也就更高了。许多科学家甚至认为做梦有益于身心健康。

做梦能提高记忆力。加拿大的研究者发现,做梦时间长的学生,的确学得快、记得牢。做梦能帮助解决难题。以色列韦茨曼科学院的神经专家卡尼建议道,对于尚待解决的问题"先做梦,明天再说"。医学博士罗滕贝格认为,人在生活中必然会遇到危难,梦则是使人度过危难的一种机制。

魔力十足的催眠术

催眠术由来已久,它的历史与巫术、医学甚至魔法的历史一样古老。实际上在远古时代,催眠、巫术和医学往往天然地结合在一起。催眠术不仅能激发人的潜意识,而且还能治愈疾病等。

当受眠者接受催眠师暗示双眼闭合,并表现出生理上的深度松弛(例如深呼吸)时,代表着他已经进入了完全被催眠的"失迷"状态。"失迷"是一种与睡眠类似的恍惚状态,但又不同于睡眠状态。表面看来,受眠者被催眠后像睡着了一样,但是真正处于睡眠状态下的人,神经系统和外界基本上是隔绝的,外界刺激对他没有反应。但处于催眠状态的人大脑局部神经系统恰恰相反,它处于兴奋状态,并且完全集中于催眠师的暗示下,但他对催眠以外的各种刺激都没有反应。

说起催眠术用于治病,其实在科学意义上认识、运用催眠术早在18世纪时就开始了。1766年,奥地利内科医生麦斯默首次将催眠术在医疗上得到运用。在对此前曾十分流行的"动物磁气说"进行改造的基础上,他提出有关疾病、健康的理论。在他看来,地球的万有引力通过确实存在于人体和自然界的一种气流体影响着人的健康。这种看不见的气体被他称为"磁气"。他认为,疾病就是因为这种磁气在人体内流动时受到阻碍而产生的。当人处于一种"失迷"的临界状态即催眠状态下,这些阻碍可以被消除,磁气能恢复自然流动。为了使这种自然流动恢复,麦斯默发明了许多种方法,统称为"催眠疗法",即"麦斯默术"。

随着人们对催眠术研究的不断深入,催眠术又有了新的发展。

到了19世纪70年代,科学界对催眠术产生了广泛的兴趣。上个世纪最伟大的精神分析大师西格蒙德·弗洛伊德正是这时出场的。1885年秋,弗洛伊德前往巴黎求学,师承法国著名学者夏尔科。求学期间,催眠术治疗神经失调症的巨大潜力,使弗氏记忆深刻。1886～1938年间,弗洛伊德开设了治疗精神疾病的私人诊所。他起初用催眠术治病,后来发现这种方法存在很多局限。在著名医师布洛伊尔的启发下，他采用宣泄法，在催眠的条件下让病人畅述内心的积郁，以达到治疗目的。此后不久，弗洛伊德自创精神分析或自由联想法，作为分析和治疗的根据。由此，弗洛伊德在创建自己的心理分析体系时将催眠术扬弃，转向了自由联想。在现代心理分析学者看来：催眠术是从属于自由联想的一个特殊分支。

如此看来，催眠术已在科学的殿堂上有了一席之地，但它仍有许多神奇的现象令科学界无法解释。

科学家们发现，受眠者在催眠状态下可以完成平时不可能完成的事情，并出现一些非常规的现象。例如，一个娇弱的女子在催眠状态下会变成一根僵直的棍子，将她的脚和头肩用两个支撑物支起，这时就算在她身上站一个比她重得多的男子，她仍然会像桥面一样坚硬，面部表情无异。这完全超过了人的身体一般所能承担的限度。

由催眠术所产生的各种奇异现象，研究者还无法做出科学的解释。一般认为，人们在平时很难进入潜意识的世界；但在催眠状态下，如果处于 α 脑波状态，人们的注意力会非常集中，很容易被引导打开潜意识的记忆库，给潜意识输入积极、正面的信念。

通过催眠术我们可以接触到在人类物质世界背后深藏的不可思议的意识和精神世界，它所体现出来的巨大能量令我们为之着迷，因而人们相信对它的进一步探索有助于我们创造更美好的明天。但我们也应该清楚地明白，催眠术的研究要得出正果也并非易事，它需要科学界的共同努力。

男儿有泪要"轻弹"

人们以"梨花带雨"来形容女人流泪之美，却以"男儿有泪不轻弹"来阻止男人们哭泣，更以"鳄鱼的眼泪"来形容强者泪水的虚伪。先不管鳄鱼是不是被冤枉了，还是先来为男人讨回流泪的权利吧。

不管男人女人，都有3种眼泪：一是保护性眼泪，作用是滋润眼睛保护角膜；二是反射性眼泪，因粉尘及烟雾等刺激而产生；三是情绪性眼泪，由悲伤或欢乐而引起——这可是科学家的发现。女人易落泪，男人也可以哭。男性和女人有同样的理由来哭泣，只是由于男女两性身体内部所含的荷尔蒙数量不同，女人才比男人更容易哭，而不是因为感情更脆弱。

医学观点是，人在悲伤时不哭，是慢性自杀，是有害于人体健康的。他们发现男性溃疡病和精神分裂症的患者大都是强忍不哭者。有的专家还说，有一些病症之所以严重起来，就是因为病人不会从眼泪中得到解脱。

医生说，该哭时流泪对人体健康大有好处。美国科学家费雷发现，流泪可以把体内由紧张而产生的化学物质排出体外，从精神上讲，还可以缓解人的忧愁和悲伤。他还发现长期不流泪的人比流泪的人有双倍的患病率。可见，流泪能起到自我保护的作用。它可以发泄隐藏在人内心深处的情感，可以使人在缓解了紧张情绪后神志畅然，得到宽慰。

流泪对于工作压力极大的男性，有很大的缓解作用。

据苏联医学科学院的一个研究小组的研究，哭泣甚至还有助于治疗伤口。研究人员先弄伤实验老鼠的皮肤，随后以一种刺激物使其流泪。令人惊奇的是，流泪极大地加快了伤口的自然愈合速度，伤口结疤比平常快了12天。而如果老鼠的泪腺被摘除，其伤口便开始裂开，这更令人惊奇不已。科学家们认为，泪腺的分泌物中的某些物质进入血液后能对体内的某些部位产生治疗效果。这些苏联科学家还在报告中指出，那些还未被分离和鉴别出来的物质，至少具有调节皮肤健康状况的作用。

看来，流泪不仅能治愈心伤，也能治疗体伤，就让我们大哭一场以庆祝这个发现吧。

地球生命和外星生命有关系吗

近来，有关地球生命起源问题又成为国际学术界争论的热点。大家都知道，最流行的一种理论认为，是来自太空的携带有水和其他有机分子的彗星和小行星撞击地球后才使地球出现了生命。那么，地球生命究竟从何而来？地球生命是否与外星生命有关系？

有人认为地球生命是因冰块彗星撞击而成，科学家最近首次发现了能够证明这一理论的依据，那就是一颗被称为利内亚尔的冰块彗星。

据科学家们推测，这颗含水33亿千克的彗星如果将水浇洒在地球上，能够形成一个大湖泊。但令人十分遗憾的是，在炽热的阳光下利内亚尔彗星蒸发成了蒸气。有关这一过程，全世界天文学家们都观测到了。那么，这颗彗星携带的水和地球上的水一样吗？科学家们经过研究，作了肯定的答复。

实验证明，数十亿年前在离木星不远处形成的彗星含有的水和地球海洋的水完全是一样的。而利内亚尔彗星正是诞生于离木星轨道不远的地方。天文学家们认为，在太阳系刚形成时，大概有很多与利内亚尔彗星相似的彗星从"木星区域"落到地球上。美国航空航天局专家约翰·玛玛说："它们落到地球上的时候是雪球，而不是像小行星撞击地球。所以，这种撞击只是软撞击，只是大气层的上层遭受到破坏，而且撞击时也没有损害释放出来的有机分子。"

人的灵魂真的能不灭吗

在边远落后、迷信盛行的地区经常闹出"神灵附体"的事情来。

据报道，在一个边远山区曾经有这样一件事发生：兄弟俩一起去赶集，由于走了很远一段路，两个人都感到十分疲惫。这时，弟弟无意间发现前面不远处有个老太婆在走路，然而哥哥却说什么也没看见。弟弟对此很是害怕，认为自己是"大白天见鬼了"，哥哥也很惊慌。兄弟俩回家后，都感到心慌、胸闷，并有短暂性"昏迷"状态出现，卧床嗜睡，怎么叫也没有反应。从那以后，他们有时称自己是某大仙附体，并以神灵的口吻下达命令；有时又自称是已去世多年的祖父，要全家人向他们叩头"认罪"，否则"格杀勿论"，闹得全家人心惶惶，无法安宁下来。

当然，所谓"神灵附体"完全是一种毫无科学道理的迷信的解释。现代科学证明，"神灵附体"的现象实际上是一种精神病理现象，其主要症状是分离性身份障碍，也就是由一种鬼神或精灵的身份暂时取代本人现实身份。患者大多性格外向、喜交往、重感情，还有癔症性哭笑失常发作的历史。

人们目前还不太清楚这种精神病的发病机理和原因。有人认为一种变换的意识障碍导致了这种疾病的发生，具体表现为知觉、记忆、情感、思维、意志力等方面都存在障碍，如患者对主客观和现实的辨认能力明显减退，受暗示性影响明显增强，对巫师或心目中权威人物的意愿变得过于依赖，而被动地服从并付诸于现实行动等。至于发病原因多种多样，如癫痫发作、药物的戒断状态、血糖过高或降低、脱水、气功入静、睡眠剥夺、白日梦等。

从社会历史角度看，"神灵附体"现象与原始人对超自然力量的恐惧和崇拜的民俗信念是分不开的。由于当时科学水平低下，原始人对各种自然现象不能作出正确的解释，只能把它们看做超自然力作用的结果，于是便"想象"出了鬼神、精灵之类。这种习俗信念的诞生和传承，为"神灵附体"现象的产生提供了土壤。因此，杜绝发生这种精神疾病的根本措施只有大力发展科学、教育，提高人们的科学文化素质，铲除迷信。

动物奥秘

动物觅食智慧
动物之间靠什么进行交流
动物复活之谜
有些动物的肢体为何能再生
动物会给自己治病吗
动物为什么要经常玩游戏
动物鼓气的奥秘
…… ……

动物觅食智慧

人类常称自己为"万物之灵",殊不知,也有不少低等动物极为聪明。它们觅食时表现出的智慧足以让人类赞叹不已。

生活在澳洲的雌性袋鼠,在腹部有一个育儿袋,这是它们的"作案工具"。它们"偷窃"的东西就放在这个育儿袋中。袋鼠在逃跑时身体站立,靠两只后脚跳跃,袋口向上,所以一点都不用担心赃物会滑出来。袋鼠偷到东西后,除非你逮住它,否则你只能看着你的东西有去无回。

更有趣的是老鼠偷鸡蛋,看后让人不得不承认老鼠确实聪明。鸡蛋圆溜溜、光滑滑的,而老鼠的嘴那么小,爪子那么短,怎么办呢?于是聪明的老鼠决定采用"集体合作"的方式:先让一只老鼠用四只爪子把鸡蛋抱在怀中,然后同伴咬住它的尾巴用力拖,从而将它连同鸡蛋一起拖入洞内。

雌袋鼠腹部的育儿袋除了是小袋鼠的安乐窝外,还是存放食物的天然"储藏室"。

黄鼠狼偷鸡是出了名的。可黄鼠狼究竟是如何偷走比自己重1~2倍甚至4倍的鸡的呢?我们知道鸡有夜盲症,黑夜中什么都看不见。黄鼠狼恰恰利用了鸡的这一弱点,钻了空子。它敏捷地骑在鸡背上,猛地一下咬住鸡脖子让它叫不出声来。然后用尾巴不断拍打鸡屁股,让鸡朝自己指挥的地方走。就这样,吓得六神无主的鸡被黄鼠狼赶到没有人烟的地方,然后黄鼠狼就会把鸡狠狠咬死,喝干血吃完肉,才心满意足地离去。

刺猬则是充分利用浑身的尖刺来搬运食物的。特别是它运枣的方式令人叫绝:它先爬到枣树上,摇晃树枝,把枣晃下来,然后爬下树,往枣上一滚,身上的尖刺扎住了许多枣,最后刺猬再爬回洞中快乐地享用。

屎壳郎运粪的办法也很高明。它利用滚动原理,把粪弄成一个球形推着粪滚动前进,这样就轻松多了。因而有一个歇后语叫"屎壳郎搬家——滚蛋"。

下面讲讲抱石砸海贝的海獭,它只分布在北太平洋中,体长约1米,重40多千克。它的取食方式非常特殊。

海獭头小,躯干肥大呈圆筒形;前肢短,后肢长,鳍状,善于游泳与潜水,常采食海胆、海贝等。当采到海胆时,它往往用两个前肢各抓一个海胆,互相用力碰撞,使海胆的壳碎裂,然后舔吸海胆的内脏。对海贝这类有坚硬外壳的食物,海獭会同时从海底捡来石块,连同海贝一起挟在前肢下松弛的皮囊中,浮上水面后立即仰游，然后用石块作砧，将海贝壳击碎，吞食贝肉。据有人观察，一只海獭在1.5个小时内可采回54个贻贝，在石头上撞击2237次，期间一连几次潜水都携带着同一块石头。

这样看来，人类可不要小看动物觅食的智慧！

动物之间靠什么进行交流

根据生活常识，众所周知的动物语言主要有：听觉信号，比如鸟用鸣叫声来呼唤异性或者对竞争对手发出警告；味、嗅觉信号，像狮子、老虎等凶猛大型食肉哺乳类动物用尿液和体味来表明自己的活动领域及其"势力范围"；视觉信号，如狗会竖直耳朵、尾巴、脖子上的毛来表示自己的攻击意识，在想讨好主人、表示服从的时候，它则会对主人摇头摆尾。除此之外，还有许多信号是我们不熟悉或是无法感知的。比如蚂蚁会在路上留下同伴所熟悉的化学信号以便于把同伴带引到自己已发现的食物处，还有电鱼类用电气信号来传递信息，而现在这些还都是我们所难以明白的。科学研究发现，动物所使用的信号，只有简单的"开"、"关"之分，其中一部分信号能够长期维持，甚至有些已成为动物身体的一项特征而可持续一生。众所周知，鸟类大多用斑斓的羽毛来显示其性别。比较起来，羽毛更加华丽醒目一些的往往是雄性的鸟类；而大猩猩则是用其头部的大小或是形状的差异显示性别。此外，大多数鸟类甚至可以将自己的年龄用羽毛来显示。黑背鸥就是个很典型的例子，它在雏鸟、1岁、2岁、3岁、4岁和5岁以上这些不同的年龄段，分别用不同的羽毛来标识不同的年龄。

从生物学理论来看，种类互相交流的机制在任何一种生物之中都存在，但往往表现出一定的差异性。为什么信号偏偏对动物而言显示出那么大的重要性？科学家给出的解释是：自动物降生之日起，信号便成为动物最依赖的生存手段。不具备独自生存能力的"幼儿"，刚出生时要完全依靠庇护和喂食，这样对于"母亲"和"孩子"来说，最重要的就是掌握能彼此认出的特别信号，而这一过程要在短短几分钟内完成。

为达到互相沟通的目的，每个动物家族都有独一无二的叫声、音调、动作、姿态和气味，且各有各的含义。对其深入研究是很有意思甚至是让人感到很奇怪。当长尾鼠发现空中的飞鹰时，就会用单调而冗长的声音报警；如果老鹰飞到地面，长尾鼠就每隔8秒钟报一次警；而如果发现狐狸在地面上，则发出急促的叫声来提醒同伴。而母鸡则能用多达8种的声音来报警；在与狗争食时，雌猫会用低沉、阴郁而又强烈的叫声表示抗议。南极半岛的海豹找寻配偶时发出的叫声则可多达21种，听起来声调短促而低沉；而麦克默多海峡的威德尔海豹则能用34种洪亮的叫声来进行交流沟通，持续时间也比较长。据研究，威德尔海豹可以丝毫不受外来语言的影响，只学习本地区同种海豹的"独创语言"。日本科学家也发现，一种在太平洋海域生活的海豚，和大西洋海域的海豚是同一种类，但它们之间却不能进行有效的沟通。这是由于它们都有各自独特的"方言"，而通用的语言仅有

50%。

除了有声语言,动物语言中还广泛存在无声语言,例如超声语言、气味语言和声波语言等。不同的动物往往采用一种或一种以上的语言形式来满足交往的需求。

超声语言是动物利用自己发出的超声波进行沟通和联系。比如海豚这种智商颇高的海洋生物就能够用超声波与同伴对话和研究问题。而且让人感到好笑的是,当一只海豚在"讲话"时,其他的海豚轻易不会去打扰同伴的"讲话",而是静静地在一旁"听"着,都显得非常有礼貌。

气味语言就是利用气味的方式来作信号。自然界有100多种昆虫传达信号时使用气味的方式。有一种雌性害虫,当遭到敌人袭击时,便会释放出一种淡淡的气味,来通知和掩护同伴逃命。而哺乳动物则几乎全都在一个充满气味的世界中生活着,尤其是雌兽,在将自己的和别人的子女进行区分时,往往借助于它们之间不同的体味。

震动的声波则是蟋蟀和大象等动物传递信息的特有方式。研究表明,在种类繁多的蟋蟀中,有几种不能鸣叫的雄性蟋蟀,原因是它们不具备发音器,但它们仍有自己特殊的方法向雌蟋蟀传递信息。它们震动身躯,依靠身体部分的物理震动来传递声波。当然,这样极微弱的声音,不仅人类听不到,而且别的蟋蟀也不可能通过听觉器听到,所以只能推测,它们之所以能够感觉得到,可能是借助于物体传导来的震动。而且,这种让科学家们大为吃惊的震动的波形与鸣声的波形完全一样。

而大象的"声波传递信息"机制则与蟋蟀完全不同。美国斯坦福大学的研究人员在东非研究发现,大象通过地震波向远方的同类传递信息,其"地震交流系统"极为复杂。它们通过跺脚或用嘴发出声音的方式震动地面,并使震动传播得很远。大象在佯装进攻时,往往扇动耳朵并跺脚,这是它在觉察到危险到来时采用的一种防卫机制,同样可以产生震动。大象在区别同类发出的警告和问候信号时也是通过地震波,即使当时并不能听到同类的声音。大象们会对相应信号做出相应的反应,而且雌象的感知更加敏感。研究发现,大象发出的地震信号不仅能表明它的方位,而且还能反映出它是愤怒还是恐惧,或是其他的情感。

科学家们越来越重视动物们这些丰富多彩的语言,"动物声学"的兴起便是对动物语言研究日渐科学化、系统化的有力证明。"动物声学"就是研究动物的发声机制、声信号特征、声信号接收、声信号加工和识别,以及动物声通信与动物声呐系

吸引异性注意时,蟋蟀会发出悦耳动听的鸣叫声。

打斗时,雄性蟋蟀的鸣叫声非常有力。

统的崭新学科。这门科学属于生物物理学，目的在于帮助人们通过更多研究，搞清同一种类动物之间声音的识别和交往，不同种类动物之间声音的区别和隔离，以及动物声音在种群和群落之间的形成和进化过程。

动物声学与人类生活和生产活动联系十分密切。比如，要想提高玉米产量，可以播放模拟出的蝙蝠叫声以驱逐夜蛾；通过控制海洋生物声场，人们可以判断鱼群的位置、数量乃至种类；想要提高捕鱼量，人们可以利用电子发声器引诱鱼群定向聚集。再如，人们还能用动物的异常表现来预报破坏性很大的地震，很多动物在地震前都会有异常表现，这些异常反应，很可能是由地下岩石剧烈活动时发出的次声引起的；人们可提前15小时准确地预报台风的强度和方位，就是在水母耳的启发下做出的台风警报器的功劳；人们仿照蝙蝠的声音系统制成的一种"眼镜"可以帮助盲人辨认出前方不同的障碍物，这样他们就可以方便地上下台阶或是在草地中的曲折小路上行走。另外，安装驱鸟器可以改善飞机飞行的安全状况；安装驱鼠器可使粮仓中的粮食免受鼠害；为使害虫的行为发生混乱，并且损害其繁殖力，有的昆虫学家根据昆虫气味语言的特性，用一种强烈的气味来冲淡和扰乱害虫的气味，这样便可以减少农业虫害。还有很多类似的例子，此处就不一一列举了。

大自然中蕴藏着无穷的智慧。人类通过研究动物语言，极大地推动了发明创造新技术的科学进程。人类对动物的日渐了解，也进一步加深了对自身和对世界的深层认知，对人类未来的发展具有无穷的意义和价值。

动物复活之谜

科学家们通过实验，观察到许多生物复活的现象。一位科学家早在1917年就做了这样一个实验：把蚯蚓放在玻璃罩里，玻璃罩里有吸水剂，在吸水剂的作用下，蚯蚓的皮肤皱得很厉害，水分严重流失，它的体重减轻3/4，体积缩小1/2，就跟死了一样。然而，当把它放到潮湿的滤纸上时，这条干瘪的蚯蚓渐渐膨胀起来，竟然死而复生。但也有许多科学家认为，蚯蚓身体虽然非常干燥，但它并没有真正死亡，遇水后，它吸收水分就开始活动起来，这不能说是死而复活。

正当干燥动物的复活之谜引起激烈争论时，另一个复活之谜又引起了人们的争论。一位美国科学家在1938年做了这样一个实验，把从水中取出的金鱼的表面稍微干燥之后，就把它放在液态空气中，液态空气的温度低达-200℃。经过10~15秒钟后，再把冻僵的金鱼放回温水中，它又活转过来。另一些科学家认为，冰冻动物的复活与干燥动物的复活一样，实际上动物都没有死，并不能说是死而复活。

如果说实验中的动物"死亡"时间太短而显得不可信的话，那么下面的事实就让人迷惑不解了。在19世纪，有个法国工人劈石头时，曾经从一块石头里发现了4只蛤蟆，这块石头是100多万年前形成的石灰岩，而这些蛤蟆居然还能活动。同样的例子还曾发生在北美洲墨西哥，在一个石油矿中，人们挖出一只沉睡了200

万年的青蛙，它复活后，还存活了两天。

至今，这些谜仍未解开，但对于复活现象的研究使人们联想到：是不是可以利用干燥或冷冻的方法使动物或人在一段时间内停止生命活动，然后再使之复活，以延长动物或人的生命呢？

现在，这一设想已经变为现实。科学家已经利用这一原理给人治病并获得成功。他们曾经冷却患有肿瘤的病人的身体，5天5夜后病人被放在温暖的地方，竟然清醒过来了。几次人工睡眠之后，病人的病情有了明显好转。这项试验的成功，使人们对延长生命充满了信心。

有些动物的肢体为何能再生

在中学的生物实验课上，有时可以看到这样的现象——草履虫身体中段产生缢痕，越变越深，最终分裂成两个完整的个体。在自然界中，许多动物都有很强的肢体再生能力，只是它们不像草履虫那样，为了繁殖后代才一分为二，而是为了自我保护。

节肢动物中的虾、蟹也有这种非凡的本领。螃蟹头胸部有5对步足，有了它们，螃蟹可以快速地横行，其中第一对末端呈钳状，叫螯足。当步足被敌害抓住时，螃蟹就会弃足而逃，以保住自己的生命。旧的足失去了，它还会重新长出一只新的足来。

其实，它们的步足的基部有一个折点，当它遇到危险或剧烈刺激时，在这个折点部位会发生"自切"，也就是自动折断。因为在折点上长有瓣和肌肉，所以在足折断以后，能迅速止住流血，不久新的足也就长出来了。

生活在海洋中的章鱼也有类似的本领。章鱼的腕手在平时是很结实的，但当它的某只腕手被敌害擒住时，这只腕手就像被刀切断一样地迅速脱落，肌肉回缩。掉下来的腕手还会用吸盘吸在某种物体上蠕动，借此吸引敌人的注意。章鱼并不是整个腕手都断了，而是断在整个腕手的4/5处，腕手断掉后，它的血管自动闭合、极力收缩，因而失去的血液很少。6个小时后，闭合的血管再次通畅，血液被输送到受伤的组织，结实的凝血块将腕手上的伤口盖好。十几个小时后伤口就能完全愈合，同时，新的腕手也开始慢慢生长。一个半月后，就能恢复到原长的1/3。

不过，这些动物的肢体再生能力与海参、海星、海绵相比，可就是雕虫小技了。

海参在遇到敌人时，能倾肠倒肚，把内脏抛给敌人，既能让敌人得到"美餐"，又能干扰敌人的注意力，只需要很短的时间，它的躯壳内又能造出一副内脏。而且海参又有了逃命的工具。

海星更是"才能卓越"，由于海星主要的食物是贻贝、牡蛎、杂色蛤等养殖场的饲养物，因而是养殖场的大敌。养殖工人把海星捉起来，碾成肉末后再投入大海，结果每一块海星碎块都能在短时间内形成完整的新海星。这让养殖工人哭笑不得。

而海绵则是动物界中的肢体再生之王，它有无与伦比的再生本领。海绵也能像海星那样,在身体被弄得"粉碎"时尚能保存生命,并能在海中把每一块都长成一个新的海绵,然后各自独立生活。即使它的身体被捣烂,只要条件良好,残碎的混合物仍能重新组成小海绵的个体,而这一过程,只要几天就能完成。

有人曾怀疑是水生环境促使一些生物具有了肢体再生能力,其实不然,很多爬行动物也有这种本领。众所周知,蜥蜴的尾巴又细又长,在被敌人抓住时会自动脱落,而且会不停地跳动,吸引敌人的注意力。那尾巴仿佛是自然生成的能够切断的构造,断后并不流血。

太平洋帛琉群岛上的小褐蜥蜴被人们抓住时,它能一瞬间蜕掉自己的皮,然后赤裸裸地钻到石缝里去。更高级的哺乳动物也有具备这种能力的。山鼠是像松鼠般的小兽,要是被猛兽抓住了尾巴,尾巴上的皮就会立即脱落,山鼠可以趁机带着光秃秃的尾巴逃跑。家鼠、黄鼠等也有这种保护自己的本领。

兔子的皮像牛皮纸一样薄。当兔子的肋部被猛兽咬住时,它常常一挣就逃离而去,给敌人留下一块皮毛。奇怪的是伤口不会出血,掉皮的地方很快会长出新毛来。

动物的这种自断和再生现象,能够使它们有效地逃避敌害的攻击。这是生存斗争中长期适应环境的结果。

动物的这种再生本领引起了科学家的关注。怎样使人的断肢重新长出来?研究动物的再生能力,无疑对此问题大有裨益。

美国学者贝克尔在研究中发现了一种生物电势:蝾螈的肢体被截开后,会产生一种生物电势,残肢末端的细胞通过电流获得信息,开始分裂,形成新的组织,等到新的肢体长出来后,这种电势就消失了。青蛙失去的肢体不能再生,研究表明,青蛙在肢体受伤后就不会产生这种电流。有人切断老鼠前腿的下部,并让电流从此通过。实验的结果令人震惊,老鼠又重新长出了肢体。

这些是否说明人类已经揭开了动物肢体再生的秘密?当然不是,因为现在这项技术还没有形成系统理论,而且也不是所有的有再生能力的动物的再生过程都相同。但是,可以肯定地说,不久的将来,人类一定能揭开动物再生的奥秘,到那时,就再也不会有人会因为失去肢体而成为残疾人了。

动物会给自己治病吗

古书中早就有过类似记载:熊食菖蒲叶,可治胃病;龟食薄荷以解蛇毒;野猪食荠苨,可治箭毒;野兔食马莲叶子,可治腹泻。春天来临时,生活在北美洲的一种熊冬眠醒后,为了迅速恢复长夜冬眠带来的疲倦,就会去寻找一种能引起轻微腹泻的植物果实。更有意思的是,当幼獾的皮肤生病后,母獾会带它们去洗温泉,以利于皮肤早日痊愈。许多动物都有自疗行为,这些行为都出于它们生存的本能。人类是从动物进化而来,所以,原始人类依然保留着动物自疗的本能,并且通过观察动物自我治疗,而获得许多启示,学会了应用某些天然药物的本领。

在乌干达的达基巴拉森林里生活着一群黑猩猩,它们有时候会吃一种茜草科植物的叶子,而当地人也常用这种植物来治疗胃病。动物学家还发现非洲热带雨林中的黑猩猩也会自疗。每当它们食欲不振,大便不畅时,它们就会去嚼一种苦扁树的枝叶,然后再吐掉残渣。这种植物中的苦汁是治疗胃肠不适的良药。在坦桑尼亚的贡贝国家自然公园,黑猩猩有时会吞食一种向日葵科植物的嫩叶。药物学家进一步研究发现,这种植物中有一种特殊的药物成分,能治疗寄生虫和细菌引起的疾病。

生活在南美洲亚马逊河两岸的一群吼猴,当雄性吼猴数量偏少,不能保持群猴雄雌性别平衡时,雌性吼猴就会吞食一种草,此后生下的小猴中,雄性的比例就会占优势。科学家们检验了这种草,原来这种植物中含有某些药物成分,能使雌猴阴道的酸碱度发生改变,因此有可能影响后代的性别。

一位英国生态学家在野外考察时发现,怀孕的母象会吞食一种紫草树的叶子,母象吃了这种叶子后,没过几天便产下了一头活泼可爱的小象。原来这些叶子中含有催产的成分。

动物的自疗行为虽然只是一种本能,但是人类从动物的这些行为中受到了许多启发,从而把最原始的医疗活动发展为现今的医药学。这不能不说是人类的进步啊!

恐龙为什么会突然从地球上消失

"青蛙恐龙见光即死"。如今在虚拟的网络空间,人们常常把网上丑女喻为恐龙,究其原因无外乎丑得难以见人。然而恐龙真的是因为害羞而从此隐匿于世的吗?当然不是。神秘的恐龙不见影踪却还是个谜,无人能解。

大约在2亿多年前,中生代到来的时候,地球上出现了恐龙。在接下来的1亿多年里,恐龙的家族愈来愈庞大。可是到了后来,它们好像在一天之内突然消失得干干净净,颇为令人诧异。

地球上,曾经有很多生物种类出现后又消

陆生恐龙和巨大的海洋爬行动物大约在6700万年前灭绝,地球当时可能受到巨大陨石的撞击,太阳被灰尘遮掩,导致了一个"漫长的冬季",于是植物死掉了,大部分以植物为食的爬行动物以及以爬行动物为食的动物也相继灭绝了。

失,这是一个生物演化史中的必然阶段。但是像恐龙这样一个庞大的占统治地位的家族,怎么会突然之间就从地球上消失了?速度之快,数量之多,不能不引起我们的种种猜测。在6500万年前白垩纪结束的时候,到底发生了什么使恐龙和另外一大批生物统统死去,科学家们对此一直争论不休。在众多争论中,陨石撞击说得到大家的普遍认可。

幸亏我们现在获得了一些珍贵的恐龙化石,才使得科学家们的研究工作能够顺利进行。我们希望不远的将来,恐龙消失之谜会被解开。同时我们应该知道,任何一种生物都要历经产生、繁荣、灭亡的全过程。这是大自然铁的规律,并不会因为哪一物种的庞大强盛就发生改变。恐龙灭绝了,随后又出现了一个又一个崭新的时代,更多更高级的生物把地球装点得更加美好。

伴随着科学技术的高速发展,人类研究活动愈来愈深入,有些人就曾幻想让恐龙复活。但这可能实现吗?科学家告诉我们,这并非绝无可能,但希望只能寄托于为数不多的一些珍贵的琥珀。众所周知,有些小生物,它们在生活过程中落入了松树一类植物所分泌的树脂中,被树脂包裹着,经历了几百万几千万年的变化后,就形成了琥珀。由于生物被密封后脱水,再加上树脂具有很强的抗生素作用,因此,琥珀中的化石可以在相对稳定的状态下保存生物的一部分结构。恐龙复活的希望就在这里。试想,有一只中生代的蚊子,它刚刚吸完恐龙身上的血液,就恰巧被树上滴下的树脂包住了。几千万年之后,这样一枚琥珀又碰巧被我们发现,那么,机会到了。假使我们能够从那只倒霉的蚊子身上获取恐龙血液里的一点点DNA片段,从而得到恐龙的遗传密码,然后进一步获得整个恐龙的全部遗传基因,从而为克隆出一个恐龙打下基础。这是现代生物工程技术为我们描绘的美丽蓝图。

复活恐龙的工程无疑是庞大而又繁杂的。但随着克隆技术的不断升华,克隆品种的不断增多,或许真的有一天突然消失的恐龙又能回到这个地球。

世界上还有恐龙存在吗

以往只能在好莱坞大片中看见的恐龙,如今却横空出世,再次复活,这可能吗?

一般学者都认为,在距今约6500万年左右,地球正值中生代白垩纪和新生代第三纪两个地质时期的过渡时期,恐龙突然从历史舞台上消失了,杳无踪迹,全部灭绝了。但目前国际学术界却有不少的学者对此提出异议,在他们看来,恐龙并没有全部灭绝,直到今天,地球上依然还残存着活恐龙。

目前,许多国家的学者正在兴致勃勃地努力寻找活恐龙。

法国《科学与生活》杂志总第778号曾发表过美国学者瓦尔特·奥芬堡写的《活着的恐龙》,在印度洋的小巽他群岛,有一座大约13千米长的小岛——"科莫多岛",在科莫多岛及其周围小岛总共不到1500平方千米的范围内,至今还存活有"科莫多龙"。

近几年以来,一些西方科学家认为在非洲刚果东北部僻远的利科勒地区(桑加河与乌班吉河之间)大片未开垦的热带雨林与几乎无人涉足的沼泽地带,至今仍可能生存着"活恐龙"。因为这一带的地理条件与生态环境，同6500万年前的"恐龙时代"相差无几。据美联社记者沃伦·E·利里报道，美国芝加哥大学的著名生物学家、稀有动物考察家罗伊·麦克尔博士以及鳄鱼专家詹姆斯·鲍威尔等，于1980年和1981年对刚果稀有动物进行考察后不久，曾发表了刚果泰莱湖地区至今仍可能存在着"活恐龙"的推测和论断。

除上述一些事例外，在其他一些国家和地区，也曾纷纷传说发现过类似恐龙的巨型怪兽，有一些学者据此还猜想，它们极有可能是恐龙的后裔或变种。以上种种只是假说和尚未最后定论的发现，事实上是对当今生物进化史和动物分类学的挑战。由于恐龙大量繁殖的年代距今天远不可及，当时人类尚未出现，因而人类根本不可能亲眼看到6500万年前的恐龙世界真相。所以科学家们只能从大量的化石来研究和推断恐龙的特征、生活习性及其演化历史的大致情况。迄今为止，西方许多科学家仍然坚持种类繁多的恐龙不可能在6500万年前突然神秘地全部灭绝的论断，他们坚信恐龙的后裔或由恐龙演化而来的变种，至今还可能生活在地球上。

6500万年以前，恐龙是否真的全部灭绝了？如果真的灭绝，又何以能够转瞬即逝？科学家们正努力破解这一个又一个的谜团。

恐龙与鸟类有血缘关系吗

恐龙与鸟之间有什么关系？一般说来，恐龙是庞然大物，要么凶猛无比，要么非常笨重。总而言之，与天空中飞翔的美丽的鸟是截然不同的两种动物。实际上，恐龙和鸟类之间的差别并不如人们想象的那么大，他们之间存在着很近的亲缘关系。

先说小型兽脚恐龙，不仅个头小，且在形态上与鸟类十分相近。现在大部分古生物学家都认为，鸟类就是由这类恐龙演化而来的。甚至有人干脆认为：鸟就是活着的恐龙。

1996年和1997年，在中国辽宁北票四合屯地区发现了几件震惊世界的脊椎动物化石标本，起先，研究人员把它归为鸟类，即后来引起世界瞩目的"中华龙鸟"和"始祖鸟"。"中华龙鸟"的结构有些类似于鸟类；"始祖鸟"的结构也非常类似于鸟类。后来，古生物学家进一步研究了"中华龙鸟"，发现它实际上是一种较为原始的小型兽脚类恐龙。不仅如此，研究还证明了"始祖鸟"实际上也是一种小型兽脚类恐龙，只不过它的形态比"中华龙鸟"更为接近于鸟类。总体上"始祖鸟"与发现于中亚和北美的一类小型兽脚类恐龙——驰龙科的一些属种十分接近。发现于辽西地区的另外一类长羽毛的兽脚类恐龙"尾羽鸟"则与繁盛于亚洲和北美的窃蛋龙类相近。这样，过去认为是鸟类独有特征的羽毛现在不再局限于鸟类当中了，有些恐龙也有羽毛。

人们过去认为叉骨、胸骨、中空的骨骼、很长的前臂和能够侧收的腕部是鸟类的骨骼特征，只有鸟类具有孵卵行为，照顾幼雏。而今，科学家们发现小型兽脚类恐龙也具有同样的习性。人们不禁感到疑惑：恐龙和鸟怎么区分？我们知道有些恐龙有翅膀能飞翔,现在如果说它也是一种鸟,只是它的羽毛在成为化石过程中完全消失了也未尝不可。的确,现在人们在地层中发现的恐龙化石令学者们也弄不清楚是恐龙还是鸟,但至少说明恐龙和鸟类或许有着一定的亲缘关系。英国古生物学家沃克尔在给发现"孔子鸟"化石的侯连海的长信中列举孔子鸟的许多特征与晚三叠世发现的初龙类异常接近,因而她认为鸟类起源于初龙类。美国著名鸟类学家费杜希亚著文认为鸟类的一些特征与意大意发现的晚三叠世的初龙类接近,因此也持有相同看法。

或许,鸟与恐龙几千万年以前真是一家,或许根本就是"素不相识"。最终的定义,还有待我们的科学家们找出实证,为鸟与恐龙"拉上关系"。

"虎毒不食子"有科学依据吗

作为百兽之王的老虎,一向受到人们的深切关注,人们对老虎一向是又敬又怕。在古时,人们编出许多英雄打虎的故事来安慰自己,在提倡保护动物的今天,人们不再说"打虎"了;在古时,人们还常说"虎毒不食子",在科学日益发达的今天,人们的观念也要变了,恐怕这句话要改成:虎不毒却食子。

老虎一般独居在自己的领地里,这一领地方圆大概在百里左右。独居的老虎彼此间的交往要靠吼叫来进行,自己领地的界限靠气味来划分。老虎的分泌物气味呛人,嗅觉不太灵敏的老虎只好一遍遍加强警戒。一般而言,老虎的强烈气息可以维持3周,而这些也会被毗邻而居的异性老虎察觉出来。

为了后代,在求偶季节,两只老虎才会走到一起。一般是雄虎主动朝雌虎的领地靠近。然而好景不长,一旦短暂的婚姻过去。雌虎便翻脸无情,雄虎便立刻被逐出门去。雄虎对新娘也毫无留恋之情,它说走就走。

已经怀孕了的母虎生活依旧孤独,但对虎而言,孤独不是痛苦而是享受。经历了4个月的孕期之后,新生命的孕育给母虎带来了另一种可以盼望的喜悦。

母虎一胎产仔多时可有5~6只。这么多儿女对孤单的母虎来说是一种负担。它踌躇了半晌,选出了其中体弱的4只小虎,并一一将它们吃掉。吃掉了自己孩子的母虎并不为此感到痛心疾首,虎妈妈相当实际,它只有这么做,体格较强的少量幼老虎才能存活下来。免疫力最强的小老虎往往被虎妈妈保留下来——自然界的生存法则就是如此。正因为这样,母虎将弱小的老虎吞进肚子里并不能说明它有多狠毒,它不过是在按规律办事,这远比让一窝小儿女全都饿死强。这也正是虎不毒却食子的原因。

此后两年,经筛选而幸存下来的孩子会在虎妈妈的带领下体味生活的艰辛。它会教孩子学会日后生存下去的必备技能——潜伏、追击、扑咬、搏杀。

正是在"食子"的虎妈妈的带领和教育下,老虎才会生存下来,而且"一代更比一代强"。

大象会给自己造墓吗

传说中临死的大象会非常主动地跑到自己的坟地去自筑墓穴,这是真的吗?要是果真如此,那么大象墓地就是一个天然的聚宝盆了,因为不朽的象牙可是价值连城的。

前苏联探险家布加莱夫斯基兄弟俩,曾经前往非洲的肯尼亚寻觅象牙。某日,他们攀上了森林中高高的岩石山顶,朝前方望去,突然发现对面山上散布无数白色的动物尸骨。有一头大象正步履蹒跚地跑到尸骨堆旁,无力地叫唤了一声便瘫倒在地。

"那里肯定是大象的坟地!"兄弟俩异常兴奋,沿着干涸的河谷,迅速朝大象坟地奔去。但是颇为不幸的是,他们在半路上遇到了猛兽的袭击,转而又陷入深不可测的沼泽地,好容易摆脱了困境,最终仍未能到达目的地。

大象坟地真的存在吗?人们对此半信半疑。

近来,有许多学者对大象坟地存在都持否定意见。他们认为发现大象墓地一说纯属捏造。因为捕杀大象攫取象牙是违反法律并要受到制裁的,所以偷猎者杀害大象之后,总要掩饰说:"我们偶然发现了大象的墓地,才拾到这么多的象牙。"

但是大象在临死之前,行动确实与往常不同,它们往往总要离开象群,步履维艰地在某个地方销声匿迹。或许大象在临死之前,跑到某个僻静的场所或是有水源的地方去与世诀别。虽然大象的寿命可长达90多岁,但平均寿命只有30~40岁左右。

在动物保护区,人们也可以看到大象的尸体,但与整个大象死亡的数量相比较,可谓微不足道。这些死亡的大象究竟葬身何处,会不会集中在某一块地方结束生命?是否因为热带气候炎热,大象的尸体很快被风化分解,或被其他食肉动物当成美餐佳肴呢?显然,这种可能性也确实存在。

大象坟地或许只是一个"纯属虚构"的故事,要不然怎么迄今为止,仍没有哪方资料给予任何确切考证呢?但大象临死前的神秘举动又确实令人费解。

年迈的大象总会离开象群,找个僻静处自掘坟墓埋葬自己。

骆驼不怕干旱的奥秘

骆驼素有"沙漠之舟"的美称，它是常年穿行于沙漠地带的人的必备工具，也是他们的忠实伴侣。骆驼之所以在沙漠中受到如此"器重"，与它能耐干旱酷热的特性有关。那么，到底是什么使骆驼有如此能耐呢？

许多游牧民族能在沙漠中生存下来，靠的就是骆驼。骆驼早在几千年前就被驯服，并被用作重要的驮畜。骆驼可以在炎热和缺少水源的条件下，日行30千米以上。同时骆驼的奶、肉、皮对人类都很有用。

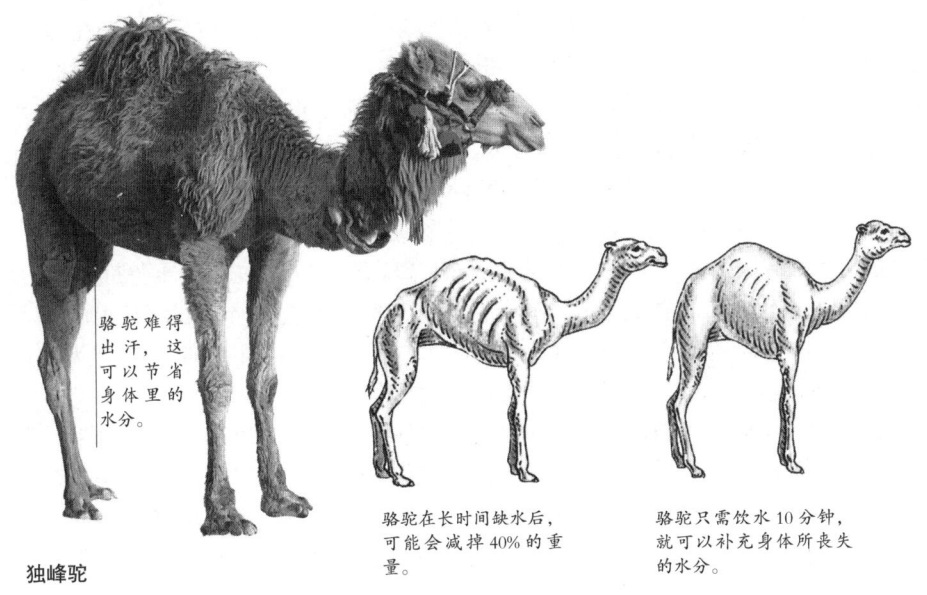

骆驼难得出汗，这可以节省身体里的水分。

独峰驼

骆驼在长时间缺水后，可能会减掉40%的重量。

骆驼只需饮水10分钟，就可以补充身体所丧失的水分。

骆驼的身体结构非常适应干旱酷热的沙漠生活。骆驼的四肢长，两个脚趾岔开，脚柔软、宽大，脚底有宽厚的纤维质弹性脚垫，有利于在平坦松软的沙地或雪地上行走。它的肘部、膝盖和前胸长着6个角质垫，休息时，蹲伏在地上就不会被灼热的沙砾烫伤。骆驼两眼的长睫毛是双重的，能像帘子一样挡住沙子，不被风沙迷眼。它的耳朵外布满细毛，能阻挡风沙侵入。骆驼灵敏的视觉和嗅觉能让它轻而易举地发现距离很远的水源，带领在沙漠中迷路的人找到水草丰美的绿洲。寒冷的沙漠夜晚，骆驼依靠蓬松的皮毛保暖。炎热的白天，骆驼的体温可以随外界温度的升高而自动调节，避免自己被晒伤。

有的学者认为，骆驼抗旱的关键在于它的驼峰内贮存着大量胶质脂肪，驼峰可以随着气温而增大或缩小。天气炎热时，驼峰里的脂肪被消耗得差不多了，驼峰就变得又低又软；到了秋天天气转凉，驼峰又渐渐鼓起来。骆驼不吃不喝时就靠驼峰里的脂肪氧化分解来补充营养、能量和水分。据统计，贮存在驼峰中的1克脂肪经过氧化后，可产生1.37克水。因此，假定一只骆驼的驼峰中有大约40千克的脂肪，也就相当于骆驼贮存了50多千克的水。

还有学者认为是骆驼的肝脏在起作用，才使得它特别能耐干旱。骆驼的肝脏的作用可以使大部分尿素得到循环利用，这样，骆驼体内流失的水分大大减少，尿中毒的情况也不会发生。

　　另外，科学界还有一种"水囊"说，这是由意大利自然科学家蒲林尼提出的。他认为骆驼的胃有三个室，其中最大的一个叫瘤胃，瘤胃里有许多肌肉带将瘤胃分隔成几个部分，起到了"水囊"的作用。在取水方便时，骆驼能利用"水囊"贮存一些水；不方便时，则可以取出贮存的水用以解渴。

　　然而"水囊"说很快就被美国生理学家施密特·尼尔森推翻了。通过解剖，他发现"水囊"其实很小，根本起不到贮水器的作用，而且它并不能真正地与瘤胃的其他部分隔离开。他认为骆驼耐旱的秘密在于骆驼本身经得住脱水。在沙漠中，失去12%的水，人就会中暑死亡，而骆驼即便失去相当于体重25%的水时，也不会妨碍它的生存，只是体重略微下降。对此尼尔森是这样解释的：人失去的水来自血液，人一旦失水，血液浓度就会大大提高，心脏的负担就加重了。而骆驼失去的水却是来源于它的体液和组织，而不是血液，因此不会有什么危险。而且骆驼即使严重脱水，一旦补充水分，就会马上恢复。

　　尼尔森对骆驼为何耐旱的解释看起来很合理，但也有很多人不同意这种说法，并且似乎也不是没有道理。例如日本学者太田次郎曾写过一本名为《生命的奥秘》的书，他在书中表示，骆驼出色的保水能力才是它耐旱的主要原因。因为骆驼很少出汗，体温也很稳定，只有在最热的时候才稍微出点汗。

　　最近，科学家又有新的发现：骆驼呼出的空气的湿润度较低。据研究，骆驼独一无二的鼻子是这个系统的关键所在。一般动物在呼气时，由于排出的空气温度和体温相同，肺部的水分被大量带出。而骆驼呼出的空气温度比体温低。由于冷空气比热空气含水汽量少得多，因此，骆驼通过呼吸丧失的水分比一般动物少45%。

　　尽管目前人类对骆驼为何抗旱已经提出了多种不同的解释，但似乎并没有人能够提出一种足以征服各家学说，彻底解释这一现象的理论。"沙漠之舟"的秘密对于我们而言仍是迷雾重重。

袋鼠繁殖之谜

　　大袋鼠的繁殖一直是个谜，直到20世纪60年代，生物学家才将这个谜彻底揭开。大袋鼠在1～2月交配。交配期结束后，雌兽即离群隐居在草丛中，过着孤独的生活，直至分娩。母兽受精以后有奇特的"迟缓"现象。大袋鼠的受精卵分裂到100个细胞左右时，如果遇上了气候特别干燥的不利条件，发育会停止，暂时封存在子宫里。等到气候条件适宜时，封存的胚胎重新开始发育，并于约5个星期后分娩。大多数哺乳动物都在母体子宫内发育，由胎盘提供养料。袋鼠没有胎盘，所以幼崽的胚胎在子宫的生长时间较短，到了母兽的育儿袋中再吮吸乳汁继续发育。

母兽临产前，一般是产崽前 2 个小时，会认真清理育儿袋中的杂物。然后背靠一棵树坐下，把尾巴从两条后腿中间向前伸出，静候孩子出生。大袋鼠大多数一胎一崽，少数是双胞胎，偶尔也会一胎四崽。新生幼崽十分小，只有约 2.5 厘米长，体重相当于母体重量的 1/30000。此时幼崽身上无毛，浑身通红，眼睛和耳朵都闭着，十分难看。

那么，幼崽是如何进入育儿袋的呢？这个问题一直困扰着人们。真相是幼崽自己爬进育儿袋的。刚刚出生的小袋鼠看上去像一粒小红豆，尽管后肢十分微弱，前肢却已生出爪来。借助神经和肌肉的配合，它从母兽的泄殖孔出发，顺着母体的尾巴爬到有袋骨支持的育儿袋里。一进育儿袋，它就四处寻找乳头，抓住四个中的一个便衔着，把身子挂在上面，继续发育成长。所以，有人说大袋鼠的幼崽是从乳头上长出来的。

小袋鼠在育儿袋里长到约 160 天时，才向外探出头来，200 天以后，它便开始离开育儿袋，到外面活动。小袋鼠在母兽的保护下活动，经常从育儿袋里钻出钻进。离开育儿袋后，小袋鼠经过 3～4 年时间，方才长大成年。

难解的旅鼠投海自杀之谜

自杀是人类的一种高级行为，奇怪的是，在自然界中，动物也会自杀，而最令人奇怪的莫过于旅鼠这种动物了。它们竟会成千上万地集体投海自杀，是什么力量或因素驱使这些生命力旺盛的家伙甘心离弃这个世界？这真让人百思不得其解。

旅鼠的栖息地在北欧斯堪的纳维亚半岛的挪威和瑞典一带。它们个头很小，最大的身长也不过 15 厘米。它们平时居住在高山深处，主要以树根、草茎、苔藓为食。就像自己的名字一样，每当遇到食物极度缺乏的灾年，它们就会几十万只，甚至几百万只地大规模迁移，数量之大让人吃惊。更令人无法理解的是，为什么它们偏偏要拼命地奔向大海，走向死亡呢？

文献中最早关于旅鼠自杀的记载是在 1868 年。那是一个阳光灿烂、晴空万里的春日，一艘满载旅客的轮船正航行在碧波荡漾的海面上。突然，船上的人们发现有一大批旅鼠在海中游泳。它们一群接一群地从海岸边一直游向挪威海的深处，大片大片的旅鼠在汹涌的波涛中蠕动，游在前面的游到精疲力竭时便溺死在大海里；奇怪的是，跟随其后的旅鼠却像什么也没发生一样，继续前进，直到溺死为止。最后，数以万计的旅鼠的尸体漂浮在海面上，让人望而生畏。

发生在 1985 年春天的旅鼠自杀现象，其记述更为详细。旅鼠成群结队、浩浩荡荡地挺进挪威山区，所到之处，庄稼被吃得一塌糊涂，草木被洗劫一空，甚至连牲畜也被它们咬伤。一时之间，当地的人们为鼠灾烦忧不已，经济上也蒙受了巨大的损失。但是，在四月份的时候，旅鼠大军像突然收到什么命令似的，以每天前进 50 千米的速度，直奔挪威西北海岸。当它们在行程中遇上了悬崖峭壁，许多旅鼠便自动抱成了一团，形成一个个大肉球，勇敢地向下滚去；当受到河流阻挡时，走在前面的旅鼠便毫不犹豫地跳入水中，为后来者用身体架起一座"鼠桥"。这样，许多旅鼠死在路途上，但活着的又会继续前行。它们遇水涉水，逢山过山，不理会任何自然因素的干扰，勇往直前，几乎是沿着一条笔直的路线奔向大海的。来到海边后，它们一群接一群地纷纷跳下大海，并且奋力往前游去，直到像前文所述的那样，力竭溺水而死。

旅鼠为什么要集体"自杀"呢？至今人类还没找到正确的解释。

旅鼠迁徙
通常年份，挪威旅鼠迁移路线包含斯堪的那维亚的苔原和俄国西北部，尽管如此，在旅鼠大迁徙年里，当旅鼠大量繁殖时，迁徙大扩张时有发生。

有人认为是生存的压力导致数量庞大的旅鼠不得不进行种类竞争，在得不到充裕的食物和生存空间的情况下，它们必须另找生路。但是它们为什么非得自杀呢？而且生活在其他地方的旅鼠不会有这样的举动，北欧地区的旅鼠有何特别之处呢？一些生物学家因此又做出了进一步的解释，他们指出：在若干万年前，挪威海和北海都比现今窄得多，因此旅鼠很容易便能游过大海，从此在旅鼠的遗传本能中就形成了这种横渡海洋的迁徙习性。可是如今的挪威海和北海比过去宽得多，然而旅鼠的遗传本能却像从前一样，它们照样迁移，当然会淹死在海中。可这一解释有一个很大的漏洞，那就是旅鼠一般以北寒带所有的植物为食，按理说，即使它的密度达到每公顷250只，也不会出现食物危机。再说旅鼠在迁移过程中，也从不停留在食物丰富、地域宽广的地带，似乎它们是为了比优越的生存条件更为重要的目的而前进，所以旅鼠向外迁徙，以至于集体自杀的原因并不能归结于缺少足够的食物和生存空间。

经过一系列研究，前苏联科学家对此又提出了新的想法，企图解开这一谜团。他们认为，在1万年以前，北冰洋的洋面在地球寒冷的冰期中冻结了，风和飞鸟分别把大量的沙土和植物的种子带到这个巨大的冰盖上。正因为如此，一到夏季，原来的汪洋大海就成了水草丰盛之地，旅鼠在此生存不成问题。只是由于冰期过后，全球温度升高，北冰洋又恢复了原来的面貌。而如今旅鼠就是为了去寻找那块水草丰盛的地方才要向北方迁徙，而且最后跳入巴伦支海的。这一解释虽然听起来很有道理，但是也找不到充足的证据，只能说是差强人意。

还有人提出，旅鼠种群数量的急剧增加使种群生存压力也随之增加，因此旅鼠的肾上腺增大，它们的神经变得高度紧张，整个种群都开始焦躁不安。与此同时，它们又有非常强烈的运动欲望，所以借助分散和迁移进行运动。其中还有一部分旅鼠想要跑到食物稀少的边远地区，这样因为生存条件恶劣就会迫使繁殖能力下降，以稳定种群数量。旅鼠擅长游泳，因此它们更萌生了横渡江河湖泊甚至横渡大海的想法，可是最后还是因为体力不支而被淹死。

当然，这种说法也有明显的漏洞。一些科学家指出，通常情况下，群体密度高的后果，要到下一代才会受到影响，而上一代旅鼠是不会觉察得到的。

除此之外，有些科学家在旅鼠的生命周期上做了一番研究。他们发现，当旅鼠在其数量急剧增加的时候，体内的化学成分和内分泌系统会发生变化。有人认为，这些变化可能正是生物体内控制其种群数量的"开关"。当其数量多到一定程度时，就会促使该种群大量的"集体自杀"。但科学家还无法确定旅鼠的这种行为到底是"集体自杀"，还是因为在迁移过程中"误入歧途"坠海而死，也许将来会有人解开生物界中这一大难解之谜。

就目前已取得的成果表明，不论旅鼠真的是"集体自杀"还是在迁移过程中"不小心"坠海而死，能够肯定的是，旅鼠的这一行为既有自身生理上、行为上和遗传上的因素，又有外部环境条件的影响。看来，人类要想最终破解这个谜，还需要一段漫长的历程。

骡子为什么无法繁殖后代

大家都知道，小虎崽是老虎妈妈生的，小狗是狗妈妈生的，小猴子是猴妈妈生的，这在自然界中是再正常不过的事了。但是这个世界上也有一些事情是违反常规的，听了之后你会觉得很奇怪。就拿最常见的家畜骡子来说吧，它是无法繁殖后代的，也就是说骡子并不能生出小骡子。这是怎么回事呢？

我们人类以及一些哺乳类动物，都是由受精卵发育而来的。雄性动物的生殖器官会产生精子，而雌性动物的生殖器官则会产生卵子，受精卵是精子和卵子结合后的产物，这是繁殖后代应具备的最基本条件。而骡子的生殖能力却属于先天的不足：我们看到的公骡和母骡虽然具有构造较完善的生殖系统，但它们的生理机能却并不正常。据科学家研究分析，这是因为骡子的体内缺少一种激素而造成的。由于这种激素的先天缺乏，致使公骡的生殖器官无法产生成熟的精子，母骡虽然能产生卵子，但因为它的体内缺乏助孕激素，致使卵细胞不能健康发育，还没等到成熟就因衰弱而死。

那么，没有生育能力的骡子为什么不会绝种呢？

原来，骡子是一种名副其实的"混血儿"。一头公驴和一匹母马交配后生下的后代就是"马骡"；而一匹公马和一头母驴交配后生下的后代就是"驴骡"。所以你要是仔细观察就会发现，骡子身上有许多地方既像驴又像马。它的体形同马接近，但叫起来的声音却似驴；它的耳朵很长，颈上的毛、尾巴又同马、驴有所不同，介于两者之间；它的体形高大，肌肉筋骨强健，继承了其"父母"各自的优点。此外，它的耐力、抗病能力、适应性都强于马、驴，且寿命较长。因此，人类一般把骡子用于驮东西、拉车、耕地等，它是人类的好帮手。

绵羊"多利"是怎样克隆出来的

1997年2月，一只名叫"多利"的绵羊诞生了。这只绵羊在生物界引起了轩然大波，一时间，克隆成了大家的热门话题。尽管如此，人们仍然不明白多利是如何被克隆出来的，甚至对于克隆本身也是一知半解。这是因为克隆虽然属于一门生物技术，但非常冷僻，就算是生物学家也会因为没有研究过而缺乏对它的了解。

克隆是从英语单词clone音译过来的，原来仅用在植物上，是指用幼苗和嫩枝以无性繁殖或营养繁殖的方法培养植物。现在，克隆已经不仅仅局限于植物了。只要由一个体细胞获得两个以上的细胞或生物体，由一个亲本系列产生DNA系列，就都是克隆。由此可见，在现在，克隆就是指一种无性繁殖的方法。

其实，在日常生活中，我们会经常接触到克隆技术。每当春暖花开的时候，我们就会看到植物扦插的实验。剪下植株的一根枝条，通过扦插就会得到许多相同的植株，这些植株的遗传物质也相同。这就是克隆。

在低等生物中，细菌、涡虫就是通过克隆来进行繁殖的。亲体分裂成两个子体，两个子体脱离亲体成为独立的个体。

科学家们曾经认为无性繁殖在高等生物中是不存在的。他们认为，一个成熟的体细胞不可能无性繁殖成为一个完整的动物，因为含有一个动物完整的遗传信息的体细胞已经特化了。也就是说，肝细胞只能由肝组织产生，乳腺组织也只能由乳腺细胞组成……而多利的诞生却开创了高等动物也能克隆的先河，人类的认识也开始发生转变。

让我们看看多利诞生的全部过程，了解多利究竟是怎样被克隆出来的。

科学家首先从一只母绵羊的乳腺中取出一个本身没有繁殖能力的细胞，在母体外培养，经过大约6天，再分离出它的细胞核来备用。接着，科学家再从另一只母绵羊身上取出具有繁殖能力的未受精的卵细胞，去除里面的细胞核，换上备用的细胞核。最后，通过放电激活，使这个"新"的卵细胞分裂，就像正常的受精卵那样。进行到一定阶段后，幼小的胚胎就形成了，最后再把这个胚胎移植到第三只母绵羊的子宫内。

此时，前期的工作已经完成，以后的过程像正常的怀孕后期一样，在第三只母绵羊的体内，胚胎不断生长，最后分娩生产。从严格的科学角度说，多利只有一位亲生母亲，那就是第一只提供乳腺细胞核的母绵羊。

1998年，"多利"自己也当了母亲，4月13日，它顺利地产下一头名叫"邦尼"的小羊羔。"邦尼"的父亲是一只威尔士公山羊。

多利的诞生使得科学家们把目光转向了人类自身。可是，至今仍牵涉到道德伦理等方方面面的问题，什么时候才会出现"克隆人"还是一个谜。

候鸟迁飞之谜

曾经有这样一个说法:"衡阳有回雁峰,故雁飞万里,至衡阳即北归。"王勃也有诗说:"雁阵惊寒,声断衡阳之浦。"说的都是大雁迁徙的情景。

然而令人想不到的是,我们熟悉的大雁竟然不是"本国鸟"。雁的老家在西伯利亚一带。每年秋冬季节,它们成群结队地向南迁飞,主要沿两条路线飞行:一条路线经由我国东北经过黄河、长江流域,到达福建、广东沿海,甚至远至南洋群岛;另一条路线经由我国内蒙古、青海,到达四川、云南,甚至远至缅甸、印度。它们虽然选择了温暖的地方越冬小住,但对故土念念不忘,第二年春天,又经过长途跋涉飞返故乡西伯利亚。

大雁飞行排成"人"字形

每年秋天,北雁南飞是鸟类世界里一道独特而美丽的风景。像大雁这样因季节而迁徙的鸟类,我们称之为候鸟。而这种因季节不同而变换栖息地的习性则叫做季节性迁飞。

迁飞不是候鸟的专利,有些昆虫也有迁飞的习性。美洲有一种君主蝶,外形非常漂亮,被喻为百蝶之王。每年秋天,这种蝴蝶便成群地从北美出发,飞越3000多千米的距离去南方过冬。冬天,它们在墨西哥、古巴、巴哈马群岛和加利福尼亚南部生活,到第二年春天又开始北飞。在途中它们会进行繁殖,随着老的一代死亡,新一代君主蝶被孵化出来以后,又沿着父辈的路线飞往南方过冬。君主蝶就这样一代接一代地传下去。

鸟类和昆虫为什么会具有这种迁飞的特性?它们每年又是怎样迁飞的呢?

科学家们推测,候鸟随季节迁飞的原因可能有两个:一是因为冬天北方寒冷,南方温暖,候鸟迁往南方可以躲避严寒;二是为了寻找充足的食物源。因为秋季以后,北方一派肃杀的景象,万物失去生机,食物非常缺乏。候鸟到南方可以找到比北方丰富得多的食物。但这些说法都不足以让人信服,比如,为什么其他鸟类不迁飞呢?它们不也需要寻找食物吗?另外,既然南方温度适宜、食物丰富,为什么候鸟不在南方留居,却要在来年春天辛苦地迁回北方呢?这些问题都得不到很好的解答。

另一个问题是,候鸟是怎样准确无误地按照一成不变的路线往返于南北方的栖息地?它们在迁飞过程中靠什么来定向?这是一个十分有趣而又难解的问题。

视觉定向对于短距离飞行虽然适用，但对于长距离飞行就不够了。

关于鸟类怎样定向的问题，科学家提出了许多推测。有人认为鸟类可以根据太阳的位置来定向，按照这种说法，由于太阳位置移动而产生的那部分时差，鸟类又是通过什么办法补偿的呢？因此，科学家认为，候鸟体内可能有一种能够精确计算太阳移位的生物钟存在，利用这个生物钟，它们能对白天的时间进行校对。但这也有问题，因为在没有太阳的夜晚，这种说法就无法解释了。于是，又有了星星定向的推测。可是没有星星的夜晚，它们仍旧照飞不误，这样星星定向的推测也被排除了。因此科学家又转而研究地球的磁场、偏振光、气压、气味等是否与候鸟的定向有关。

目前，科学家已经初步确认，蝴蝶的季节迁飞是遗传因素作用的结果，但自然界多种鸟类和昆虫季节性迁飞的谜仍没有完全解开。人们期待下一步的研究能使我们揭开大自然更多的奥妙。

鸵鸟真的胆小吗

多年来，人们总是将鸵鸟称为胆小的动物，因为它遇到危险总是把头颈平贴在地上，然后钻进沙里"掩耳盗铃"。

其实，这种看法是不科学的。鸟类学家发现，鸵鸟栖息在非洲热带沙漠草原地区，那里气候炎热，阳光强烈，鸵鸟发现敌害后，虽然可以拔腿快逃，可是，在干燥的环境下奔跑对自己是很不利的。因此，鸵鸟便将长脖子平贴地面，身体蜷曲一团，凭借自己暗褐色羽毛伪装成岩石或灌木丛，加上雾气的掩护，就不易被敌害发现。尤其是未成年的鸵鸟，常用这种方式逃生。如果此举难以奏效，它们便会在敌害出现时一跃而起，迅速逃离。

鸵鸟的翅膀在进化过程中，逐渐失去了最原始的作用——飞翔，虽然不能飞了，但它跑得却很快。鸵鸟身高达2.75米，其步幅可达3米，每小时可跑70千米，远远超过狮子的最大速度(每小时60千米)。

鸵鸟蛋乃是蛋中之王，大约重1.35千克，相当于25～30个鸡蛋的大小。鸵鸟蛋一样可以吃，但是要有耐心，因为要煮熟它，至少需要2小时！

经过39～42天的孵化后，小鸵鸟便可从鸵鸟蛋壳中爬出。看管小鸵鸟的任务主要由鸵鸟爸爸承担。除此之外还要为小鸵鸟觅食，对它们进行"培训"，而鸵鸟妈妈则负责保护自己的子女。

科学家格日梅克亲眼看见了这样的情景：一只公鸵鸟领着8只小鸵鸟及在旁边观察周围动静的母鸵鸟。突然间，一只鬣狗向小鸵鸟们发动袭击。公鸵鸟马上领着"孩子"躲到安全的地方，而母鸵鸟则英勇无比地迎了上去，用脚扑，用嘴啄，鬣狗招架不住，只得连连后退，母鸵鸟也不停"手"，一直追了有大约1千米远。

古代，鸵鸟羽毛通常被用作士兵头盔饰物。在阿拉伯国家，鸵鸟蛋壳被认为很有神力，因而人们把蛋壳放在屋顶下和清真寺庙的圆顶下，以驱逐妖魔。到了17世纪，航海家才把鸵鸟羽毛带到欧洲，不久以后，皇宫的裁缝们用它来装饰女性的服装。到 20 世纪初，由于对鸵鸟羽毛的需求量大幅增加，南非还办起了鸵鸟养殖场。

如今，鸵鸟的羽毛主要用来作为连衣裙、扇子、帽子和戏剧服装的装饰品。

看来，缩头缩脑的鸵鸟还真够大胆，紧要关头，不但毫不畏惧，反而能迎面而上。或许这就是父母之爱的伟大力量。

鹦鹉的神奇功能

人们一想起鹦鹉，便会想起"学舌"二字。但颇受委屈的鹦鹉，却并未因此而怨声载道，相反，它正在用行动表明自己对人类的其他价值与贡献。

美国鸟类学家伯鲁克指出，鹦鹉的视觉其实比犬更为敏锐，因而它们可以替代犬为盲人引路。经过训练的鹦鹉停在盲人的肩膀上，能使盲人顺利地在马路上行走。此外，鹦鹉的寿命较长，盲人往往终生只需养一只就足够，更何况长期与它为伴，生活会精彩不少。

美国生物学家伊佩尔贝格驯养的一只来自非洲的灰鹦鹉能以哼不同曲子的方式预报天气。比如当它哼施特劳斯的作品时，必定是风雨欲来；当哼起"桑巴"，暴雨即将来临；当它反复哼雄壮的进行曲时，当地人就要预防飓风的袭击。这种特异功能真叫人咋舌。

在古巴有一位已经退休的老船长，家里也养了一只能唱许多曲子的鹦鹉，它也能将天气的变化用固定曲调唱出来。这只鹦鹉充当天气预报员长达 50 年之久，从来没有失误过。

足球比赛中常常会发生很多暴力事件，为缓和这种对抗激烈的过于紧张的气氛，美国足球裁判卡罗斯邀请出鹦鹉充当裁判。他训练了一只取名"和平"的鹦鹉做自己的"助理"，每次卡罗斯卜场执法时，它总是一起进场。当卡罗斯判某队员犯规时，随着他的一个手势，鹦鹉就飞过去在犯规者头上轻轻啄一下，并高声喊："你犯规啦！"顿时，场上笑声一片，犯规者也会面带微笑地向鹦鹉裁判点点头，表示服从。据卡罗斯介绍："有好多次，由于这只'和平'引发的笑声，赛场上一触即发的形势，最后都能化干戈为玉帛。"由于"和平"的特殊贡献，球迷们都尊称它为足球场上的"和平天使"。

多嘴的鹦鹉为何会如此善解人意，好生令人奇怪。许多科学家都对此做过很长时间的研究，但迄今为止，仍然无人能够破解鹦鹉的特异功能之谜。

啄木鸟为何不得脑震荡

提到啄木鸟，人们立刻联想到它的一堆称号，例如"森林的医生""忠实的护林尖兵"等。黎明时分的森林里，不时传来啄木鸟敲击树木的"笃、笃、笃……"的声音，那是啄木鸟在给树木看病。

啄木鸟主要以天牛幼虫、蠹虫幼虫、象甲、伪步行甲、金龟甲、蚂蚁等为食物。

啄木鸟能把潜藏在树干中的害虫掏出来除掉，这些害虫有时能把树活活地咬死。啄木鸟的长嘴就像医生的听诊器一样，它用这个又硬又尖的长嘴敲击树干时，发出笃笃的声音。这些声音能准确地反映出害虫躲藏的位置。啄木鸟用嘴先啄开树皮，像凿子一样在树上凿个洞，然后插进害虫的巢内。啄木鸟的舌头又长又细，向外伸出，有14厘米长。嘴里容纳不下那么大的舌头，就只好穿出下腭，向上伸进右鼻室内。左鼻孔则留作呼吸之用。它有两根能伸缩的筋长在舌根，长着许多肉倒刺的舌尖则能分泌黏液，因此，它总是可以准确无误地钩出隐藏得很深的害虫，甚至是幼虫和虫卵。

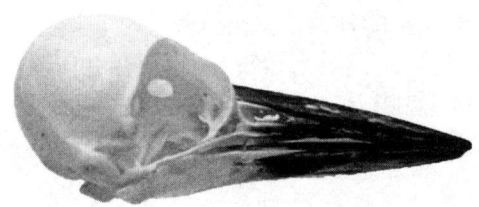

啄木鸟头骨
通过对啄木鸟头骨的分析，得知其不得脑震荡的原因是因为它的头部有一套防震装置能够保护自己。

一般的鸟儿都是站在树枝上，而啄木鸟却是攀援在直立的树干上。原来，啄木鸟的4趾是对称分布的，有2个向前，2个向后，趾尖上的钩爪非常锐利，能帮助啄木鸟牢牢地站在树干上。它的尾巴是支撑身子的支柱，羽轴硬而且有弹性。这样，啄木鸟不仅能抓住树干，还能够沿着树干快速移动，自由地上下跳跃，甚至是向两侧转圈爬行。

现在，全世界已发现的啄木鸟约有180种，如红头啄木鸟、橡树啄木鸟、绒啄木鸟、大斑啄木鸟、黑啄木鸟、北美黑啄木鸟、黑背三趾啄木鸟、绯红背啄木鸟、红腹啄木鸟等等，都属于䴕形目啄木鸟科。除澳大利亚和新几内亚外，啄木鸟的足迹几乎遍布全世界，其中南美洲和东南亚的数量最多。每天，1只大斑啄木鸟能除掉害虫1000多只。据估计，在成千亩的树林里，只要有4只啄木鸟，就可以控制害虫的蔓延。

繁殖季节，雄啄木鸟常用敲击空树干或发出短促的、尖锐的叫声来吸引雌啄木鸟前来婚配。一对啄木鸟在树上凿三个以上的树洞当做自己的巢穴。其中一个巢洞专门用于产蛋育儿，平时，雌鸟和雄鸟各占据一个巢洞，每年更换一次巢洞。每年5月啄木鸟产5枚左右的蛋，经过10天的孵化后，只需一个多月，雏鸟就长大了。

利用特制的电影摄影机，美国科学家菲力普·梅侬惊奇地发现，啄木鸟找虫吃的时候，每啄一次的速度非常快，达到每秒555米，是空气中的音速的1.4倍。头部摇动的速度约每秒580米，甚至高于子弹出膛的速度。照这样计算，啄木时，啄木鸟头部受到的冲击力是其重力的1000倍。如此快的速度，难怪树干很容易被凿穿。在这样强烈而长久的震动下，啄木鸟为什么不会得脑震荡呢？

通过对啄木鸟的头部进行解剖，科学家发现它的头部有一套防震装置，能够保护啄木鸟。啄木鸟尽管有非常坚硬的头颅，但骨质却很疏松且充满气体，像海绵一样。颅壳内有一狭窄的空隙在外脑膜与脑髓间，这一空隙使震波的传导变弱了。它的脑组织从头部的横切面上可以看出是很细密的，再加上啄木鸟头部两侧还有起防震作用的肌肉系统。而且，啄木鸟啄树的时候，头部和喙都保持直线运动。这样，我们就可以理解为什么啄木鸟啄树时不得脑震荡了。科学家从中获得启示,制成了防震头盔。

然而,科学家的研究也同时表明,并非所有的啄木鸟都吃害虫,有的啄木鸟喜欢吃树木的果实;有的则喜欢在树干上啄一些小洞来吸食树的汁液,损害了树的健康。看来,我们还需要进一步评判啄木鸟的功过是非。

群鸟为何"投火自尽"

1957年,英国人吉恩在其专著《印度野生动物》中最早向世界公布了"群鸟投火自尽"的现象。这本专著是吉恩对印度贾廷加村及其周围地区动物的情况进行了详细调查后写下的,他的发现震惊了整个生物学界,贾廷加村也因此名声大噪。群鸟自杀的过程与飞蛾扑火这样的"自杀行为"相似,但表现得更为复杂,这让生物学家们兴趣顿生。

20世纪中叶,吉恩来到了贾廷加村,亲眼目睹了群鸟自杀的全过程。那是一个夏天的夜晚,天上没有星星和月亮,夜黑得吓人。吉恩静静地等待着,耳边时时响起树木被南风吹动的呜呜声。一会儿,村里有人点亮了一支火把,然后又有很多火把被点亮……等点燃了上百支火把后,只见成群的小鸟突然从村子的北面飞来,一只接着一只扑向了火把。群鸟一只压着一只,一群跟着一群,向火把扑去,有的当即就死了,没死的也被烧成重伤,而且拒不进食。就这样,追光而来的小鸟无一幸存。

1977年,印度科学家森古普塔博士也慕名来到贾廷加村,并对这一奇怪的现象做了长期的研究,在广泛的调查和反复的实验中发现了一些规律。森古普塔发现,群鸟自杀的现象发生在每年的八九月份,是在刮南风和村子里有灯火的时候,并且这些鸟总是由北向南,逆风飞向村庄。因此,他认为这种现象是定时、定地以及定方向的。

森古普塔博士向印度、美国和欧洲的50多位著名鸟类学家发出了信函,向他们谈了自己的看法。他认为,贾廷加村处在一个断裂带上,四周极有可能蕴藏着丰富的磁铁矿,这些地质因素可能会导致地磁感应和地心引力的瞬间变化。群鸟自杀的根本原因便在于此。森古普塔博士还认为,还有一些因素对群鸟集体自杀有一定诱发

尽管群鸟投火自尽有明确的文字记载,但迄今为止还没有一个确切的说法。

作用。如气候条件,特别是白天和夜晚的变化,季节的变化,风和大气压的变化。鸟类在这些特异的地磁场和气候变化等多种因素的影响下,惶恐不安地从栖息处逃了出来。就在这时,贾廷加村又突然由漆黑变得灯火通明。在这种条件下,本来已经头昏脑涨的鸟儿们便演出了以上那幕悲剧。

　　森古普塔的看法遭到了一些科学家的反对。印度的一些林学家认为,地磁异常和气候条件异常并不足以解释群鸟集体撞火自杀的行为。他们认为,鸟类的集体自杀完全是因为灯火突然点亮才引起的。他们甚至设想,其他地方也能像贾廷加村一样,只要有灯光突然出现,鸟类也一定会蜂拥而来。

　　这些科学家还试图用实验的方法证明自己看法的正确性。他们在贾廷加村外竖起了一座高高的钢塔,钢塔的顶部装有几只大功率的灯泡,灯泡亮起时,整个村子被照得亮如白昼。可一连过了几个月,只有几只鸟儿飞到了灯塔上,而不像科学家们期待的那样,鸟儿们会大群大群地飞来。

　　当然,森古普塔的解释也得到了众多科学家的支持。美国纽约州立大学的沃尔克特博士做的一个非常有意思的实验有力地支持了森古普塔的结论。沃尔克特博士将微型线圈缚在信鸽的身体上,再用无线电遥控的方式改变信鸽身上线圈的磁场方向。实验发现,本来头脑清醒的鸽子突然变得惊慌失措,辨不清方向。

　　不过,也不能就此认为森古普塔的理论可以准确地解释群鸟投火自尽的现象,因为他没能解释另外的很多问题。比如,他虽然断定是地磁场的异常和气候条件的变化引起了群鸟的自杀,但他没有对这些因素为什么会引起鸟类自杀作出科学的、详细的说明。诸如此类的问题还有很多。

企鹅为什么不会飞翔

白头偕老的企鹅
企鹅是不会飞的鸟,大多生活在南极。它们身上有厚厚的脂肪,可以隔热保温。寒冷的冬天成年企鹅和小企鹅簇拥在一起取暖。

　　企鹅生活在南极洲,由于其憨模憨样而深受人们的喜爱。企鹅的头又黑又亮,与脖子、背部的颜色一样,可是胸腹部却是白色的,企鹅身上黑白两色相映成趣,仿佛是一位穿着燕尾服的绅士。它们的尾部可以用来支撑身体。它们常常昂首伫立,俨然是南极的主人,企盼着远方的客人,因而被称作企鹅。

　　全世界大约有18种企鹅,其中数量最多的是皇企鹅和阿德利企鹅,它们主要居住在南极大陆上。皇企鹅直立时身高可达 1.2 米，最大者体重达 45 千克，因此被称作皇企鹅，意思是企鹅之王。皇企鹅也是世界上最大的海鸟。相比之下，阿德利企鹅的身高不超过 30 厘米，体重只有 6 千克左右，非常矮小。

企鹅对爱情比较专一，但是只在繁殖期它们才成对地待在一起。繁殖期间，它们通过叫声和动作辨认对方。有人用十多年的时间对企鹅进行观察，发现 82% 的企鹅一直维持原配。但是，有 1/4 的雄企鹅在繁殖季节里死去，因为它们无法找到自己的配偶。有时，企鹅也会重新寻觅配偶，但这种情况只发生在一些很特殊的情况下，例如丧偶等。有时，两只雌企鹅会大打出手，只是为了争夺一只雄企鹅，而被争夺的雄企鹅只与获胜的一方交配。

雌企鹅产下蛋后，雄企鹅会和它一起欢快地"歌唱"，周围的企鹅也会一起"唱歌"向它们表示祝贺。在产蛋期间，雌企鹅长期无法进食。在孵蛋期间，雌企鹅会暂时离巢觅食，雄企鹅则担当孵蛋的重任。一般间隔两个星期，雌企鹅和雄企鹅会交替执行孵蛋的任务。就这样轮流孵蛋，直到幼雏出世。也有些企鹅只由一方孵蛋，但这样会非常累。因为企鹅的孵化期很长，少则一个多月，多则两三个月，在这么长的时间里，企鹅要在狂风和严寒中不吃不动地孵蛋，直到孵出小企鹅。因此孵蛋者的体重会减少 40%，形容枯槁。

小企鹅出世后，必须靠亲鸟喂养，半年后才能独立生活。企鹅抚养幼雏有两种方式：一种是由企鹅父母共同抚养，像在孵化期一样，雌企鹅和雄企鹅轮流交替工作，一方守护巢穴，另一方出去觅食；第二种则是企鹅父母把小企鹅交由几只老企鹅来抚养，就像父母将孩子送到爷爷奶奶那里一样。尽管如此，小企鹅的成活率却很低，有 3/4 的小企鹅会夭折。有的失去幼崽的企鹅父母会从别的父母那里抢夺小企鹅来喂养，甚至不惜用武力，于是一场不可避免的恶斗就发生了。

企鹅有很多特殊的本领。首先是认路本领。科学家曾经做过一个实验，用一个封闭的盒子装上几只企鹅，运到很远的地方后，放出这些企鹅。令人惊奇的是，这几只企鹅竟然能返回原来的繁殖地，它们没有依靠任何标志，而且是沿着最短的路线。科学家们对它们的这种本领极感兴趣，但至今无人知道其中的奥秘。第二是企鹅父母能准确地认出自己的亲生小企鹅。原来，小企鹅之间的气味和鸣声有非常微妙的差异，根据这些差异，企鹅父母们能准确地认出自己的幼崽，令人惊讶的是，它们几乎没出过差错。另外，企鹅还有很强的时间观念。每年，它们在同一时间返回自己从前的繁殖地，并能精确地计算出幼崽的出生时间。往往等它们算好时间从大海返回后，幼崽刚好出世。当然，企鹅的生物钟也会有失误的时候，即使这样，它们记忆时间的能力也已经十分令人惊叹了。

企鹅是南极洲鸟类中最大的宗族。企鹅的头和喙与鸟类都是一样的，还有两只翅膀，不过不能飞翔。但是，在海里它却能像鱼一样欢快地遨游，速度高达每小时 18 千米。

经过长期演化，企鹅的双翅变成了鳍翅，像船桨一样短小而扁平，已经失去了飞翔的能力。它的两只脚非常靠近尾部，短而且粗壮，因此平时只能跳跃着行走，或者借助嘴巴和鳍脚爬行。遇到危险时，企鹅会连滚带爬地行动，显得十分可爱。

虽然至今未能发现4500万年前的企鹅化石，但是古生物学研究表明，企鹅应该出现在5000万年前的第三纪，但是，无法寻找到新的证据。谈及企鹅的起源，大家都很关心的是究竟企鹅的祖先会不会飞翔？还是后来在漫长的进化中，企鹅才变得不会飞的呢？

企鹅的许多特征都表明它的祖先会飞翔，尽管企鹅的鳍翅变得又短又平，像桨一样，但仍属飞翼，这种结构是腕和掌骨联合在一起形成的，非常适合飞羽和翩羽的附着，而这种结构是飞翔时所必需的。虽然企鹅的翩羽早就退化了，但支撑翩羽的结构依然存在。不仅如此，企鹅和飞翔鸟的胸骨特征也很相似。比如企鹅的胸骨处明显的有龙骨突起，飞翔肌肉就是附着在这里的。

科学家们指出，企鹅还有一个突出的特征能证明它的祖先会飞，这就是它的身上存在着尾踪骨。鸟类的祖先是由蜥蜴进化而来的，它们继承了一个长尾巴，这个长尾巴是由脊椎骨组成的。进化过程中，在流体动力和运动的作用下，鸟的尾骨逐渐萎缩，最终仅用于支持呈扇形排列的尾羽，成为一块小小的骨节，这就是尾踪骨。从最早的始祖鸟到现代的飞翔鸟，都存在着这块尾踪骨。而且，飞翔鸟由于在飞行中调节肌肉的活动及协调身体的动作时，要求非常迅速，因此，小脑非常发达。而企鹅的小脑也相当复杂而且发达，这也可以作为它的祖先会飞的一个证据。此外，同翅膀发达的飞翔鸟一样，企鹅也是把喙插在翅下睡觉的，而不会飞的鸟一般不会有这种姿势，这也说明企鹅和飞翔鸟之间必然存在某种联系。也有许多科学家对上述观点持否定态度，科学家孟兹比尔认为鸟类的起源有多种，企鹅不像其他鸟类是从鸟类祖先进化来的，它是直接由爬行类演变而来的，它的祖先并不会飞翔。也就是说企鹅的鳍翅不是所谓的翅膀的变异，而是从爬行类的前肢演化而来的，它并没有经过飞翔的阶段。

近年来，科学家将南半球的企鹅和北半球已经灭绝的海鸦联系起来，将它们的构造进行对比后发现，在企鹅和美洲沿岸发现的海鸦化石之间一定有着某些联系。海鸦化石距今有3000万年，而且都不会飞行，所以有的学者提出企鹅起源于北大西洋的海鸦。企鹅的骨骼体形有许多地方与海鸦十分相似，尤其表现在适应水面游泳和潜水方面。但仍存在一个问题，就是没有确切的证据判断它们之间的亲缘关系，因为它们位于两个不同的半球，而且它们的化石几乎出现在同一个时代。

在南极洲，古生物学家曾发现一个高约1米、体重约9千克的化石，与现在的企鹅非常相似，而且具有两栖动物的特征，或许这个化石就是企鹅的祖先。

无论以上何种解释，都由于缺乏足够的证据而得不到人们的一致认可。目前，动物学家们仍无法完整地解释企鹅的祖先是否会飞翔。

信天翁为何袭击美军

信天翁是一种终日漂泊在海洋上的海鸟，只有在繁殖期，才会暂时远离海洋。科学家们曾做过一个实验：在信天翁身上做一个标记，结果发现它迁飞一次的距离长达8000千米，甚至可环绕地球飞行。

信天翁的外形非常像海鸥，体形又粗又壮，有的信天翁体长达1米。就是这种小小的海鸟，在第二次世界大战期间，曾经击退了装备精良的美军，这令许多人惊异不已。这究竟是怎么回事呢？

1942年的夏天，在第二次世界大战期间，美军获知日本海军要抢占中途岛。在当时的情况下，中途岛在战略布署中占有不可估量的地位。谁先占领了中途岛，谁就可能占尽先机。美国显然也清楚这一点，为了破坏日本的这一企图，他们派出了一艘战舰去占领中途岛旁边的一个不知名的小岛。

美舰开始驶向无名荒岛，到了距荒岛1海里时，天渐渐地黑了。侦察参谋尤利斯奉命带领由10名侦察兵组成的侦察小分队，上荒岛去侦察。

在夜幕的掩护下，他们偷偷地登上了小荒岛。这时，有人看见不远处有一条灰白色的围墙，围墙足有半米多高。尤利斯想："这是谁修筑的围墙呢？难道这岛上有人不成？"于是，他将侦察兵分成两组，

草丛中的雄信天翁向雌信天翁发出求爱的信号，亮出漂亮的羽翼。

从两路对围墙进行勘测。靠近围墙后，发现围墙原来是由一大群熟睡的信天翁组成的。这些信天翁实在是太多了，它们一个挨一个地睡在那里，远远看去就像一堵围墙。他们放下心来，可是要想登上小岛，必须从这些熟睡的鸟儿中间通过。

在尤利斯的指挥下，侦察兵们小心翼翼地从熟睡的鸟儿中穿过。然而，不知道是谁不小心踩到了一只信天翁，岛上的鸟儿都惊醒了。数以万计的鸟儿在鸟王的带领下飞上半空，向这些不速之客发起了猛攻。它们用上了身上的所有"武器"，用尖嘴啄，用利爪抓，还用翅膀拍打。在它们的"痛击"下，侦察兵们被打得抱头鼠窜。他们只得拔出匕首与这些海鸟们进行搏斗。信天翁在侦察兵的刀下，纷纷惨叫着跌落到地上。终于，信天翁被击退了。

侦察兵们累坏了，正准备坐下来歇一会儿的时候，第二群信天翁又开始了新的进攻。可以看得出来，它们的进攻非常具有组织性，侦察兵们只好重新拿起武器进行自卫。两个小时的激战过后，信天翁的第二次进攻又被击退了。侦察兵们实在是太累了，疲倦使他们很快就睡着了。

天亮了，醒来的侦察兵们惊奇地发现自己睡在信天翁的尸堆上，大约有1米厚，40米见方。

大家以为危险已经过去了，便起身准备继续搜索整个荒岛。忽然，天边飘来一朵朵的乌云，向荒岛涌了过来。侦察兵们驻足观察，等到乌云飘近了，他们才看清楚原来那些乌云都是由众多的信天翁组成的。这些信天翁可能是先前战败的信天翁搬来的救兵。它们发起了猛烈的第三次进攻。不过，这一次，它们不再与侦察兵们进行肉搏，而是采取了低空盘旋的新战术。然后向侦察兵们头上拉鸟粪。又臭又黏的鸟粪劈头盖脸地浇下来，像轰炸机一样。很快，岛上就堆了厚厚的一层鸟粪。侦察兵们手上的刀顿时失去了作用，他们试图撤退到附近的棕榈林里躲藏。但是，信天翁立刻就识破了他们的计谋。一部分信天翁飞下来拦住他们的去路，它们用自己的尖嘴和利爪狠狠地攻击侦察兵们。在撤退的过程中，一名士兵哈森被围攻得满地打滚。另一名士兵汤姆的冲锋枪和匕首都被信天翁们叼走了，眼睛也被啄瞎了。尤利斯等人则侥幸地逃进了棕榈林内。他们通过步话机向舰上呼救。得到允许开枪的命令后，他们便端起步枪向岛上的信天翁进行猛烈的还击。不一会儿，附近海域的美军快艇和十几架飞机都前来增援。顿时，信天翁遭到美军陆上、海上和空中三方火力的夹击。但是，信天翁们并不甘心失败。尽管荒岛上放眼望去都是信天翁的尸体，但是越来越多的信天翁从其他的岛上飞过来。它们在荒岛上低空盘旋，一有机会就俯冲下来展开攻击。两个小时过去了，战争依然在激烈地进行着。侦察兵们依然被围困在棕榈林里。没有办法，美军只好又动用了轰炸机和毒气。他们还开动了推土机来推开鸟的尸体和粪便。不仅如此，他们还出动了坦克。坦克慢慢地开进了棕榈林，在火力的掩护下，被围困了一天的侦察兵才被解救了出来。

　　就这样，人和鸟之间的战争整整持续了一天。直到天黑，信天翁们才停止了进攻。趁着信天翁罢战，美国的军队赶紧修了一条简易的飞机跑道和公路。他们以为，信天翁不会再来攻击了。

　　但是，天一亮，无数的信天翁又从天而降。它们立刻占领了美军费了九牛二虎之力修建的飞机跑道和公路。美军采取了种种措施，都无法令信天翁们离开荒岛。信天翁们各个一副视死如归的模样。不仅如此，不少的信天翁还向美军的飞机发起攻击，许多飞机的螺旋桨和发动机都被撞坏了。到了最后，美军损失惨重，只好无奈地下令撤离这个荒岛。

　　此消息传出后，科学界十分震惊。许多科学家都前来进行观察和研究。然而，经过了很长一段时间，科学家们都无法解释为何信天翁的战斗如此有组织性，也不明白是什么力量使它们舍生忘死地保卫自己的家园。

蝙蝠与夜蛾靠什么"斗法"

　　蝙蝠号称"活雷达"，因为它能在夜间随意飞行捕捉"猎物"，却不会撞到障碍物。这就使蝙蝠成为很多小飞行动物的"克星"。但有一种动物却能轻易地避开它，那就是夜蛾。这一点引起了科学家们的极大兴趣。

人们通过电子仪器发现，蝙蝠在飞行时，口中可以发出几万赫的超声波。当碰到昆虫或障碍物时，这种超声波会被反射回来，被蝙蝠的两个耳朵接收。传到神经中枢以后，蝙蝠便可准确地判断出目标和距离。因此，这种超声信号是蝙蝠能准确地捕捉到昆虫、避开障碍物的"秘密武器"。

由于超声波的频率在2万赫以上，人的听觉是感觉不到的，所以人听不到这种声波。和其他波动一样，超声波可以在各种媒介诸如固体、液体、气体等物质中传播，并且速度和声波相同；而且在两种媒质的交界面上，也会发生反射和折射。所不同的是，和普通声波相比，超声波频率高，波长短，所以它像光波一样，可以集中向一个方向传播。在传播中即使遇到很小的障碍物，也会发生反射。

科学家们发现，正是这种精确的超声波定位系统，即声呐系统，保证了蝙蝠捕食昆虫不会发生判断失误的情况。有时它在短短一分钟内可以捕捉19只蚊子，其速度之快让人不得不佩服。但蝙蝠在捕食夜蛾这种昆虫时却并不顺利。科学家们反复研究后，终于发现了夜蛾不易被蝙蝠捕捉到的秘密。

原来，夜蛾具有一套精妙的反声呐系统，可以对抗蝙蝠的侦缉。夜蛾是一种害虫，危害棉花、玉米和果树。在它的胸腹之间，长有特殊的"耳朵"——鼓膜器。这种鼓膜器能听到20万赫的超声波。因此，当蝙蝠发出超声波时，它能听到并及时逃避开。即使在充满噪声的情况下，夜蛾的鼓膜器也能非常灵敏地分辨出蝙蝠发出的声波，它的灵敏度比世界上最好的微音器还要好。

对抗蝙蝠的另一个"法宝"，是夜蛾的振动器。这是一种长在关节上的振动器，它能发出一连串的超声波，干扰蝙蝠的超声波，使它无法摸清夜蛾的准确方位。

有些夜蛾身上还长有一层绒毛，这层绒毛也有保护作用。这种绒毛能吸收蝙蝠发出的超声波，使得蝙蝠的"声雷达"的作用距离因收不到足够的回声而缩小，从而使夜蛾得以逃出蝙蝠的"罗网"。

夜蛾的精妙的反探测系统为武器设计者打开了新思路。受蝙蝠高超的"超声定位"系统和夜蛾的反声呐系统的启发，科学家们准备研制一种新的抗干扰的雷达装置。这项技术一旦获得成功，将在军事侦察、天文、气象观测中广泛应用并发挥巨大威力。

所以说，大自然是人类创造活动的不竭的灵感源泉。随着人类对大自然认识的不断加深，相信我们可以发现更多令人惊叹的奥秘，创造出更多的为人类造福的仪器。

昆虫在水中是怎样呼吸的

大家知道，人在水里是不能呼吸的。但是，地球上有很多昆虫却是生活在水下的。只要是生物都要呼吸，那么水下昆虫是怎样进行呼吸维持生命的呢？

生物学家们对昆虫的进化过程进行研究，发现昆虫的祖先是有鳃的。只是在它们离开海水到陆地上居住时，鳃才慢慢退化消失了，取而代之的是一种用来呼吸水面以上空气而不呼吸溶解在水里氧气的新器官。而那些从陆地重新回到水里生活的昆虫，为了适应水里的生活环境，必须改变呼吸空气中氧气的呼吸系统。水生昆虫们为了能在水中呼吸，慢慢演变出各种各样巧妙的办法。

通过水肺进行呼吸便是其中的一种。水肺是一种昆虫所带的气泡，这个气泡具有与鳃类似的作用。它与昆虫身上的气门连接在一起，使动物能够在水底呼吸空气。水肺里的氧气被昆虫逐渐消耗时，气泡里的氧气压力逐渐降低，当这种压力降到比附近水里的氧气的压力小得多的时候，水中较高浓度的氧就会渗入水泡内氧浓度较低的气体中，通过这种方式水肺可以补充消耗掉的氧气。通过这样不断地消耗，不断地补充，昆虫从它的水泡里所获得的氧，要比水泡里的原有氧气多得多。一只昆虫把从陆地上呼吸的氧气带到水里，大概只够它使用 20 分钟，然而由于水泡可以不断从周围的水中补充到氧气，因此它在水里的生存时间可以长达 36 个小时。

使用潜游通气管呼吸空气是另一种比较常见的办法。水中的幼虫就是用这种方式呼吸空气的。潜游通气管长在它们身体后部，这样，它们吸取空气时，只要浮到水面上，把这根管子伸出水面就行

龙虱是一种水生食肉性昆虫，它能在翅膀下卷住一串气泡，使它可以在水中呼吸。图中的龙虱正在捕食一条小鱼。

了。潜游通气管的口上有一些瓣膜，在水里的时候，这些瓣膜是紧闭的。当潜游通气管的尖端露出水面后，瓣膜就自动张开。这主要是因为水对瓣膜的外部表层有一种吸力，当通气管伸出水面时，水的吸力作用可以使瓣膜的叶片向外向下展开，从而使这根管的呼吸孔露出来，它就是这样呼吸到空气的。水虻幼虫的通气管与上文提到的稍有不同。在它的通气管的尖端长了一些扁状细毛，这些细毛围成一个圆圈。幼虫浮游于水面时，细毛会在水的作用下向外展开，使幼虫牢牢定在水面上，这时呼吸孔随之张开。当呼吸结束幼虫再次潜到水里的时候，扁状细毛又自然地向里弯曲，形成一个储备空气的气泡。

还有一些以蜉蝣、蜻蜓和石蚕蛾的幼虫为代表的昆虫用气管呼吸。这类昆虫仍然保留了陆上昆虫具有的气管，所不同的是，它们的气管与鳃相连，因为鳃可以过滤溶解水里的大量氧气。这些鳃像稀疏的羊齿叶子一样，有的从腹部向外延伸，有的则是由胸部和头部向外延伸。蜻蜓幼虫的构造与此稍有不同。它们的鳃长在

消化管后端，呼吸时需要借助身体外壁的伸缩来完成吸水排水的过程。这些鳃的作用是可以把氧气通过鳃的表面送入气管。大部分蜉蝣的幼虫长有7对鳃，一般为椭圆形扁甲状，覆盖在腹部两侧。其中除了第7对是静止的以外，其余位置靠前的六对则是不停颤动的。第一对像橹那样摇晃，接着后面几对依次颤动，有点像"多米诺骨牌效应"。这样一来，水可以源源不断地流到鳃里，到达最后一对鳃时把水放出。此时，水里的氧气已被全部吸收，这时蜉蝣便会去寻找新的含氧水。当水里含氧量较高时，蜉蝣的鳃颤动的节奏较慢。如果水里氧气较少，鳃便会加速颤动。这时，在幼虫身体两侧出现晕轮形状的东西。

还有一些昆虫无须浮出水面就可以吸取空气中的氧气。一种名叫水蝎的水虫是它们需要的典型代表。这种昆虫的腹部长着一个针状的不能伸缩的呼吸管。有些甲虫和蝇类的幼虫，也能够在水里呼吸空气。它们的特殊之处在于，它们需要的空气是从水生植物的细胞空隙里取得的。有一种蚊虫长在沼泽地带，它的幼虫也有一个尖针状的通气管，它就是通过把这根通气管刺入香蒲和菅茅之类的水草组织内部来吸取空气的。除了上述几种昆虫可以在水里呼吸空气外，寄生虫也有这种本领，它们使用的是宿主积存的空气。

由此可见，水生昆虫虽然生活在水下，但仍能通过各种各样的办法进行呼吸。这使人们不得不对它们的生存本领发出由衷的赞叹。通过对它们的研究，说不定人类很快就可以发明一种比目前的潜水设备更轻便的潜水器呢！让我们拭目以待吧！

蝉为什么要"引吭高歌"

炎炎夏日，树上的蝉总是"知了、知了……"地叫个不停，令人心烦意乱。细心的人会发现，蝉刚开始叫的时候是低沉的"咚咚"声，然后逐渐变成烦人的噪音，震耳欲聋。天气越热它们叫得越欢，而且时间还越长。可是只要一到傍晚，凉风一吹，蝉们就默不作声了。

有意思的是，古代文学家为了抒发自己的情怀，常常以蝉为诗，他们认为蝉只吃树上的露水，不沾俗尘，是一种十分高洁的动物，所以常用它喻指自己的品行高洁，从而来咏叹自己的怀才不遇。

尽管如此，人们对蝉的认识还是从它的噪声开始的。在动物世界中，蝉可算得上是一个出色的"鼓手"。在它的腹部两侧各有一片薄膜，叫做声鼓，一块盖片覆在其外。里面不仅有鼓膜，还有一个完整的扩音系统，由1个音响板、2片褶膜和1个通风管组成。蝉在高歌时，你不要以为它是用锤敲鼓，相反它是使肌肉徐徐颤动，拉动鼓膜，振动空气，又在褶膜里使发出的颤音扩大，然后从音响板上将颤音反弹回来，音量就变得更大。接着，只要一张开穴上的盖片，鼓声就传扬出来了。

蝉为什么要如此"引吭高歌"呢？原来，这嘹亮的歌声是求偶的表现，希望引起其他蝉们的注意，这标志着它就要举行"婚礼"了。一般成年雌蝉都不会发出声音，只有成年的雄蝉才会引吭高歌。

蝉可算得上是世界上最长寿的一种昆虫，然而它却要在地下度过大半生。幼虫一般要在地下生活 2～3 年，长的可能要 5～6 年。现在，科学家所了解的寿命最长的蝉是美洲的 17 年的蝉和 13 年的蝉，也就是说它们每隔 17 年或 13 年才孵化一次。蝉所遵循的生命循环是十分奇异的，所以科学家叫它周期蝉。

蝉的幼虫从地下钻出来的时候，会在地面上留下一个个小圆洞，像蜂巢一样。这时的蝉还没有翅膀，最为坚强有力的是前腿。它们爬上树梢或草丛，蜕掉一层浅黄色的蝉衣后，就变成了有翅膀的蝉。

成年后的雄蝉很快就会发出求偶的鸣声，这些声音对雌蝉来说，就像是一种美妙的爱情乐曲，从而使"婚礼"的进程加快了。受精后的雌蝉会把嫩枝劈开，把卵产在枝叶内。完成延续种族的任务后，雄蝉和雌蝉于几个星期后就死去了。

虽然成年的蝉死去了，但生命依然在循环不息。嫩枝内的受精卵不久便孵化出来，新一代的生命又开始了。

美国的科学家发现，蝉至少有 20 个不同的族群，各自根据自己的生命周期进行繁殖。因此，每年都有不同族的蝉出现，这样来看 17 年的周期似乎也就不长了。

也许很多人会问，蝉为什么要大半生都过着暗无天日的地下生活呢？蝉在地下度过漫长的幼虫时期，通过树根得到水分和营养，这样就可以几度寒暑。生物学家认为，蝉的这种繁殖方式有一定的自然保护意识。因为这样可以使蝉少受鸟类等捕食动物的攻击，从而保存了有生力量。

英国科学家于不久前证实了蝉和蟋蟀等能担任天气预报的工作。原来，蝉和蟋蟀频繁发出的特殊声音与气温有很大关系。科学家们据此绘制了一张图表，从而可以预报第 2 天早晨是冷还是热。

夏日，人们早已熟悉了蝉的聒噪，然而细细了解蝉之后，才发现居然有这么多的学问。看似很寻常的一件事，背后竟蕴藏着如此深奥的道理，看来大千世界还有无数的奥秘等待人类去发现。

蚊子是怎样吸血的

蚊子是最让人类头疼的小动物之一。因为它们通过吸食人的血液，大面积地传播疟疾、丝虫病和黄热病等疾病。可人类又总是拿它们没办法，因为它们总是有办法让人类的各种灭蚊措施变得无效。只要夏天到来，它们就在黑暗中向沉睡的人们肆无忌惮地伸出"魔掌"。

为了研究蚊子是如何吸血的，以及蚊子如何通过吸血传染疾病，科学家选择了埃及伊蚊作为研究的突破口。

埃及伊蚊是所有蚊种中最危险的一种蚊虫，它不仅传播黄热病，同时也比其他任何种类的蚊虫传播的疾病更多。可这样一个极具杀伤力的小东西，外形却美丽异常，它身上布满了银白色和黑色鳞片相间的斑纹，看起来犹如一只会飞的华南虎。

埃及伊蚊喜欢吸食人血，但并不是所有的埃及伊蚊都有此嗜好，科学家们发现只有雌蚊才会如此。为了证明这一点，他们将一只雄蚊的喙尖轻轻地接触人的皮肤，结果发现雄蚊并没有作出任何反应来试图刺入人的皮肤去吸血。

雄蚊和雌蚊的这一区别在它们还是幼虫的时候就表现得非常明显。雄蚊幼虫在刚开始学会寻找食物时只吸甜液，如鲜花蜜或水果汁液，而且当人们把甜液和血液摆在它面前时，它也会首先选择前者。可雌蚊幼虫就不同了，它也会吸食甜液，但一旦有血液可以选择时，它的首选却是血液。有意思的是，科学家发现大多数雌蚊幼虫在吸饱甜液之后，在3个小时左右的时间里对血液不再感兴趣。在这段时间内纵使将一只手放在它的面前，它也会不予理睬。这个现象表明雌蚊在喝饱甜液之后，某些诱发它吸血的功能被抑制了。至于为什么会这样，目前科学家还是一无所知。

科学家还发现埃及伊蚊主要靠触角上的微小感觉器官来寻找人的气味，并通过这个气味去寻找吸食目标。下面这个实验就证明了这一结论：把一只饥饿的雌蚊的两个触角都除掉，那么，这只雌蚊就会对近在咫尺的人视而不见，即使将雌蚊直接放到人手上，它通常也不会去吸血。究竟是什么气味诱使雌蚊前来吸血呢？

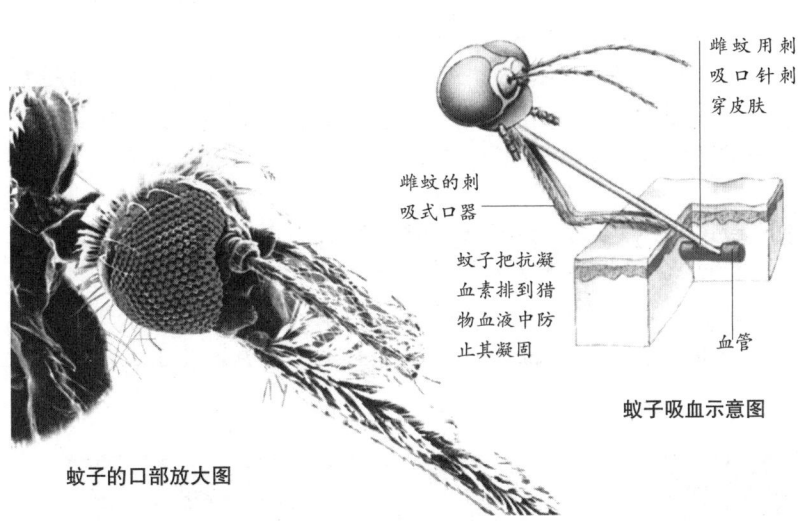

蚊子的口部放大图

蚊子吸血示意图

目前科学界还没有统一的定论。不少科学家认为乳酸、皮脂、氨基酸以及各种激素都可以吸引雌蚊，而有的科学家则认为三磷酸腺苷能引起雌蚊的刺入行为，更有科学家推测5－导向磷酸腺苷可以导致刺入后的吮吸行为。可是这些结论都还需要更进一步的证实。

为了认识雌蚊吸血行为的全部过程，科学家对它进行了仔细解剖，结果如下：雌蚊头部正前方有一个凸出来的喙，喙包括上唇和下唇。上唇是一个尖锐的口针，它能形成一个翻卷的导血沟。上唇两侧有两个细长的上颚，其下又有两个较大的针状下颚，其末端呈细锯齿形。在它们的下面是一个扁平的口针，叫做下咽。沿着下咽往下则有一个单独唾液管。下唇较大，有鳞片，唇的尖端有两个多毛的叶状物，叫做唇瓣。这个下唇形成一个深槽，槽内隐藏着一小束长的、逐渐变细的淡黄色的刺吸口针，统称为口针束。口针束既有刺针的作用，又有食物管的作用。

这就是雌蚊吸血所使用的工具的构造。当蚊虫一沾上人的皮肤时，它的唇瓣就迅速张开，口针束中呈细齿形的下颚随之以极快的速度刺入皮肤组织。血液通过口针束流入导血沟，随后流向腹部。在吸血的同时，雌蚊还不忘时刻警惕外界的突然袭击。它身上有一种类似气压计的特殊器官，可以迅速测量出极为微小的气压变化。一旦气压随着袭击的发动而有所异常时，雌蚊便会当机立断，马上逃之夭夭。

当雌蚊吸饱血后，它就马上抽出刺入皮肤的口针束。口针束从皮肤中一抽出，就向上方和前方弹起，然后缩回到下唇的深槽中去。至此，吸血才算大功告成。

科学家通过研究雌蚊吸血的姿势，发现雌蚊在吸血时有一个很奇怪的惯用姿态，那就是在少于3条腿支撑身体的情况下，它会放低腹部，并展开1只翅膀，形成了一个稳固的基础以继续吸血。这一下引起了科学家的兴趣：难道雌蚊的腹部与它吸血有什么必然的联系吗？于是他们将雌蚊的腹神经索在它的胸部和第一腹节之间切断，结果雌蚊在腹部饱胀之后仍会继续吸血，直到腹部胀破。而在腹神经索完好无损的情况下，雌蚊就算被砍断了其他肢体也能控制吸血量。这就说明腹神经索是控制雌蚊吸血多少的一个信号源。

尽管在对雌蚊的仔细研究过程中，科学家对蚊子吸血的方式、过程等已经有了比较全面的了解，但对于怎样根据这些知识来有效地防止蚊子传播疾病，还是一个需要进行更深入研究的问题。

探究萤火虫发光的内在机理

萤火虫流动的荧光常在夏夜给人们带来无尽的遐想，让孩子们获得谜一样美丽的想象。这些荧光五颜六色，有淡绿色、淡黄色，也有橘红色和淡蓝色。

萤火虫美丽的荧光可不简单，它带给科学家的启示可不少呢！科学家们根据萤火虫的内在机理，人工合成冷光，用在含有易爆瓦斯的矿井和弹药库中，也用于水下作业。

在医学上，科学家将从萤火虫身上提取的腺苷磷酸与癌细胞相结合，根据癌细胞内腺苷磷酸发亮的强弱程度来判断癌细胞生

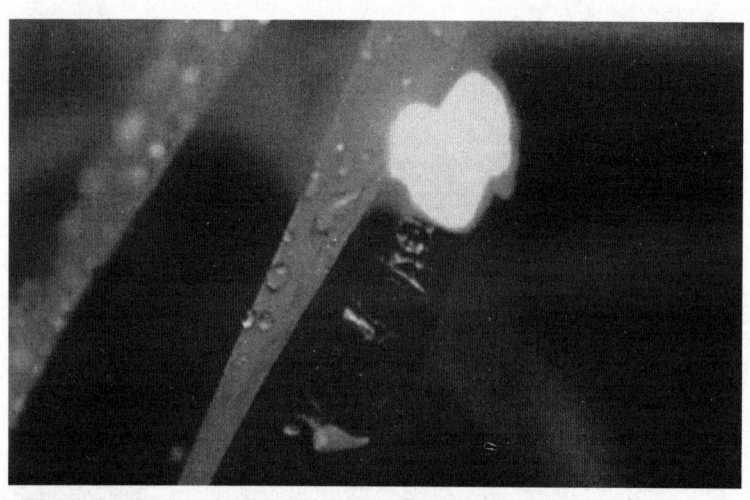

三磷酸腺苷是萤火虫"活灯笼"美誉的能源，它们集聚在一起发出的光不亚于一只灯炮发出的光，这得益于其腹部有一个发光器的缘故。

长的程度及其活跃情况。

在工业上，腺苷磷酸可用于探测金属的污染和分析过滤金属元素，亦可鉴定水的污染情况。在航天上，腺苷磷酸在探测太空是否有生物存在上也可大显身手。

夏天的夜晚，当人们看到一个个小亮点一闪一闪地在夏天凉爽的夜风中游来游去时，不用猜就知道是萤火虫。但与此同时，人们也很想知道萤火虫是怎样发光的。

萤火虫是一种世界性昆虫，世界各地都有，而且种类繁多。萤火虫身体扁平细长，一般来讲，都是雄虫有翅，雌虫无翅。全球总计约有2000多种不同的萤火虫，而且基本上都能发光。不仅是萤火虫的成虫，它的卵、幼虫、蛹也都能发光。它的这种特殊的本领是用来招引异性和"求爱"的。

可萤火虫为什么能发冷光呢？科学家们通过研究揭示了这个秘密。原来在萤火虫的腹部有一个发光器，发光器上有发光层，其表皮是小窗孔状的。在发光层下面是反光层。这些发光层上包含有几千个发光细胞，每个发光细胞里都有荧光素和荧光酶。荧光素在荧光酶的作用下，可以和氧化合发出荧光，而氧气是由发光器周围的气管供应的。

那么，萤火虫的光亮为什么忽明忽暗呢？主要原因是当气管输送的氧气充足时，荧光强；当氧气减少后，荧光便会变弱，甚至完全熄灭。但是，在萤火虫体内有一种叫做三磷酸腺苷的特殊物质，这是一种高能化合物，它能一次次地为萤火虫再度点亮"活灯笼"提供能源。每当荧光变弱时，荧光素在与三磷酸腺苷相互作用后便重新再生而发光。

单只的萤火虫发出的光虽然微弱，但如果把许多萤火虫放在一起，它们发出的光就可以抵上一个灯泡发出的光。我国古代有个著名的故事说的就是一个书生怎样借萤火虫光读书的。晋朝时的车胤非常喜欢读书，但他家境贫穷，点不起灯。因此他想了一个办法，他用很薄的纱布做了个小口袋，然后抓很多萤火虫放到里面。到了晚上萤火虫都发光了，于是他就借着这个光亮读书学习。

在国外，也有一个与萤火虫有关的真实故事。那是1898年，在美军与古巴的作战战场上，著名的哥加斯医生正在为伤兵施行手术，不料灯突然灭了。这时他急中生智，用一个装满了萤火虫的瓶子发出的光亮，成功地完成了手术。据估计，集中37～38只扁甲萤在一起，它们就可以发出相当于1支蜡烛燃烧的光亮。

萤火虫发光的特性给了科学家很大的启发。最近几年，科学家们先是从萤火虫的发光器中成功地分离出了纯荧光素，后来又从中成功地分离出了荧光酶。此后不久，又用化学方法人工合成了荧光素，科学界称之为冷光源。目前，我们日常使用的光源，一般只能把1/10的电能转化成光能，而剩下的9/10都被转化成热能而损耗掉了，所以，发光效率很低。由于发电需要消耗大量的煤、油等不可再生性能源，不仅不利于环境保护，而且也很不节约。而荧光素是可再生资源，用它发光不用担心能源枯竭的问题。而且冷光源光色柔和，不会对人的眼睛造成刺激和伤害。除此之外，冷光源还有一个最大的优势就是它的能量转化率极高，它可以将几乎95%的化学能转化成光能，大大地提高了资源的利用率。

根据目前科学界对冷光的研究成果，我们可以预见：在未来人类的生产和生活中，冷光将以其无与伦比的优势替代电光，并广泛地应用于制衣等领域。人们的生活将因冷光而更精彩。

飞蛾投火为哪般

自古以来，飞蛾扑火的故事就使人浮想联翩。《梁书》中有佳句"如飞蛾之赴火，岂焚身之可吝"。飞蛾真的愿意送死吗？它为什么喜欢扑火呢？

夏天的晚上，点亮一盏灯，就有许多的小青虫、甲虫和蛾子等飞过来，绕着灯光转圈，直到最后死去。灯光熄了，这些小虫立刻就飞散了。重新点亮灯时，四面八方的昆虫又飞了回来。

以前，人们认为这是昆虫的喜光性，正是由于昆虫的趋光性，它们才会以身扑火。昆虫对紫外线的反应特别灵敏却看不见红色光线。利用这种特性，人们常将一盏紫外光灯挂在野外来诱杀飞蛾。他们在灯下放置一水盆，飞蛾飞过来时，最终死在水盆里。

现在，飞蛾扑火之谜已经解开了。原来，这是飞蛾辨认方向的一个方法。有些昆虫依靠食物、同类个体的气味、湿度的大小和温度高低来确定活动的方向。飞蛾则是利用光线在夜间辨认方向的。

经过长期观察和实验，科学家发现飞蛾在夜间飞行时，是依靠月亮的光线来确定方向的。月光总是从一个方向投射到飞蛾的眼里。在逃避敌手的追逐，或者绕过障碍物转弯以后，飞蛾只要再转一个弯，月光就仍从原先的方向射来，于是飞蛾就很容易找到方向。

飞蛾之所以绕灯光转，是因为它把灯光当成了月光，因此，它误用灯光来辨别方向。月亮距离地球很遥远，飞蛾只要同月亮成固定角度就可以确定自己的方向。可是，灯光离飞蛾很近，飞蛾本能地保持固定的角度，所以它只能绕着灯光转圈，直到最后死去。

从飞蛾扑火的故事中，科学家得到了启发。有一种远程导弹，导弹头部安装有类似飞蛾的眼睛，它以一定的角度对准一颗明亮的恒星，发射后，导弹的眼睛始终与恒星保持着一定的角度。导弹一旦偏离了航向，这个人造眼睛就会把这种偏差传到导弹的电脑装置，然后重新修正航向，以此保证导弹不偏离预定的飞行轨道。

浑身带病菌的苍蝇为何不会生病

苍蝇喜欢在垃圾堆、腐烂的尸体上活动，它浑身沾满病菌，到处传播，对人类产生很大的危害。尽管如此，苍蝇却从不感染细菌，这是怎么一回事呢？

经过研究，意大利科学家莱维蒙尔尼卡博士发现，苍蝇的免疫系统会发出BF_{64}、BD_2两种球蛋白，将侵犯自己的病菌杀灭。这两种球蛋白射向病菌，就像原子弹和氢弹一样，与敌人同归于尽。BF_{64}，BD_2 球蛋白总是一前一后地从免疫系统里出来，从不错乱，而且制造和发射都很快，能在短时间内把敌人消灭。

苍蝇并不是随便发射这两种球蛋白的，只有当细菌繁殖得特别快时，系统才会工作。一般情况下，苍蝇会尽快地将细菌排出体外。

生物学家和病理学家经过研究，发现苍蝇一般只用 7~11 秒钟就可以将食物进行处理、吸收养分，最后将废物排出体外，细菌还没来得及繁殖子孙就已被苍蝇排出了体外。这种处理方法，速度之快、效率之高，令别的动物望尘莫及。一般说来，哺乳动物从进食到排便，短则几十分钟，长则几个小时；而人类一般要 24 小时才排便一次。所以当人们吃了带有病菌的食物后，病菌、毒素不能及时排出体外，病菌便会给人体造成危害。而苍蝇这种独特的本领使它不会感染细菌而生病。

科学家对苍蝇进行研究后，发现 BF_{64}，BD_2 比青霉素的杀菌力还要强千百倍。如果有朝一日能从苍蝇体内提取 BF_{64}，BD_2，那么，这将会造福于人类。由此可以说苍蝇也并不是有百害而无一利的。

蟑螂为何难以灭绝

蟑螂是一种非常令人讨厌的昆虫，它能传播大量的病菌，而且很难将其彻底消灭。为什么会这样呢？让我们先看一下蟑螂的历史。

早在 3.5 亿年前的石炭纪，地球上就出现了蟑螂，它是目前世界上最古老的昆虫之一。在这漫长的时期，地球表面的很多昆虫都消失了，可是，蟑螂经受住了各种变化，顽强地生存下来。现约有 4000 种以上的蟑螂存活于世上，隐藏在人们的房屋里过着偷吃食物的生活的蟑螂只是其中的一部分。

蟑螂属于直翅类，昆虫纲蜚蠊目。它的体形椭圆而且扁平，身子轻盈，神出鬼没，它偷吃食物，咬坏衣物和家具，传播许多种疾病。同苍蝇一样，蟑螂喜欢待在脏地方，身上有大量病菌和毒素。与人类的食物和衣物接触后，它可传播伤寒、霍乱、脊髓灰质炎和过敏症等疾病。蟑螂的食物很多，它的美餐包括衣物、塑料、纸张和电线。

蟑螂的危害非常大，但是要彻底地消灭它却很不容易，这是由于蟑螂有一套保护自己的特殊本领，主要包括以下几个方面。

首先，蟑螂有很强的繁殖能力。据估计，一对德国蟑螂一年内繁殖的蟑螂高达 40 万只。即使切掉这种蟑螂的脑袋，它也会爬到安全的地方产下一个卵匣，这其中有 12 只蛹可以"传宗接代"。

第二，蟑螂的身体构造也能帮助它逃生。它膝关节中有一个震动传感器，异常灵敏，能感知人的脚步，以便迅速逃跑。它还有灵敏的尾须，当人们用脚踩它时，尾须能及时感知气流向下压，能在 54‰ 秒的瞬间跳开，速度奇快，以至于人的脚还未落地，它就跑了。

第三，蟑螂的适应性也非别的生物所能比，在极端恶劣的环境里，它也可以生存。1个月不吃东西,3个月藏在水下,对于它是家常便饭。在受到威胁时,它能把身体卷成一个小球,能喷射有毒液体击退攻击者;被捏住时,它能喷出一种有润滑作用的油状飞沫,趁机扭动身体,从指间脱身。人们发明了大量杀虫剂来消灭蟑螂,可是幸存的蟑螂很快会产生抗药力,它的基因也会发生变化以适应不利的环境。

至今,人类也没有找到有效的办法对付蟑螂。但是,人们发现蟑螂的多少与环境卫生状况是有关系的。因此只有搞好环境卫生,才能防止蟑螂的繁殖。平时要经常清扫死角、缝隙,喷洒杀虫剂,使蟑螂无处可躲。同时在食物旁边和食物柜里要放几片杀蟑螂片。

对蟑螂有了进一步的了解之后,我们相信,蟑螂总有一天会从地球上彻底消失的。

鲸为什么要喷水

一望无际的大海波涛汹涌,人们却很容易发现活动在几千米范围内的鲸类。原来,鲸有一个缺点使自己很容易暴露,那就是鲸喷的水柱。

通过鲸喷出的水柱的高度、形状和大小,人们可以辨别鲸的种类和大小,例如9~12米高的水柱一定是蓝鲸喷的。从远处进行观察,就能发现鲸类并判别其种类。

现在有77种鲸生活在海洋里,主要可以分为须鲸、齿鲸两类。须鲸有11种,分布于全世界的海洋中,地鲸、鳁鲸、露脊鲸等都属于须鲸。它们是一种以水中生物为食的大体积动物。它们的牙床上没有牙齿,只有刚毛,这可以帮助它们把小鱼和鳞虾等从水中分离出来。它们利用脑袋上的两个呼吸孔进行呼吸。齿鲸包括66种,其中包括深受人们喜爱的海豚。与须鲸不同,齿鲸长着尖尖的牙齿,主要用来捕获鱼类和乌贼等食物,而不是用于咀嚼食物。齿鲸的呼吸孔合二为一。齿鲸除了分布于全世界的海洋中外,南北美洲、亚洲和非洲的某些河流、湖泊中也有分布。

跃出海面的座头鲸

从名字上看,很多人都以为鲸是鱼。其实,鲸是哺乳动物,而且还是地球上最大的哺乳动物。鲸在很久以前就是一种完全意义上的哺乳动物,而且是唯一生活在水中的哺乳动物。一开始,它们是生活在陆地上的四足哺乳动物,后来才到海中生活。它们在漫长的岁月中逐渐适应了水中的生活。为了适应海洋的生活环境，它们的身体成为光滑的流线型，而尾巴则变得非常有力，像桨一样，前肢进化为鳍，掌部和趾数都发生了变化，为了呼吸方便，鼻孔居然跑到了脑袋的顶端。

鲸的体长 1.25～30 米，体重 23～150000 千克。大鲸像一条巨型鱼，因为脖子短，头与身体好像直接连在一起。骨骼也是从头到尾逐渐变细，像鱼类一样。蓝鲸有 30 米长、150 吨重，是到目前为止世界上发现的最大的动物。它的舌头能毫不费劲地支撑起一头小象，蓝鲸的庞大由此可窥一斑。像一般的哺乳动物一样，鲸是胎生动物。在出生时，幼鲸的头是朝前的。幼鲸一般是在水中被生下来的，刚出生的小幼鲸的鳍还不硬，但是它们一出生便能在水中游泳了。在繁殖地，鲸过着群体生活而且有着非常严格的规则，所有的鲸都会自觉遵守。幼鲸总是跟妈妈一起玩耍，有时还要骑在妈妈的背上，依靠妈妈的力量浮出水面。

那么，鲸为什么要喷水呢？原来，尽管生活在水中，鲸仍旧要呼吸大气中的氧气。鲸有一个很大的肺，如蓝鲸就有一个重约 1500 千克的大肺，如此大的肺，能容纳 15000 升空气。这样大的肺容量，对鲸来说大有好处，鲸只需过一段时间到海面上呼吸一下空气就可以了。但是这个时间不能太长，一般过了十几分钟后，鲸就要再次浮出水面，呼吸空气。

此外，鲸还有一个独特的鼻子。与别的哺乳动物不同，鲸的鼻子外面没有鼻壳，头顶两眼的中间就是鼻孔开口的位置。有的鲸有两个鼻孔，但是靠在一起，有的鲸干脆将两个鼻孔合并成一个鼻孔。

鲸在呼吸空气时，先要排出肺中大量的废气。由于压力非常强大，喷气时能发出像小火车的汽笛声那么大的声音。废气冲出鼻孔时，强大的气流把海水带到空中，就像有喷泉出现在蓝色的海面上一样。在寒冷的海洋里，肺内的空气较空气中的温度高，肺中呼出的热空气遇冷凝结成小水珠，也能形成喷泉。在深水里，鲸的肺中的空气在巨大的压力下强烈地压缩，压缩的蒸汽在扩散的时候，也能形成喷泉。

由此可见，鲸喷水是为了呼吸空气中的氧气，产生美丽的喷泉是由其奇特的身体构造所造成的。

探寻海豹的定位技术

大自然在创造万物的同时，也赋予了它们各不相同的生理构造和特殊的生存技巧。海豹的"特异功能"就是能够在海水中自由地游来游去而不受风浪的阻挠。海豹究竟是靠什么来导航定位的呢？这一点不得不让人对它产生好奇心。

由于海豹长期生活在水中，它身体的各种器官已经逐渐地适应了海洋环境，发生了很大的变化。为了能在水中快速游泳，追捕鱼类，海豹的外形已演变成了优美的流线型。因为这样的体形可以将涡流产生的高强度的水流噪声降到最低，使海豹能顺利地接收到目标的噪声。

首先发现海豹具有导航定位系统功能的是美国科学家波尔特。1961 年，他来到了一个人迹罕至的荒岛上，该荒岛距旧金山有几十千米远，这里到处是海豹和海狮。一个偶然的机会，他发现一只海狮似乎丧失了视力。经过仔细观察后，他确信这只海狮已双目失明。然而，他又发现，丧失了视力的海狮在水中仍然行动自由，照样灵巧地捕捉小鱼，与健康的海狮相比似乎没什么异样。百思不得其解之际，他对这两种动物产生了极大的兴趣，于是开始进一步研究海狮、海豹的发声。他选择圣迭戈的动物园中的海狮、海豹进行研究。首先他录下了它们的声信号，然后经过认真分析研究，终于发现它们不是用耳朵，而是靠声波在水下探测和定位的。

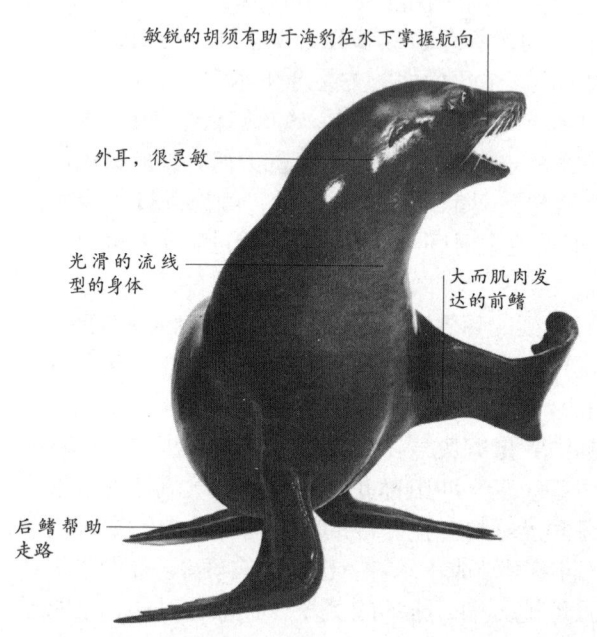

海豹外部形态构造示意图

借助声波，海豹不仅能在漆黑的水下探知水下物体状态，而且连这些看不见的物体的内部构造和大小也"一目了然"。因此，有了声波，即使在黑暗中它也能准确地捕获食物。有一次，有人在不透气的袋中装满了它们爱吃的小鱼，可它们依然能顺利地找到小鱼。更为奇妙的是，借助声波，它还可以在一定的距离内分辨出装在袋中的牛肉、马肉和鱼。

研究人员还发现，除了灰海豹以外，大多数海豹所发出的声波是能够听到的。而且，海豹还具有非凡的听觉本领。它们的耳朵也出奇地灵敏，不仅可以听到很远的声音，而且还能根据声音分辨出物体的特征。人类由此开始成功研制出一个很有趣的声呐导流罩，实际上就是一个"人造海豹耳"。

人们仿照海豹耳的构造研制出了声呐导流罩之后，水听器的性能也有了不小的改进。以前，舰船在全速前进时，对敌人潜水艇的位置探测不准。现在，利用声呐导流罩就可以探测得非常准确了。

目前，海豹耳为科学发明带来的灵感，大多还只是用于军事技术的改进。希望在不久的将来，关于海豹耳的研究成果能够得到更广泛的应用。

海豚的语言系统为何如此发达

很长一段时间以来，语言被看做是人类的特有功能。殊不知，鸟有鸟语，兽有兽语，很多其他动物也有自己的语言，它们能用特有的信号在同类之间传递信息。

被誉为"水下智者"的海豚就有非常发达的语言系统。人类对此投入了极大的关注，为此，科学家们进行了大量的研究工作。

海豚是生活在水里的哺乳动物，和鲸、鼠海豚一起被称为鲸豚类动物，海豚的身体外形已经和它的陆生祖先大不相同了，它已经完全适应了海中生活。它的体形变成了流线型，减少了游泳时的阻力；脖子短而硬，有利于高速游泳；前肢演化成胸鳍，后肢完全消失；鼻孔移到了头顶，能在水面上自由地呼吸；肌肉发达的尾部是强有力的推进器。

海豚是非常聪明的动物，它有与人类大脑相似的沟回，记忆力极强。它虽然视力不佳，但是耳朵却有"看"东西的超常本领。它能通过头骨，特别是下颌骨来接收和传导声音，然后它的"骨头接收器"再把声音传至内耳。不仅如此，海豚的智慧还表现在它能模仿人类的简单的音节和听懂人类的语言方面。海豚如果接受一段时间的训练，就可以和人交谈，能按人发出的指示进行表演。

科学家们在研究中发现，海豚的声讯系统非常复杂。法国著名生物学家布斯耐尔教授有一个有趣的发现，即用木棒击水可以引来海豚。

这个现象是在非洲发现的。那里的渔民有一种特殊的捕鱼工具，那就是海豚。他们先在岸边支网，然后一个人用木棒在水中用力击水，发出很大的"啪啪啪"声。用不了一刻钟，在远处地平线上便会出现一排小黑点。当这排小黑点慢慢游近后，你会发现，原来它们是由一群海豚组成的。随着海豚越来越接近岸边，大批的鱼儿被它们驱赶到了岸边。成群的鱼儿为了逃命，惊恐万状地跃出水面，正好落入渔民的网中。通过这种有趣的捕鱼方式，渔民们轻轻松松就捕到了大量的鲜鱼。

此后，在美国佛罗里达海岸，布斯耐尔本人在众多的海洋生物学家面前亲自演示了这种捕鱼方法，现场所有的人无不惊得目瞪口呆。甚至有人认为他是在施魔法呢！

许多人都很奇怪，那么这种情景是如何出现的呢？经过大量的研究和分析，研究人员终于有了答案。原来，木棒击水的声音很像海豚喜欢吃的一种鱼发出的声音，因此渔民用棒击水时海豚误认为发现了食物。非洲渔民正是巧妙地利用了海豚的这种特性才轻易地捕捉到大量的鲜鱼。

但海豚的这种系统，有时也会给自己惹来麻烦。在日本的渔场里，经常有海豚成群结队地闯入袭击鱼群。尽管渔民们怨声不断，但由于海豚是一种受国家保护的海洋动物，各国都严禁捕捞、伤害海豚，以免破坏生态平衡。那么，怎样可以做到既不伤害海豚又保护鱼群呢？日本一个渔业研究所的科学家制造了一种塑料的、身长4米的人造虎鲸。他们在虎鲸肚子里装了一部录有虎鲸叫声的声波发射机，不停地进行播放。由于虎鲸是海豚的天敌，因此海豚一听到虎鲸的叫声，便会害怕地离开渔场逃命去了。

除了十分完善的声讯系统以外，生物学家还发现海豚拥有丰富的"词汇"。它能发出一系列像哨声一样的声信号作为它的通信信号。美国科学家研究发现，大西洋海豚和太平洋海豚一共能发出32种不同的叫声，其中9种是两者通用的，另外大西洋海豚经常使用的有8种，太平洋海豚经常使用的有7种。海洋学家们认为,不仅同种海豚之间可以利用声波信号进行通信联络和交流,而且不同种的海豚之间也可以通过这种信号进行对话。

海豚这种海洋动物如此聪明,那么它是否也可能具有与人类的语言表达能力相似的能力呢?为此,美国生物学家厄尔·默奇森曾做了一个试验:厄尔训练了一只雌海豚,名叫凯伊。他为凯伊准备了20个问题,然后,将两个圆球放在凯伊面前,它推红圆球表示有,推蓝圆球表示没有。厄尔把一些大小各异、形状不同的物体放入水中,问凯伊:"那里是否有东西?"凯伊经过一番探测,很快给出了正确的回答。

接着,厄尔就物体的形状提出问题:"这个物体是圆的吗?"结果,不论什么形状,凯伊都能给出准确无误的答案。厄尔想考一个有难度的问题,于是他在水中悄悄放入一块三角铁,不料凯伊早就察觉出来,立即作出了正确回答。

不仅如此,海豚学习语言的能力也很强。美国学者贡·利里教授曾做过一个这样的实验:他将1~10的数词用英语教给海豚。几星期后,海豚竟能模仿人的声音将这些数词说出来。更令人惊奇的是,它的同伴竟然也会说!原来,海豚能在几秒钟之内把所学的知识教给同伴,而它的同伴学会这些知识也只需要几秒钟的时间。

目前,对海豚这种聪明的海洋动物的研究仍在大量地进行。语言能力是区别人与动物的标志之一。海豚具有如此发达的语言系统,因而很多科学家推测,聪明的海豚可能与人类存在某种联系。

鳄鱼为什么要吃石头

鳄鱼有个奇怪的习性,就是喜欢吃石子。有时候,为了找到合适的石子来吃,它们甚至千里迢迢地去寻找。难道它真把这些石子当做食物吗?如果不是,它干吗要吃石子呢?

恐龙是鳄鱼的近亲。美国有两位地质学家曾发现一具大约距今8000万年的恐龙化石,在它的肋骨骨架中也有大大小小的许多的石块,据

尖利的牙齿咬紧陆地动物如鹿,然后将其拖入水中淹死

眼睛和鼻孔高高在上,以便鳄鱼潜在水中时能看见和呼吸

长尾巴来回摆动,加快游动速度

当鳄鱼在水中游动时腿与身体重叠

正在吃食的鳄鱼
当鳄鱼猎食成功后,会吃石头帮助消化。

统计，多达 197 块。科学家们推测这些存在于恐龙胃里的石块可能与鳄鱼胃里的石块发挥着相同的作用。

科学家们经过观察和研究，终于了解了鳄鱼吞吃石子的原因。尽管鳄鱼的嘴能张得很大，而且满嘴利齿，似乎只吃大动物，其实不然。比如，扬子鳄就只以小的东西为食，例如小鱼、小虾、小昆虫及青蛙之类的东西。而且它在吃东西时，总是囫囵吞食，并不用自己尖利的牙齿进行咀嚼，就像鸡鸭的胗里有助于磨碎食物的小沙砾一样，鳄鱼就是利用石子磨碎食物的。因此，鳄鱼吞食石子的第一个作用是帮助消化。

在狂风暴雨的海面上，满载货物的船往往能顺利地到达目的地，而空船却常常经不起风浪的袭击。因此，鳄鱼吞食的许多石子起到了"船只压舱物"的作用。鳄鱼吞食石子后，体重增加了，有助于它潜泳。

鳄鱼身上的一层厚厚的盔甲，除枪弹外，没有什么能够穿透。它的利齿并不咀嚼食物，但是，它一旦抓住猎物，猎物就几乎没有生还的可能，它把猎物拖入水中，最终猎物窒息而死。它能整个吞下小的动物，但大的动物如象、鹿等就没那么容易了。它只好把那些大的动物放在水里，等它们腐烂软化后再吃，这样就容易多了。

鳄鱼看似凶猛，它会一边吞食那些弱小动物，一边流泪。但是，据科学家们研究，那只是一种生理现象，而不是痛苦的眼泪。通过流泪，它能把身体里的盐分排出来。和海龟等一样，鳄鱼体内多余的盐分不能通过尿来排出，由于肾脏功能严重不足，因此只能靠一种特殊的盐腺来进行补充，而此盐腺正好位于眼睛附近。所以鳄鱼是以流泪方式排出盐分，在不吃猎物时，它也会流泪。有人甚至荒谬地认为海龟在生蛋时流泪，是由于太痛苦的原因。

尽管鳄鱼很凶猛，但大多数的鳄并不会随意地攻击人类。河流和湖泊是它的栖息地，它主要吃水生昆虫、鱼类、蛙类和蛇等，水鸟或小动物也是它的食物。中国长江下游芜湖、太湖等地有一种扬子鳄，它们只在夜间才外出觅食，而白天则居住在自己的洞穴中，并不伤人。扬子鳄是一种活化石，现存的只有 500 只左右，全部都生活在中国，属一级保护动物。目前世界上仅有两种淡水鳄，扬子鳄便是其中之一。

电鳐鱼身上为什么带电

人类发电、供电需要建造一个巨大的系统，耗费大量的人力、物力。然而，有一种动物却能轻易地自己发电、放电，并且自己丝毫不受影响，这就是电鳐鱼。

电鳐鱼多生活在大西洋中，它身长约 2 米，体重足有 100 千克。它的身体是扁的，头部和胸部相连，很像一个大圆盘，后面还连着一根粗棒似的长尾巴，整个体态就跟一把芭蕉扇差不多。它的皮肤是暗褐色的，上面还有许多蓝色或黑色的大斑点点缀着，色彩十分鲜艳。身上没有鳞片，很光滑。这种鱼在我国东海、南海时常可见。

至于生活习性，电鳐鱼喜欢潜伏在海底泥沙里，一般只露出一双眼睛观察周围的动静。当它从泥沙中钻出来的时候，那就表示已饿得不行了。这时，它会将过路的鱼、虾当成猎食目标，向它们放电，等这些被它看上的猎物被击昏之后，它就把它们吞掉。饱餐之后，电鳐鱼又重新沉入海底，趴在那里一动不动了。当有敌害来侵犯时，它会马上施展放电的本领用来自卫。

那么，电鳐鱼是怎样为自己充电的呢？科学家们在研究时，剥开电鳐鱼的外皮，在它体内发现了一堆六角形的肌肉。这堆肌肉的一面由神经连接起来，比较光滑；另一面则没有神经，凹凸不平。当鳐鱼发电时，先是神经传来信号，这在肌肉光滑面就产生了电位。而另一面因为没有神经，所以不受控制，仍旧保持原来的静息状态。这样一来两侧形成了电位差，电流就随之产生了。至于鳐鱼在发电时，为什么电流是从腹部流到背部，这是由于它的发电器官位于身体中部两侧的原因。

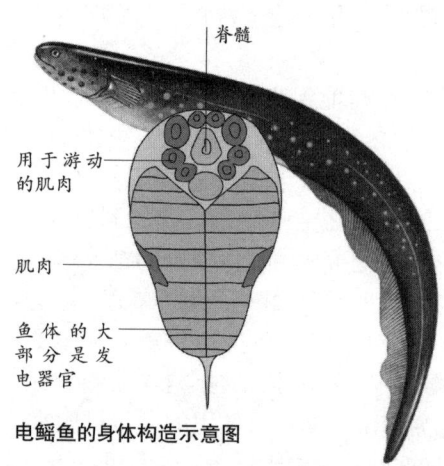

电鳐鱼的身体构造示意图

此外，在电鳐鱼的肌肉里还有许多特殊的、紧密相连的细胞。每个这样的细胞，都可以产生一个电压，就像一个个小电池。尽管单个细胞产生的电压极其微弱，但是当许许多多这样微小的细胞紧密相连时，就会像许多电池串联一样，能够把这些电压叠加起来，形成很高的电压。而且这也使电鳐鱼在产生强大的电压的同时，避免了伤害到自己。

电鳐鱼的发电形式与我们常用的交流电或直流电不同，它所发的是脉冲电。因此在每次放电完毕之后，它都需要稍事休息，然后再放电，再休息。它的脉冲频率比较快，一般可在 10～30 分钟内放电 1000～2000 次。不过，在捕捉它的时候并不存在危险。因为电鳐鱼在落网后，会不断地放电，等到被提上甲板时，它已经筋疲力尽，没有力量放电了。

电鳐鱼还可以用来治病。这在古时候就已经被人类所发现和利用了。古罗马时期，居住在沿海地区的居民中，风湿病或癫狂病的患者很多。每当病情发作时，他们并不急于找医生，而是赶紧跑到海边抓几条电鳐鱼来。被抓的电鳐鱼受到侵犯，便放出电来，这电正好可以刺激患者的神经，从而达到治病的目的。

与电鳐鱼的发电、放电系统相比，目前人类所发明的电池使用效率很低，而且耗费了巨大的能源。希望有一天，人类能从电鳐鱼身上得到启发，使人们能像它那样快速、便捷、高效地得到电能。

撞物的箭鱼是怎样防备自我伤害的

如果告诉你有一条鱼能够击沉一艘军舰，你一定会以为是在开一个不着边际的国际玩笑。的确，对一般的鱼来说，去撞击军舰，无异于鸡蛋碰石头。但有一种鱼却是千真万确地能够击沉庞大的军舰，并且自己毫发无伤。这种鱼叫做箭鱼。

在第二次世界大战期间，有这样一个真实的故事。那是在二战快结束时，一艘名为"巴尔巴拉"号的英国轮船在一次横渡大西洋的定期航行中，值班水手突然在船的左舷发现了鱼雷。顿时，轮船上警报声四起，所有人都惊慌失措地往甲板上跑去。当时主舵手以为是敌人的鱼雷来了便拼命地转舵以改变航向。人们从船舷看过去，只见一个椭圆形的黑色物体正以极快的速度冲向轮船，在它的身后还掀起了一道白浪。紧接着便听到一声震耳欲聋的巨响，轮船立刻开始剧烈地震动起来。船上所有的人都被这从天而降的"鱼雷"吓呆了。可是惊魂未定之时，轮船并没有像所担心的那样爆炸，只是船底被撞出了一个大窟窿，海水从大窟窿里大量地涌了进来。而此时那可怕的"鱼雷"又突然改变了方向，往另一个方向冲去。此时，船员们才弄清楚，所谓的"鱼雷"原来只是一条巨大的箭鱼。

科学研究者发现，箭鱼的身躯重达半吨，在它猛力攻击的刹那，其最大的前进速度可以达到每小时120千米，在这个速度下，可以形成巨大的作用力。一旦用于进攻，是十分骇人的。

作家海明威自豪地向人们展示一条重达400千克的箭鱼。

在英国的自然历史博物馆里，直到现在仍然陈列着这样的物品：被箭鱼击穿的半米厚的船板。在二战期间，美国也有一艘油轮在横渡大西洋时，被箭鱼击穿船舷，当时船上的美国人就像目睹了一个奇迹一样，他们对箭鱼的力量感到不可思议。前几年还有更令人吃惊的报道说一艘英国军舰居然被箭鱼击沉。这样看来，"活鱼雷"的称号对箭鱼来说是毫不夸张的。

看到这里也许会有读者提出这样的问题：一条箭鱼，也不过是血肉之躯，何以能够承受住冲击时产生的巨大的反作用力呢？它在撞物时何以能够避免自我伤害呢？答案还需从箭鱼的身体构造找。

原来，箭鱼身体两侧的肌肉非常结实，而且它身上脊椎间有一个软骨悬垫，这是它冲击时极好的避震器和缓冲器。而箭鱼的"箭"的基部骨骼的结构是蜂窝状的，每一个蜂窝孔中都充满油液，就像一个多孔的冲击消除器。箭鱼的头盖骨结合得非常紧密，同时还与"箭"的基部形成一个整体。正是箭鱼身体的这种特殊构造，使它不但能猛烈地冲击外物，而且能使自己免受伤害。

箭鱼击沉军舰的现象引起了很多工程技术人员尤其是航天飞机设计师们的极大兴趣。他们发现箭鱼的身体结构包含了很多复杂的力学原理。相信通过对箭鱼的研究，我们一定可以从中得到不少的启发。

奥秘世界

青蛙大战之谜

战争与和平是人类社会永恒的话题，战争与和平也是动物世界不变的定律。

1970年11月7日，马来西亚森吉西普的一处大泥潭里，成千上万只青蛙互相撕咬，声震四方。事后池水中蝌蚪、蛙卵和死蛙遗尸遍地都是。

1977年，在中国广州市郊也发生过群蛙大战。春夏久旱，直至9月初才下了一场大雨。雨后的第二天，在近郊公路旁的一个水坑里，数百只青蛙叫声大作，有的在水面追赶，有的用前肢打架，也有的十几只抱成一团，相互鏖战。

美国史密逊博物院为揭示青蛙大战等自然奇景的秘密，于1956年专门成立了"短暂现象研究中心"。这个研究中心虽然只有6名职员，但是分布在185个国家、岛屿和地区的2800多名科学家却都是该中心的通讯员，至今已经报告了1000多宗类似事件。

动物学家调查研究后认为：青蛙的战争是蛙类"群婚"及繁衍后代的一种特殊现象。

一般来说，在中国南方1~10月，在北方4~8月，是青蛙的生殖季节，这期间，尤其是某个雨后清晨，常会看到成群青蛙聚集在池塘、水田里，雄蛙的外鸣囊像小布袋

青蛙的捕食策略
青蛙耐心地注视着飞行在它附近的苍蝇，当苍蝇飞到它的攻击范围内时，在一瞬间它跳向苍蝇，伸出舌头，用有黏性的舌尖抓获猎物。这就是青蛙的伏击策略。

一样不断地扩大和缩小，这是青蛙在争鸣求偶。这个时候，雄蛙尤显活跃，常游于水面，有时还搂抱其他雄蛙，向对方挑战。当雄蛙抱上雌蛙后便不再鸣叫，它的前肢紧紧地搂住雌蛙的胸侧，雌蛙即背着雄蛙钻入水中，开始交配。

蛙类争鸣求偶的现象在风调雨顺的年头比较分散，但若是遇上久旱无雨的年头，蛙类本着寻觅水源的习性，会从各方汇聚到有水的池塘或水田里，可能就会出现成千上万只青蛙大汇聚的奇异景象。有时青蛙还会在"群婚"中死得不明不白，这极有可能是它们的叫声引来了若干蟾蜍，而蟾蜍皮肤会分泌一种毒素，使青蛙中毒而死。

众多青蛙，你争我夺，殊死搏斗，难道仅仅只是为了追求心爱的配偶吗？爱情的力量是否太伟大了？目前，科学家们仍在对此大战进行深入探查，希望不久以后就能真相大白。

蛇怎样吞下比自己的头大的食物

有一个"蛇吞象"的寓言故事，说蛇张大嘴巴，想吞下一头巨象。这是一个讽刺故事，主要是指那些贪心的人。蛇当然没有办法吞下一头象，可是蛇却真的能吞下比自己的头大得多的食物。

许多人害怕蛇，担心蛇会冷不丁地攻击自己。其实，蛇并不是见人就咬。它的眼睛又圆又亮，却是高度近视，除了活动的物体外，蛇根本看不见别的东西。有一种很毒的眼镜蛇，人若静止不动地站在它的面前，它就不会咬人，如果跑动起来，它反而要追着咬。

由于没有外耳和鼓膜，蛇听不到空气中传播的声音，但内耳却很敏感，能感知人或动物接近的脚步声。蛇探测气味不是利用鼻子，而是利用舌头。在蛇紧闭嘴的时候，通过口前方的小孔，舌头也能伸缩自如，不断吸进周围空气中的微粒并对这些微粒进行检测。分叉的舌面粘到这些微粒后，就会把它们送到腭部的犁鼻器，以此判断是否是食物。有的蛇在眼与鼻孔之间还有个对温度非常敏感的凹陷的小坑，点燃的香烟或火把都会成为这类毒蛇攻击的对象。

蛇的用途很多。蛇肉可以食用，蛇毒、蛇胆可以用来制药。在印度尼西亚还有一种蛇喜欢吃田里的稗草，农民们利用它们来除草。希腊有一种蛇，能吐丝结网，像蜘蛛一样，而且，这种网非常结实耐用，不怕海水腐蚀。除此之外，蛇还能像狗一样看家。

蛇身的长度从十几厘米到十几米不等，随种类的不同而各不相同。但它们有相似的外形，都是又长又细的。蛇的生活环境也不尽相同，因此为了适应环境，不同的蛇在体形上也会有一些改变：生活在树上的蛇为了能更方便地盘住树，它们的尾巴变得很长，如树王蛇；有的蛇生活在地底下，它们的身体就变得非常圆滑，使它们能在地下自由地前进；生活在陆地上的蛇为了能更好地附住土壤和岩石，它们的腹部生出许多的鳞片，例如草原响尾蛇；生活在海里的蛇为了更好地产生前进的动力，就把自己的尾巴变成了平平的，样子像划船用的桨，例如海蛇。

很多蛇都长着十分漂亮的鳞片，通常都闪闪发光，仔细看过去，镶嵌得非常精细。这些五颜六色的鳞片还有两个作用：一是伪装，使蛇与周围的环境融于一体；二是向其他的动物发出警告："我很危险，不要靠近我！"

除了五颜六色的鳞片外，蛇也会用别的伪装来躲避众多的敌手。随着环境的不同，蛇的颜色也会发生许多改变，例如：树上的蛇是绿色或棕色的，沙地中的蛇则变成了黄色和浅棕色。还有一些蛇靠外形轮廓来迷惑敌手，它们的身上常长出一些斑点或条纹。有些蛇的颜色十分鲜艳，除了恐吓敌手外，还有一个功能，就是当它快速移动时，它的颜色变化很快，趁敌手眼花缭乱之际溜之大吉。

蛇属于爬行动物，既没有腿，也没有眼睑和外耳。那么它是用什么方法来前进的呢？据观测，蛇前进的方法有很多：一些蛇将身体扭成"S"形，沿着曲线前进；一些蛇则是一拱一伏地前行，前半部向前伸，后半部则稳住；另外一些蛇，身体不仅庞大而且肥硕，行动十分缓慢，行走方式也比较独特，前半部分身体的皮肤使劲拱，后半部分的身体再跟上来。

蛇的舌头是分叉的，有许多功能，例如味觉、嗅觉和触觉等。它们的舌头能将周围环境中的气味微粒收进嘴中。这些微粒通过蛇的口腔壁上的洞穴进入大脑，进行分析之后，蛇就能辨别出各种味道。在这一过程中，位于洞穴上的雅各布森器官起了重要的作用。

有些蛇还有一个叫热坑的感觉器官，这个器官非常敏锐，例如蟒蛇和响尾蛇。热坑可以准确地探出热能。在黑夜里，蛇利用热坑能探明温血动物的位置，甚至能判断出猎物的准确位置。根据热坑的原理，科学家制成了现在我们常见的红外线探测仪。

蛇的种类不同，繁殖方式也不一样。一般的蛇繁殖后代采用卵生的方式。蛇蛋并不需要母蛇的照料，只需放在一个温度、湿度都合适的隐蔽之所，就可自行孵化。但在整个孵化期间，母蛇必须用身体缠绕着蛇蛋以此控制蛇蛋的温度，在这一过程之中，母蛇比较辛苦。

还有一些蛇也是卵生蛇，但这些蛇蛋没有壳，只能被保持在体内，等幼蛇完全成形后，才能离开母体。

有专家考察蛇岛时，曾亲眼见到蝮蛇吞吃的鸟儿的体积比蛇头要大十几倍。在中国海南岛捕获过一只蟒蛇，发现它能吞食整头小羊、小牛。即使普通的蛇，它吞食的老鼠也比自己的脑袋要大。

蛇的嘴巴怎么能够张开这么大呢？人类的嘴巴张到最大，夹角也只有30°，可蛇的嘴巴的夹角却能达到130°！原来，蛇头部的骨骼和其他动物不同。首先，蛇头部连接着下巴的几块骨头是可以活动的，而别的动物却是固定不动的，因此，蛇的下巴可以向下张得很大。其次，蛇左右下巴之间的骨头以韧带相连，连接成可活动的榫头，可以向两侧张大，而人的下巴处的骨头没有榫头，左右是整块。因此，蛇的嘴巴上下左右都不受限制，在一定程度内可以张得很大，要吞食比它的嘴巴大得多的东西当然毫不费力。

我们拿把烧火的钳子为例，它的夹角不可能拉成180°。但是，若将这把夹钳拆成独立的两片，中间用一物体撑住，用几根橡皮筋缠绕在两者之间，那么，它的夹角不仅能拉成180°，而且可以拉得更大。

这样，我们就非常容易理解蛇的嘴巴为什么能张得如此大。可是，那些动物又是怎样被蛇吞下去的呢？原来，在吞食前，蛇会在嘴里对捕获物进行一番加工：动物被挤压成长条以适应蛇的体形。蛇嘴里有钩状牙齿，靠着这些牙齿，食物顺利地进入喉头。由于没有胸骨连接肋骨，蛇的肋骨可以自由活动，所以食物可以从喉头长驱直入地进入肚子，我们可以很清晰地看到蛇的肚子被胀大了。同时，蛇还会分泌出大量的帮助吞咽的唾液，它的作用就像润滑油一样。

通过这些奇特的构造，蛇可以毫不费力地吞下比自己的头大的食物，并且消化掉。

植物奥秘

植物光合作用之谜

植物也能用语言交流吗

植物也有感情吗

食虫植物为什么喜欢"吃"虫

植物自我保护机制的成因

阿魏草和阿魏蘑菇的"神通"

珊瑚褪色之谜

…… ……

植物光合作用之谜

作为地球上最重要的化学反应，光合作用对大多数人来说，好像并没有什么太大的秘密，它的过程无非就是吸收二氧化碳，放出氧气。然而，尽管光合作用的发现距今已有200多年的历史，并且已有多位科学家在光合作用前沿研究上频频摘取诺贝尔奖，但其内在复杂机理仍被重重谜团笼罩。科学家坦言，要真正揭开"绿色工厂"的全部谜底，仍有很长的一段路要走。

为什么科学家们要对光合作用进行研究呢？这是因为人类所需要的各种生产生活资料都是由光合作用产生的，如果没有光合作用就不会有人类的生存与发展。所以，对光合作用的研究是一个重大的生物科学问题，同时又与人类现在面临的粮食、环境、材料、信息问题等密切相关。现在世界上每年通过光合作用产生2200亿吨生物质，相当于世界上所有能耗的10倍。要植物产生更多的生物质，就需要提高光合作用效率。通过高新技术转化，我们甚至可以让有些藻类在光合作用的调节与控制下直接产生氢。根据光合作用原理，还可以研制高效的太阳能转换器。

光合作用与农业的关系同样密切，农作物干重的90%～95%来自光合作用。高产水稻与小麦的光合作用效率只有1%～1.5%，而甘蔗或者玉米的效率则可达到50%或者更高。如果人类可以人为地调控光能利用效率，农作物产量就会大幅度增加。

近年来，空气里面二氧化碳不断增加，产生温室效应。光合作用能否优化空气成分，延缓地球变暖，也很值得探索。光合作用研究，还可以为仿真模拟、生物电子器件、研制生物芯片等提供理论基础或有效途径，对开辟21世纪新兴产业产生广泛而深远的影响。正是这些，使得光合作用研究在国际上成为一大热点难点。

早在一个多世纪

植物的光合作用

以前，科学家就已经知道了光合作用，但真正开始研究光合作用还是在量子力学建立之后，人们也越来越为它复杂的机制深深叹服。

现在，科学家们已经知道，光合作用的吸能、传能和转化均是在具有一定分子排列及空间构象、镶嵌在光合膜中的捕光及反应中心色素蛋白复合体和有关的电子载体中进行的。但是让科学家们觉得不可思议的是，从光能吸收到原初电荷分离涉及的时间尺度仅仅为 $10^{-15} \sim 10^{-17}$ 秒。这么短的时间内却包含着一系列涉及光子、激子、电子、离子等传递和转化的复杂物理和化学过程。

更让人惊奇的是，这种传递与转化不仅神速，而且高效。在光合膜系统中，在最适宜的条件下，传能的效率可高达94%～98%，在反应中心，只要光子能传到其中，能量转化的量子效率几乎为100%。这种高效机制是当今科学技术远远不能企及的。

那么，光合系统这个高效传能和转能超快过程到底是如何进行的？其全部的分子机理及其调控原理究竟是怎样的？为什么这么高效？这些都是多年来一直困扰着众多科学家的谜团。有科学家说：要彻底揭开这一谜团，在很大程度上依赖于合适的、高度纯化和稳定的捕光及反应中心复合物的获得，以及当代各种十分复杂的超快手段和物理及化学技术的应用与理论分析。事实上，当代所有的物理、化学最先进设备与技术都可以用到光合作用研究中。

光合作用的另外一个谜团是：生化反应起源是自然界最重大的事件之一，光合作用的过程是一系列非常复杂的独立代谢反应，它究竟是如何演化而来？美国亚利桑那州立大学的生化学家罗伯特教授说："我们知道这个反应演化来自细菌，大约在25亿年前，但光合作用发展史非常不好追踪。有多种光合微生物使用相同但又不太一样的反应。虽然有一些线索能把它们联系在一起，但还是不清楚它们之间的关系。"罗伯特教授等人还试图透过分析5种细菌的基因组来解决部分的问题。他们的研究结果显示，光合作用的演化并非是一条从简至繁的直线，而是不同的演化路线的合并，把独立演化的化学反应混合在一起。也许，他们的工作会给人类这样一些提示：人类也可能通过修补改造微生物产生新生化反应，甚至设计出物质的合成的反应。这样的工作对天文生物学家了解生命在外星的可能演化途径，也大有裨益。

我国著名科学家匡廷云院士曾深有感触地说："要揭示光合作用的机理，就必须先搞清楚膜蛋白的分子排列、空间构象。这方面我们最新取得的原创性成果就是提取了膜蛋白，完成了LHC-Ⅱ三维结构的测定。由于分子膜蛋白是镶嵌在脂质双分子膜里面的，疏水性很强，因此难分离，难结晶。"现在，中国科学院植物所经过多年努力已经提取了这种膜蛋白，在膜蛋白研究上，我国已经可以与世界并驾齐驱。

那么是否可能会有那么一天，人们可以模拟光合作用从工厂里直接获取食物，而不再一味依靠植物提供呢？科学家们认为，这在近期内不可能的，因为人类对光合作用的奥秘并不真正了解，还会很多问题需要进一步弄清楚，要实现人类的这一长远理想，可能还要付出更为艰辛的努力。

植物也能用语言交流吗

英国专家在很早的时候就知道植物有"语言"了。他们的研究结果表明，在正常情况下，植物发出的声音节奏轻微、曲调和谐，但遇到恶劣的天气情况或某种人为的侵害时，它们就会发出低沉、混乱的声音来表现它们的痛苦。据英国专家介绍，植物的语言被称为"微热量语"。人们通过一种特殊的仪器——植物探测仪，把仪器的线头与植物连接，人戴上耳机，就能够听到植物说话的声音了。

但是，除了能够听到植物说话之外，人们还想知道植物到底说了什么。研究表明，各种植物在生长过程中，能量交换的过程是时刻进行的。这种交换虽然很缓慢、不易觉察，但交换过程中微弱的热量变化和声响还是可以察觉的。如果把这些"动静"用特殊的"录音机"录下来，经过分析，我们就能解开植物语言的密码，明白它们说什么了。如果你能听懂植物的话，那么它会告诉你什么样的温度、水分和养料是它最喜欢的。

前苏联的科学家通过电子计算机与植物进行交谈。据前苏联《真理报》1983年2月2日的报道，计算机通过与植物特殊的连接后，根据它所"听到"的在屏幕上打出数据。然后，另一台计算机来解读这些数据，绘出简单的图表。人们根据这些图表就能明白植物说了什么，人与植物的交流就是这样进行的。

其实，这个过程并不神秘。科学家们用计算机询问植物一些问题，植物通过自身的形状变化、生长速度等向人们传递一些信息。这些信息必须通过仪器解码才行，而且即使是解码之后的信息，也只有专家才懂。但目前这种状况已经有所改善。意大利的科学家发明了一种能与植物直接交流的对讲仪。只是在目前来看，这种先进的对讲仪也只能与植物进行很初级、很简单的交流，因为它只能辨别出诸如"热"、"冷"、"渴"等单词。

美国学者在研究中证实：植物缺水时也是会发"牢骚"的。因为植物缺水时，其运送水分的维管束会绷断，而维管束绷断时会发出一种"超声波"。这种声音很低很低，一般情况下是听不到的，因为它比两人说悄悄话的声音还低1万倍。目前，人们发现，渴了能发出这种"超声波"的植物有苹果树、橡胶树、松树、柏树等等。

尽管人类对植物语言的了解到目前为止仍然是非常有限的，但是，不管怎么说，能听到植物"说话"，能知道植物说些什么，仍然算得上是科学的一大进步。如果人类能真正听懂植物的语言，那人类的农业生产将发生一个历史性的飞跃。但愿人与植物间的交流能获得成功，届时人类的粮食短缺问题将会有所缓解，人类也将彻底从饥荒中解放出来。

食虫植物为什么喜欢"吃"虫

地球上很多地方都分布有食虫植物。食虫植物主要分布在热带和亚热带地区。根据目前的统计数据显示，地球上的食虫植物共有500种左右，其中，在我国境内的约有30种。这些食虫植物"猎手"身上都具有特殊的武器，一是香饵或伪装，用来诱捕昆虫，像气味、花蜜、颜色等；二是各种陷阱；三是具有分泌溶化昆虫的消化液。

捕蝇草是一种珍奇植物。18世纪中叶，科考人员在美洲的森林沼泽地里进行科学考察时发现了这种植物。这种植物有一个美丽的名字——孔雀捕蝇草。其叶子是长形的、厚实的，叶面上长着几根尖尖的绒毛，边缘上还有十几个轮牙。每片叶子中间有一条线，把叶子分成两半儿，可随时开合，就像开屏的孔雀一样，十分漂亮。

平时，捕蝇草像敞开的蚌壳一样，还有一种香甜的气味散发出来，诱惑那些贪婪而愚蠢的昆虫上钩。捕蝇草的叶子只要一经昆虫触动，就会迅速地折叠起来，边上的轮牙也互相交错咬合，虫子就被关在陷阱里，成了它的食物。它的叶子既是用来捕捉猎物的武器，又是消化器官。陷阱里会分泌出消化液，将昆虫消化掉。这个叶子就像一个"临时胃"，虫子越挣扎，叶子就夹得越紧，分泌的消化液就越多。猎物很快就被"吃完"了，然后叶子又设下新的陷阱，等待着别的虫子上钩。然而，这个漂亮的猎手一生中只有3次打猎的机会，然后就逐渐枯萎，再也不能狩猎。

在沼泽地带或潮湿的草原上生活着一种植物猎手，叫"毛毡苔"。那里繁衍着众多小虫和蚊子，它们都是毛毡苔捕获的对象。

茅膏草是一种淡红色的小草，它的叶子大小就像一枚硬币，上面长着许多既能伸开又能合拢的绒毛。一片叶子上有200多根绒毛，它们像一根根纤细的手指。在绒毛的尖上有一颗闪亮的小露珠，这是绒毛分泌出来的黏液，散发出蜜一样的香味。昆虫闻到香味禁不住诱惑，就会迅速飞过来，碰到绒毛时，绒毛上吸引昆虫的黏液就会粘住昆虫。这时候绒毛就像手一样握起来，抓住昆虫，不让它跑掉。接着，绒毛又分泌出可以分解昆虫的蛋白酶。然后，茅膏草的叶细胞就把消化后的养料吸到植物体内。一切结束后，它的绒毛就又伸开了，等待着新的"猎物"，就像刚才什么也没有发生过一样。

最有代表性的食虫植物要属猪笼草。它看上去像普通的百合花或喇叭花，有的还能散发出香味，这些香味像紫罗兰或蜜糖一样吸引着昆虫的到来。它是一种生活在我国海南岛、西双版纳等地的绿色小灌木，这些地方一般有潮湿的山谷。

每片猪笼草叶子尖上，都挂着一个长长的带盖的小瓶子。由于它们很像南方运猪用的笼子，所以被称为"猪笼草"。它身上的瓶子色彩鲜艳，异常美丽，有红的、绿的、玫瑰色的，甚至还镶着紫色的斑点。而且，与别的植物猎手一样，这些瓶子能在瓶口和内壁处分泌出又香又甜的蜜汁。闻到香味，小虫子就会爬过去吃蜜。正在享受之际，小虫子的脚下突然一滑，一头栽进了瓶子里，再也爬不出来了。小瓶子里盛的是酸溜溜的黏液，被黏液粘住的小虫子成了猪笼草的一顿美餐。

不仅陆地上有这种吃虫的植物，水里也有，比如狸藻。狸藻没有根，它漂浮在池塘的静水里。这种水草的叶子伸展开来，就像丝一样，长达1米。有很多扁圆形的小口袋长在它的茎上，口袋的口上有个小盖子，盖子都是向里打开的，盖子上长着能"绑"住昆虫的绒毛，口袋里能产出消化液。上千个小口袋长在一棵狸藻上，每个小口袋就像是一个小陷阱。狸藻在水里分布开来，上千个小陷阱形成一个陷阱网。小虫子不小心撞进网里,只要碰到小口袋盖上的绒毛,小口袋盖就会张开,小虫就随着水进入了陷阱,小口袋很快合上,把小虫子囚禁起来。这时候,口袋的内壁分泌出消化液杀死小虫子。小口袋很快就会恢复原来的样子,等待下一个猎物的到来。

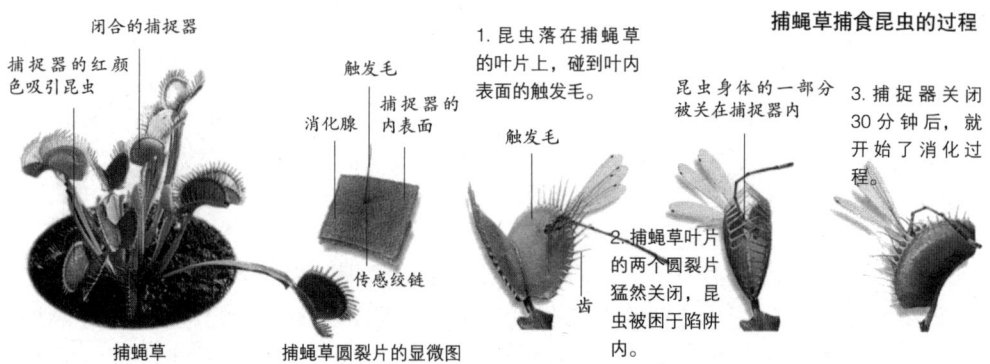

为什么这些植物要"吃"虫子呢?一些科学家认为,这也许跟它们生存的环境有关。食虫植物一般分布在贫瘠的地方,例如生长在酸性沼泽地、泥炭地上、水里、平原、丘陵或高山上。这些食虫植物居住的地方一般缺少养分和阳光,它们的生存受到威胁,但那里一般有很多昆虫,它们学会了捕食昆虫的本领,这种本领使它们能在当地生存下去。当然,这只是人们的一种猜测,很多问题现在都无法解答。比如,为什么这些植物的感觉非常灵敏?在它们体内又是怎样传递着外界的刺激信息的呢?它们是否有神经系统和大脑呢?这些问题都有待于人们进一步研究。

珊瑚褪色之谜

不久前,澳大利亚悉尼大学生物科学院的古尔贝格教授,根据自己15年来对珊瑚礁进行的调查研究,向人类提出了一个严正警告:美丽的珊瑚正出现白化现象,假如海水的温度再比夏天的水温升高一度,那么大部分珊瑚都会白化并随之死去。

在澳大利亚的布里斯班港,那里的珊瑚五光十色,非常壮观。红的、粉的、紫的、绿的、黄的……五颜六色的珊瑚有的像一窝蜂巢,有的像孔雀开屏,有的像一丛鹿角。龙虾、海蟹、海龟、海鳗以及各种贝类都喜欢在珊瑚丛中漫游繁衍。这种美丽的生物把整个海底打扮得美丽异常。可是大约100年后,五彩斑斓的珊瑚将从我们这个星球上彻底消失。珊瑚为什么会失去色彩,为什么会患上"白化病"呢?

珊瑚礁在地球上所占的位置非常重要。作为海洋生态生物链中的一环,珊瑚如果消失,那么所有依赖其生存的生物都会受到影响,最后很可能发展到威胁整个海洋生物系统。科学家们迫切需要搞清楚珊瑚失去色彩的原因。

原来,海洋中生活着一种叫做珊瑚虫的生物。这种腔肠动物附着在海底的礁石上,与一些五颜六色的藻类共生。藻类通过光合作用生成营养物质,并将其提供给珊瑚，这同时也是珊瑚形成外骨骼的原料和美丽颜色的来源。比如，与绿藻共生的珊瑚就呈现出漂亮的绿色。作为"交换"，珊瑚虫提供生活的场所给共生的藻类。假如与珊瑚虫共生的藻类弃珊瑚虫而去，珊瑚虫就会因为失去营养物质的来源而死去。而失去共生藻类的颜色点缀，珊瑚当然也就会变成白色了。

一位研究生态气候学的专家加西亚说："珊瑚出现白化病，都是由于海水温度升高引起的。"由于目前大气中二氧化碳含量过高，地球气候越来越暖，而海水温度也随之升高，就迫使与珊瑚共生的藻类不得不离开珊瑚虫。

人类要想制止珊瑚白化现象的蔓延，就必须控制海水温度的升高，降低空气中二氧化碳的含量。为了不让地球成为一个无色的星球，让我们所有的人都从点滴做起，去爱护和保护整个地球家园的生态平衡。

大树"自杀"之谜

自然界中有很多未解之谜。例如，大量的海豚和鲸曾经集体自杀，究竟是什么原因至今未被世人所知。

据报道，一只印度大象因踩伤一个小孩而跳河自杀。在我国东北的大兴安岭林区，有一种老鼠看到自己偷来的粮食被人挖走，就会爬到树上，找一个三角形的树杈，把脖子伸进去，四肢下垂，"畏罪"自杀。这些动物自杀已经让人惊奇不已，但更令人惊讶的是植物也会自杀！

生长在非洲赤道地区的一种"自焚树"，阳光照射1小时左右，这种大树就会连枝带叶化成一堆灰烬。

在我国天山山脉中部有一种白藓树，一到冬末春初就会第一个破土、开花，而夏天到来时，正当硕果累累的时候，这种树就会自焚身亡。

大树为什么会自焚？原来白藓树的叶片中有一种叫做"醚"的物质。由于夏季干旱炎热，气温较高，当气温超过燃点时，就会发生自燃现象，从而导致整棵树被焚。

还有一种树更为奇特。在毛里求斯岛上有一种棕榈树，寿命长达100年。当末日来临之时，它会在一天之内散落全部的花朵和树叶，然后干枯而亡。由于这个原因，人们为其取名"自杀树"。这种百年老树为什么要"自杀"呢？人们百思不得其解，还有待科学家们去探究其原因。

步行仙人掌"步行"的奥秘

动物之所以被称为动物，是因为它们有自由行动的能力。而植物没有腿，没有脚，只能留在原地不动。然而，奇怪的是，有些植物似乎打破了这一常理，它们不会常年厮守着方寸之地，而是四处"行走"。

葡萄是我们常见的一种植物，它伸出的卷须能不停地向周围四处探索，如果遇到可攀援的物体，就会紧抓不放，同时"顺竿爬"，从而开花结果，长得枝繁叶茂。此外,很多住宅、教堂的墙壁从远处看是一片令人心旷神怡的翠绿色,这就是人们常说的"爬山虎"。它的学名叫地锦,又名常青藤、红葛。虽然葡萄能到处"游走",地锦能"漫游"四壁,可它们的根茎依旧立在原地而无法动弹半步。因此,它们还不能算是真正会"走路"的植物。

在戈壁、沙漠地区生长着一种"步行仙人掌",它可以称得上"步行高手"了。与葡萄、地锦不同,这种仙人掌能够连根带茎一起四处"行走",可谓居无定所、四海为家。

可是,不管怎样,"步行仙人掌"仍旧是植物,它又怎么会"步行"呢?

植物学家经研究发现,"步行仙人掌"的根由一些带刺的嫩枝组成,它不会扎进土壤很深。因为戈壁、沙漠经常刮风,"步行仙人掌"就可以在风的帮助下四处"走动",风停后,它就在新的地方"落脚"生长。

但是,"步行仙人掌"的根既然不能深深地扎进土壤,在干旱的环境里,它如何吸收养分呢?原来,奥秘在"步行仙人掌"的叶茎里。它的叶茎非常肥厚,既能从空气中吸收营养,又能将其贮存。而它的根只管"步行",吸取养料的作用并不大。

萨瓜罗仙人掌,这是世界上最高的仙人掌之一,约20米高,同时它也是最大的仙人掌,生长在美国南亚利桑那州、东南加州和西北墨西哥州的干旱山麓和沙漠地区,它有1米粗,6吨重。

会预报地震的植物

日本科学家研究发现,含羞草等植物可用来预测预报地震。正常情况下,白天含羞草的叶片是张开的,到了夜晚叶片就闭合了。如果含羞草出现了白天叶片闭合而夜间张开的情况,便是发生地震的先兆。例如,1938年1月11日上午7时,含羞草叶开始张开,但是到了10时,叶片全部闭合,果然在当月13日发生了强烈地震。1976年日本地震预报俱乐部的会员,曾几次观察到含羞草的小叶叶出现反常的闭合现象结果随后都有地震发生。由于植物具有预报地震的奇特本领,所以人们称赞它为地震的"监测器"。

20世纪70年代,中国曾发生过多次地震,科学工作调查了地震前植物出现的异常现象:1970年中国宁夏西吉发生5.1级地震,震前一个月,距震中60千米的隆德县在初冬蒲公英就提前开了花;1972年中国长江口地区发生4.2级地震,震前附近地方的山芋藤突然开花;1976年7月中国唐山发生大地震,震前那里出现竹子开花,柳树枝条枯死,一些果树结果后又再度开花等不正常现象……

那么，在地震前夕，植物为什么能感到地震即将来临呢？科学家认为，地震在孕育的过程中由于地球深处的巨大压力，便在石英石中造成电压，于是就产生了电流，植物根系受到地层中电流的刺激，便在体内出现相应的电位变化。例如，日本科学家用高灵敏度的记录仪对合欢的生物电位进行长期测定，并认真分析了记录下来的电位变化，发现这种植物能感知震前的电流刺激，出现显著的电位变化和较强的电流。比如，1978年6月10日和11日，连续两天测得合欢出现异常强大的电流，果然当地在11日下午发生了7.4级的地震，余震持续10多天，合欢的电流也随之慢慢变小。

植物不仅能够预测地震，还能将地震情况记录下来。美国科学家哥尔顿·杰可比发现，树木的年轮具有记录地震的作用。这位植物学家在阿拉斯加州的某地发现松树的年轮长得很不规则，相互挤在一起，于是他查阅有关资料，在1899年这里曾发生过大地震，并且震后地面有些上升。对此，杰可比给出了这样的解释，由于发生地震后，树木的生长环境发生了很大变化，从而影响了树木的生长。比如，地面上升或下降，能改变地下水对树木的供应；地面的裂口会损坏树根，从而影响树木对水分和养料的吸收。这些环境变化，都会在树木的年轮上留下痕迹。因此，经历过地下断层活动期的树木，在它的年轮上都会记录下当时地震的有关情况，为人类研究地震、预测地震，提供了有益的资料和数据。

当然，人们对植物能预测地震的研究还刚刚开始，科学家预言，随着研究工作的逐步深入，再结合其他手段，利用植物这个天然的地震"监测器"，肯定会对地震预报有着积极意义。

最不值得信任的植物

我们知道，自然界中的万物都是相互合作的。但是所有的社会都存在着欺骗现象，植物界也不例外。没有菌类的帮助，大多数绿色植物都不能生存下来，因为菌类可以与这些绿色植物互相交换所需的养分。事实上，菌类能在陆地上生存也正是因为它们与绿色植物的这种共生关系。有迹象表明，早期的陆地植物生有根仅仅为了能与真菌或菌丝的根部相互合作，以形成菌根关系，利于自己的生长。

大多数植物之间都有良好的合作关系，绿色植物通过叶绿素制造出碳水化合物提供给菌类，再利用菌类从土壤中吸取养分。某些植物，特别是兰花，它们的种子发芽不需要自身制造营养，而是依靠土壤里的菌类为其提供。一株兰花能繁育出数百万粒又轻又小的种子，这与兰花很容易成长是分不开的。

然而有些兰花却耍欺骗手段：它们利用菌类与树木的共生关系，只是吸取养分而不提供任何养分与之交换。这种兰花通过真菌的菌丝插入树皮中，吸取树中的养分。因为不劳而获，也就不能产生叶绿素，所以它们的颜色不是绿色，而是乳白色，像寄生兰就是这种颜色；或者棕褐色，像燕窝兰就是这种颜色。还有些兰花，如西方的珊瑚兰，颜色是血红的，甚至还有紫色的。这些兰花的不足之处就是，离开了菌类，它们就会死亡。如果将来菌类进化得不需要与其他植物共生的话，那么这些兰花该如何生存下去呢？

最致命的种子

在植物中蓖麻籽产生的毒素很可能是最致命的，毒性是氰化物的6000倍，数千年前就被人们当做一种神奇的植物。它的神奇就在它的种子里。种子的50%由丰富的油脂构成，但是为了防止油脂被吃掉，里面还含有蓖麻毒素。蓖麻毒素对于几乎所有的动物来说都是一种极具毒性的天然蛋白质。还有少量的蓖麻毒素存在于蓖麻叶中。这种毒素，一旦被吸收，就会抑制动物体内蛋白质的合成，使细胞逐渐坏死和凋亡。

蓖麻籽的用途广泛，不仅可以用来炼油，还可以提炼出高致命性的毒素。

对于人类，中毒后死亡过程要稍微长些，最终会出现痉挛、肝脏和其他器官坏死等症状，目前科学家还没有研制出有效的解毒剂。最常见的中毒途径是误食了蓖麻籽。蓖麻毒素可以以气态，即气溶胶的方式出现，或者存在于物体或水中，或者肌肉注射而导致中毒。1978年，保加利亚著名的不同政见者乔治·马尔可夫便是被一把涂抹了蓖麻毒素的雨伞刺中而中毒死亡的。由于蓖麻毒素生产原料来源广泛，提取制作方法简便，因而蓖麻毒素很可能被用于生化战争。

然而，蓖麻油也同样容易提炼，早在4000年前人类就将其作为灯油或者制作肥皂的原料，还广泛用作许多疾病的治疗药物。今天，蓖麻油用于高级润滑油、纺织品的染色、印刷油墨、蜡、上光剂、蜡烛和蜡笔等产品的制作工艺上。据分析蓖麻籽保护性的化学成分的构成甚至能为肿瘤的治疗提供可鉴之处。

最危险的陷阱

猪笼草有许多不同的品种，但都是昆虫的陷阱。其边缘处十分润滑，它们从掉入叶笼里的昆虫尸体中获取养分，为花和种子提供氮。猪笼草最复杂的部位是它们像藤一样的叶子。每一个猪笼草的叶端都有一个像伞一样的盖子，叶笼里分泌着许多消化酶。这种叶子色（通常是红色）、香（花蜜的香味，后来变成腐烂的尸体的气味）、味（很好吃的茸毛）俱全，当昆虫爬到它润滑的边缘，便会无一例外地滑进这致命的陷阱里，很可能还会陶醉在它芳香的蜜腺里。

猪笼草的两部分（叶笼和盖子）都很润滑，哪种昆虫容易被哪个部分吸引住就要看情况而定了（爬行类昆虫容易被长在地上的叶笼所吸引，飞行类昆虫则容易被悬在上面的盖子所吸引）。猪笼草的内壁有许多润滑的蜡质，掉进去的昆虫将很难爬出去。还有些猪笼草更甚一步，它们的表面有一层水，使得昆虫一下就滑到了它们的叶笼里。有些猪笼草还会耍诡计，当它们的叶笼干燥时，蚂蚁会被它们散发的蜜汁的香味所诱惑，蚂蚁们不会立即进去，而是去通知同伴们来分享食物。当蚂蚁们返回时，猪笼草的叶笼已经变得滑润了，最后所有的蚂蚁都掉进去了。

还有一类猪笼草与一种长着特殊的腿的蚂蚁有共生关系。这种蚂蚁能在叶笼里进进出出，帮助猪笼草找来昆虫的尸体，它们吃掉尸体，留下排泄物给猪笼草，因此它们加速了猪笼草的氮的释放。

动作最快的植物

植物的运动也许有局限性，并且它们没有肌肉，但是它们有许多别的运动方式。维纳斯捕蝇草能利用弹力使它的两片有裂片的叶子猛地闭合，并将昆虫困于其中。它所杀死的昆虫可以给它提供生存所需的氮和其他的基本的矿物质，还可以使它得以在缺少营养的沼泽地生存。

每一个裂片的上边都比下边拉得更紧（它的细胞在水的压力下会拉长），裂片由于张力会往回弯曲，就像弓箭一样。它用花蜜引诱昆虫，这些花蜜是它通过叶片边缘的腺体分泌出来的。当它那6个叶片当中的几片或者敏锐的感觉引发运动时，它就发出化学-电子信号使得细胞间的水转移，这时它才不会再紧紧拉伸着，立即就关闭了陷阱。

维纳斯捕蝇草还有别的神奇之处。它能"判断"在它的陷阱里的生物是否已经死去。它是通过数是否有两根或者更多的毛发在刺激它而判断出来的，如果没有什么刺激了，它的陷阱就停止工作。当酶（里面有杀菌剂可以阻止细菌和真菌）释放出来时，它的叶片就紧紧地闭合起来，将猎物渐渐消化掉。大约1周后，陷阱又开始准备工作了。

只有狸藻属植物在速度上能与维纳斯捕蝇草抗衡。它们在水下用铲子样的陷阱捕捉微小的生物，能在极短的时间内迅速合拢叶片。

长得最快的植物

竹子是一种奇怪的植物。它们是高大、茂盛的草，开始时，大约1250种不同类型的大多数竹子都一直在长高。一旦它们成熟了，它们就停止生长，不管它生存多久（有些竹子要存活100年以上）。它们会发出更多的嫩芽。这样一来，一片竹林，当它们停止长高时，就会变得密不透风了。

竹子的花期也很古怪。许多种类的竹子一生当中(7～120岁之间)只开一次花，开完花就会死亡。也就是说，一种竹子的每一棵竹子播种和死亡几乎发生在同一时期（这对于大熊猫就是个特别的问题了，它们除了竹子以外什么也不吃，那么每 30～80 年它们就会面临全面的饥荒，因为这时当地的竹子都开花了）。

竹子对于人类而言也很重要（有 1500 多种文件是用它记录下来的），世界上有多达 40% 的人离不开它。至于龟甲竹，它具有巨大的能量，开完花后还能继续存活，并且被人类作为农作物广泛种植，它是长得最高的大型竹子之一，而且很可能还是长得最快的竹子。据记录一根嫩芽仅仅 1 天就能长 1 米，即每小时长 4 厘米，8 周后就又长了 20 米。它真的是你能亲眼看着长大的草木哦。

现存最古老的无性繁殖生物

这种非比寻常的灌木是大约 70 年前被一位自学成才的自然学者德尼·金发现的。当时他在塔斯马尼亚岛西南部的一座山谷里淘锡。但是那块地方最近被火烧掉了，这种植物就再也没被看到了。后来，在 1965 年，金在一处凉爽的山脉上的雨林地区又发现了一些这样的灌木。它被确认为新的种类，属普罗梯亚木科（它最近的近亲在智利，表明过去澳大利亚和南美洲曾经连接在一起），将它命名为金冬青树就是为了纪念金。

这种树不结果，它在遗传上是三倍体的（通常生物都是有两对染色体，而它有三对染色体）。因为它不能通过性来繁殖。它那迷人的花朵从来不结籽，它只能通过根发芽才能长出一棵新的植物。这也就意味着所有 600 棵左右的植物都是同样的遗传基因。

特别的是，在同一地区搜集到的这种树的叶子化石看起来与活的叶子一模一样，科学家通过碳 -14 测量法，发现它们至少有 43600 岁。正因为此，以及它会无性繁殖，生物学家相信现在的金冬青树和化石中的树是同一种树。这种最古老的无性繁殖的树种，打败了石炭酸灌木 (11700 岁) 和以前的记录保持者北美越橘（大约 12000 岁）。当智人（人类的现代种类）和穴居人同时出现时，金冬青树就开始出现了，但很不幸的是，这种古老的树现在正面临着灭绝的危险。

现存最高的树

至高巨树现在也许是世界上最高的树，并且是最高的活着的生物体。这项最高纪录确实被报告过———种在澳大利亚的维多利亚生长的巨型山地岑树。1855 年一棵被砍倒的此树经测量高达 114 米。如今这种巨型山地岑树生长在塔斯马尼亚州高约 97 米。现在最高的树是加利福尼亚红杉。

红杉被大量地砍伐，因此很可能以前的高度比现在的还要高。但是究竟有多高呢？2004 年科学家根据计算，还考虑到诸如地球引力以及水的摩擦力的限制等因素，推算出加利福尼亚红杉很可能能长到 122～130 米之间。

一棵树有 50 或 60 层楼一样高是什么样子呢？首先，这些树会发出整棵树的新芽，被称为复树干。有一棵被研究的红杉的树冠覆盖了整个森林——有 209 根复树干。它们中的大多数相当小，但是最大的直径达 2.6 米、高 40 米。在树干的分杈处和大树枝上聚积了大量的土壤，从那里长出蕨类植物、灌木以及别的树，而不是红杉。上面还有大量的昆虫、蚯蚓、软体动物，甚至还有相当大的蝾螈。

最令人疼痛的树

诚然，任何一棵树都有可能会出现在你身边，并且许多树你如果食用了就会中毒，但是除此以外，还有一种树，你只要从它身边擦过就会引起难以忍受的剧痛，这种树就叫做螫人树。我们在世界的许多地方都可看到它，但是唯有分布于澳大利亚的螫人树最毒，能引起最持久的疼痛。在澳大利亚有6类螫人树，其中2类——北部的树叶会发光的螫人树和南部的巨型螫人树，它们长得很大，跟大树一样。另外4类则长得像灌木丛。在这6类螫人树当中，据说最令人疼痛的是长得像灌木丛、树叶像镶了花边的螫人树。但是目前这种树已经被破坏得差不多了。

它们除了根部以外，周身乍看起来就像覆盖着一层绒毛，其实这些绒毛状的东西是大量的小玻璃纤维，内含毒素。你只要一碰到此树，就会导致皮肤被许多玻璃纤维螫伤。这些玻璃纤维刺入皮肤就像一根根的针，而且无法拔出来（有时候澳大利亚的急救用品箱里就有一种蜡质的除毛工具）。中了这种毒会引起发热、发痒、肿胀，有时候还会起水泡，据说只要一接触到受伤处就会产生难以忍受的疼痛，可

镶花边的螫人树树叶

恶的是这种疼痛还会持续数年，难以消失。这种玻璃纤维能渗透到大多数的衣服内，有时候还会通过空气传播。奇怪的是，这种刺并不螫伤所有的动物，昆虫甚至有些当地的哺乳动物还以这些树叶为食。而受其困扰并把它带到澳大利亚的很可能是狗、马和人类。

最有希望的石油树

在非洲生长着一种树，高7～8米，一年四季都是光秃秃的枝条，看上去没有叶子，人们叫它光棍树。其实光棍树也有叶子，可能是因为它生活在气候非常干旱的地方，所以叶子特别特别小，落得也过于早，人们很少能看到它的叶子就以为它没有叶子。但就是这样的一种外表非常奇怪的树却被人认为是最有希望的石油植物，因为在它肉质的枝条中分泌出来的乳汁里面含有非常非常多的碳氢化合物，这种化合物正好是石油的主要成分，所以有关专家认为光棍树很可能在未

来是最有希望的石油植物。这种奇树在中国南方的广东、福建一带也经常能看到。

不怕原子弹的树

二战时，日本广岛遭美国原子弹轰炸，变成废墟，全市有死伤达到几十万人，许多树木都被射线摧毁，可是在唐宋年间从中国引种过去的公孙树却岿然不动，顽强挺拔地继续生长着。

公孙树是一种长寿树，在中国山东莒县浮来山寺大殿前就是一棵。这棵公孙树高24.7米，粗12.7米，相传为商代所植，距今3000余年，被当地人们称之为"银杏爷爷"。

公孙树为什么会这样长寿呢？经过研究，科学家分析，它的细胞组织内有 α——乙烯醛和多种有机酸，如银杏黄素和白果黄素等多种双黄酮素，它们往往与糖结合成苷的状态，或以游离的方式存在，具有抑菌杀虫的作用。当病菌侵入其叶子时，叶子的细胞壁增厚，形成了"铜墙铁壁"，病菌就无能为力了。即使有一些病菌侵入了它的机体内部，也会被银杏杀死。但是银杏为何能抵御核爆炸，不怕原子弹的侵袭，这一点还有待研究。

银杏树在时间上早于许多植物——例如花朵。当银杏树首先在2.8亿年前出现在地球上时，那时候还没有被子植物——还没有能开花并把种子包入到果实里的植物。其实，作为银杏属家族中的成员之———最后的幸存者——银杏树刚好处于原始的裸子植物、松类和原始的蕨类植物以及最早的开花植物之间。它经历了翻天覆地的火山的灾害、小行星的碰撞和全面的环境变化，这些变化使得与银杏树早期的同时代的所有植物都逐渐消失，或者进化成别的物种。

银杏树遇到的最大的灾难是冰川。几次巨大的冰川期使得它们于700万年前在北美绝迹，300万年前在欧洲绝迹。但是冰川没有来到中国的东南部的部分地区，并且正是在这些地方它们赢得了一个最新进化的物种——智人的支持。树木被古代的中国人发现，并且被他们种在庭院里。现在，虽然野生的银杏树可能已经灭绝了，但是它们在世界各地的各大城市生长旺盛，因为它们能抵御空气污染，还有治病的疗效。

吃人的树

有一种会吃人的树生长在非洲的马达加斯加，它像一棵巨型的菠萝，高约10尺，树干呈圆筒状，枝条如蛇样，因此当地人也称它为"蛇树"。美国植物学家里斯尔曾在1937年亲身感受到了这种树的威力：他无意中一只手碰到树枝时，手很快就被缠住了。结果费了很大气力才挣脱出来，但手背上的皮肤被拉掉了一大块。这种树极为敏感，当鸟儿落在它的枝条上，很快就会被它的枝条缠住，一会儿，鸟儿就不见了。

在印度尼西亚的瓜哇岛上，同样生长着一种可怕的吃人树。这种树叫"奠柏"，长得很高大，有许多枝条，很多长的像快要断了的电线一样一直拖到地上。这种树能够分泌出一种很粘的胶液，把人牢牢粘住，再将其消化掉。随后，重新展开枝条，等待下一次"饱餐"的机会。所以，当有好心人想要帮它把快要断了的枝条绑好时，吃人树往往会毫不客气地将其抓住，很快，这个人就不见了踪影。

据动物学家研究发现，这种树得以维持生命，完全是依靠腐烂的人和动物的尸体来做养料的。然而，这种树分泌出的粘液是一种极其贵重的药材和工业原料，因此当地不少人以此为生。所以尽管吃人树凶残可怕，但当地人却竭力加以保护，不愿将其砍伐毁掉。当地人为了安全采集这种珍贵药材，在采集前，先养一箩鲜鱼，把鱼一条一条地"喂"给大树，待吃人树"吃"饱后，变得懒洋洋时，人们便可以无忧无虑地采集粘液了。

最重的树

这是一种巨大的复合树——树干由一个普通的根系连接起来，重达数千吨——拉丁语中称之为"我传播"。虽然这些无性系中独立的成员相当短寿，但是它们至少有4.7万棵，而且都是雄性的，已经自身繁殖至少1万年了，甚至也许还要长很多很多年。虽然这种无性系分株比较细长，几乎不能长得很高，但是它们所覆盖的面积起码达0.43平方千米。

美国白杨能以正常的性方式进行繁殖，产生种子。但是如果条件不适合种子萌芽，或者白杨被火灾或雪崩毁坏了，它就会选择快速的无性繁殖，从根部或干的下部长出枝条来代替落叶树，并且继续有机生物的传播。事实上，由于它部分具有防火性能，所以在周期的火灾当中还能茁壮成长，消灭了与之竞争的树种。

一棵成熟的根系能发出每平方千米近5000万棵芽，由于每个季节白杨的芽能长1米，所以它很快就超过别的树种。因此，美国白杨在经历了第4纪冰川后成功地在北美洲扎下根来，现在成为了这个大陆上分布最广泛的树种，仅次于世界上分布最广的刺柏属树木。

性别可以转变的树

动物变性不足为奇，黄鳝就是一个很好的例子。这种动物一生中，先是雌的，后来变成雄的。红绸鱼只能由雌性变成雄性，而雄性却不能变换成为雌性。既然动物的性别可以变，植物会不会也能变性呢？当然可以，但为数不多。

北美洲的一种最普通的树木——红枫树，有异乎寻常的变性本领。根据传统，红枫树有时呈雌性，有时呈雄性，有时却雌雄同株。美国波士顿大学植物学家曾经对这种现象进行研究，他们用7年时间共考察了麻省的79株红枫树，记录了每年每株树的性别与开花的数量。考察结果表明，有4株雄性红枫树会开出一些雌性的花序。另外18株雌性红枫树中的6株却会开出少量雄性花序。还有2株红枫树却是雌雄难辨，它们每年在雌性与雄性之间发生扑朔迷离的变化。但大多数红枫树（55株）还是能够一直为雄性的。

红枫树这种性别转变意味着什么呢？波士顿大学植物学家认为，依照常理，雌雄同株植物个体的性变应该大于性别正常的植物，因为它们需要更多的能量来产生性变。可是，事情却不是这样，雌雄同株红枫树的个体并非很大，一般情况下反而小于其他植物。他们推测，这种性别上自相矛盾的树木，可能经历了一个不正常的性发展过程。至于为什么会产生这种现象，科学家们目前还不能给予更详尽的解释。但是随着科技的发展，越来越多这样的植物被发现，印度天南星就是其中的一种。

生长在温带和亚热带地区潮湿的林下或小溪旁的印度天南星是多年生草本。植株有三种类型，分别为雄株、雌株和无性别的中性株。有趣的是，这些不同性别的植株可以互相转变。

经过长期的研究和观察，科学家们发现，印度天南星的变性同植株体型大小密切相关，植株高度值以398毫米为界，超过这高度的植株，多数为雌株；小于这个高度值的植株，多数为雄株。科学家们还发现，植株的高度值在100—700毫米间，都可能发生变性，而380毫米却是雌株变为雄株的最佳高度。

这是为什么呢？原来，植物在开花结实时，需要消耗大量营养物质，只有高大的植株才能满足这种需要，所以大型植株都为雌性。同样原因，小型植株营养补给不足，多为雄株。但是营养的补给不是永远不变的，植物对于营养物质的吸收也不是永远固定的。所以很多印度天南星前一年为雌株（大体型）的，由于结实消耗了大量营养，第二年便变成了雄株（小体型）。雄株变雌株的道理相同。中性植株的存在，也是由营养条件决定的，当它不能变为雌株时，就暂时为中性株存在。

孢子最多的植物

生长在温带草地上的大马勃菌

大多数较大的菌类植物通过从特殊的实体——蘑菇和伞菌——向空中释放大量的极其微小的孢子进行繁殖，这些实体是长在地面上的。有些菌类利用动物、水甚至植物来帮助它们传播孢子，但是大多数的菌类还是依靠风帮它们吹走孢子，有时候会吹到很远的地方。孢子通常通过特殊的会膨胀的细胞而释放出来，这也就意味着大多数孢子不可有干死的风险。当条件达到湿润的状态时,这些蘑菇和伞菌通常就会生长。

然而,大马勃菌不用寻常的方式,即从菌褶或小孔上散播大量的孢子。相反,它会向内散播,使孢子保持非常湿润,然后逐渐释放出来。如果达到足够湿润的状态,它仅仅在1周左右的时间之内就会成熟,同时膨胀到巨大的体积——有时候达到1米多高。随后它便开始裂开,加上偶尔会遇到动物的碰撞和摩擦,它在数周内甚至数月内把千万亿以上的孢子释放到风中。这种传播孢子的方式并不是最有效的,因为大多数孢子既不会散播到很远的地方,也不会存活下来,这可能也是它需要产生如此大量的孢子的原因吧。但是如果只有几个孢子在条件有利的(有丰富的氮)、附近草原上安定下来的话,那么就算大功告成了。并不是所有的孢子都能长成大马勃菌,这其实是件好事。因为如果它们都存活的话,那么经过了几代之后,大马勃菌的数量就会达到世界上现有菌类的许多倍了。

永不落叶的安哥拉百岁兰

一般来说,植物都会落叶。即使是常绿树也不例外,只不过这类植物的树叶寿命相对较长,而且会交替落叶,表面看上去似乎一直都是绿色。那么,世界上有没有永不落叶的植物呢?

在安哥拉靠海岸的一片沙漠里,生长着一种植物,它的叶子常年不落,寿命可以达到100多年,因此被人们称为"百岁兰",当地人则称其为"纳多门巴"。

百岁兰,属裸子植物,它的茎杆一般为4米左右,露出地面的部分只有20厘米,且匍匐在地上,看上去像一截矮树桩。整株植物只一对叶子,百年不凋,最

百岁兰

高寿命可以达到2000年以上。百岁兰的两片叶子长出来后,只会越长越大,不会脱落换新叶。一般来说,叶片宽达1米多,长达10余米,非常珍贵。百岁兰的叶肉腐烂后,会只剩下盘卷弯曲的木质纤维。

那么,百岁兰永不落叶的原因是什么呢?

植物学家认为,百岁兰的生长于条件非常恶劣,当地年降雨量甚至少于25毫米。幸好这片沙漠近海,所以常常有大量的海雾,百岁兰便依靠这些雾水生存;百岁兰的根系非常发达,深深地扎入地下,将吸收到的大量水分送往叶片,雾水

又能使叶面保持湿润，所以，虽然生存环境干燥，但百岁兰的叶子一年到头都不会缺水，能保持旺盛的生命力。

另外一个原因在于其叶子的特殊构造。百岁兰形状十分奇特，其叶形似皮带，靠近基端的部分既硬又厚，呈肉质状，而叶尖部分却又软又薄，两片叶子各自朝相反方向延伸。这种构造使百岁兰的叶子不容易失水。

百岁兰和它的叶子二者寿命是相同的，一旦叶子枯萎，那也就意味着百岁兰生命的结束。

最大的种子

这些所谓的复椰子在它们生存的岛屿还没有被人类发现时就给人类留下了深刻的印象。它们过去曾被冲到印度洋的海滩上，水手们曾在海面上捡到过它。在1743年塞舌尔群岛被发现以前，人们普遍认为这些复椰子是一种长在海底的巨树的果实——因此得名"海椰子"或"海上的坚果"。后来，它们被认为来自于马尔代夫群岛，由此得到它的学名。还有一种理论是它们来自伊甸园的性交之树，而且理由是显而易见的：它非常像一位妇女的腰胯部分。很自然的，它们还被认为是催情剂。

海椰子

现实也是相当奇怪的。海椰子树生长得十分缓慢。它发芽后9个月才长出第1片树叶，第1朵花长出还要过60年时间（有雄性和雌性海椰子树）。两瓣突出的果实要10年才能成熟，树完全成熟长到约30米高可能要经历100年。完全成熟的叶子长度能达到6米。至于坚果，它们可食，还非常像椰子。但是，现在人们已经不可能吃得到它们了。因为海椰子树如今已濒临灭绝，它们的坚果有时候被卖到植物园，每一个的售价都达到800多英镑。

科技奥秘

中美洲发现的水晶头颅为何会呼吸
木乃伊心脏跳动之谜
毕达哥拉斯的数学思想源自中国吗
莱布尼茨发明二进制与《周易》有关吗
古印度人制造宇宙飞船之谜
古希腊人制造过齿轮计算机吗
火箭是哪个国家最先发明的
…… ……

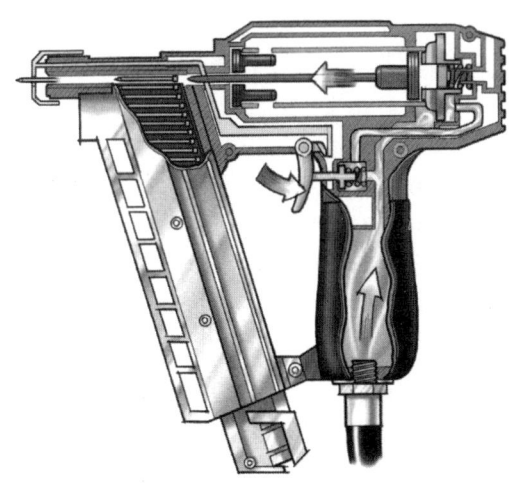

奥秘世界

中美洲发现的水晶头颅为何会呼吸

　　1924年，英国探险家米切尔·海吉斯在中美洲的鲁班埃顿古城发现了一个水晶头颅，这个水晶头颅相当精致洁净，长约18厘米，宽高各约13厘米，重约5公斤。在形状与构造上，几乎完全等同于人的头颅。让人奇怪的是，尽管头颅本身没有什么色泽，但是它能放射出一种明亮无色的光，仿佛夜晚明月的光环一样。如果把它放在房间里，将会有某种声音不时地从屋子的四周发出来。那声音不像是乐器发出的声音，而更像是从人的嗓子里发出的柔和的歌唱声，在它发出的声音中还有一阵阵响亮悦耳的银铃声伴随其中。

　　水晶头颅还能刺激人的大脑中枢神经，使人产生五种感觉：味觉、触觉、嗅觉、视觉和听觉。当人们看着头颅时，它的颜色和透明度会出现明显的变化，同时还会有一种香味散发出来；它能使观者听到声音，让人浮想联翩，并使人感到口渴。凡是站在水晶头颅前静静深思的人都有这些感受，同时身体以及脸部也会感受到某种压力。如果一个感觉灵敏的人把手放在头颅附近，他就会感到一种特别的振

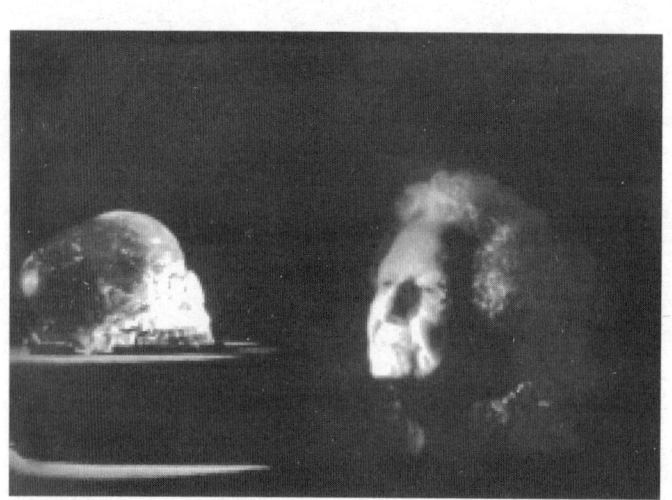

米切尔·海吉斯和她发现的水晶头颅

颤和推力，而且手的冷热感觉随手在头颅上下左右的位置不同而出现变化。

　　除了有节奏感的叮当声和人们发出的微微呼吸声外，还有各种神秘的感觉和声音出现在屋子的周围。夜里还会出现奇怪的鸱鹈叫声和其他各种轻微的声音。多伦特博士对这个水晶头颅研究后曾说："头颅常常处在不停的运动状态之中，它的透明度、色彩都不断在变化。头颅的前面部分有时会变得模糊不清，就像软棉花糖一样，头颅的中间部分有时却变得非常透明清澈，在视觉上会产生有一个大洞的错觉。整个头颅由明亮的水晶颜色会变化成一块块绿色、紫罗兰色、琥珀色、红色、紫红色、蓝色等。头颅对大多数观看者还会产生催眠作用。"更重要的一点是，由于水晶是折射性能极好的物质，物体形象通过水晶体会被散射或分解，而亮度和视角却没有出现什么变化，这样，这个水晶头颅十分适合于作占卜用的反射镜。很明显，这个水晶头颅与当地宗教有十分密切的关系。

　　在大英博物馆里还有一颗水晶头颅，自1898年水晶头颅入展后，各国考古学家们纷至沓来，竞相考证，询问这件珍品的来历。但是，这里的统计资料往往使他们大失所望，因为上面只有那句简单说明词："水晶人头，1898年从美国纽约'提

法尼'珠宝店购进，可能是殖民时代拉丁美洲阿祖提人的杰作。"

第三颗水晶人头陈列在法国巴黎人类博物馆，在那里他们会向你进行较为详细的介绍。在一个经常被众人围观的玻璃柜前，从该馆人员的解说中你可以知道："经科学鉴定，这颗水晶人头被认为由 14 或 15 世纪墨西哥印第安人——阿兹台克人制作。从历史和宗教角度分析，估计它是用来装饰阿兹台克人的一个祭司牧杖，从而证明中古时期阿兹台克人已懂得欣赏水晶的美丽和水晶的制作技术。表明他们很早就懂得怎样冶炼铜，因在这颗水晶人头附近，有不少精制的小型铜工具。看来阿兹台克人是用铜制工具雕制成这个水晶人头的。在众多听众中只有英国几个考古学家对此种解说无法理解，因为拉丁美洲的印第安人，于 20 世纪 40 年代还在密林中过着原始生活，无法设想墨西哥的印第安人能在 14 或 15 世纪冶炼出铜并制出铜具，而又拥有如此高超的雕刻技艺。可见，法国对第三颗水晶人头的解说要得到更多人的认可，还有待于考古学家考证。

综上，究竟是什么人在什么时候制作了这 3 颗水晶人头？它们是作什么用的？仅仅是做为一种装饰吗？还有一种说法，认为祭祀时为镇住妖魔鬼怪而制作水晶人头。考古学家对这些传说并没有取得一致意见，因此 3 颗水晶人头的奇案，直到 1999 年仍为世界考古界之谜，希望 21 世纪的科学家们能够解开这个谜。

木乃伊心脏跳动之谜

长久以来，古埃及的木乃伊就以其数目众多和保存完好而举世闻名。人们对这里的木乃伊产生了各种各样的遐想。近来，在卢索伊城郊外出土的一具木乃伊就以其奇特的心脏起搏器引起了世人的注目。

在埃及卢索伊城郊外，人们将又一具刚出土的木乃伊抬出墓穴，通过仔细地检查，发现从其体内发出了一种奇特的有节律的声音。循声找去，发现声音似乎是因心脏跳动而发出来的，这是不可思议的。那么是不是有什么东西被藏到了木乃伊的心脏里了呢？人们无从知道，也没有人敢去拆开那缠满白麻布的尸体去探究其中的真相。他们立即将木乃伊原封不动地送到了坚南医生的诊所。坚南医生也不敢贸然行事，立即将其转送到了经验丰富的开罗医院。

在接到这具转送来的木乃伊后，开罗医院组织了一些专家对其进行了检查。人们在尸体的表面不能弄清其声音所存在的原因，于是决定进行解剖检查。医生们将木乃伊身上的麻布拆开后，对尸体进行了解剖，这时在心脏的附近发现了一具起搏器。这具起搏器促使心脏跳动的声音十分清晰，它那"怦怦"的跳动很有节奏。医生们做了一下计算，发现它每分钟都跳动 80 下，尽管这个 2500 年前的心脏早已干枯成为肉干，但它还是随着起搏器的韵律而不停地跳动。这是一个什么样的起搏器，它起搏的动力究竟是什么呢？医生们对这个能在 2000 多年后仍然跳动的黑色起搏器非常感兴趣，于是以先进的仪器对其进行了测试发现，这一起搏器由一块黑色水晶制造，因为这黑色的水晶含有放射性物质，所以它能凭借自身的功能在那里不断地跳动。

医院将他们的这一重大发现向世人宣布，同时又将这一起搏器重新安放到木乃伊体内，让人们自由来参观。这一惊人的消息不仅吸引了众多的考古学家，而且大批电子学家也受到吸引。他们从世界各地纷纷赶到开罗医院，参观了这具身藏心脏起搏器的木乃伊，大家都对这神秘的起搏器赞叹不已。人们纷纷猜测：这黑色的水晶从哪里来？在世界上现存的水晶中，人们只见过白色和少数的浅红色或紫色的三种水晶，而从未有人见到过黑色的水晶。他们同时又提出疑问，在2500多年前能懂得这黑水晶含有放射性的物质可以使心脏保持跳动的到底是什么样的人呢？另外人们又提出：为了协助人的心脏工作，这具心脏起搏器一定是在人活着的时候被安放到人体内的。那么在古埃及的医学条件下，当时的人们又是怎样将这起搏器放入人的胸腔里去的呢？这一系列令人难解之谜使专家们陷入了沉思。有人认为：在文化发达的古埃及，这些木乃伊可能是一些具有特殊能力的术士，利用奇特的手段创造出来的。那么，这只奇特的黑色水晶起搏器到底是从哪里来的？将其植入人体的究竟是什么人？这些可能永远是个谜。

莱布尼茨发明二进制与《周易》有关吗

莱布尼茨是德国自然科学家、唯心主义哲学家、数学家。世人都称他和牛顿是微积分的创造人。他对帕斯卡的加法器进行了改进，设计并制造了一种手摇的演算机，提出了他认为吻合中国"先天八卦"的二进制，后代计算技术的发展受到影响。

关于莱布尼茨发明二进制与《周易》是否有关，至今仍说法不一，几种观点较为常见：英国剑桥大学的李约瑟——《中国科学技术史》的作者，曾经深入地研究过莱布尼茨的生平，认定二进制应起源于八卦和《易经》。李约瑟说正是受到了东方这些古老图书的启示，莱布尼茨才完成了他的创造。传说莱布尼茨年轻时，曾在巴黎游历，在那里发明了对数表，感觉自己非常伟大，恰好一个曾经到过中国传教的教士带了一轴以拉丁文翻译的名为《伏羲六十四卦方位图》的

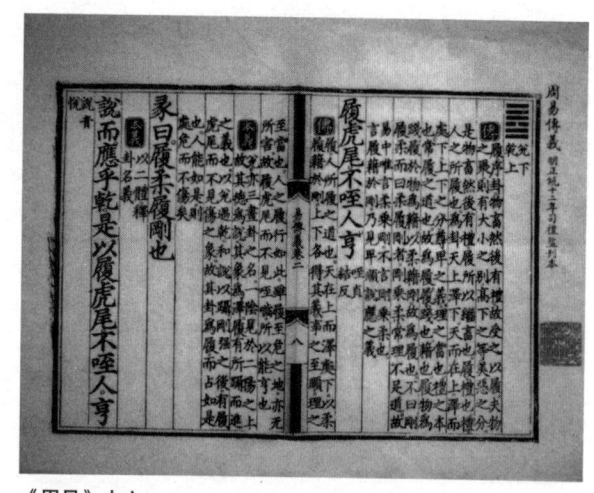

《周易》内文
古老的《周易》真的包含了二进制思想吗？

画卷送给他。对此莱布尼茨非常感兴趣，他认真地研读它，经常苦思其中的奥秘，终于有一天他想通了，想到建立二进制，并将自己的数学发明弃置一旁，对东方人的智慧赞不绝口。他以二进制数学把六十四卦的奥秘说得很明白；八卦中一两

个符号及其排列方法，可以使等比级数、等差级数、二元式（二进位）、二项式定理、逻辑数学以反电磁波、音响、连锁反应等原理贯通起来。

另一种观点认为，17世纪末叶，与在华传教士白进、闵明我等人的通信联系中莱布尼茨知道了八卦图和《周易》。

还有一种观点认为，莱布尼茨发明二进制与《周易》无任何关联。这种观点认为，《周易》卦序与二进制数学毫无关系，甚至有学者指出宋代邵雍所创制的六十四卦方位图"不能算二进制数学"，它们"只不过可以译成二进制数码，却没有二进制算法蕴含其中"。郭书春在1987年11月17日《科技日报》著文认为只要把莱布尼茨发明二进制与他和传教士白进的交往时间表列出来，一切都可解释清楚。1679年3月15日，莱布尼茨的《二进制数学》初稿完成，1696年，莱布尼茨对二进制问题再次给予了关注，送给奥古斯特大公一枚以二进制表为背面图案的纪念章。他还向赴中国的传教士详细介绍了二进制原理。莱布尼茨与在中国的法国传教士白进交往始于1697年。1701年2月15日，莱布尼茨给白进写信，对二进制原理进行了详细说明，白进收到信后发现了中国的六十四卦图与二进制的共同之处。4月7日，莱布尼茨将他的论文《关于仅用0与1 2个记号的二进制算术的说明，并附其应用及据此解释古代中国伏羲图的探讨》进行修改补充后再送到巴黎科学院，要求公开发表，二进制才被众人所知。然而，莱布尼茨和白进都不知道，他们所说的"伏羲六十四卦图"既不是伏羲创造，更不是《周易》的，而是北宋哲学家邵雍创作的。

古印度人制造宇宙飞船之谜

在人们的印象中，高速飞行器械肯定是现代人的发明。但是，考古学家的发现却给出了不同的答案。因为，考古发现，古人不但能够造飞行器械，还能造宇宙飞船。

近年来，人们竟然根据印度古文献仿造出了飞行速度达5.7万千米／小时的飞船。当然，从现代科技的角度去看，也许这是小事一桩。这份文献是从一座倒塌的史前时代的庙宇地下室中发现的，这份资料以古代梵文木简写成。而这种飞船就是大名鼎鼎的"战神之车"。

这份资料详细记载了"战神之车"飞船的驱动方式、构造、制造飞船的原料乃至飞行员的训练与服装等众多细节，篇幅达6000行之多。据记载，"战神之车"的飞行速度如换算成现代计算单位应为每小时5.7万千米。

这就是说，当人类发明了火车、飞机、飞船并为自己的发明所陶醉的时候，他们根本就没有想到，这些看来非常现代化的工具在几千年前就可能已经存在了，这真让科学家们尴尬了一回。

说起"战神之车"，还要从印度南部古城甘吉布勒姆的424座神庙说起。这些神庙据说最多时曾达到1000座，因而"寺庙之城"就成为这座城市的当之无愧的称号。在这些神庙中，除了湿婆、毗湿奴、黑天、罗摩等众多古印度的神灵雕像外，还有一种飞船的雕塑。这种被雕成不同样式的飞船上面刻有众多神话人物,但"战神之车"却是它们共同的名称。据说这些飞船就是这些神话人物乘坐的坐骑。

研究者们发现,"战神之车"是一种多重结构的飞船,绝缘装置、电子装置、抽气装置、螺旋翼、避雷针以及喷焰式发动机都装备在了飞机上。文献中多次指明飞船呈金字塔形,顶端覆盖着透明的盖子。这简直就是传说中的飞碟。

这份文献是 1943 年从印度南部的迈索尔市梵语图书馆一座倒塌的庙宇地下室中发现的。这些神话故事因为它的发现开始变得更加扑朔迷离了,究竟这些人是神话人物还是真实人物?究竟这种飞船是地球人所造还是外星人所造?连科学家们也无法回答这些问题。

驾驶方法也被记在这份文献中,也就是说早在史前时代,飞船和飞船驾驶员就出现在了印度这个地方,这样看来,人类的科技真像魔鬼一样神奇。

当然,人类科技的发展是从当代和现代才开始的,这已被众多的事实所证明,那么,对古印度的飞船就只有一种解释看上去显得合理一点,那就是根本就不是人类建造了这些飞船。也许那时的人们看到了一个这样的飞船,而这个飞船却是外星人乘坐着到地球上来考察的,然后根据这个也许被外星人废弃了的飞船,当地人仿造出了其他的飞船,而他们将那些外星人当成了神仙供奉起来了。

火箭是哪个国家最先发明的

首先在《兵法十二篇》中提出拜占庭皇帝列奥六世(公元 866~912 年)时士兵用的一种投火器,很有可能是火箭,是意大利人瓦尔图在 1450 年提出来的。这便是火箭源于拜占庭说而开始。此后有不少英法学者对这一观点表示赞同。

18 世纪的英国东方学者哈尔海德则提出了印度是火箭发明国的说法。1776 年,在哈尔海德翻译印度《摩奴法典》时,有"火炮或任何种类火器"、"火炮"的句子。《摩奴法典》汇编了古印度的宗教、哲学和法律,编成时间大约在公元前 3~前 2 世纪间。如果那时已有火炮或其他种类的火器的话,火药的产生当比此时早。众所周知,世界公认火药是中国古代的四大发明之一。与唐初炼丹家和药物学家孙思邈最早记录火药的配方时间相隔千年,众多学者因此对之提出质疑,印度学者赖伊即指出哈尔海德的译文中存在错误。

美国学者维特认为以上是因为传说、神话被学者当成了史料,因而结论自然是错误的。他这样分析是不无道理的。但那些相信印度起源说的人并不以之为然,因而也只能代表一种观点。在《论火箭的起源》一文中潘吉星认为在 1222 年印度本土最早出现火箭,那时火箭曾被蒙古军在对花剌子模国王札兰丁实施追击时曾在北印

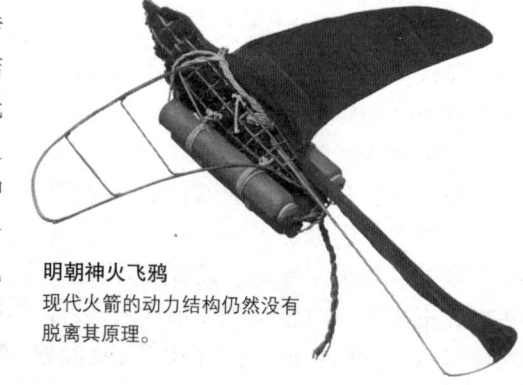

明朝神火飞鸦
现代火箭的动力结构仍然没有脱离其原理。

度使用过。这就是说，在1222年以前印度人根本搞不清楚火箭是怎样的东西。

对火箭源于中国这一观点表示赞同的中外学者，一般认为宋代是火箭的最早发端年代。

在鱼豢的《魏略》中始见"火箭"一词，《魏略》中记载魏明帝太和二年十二月，诸葛亮攻郝昭，郝昭射诸葛亮的云梯的武器即是火箭。不过那时的火箭并非用火药来推进的，而是在普通的箭上扎上一些耐烧的艾叶、松香和油脂一类的东西，然后用弓箭射出。

印度火器史学家戈代认为火药和火箭的起源地均是中国，是在14世纪以后才陆续传入印度，而这时中国的火箭已出现很长时间了。

著名的科技史学家李约瑟也说："中世纪中国的最伟大的成就之一是火药和火药武器的发展。"在中国古代典籍中关于火箭的记载也有很多，诸如《宋史·兵志》、《武经总要》等。但仍有人质疑中国是火箭发明国的说法。质疑的根据是丘濬的《大学衍义补》，丘濬（公元1420～1492年）这样说："宋太祖时始有火箭，真宗时始有火球之名，然或假木箭以发，未知是今之火药否也？历考史制，皆所不载。不知此药于何时仿于何人？意者谓在隋唐以后始自西域，与俗谓烟火者同至中国欤？"中国火箭西来说是由英国汉学家梅辉立首先提出的，他认为公元6世纪火箭才传入中国。然而仅凭此一条史料，似乎又有点势单力薄，难以说明问题。因此火箭到底起源于哪一国，还有待于进一步深入研究。

美国"阿波罗号"到底登没登上过月球

宇宙飞船"阿波罗号"登上月球，一直都作为人类航天史的一大里程碑而载入史册，更使冷战中的美国一下在航天领域让前苏联望尘莫及，它不仅仅是美国人的成就，更是全人类的骄傲，随着时间的消逝，人们在感受到这一前所未有的狂喜之后，似乎更关心这一壮举的真实性，究竟是伟大的成就还是弥天大谎。

1961年5月25日美国总统肯尼迪代表美国政府向国会宣布在这10年内，将把一个美国人送上月球，并使他重返地面。这就是20世纪著名的美国"阿波罗"登月计划。

这一计划是当时在应对前苏联空间技术挑战的形势下提出的。

可是自从20世纪70年代以来，一直有人怀疑登月只不过是美国政府一手导演的一个骗局。怀疑者认为，当时美国在与前苏联的太空竞赛中始终处于劣势。美国政府在当时技术条件不具备的情况下，一手导演了美国人首次登月的骗局来重振国威，欺骗国际舆论。

还有一些人公开怀疑整个"阿波罗"登月计划本身就是一个大骗局，人类从来没有登上过月球。据美国盖洛普公司在1999年的民意调查，有6%的美国人怀疑"阿波罗"登月是否真的发生过。

2000年7月中旬，墨西哥《永久周刊》科技版刊载了《20世纪最大的伪造》一文，作者俄罗斯研究人员亚历山大·戈尔多夫对美国31年前拍摄的登月照片提出质疑，立刻引起了广大读者的密切关注。

戈尔多夫认为，所谓美国宇航员在月球上拍摄的所有的照片和摄像记录，都是在好莱坞摄影棚里制造的。他的主要理由如下：

第一，"阿波罗"宇航员在月球表面拍摄的照片，背景都没有星星。月球没有大气遮掩，天空又是乌黑的，星星跑到哪儿去了呢？

第二，照片上物品留下影子是多方向的，而太阳光照射物品所形成的阴影应该是一个方向。

第三，摄像记录中那面插在月球上的星条旗在迎风飘扬，而月球上没有空气，根本不可能有风把旗子吹得飘起。

第四，从摄像记录片中看到宇航员在月球表面行走犹如在地面上行走一样，实际上月球上的重力要比地球上的重力小很多，因而人在月球上每迈一步就相当于人在地球上跨越了5～6米长。

戈尔多夫说，他并不否定当年美国宇航员登月的壮举。他认为，美国宇航员当时是接近了月球表面，但由于技术原因未能登上月球。可是，美国为了表功，为了压倒前苏联的锐气而伪造了多幅登月照片和一部摄影纪录片，蒙蔽和欺骗世人几十年。

2001年2月15日，美国的福克斯电视台播放了《阴谋论：我们登上月球了吗？》，通过采访"专家"出示"证据"，最终向大众"披露"了美国航空航天局于20世纪六七十年代在内华达州的沙漠中伪造"阿波罗"登月的真相。

不过，更多的人认为"阿波罗"登月是不可能造假的，最确凿的证据就是历次登月带回来的300多千克月球岩石。月球岩石非常独特，在许多方面和地球岩石不同。

此外，美国传媒神通广大，假如美国政府有欺骗行为，不可能会保密如此之久。

在各方争执不休时，美国于1999年7月20日在华盛顿国家航空航天局博物馆举行仪式，纪念人类首次登月30周年。这也多少表达了美国政府对争论的态度。但是，首次登上月球的尼尔·阿姆斯特朗拒绝参加任何记者招待会、签名或合影，第一个踏上月球的人却如此沉默。这种行为给人们留下了更多的迷惑和不解。

如此看来，真假登月仍是未解之谜，证明登月的只有美国政府，有谁撒过弥天大谎会轻易认错的，提出反驳的最权威的戈尔多夫又是俄罗斯人，谁知道其中又掺杂了多少政治的或个人的因素？解开这个谜团，还有待更多的材料和参与者的证明。

越王勾践青铜剑之谜

近年来，湖北望山沙冢楚墓出土的一件青铜铸成的宝剑引起了人们广泛的关注。该剑出土时，放置在棺内人骨架的左侧，并插入涂墨漆的木鞘里，将剑拔出鞘，寒光耀目，剑身一点儿也没有锈蚀，其锋利的薄刃也将20多层纸一击而破。剑全长55.6厘米，剑身长45.6厘米，剑格宽5厘米。剑身满饰黑色菱形几何暗花纹，另外还分别用蓝色琉璃和绿松石在剑格的正面和反面镶嵌成美丽的纹饰,剑柄以丝线缠缚,剑首向外翻卷作圆箍形,内铸有非常精细的11道同心圆圈。有两行鸟篆铭文位于剑身一面近格处,经专家考证,铭文为"越王勾践,自作用剑"。

越王勾践青铜剑,不仅有精湛的铸造技术、秀美的花纹,而且在地下深埋2400多年而不锈,仍保持着耀眼的光泽,这倒底是什么原因呢?

根据古代史书记载,春秋末年中国在青铜铸造方面已经掌握了将器身与附件分别铸造,再用合金焊接的冶金工艺。当时的炼炉,已开始采用皮囊鼓风加温的新技术。那么,这些名贵的青铜剑,又是怎样制造与防锈的呢?

1977年及1978年湖北省博物馆在有关单位的协助下,在复旦大学的静电加速器上,利用原子核研究所提供的检测设备,对越王勾践剑进行了无损伤的测定与研究,终于揭开了笼罩在越王勾践剑身上长达千年的面纱。

根据测定的结构,勾践剑刃及剑身的成分显示含锡为16%～17%,这是铸造锡青铜强度最高的成分,并保持有一定延伸率;含锡再高,虽提高了强度,但抗强度及延伸性将迅速下降,作直刺用的兵器,要保证其强度以免弯折,而对砍击器的硬度或韧性则不太要求。越王勾践剑和同墓出土的菱纹剑都使用了合理的含锡成分,吴越铸剑的高超水平得以充分的反映。勾践剑身的铅、铁含量较低,它们应是锡和铜的杂质元素,在熔铸时或者选料精良,或者通过精炼将铅、铁杂质予以去除。剑格使用了含铅较高的合金制作,这种材料有较好的流动性,容易制作表面的装饰。剑格表面经过了人工氧化处理,花纹处含硫高,硫化铜有抵抗锈蚀的作用,以保持花纹的美丽。勾践剑上镂有八字铭文,刻槽刃痕清晰可辨,由此可以肯定铭文系铸后镂刻。铭文笔画圆润,宽度只有0.3～0.4毫米,从中可看出其刻字水平之高。

越王勾践剑因剑的各个部位的作用不一样,铜和锡的比例也不同。刃部含锡高,硬度大,使剑非常锋利;而剑脊含铜较多,能使剑韧性好,不易折断。但不同成分的配合在同一剑上又是如何铸成的呢?专家们考证后认为是采用两次浇涛使之复合成一体的复合金属工艺。世界上其他国家到近代才开始使用这种复合金属工艺,而早在2000多年前的中国,古代劳动人民就采用了这一方法。

东汉张衡设计的"地动仪"如何运作

公元132年,时任东汉太史令的张衡针对当时地震频繁的状况,制成了世界上第一台观测地震方位的仪器:候风地动仪。

据史书记载,张衡研制的候风地动仪整个用精铜制成,圆径8尺,有凸起的圆盖,形状像个大酒樽,外表刻有篆文及山龟鸟兽等图形。地动仪的外面镶铸着8条龙,龙头分别朝着东、南、西、北、东北、东南、西南、西北等8个方向。每条龙嘴里都含有一个小铜球,每个龙头下各有一只张着嘴的蛤蟆。地动仪的构造原理很难明悉,但是,人们可以明确地知道地动仪的内部,有一根上粗下细的铜质"都柱"立在中央,都柱周围伸出8根杠杆与龙头连接。哪个地方发生地震,哪个方向龙嘴里的铜球就会掉落到下面的蛤蟆嘴里，并且发出清脆的响声。守候在地动仪旁的人，就可以把地震发生的方向准确地记载下来。

这么精确的地动仪是如何运作的呢？1951年，中国历史博物馆的王振铎先生根据史书的记载，复原了张衡的候风地动仪，说出了它的工作原理是"倒立摆"。所谓"倒立摆"就是有一个尖脚棒槌直立在那里，一有地震它就倒了。模型中使这个棒槌站立在大尊中央，周围对称地设有8套杠杆机构，棒槌倒向哪方，就砸开那边的机关，龙嘴里的球受这个机关控制的，它也就随着掉下来。王振铎先生的这台复原模型成了中国古代科技文化的象征物，具有很重要的意义。但最近几年，有人对王振铎先生的复原模型提出了质疑，他就是李超雄。他认为史书记载中的地动仪"中有都柱"不能简单地理解成"倒立摆"，整个地动仪高度超过了2米，最大直径1.8米，是个高大的铜尊。这么大的铜尊本身重量就有2吨，这与那条轻盈的棒槌怎么也没法搭配。特别是倒立摆不可能有足够的灵敏度。李先生经过另一番描述认为从物理推算可以证明，那么设计的候风地动仪与王振铎先生的倒立摆相比，其灵敏度要相差上百倍。他正在寻求合作，把自己的设计方案变成实物模型。

在国外，直到13世纪，波斯马拉哈天文台才有类似的仪器出现，到18世纪才有利用水银溢流来记录地震的仪器出现。因此，张衡地动仪到底如何运作呢，这个谜至今还未完全解开。

"蒙汗药"是什么药物制成的

在中国古代小说中，行走江湖的武林好汉经常用一种蒙汗药，那么这种蒙汗药真的存在吗？其实，蒙汗药的存在未必不可信。古人对这个问题早有研究，为解开蒙汗药的奥秘付出了艰苦的劳动。总的来说，蒙汗药的药物构成大致有以下几种观点：

一是周草窗《癸辛杂志》说："回回国有药名押不庐者，土人采之，每人少许磨酒饮人，则通身麻痹而死，至三日少以别药投之即活"。李时珍的《本草纲目》也曾著录过押不庐，并指出这是一种具有麻醉作用的神草，麻痹效果虽"加以刀斧亦不知"。押不庐在中原大地上很难找到，只分布于西部，因此很难说蒙汗药的主药是否就是押不庐。

二是《齐东野语》记载："草乌末同一草食之即死，三日后活。"草乌末就是草乌研磨的末。草乌是中医常用的药物。经化学分析，乌头碱、新乌头碱和次乌头碱是草乌的主要成分，而乌头碱对人体的各种神经末梢及神经中枢具有先兴奋后麻痹的作用。明定王朱橚的《普济方》中载有用于麻醉的"草乌散"就是以草乌末为主料。因此不可完全否认草乌末也许就是"蒙汗药"的主要成分。

三是宋人周去非《岭外代答》谓："广西曼陀罗花，遍生原野，大叶百花，结实如茄子，而遍生山刺，乃药入草也。盗贼采于而末之，以置饮食，使人醉闷，则挈篋而趋。"曼陀罗是一年生有毒草木，夏秋开花，花冠漏斗状。曼陀罗花又叫风茄花、洋金花、山茄花。

除以上三种说法外，还有"醉鱼草"。醉鱼草，又叫闹鱼草，是一种灌木。花和叶含有醉鱼草甙和醉鱼草黄酮甙，对鱼类尤有麻痹作用。

让人更费解的是"蒙汗药"的解药问题。沈括《梦溪笔谈》说坐拿草心具有催醒作用，但宋苏颂《图经本草》、明定王《普济方》、李时珍《本草纲目》等医书中都没有提到这一说法。当代中医认为可以消除蒙汗药的药性的是毒扁豆碱，但是古代蒙汗药的解药是否是毒扁豆，不得而知。唐孙思邈《千金方》说："甘草解百药毒，如汤沃雪，有同神妙。有中乌头、巴豆毒，甘草入腹即定……方称大豆汁解百药毒，余每试之，不及甘草。又能加之甘豆汤，其验尤奇。"的确甘草具有解毒功能，是常见的中药解毒药。《本草纲目》说甘草对天仙子有解毒作用，而天仙子的主要成分是莨菪碱、东莨菪碱等生物碱。绿豆性寒，与甘草相配，能散热解毒，效果更佳。因此有人说，甘草绿豆汤作解药甚灵。甘草、绿豆都是易得之物，配制又不复杂，它们很有可能是蒙汗药的解药。

到此为止，蒙汗药及其解药的成分究竟是什么这还是一个谜。前人虽然做了大量工作，试图揭开这层神秘面纱，但没有得出十分可信的答案。其中奥秘，尚有待于人们继续考证研究。

转基因作物——福音还是灾星

转基因工程技术作为一门生物高新技术在最近20年才发展起来。转基因植物于1983年在世界上首次培育成功。转基因植物是指科学家在实验室中通过基因工程方法，改变作物原来的基因构成，培育出的新品种。许多转基因植物产品早就成为人们的食物，和人类生活、健康之间的关系越来越紧密。

那么，转基因作物是人类必需的吗？转基因作物是否安全呢？

一些科学家认为，不能将转基因技术的实用性看得太高。如果认为转基因"无所不能"，"无所不用"，那是一个极大的错误。根据唯物辩证法，事物有内因和外因两个方面，内因是基础，外因是条件，内因通过外因才起作用。作为内因的转基因，首先得和外部环境结合，否则将发生不了什么作用。首先，从盐碱地里长出的作物天然具有抗盐碱的基因，但这是环境通过自然选择、适者生存而产生的；如果把抗盐碱基因转移到其他脱离盐碱环境的作物上，并不一定能起作用。

转基因技术的另一个问题就是安全性。2001年夏秋之际，比利时科学家在《欧洲食

用酶从某一生物体上切下 DNA 断片，然后嫁接到另一生物体的 DNA 中，这样就实现了不同物种之间遗传信息与特性的转接。

品技术研究》杂志上发表文章，将他们最新的研究发现公布于众：从美国孟山都公司生产的一种转基因大豆中，发现了奇怪的基因片段。科学家们对该基因片段进行同源性分析，花费了好几个月，但最后仍无法找到它的 DNA 序列。呼吁各国政府：对这种可疑的转基因大豆的定购应暂缓。

孟山都公司对他们遇到的"麻烦"轻描淡写地说：这种基因改造大豆像传统大豆一样安全，只不过有一段基因需要重新测序命名。他们还"很有信心"地称：在对传统大豆的基因进行改良的过程中，无论是注入新基因还是改变原有的基因，都不会产生任何预计不到的不良后果。

就在"大豆事件"引发人们为安全问题争得难分难解之时，一份美国科学家的研究报告在英国权威的《自然》杂志上发表了。科学家在报告中称：他们首次发现转基因作物产生的杀虫毒素（BT）可由根部向周围土壤渗透。他们种下 BT 转基因玉米 25 天后发现，BT 毒素通过根部渗出物进入周围土壤，仍具有很强的活力，能将虫杀死。但是这些毒素也能使害虫的抗药性增强，而且对土壤的生态环境十分不利，这一点和普通杀虫剂的负面影响没有本质区别。被人们请来"帮忙"的病毒基因，所起的作用可能相反。

另外，"转基因"是人为地从外部"转"来的，很可能会破坏原来基因家庭的亲密与和谐，对生态系统产生影响。因此，它要起正面作用，就必须和作物原来的基因家族成员"搞好关系"，取得必要的"帮助、协作"。它要和相关基因、基因诱导、调控方式、胞质因子进行适宜的结合，甚至要对细胞、组织、个体、群落、相关种群、系统、生物圈等多层次的水平和机制进行调动。

然而也有一些科学家认为，利用转基因技术拓宽了生物育种的思路；从纯技术层面来看，转基因是中性的，对人体不存在利弊问题。根据跟踪观察，转基因农作物及食品的安全性问题，在于转进了是否合适的基因，而不在于转基因动植物本身。他们认为，目前的转基因动植物是人们平时食用起来安之若素的食品，转进的基因大都是动植物自身的基因。部分植物生理学家呼吁，公众应该消除有关转基因食品不安全疑虑。

事实上，探索理想的生物技术与人类休戚相关。因此，采取更温和、更周全的步骤，寻找更符合自然天性的方式，改善作物品种，增加粮食产量，造福人类，这实在是一件功德无量的事情。

"万有引力"的发现是牛顿一个人的功劳吗

世人大都认为牛顿是因为看到苹果落地的现象而发现了万有引力定律。然而这个故事的真实性究竟如何？万有引力定律真是牛顿一个人发现的吗？

人人皆知，牛顿于 1727 年 3 月 20 日逝世，而在他去世前并没有苹果落地故事的记载。有关苹果落地故事是在牛顿逝世之年才逐渐流传出来的。英国的布雷斯特是最详细记载这个故事的人，于 1831 年他在《牛顿的生平》一书中提到这一件事。后来，他在 1855 年又在《牛顿的生平、著作和发现的回忆》一书中提出这件事。他是如此描述的:"苹果从沃尔斯索普的树上落下来,因而使牛顿想到这个问题。1814年,我在沃尔斯索普时,曾经看到这棵苹果树,树的一部分已经开始枯萎,一部分树干已经脱离树根。到1820年,这棵树已经完全腐朽而倒下去了。这一棵树的标本后来由伊·特纳小心地保存着。"

在牛顿的传说中,布雷斯特一方面记述了牛顿因受苹果落地启迪产生万有引力的思想,同时又对此表示怀疑。布雷斯特认为苹果落地的故事是不真实的。他认为在牛顿之前,已有不少科学家具有万有引力的观念,牛顿也应当知道这一点。因此,牛顿的万有引力观念源于前人。牛顿也可能看到苹果下落这个极其平常的现象,但是苹果下落现象并不一定是启发牛顿发现万有引力定律的真正来源。

其实,不少科学家是在牛顿之前就已开始研究引力问题。1625年,行星三大运动定律被天文学家刻卜勒发现了,但是他只对运动给出了简单而准确的描述。他没有充分地解释究竟是什么原因使行星环绕太阳作椭圆轨道运动,他仅指出,使行星环绕太阳作椭圆轨道运动的动力来自太阳,同时他认为这个力随距离的增加而减少。刻卜勒的见解已部分地包含了万有引力的观念。他还认为太阳和行星之间也存在引力,否则,地球上的海水岂不是会被月球吸走了。然而刻卜勒把伽利略关于物体具有惯性的见解忽略了,误认为要使物体保持运动状态,只有不断地对运动物体施加推动力。

1659年,也就是牛顿发现苹果落地传说之前7年,荷兰物理学家惠更斯也提出万有引力概念。

由上述可见,万有引力定律的发现,无疑是在哥白尼、伽利略、刻卜勒、惠更斯、胡克等众多前人的研究成果上,加上牛顿本人在天文学、变量数学等多方面研究的基础上取得的成果。牛顿本人的话也可以证明这一点。牛顿临终前曾经说过:"如果说我比笛卡尔看得远一点,那是因为我站在巨人的肩上。"这表示他不忘前人对他成果的贡献。所以,不管苹果落地故事的真实性如何,它只能算作一个伟大发现的标志,万有引力定律的发现,绝不是牛顿一个人的功劳。

爱因斯坦的"相对论"错了吗

大家都知道爱因斯坦创立了两大复杂的理论:狭义相对论和广义相对论。这两大理论构成了当代关于地球认识的基础,人们在学校也大都是这样获得"相对论"的解释的:一辆在公路上飞驰的汽车,你认为它的速度有多快呢?回答是:如果你在同一条路上朝相反的方向行驶,则第一辆汽车是以两倍于汽车相对于道路的速度离你远去的。如果你坐在自己汽车里以同样的速度与第一辆车并排行驶,那么,第一辆汽车相对于你来说没有运动。而目前正在进行的有关相对论方面的研究的目的从微观和宏观两个方面发生的各种进程给予准确解释。爱因斯坦认为,任何物体的运动速度是不可能超过光速的,因为这一方面意味着荒唐,另一方面还意味着必须让时光倒流。

对此有人提出了驳论。

驳论1：

在莉娜·豪领导的一批丹麦物理学家与加弗尔德大学的同行的共同努力下，成功地使光速降低了近6亿倍——每小时1.6公里。他们通过将激光注入"玻色——爱因斯坦凝聚"系统后获得了这一结果。在这种系统中，原子堆几乎被冷却到绝对零度程度，在这种情况下的原子反应是不一样的：原子几乎是静止不动的，好像"粘合"成了一个大原子。在最新通讯技术、信号处理、夜视仪乃至电视中将运用到这种效用。爱因斯坦的理论有些动摇，但暂时还没有被完全推翻。

驳论2：

普林斯顿大学的科学家前不久成功地超越了光速，而且竟然一下子超过了310倍(光速每秒传播速度约为29.7万公里)。由此看来，相对论遭到了彻底推翻。但参与研究的专家认为，爱因斯坦的相对论与超光效应并不矛盾，原因是每一个单独光子速不可能超过每秒30万公里。总的来说，超光速度不可形成。

"水火相容"之谜

在日常生活中，人们都把水能灭火视为一个常识。只要哪里发现火灾，消防车就会立刻隆隆地开去，喷出"大水"，很快就能将大火浇灭。然而，水和火绝对是死对头吗？

答案是否定的，因为在特定的条件下，水却能帮助燃烧哩！不知你是否注意到，在工厂或老虎灶旁边的煤堆里，工人师傅常用水把煤堆浇得湿淋淋的，如果有人问他们这样做的原因时，他们会告诉您说："湿煤要比干煤烧得更旺。"

这究竟是怎么回事呢？

原来，世界上万事万物，都会按不同的条件来表现自己的独特性格。水也是如此，其实水能助燃，在日常生活上也常可见到，当你在烧开水时，如果壶里水开了溢出来，落到煤炉上，火焰会一下子变得更旺。其中的原因很简单，因为，当炉膛中煤燃烧的温度很高时，加入水，就会和煤起化学作用生成一氧化碳和氢气。

锅炉内熊熊的火焰，正是得益于水的帮助。

一氧化碳和氢气都易于燃烧，如此一来，炉膛内的火就会烧得更旺，这就是水能助燃的奥秘。

人们可以做下面的实验证明上述的原理。首先将200毫升水放入烧瓶中，在将粒状硬质煤块放入另一燃烧管中，实验开始时先用小火烧热燃烧管，随后用大火对着煤块加热使煤块变红，同时把烧瓶中的水煮沸，使水蒸气通过燃烧管，此时在另一端燃烧管中点燃，就会出现蓝色火焰。

工业上制造水煤气利用的就是上述实验的原理。

除碳以外，水和其他非金属元素也能发生作用。

在常温下水和氟能发生剧烈反应，生成氟化氢和氧气。

在光的催化作用下，氯也可和水起反应，生成盐酸和浓氯酸。

至于溴、碘、磷等不活泼的非金属元素，通常就不能和水起反应了。

由上述可见，水火有时也可以相容。

"干冰"是冰吗

有一次，几个地质勘探队员到美国的德克萨斯州去勘探油矿时遇到了一件怪事。他们用钻探机往下打孔，钻到很深的地方。突然，地下的气体以极高的压力从钻孔里喷射而出，并很快地在钻孔中形成了一大堆白色的"雪花"。地质勘探队员们很好奇，于是就上前滚雪球，结果，手上不是起了泡就是变黑了。

原来，那"白雪"不是真正的雪，而是一种"干冰"。干冰也不是真正的冰，因为它是由无色的二氧化碳气体凝结而成的，而不是由水凝结成的。

如果把二氧化碳装在一个钢筒里，然后施加一定的压力，它就变成水一样的液体了。如果温度再降低一些，那它就变成了一种白色的东西，好像冬天的雪花，这就是干冰。然而，它比雪更细一些，并且，因为它的温度低到 −78.5°C 以下，所以，千万不能直接用手去拿，否则会把手冻伤的。皮肤冻伤后，会出现黑色的斑点，几天以后就开始溃烂。

如果你把干冰放到房间里，它很快就会不见踪影，变成了二氧化碳气体，融入空气之中。这是因为在常压下，干冰不会呈液态，它在吸收一点的热量后就直接转变为气态，这种过程叫做升华。

有趣的是，由于干冰的温度太低，它急剧升华的时候，周围的空气温度也会随之迅速降低，空气里的水蒸气就会凝结成雾。因此，拍电影的时候，常常利用干冰的这个特点，在周围撒点干冰，就可以产生云雾缭绕的景象。另外，如有必要，还可以通过从飞机上往云朵里撒干冰进行人工降雨。

为什么自来水塔造得很高

你一定会想到自来水是从深埋在地下的水管中来的。但循着自来水管找，你会发现它们的源头在自来水厂，那些埋在地下的水管都连接在自来水厂高高的水塔上。

那么，水塔有什么用呢？

如果一个水塔高10米，另一个水塔高5米，那么高10米的水塔的塔底水流压强比高5米的水塔的塔底水流压强要大49千帕左右。倘若两个塔底的出水口大小一样，同时开放时，压强大的就会比压强小的出水急。因为自来水供应的用户地势高低不等，压强如果不够，地势较高的用户就得不到水，所以水塔都造得较高。

现代化的大、中城市的水网由于范围宽，管路阻力大，光靠水塔无法产生足够的压强，还需要很多加压泵的帮助。

为什么在高山上煮不熟饭

在高山工作的地质勘探人员和登山运动员，常常会遇到这种情况：饭锅里的水蒸气直冒，水已经沸腾了好久，但锅里的米饭还是生的。为什么呢？

原来，和其他液体一样，水的沸点与压强有关，压强大，沸点高；压强小，沸点低。海平面附近大气压强约为101.3千帕，这时水的沸点为100℃；而高山上的大气压强比海平面附近的小，水的沸点相应降低。水在高山上不到100℃就沸腾了。经测量表明高度每上升1000米，水的沸点就下降约3℃。在海拔5000米的高山上煮饭时，尽管火烧得很旺，饭锅里的水也沸腾了，但锅内水温不超过85℃。

难道在高山上人们就只能吃生米饭了吗？当然不能。人们设计一种压力锅，很适合在高山环境下烧水煮饭。压力锅煮饭时，水蒸气无法从锅里溢出，它们越积越多，锅内的压强就相应增大了。压强达到101.3千帕后，水的沸点自然是100℃，生米也就煮成熟饭了。

激光"百发百中"之谜

随着科学技术的发展，激光的应用范围越来越广泛。中国古代的传说中就有"用光杀人"的记载。如《封神演义》中的"哼"、"哈"二将，可从鼻中喷出使敌人丧命的光，科学幻想中也早就有"魔光"、"死光"的说法。但直到1960年出现激光后，这些幻想才真正变成了现实。

激光技术从20世纪60年代末期开始进入军事领域，激光在军用技术的应用上分为两大类：一是用激光提高现代武器威力或创新军事装备，如激光测距、激光制导、激光雷达、激光通信等；二是用激光直接摧毁目标，如激光武器。作为武器的激光有很多独特的优点。首先，它可以每秒30万公里的光速传播，其他任何武器都没有这样高的速度。它一旦瞄准，几乎立刻就能击中目标。另外，它可以在极短的时间里，在极小的面积上集中超过核武器100万倍的能量，还能很自由、灵活地移动方向，不会造成任何放射性的污染。

激光武器分为三类：一是近距离战术型，可用来击落导弹和飞机。1978年美国就是用这类武器进行激光反坦克导弹的试验；二是致盲型，如机载致盲武器就属于这一类；三是远距离战略型。这一类的研制最困难，但一旦研制成功，威力也最大，它可以作为反卫星、反洲际弹道导弹的最先进的防御武器。

激光是如何将目标摧毁的呢？科学家们认为有两个方面：一是层裂，二是穿孔。所谓层裂，就是靶材表面吸收激光能量后，被电离的原子形成等离子体"云"，"云"向外膨胀喷射形成应力波向深处传播。应力波的反射导致靶材被拉断，形成"层裂"破坏。所谓穿孔，就是高功率密度的激光束使靶材表面急剧熔化，进而汽化蒸发，汽化物质向外喷射，反冲力形成冲击波，在靶材上穿一个孔。另外，等离子体"云"还能辐射紫外线或 X 光，将目标结构和电子元件破坏掉。

在激光制导导弹中，操纵人员通过不断调整激光束方向，将已发射出去的导弹导引到所要攻击的目标。激光信号经过编码可以对来自一个或数个方向相继发射出来的导弹进行制导，还可用数个指示器分别控制数枚导弹攻击各自的目标。

1972 年美国在越南战场上首次投下激光制导炸弹，由此揭开了激光制导武器应用于战争的序幕。当时，美国飞机用 20 枚激光制导炸弹，将 17 座桥梁予以摧毁，取得了意想不到的战果。随后，在近 20 年中，激光制导武器普遍应用于中东战争、马岛战争、贝卡战争和海湾战争中，并发挥了重要作用。

战争中，通信相当重要。命令的下达，军队的集结，进攻的发起……小到分队与分队、士兵与士兵之间的联系，大到各军兵种的配合、协调，所有这些都离不开通信。最早的通信靠人马飞跑传递，举灯燃火为号，以后的通信靠有线电话、无线电报、步话机等等。再后来，激光也被用于战场通信。而激光通信具有抗干扰、不易拦截的优点，可以沟通空中、地面和水下，能够在海底、地面、大气空间和外层空间，构成一整套"立体"交叉激光通信网。

激光在模拟、报警和激光对抗等方面也得到了应用。激光模拟器可以对炮弹、火箭和导弹的发射进行模拟，进行人员实战演习培训，评定射击结果，还可用来传递敌我双方坦克交战结果的信息。通常采用的半导体激光器，可精确确定目标和模拟炮弹的三维坐标，并可向目标发送射击结果。近几年激光技术已广泛应用于我军进行的激光红外军事演习训练中，并已取得越来越丰富的经验。

如何测定光速

从 17 世纪初开始，就有许许多多的科学家一直在寻找一种测量光速的方法，并为此做了大量的实验。第一个想出测量光速的方法的人是意大利科学家伽利略。1607 年，他从光走直线的特性中受到启发，做了一个这样的实验：他先让两个手提一盏前面带盖的信号灯的人，分别站在相距 1.5 千米的两个山头上。然后，让第一个人先打开灯盖，对方一看到灯光就立即打开灯盖，将光同信号传出来。伽利略原以为只要测出这段时间，就能计算出光速了，可是在实验中，这两个人的动作衔接时间太长，因此测量出来的数据并不准确，再加上光速又太快，所以这一实验最后以失败而告终。

大约两个多世纪以后，30 岁的法国物理学家斐索仔

斐索测定光速的装置

细研究了伽利略测光速的实验，终于找到了这个实验失败的原因。大家对镜子的反光现象一定都很熟悉吧。光一照射到镜面上便会立即反射，因此一条光线从反射到返回是连续的。这一现象也启发了斐索，他认为只要可以准确地测量出光从发射到返回接收的时间差，就可以准确地计算出光的速度。

斐索对实验装置又作了改进。为了减少误差，他把第二个人换成了一面镜子，只用一只旋转的齿轮代替钟表计时。斐索选择了两个相距 7 千米的山头，把旋转的齿轮和一面镜子分别放在上面。实验开始了，斐索首先让光通过齿轮的两个齿之间，照到另一个山头的镜子上，光线经过镜子反射后，又从齿轮的另外两个齿之间传回来。这样便可以根据齿轮旋转的速度，计算出光往返所用的时间。斐索的试验得出的结果是，光的速度为每秒钟 315000 千米。由于斐索的这一贡献，人们称他为"第一个捕捉住光的人"。

物理学家麦克尔逊是历史上第一个获得诺贝尔奖金的美国人。他在精密光学仪器改进以及利用这些仪器进行计量学和光谱学研究等方面做出了卓越的贡献。麦克尔逊也曾测量过光速，而且他的测量结果还是历史上最精确的。

麦克尔逊 1873 年毕业于美国海军军官学校，因为学习成绩优异而被留校工作。由于理论研究和航海方面实际应用的需要，麦克尔逊对测定光速非常感兴趣。1879 年，麦克尔逊的岳父资助他 2000 美元用来进行光速的测量，麦克尔逊用这笔钱对旋镜装置进行了改进。恰巧当时美国的航海历书局局长纽科姆对这项工作也表现出浓厚的兴趣，于是两人开始合作并得到了政府的帮助。后来，他们进一步改进了光速测量装置。在此后整整 50 年的时间里，麦克尔逊和纽科姆不断地进行改进和重复测量。不幸的是，在一次光速测量中，麦克尔逊突发中风而去世，享年 79 岁。他的测量结果是：光速为 299764 ± 4 千米/秒。这个结果是非常精确的。

大自然的奥秘是无穷无尽的，前人的宝贵经验奠定了后人探索的基础，人类将"上下而求索"。

"跟踪"电磁波

1875 年 2 月 22 日，亨利希·赫兹诞生于德国汉堡一个中产阶级家庭里。中学毕业后，他继续在德累斯顿高等技术学校学习工程学。当时，他的理想是成为一名建筑工程师。1876 年秋天，赫兹在柏林铁道兵团服了一年兵役。退伍后，赫兹进入慕尼黑大学，继续攻读工程学。在此期间，赫兹选修了著名物理学家菲力浦·冯·约里的物理课和数学课。老师的课深入浅出，非常生动，使赫兹对物理和自然科学产生了浓厚的兴趣。

为了能听到著名的数学家亥姆霍兹和物理学家基尔霍夫的课，赫兹申请转入柏林大学学习。很快，这两位老师就将赫兹视为自己的得意门生，并决定从各方面对其进行培养。

1880 年 3 月 15 日，赫兹取得了博士学位，随后在亥姆霍兹研究所做了两年半助手。此时正值麦克斯韦的电磁理论发表后并没有得到社会的承认之际，有些人甚至公开对其发难。1879年,亥姆霍兹在麦克斯韦电磁场理论的基础上,以"用实验建立电磁力和绝缘体介质极化的关系"为题,设置了柏林科学院悬赏奖,希望通过实验证明麦克斯韦的理论。赫兹做了无数次实验,但始终没有进展。

赫兹用了几年的时间,对有关电磁波的各种不同的观点作了深入的研究与分析。经过比较和鉴别后,赫兹精心地设计了一个电磁波发生器,深入地研究"电火花实验",想通过这一系列的实验证实麦克斯韦高深莫测的电磁场理论。

赫兹先将两个直径为0.30米的铜棒分部接在两块边长为0.40米的正方形锌板上,铜棒的一端又焊上一个金属球,让铜棒与感应圈的电极相连。通上电后,当两根铜棒的金属球靠近时,就会有电火花产生并从一个球跳到另一个球。这些火花说明电流是循环不止的,在金属球之间产生的高频电火花便是电磁波。麦克斯韦的理论便认为电磁波由此就能被送到空间去。

赫兹为此制作了一个电波环,目的是捕捉这些电波,确定它能否被送到空间。这是一个用粗铜线弯成的环状物,环的两端有两个小金属球,球的间距可以调整,就用这个装置来接收莱顿瓶辐射的电磁波。小金属球之间如有火花产生就表示接收到了电磁波。在实验中,如果改变金属球的间距,就会调整接收天线的谐振波片,谐振的时候,就会产生火花。赫兹把这个电波环放到离莱顿瓶10米远的地方,当莱顿瓶放电时,铜丝线圈两端的铜球上果真产生了电火花。赫兹认为,电磁波从莱顿瓶发出后,被电波环捕捉住了,也就是说,电磁波不仅产生了,还传播了10米远。

1887年11月5日,赫兹完成了一篇题为《论在绝缘体中电过程引起的感应现象》的论文。他在论文中总结了电磁波的研究成果,并证明了麦克斯韦的电磁场理论。这篇论文很好地解答了亥姆霍兹提出的悬赏难题,并因此而荣获柏林科学院的科学奖。麦克斯韦深奥的电磁场理论被赫兹用这么简单的自制仪器就得到了验证,从此,再也没有人怀疑电磁波的存在。

这之后,赫兹开始专门研究电磁波,他还对电磁波的传播速度作了测量。实验时,他选择了一个长15米、高6米、宽14米的教室。赫兹在离波源13米处的墙面上安装了一块4(米)×2(米)的锌板,当从波源发射出的电磁波经锌板反射后,便在空间形成了驻波。赫兹首先用检波器对电磁波的波长进行检测,然后根据直线振荡器的尺寸算出电磁波的频率,最后通过驻波法把电磁波的传播速度计算了出来。赫兹于1888年1月将《论电动效应的传播速度》一文圆满完成。论文提出,电磁波在真空中的传播速度同光一样快。

赫兹接下来又进行了电磁波的折射、反射、偏振等一系列实验。实验证明,同光波一样,电磁波同样具有折射、反射和偏振等物理性质。

当时的科学界对赫兹的突出成就给予了高度评价。1893年12月7日,作为波恩大学的教授,赫兹抱病坚持上完了他一生中的最后一堂课。第二年的元旦那天,才37岁的赫兹就离开了人世。为了纪念这位年轻的科学家为人类作出的贡献,人们以他的名字来为"赫兹矢量"、"赫兹波"、"赫兹函数"等物理学概念进行命名,并以"赫兹"作为频率的单位。

地磁场能影响人体吗

自从人类发现有地磁现象存在,就开始探索地磁与生命的关系问题。我们知道,信鸽辨别方向的能力特别强,即使把上海的信鸽带到内蒙古放飞,它仍然会飞回上海。路途中就是遭遇到狂风暴雨,它也不会迷失方向。如此高强的辨别方向的本领让科学家们啧啧称奇。于是他们对信鸽进行研究,做了这样一个有趣的实验。他们在一个阴天的下午,把磁棒和铜棒分别绑在一些鸽子身上,然后运到很远的地方放飞。结果很有趣,绑着铜棒的鸽子,飞行方向正确,都安全返回主人家。而那些绑着磁棒的鸽子却满天飞失去了方向。这个实验说明鸽子辨别方向的能力受到磁场的影响。绑了磁棒的鸽子,识别地磁场的本领受到磁棒的干扰,自然也就迷失方向。

科学家们又对类似的候鸟迁徙现象进行了研究,结果发现候鸟体内也有"雷达",它们和鸽子一样,能够根据自己的电磁场同地磁场的相互作用来辨别方向。为了进一步证实这一点,科学家们在秋天把候鸟关进笼子里,用布罩起来,不让它们看到外面的世界。这些鸟却倔强地聚集在笼子的南部,准备向南飞。后来,科学家又把笼子放在一种磁场装置里,这些鸟儿就失去了方向,开始散布在笼子各处。可见地磁场是它们辨别方向至关重要的依据。不光鸟类,就是一些昆虫,甚至细菌也会对地磁场有感受能力。有一种细菌,总是一头朝南,一头朝北。从不在东西方向上"躺"着。这就充分说明它也有感知地磁场的本领。有的鱼儿,把它放进陌生的静水池里,它也是朝着南北方向游动。有种白蚁能在南北方向上建巢,因此称这种白蚁为"罗盘白蚁"。

医学家发现,人类的某些疾病与地球的磁纬度也有一定的关系。例如猩红热的发病率就与地磁的变化有关。在一些地磁异常的地方,人们患高血压、风湿性关节炎和精神病的人数,要比地磁场正常的地区高差不多1.5倍。这充分说明,地磁场能使人体患上某些疾病。

有科学家据此认为,地球上生命的存在,和地磁场形成的保护层有密切关系。因此宇宙中各种宇宙射线即使有穿透岩层的能量,却被拒之于磁场之外。没有这个保护层,生物就无法衍生繁殖,人类也不会安然无恙。而其他一些星球,虽然空气、温度、水分适宜,但就因为几乎没有磁场的保护,所以至今尚无生命。正是因为在磁环境下孕育着生命,所以生物与人类有着奇特的感应和适应能力。一些小动物身上的特殊生物罗盘,信鸽、候鸟、海豚等都是这种奇特的感应和适应能力的具体体现。这些动物的器官和组织中,都有着磁铁细粒,因此,它们都有着磁性细胞。正是这些磁性细胞,使它们自身具备生物罗盘而永不迷向。

作为高级生命的人类来说,虽然生物罗盘的作用已退化了,但仍有少数有特异功能的人还保留着这种特点。可见,人与磁也有着密切的关系。我们知道,电与磁是难以分开的,电流能产生磁场,磁场能感应电流。在人体内,由于生命活动必然产生生物电流,如心电流、脑电流等。这些生物电流必然产生生物磁场,由心磁图和脑磁图都观测到磁场的存在,尽管生物磁场比起地磁场来小得多,但是研究生物磁场对于了解脑的思维、生命的活动却有着重要的意义。

据说，人的心理状态、喜怒哀乐的精神因素，会直接影响心磁场的强度，而脑的思维情况也由脑子的不同部位的磁信号反映出来。因此可以用人工电磁信号去取代紊乱的电磁信号，从而达到治病的目的。

提到治病，磁的应用可以说是全方位的。像上面所说，电磁信号可以诊断和治疗疾病。另外，还可用药物或针疗等办法，比如中医常用磁石作为一种镇静药。还有现在流行的磁化杯和磁化水，也成为保健物品。更为神奇的是，磁还具有使人类恢复再生功能的巨大魔力！我们知道，原始动物如蜥蜴断了腿或尾巴以后能重新长上，螃蟹掉了螯钳以后还能长出更粗的螯钳。但是高等动物就不行。但通过医学实践证明，在适当的电磁场下可以使断骨的愈合加速，在脉冲电磁场的刺激下，可以使家鼠的断肢再生。因此磁疗的研究，在将来甚至有可能使人类的器官再生。这样，人的生命对于我们来说并不是只一次了，每个人都可以有多次生命。这无疑是天大的福音。

那么，地磁场是如何影响人体健康的呢？科学家们给出的解释有多种，但都不理想。一种认为人体的各部分都有水，水在地磁场中会发生物理化学变化。这样，当地磁场变化后，自然影响到水，也就使人体功能也发生变化，引起某些疾病。有的学者认为，人的各种器官也是有磁场的，即使地磁场发生微弱变化，也引起头脑、血液等周围的磁场发生变化，导致机体功能受影响，功能失常，疾病出现。也有人认为，人是处在不同生态环境之中，因此人的每个器官都带有当地地磁生态的烙印。当地磁变化后，人就会出现生理反常，产生反应，引起疾病。

当然，还有人提出生物膜理论以及其他不同的解释，但都不能使人满意。地磁场到底如何影响人体，特别是对大脑活动以及生理活动的影响，尚没有得到科学的解释。同样，在零磁环境下人类会受什么影响，在宁宙航行或在其他星球居住时，新的磁环境会对寿命有什么影响，也都是未来的课题。

爱因斯坦"相对论"视域中的宇宙

爱因斯坦在牛顿力学的基础上提出了相对论。自17世纪以来，人们一直将牛顿力学视作全部物理学，甚至整个自然科学的基础，并用它研究任何物体的运动。到了20世纪后，科学家们发现传统的理论体系无法解释在一些新的物理实验中产生的现象。曾经对牛顿力学坚信不疑的科学家们陷入了迷茫，尽管他们无力使新发现和旧理论之间的矛盾调和，但他们仍然不曾怀疑牛顿力学。在这场物理学革命中，爱因斯坦选择的方向明显与其他科学家不同，最终他成功提出了狭义相对论。

相对性原理和光速不变原理是爱因斯坦狭义相对论中的两条基本原理。

狭义相对论可以推导出物体的质量与运动有着紧密的联系，随着运动速度的增加其质量也会增加；此外，还推论出质量和能量可以互换。爱因斯坦得出的质能关系式为：$E=mc^2$，其中 m 表示物体的质量，c 表示光速，E 是同 m 相当的能量。

这个爱因斯坦方程式揭示了原子内部隐藏着巨大能量，是原子能应用的主要理论基础，为高能物理学家和原子核物理学家的科学研究提供了便利。

根据狭义相对论的两条基本原理，还可以推导出前人无法想像的推论。比如，飞船上的一切过程都会比在地球上慢；而飞船的速度越快，这种时间的延迟现象就会越明显。打个比方说：假如飞船的飞行速度为每秒钟 3 万千米，那么飞船上的人过了 1 年，地球上的人就过了 1.01 年；假如飞船以每秒钟 2999000 千米的速度飞行，那么飞船上的人过了 1 年，地球上的人就过了 50 岁。这是多么不可思议啊！

有一点需要说明，相对论的效应在低速运动时不容易反映出来，也很难被察觉，因此相对论与牛顿力学的结果非常接近。只有当速度大到能够和光速相比时，才可以改用相对论力学。但在我们现在日常生活中的各个领域，还都必须应用牛顿力学的原理和方式。

1912 年 10 月，爱因斯坦在苏黎世大学任教。在此期间，他继续钻研，进一步对广义相对论的思想进行充实和丰富。1913 年，他发表了一篇名叫《广义相对论和引力理论纲要》的论文。这篇重要的论文是爱因斯坦和他的老同学、数学教授格罗斯曼合作写成的，它为广义相对论的建立扫清了障碍。

1915 年，爱因斯坦创建广义相对论的工作终于完成了。次年，他发表了自己的总结性论文《广义相对论的基础》。在这篇论文中，他提出了与

计算机绘制的图片
这幅图说明的是爱因斯坦关于"弯曲空间"的概念，这是爱因斯坦 1915 年发表的广义相对论的一部分。

200 年来在科学界占垄断地位的牛顿引力方程不同的新的引力方程。人们将这篇论文称为"20 世纪理论物理学的巅峰"。

爱因斯坦后来又在广义相对论的基础上提出了三大预言：光线在太阳引力场中发生弯曲；水星近日点的运动规律；引力场中的光谱线向红端移动。

1919 年 5 月 29 日发生了一次日全蚀，英国在两个地点派出了两支天文考察队分别进行了独立观测，这次日食方向的星光照片被清晰地拍摄下来。观测结果证明爱因斯坦的预言是正确的。光线不但呈现弯曲，就连弯曲的程度和数值也和爱因斯坦的计算结果相吻合。其他两个预言也在后来相继得到证实。

人们把爱因斯坦誉为"20 世纪的牛顿"。他的广义相对论如今已成为现代物理学最主要的理论基础，并宣告了原子理论时代的到来。这一理论还成为 20 世纪以及其后的世纪里宇宙航行和天文学的主要理论基础。这位著名的科学家于 1955

年4月18日在美国普林斯顿与世长辞，但他的名字将永远留在人们心中。

金属为何有"记忆"

1963年的一天，由于实验的需要，一群工程技术人员正在美国海军的某个研究机构中为加工一批镍钛合金丝而紧张地忙碌着。由于他们手中的合金丝是弯曲的，使用起来很不方便，所以在做实验之前得先拉直它们。实验开始后，当实验温度升到一定值时，工程技术员发现他们费了不少工夫才拉直的合金丝竟然又全部变回了原来那种弯曲的形状。后来又多次做了这个实验，得到的结果都完全相同。

经过多次细致而深入的研究，人们终于发现，这些合金之所以具有恢复原有形状的特性，是因为随着环境的变化，这些合金内部原子的排列也会出现变化。如果温度回到原来的数值，合金内部原子的排列也会回到原来的排列方式，其晶体结构也会随之改变。这种具有记忆形状能力的合金被人们称作"形状记忆合金"。记忆合金不仅能重复恢复原态达几百万次，而且不会产生疲劳和断裂。这样的"记忆力"让人感到震惊。

让我们以镍钛合金为例，来看看形状记忆合金具有"记忆"的秘密吧。40℃是镍钛合金的"记忆温度"，也就是说，镍钛合金的晶体结构在40℃上下是不一样的，它的转变温度便是40℃。在转变温度以上，其晶体结构处于稳定状态；在转变温度以下，则处于不稳定状态。假如人们想让在转变温度以下、改变了形状的晶体结构再恢复到稳定状态，那么只要将其加热到转变温度以上，它的稳定状态就会得到恢复，它的形状也会随之恢复到原态。除此之外，镍钛合金的拉伸强度也非常惊人，可达1000兆帕，也就是说，即使在每平方毫米那么小的断面上，你也需要用1000多牛顿的力才能够把它拉断。

除了镍钛合金，人们还开发出了铜系合金和铁系合金等一系列的多种记忆合金。人们充分利用记忆合金的这种神奇的本领解决了航天、工业生产、医疗、电子器具等方面的诸多难题。如阿波罗登月舱的宇航员的形象和声音能从38万千米外的月球传送到地球上来，就是利用了记忆合金这种神奇的功能。阿波罗登月舱要在月亮上设置月面天线，而月面天线的直径便长

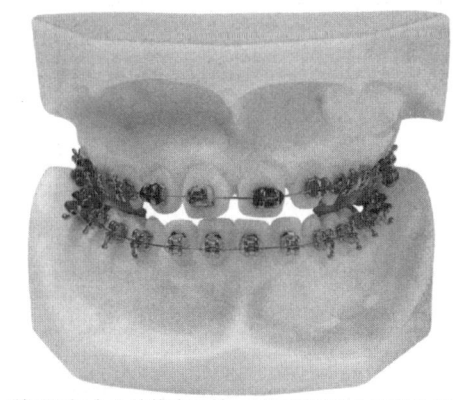

利用记忆合金的抗腐蚀性，牙医可用其为牙齿患者做纠齿手术。

达数米，科研人员就先用记忆合金制成半球形天线，然后降低温度将其压成一小团装入小巧的登月舱中。当天线随着登月舱到达月球表面时，由于太阳光的照射，其温度就会升到转变温度，天线便恢复了本来的形状。

耐腐蚀性也是记忆合金的一大特点，因此牙医便利用镍钛合金制成一种矫齿丝，借助于人的口腔温度，来为患者做牙齿矫正手术。在使用口腔矫齿丝之前，医生会先为准备矫正的牙齿做一个石膏模型，然后把口腔矫齿丝按照模型弯成牙齿的形状，并将其固定在牙齿上。为了让矫齿丝更加趋向于其原来的形状，每过一段时间便更换一次。牙齿就是在这个变形过程中慢慢得到矫正的。

我们在工业生产中进行铆接工作时，一般是从一边插入铆钉，再用气锤锤打铆钉另一边的头，但如果碰到开口很窄或封闭的容器，就会很难办。这时记忆合金便派上用场了，我们可以事先把铆钉做成两头都是扁的，然后在低温下将其中一端硬压成插孔大小的圆柱状。在铆接时，将铆钉从低温箱中取出来，迅速地插进插孔中，然后把铆钉加热到转变温度以上。这样，原来被压圆的一端就会自动恢复成扁平的形状，容器也就被牢牢地铆住了。

有没有比光子速度更快的粒子

那么究竟有没有一种物体的运动速度比光速还快？如果有，相对论就有必要予以修正，甚至还有可能会被推翻。超光速现象或许会出现在茫茫的宇宙深处，或许会出现在细微的基本粒子中间。

1934年，前苏联科学家切伦科夫发现光在真空中的传播速度比在水中的传播速度快，而高能粒子在水中的传播速度会超过光速，此时粒子会拖着一条淡蓝色的发光的尾巴。切伦科夫观察到了这种现象，另外两名前苏联物理学家塔姆和弗兰克则对这种现象进行了解释。后来，用来观测粒子速度的仪器也由此产生了。

那么，自然界中是否存在超光速的粒子呢？一些科学家将自然界的粒子分为三类：慢子、光子和快子。美国科学家范伯格认为，快子确实存在，但是它们之间是互相排斥的，也就是说，它们具有负重力的性质。以光速为界线，存在两个宇宙，一个是"快宇宙"，一个是"慢宇宙"，粒子在快宇宙中的运动都是超光速的。

现在，物理学家一直在研究快子在自然界中是否存在，他们试着从快子发光的蓝尾巴下手。可是科学家要想抓住比光还要快几百万倍的快子可不是那么容易的事。

说完微小的基本粒子，再来看辽阔的星空。美国一些天文学家在1972～1974年间观测到，塞佛特星系3C120自身的膨胀速度竟然是光速的4倍。更让人意外的是，人们发现类星体的运动速度竟大大地超过了光速。1977年以来的发现证明，类星体3C273内部的两个辐射源相互分离的速度竟高达每秒钟2880000千米，是光速的9.6倍。这之后，"超光速"的类星体3345和3279相继被人们发现，它们各自的两个组成部分的分离速度，竟分别是光速的10倍和19倍！

科学家们对观测所得的结果发表了各自的意见。有的人认为，我们应该知道类星体离地球到底有多远，如果类星体离地球确实很远，那么它的分离速度肯定是超过光速的。而那些坚信相对论的人则认为这种现象只是一种假象，并不反映真实的运动，它应该被称为"视超光速膨胀"。也就是说，这只是看起来是超光速，事实上却不是。不过，目前获得的许多资料证明，类星体的确离地球非常遥远，就像原来估计的那样，超光速现象肯定存在。

目前解释超光速现象的几种理论都不能让人满意，或许只有等找到了它，人们才可能最后接受与它有关的理论。

物质无限可分吗

19世纪后半叶，一种阴极射线在人们研究真空放电管时被发现。英国科学家汤姆逊经过将近50年的研究后确定，这种阴极射线其实是一种比原子还要小得多的粒子——电子。原子不可分割的古老神话被打破了。这之后，人们通过实验又发现，原子是由原子核和绕原子核旋转的电子组成的。进一步的实验研究表明，"质子"和"中子"这两种更基本的粒子组成了原子核。此时，人们把基本粒子分作两类：一类叫"强子"，包括质子、中子等；一类叫"轻子"，包括电子、中微子等。

然而，人类关于物质构成的探索到了这个时候并没有停止。物质被"分割"得越来越小，而科学对微观世界的探讨还在继续深入，一点都没有想停止下来的意思。

1964年，"夸克模型"概念被美国科学家盖尔曼等人提了出来。他们认为，所有的强子都是由若干种叫做"夸克"的更深层次的粒子组成的，被禁闭在强子中部的夸克具有分数电荷，不能脱离强子自由运动。

那么夸克就是物质分割的极限吗？目前的研究表明，轻子和夸克很可能是由某些更为基本的粒子组成的，轻子和夸克之间具有很大的对称性。根据这种理论，物质分割的"最小单元"肯定不是轻子和夸克。

在夸克理论中，盖尔曼假设有三种夸克，即中子夸克、质子夸克以及奇异夸克。盖尔曼用这三种夸克来说明微观粒子构成的模型，非常成功，但人们至今都没有"看到"过夸克的真实面目。目前物理学家仍无法让夸克脱离其他微观粒子而独立存在，因此它只能被幽禁在微观粒子中。因此，"夸克禁闭"的观点向哲学中关于物质无限可分的观点发出了严峻挑战。

物理学家在近50年中，耗费了大量的心血来寻找自由夸克。有的物理学家把微观粒子设想为一只口袋，夸克在这口袋的小范围里可以自由飞翔，但就是不能脱离这个口袋。还有的物理学家把微观粒子设想为一只半径很小又很深的"井"，夸克就在这深"井"中，它在里面相当自由，运动速度也不快，但就是出不来。只有提供非常大的能量才能把它从"井"底拉出来，不过目前人们还不能产生这么大的能量。

人们为了找到夸克，从海底搜索到月球，从古老的岩石搜索到陨石，依然一无所获。一些物理学家见不能直接找到自由夸克，就试图间接地搜寻它。他们在宇宙射线、粒子加速器、陨石、月球、地下深井和海底等处，四处寻找具有"分数电荷"的粒子，希望它们便是夸克的化身。

元素到底能有多少种

我们肉眼看得见的物质（如楼房）或看不见的物质（如空气），都是由什么组成的？这一问题曾困扰人们好多年。由于人类的进步，到19世纪初期，经过科学家们的研究，终于揭开了物质世界的面纱：世界上的一切物质都是由元素组成的。从坚硬的石头到软绵绵的棉花；从流动的水到飘浮的云；从人的肌肉骨骼到极小的细菌；从高大的树木到浮游生物……一切都不例外。

那么元素大家庭的成员到底有多少个呢？一开始，科学家们认为只有92个。直到1940年，美国加利福尼亚大学的麦克米伦教授和物理化学家艾贝尔森在铀裂变后的产物中，才发现了93号新元素！他们俩把这新元素命名为"镎"，镎的希腊文原意是"海王星"，这名字是跟铀紧密相连的，因为铀的希腊文原意是"天王星"。镎的发现，充分说明了铀并不是周期表上的终点，说明化学元素远没有达到周期表上的终点，在镎之后还有许多化学元素。镎的发现，鼓舞着化学家在认识元素的道路上继续前进！

不多久，美国化学家西博格、沃尔和肯尼迪又在铀矿石中发现了94号元素。他们把这一新元素命名为"钚"，希腊文的原意是"冥王星"。这是因为镎的希腊文原意是"海王星"，而冥王星是在海王星的外面，是太阳系中离太阳最远的一个行星。钚的发现在当时根本没有引起人们的注意，人们只是把它看作一种新元素而已，谁也没有去研究它到底有什么用处。但当人们发现了钚可以制作原子弹之后，钚就一下子青云直上，成了原子舞台上非常难得的"明星"！而且，钚的发现及广泛应用，人们对元素的认识，进入了一个新的阶段：原来，世界上还有许多很重要的未被发现的新元素哩！

于是，人们继续努力，要寻找94号以后的"超钚元素"。在1944年底，钚的发现者——美国化学家西博格和加利福尼亚大学教授乔索合作，用质子轰击钚原子核，最先是制得了96号元素，紧接着又制得了95号元素。他们将95号元素和96号元素分别命名为"镅"和"锔"，用以纪念发现地点美洲和居里夫妇（"锔"的原意即"居里"）。

西博格和乔索继续努力，在1949年又制得了97号元素——锫；在1950年制得了98号元素——锎。锫的原意是"柏克立"。因为它是在柏克立城的回旋加速器帮助下制成的；锎的原意是"加利福尼亚"，因为它是在加利福尼亚州的回旋加速器帮助下制成的。

接着，人们又开始寻找99号元素和100号元素。当人们准备用回旋加速器制造出这两种新元素之前，却在另一个场合无意中发现了它们。那是在1952年11月，美国在太平洋上空爆炸了第一颗氢弹。当时，美国科学家在观测这次爆炸产生的原子"碎片"时，发现竟夹杂着两种新元素——99号和100号元素。1955年美国加利福尼亚大学在实验室中制得了这两种新元素。为了纪念在制成这两种新元素前几个月逝世的著名物理学家爱因斯坦和意大利科学家费米，分别把99号元素命名为"锿"（原意即"爱因斯坦"），把100号元素命名为"镄"（原意即"费米"）。

1955 年，就在制得锿以后，美国加利福尼亚大学的科学家们用氦核去轰击锿，使锿原子核中增加 2 个质子，变成了 101 号元素。他们把 101 号元素命名为"钔"，以纪念化学元素周期律的创始人、俄罗斯化学家门捷列夫。

紧接着，在 1958 年，加利福尼亚大学与瑞典的诺贝尔研究所合作，用碳离子去轰击锔，使锔这个本来只有 96 个质子的原子核一下子增加了 6 个质子，制得了极少量的 102 号元素。他们用"诺贝尔研究所"的名字来命名它，叫做"锘"。

到了 1961 年，美国加利福尼亚大学的科学家们着手制造 103 号元素。他们用原子核中含有 5 个质子的硼，去轰击原子核中含有 98 个质子的锎，进行原子"加法"：5+98=103，从而制得了 103 号元素。这个新元素被命名为"铹"，以纪念当时刚去世的美国物理学家、回旋加速器的发明者劳伦斯。

在 1964 年、1967 年，前苏联弗列罗夫领导的研究小组和美国的乔索及西博格等人，分别用不同的方法制得了 104、105 和 106 号元素。但是由于双方都说是自己最早发现了新元素，所以，关于 104 号、105 和 106 号元素的命名，至今仍争论不休，没有得到统一。

1976 年，前苏联弗列罗夫等人着手试制 107 号元素。他们用 24 号元素——铬的原子核，去轰击 83 号元素的原子核。24+83=107，就这样，107 号元素被制成了。

到目前为止，得到世界各国科学家公认的化学元素，总共有 107 种。然而，世界上到底存在有多少种化学元素？人们会不会无休止地把化学元素逐个制造出来呢？这个问题引起了激烈的争论。

有人认为，从 100 号元素镄以后，人们虽然合成了许多新元素，但是这些新元素的寿命却越来越短。像 107 号元素，只能存在 1 毫秒。照此推理下去，108 号、109 号、110 号……这些元素的寿命可能更短，因此要人工合成新元素的希望将越来越渺茫。他们预言，即使今后人们还有可能再制成几种新元素，但却已为数不多了。但是，很多科学家认真研究了元素周期表，并推算出在 108 号元素以后，可能又会出现几种"长命"的新元素！到底孰是孰非呢？迄今为止，尚无定论。

为什么用射线照射的食品能长期保存

保存食品所采用的射线是放射性同位素钴—60 和铯—137 辐射的 γ 射线，或加速器的电子束，它的能量高，穿透能力强，能照透食品的里里外外。当用放射线照射时，微生物原子、分子会吸收 γ 射线而产生大量运动电子，导致自身的原子、分子电离，微生物从而被全部杀死。用放射线照射食品，灭菌非常彻底，能够长期保存，不会腐烂变质。

用放射线照射食品时有一个其他方法不能比拟的优点是，射线的穿透力虽然非常强，但食品的营养和原有风味都能很好地保持不变。因而这种灭菌方法颇受人们的青睐。

物质分子永不停息的运动现象是怎样被发现的

1827年,英国植物学家布朗用显微镜观察水中悬浮的花粉时,发现花粉颗粒在水中不停地做无规则运动。在显微镜下观察稀释了的墨汁,能够看到小炭粒同样不停游动着,它的运动路线是不规则的折线。由于布朗最先发现了这种现象,所以人们把这种微粒的运动叫布朗运动。

布朗运动说明,悬浮在水中的微小颗粒被水分子所包围,不断受到众多水分子的撞击。某个时刻,微粒受到向左的力量大些,就向左运动;下一时刻,受到向右的力量大些,微粒又向右运动;向前的力量大些,微粒又向前运动……就这样,微粒不停地做着无规则运动。

科学观察表明,布朗运动永远不会停止。不管白天黑夜,也不管春夏秋冬,用显微镜观察水中悬浮的微粒,都可以看到布朗运动。

为什么说纳米材料在未来科技发展中非常重要

纳米技术是20世纪80年代中期出现的一项崭新的高科技技术,它以纳米材料为基础,具有很多奇异的性质。

首先,无论金属还是陶瓷,制得的纳米粉末都是黑色。其次,金属制成的纳米材料的硬度会提高数倍,甚至可以变成不导电的绝缘体,陶瓷制成的纳米材料能够克服原有的脆性,变得很坚韧。再次,纳米材料的熔点会随着粉末颗粒直径的缩小而大大下降,纳米材料的导电性、磁性、内引力等等也会变化很大,如纳米铁的抗断裂的能力比普通铁提高了12倍。

纳米材料的这些特性使它在实际生活中有很广泛的应用。例如纳米药物可直接作为血液注射剂,能顺利通过最细小的微血管;纳米催化剂能溶解在汽油中,从而大大提高内燃机的效率……

钻石是怎样形成并被切割的

所谓钻石,其实就是以最规则形状排列的碳。碳就是那种构成我们身体18%体重的元素。在许多国家,没有一种宝石比钻石更受人青睐。而实际上,钻石和许多其他贵重宝石是一样的。

碳是世界上最常见的元素之一,也是据我们所知生命存在所必需的4种基本元素之一。自然界中的碳元素有3种基本存在形态:

钻石:一种极其坚硬、透明的晶体。

石墨:一种由纯碳构成的质软、黑色的矿石。

富勒烯:一种由60个碳原子组成极其规则的球形分子所构成的矿石。

钻石形成于地下160千米的地幔层熔岩中,该位置的压力和热量都很适合碳元素形成钻石。钻石形成的一般条件是:碳元素受到的压力至少为300万千帕,温度至少为 400℃。如果两个条件有任何一个不具备，那么形成的就是石墨而非钻石。在 150 千米或更深的地下，压力会达到约 500 万千帕，而温度则会超过 1200℃。

今天我们所看到的大多数钻石都形成于几百万，甚至几十亿年前。随着岩浆的剧烈喷发，钻石被带到地面，形成金伯利岩管。大多数喷出的物质都是形成于 2000 万~11 亿年前。由于这种岩管首先在南非金伯利被发现，故以该地名来命名它。当采矿者们试图寻找新的钻石矿时，通常都会先找这种深蓝色岩石。

岩浆从地球的深厚断层中流出，形成金伯利岩管。金伯利岩管中的岩浆就像一部电梯，能在几小时的时间内把钻石以及其他岩石和矿石带出地幔和地壳。虽然这些喷涌的过程很短，但许多都比今天的火山喷发更剧烈。

最后，岩浆在这些金伯利岩管中冷却，形成了含有钻石的圆锥形金伯利岩管。这些金伯利岩管的表面积从 2 万~145 万平方米不等。

钻石也可能在河床中被发现，这些区域被称为"钻石冲积区"。这些钻石同样来自于金伯利岩管，但由于侵蚀作用发生了位移。冰川和水流也会把钻石由其原产地带到几千千米以外。今天，大多数的钻石是在澳大利亚、婆罗洲、巴西、俄罗斯以及包括南非和扎伊尔在内的几个非洲国家发现的。

刚采出来的钻石质地粗糙，必须经过切割和打磨之后，它们才能变成待售的、闪闪发光的宝石。

前面提到，钻石是在高温高压条件下形成的碳分子结晶体。正是由于高温高压的作用，钻石才成为我们所知的最坚硬的矿石。钻石在摩氏硬度表中的硬度是 10 级。而事实上，钻石非常坚硬，它可以比硬度排名第二的刚玉（形成红宝石和蓝宝石的矿石）要硬 10 倍到几百倍。

钻石之所以如此坚硬，是因为它具有特殊的分子结构。钻石是由连接在一起形成网状结构的碳原子构成的。每个碳原子都与其他 4 个碳原子共用一个电子，形成四面体。由 5 个碳原子结合形成的四面体组成硬度极高的碳分子。石墨，即碳分子的另一种形态，之所以硬度没有钻石高，是因为石墨中的碳原子连接形成了环状结构，每个原子只连接了另外的一个原子。

在钻石进入珠宝店之前，要通过特殊的工艺对其进行切割和造型。切割形成的琢面，可以使钻石熠熠生辉。钻石的切割有 4 项基本工艺：

切割：为了去除钻石中的杂质或不规则的形状，裸钻会被放在快干水泥中。使用另一块钻石或激光器，沿着钻石的薄弱截面切一道深槽。然后，在深槽中放一个钢质刀片，对着刀片重击，就会把钻石切开。然后，把钻石从水泥中取出来。

锯切：有时，钻石要沿着切开面切，而不能劈开。装有转数为每分钟 1.5 万转的磷青铜刀片的锯子可以慢慢把钻石切开。激光器也被用来锯开钻石。

粗磨：将钻石放在车床上，和另一颗钻石相互摩擦，在腰部（钻石中直径最大的一面的外侧边缘）形成粗略的抛光面。

抛光：为了使钻石绽放光芒，还要把它放在抛光轮上方旋转的工作臂上。抛光轮上涂有钻石粉，可以使钻石在受到抛光轮挤压时增加其光滑度。

怎样把绝缘体变成半导体

今天，大多数半导体芯片和晶体管都是用硅制成的。你可能听说过"硅谷"或"硅经济"，人们之所以会这么说，就是因为硅是任何电子或计算机设备的核心物质。

硅是非常普通的一种元素，沙子和石英中的主要元素就是硅。你可以查查元素周期表，你会看到硅排在铝的后面，碳的下面，锗（和硅类似，也是一种半导体）的上面。碳、硅和锗的电子结构有一个共同的属性，即每个原子在其外部轨道上都对应着 4 个电子。因此，这些物质都是规则的晶体。4 个电子与周围的 4 个原子组成完全共价键，形成晶格。我们知道，结晶形状的碳会形成金刚石。而结晶形状的硅是一种银色的、貌似金属的物质。金属可以作为一种很好的导体，这是由于金属中包含可在原子中间任意运动的自由电子，而电子的流动会形成电流。虽然硅晶体看来很像金属，但它们其实并不是金属。硅晶体中所有的外部电子都处于完全共价键中，因此它们并不能随意运动。

一块纯硅晶体近乎一个绝缘体，几乎没有电流可以通过。

我们可以通过掺杂的方式来改变硅的性能，把它变成导体。所谓的掺杂，就是将少量的杂质掺进硅晶体中。有两种类型的杂质：

N 型：在硅中掺入少量的磷和砷。磷和砷都包含了 5 个外层电子，因此，当它们掺入硅晶格时，空间就会不够。第 5 个电子没有可以结合的电子，就成为自由运动的电子。只需要很小一部分的杂质就可以产生足够的自由电子，使电流通过硅晶体。N 型硅是一种很好的导体。N 型硅中的电子带负电荷，这也就是为什么被称为"N"型的原因（N 代表英文单词 Negative，即带负电荷的）。

P 型：在硅中掺入硼和镓。硼和镓都只有 3 个外层电子。当它们掺入硅晶格后，由于一个硅电子没有可以结合的电子，因而在晶格会中形成"空穴"。这些空穴可以导电。空穴可以从周围接收电子，把空穴推向别处。P 型硅是一种很好的导体。

通过添加少量的 N 型或 P 型杂质，可以把硅晶体由性能优良的绝缘体转变为有效的（但导电性不是很强）导体，"半导体"就是因此得名的。

N 型和 P 型硅本身并不奇特，但当我们把这两种硅放在一起，那么交界面的性能就会变得非常有趣。

二极管是最简单的半导体设备，

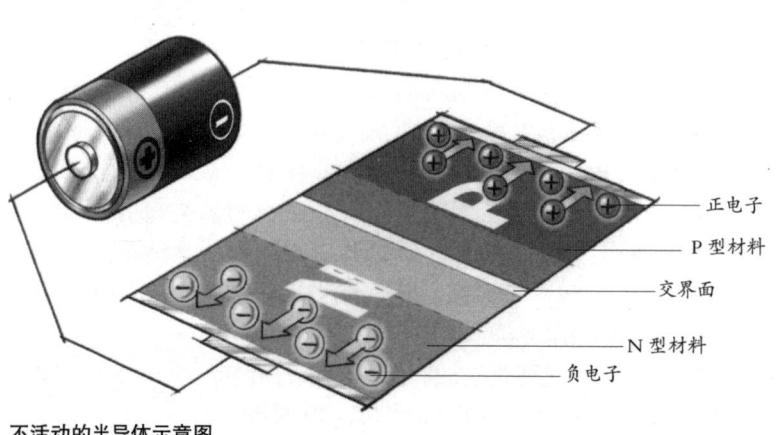

不活动的半导体示意图

它可以使电流单方向流动。你可能在体育馆或地铁站里看见过那些供人们通过的十字转门，二极管就像一个供电子通过的单向十字转门。

二极管的用途广泛。例如，使用电池的设备通常含有一个二极管，可以在电池装反的情况下起保护作用。当电池偏置时，二极管可以阻止电流流出电池，这样可以保护设备中灵敏的电子元件。

在反向偏置的情况下，理想的二极管会阻止所有电流。有效的二极管通过的电流量为 10 微安，虽然不多，但还是不够理想。如果外加的反向电压足够大，交界面会被击穿，电流就会通过。通常，击穿电压比电流中可能的最大电压要大得多，因此两者是没有关联的。

在正向偏置的情况下，需要有少量电压作为二极管的工作电压。就硅而言，这种工作电压约为 0.7 伏。这一电压可以激发交界面的空穴电子进行结合。

虽然 N 型硅是导体，P 型硅也是导体，但两者结合的产物却不能导电。N 型硅中的负电子被电池的正电极所吸引。P 型硅中的带正电的空穴被电池的负电极所吸引。由于空穴和电子都向错误的方向运动，因此没有电流流过交界面。

如果把电池翻转过来，二极管就能使电流正常流动。N 型硅中的自由电子被电池的负电极所排斥。P 型硅中的空穴被电池的正电极所排斥。在 N 型硅和 P 型硅的交界面，空穴与自由电子相遇，电子填补了空穴。原有的空穴和电子就不存在了，新产生的空穴和电子就会取而代之。这样，电流就会流过交界面。

当二极管由 3 层半导体而不是 2 层半导体组成，就会形成 NPN 或 PNP 型夹层晶体管。晶体管可以用作开关或放大器。

晶体管看起来像是背靠背放置的两个二极管。我们可以想到，由于背靠背放置的二极管会阻断两条电流的通路，因此没有电流可以流过晶体管。事实的确如此。不过，如果我们在晶体管夹层的中间层施加一个较小的电流，就会有一个较大的电流流过整个夹层。这样，晶体管就具备了开关的性能。一个较小的电流可以启动或关闭一个较大的电流。

硅片就是装有成千上万个晶体管的片状硅。使用晶体管作为开关，我们可以制造出"布尔门"；有了布尔门，我们就可以制造微处理器。

LED 是怎样做到高效节能的

我们知道，电子在原子的传导带上运动，传导带的能级比空穴的要高。因此，如果电子要填补一个空穴，就会损失部分能量。和灯泡或白炽灯中被激发的电子一样，正在运动的电子会把这部分能量以可见光子的形式释放出来。

上述过程在任何二极管中都会发生，但只有当二极管由某种特定物质构成时，我们才能看到光子。在标准硅二极管中，原子的排列方式决定了电子运动的距离相对较短。因此，光子的频率也较低，我们无法看见——它发出的光属于光谱中的红外光部分。当然这并不是绝对的坏事，红外 LED 是用于远程控制和其他机器的理想设备。

可见发光二极管的材料的传导带与较低的轨道中间有一个较大的空隙。空隙的大小决定了光子的频率，即决定了光的色彩。

通常，LED中的二极管装在一个塑料灯泡内。这个灯泡把二极管发出的光集中在一个特定方向。绝大部分的光从灯泡的内壁发生反射，向着圆形的灯泡底部运动。

与传统的白炽灯相比，LED有几个优点。首先，它没有灯丝，因此也就不存在灯丝被烧坏的情况，所以使用寿命更长。此外，它的小塑料灯泡使其更持久耐用，同时也更适合现在的电子电路。

不过，LED主要的优点是高效。传统白炽灯在发光过程中产生了大量的热量。除非你把灯当做加热器来用，否则这些热量完全被浪费了，这就意味着很大一部分的有效电流都不能被用来产生可见光。相对来说，LED发出的热量非常少。由于大部分的电能都直接用于发光，因此对电能的需求就会大大减少。

为什么太阳能电池能将太阳能转化为电能

太阳能电池随处可见，从卫星到计算器许多地方都用上了太阳能电池。太阳能计算器不需要电池，有的甚至没有"关闭"键。只要阳光充足，这些计算器似乎就可以永远工作下去。在应急道路指示牌、电话亭、浮标或停车场里，人们使用较大的太阳能电池即太阳能电池板来为它们提供灯光。那么，这些电池是怎样将太阳能转化为电能的呢？

计算器和卫星上的太阳能电池是光电池或组件（由电路连接并固定在一个外框里的一组电池）。光电器件把阳光直接转化为电能。过去，光电器件基本上只在太空中使用，而现在情况却有所不同。现在的光电器件甚至可以为我们的家庭提供电能。那么，光电器件又是如何进行工作的呢？

光电池是由半导体这种特殊的材料制成的。目前，最常用的半导体是硅。通常，当光照射到电池上，一部分光会被半导体物质所吸收。也就是说，被吸收的这部分光所含的能量就会被转移到半导体中。能量使电子的结构变得松散，使它们可以自由移动。光电池通常都包含一个或多个电场，在这些电场的作用下，那些因光的吸收而自由移动的电子就会朝着某个方向运动。电子的流动形成电流，如果光电池的顶部和底部安装了金属触点，这股电流就可以对外供电了。比如说，这股电流可以给一个计算器供电。这股电流再加上电池的电压（由电池的一个或多个电场所产生），就是太阳能电池所能产生的全部能量（功率量）。

以上只是光电池的基本原理，还有很多其他的方面。下面，就让我们来深入地了解一种光电池：单晶硅电池。

纯硅的导电性很差，它所有的电子都被锁在晶体结构中，没有可以自由运动的电子。我们可以通过"掺杂"的方法，即在硅晶体中添加杂质，来改变硅的属性，把它变为导体。在硅中添加磷或硼，就会形成N型或P型硅。

当我们把 N 型和 P 型硅放在一起，会发生令人惊奇的变化。在二者的交界面，会形成一道屏障，进而形成电场，将两边分开。

要知道，每个光电池至少有一个电场。如果没有电场，电池就无法工作。当 N 型和 P 型硅接触时，就会产生这样的电场。在 N 型硅的一侧是一直在寻找空穴的自由电子，而在 P 型硅的一侧又有这样的空穴，因此瞬间就会出现强劲的电子流将这些空穴填满。

在电子填满空穴前，整个硅晶体的电荷呈中性。多余的硅电子与磷原子里多余的质子作用相互抵消。电子的空位（空穴）与硼原子里质子的空位作用相互抵消。但是，当空穴与电子在 N 型和 P 型硅的交界面混合后，这种中性电荷的状况就会被打破。那么，是不是所有的自由电子把所有的自由空穴都填满了呢？答案是否定的。如果情况真是这样，光电池就不会这么有用了。真实的情况是，自由电子和空穴混合并形成一道屏障，使 N 型硅一侧的电子想要穿过屏障到达 P 型硅的一侧变得越来越困难。

最终达到的是一种平衡状态，即形成一个电场将两侧分开。

电场就像一个二极管，促使（甚至推动）电子从 P 型硅的一侧流动到 N 型硅的一侧，但不会发生相反的运动。这就像爬山：电子可以轻易地"下山"（到达 N 型硅的一侧），却无法"上山"（到达 P 型硅的一侧）。

因此，在这个作用类似二极管的电场中，电子只能单向移动。那么，当光照射到电池上，将发生什么呢？

当以光子形式存在的光照射到太阳能电池上，光能会把电子-空穴对拆开。

通常，每个带有一定能量的光子都会释放一个电子，形成一个自由空穴。如果这种情况发生在交界面附近，或者一个自由电子和一个自由空穴刚好运动到交界面的影响范围内，在电场的作用下，电子就会进入 N 型硅一侧，而空穴就会进入 P 型硅一侧。这样，中性电荷的状况就会被进一步打破。如果此时出现一条外部的电流通路，电子就会从这条通路返回它们初始的位置（P 型硅的一侧）。在返回途中，它们会与在电场作用下到达该侧的空穴结合。电子的流动产生电流，电池的电场形成电压。那么，电流和电压就会产生电能啦！

硅是一种闪闪发光的物质，也就是说，硅的反射性很强。那些未被电池使用的光子会被硅反射回来。考虑到这种情况，人们在电池的顶部涂上了抗反射涂层，把由于反射造成的耗损降到 5% 以内。

生产太阳能电池的最后一个步骤是：安装玻璃盖板，防止电池与化学元素发生反应。光电池组是把一些电池（通常是 36 个）连接成组，产生有效的电压和电流，然后将电池固定在坚固的外框内，再在电池背面盖上玻璃盖板并装上正负电极。

木乃伊是怎样制成的

通常，一个人死后尸体会进行分解，直至在几个月后变为一具白骨。人死后的几个小时内就开始进行分解的第一阶段。在这个被称为"自我分解"的初始分解过程中，含有消化酶的器官（如肠）开始进行自我消化。

在自我分解后就会发生腐烂，即细菌对有机物的分解。在气候温暖的地区，尸体在死后3天就开始腐烂。在几个月之内，尸体就会变为一具白骨。在潮湿而炎热的环境中，细菌繁殖的速度很快，加快了腐烂。在较冷而且干燥的环境中，腐烂的过程很慢，这是因为细菌需要一定的温度和水分才能繁衍。如果环境足够寒冷或干燥，又或者缺乏足够的氧气，细菌就难以成活。在这种环境中，尸体就可能历经几千年都不会完全分解。在大自然中，尸体可能会被保存在冰川的冰块中或泥炭沼的无氧层中。

高温的沙子也可以保存尸体，因为它能将尸体中的体液迅速吸收，使尸体变得干燥。科学家们认为这一自然过程造就了第一个埃及木乃伊。在人工木乃伊技术兴起前，埃及人在没有坟墓或棺材的情况下，会把死者直接埋进沙子中。高温的沙子将体液吸走，将内脏器官保存下来，同时皮肤会卷曲成坚硬的深色的壳。

这些天然的木乃伊很可能燃起了埃及人对来生的信仰。既然尸体在死后可以长期保存，似乎人的灵魂也可以长期存在。

随着来生观念的进一步发展，埃及人开始关心他们逝去亲人的舒适问题。他们开始使用长的柳条筐以及后来的坚硬木箱来掩盖尸体，最终演变为用完全闭合的棺材或坟墓状的遮盖物来进行掩盖。

当然，尸体被完全封闭后，就无法暴露在高温的沙子中了。尸体内仍存有体液，细菌在体内繁衍，肌肉开始自然分解。为了确保在来生既得以存活又享受舒适，埃及科学家们找到了一个可以复制沙漠保存条件的方法。

通过实验，科学家们发现大多数的分解是由内而外进行的。细菌首先集中在尸体的内脏器官，然后再向外扩散。为了防止尸体的腐烂，负责尸体防腐的工匠们意识到，他们必须首先去除尸体中的内脏器官。这一发现再加上天然干燥剂泡碱的发现，就造就了我们今天所熟知的埃及木乃伊。

防腐科学和技术在以后的许多年里不断发展，因此并不存在单一的埃及防腐术。新王国的第18代到20代王朝（公元前1570年～公元前1075年）是一个制造了许多保存最为完好的木乃伊的时代，这一时代的技术非常具有代表性。

在防腐之前，埃及人要先把尸体送到"ibu"（一个专门净化尸体的地方），用尼罗河水清洗尸体。这象征着某种重生，也代表了一个人从一个世界走向了另一个世界。尸体清洗后，负责进行尸体防腐的工匠们把尸体就送到木乃伊之屋，在那里开始进行防腐工作。

在木乃伊之屋，工匠们把尸体放在木桌上来去除脑浆。为了打开头颅，他们必须从鼻骨伸进一个凿子去凿击。然后，他们将一根长长的铁钩伸进头盖骨中，慢慢把脑浆钩出。当他们把大部分脑浆清除后，再用长柄勺将其他残余物质舀出。最后，用清水清洗头盖骨。令人惊奇的是，脑部竟然是埃及人从未试图去保存的器官之一。埃及人不确定脑部的功能，不过他们推测在另一个世界可能并不需要脑部。

去除脑浆后，工匠们使用由黑曜岩（一种圣石）制成的刀片，在尸体左侧切开一个小口。他们小心地将腹内器官从小口中取出，摆放在两侧。接着，再切开横膈膜，移除肺。

埃及人相信心脏是人的核心器官，也是情感和思想的来源，因此他们通常会把心脏留在尸体内。其他器官经过清洗后涂抹树脂，再用亚麻布条包好，存放在有装饰花纹的陶罐里。这些器皿被称为"卡诺卜坛"，埃及人认为在去往另一个世界的途中，这些小罐能对器官进行保护。

器官移除后，工匠们要用棕榈酒清洗空的胸腔来净化尸体。接着，为了把尸体保存成死者生前的样子，他们会在胸腔中填满香料和其他材料。这样做可以防止尸体变干时，皮肤向胸腔内部收缩。

当工匠们把器官移除并将尸体重新填满后，他们会把尸体放在一块有坡度的木板上，并撒上泡碱粉。埃及人是从尼罗河三角洲西部沙漠地区的湖泊沿岸找到这些粉末（一种钠化合物的混合物）的。与用来干燥早期埃及木乃伊的高温沙子不同，含盐的泡碱可以在不把皮肤完全变暗变干的情况下吸收水分。

工匠们把尸体放在泡碱粉里约35~40天，以便尸体完全变干。在这段时间内，必须有人看守尸体，因为尸体散发的强烈气味会吸引沙漠里的食腐动物。当40天过后，工匠们取出胸腔中的填充物，再重新填满泡碱和浸过树脂的亚麻布。在有些朝代，工匠们也会在皮肤下面填充东西，使变干的尸体更像死者生前的样子。填充尸体后，工匠们缝上切口，用树脂层覆盖尸体来防潮。

当沙漠中患病的人就要死时，家人会收集大约372平方米的亚麻布，并把这些布送到对尸体进行防腐的工匠手中。富裕的人家通常会使用曾经覆盖过圣像的布匹，而下层人民使用的是旧布或其他的家纺亚麻布。工匠们选出质量最好的布，把布裁成8~20厘米的绷带。

接下来，工匠们会用裹尸布把尸体包扎起来，然后有条不紊地用绷带把身体各个部分缠好。在把尸体的各部分包裹好后，就要对整个尸体进行包扎。每包扎一层，工匠们都要用热的树脂物质涂抹在亚麻布上，以便把绷带粘在固定的位置。在整个过程中，工匠们会诵读符咒，并把护身符撒在尸体上（为了在另一个世界护身），将它们裹进尸体的各层。

绷带有3个作用：可以防潮。可以使工匠们把木乃伊塑造成更接近死者生前的样子。可以把木乃伊的各部分聚拢在一起。如果没有绷带，变脆变干的木乃伊很可能会碎裂解体。

包裹好木乃伊后，工匠们把坚硬的木乃伊盒（用胶水粘在一起的亚麻布或莎草纸）放在尸体上，然后在头部粘贴一个装饰性的面具，面具通常为死者生前的样子或一位埃及神的样子。

做好的木乃伊会被安放在装饰成人的样子的棺材 suhet 中。哀悼者把 suhet 护送到坟墓，在那里，打扮成胡狼头神阿努比斯的祭司会进行"开嘴仪式"，用圣物触摸 suhet 的脸，以此来赋予亡人在另一个世界言语、视觉、触觉、听觉和味觉的力量。哀悼者把木乃伊靠墙放置，再把它和它在另一个世界需要的一切物品密封在坟墓中。

19、20世纪掀起了一股古埃及木乃伊的热潮。在这股潮流的影响下，一些人萌发了运用新技术重新探究木乃伊的想法。

最著名的现代木乃伊是为前苏联领导人列宁和阿根廷总统胡安·贝隆的夫人伊娃·贝隆制作的。通过对化学反应和过程进行精确控制，列宁的尸体作为前苏联的秘密被完好地保存下来。和列宁一样，贝隆夫人的尸体也被精心保存下来，就像她生前的样子。工匠们去掉她的体液，再灌上蜡。贝隆夫人的木乃伊和其他木乃伊看起来很像蜡像馆里的那些蜡人，但它们保存的是一个人的尸体。

20世纪70年代，一些科学家进一步扩宽思路，发明了"生物塑化"技术。在复杂的生物塑化过程中，尸体细胞中所有的水和油脂都被聚合物所取代。尸体具有了塑料的属性：耐久性好、有韧性，无强烈气味，最重要的是，不会发生分解。人们使用塑化技术来为解剖研究和教学保存身体器官，同时也使用该技术来创造艺术品。

怎样利用克隆技术克隆生物

所谓克隆，就是通过无性繁殖的方式，培育一个基因相同的生物有机体的过程。2001年1月8日，先进细胞技术公司的科学家宣布，第一只克隆白肢野牛"诺亚"（一种濒临灭绝的、源于印度和东南亚的大型野牛）诞生。尽管后来"诺亚"因意外感染而死亡，但该实验证明通过克隆技术来挽救濒危动物是可行的。

在数十亿年的历史中，大自然一直在对生物进行克隆。比如，当草莓长出长匍茎（茎的一个改良品种），在长匍茎生根的地方就会长出一棵新的植物（克隆植物）。草类（根茎）、土豆（块茎）和洋葱（球茎）也会发生类似的克隆过程。

对于许多植物而言，你可以从它们的植株上切下一个叶片，用它来繁殖一棵新的植物。克隆的过程也是这样。人们可以通过插条来培植植物的原因是：插条的末端会形成一个由非特化细胞构成的结构——"愈伤组织"。如果幸运的话，愈伤组织会生长、分化并形成多种特化细胞（如根和茎中的那些细胞），然后逐渐长成一棵新的植物。

最近，科学家们把特化根分解为根细胞，再把根细胞种植在养分充足的培养液中，通过这种方式来克隆植物。特化细胞在培养液中转变为非特化细胞，再进一步形成愈伤组织。然后，这些愈伤组织在适当的植物荷尔蒙刺激下生成新的植物，新生成的植物的类型与截取根部组织的那棵植物完全相同。园艺家们已经广泛地采用这种"组培繁殖"技术来培育获奖的兰花和其他稀有花卉。

植物并非可进行自然克隆的唯一生物。某些动物（小型无脊椎动物、蠕虫以及某些种类的鱼、蜥蜴和青蛙）未受精的卵子在某些环境条件下（通常存在某种化学刺激）也可以培育出发育完全的个体。这一过程被称为"单性生殖"，生成的新个体是产卵的雌性动物的克隆产物。另一个自然克隆的例子是同卵双生。尽管它们在基因上有别于父母，但它们进行了彼此的自然克隆。

尽管科学家们一直在进行动物克隆实验，但仍然无法刺激一个特化细胞（如皮肤细胞）直接生成一个新的有机体。他们通常的做法是：将特化细胞的基因信息移植到基因信息遭到破坏或被物理移除的未受精卵细胞上。

20世纪70年代，一位名叫约翰·戈登的科学家成功克隆了蝌蚪。他把一只青蛙的特化细胞（皮肤细胞或肠内细胞）中的细胞核移植到另一只青蛙未受精的卵子中，该卵子中的细胞核被紫外光破坏了。带有移植的细胞核的卵子长成了一只基因与第一只青蛙相同的蝌蚪。不过，这只蝌蚪没有长成成年的青蛙就死亡了。戈登的实验表明，动物细胞的特化过程是可逆的，他的细胞核移植技术为后来许多克隆实验的成功铺平了道路。

1997年，来自英国爱丁堡市罗斯林研究所的伊恩·威尔莫特和他的同事们成功克隆了一只名叫"多利"的绵羊。威尔莫特和他的同事们把从芬兰多西特绵羊乳腺细胞中提取的细胞核移植到苏格兰黑面绵羊的卵子中，再通过电流刺激细胞核与卵子结合并开始进行细胞分裂。新分裂出的细胞被放入黑面绵羊的子宫中进行发育，几个月之后绵羊"多利"就诞生了。"多利"与芬兰多西特绵羊乳腺细胞的基因相同，但与黑面绵羊不同，这表明"多利"的克隆非常成功。后来，"多利"还通过正常的有性繁殖的方式产下了几只小绵羊。由此看来，"多利"确实是一只真正的健康的克隆动物。

自从"多利"诞生后，世界各国的大学实验室和公司纷纷对细胞核移植技术进行改良。后来，科学家们陆续培育出了一些其他的克隆哺乳动物，包括牛、猪、猴子和老鼠等。

对植物或动物进行克隆的主要目的在于，大量培育具有优良属性的有机物（如获奖的兰花），或基因改造动物（如绵羊，可通过基因改造生成人类胰岛素）。如果单纯通过有性繁殖来大量培育这些植物或动物，很可能会无法获得那些期望得到的优良属性，因为有性繁殖会对基因进行重组。进行克隆的原因还有：代替已死去的或患病的家庭宠物，对濒危或灭绝的物种进行再培育。

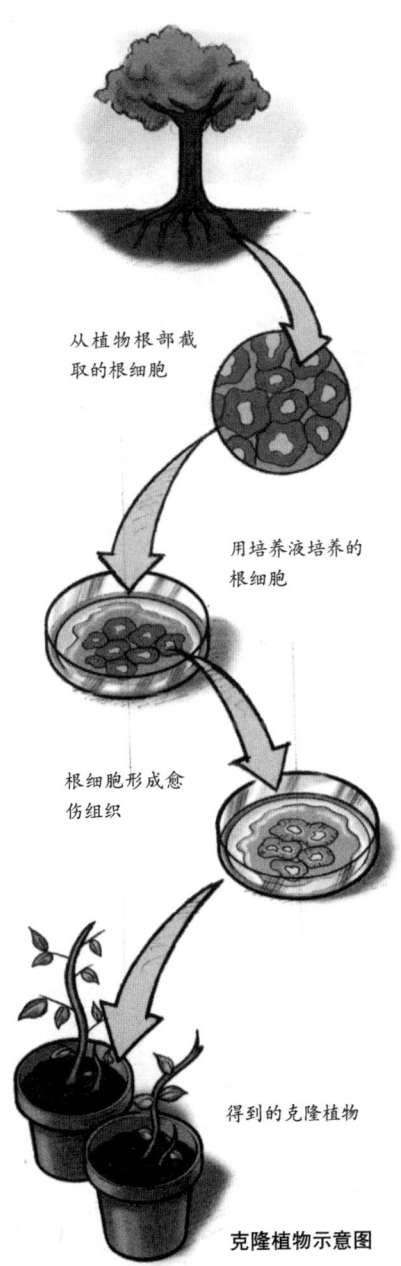

从植物根部截取的根细胞

用培养液培养的根细胞

根细胞形成愈伤组织

得到的克隆植物

克隆植物示意图

自动扶梯是怎样向上移动的

自动扶梯是传送带的一个简单变形。一组转动的环链带动一组台阶做循环运动，可以将许多人匀速升高或降低一段短距离。

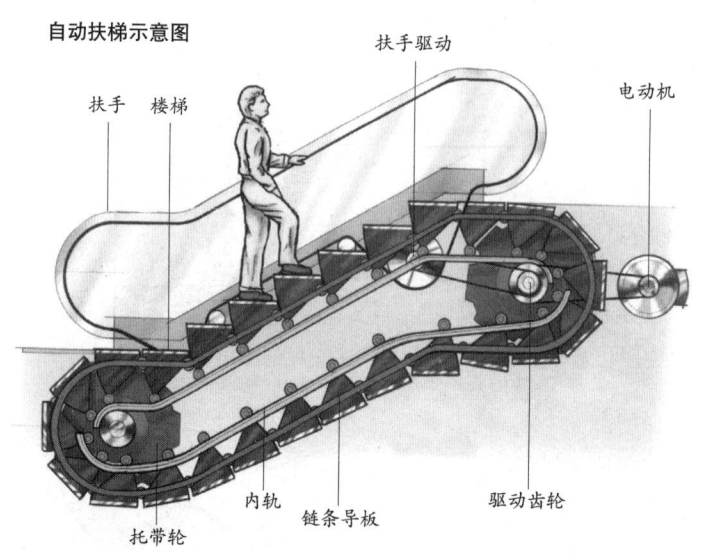

自动扶梯示意图

自动扶梯的核心部件是绕在两对齿轮上的一组链条。电动机带动顶部的驱动齿轮转动，驱动齿轮又带动环链转动。一部典型的自动扶梯使用 7.35 万瓦的电动机带动齿轮转动。电动机和链条系统装在桁架内，在两层楼梯中间装有金属架。

传送带移动的是一个平面，而环链移动的是一组楼梯。自动扶梯中的每层楼梯都有两组滚轮，分别在两组滑轨上运动。上面的一组（靠近楼梯顶端的滚轮）与转动链条相连，由自动扶梯顶端的驱动齿轮来带动。另一组滚轮随着第一组运动，但仅在滑轨上滑动。

滑轨是彼此分开的，因此每层楼梯都能一直保持水平。在自动扶梯的顶端和底部，滑轨处于水平位置，使楼梯保持平稳。每层楼梯内部都装有许多凹槽，通过这些凹槽，楼梯可以与它前面和后面的楼梯紧密结合。

除了要转动主环链，自动扶梯的电动机还要移动扶手。扶手其实就是缠绕在一组滚轮上的橡胶传送带。该传送带经过了精确的配置，可以与楼梯同步运行，这样就使乘坐自动扶梯的乘客觉得更加平稳。

桥梁为什么能够转移压力

桥梁的种类主要有 3 种：梁式桥；拱式桥；悬索桥。这 3 种桥最大的区别是单孔跨径不同。所谓跨径，是指桥的两个支撑物之间的距离，这些支撑物可以是柱、塔或是峡谷的内壁。举例来说，一座现代梁式桥最大跨径可达 60 米，而一座现代拱式桥安全跨径则可达 240～300 米。悬索桥作为桥梁技术的高峰，跨径可以高达 2100 米。

为什么拱式桥的跨径会远远高于梁式桥，同样，为什么悬索桥的跨径可以达到拱式桥的 7 倍？原因就在于，不同的桥梁在处理压力和张长两种力时方式不同。

所谓压力，就是对其作用物进行挤压或缩短其长度的作用力。

所谓张力，就是对其作用物延展或拉长的作用力。

说明压力和张力的一个常见的例子是弹簧。当你向下挤压弹簧或把弹簧两端向中间挤压时，压力的作用就会把弹簧缩短。当你向上拉伸或把弹簧两端向两边拉开时，弹簧就产生了张力。

任何桥梁都有压力和张力，桥梁设计的目的就是在桥梁不发生变形或断裂的前提下，处理好这些作用力。当压力的作用大于物体的抗压力，物体就会发生变形；当张力大于物体抵抗张力的能力，物体就会断裂。

解决这些作用力的最好方式就是耗散或转移。对力进行耗散，是指把力扩展到一个较大的区域，这样就避免了任何一个点的集中受力。对力进行转移，是指把力从一个较弱的区域转移至一个较强的、可以承受这种作用力的区域。拱式桥可以很好地说明力的耗散，而悬索桥则可以很好地说明力的转移。

就本质而言，梁式桥是一种两端架设在桥墩上的刚性水平结构。桥墩直接支撑桥的重量和桥上所有的交通流量。桥的自重和交通流量会产生向下的直接作用力。从梁式桥的桥面（或路面）表层就可以看到这种压力的作用。在压力的作用下，桥面的表层会缩短。作用于桥面表层的压力会导致桥面的里层产生张力。在张力的作用下，桥的钢梁下端会伸长。为了避免桥发生变形或断裂，必须对施加在桥面上的作用力进行耗散。

你会发现，许多作为过街天桥的梁式桥都选用混凝土或钢筋梁作为承重梁。梁的尺寸，特别是高度，决定了梁的跨径。增加梁的高度，梁就能有更多的材料来耗散张力。为了建造更高的梁，桥梁设计者们在梁里添加了辅助的格状结构，即桁架。辅助桁架可以增加梁的刚性，并大大提高梁耗散压力和张力的能力。一旦梁下压时，压力就会通过桁架进行耗散。

尽管桁架的添加很有创意，但梁式桥的跨径还是十分有限。如果跨径增大，桁架的尺寸也必须增大，直至桁架不足以支撑桥梁的自重为止。

拱式桥是两侧带有拱肋的半圆形结构。压力沿拱弧到拱肋的方向向外扩展。拱的设计即半圆形的设计，很自然地把桥面的重量分散到拱肋上，也就是耗散了压力。拱的自然弧度及其向外耗散压力的能力大大减少了拱下端受到的张力。不过，拱的半圆弧越大，作用于拱下端的张力也就越大。和梁式桥一样，尺寸的有限性会最终压倒拱自身的优势。

悬索桥通过缆索（绳或链）来连接两端，把桥面悬吊在缆索上。现代悬索桥用两座高塔连接这些缆索，也就是说，高塔承受了桥面大部分的重量。

压力向下作用于悬索桥的桥面，由于桥面是悬吊起来的，缆索就会把压力转移到高塔上，高塔再对压力进行耗散并完全导入地下。

张力的作用力是通过架设在两个锚固上的缆索进行耗散的。由于承受着桥的自重和桥上的交通流量，连接桥两侧锚固的缆索被拉长。锚固也受到张力的作用，但由于锚固和高塔一样都牢牢地嵌入地面，它们承受的张力就被耗散了。

除了缆索之外，几乎所有的悬索桥在桥面下都有一个桁架支撑系统。桁架结构既坚固了桥面，同时也降低了桥面发生摇摆和晃动的几率。

除压力和张力外，设计桥梁时还必须考虑一些其他的作用力。这些作用力通常与桥梁修建的地点或桥梁的设计有关。

扭力是一种由于转动或扭动而产生的作用力。拱天然的形状和梁式桥增加的桁架结构都可以消除扭力对这些桥梁的破坏性影响。由于悬索桥悬吊在一对缆索上，使得这类桥更容易受到扭力的影响，特别是在大风天气尤为明显。在设计上不断创新，特别是对桁架结构进行不断的改进，将有助于解决这个问题。

共振是指由外力引起的振动与物体本身的振动频率相同。如果对共振现象不加以关注，共振对桥梁的作用力可能是致命的。共振产生的振动会通过波的方式传导至桥的每个部分。

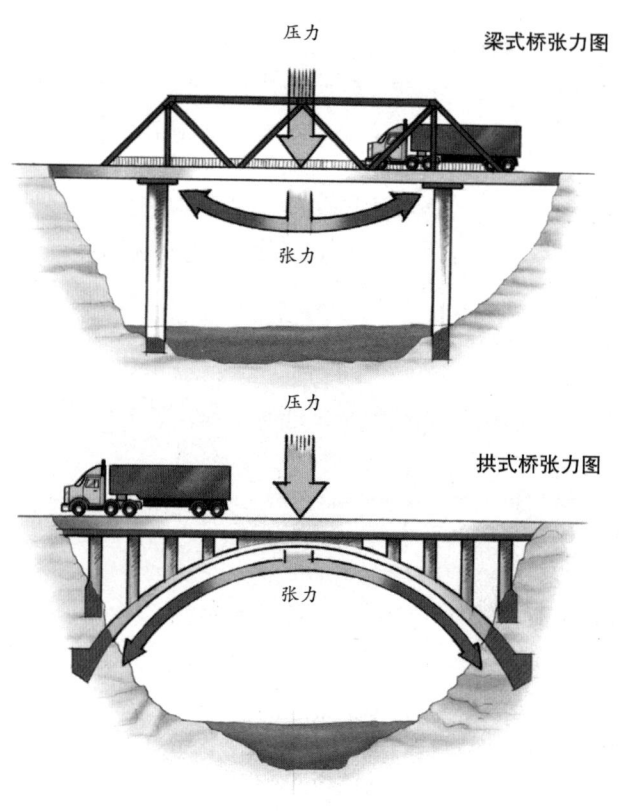

为了减少共振对桥梁产生的影响，桥梁设计者们在桥上安装了减震器，以便对共振波进行干扰。无论振动持续时间的长短或源自何处，对共振波进行干扰都可以有效阻止共振波的继续扩大。

减震器主要利用了惯性的原理。假设一座桥的桥面为实心结构，共振波可以轻易地穿过整个桥梁。但是，如果桥面由不同的部分构成，同时桥板又互相叠加，共振波要穿过桥梁就不那么容易了。一部分桥面的运动会通过桥板传递到另一部分，由于桥板相互叠加，就会产生一定的摩擦力。我们需要做的就是制造足够的摩擦力，来改变共振波的频率，以此阻止波的产生。改变频率后会产生另外两种波，但每种波都不会把另一种波转化成具有破坏性的作用力。

大自然的力量，尤其是天气的影响，是迄今为止最难应对的挑战。雨、雪和风每一样都可以对桥梁造成致命的危害，如果它们同时作用于桥梁，后果将会很严重。桥梁设计者们通过汲取过去的经验教训，不断提高着自己的技艺。桥梁建设选用的材料也先由铁取代了木头，再由钢取代了铁。每一种造桥新材料和新工艺的应用都是在汲取过去的经验教训后得到的。然而，天气的问题却始终没有得到彻底的解决。

垃圾填埋场如何处理垃圾

有些垃圾进行了回收或再利用,有些则被焚化,不过你可能有些吃惊,大多数的垃圾其实都是被掩埋在垃圾填埋场了。

垃圾填埋场都经过了精心的设计,或深入地下或建在地上。垃圾填埋场的目的是把垃圾和周边环境(地下水、空气和雨水)隔离。隔离过程是通过底部衬垫和每天用沙土覆盖来完成的。垃圾填埋场可分为两种类型:

卫生垃圾填埋场:使用黏土衬垫把垃圾和周边环境隔离开来。

MSW(城市固体废弃物)垃圾填埋场:使用合成(塑料)衬垫把垃圾和周边环境隔离开来。

垃圾填埋场的基本结构为:底部衬垫系统;填埋单元(旧的或新的);雨水排放系统;渗滤液收集系统;沼气收集系统;掩蔽盖或罩;地下水监控站。

每一个部件都是针对在垃圾填埋场运作过程中会出现的特定问题而设计的。

垃圾填埋场的主要功能,同时也是最大的挑战之一是收容垃圾,使其对周边环境不会造成困扰。底部衬垫阻止了垃圾与外层土壤特别是地下水的相互接触。在MSW垃圾填埋场,衬垫通常是用某种坚固耐磨、防穿透的合成塑料制成,厚度通常为3~10厘米。除了塑料衬垫外,压制的黏土也会作为补充衬垫。人们也会用帆布垫将塑料衬垫的每一侧包起来,防止塑料衬垫被周围的岩石或沙砾层破坏或刺穿。

对于垃圾填埋场来说,最宝贵的资源、同时也是最棘手的问题是空间。拥有多大的空间直接关系着垃圾填埋场的库容和使用寿命。如果能扩大空间,也就能增加垃圾填埋场的使用寿命。为了节约空间,垃圾被运往填埋单元进行压实。填埋单元仅可以容纳一天的垃圾量。已建成的填埋单元,要用15厘米的土壤进行覆盖并需要进一步压实。填埋单元以列状或层状分布,层状分布中相邻的填埋单元被称作层状填埋单元。

垃圾填埋场尽可能地要保持垃圾干燥,减少渗滤液,这点非常重要。所谓的渗滤液,是指从垃圾填埋场的上方渗入到底部的液体。主要通过以下两种方式来

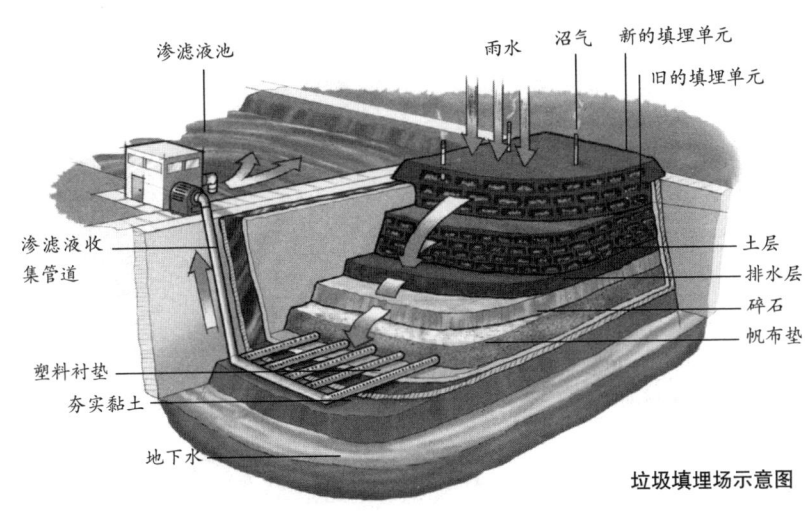

垃圾填埋场示意图

减少渗滤液：

禁止含有液体的固体垃圾进场。进入垃圾填埋场之前，固体垃圾必须经过检测，也就是要用标准漆过滤器对垃圾的样本进行检测。如果10分钟后垃圾样本并无液体渗出，垃圾就可以进入垃圾填埋场。

使雨水远离垃圾填埋场。为了避免雨水渗入，垃圾填埋场安装了一套雨水排放系统。塑料排水管和雨水衬垫对垃圾填埋场所处区域的雨水进行收集，并把这些雨水导入垃圾填埋场底部附近的排水沟。

这些排水沟由混凝土制成或由沙砾围边，雨水顺着排水沟流入垃圾填埋场一侧的集水池。在集水池中，悬浮的土壤分子使杂质沉淀，同时要检测水中是否含有渗滤的化学物质。当沉淀和水检测完毕后，水就会被抽走或流向垃圾填埋场以外区域。

没有一个系统可以确保垃圾填埋场做到百分之百的防水。水在垃圾填埋场的填埋单元和土壤中进行渗透的过程，就像水在渗滤咖啡壶中渗入磨碎的咖啡中一样。当水渗入垃圾中，水就会将垃圾中的杂质析出，就像咖啡壶中的水会把底部的咖啡浮起一样。这种含有未分解杂质的水溶液就是渗滤液，通常呈酸性。

垃圾填埋场中布满了收集渗滤液的多孔管。这些多孔管将液体排入渗滤液管，渗滤液管再将渗滤液导入渗滤液收集池。渗滤液可能会被用泵抽入收集池，也可能通过重力的作用自行流入收集池。

要对收集池中的渗滤液进行化学物质含有情况的检测，并允许其进行沉淀。检测完毕后，要像处理其他污水一样，对渗滤液进行处理。处理过程可以在垃圾填埋场内或场外进行。一些垃圾填埋场会对渗滤液进行再循环，稍后再进行处理。这种方法减少了垃圾填埋场排放的渗滤液总量，但也提高了渗滤液中杂质的含量。

由于垃圾填埋场处于密封状态，因此细菌是在缺氧的情况下对垃圾进行分解的。分解产生的副产品就是垃圾填埋场气体，其中含有大约50%的沼气和50%的二氧化碳，另外还有少量的氮气和氧气。由于沼气可能发生爆炸或燃烧，两种情况也可能同时发生，因此它的危害很大，必须从垃圾填埋场中清除。为了收集这些气体，垃圾填埋场安装了许多专门的集气管道。在一些垃圾填埋场中，这种气体或者被排出或者被引燃。

最近，垃圾填埋场产生的这种气体被证实是一种可利用的能源。人们可以从该种气体中提取沼气作为燃料使用。

每天，人们都要用15厘米的压实土对每个填埋单元进行覆盖。这层掩蔽物将垃圾与空气隔绝，并且阻止了如老鼠和飞虫等接触到垃圾。压实土占地很小。但由于空间对于垃圾填埋场来说非常珍贵，因此很多垃圾填埋场也尝试使用防潮纸、纸质喷溅罩、水泥与纸浆溶液制成的防潮布或喷溅罩。这些设施可以有效覆盖垃圾，而厚度只有0.6厘米。

当垃圾填埋场的一部分使用完毕后，就会用厚度约为4厘米的聚乙烯掩蔽罩进行永久覆盖。这层掩蔽罩上还会盖上60厘米厚的压实土层。压实土层上会种一些植物来防止雨水或风的侵蚀，通常会选用草。树木、灌木或其他根须较深的植物不会被栽种，目的是防止这些植物的根与地下的垃圾接触，或把渗滤液带出垃圾填埋场。

　　渗滤液偶尔也会透过掩蔽罩厚度较薄的地方渗出到地表。渗滤液看起来呈黑色的气泡状，不久就会把地表染成红色。可以通过挖开渗滤物周边的土地、用实土进行填埋的方式，将渗滤液重新导入垃圾填埋场，这样渗滤物就可以很快被清理干净。

　　在垃圾填埋场周围的许多地方都可以看到地下水监控站。通过地下水管道，人们可以检测水样中是否含有渗滤化学物。由于固体垃圾分解时温度会随之上升，因此也要测量地下水的温度。地下水的温度如果上升，就表明渗滤液正在渗入地下水。同样，如果地下水的 pH 值呈酸性，也表明渗滤液可能正在渗入地下水。

　　垃圾填埋场的垃圾可能要在此存放很久。在垃圾填埋场里，氧气含量极低，湿度非常小。因此，垃圾分解的速度不快。事实上，当把有些年头的垃圾填埋场挖开或对其进行取样时，在找到的一张有 40 年历史的报纸上，字迹仍然清晰可读。垃圾填埋场设计的初衷就不是分解垃圾，而只是对其进行掩埋。当一个垃圾填埋场关闭时，填埋场的现场特别是地下水必须进行检测，并且要搁置 30 年以上。

摩天大楼是怎样设计建造的

　　向上盖高楼的主要障碍是引力向下的作用力。假设你背着一个朋友，如果他很轻，你一个人就可以背动他。如果你让你的朋友也同时背上一个人（你的高度就增加了），你可能就觉得太重而背不动了。想要移动几人高的"人塔"，你就必须找更多的人作为底部，来支撑上面每个人身体的重量。

　　不管是金字塔形建筑，还是真正的金字塔或其他用石头建造的建筑物，都是依照这个原理进行工作的。底部需要更多的材料来承载上面的材料不断增加的重量。在用砖和水泥建造的普通建筑物中，每向上盖一层楼，都需要对下面的墙进行不断加固。但达到一定高度之后，再这样做就行不通了。如果下面的楼层已经快没有空间了，盖高楼又有什么意义呢？

　　19 世纪后期，新的生产工艺使制造实铁的长梁成为可能。建筑师们因此拥有了一套全新的建筑材料。与旧式建筑中的实心砖墙相比，窄而相对较轻的金属梁能够承载更多的重量，同时所占空间也很小。比铁更轻也更硬的钢使建造更高的楼宇成为可能。

　　摩天大楼里垂直的立柱是由两端铆接在一起的钢梁构成的。每层的垂直立柱都与水平大梁相连。许多建筑物的大梁之间都用斜置梁来进行辅助支撑。

　　在这个巨型三维网状结构，也被称为"上层结构"中，建筑物所有的重量都被直接转移到垂直立柱上，立柱将作用力集中在建筑物底部的小块区域内。位于建筑物下面的底层结构再次将作用力分散开来。

　　在典型的底层结构中，在每一根垂直立柱的底部都装有扩展底座。立柱建在铸铁板上，铸铁板下方是格床，即多层并置的一排排水平钢梁。格床下面是厚厚的地下混凝土基座。整个结构都由混凝土浇筑而成。

整个结构在地面下一定深度的地方向外延展，把立柱的集中作用力分散到一个广阔的区域。最终，建筑物的全部重量都直接作用在位于地表下方的硬质黏土层上。在自重相当大的建筑物中，扩展基座建在粗大的混凝土或钢筋支柱上，这些支柱会一直延伸到地下的基岩层。

在这一设计中，外墙只需支撑自重即可。建筑师可以按照自己的设想扩大建筑物的外墙，他们甚至可以全部用玻璃来建造外墙。

摩天大楼的设计者们绝不会不考虑电梯的设计。设计摩天大楼的电梯系统，需要平衡好各个因素之间的关系。楼层越高，建筑物容纳的人就越多。容纳的人越多，需要的电梯也就越多。由于电梯升降机井占用空间很大，因此每增加一部电梯，楼层的空间就会相应的减少。为了给人提供更多的空间，就需要增加更多的楼层。在建筑物设计过程中，确定楼层和电梯的数量是一个非常重要的环节。

建筑物的安全问题也是设计时要考虑的主要问题。如果没有19世纪新式防火建筑材料的出现，摩天大楼的建造就不会如此顺利。现在，摩天大楼还配备了性能卓越的喷水灭火设施，在火势大幅蔓延之前，就能将大多数火灾控制住。

同时，设计师们也会认真考虑摩天大楼用户们的舒适度。举例来说，帝国大厦的用户们总能在9米的范围内看到窗户。设计师们只有在考虑结构稳定性的同时，也考虑到建筑的实用性和舒适度，这样的建筑物才是成功的建筑物。

除了重力的垂直作用力之外，风的水平作用力也是摩天大楼需要解决的问题。大多数摩天大楼都可以在任何方向轻易地移动几米，就像一棵摇摆的树，但丝毫不会破坏结构的完整。但如果大楼在水平方向移动的距离过大，用户们肯定会有感觉。

为了使更大型的摩天大楼摆动幅度不致过大，工程师们在大楼的中心特别建造了坚固的衬心。在旧式的巨型摩天大楼中，人们用结实的钢制桁架对中心电梯升降机井周边区域进行加固。新式大楼则在建筑物中心位置建造了一个或多个混凝土衬心。

要使建筑物更加坚固，还必须使它们能够防震。由于整座大楼都会随着地面的水平振动而移动，因此钢梁结构并不会发生扭曲变形。

一些大楼采用了先进的防风减震器。其中的一种方法是，由液压设备推动重达400吨的混凝土在最高的楼层中进行往复运动。先进的电脑系统能够精确测量出风对大楼的作用力，从而会对重物进行相应的移动。

专家们对可以造出多高的摩天大楼持不同意见。有人说，利用现有的技术我们可以造出一座1609米的高楼，也有人说我们需要研制重量更轻、更加结实的建筑材料和速度更快的电梯，当然首先还是要研制先进的摆动减震器。可以想象，未来先进的技术可以使我们建造出高耸入云的城市，还有能够容纳100万甚至更多人的巨型建筑。

未来，为了保护土地，我们不得不建造更高的楼。楼盖得越高，人们就会集中精力进行区域发展，而不会把精力转向尚未被开发的自然区域。由摩天大楼组成的城市应该非常便利：更多的商业设施会在城市集中起来，从而节省了人们的时间。

怎样制造大屏幕电视

20米高的大屏幕电视和普通电视的功能相同，也要接收视频信号，并将其转化为光线。普通电视使用的是CRT（阴极射线管），但CRT最高不超过1米。大屏幕电视则运用了另一种完全不同的技术。

为了说明普通电视是如何将视频信号转化为光线，让我们先来了解一下黑白电视的工作原理：

CRT中的电子束每次在屏幕上画一条线。当电子束在屏幕上移动时，小的磷光点被激活，这样就可以产生我们所见到的光线。

视频信号在屏幕上移动时，CRT中的电子束会识别其强度。

电压为0伏时的5微秒脉冲（水平回扫信

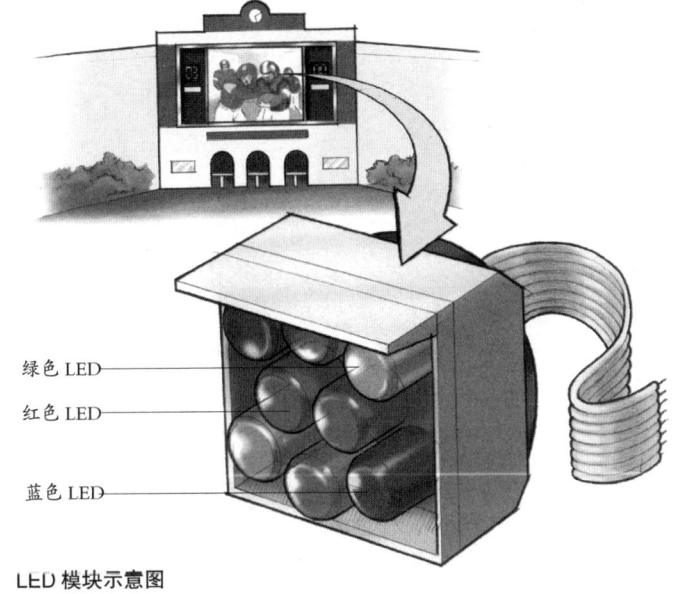

LED模块示意图

号）会提示电子束重新开始画线。电子束从屏幕左侧开始画线，在42微秒内扫过屏幕。根据水平回扫信号，将产生不同的电压来调节电子束扫过屏幕的明亮度。

电子束在CRT正面下方画线，然后接收水平回扫信号，该信号会提示电子束应该开始在左侧上方角落重新画线。

彩色电视的工作原理也是如此，不过它使用3条分离的电子束和3个磷光点（红色、绿色和蓝色）与屏幕上的每个映象点对应。当电子束在屏幕上移动时，每个独立的彩色信号都代表了一个映象点的颜色。

当电子束在屏幕上画线时，电子束中的电子会击打屏幕上的磷光点。电子束里的电子激活小磷光点，以30帧/秒的速度在屏幕上快速画出480条线，这样我们就可以在屏幕上看到完整的动态画面。

CRT技术在室内使用的效果不错，但如果你把以它为主导部件的电视放在户外强烈的阳光下，你就无法看清屏幕上的内容了。同时，CRT屏幕的尺寸只有大约1米。我们需要运用另一种技术来制造更大、更适合在户外阳光下观看的屏幕。

在体育场看到的大屏幕电视和家用电视有两个最大的不同之处：

首先，很明显，与家用电视相比，这种电视要大得多。它的高度约为20米，而非0.5米。

这种电视亮度极高，可以在阳光下观看。

几乎所有的户外大屏幕都采用LED（发光二极管）来制造大尺寸、高亮度的画面效果。LED其实就是一个个彩色小灯泡。现代LED体积很小，发光度极高，消耗的能量却极少。

对彩色CRT电视而言，所有的色彩都是通过与每个映象点对应的红色、绿色和蓝色的磷光点产生的。在大屏幕电视中，使用红色、绿色和蓝色的LED代替磷光点。大屏幕电视上的每个映象点都是一个小模块，其中包含3～4根LED（红色、绿色和蓝色各1根）。在最大号的大屏幕电视中，每个模块都包含许多根LED。这些模块的尺寸从4毫米～4厘米不等。

生产大屏幕电视，需要将成千上万根这样的LED排列在矩形网格内。举例来说，一个网格可容纳约640×480个LED模块，也就是30.72万个模块。屏幕的最终尺寸取决于这些LED模块的尺寸。

为了对如此巨大的LED屏幕进行控制，要使用一套电脑系统、一套能量控制系统，还要有大量的电线。电脑系统对即将出现的电视信号进行监控，同时决定电视将启用哪些LED以及它们的亮度如何。电脑对亮度和色彩信号进行取样，根据每个映象点模块中LED的3种不同颜色，将这些信号转换成亮度信息。能量系统为所有LED模块提供能量，并对能量进行调节，以确保每根LED亮度都适中。

闯红灯摄像机是怎样拍摄汽车闯红灯的

在典型的配置中，数码相机被安装在立柱上，从不同角度对路口进行监控。当一辆车经过某一路段时，会有一个或多个触发器对其进行监测。电脑负责监控交通信号灯的周期。

在交通灯系统中运用的主要触发器技术是感应环线，即埋在路面下的绕成盘状的电线线圈。线圈连接着电源和测量器。通过电线的电流产生磁场，形成一个巨大的感应器。

感应强度取决于线圈的构造和成分。当车辆从线圈上方驶过时，车上的金属部件会改变线圈的感应系数。

测量器会时刻监控电路的总感应系数。当感应系数发生大幅变动时，电脑就知道有车辆从线圈上方驶过。

显示绿灯或黄灯时，电脑会忽略触发器的显示，也不会开启摄像机。直到显示红灯时，整套系统才会开启。

在大多数系统中，只有通过线圈上方的车辆以特定的速度行驶时，电脑才会开启摄像机。

这些系统在每条车道都装有两个环状触发器。当两个触发器连续快速启动时，电脑就知道一辆车正在高速通过路口。如果出现一次以上的延迟,电脑就知道该车正在减速。

当车辆在红灯亮起之后触动了两个触发器,电脑就会自动进行拍照。第一张照片显示的是车辆正在驶向路口时的情景。在短暂的间隔之后,电脑会拍摄车辆通过路口的情景。电脑会根据车速来计算两张照片的间隔时间。电脑必须拍摄到当红灯亮起,车辆驶向路口和通过路口的这两张照片,这非常重要。

电脑会把相关信息附在照片上,包括时间、地点、车速和在红灯亮起与车辆通过路口之间的时间间隔。

投币式台球桌的内部结构是怎样的

台球是指使用球杆和球进行的桌上运动。台球运用了物理学和几何学原理,要成为一位台球高手,需要熟练掌握台球的各个部件。这些部件包括:

球:尽管不同类型的台球规则各不相同,但目标都是击球并且使球以某种方式进行运动。

球杆:是一支长长的锥形杆,较窄的一端顶部包有衬垫。

球桌:球运行的台面。根据游戏设计的不同,球桌可能配有供球掉入的球袋,也可能没有。不过,绝大多数的球桌在4个桌角和最长桌边的中部都装有球袋。

台球运动中最重要的装备是球和球桌,对于经常摆放在公共场所供人娱乐的投币式台球桌更是如此。

过去,台球桌一直是用大型板岩制成,上面还盖着布。板岩是呈蓝灰色的岩石,可以分割(自然分割)成宽而平整的层面。富含亚氯酸盐、云母和石英的黏土沉积层(土及水底的碎石)受到积压,就形成了沉积岩石,即板岩。在积压过程中,在较薄的岩石层中的沉积物变硬,与成百上千自然形成的平整岩石层一起,共同形成了一种非常坚硬的岩石。

经过简单打磨,板岩的表面会变得非常光滑,这就是人们为什么会选板岩作为台球桌台面的原因。

用板岩制成的台面边沿经过打磨,可以放置球袋。供球落下的球洞也沿着边沿排列,这样,球桌的台面就可以与球桌外框的前部用螺钉固定在一起。

造价低廉的娱乐型台球桌一般不选用板岩作为台面,这种球桌包括以下部分:

薄板层或塑料层:硬质的合成材料,一般来说指装在刨花板上的薄板层或塑料层。

蜂巢状结构:在两块塑料板中间用硬质塑料制成的蜂巢状结构。

中密度纤维板:木材碎料经压制而成型的平整板材,也叫做压制木材或刨花板。

非板岩台面存在的最大问题是:易卷曲,伸展性不好,无法保证台面在任何时间都非常平滑。不过,即使最高级的台面材料也不能保证一定能制造出一流的台球桌,除非有一个坚固的底座来支撑。

首先,桌体要有一个大的矩形木质外框,通常由厚硬木板制成。通常由一根或一根以上的横梁和一根中梁对板岩台面进行辅助支撑。木框在转角处与金属托架或木质顶木相连。每个转角处都装有金属托架或木质顶木，它们被用螺丝钉固定在硬木板上，形成非常牢固的外框架。

根据球桌的尺寸以及板岩台面的厚度和重量，支撑球桌的桌腿可以是4个、6个或8个。一些带有设计者标志的球桌会用一个大型基座来代替桌腿。桌腿可以是中空的或实心的，当然实心的桌腿更好。桌腿可以仅延伸至球桌边框的底部，大多数专家建议实心桌腿应伸展到板岩台面的下侧，这样可以给台面提供最佳的支撑。

如果观察一张赢利性台球桌的内部，可以发现在球桌6个球袋内侧装有一组滑槽，每个滑槽都从球袋至台球的回路方向略微向下倾斜。当台球掉入袋中后，在重力的作用下，台球会沿着滑槽滚动到集球室，直线排列在集球室的凹槽中。在有人投入硬币、开始新的游戏之前，这些球会被锁在集球室中，可以透过一块透明的丙烯酸树脂片看到它们。把硬币放入投币口，扳上投币闸，杠杆随之启动，球就会滚出凹槽，进入台球桌底端一个较大的开阔入口区域。

在赢利性台球桌上，当球落袋时就会进入集球室。但主球怎么办呢？当一位球手不慎将主球击入袋中时（此举被称为"失误的击打"），需要把主球从桌底的入口区重新取回。大多数情况下，投币式的台球桌会使用两种类型的主球：

比普通球尺寸大一些的大号球，可以用半径测量器来区分。

磁力球，可以用磁力测量器鉴别。

大号球直径约为6厘米，比普通球约大2毫米。尺寸上的细微差别使主球在进入集球室之前就会被区分出来。较小的、标有数字的球可以通过测量器，而较大的主球则会直接穿过第二个滑槽，落入球桌一侧的通道口。

对于那些不喜欢使用尺寸略微大一点儿的主球的球手，还可以在投币式台球桌上使用一种磁力球。磁力球内部嵌有一块磁石。落入球袋的磁力球可以用磁力测量器加以区分。当磁力球通过测量器时，磁石就会击发偏转装置，使磁力球向着不同于其他球的方向运动，直至落入球桌一侧的通道口。

现在对于大多数投币式台球桌而言，大号球和磁力球可以交替使用，但两种球各有弊端。对于初级球手而言，体积较大些的球可能不会影响发挥，但却可能扰乱一些高级球手的发挥，因为他们习惯使用普通的直径为5.7厘米的主球。同样，一些球手可能会注意到磁力球的磁性有时会导致球滚动的路线出现偏差。而且，因为磁力球内部装有磁石，如果台面较硬，磁力球会比普通球更加易碎。

烘干机是怎样将衣物烘干的

每周你可能要做两次这样的工作。当洗衣机工作完毕后，你打开盖子，抓起这些湿乎乎的衣服，然后扔进烘干机。你按动按钮，或者旋转开关，45分钟之后，这堆潮湿的衣物就会变成蓬松而鲜艳的干衣服。你知道这是空气和搅拌的结果，但是这个神奇的机器中到底发生了什么呢？烘干机最基本的理念是这样的：向箱子中注入温暖的空气；把其中潮湿的空气排干；搅动里面的衣物，使所有衣物的表面和温暖的空气相接触；

你或许知道潮湿的空气是从烘干机后面的洞排出去的。但是，空气是从哪里进来的呢？

这里所举的例子是门上有麻布屏风的那种烘干机。简而言之，下面就是空气进出烘干机的路径：

空气从烘干机的底部或后部进入。

空气通过加热器，然后进入滚筒。

空气进门后，通过麻布屏风。

空气通过烘干机前部的通风管道，进入风扇。

风扇把空气从烘干机后方的通风管道排出房间。

第一步，空气通过加热器。在电烘干机中，加热器是标准的镍铬合金丝，类似于烤箱或空间加热器。这种加热器耗电量大，大多数为4000~6000瓦。在燃气烘干机中，燃烧的气体提供能量。

加热后的空气通过滚筒中的衣物，然后进入门洞。空气通过门洞，然后从门下部一个大槽排出，这个槽通往麻布屏风。

这些空气通过麻布屏风，然后通向烘干机前面的排气管，从这里进入风扇。这个风扇是离心类设备：当它转动的时候，它把空气抛到外部，吸收中央的空气，然后将空气从烘干机后部的排气管排出。

如果你把烘干机外部的金属片移开，你会吃惊地发现滚筒里没有任何齿轮。其实，滚筒本身就是一个巨大的齿轮（更准确地说是滑轮），电动机为小滑轮提供动力。因为滚筒的直径与小电动机滑轮的直径相差巨大，所以根本不需要任何齿轮。

同样的电动机驱动风扇和滚筒。滚筒的滑轮用传送带与电动机的一个输出轴相连接，而风扇与另一个相连。

烘干机另外一件有意思的事是，它没有任何承托部分使之平稳旋转。那么，是什么承受了衣物的重量呢？滚筒位于两块坚硬而光滑的尼龙板上面，它们被固定在支撑结构上。这种构造使滚筒承受了潮湿衣物的很多重量，但相对摩擦却很少。

大多数的烘干机拥有旋转开关或者热量设置按钮。通过转动按钮至不同的方位，或者按压几个按钮，你可以控制整个过程，如烘干机的工作时间以及热量设置。

一个机械或者电动计时器控制烘干过程的长度。有些烘干机具有湿度开关，能够在衣物烘干后作出反应，然后停止烘干过程。

旋转开关和热量设置按钮共同控制某个时刻加热器的开关：

如果加热器完全关闭，那么只有冷空气吹进衣物之间。

如果一个加热器打开，那么空气就会变得温暖。

如果两个加热器都打开，那么空气就会很热。

烘干机具备安全特点，这样能够防止过度烘干。在很多烘干机中，有两个温度关闭传感器。当这些传感器达到事先设置的温度时，它们就会断开连接，这样就可以关闭烘干机。

第一个传感器调控麻布屏风和滚筒。如果滚筒中的温度过高，传感器就切断电源，关闭烘干机。

但是，如果传送带断了怎么办？或者如果风扇受到阻塞，空气无法排出滚筒怎么办？这时候第二个传感器就开始发挥作用。

第二个传感器离加热器很近。无论出于什么原因，如果空气流通受到了阻碍，这个传感器周围的空气就会迅速升温，这将会触发传感器，使之切断电源。

灭火器为什么能灭火

当空气中的氧气与某种燃料如木头或汽油相混合的时候，极有可能发生火灾。当然，木头和汽油不会因为被氧气包围而自行燃烧。要想发生燃烧反应，燃料需要达到它的着火点。

木头着火的时候，它的温度会达到260℃，热量将分解构成它的纤维素材料，并且将它转化成由氢和碳组成的挥发性气体。这些气体非常容易燃烧，这就是火焰的来源。

正如我们所知道的，发生燃烧的3种必要的因素是燃料、热量、氧气（或类似气体）。如果消除其中一种，火便会熄灭。所以，灭火器被设计用来消除至少上述一种因素。

在大多数火灾中，消除燃料不是可行的解决办法。例如，当房屋着火的时候，整个房子都是燃料，显然我们无法移除。

在大多数情况下，最好的消除热量的方法是向火上浇水。这会把燃料的温度降至着火点以下，终止着火的循环。然而，在不适合的情况下，水也是危险的。水可以扑灭木头、纸张或者纸板引起的火灾，但是对于电和可燃液体引起的火灾并不奏效。当电引发火灾的时候，用水灭火会导致触电。水还会让可燃液体飞溅，导致更加严重的后果。

所以，大多数灭火器会切断着火的氧气供给。换句话说就是，它们可以把火闷熄。一种比较流行的灭火材料是二氧化碳。二氧化碳比氧气要重，所以它能驱赶包围在燃烧物周围的氧气。二氧化碳灭火器在饭店十分常见，因为它们不会污染炊具和食物。

最为常见的灭火材料是由碳酸氢钠（普通小苏打）、碳酸氢钾（与小苏打相似）或磷酸二氢铵组成的化学干沫或者干粉。小苏打在70℃就开始分解，当它分解的时候，它释放出二氧化碳。除了化学反应之外，这些干沫或者干粉还可以像一层毯子一样包裹火苗。

灭火器内部是一个装有水或者灭火材料的坚固气罐。当你按压气罐顶端的杠杆时，这些物质会被高压气体排出（通常是二氧化碳）。

在一个普通的灭火器中，被压缩的气体装在小气罐内，并处于大气罐的内部。气罐是密封的，这样气体才不会逸出。使用灭火器的时候，你把安全阀打开，然后按下操作杆。杠杆推动作用杆，作用杆会把弹簧瓣压下以打开通向喷嘴的通道。作用杆的底部有尖锐的物体，可以把装有密封气体的气罐刺穿。

被压缩的气体逸出来，对灭火材料产生向下的压力。这会使这些材料通过虹吸管猛力喷出喷嘴。正确使用灭火器的方法是把它直接对准燃料，而不是火焰本身，而且需要左右来回喷洒。

大多数灭火器只含有少量的灭火材料，几秒钟就会使用完毕。因此，灭火器只能在用来扑灭火势相对较小、不会蔓延的火灾时才比较有效。要扑灭大的火灾，你需要大一点儿的设备例如消防车，以及知道如何使用它的专业人员。但是，对于房间或者汽车突然着火的情况，灭火器是无价的救命稻草。

即时通讯是如何快速传送信息的

如果使用电子邮件，你不可能知道收件人是否在这个特定的时间在网上。而且，当你需要反复与收件人进行互发邮件时，你通常必须点击如下步骤：阅读邮件、回复邮件和发送邮件。这些问题在即时通讯中不会出现。

在网络成为潮流之前，许多人已经在网上使用电子公告板及网上服务了。公告板可以看成是一种简单、独立的文本格式的网站，人们通过使用调制解调器来接入该网站。一旦接入，用户通常利用一系列的目录菜单来作为引导，以查询网站的内容。若想接入另一个电子公告板，用户则需要断开与目前相连接的网站，重新用调制解调器拨号至另一个电子公告板。

网上服务本质上是一种大型电子公告板，进入需要收费。在网络诞生之前，网上服务是普通人在网上与其他人通信或联系的主要方式。

电子公告板和网上服务模型最吸引人的地方大概要数其创造出的各种虚拟社区了。一些网上服务供应商使其用户在使用网上聊天室时能够做到即时通话或即时通讯。网上聊天室实际上就是一种软件，它允许一个群体中每个人打出的字都可以被整个聊天室的人看到，而即时通讯则是一种仅供两人使用的网上聊天室。

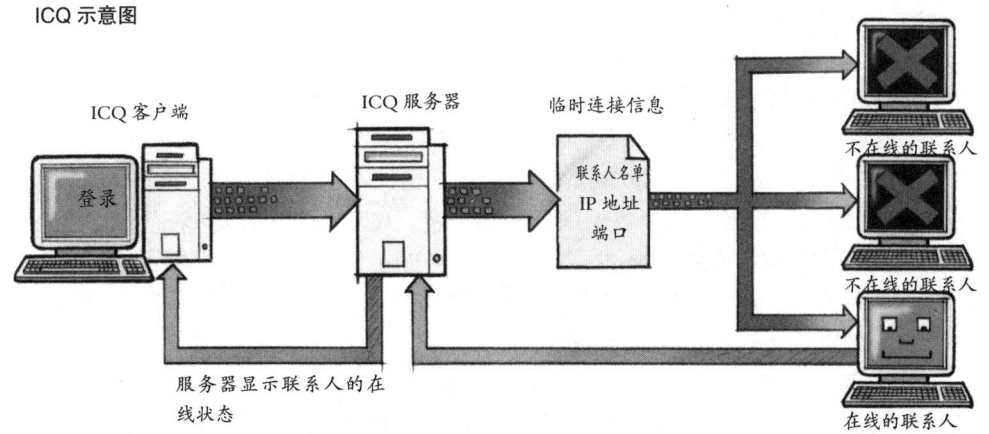

ICQ 示意图

即时通讯真正出现在网络上是在 1996 年 11 月。当时 Mirablis 公司发明了 ICQ，一种每个人都可以使用的有效的免费即时通讯系统。

ICQ 是短语"我找你"的缩写，是一种利用软件的实时工具，称为客户端，被安装在用户的电脑上。当你上网时，客户端一旦运行，便会直接连接到 ICQ 服务器。

下面就是使用 ICQ 的具体过程：

（1）你需要到 ICQ 软件的下载网页去下载一份该软件的免费客户端，安装在你的电脑上，安装好后运行该程序。

（2）客户端会尝试连接 ICQ 服务器。它利用一种如 ICQ v5 的专利协议来进行连接。协议简单地规定了客户端与服务器之间以何种方式进行对话。在电话通话中，协议就是拨叫者拨出号码，接听者听到铃响，接起电话并说："喂"。这样谈话就开始了。ICQ 客户端与服务器之间也有其自己所遵循的标准协议。

（3）一旦客户端连接到服务器上，你就可以输入用户名和密码来登录服务器了。

（4）客户端向服务器发送本机的连接信息（IP 地址和分配给该客户端的端口号码）。它也向你提供在你 ICQ 联系名单上的每个人的姓名。

（5）服务器创造出一个临时文件，该文件拥有你的本机连接信息和你的 ICQ 联系人名单。服务器接下来将检测你的联系人名单中是否有人目前已经登录到服务器上。

（6）如果服务器发现你联系人名单上有人已经登录的话，它就会向你的电脑所使用的客户端发出该联系人的连接信息。同时，服务器也会把你的连接信息发送给你的这些已登录的联系人。

（7）如果你的 ICQ 客户端收到了在你联系人名单上某个人的连接信息，那么在名单上此人的状态便会改变为"在线"。

（8）你如果点击一个在线的联系人的名字，就会弹出可输入文本的一个窗口。你将信息输入窗口并点击"发送"，以此来与该联系人通信。

（9）由于你的 ICQ 客户端包含该联系人电脑的 IP 地址及端口号码，你的信息会直接发送到他的 ICQ 客户端上。所有的通信都是直接在两个用户的 ICQ 客户端中进行的。

（10）该联系人收到你的实时信息并做出回答，你们两个人都可以在其电脑上看到。ICQ 窗口就会展开，形成一个包括两人完整谈话内容的滚动对话栏。

（11）当对话结束后，你就可以关闭该窗口。

（12）最终，你下线并退出 ICQ 客户端。当这种情况发生时，你的 ICQ 客户端便会向 ICQ 服务器发送一条结束登录的信息。ICQ 服务器接到信息后，也会向所有你联系人名单上在线的人发送一条信息来提示你已经下线。最后，ICQ 服务器将删除你的 ICQ 客户端上连接信息的临时文件。在你在线的联系人的 ICQ 客户端上，你的名字会显示为"下线"状态。

虽然在一些具体功能细节上有所不同，但 ICQ 系统的基本操作和运行步骤已经被市场上所有其他即时通讯软件所采用。ICQ 软件依然非常流行。事实上，网上服务供应商 AOL 公司已经于 1998 年 6 月收购了 Mirablis 公司,从而 ICQ 也就成为 AOL 拥有的一套网上服务中的一部分。

怎样利用加密技术保护信息的安全

我们有很多信息不想让其他人知道,比如信用卡信息、私人信件和公司敏感信息等。

一个最保险的保守信息的方法就是把它锁入保险柜里。不过,当你需要把这些信息发送给其他人时,这个办法就不好用了。因为信息在传输过程中,是最容易遭受攻击的。加密技术就是在信息从 A 点传输到 B 点的过程中,将信息加密成一种无法读取的格式,这是保护信息的一种最好的方法。利用加密技术,只有拥有解密密钥的人或电脑才能够对信息进行解码。

电脑加密技术是基于密码学的技术。密码从古至今都在使用。在数字化时代以前,政府是密码的最大用户,特别是在军事领域。已证实的最早的加密信件可以上溯至罗马帝国时期。目前绝大多数密码都是依靠电脑的,因为电脑能够制造几乎无法解密的复杂密码。

绝大多数的电脑加密系统都属于对称密钥加密技术、公共密钥加密技术两大类中的一类。

对称密钥加密技术是指在你知道哪些电脑将要进行互相对话的时候,你就可以对每一台电脑安装一个秘密的加密和解密密钥。发送方的电脑利用密钥来加密发出的信息,接收方的电脑利用同样的密钥来解密该信息。

这里是一种极其简单的对称密钥加密系统。你先将发送给朋友的信息加密,加密方法是按照每个字母顺字母表向后延伸两个的方式进行,这样在该信息中,原来的 A 成了 C,B 成了 D,以此类推。同时,你已经告知这个朋友密钥为"后移 2 个"。这样你的朋友在接收信息后就可以将其非常轻易地解密了。其他看到这则信息的人都将只看到一堆无用的东西,而一旦有人破译或掌握了密钥,那么他们也就能够解密该信息。对称密钥系统在发送密钥时最容易遭到攻击。

公共密钥系统利用两个独立的密钥:一个所有人都可以得到的密钥和一个只有接收方才能知道的密钥。为了传递信息,发送方利用公共密钥将信息加密并将其发送出去。只有接收方的电脑用其特有的密钥才能够解密该信息。

为了能够将公共密钥加密技术推广至安全网络服务器,需要一个不同的途径。这就是为什么会用到数字签名了。一个数字签名基本上是一段包含被网络服务器所信任的独立来源的信息,被称为认证授权。认证授权充当着发送方和接收方电脑都信任的中间人的角色。它在确认了每一台电脑的身份无误后,就把每台电脑的公共密钥提供给双方,以便信息能够双向流通。

在浏览器上,当你在使用安全协议时,你就能够以各种不同的方式描述一条信息。你将注意到在地址栏中的 http 会被 https 所取代,同时你也会在浏览器窗口底部的状态栏中看到一个小挂锁标志。

公共密钥加密技术占用了大量的电脑处理能力，因此绝大多数电脑系统都采用了公共密钥加密系统与对称密钥加密系统相结合的方式。当两台电脑发起谈话时，其中一台电脑先制造一个对称密钥，然后用公共密钥加密技术将其发送至另一台电脑上。随后，两台电脑就可以利用对称密钥加密技术进行通信了。一旦谈话结束，两台电脑都将废弃为这次谈话准备的对称密钥。任何一次新的对话都将使用一个新制造的对称密钥来进行，而其他过程则与上面所述相同。

加密技术是一个将一台电脑所发送给另一台电脑的全部数据集中起来，并将其加密为只有接收方电脑才能够解密的一种特殊形式的过程。另一个过程就是认证，它是用来确认信息来自于一个能够被信任的来源。从根本上说，如果信息是被认证过的，就意味着你知道它的制造者，并且你也知道从信息被制造出来以后就没有被以任何形式改动过。加密和认证这两个过程一齐制造出安全的环境。

以下是几种对在电脑上的人或信息进行认证的方式：

密码：一个用户名和一个密码提供了最为普通的认证方式。如果用户名和密码中的任何一个与真实状况不符合，那么你将不能继续进入下一个环节。

通行卡：这类卡片的范围从简单的一张带磁条的卡片，类似于一张信用卡，到复杂的包含电脑芯片的智能卡片。

数字签名：数字签名就是一种确保电子文档（如一封电子邮件、一份电子数据表或者是一个文本文件）经过认证的手段。如果文档中的任何东西在其与数字签名进行绑定后被改变的话，那么其数字签名的数值也会发生相应的改变，从而导致这个签名无法使用。

最近许多复杂的认证手段已经开始出现在办公和家用电脑系统中，这些新系统中的绝大多数都采用了生物测定数据来进行认证。生物测定学是一种利用生物信息来确认身份的方式。生物测定认证手段包括指纹扫描、视网膜扫描、虹膜扫描、面部扫描、声音辨认。

雷达应用的原理是什么

当人们在使用雷达时，他们通常是想做以下3件事：
(1) 探测一定距离内一个物体的运动方向。
(2) 探测一个物体的速度。
(3) 对一个物体进行测绘。

所有这3种活动都可以利用日常生活中的两样东西来完成：回声和多普勒频移。这两个概念在声学领域很容易理解，这是由于你的耳朵每天都在听到回声和多普勒频移。雷达则利用了与无线电波相同的技术。

回声是一种你总是能听到的东西。如果你对着井或者空房子大喊，那么过一会儿就会产生回声。产生回声的原因在于，你喊声中的一些声波触及表面（井底的水或者是空房子的墙壁）后被反射，并回到你的耳朵中。从你叫喊时到你听到回声时的时间长短取决于你与制造回声的表面之间的距离的长短。

多普勒频移也很普通。当声音由一个移动的物体产生或被一个移动的物体反射时，就会发生多普勒频移。当多普勒频移达到极端值时就会产生音爆。为了解多普勒频移，你可以想象一辆正在移动的汽车。假设汽车驶向你的速度为 100 千米／小时，而且正在按喇叭。这时你就会听到在汽车接近时，喇叭以一种音调在鸣响；而当汽车驶过你时，该喇叭的响声会突然降低到一个比较低的

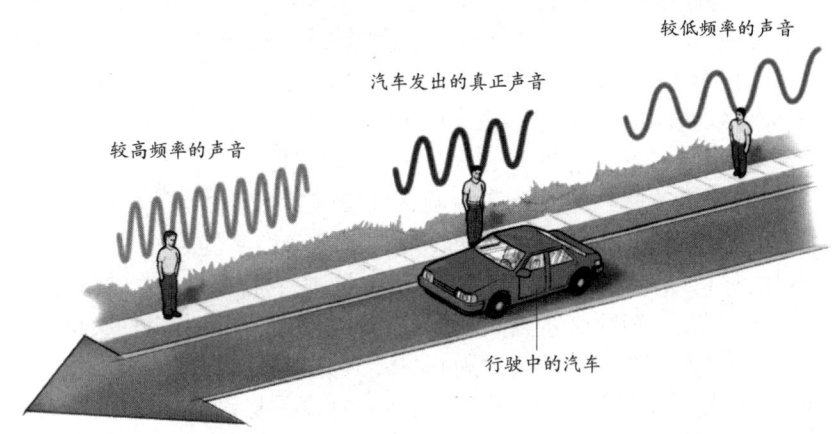

声波的多普勒频移示意图

音调。在整个过程中是同一个喇叭在发出同一种声音。你耳朵听到的音调变化就是由多普勒频移造成的。

以上就是事件发生的全过程。在周围空气中传播的声音速度是一定的，为方便这次讨论，我们假设声速为 600 千米／小时。现在想象这辆汽车是处于静止状态，距离你整整 1 千米，并按住喇叭持续 1 分钟。那么该喇叭发出的声音就会以 600 千米／小时的速度向你传播过来。你将会在 6 秒（声音以 600 千米／小时的速度通过 1 千米所需的时间）后听到持续长达 1 分钟的声音。

现在，假设汽车正在以 60 千米／小时的速度向你驶来。它依旧距离你整整 1 千米，并按住喇叭持续整整 1 分钟。你依然会在 6 秒后听到声音，不过你只能听到 54 秒的声音。这是因为汽车会在 1 分钟之后到达你所站的位置，而在 1 分钟内最后的响声将会瞬间到达你的耳朵。汽车（站在司机的角度）仍旧是响了 1 分钟的喇叭。不过，由于汽车正在运动，从你的角度来说，1 分钟的声音被压缩到了 54 秒。因此，同样数量的声波被压缩到更少的时间内。因此，声波的频率增加了，而且喇叭的声调听上去也升高了。当汽车驶过你的身旁并远去时，该过程被保留下来，声音被拉长以适应更长的时间。因此，音调就降低了。

你可以采用以下方式，将回声和多普勒频移结合起来。你可以假设你冲着一辆驶过来的汽车发出很大的声音，这些声音会从汽车上反弹回来（回声）。不过，由于汽车是朝你行驶的，声音的传播时间会被缩短。因此，回声的声音将比你发出的原声的音调要高。如果你对回声的音高进行计算，你就能够得出汽车运行的速度。

我们知道回声能够被用来计算物体的距离，而且也知道回声的多普勒频移可以被用来计算物体运动的速度。因此，就有可能制造一种"声音雷达"，而这就

是声呐（声音导航和测距）。潜艇和舰船时刻都得利用声呐来进行导航和确定目标方位。一艘潜艇的主动声呐系统发出声波脉冲来穿过水域，碰到物体后反射回潜艇。由于已知声音在水中传播速度，声波碰到物体并反射回来的时间，艇上的电脑就能够很快计算出潜艇到目标之间的距离。但声音在空气中会产生一些问题：

声音在空气中不能传播很远，大概最多也就能传播 1.6 千米。

几乎所有人都能听到声音，所以"声音雷达"肯定会影响到其附近的人（虽然你可以使用超声波代替可以听见的声音来避免绝大多数这种问题）。

由于回声可能会非常微弱，它应该很难被侦测到。

由于这些问题，雷达使用无线电波取代了声波。无线电波能够传播很远的距离，而且人类是看不见的。另外，它们在本身很微弱的情况下，可探测性依然很强。例如，你可以考虑一个被设计用来对飞机进行探测的雷达。该雷达的发射机开机后，发射出时间很短的高密度高频无线电波脉冲。这种发射一次可能仅仅持续几微秒的时间。雷达随即关闭其发射机，开启其接收机，并接收回波。雷达计算回波返回雷达站所用的时间，与回声的多普勒频移的原理是一样的。

无线电波是按光速进行传播的，其速度大概为 300 米/微秒左右。因此，如果该雷达拥有一个好的高速时钟，它就可以非常精确地计算出飞机的距离。利用特殊信号处理设备，雷达还能够精确地计算出多普勒频移，并得出飞机的速度。

陆基雷达较之空基雷达而言，承受着更多的干扰。当一部警用雷达发出无线电波脉冲后，它会接收到各种物体的反射，如篱笆、桥梁、山脉和建筑物等。将这些干扰物排除的最简单的方法就是识别出该干扰物有没有发生多普勒频移。警用雷达只搜索多普勒频移信号，由于雷达波是高度集中的，因此它只盯一辆汽车。

为什么雷达测速仪能检查超速驾驶

用雷达来测定汽车速度是一件非常容易的事情。普通的雷达测速仪仅仅是将无线电发射机和接收机安装在一个装置上而已。

像声波一样，雷达波有着某一特定频率。当雷达测速仪与汽车都处于静止状态时，雷达会产生与原始信号相同的两股回波。这是因为雷达发出的每部分信号在碰到汽车时都会被同时反射，便产生了一模一样的原始信号。

但当汽车在移动过程中，每部分无线电信号在不同的空间点上被反射，也就改变了回波的模式。当汽车远离雷达测速仪时，汽车的运动会将反射波拉长，或者降低其频率。而当汽车驶近雷达测速仪时，汽车的运动则会压缩反射无线电波的长度。回波的波峰和波谷合并在一起能够看出：频率在增加。

雷达测速仪基于频率变化的大小，能够计算出汽车朝它驶近及远离时的速度。它还必须将警车本身的运动因素计算在内。例如，如果警车的时速是 80 千米，而雷达测速仪显示汽车的运动时速是 30 千米，那么汽车运动的实际时速应为 110 千米。如果雷达测速仪没有显示汽车向它驶近或远离，那么汽车的时速应该同警车相同。

目前，许多警察部门开始使用激光雷达测速仪来取代传统的雷达测速仪。激光雷达测速仪的基本要素是被集中的光线。

激光雷达测速仪利用它发出的一束红外光线打到汽车上，再反弹回来的过程来进行计时。它用光速与这段时间相乘，便得出汽车的距离。与传统的雷达测速仪不同，激光雷达测速仪不用计算波频率的变化。它在短时间内发射出许多红外激光束来收集多个距离数据样本，通过对比这些样本，它可以计算出汽车的行驶速度，而且相当精确。

为什么能通过远程输入来控制汽车

这些小装置能够使你安全地进出你的汽车。最为常见的两种远程输入设备为：

(1) 系在钥匙链上的饰物型远程输入设备，它能够打开并锁上车门，还可以开启或关闭汽车的警报系统。

(2) 挂在遮阳板下用来开关车库门的小型遥控器。

一些家庭安全系统也拥有远程控制设备，但还不是那么普遍。

你装在钥匙链上或是用来开启车库门的饰物事实上是一个小型无线电发射机，当你按下装在饰物上的按钮时，向接收机(安装在汽车或者是车库内)发送密码。在汽车或车库内有一个无线电接收机，其频率被调整到发射机所使用的频率上(现代系统典型的频率为 300～400MHz)。这种发射机与无线电控制的玩具中的发射机类似。

在 20 世纪 50 年代所使用的最早期车库开门器中，其发射机还是极其简单的。当车库开门器被人们广泛使用后，如此简易的系统却产生了一个很大的问题，那就是使用一个发射机，任何人都可以开着车打开任何车库门！当时它们所用的频率都是一样，毫无安全性可言。

到了 20 世纪 70 年代，车库开门器开始变得稍微复杂了一点。这些型号有了一个控制芯片和一个 DIP（双列直插式插件）开关。在一个小插件中的 DIP 开关包含 8 个小型开关并焊接在电路板上。通过设置在发射机内部的 DIP 开关，你可以控制发射机发射出的密码。只有接收机的 DIP 开关调到与发射机相同的状态，才能够打开车库门。这就提供了一定程度的安全，但还不够。DIP 开关的 8 个小开关一共只能形成 256 种不同的组合，这对于几个邻里之间车库门来说是较为安全了，但是对于提供真正的安全，还远远不够。

这种发射机仅仅由两个晶体管和几个电阻器组成。这个由 9 伏的电池提供电量的发射机就像无线电发射机那样简单。它的工作原理和构造与低电压对讲机的发射机一样。从这时开始，远程输入发射机已经变得复杂起来了。

目前利用汽车上配置的远程输入系统，安全是一件大事。如果人们能够在超市拥挤的停车场中轻易地打开他人的汽车的话，那么这将成为一个大问题。由于无线电扫描仪的扩散，你需要阻止人们截获由你的发射机发射出的密码。如果他们能够截获你的密码，他们就能够轻易地将其转发来打开你的车锁。

如果你想了解现代汽车的钥匙链式远程输入控制器的内部构造,你将会看到所有的一切都被小型化了。其中有一个小型芯片负责产生密码用于发射,还有一个小银罐(大约有裂开的豌豆大小)就是发射机。

任何现代控制芯片都在使用一种被称为跳跃密码(又称滚动密码)的技术来提供安全。跳跃密码是一个随机的数字,每次控制器被使用过之后,它就能够"跳跃"或"滚动"为一个新的数字。采用40位滚动密码的系统能够产生1万亿种可能的密码。以下就是该密码是如何工作的:

发射机的控制器芯片有一个存储器,里面保存了当前的40位密码。当你按下钥匙链饰物上的按钮时,它便会发送该40位的密码和功能码(控制汽车进行锁门、开锁或打开后备箱等动作),告诉汽车你要干什么。

接收机的控制器芯片也有一个保存着当前40位密码的存储器。如果接收机接收到了相应的40位密码,那么它便会执行由发射机发射时所要求的相应功能。如果没有接收到正确的密码,那么它将没有任何反应。

发射机和接收机都使用同样的伪随机数发生器。当发射机发送一个40位的密码时,它便利用该伪随机数发生器来产生一个新的密码,并将其保存在存储器中。另一方面,当接收机接到一个有效密码时,它也利用该伪随机数发生器来产生一个相同的40位密码。利用这种方式,发射机和接收机保持着同步。接收机只有收到有效密码时才能够打开车锁。

如果你离车有1千米远,而又不小心按下了发射机上的按钮,那么发射机和接收机就不能够再同步了。因为发射机已经产生了一个新的40位密码。接收机解决上述问题的方法就是接收下256个由伪随机数发生器按顺序生成的有效密码。利用这种方式,你的3岁孩子可以连续"不慎"按发射机按钮达256次,接收机依然可以接收发射信息并执行被请求的功能。不过,如果发射机按钮在没有连接到接收机的情况下,被连续按下257次,那么接收机将完全忽略你的发射机,它将不再工作。这时你就需要看看汽车的《用户手册》并找到如何进行重新同步的方法。

由于被赋予了40位密码,4部发射机,伪随机数发生器提供的256级防不同步系统,你的发射机打开其他人车锁的机会仅有10亿分之一。当你考虑到所有汽车制造商采用的不同的密码系统及最新的采用更多位数密码的系统,那么你就会发现几乎不可能用一把遥控钥匙打开其他车的锁。

EAS系统是怎样防盗报警的

EAS系统是用来识别通过超市门口的商品的技术。如果系统发现一件没有经授权就携带出去的商品,它会发出警报。

在如今的超市中,通常有3种EAS系统:射频EAS系统、电磁EAS系统、声磁EAS系统。在每个系统中,超市在商品上加上特殊的标签。这些标签可能是可任意使用的纸标签、卡片,也可能是可重复利用的塑料标签。

当消费者购买商品之后，收银员会让这些标签失效，或者直接摘掉标签。如果标签仍旧有效，或者没有摘掉标签的话，当这件商品通过超市门口周围区域的时候，门上的警报器就会发出警报。

EAS 系统的使用并不能完全消除商品被偷窃的行为。然而，据专家估计，一个有效的防盗系统的使用，可以使偷盗行为减少 60% 甚至更多。即使窃贼得以携带仍然带着标签的商品脱身，标签仍然必须被去掉，但这就没有当初那么容易了。一些 EAS 系统的标签含有特殊的墨囊，一旦强制或者非法去除它的话，它会污染里面的物品。

射频 EAS 系统是美国如今使用最为广泛的 EAS 系统，并且它的标签和标志也变得越来越小。

射频 EAS 系统的原理非常简单。一个商标，通常是一个小型的可任意使用的电路或者天线，它被粘到商品上面，并且负责接收由发送天线（通常在门的一边）发出的特殊频率。一个临近的接收天线（门的另外一边）接收标签的回应。接收机处理标签的回应，并且会激发警报。

两扇门之间的距离，或者叫做基座，可以达

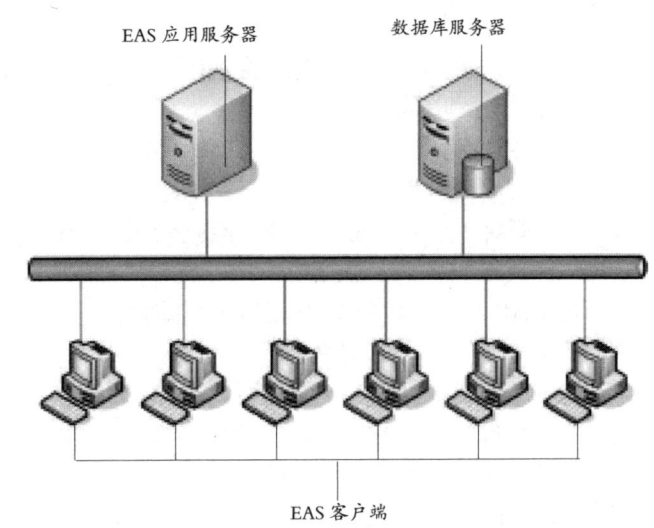

EAS 系统示意图

到 2 米。射频 EAS 系统的操作频率通常从 2 ~ 10MHz（每秒上百万圈）不等。大多数时间里，射频 EAS 系统使用频率扫描技术，从而可以应对不同的商品标签频率。

有时候，发送机和接收机都处在同一个天线框架里。它们被称为单系统，可以使用脉冲或者连续扫描技术，或者两种技术交互使用。

实施射频 EAS 系统有不同的方法。最基本的一点是，标签上有一个螺旋形的铝丝和纸粘在一起。天线的末端是一个小的二极管或者电阻器，它能够使标签发射出无线电信号，来回应其接收到的无线电信号。要去除标签的时候，一股强烈的射频脉冲（比门上所发射的要强很多）把二极管或者系统中的电阻器烧毁。烧毁的标签在通过门口时不会发射出信号，门因此也不会发出警报。

电磁 EAS 系统在欧洲较为普遍，经常被用于零售连锁商店、超市以及图书馆当中。在这项技术中，一条有黏性、含金属的磁条被粘在商品的后面。这条磁条在收银处不会被取下，只需要使用特殊的高磁场性扫描仪使之失效即可。

电磁 EAS 系统的磁条的好处在于其成本低廉，对于图书馆来说它是最理想的选择，在那里书会被借出一段时间，然后才会被返还。

电磁 EAS 系统通过使用发送天线所发出的低频磁场来工作。磁条吸收磁场的能量,并且产生独特频率的无线电波。这种无线电波又被邻近的接收天线吸收。当它识别出特殊的信号时,报警器就会发出警报。

由于磁条的反应较弱、频率较低(通常在 70Hz～1kHz 之间),而电磁 EAS 系统的磁场很强,它的天线比其他 EAS 系统中所使用的天线要大一些,而入口基座间的最大距离为 1 米。同样,由于频率较低,磁条可以直接粘贴在金属的表面。这就是为什么电磁 EAS 系统在五金店中很受欢迎的原因。

磁条发出的信号变化取决于磁条是否被磁化。通过把磁条经过磁场,你可以很简单地反复磁化磁条,或者给它消磁,因此磁条可以反复使用。

声磁 EAS 系统能够被用于宽阔的出口以及商品进出频繁的地方。它通过发送机产生监视区域,在这个区域中检查标签。发送机以脉冲形式发出一种无线电信号(约为 58kHz),以激活监视区域中的标签。当脉冲结束后,标签会作出回应,发出一种单频信号。

接收机会检测到这个信号。一个微型电脑检查被接收机检测到的信号,以确保它是否处于正确的频率范围中,与发送机的时间同步,级别恰当并且重复频率正确。如果满足了所有的标准,警报器就会报警。要使声磁 EAS 系统的标签失效,收银员只需要给它消磁。

声磁 EAS 系统的标签具有高磁致伸缩性,这就意味着当你把它放入磁场时,它的体积会缩小。磁场的磁力越大,金属就会变得越小。

通过磁场来驱动标签,标签的体积可以缩放。如果标签被机械重复频率驱使的话,它就会像音叉一样,吸收能量然后发出响声。

当你带着有效的标签穿越大门时,发送机识别出该物体后就会使它发声。发送机停止之后,标签会继续响一段时间,接收机将接收这个频率。如果接收机听到重复频率,它就会检测到这个标签,警报器就会发出警报。

为什么移动通信中要用"蜂窝"网

无线电话、寻呼机和对讲机等通信工具都是在移动过程中使用的,它们所用的通信方式统称为移动通信。

使用移动电话的人越来越多,但频率资源是有限的。为了充分利用无线频率,解决频率资源有限的问题,美国贝尔实验室的通信专家提出了蜂窝式移动电话系统。为什么要使用这一系统呢?

自然界中的蜂巢由许许多多正六边形的"小房"紧密排列起来而成,研究表明,正六边形能有效利用材料,占有的空间最大。

选用正六边形可使无线覆盖范围有效面积最大,覆盖同样面积的服务区域所需基站个数最少,能够节省建设投资,而且发射的无线电波的强度易于限制在小区之内。同时,相邻的小区只要选用不同的频率就可避免干扰。这样,相隔一定距离的小区可以使用相同的频率,从而可以重复使用频率,解决了频率资源不足的难题。因此，移动通信中采用蜂窝式无线小区相互邻接覆盖整个服务区是最优方案。

为什么计算机采用二进位制运算

为什么计算机采用二进制，而不采用十进位制（简称十进制）进行运算呢？主要有以下三个原因：

首先，在物理器件中容易实现二进制数的表示。

计算机的元件常有两个状态，通过这些元件很容易执行计算、存储等操作。元件的两种状态可以分别表示二进制数的0和1、数的正和负、逻辑判断的"真"和"假"等。

其次，采用二进制数可以节省制造设备。

二进制到十进制中，采用哪种进制占用设备的数量最小呢？数学方法证实，应采用三进制，然后是二进制。但三进制需要三个数码，三态的器件的电路设计比二态的器件要复杂许多，制作更不方便，所以人们选用二进制。

第三，二进制的运算法则简单方便。

十进制乘法中要用到九九乘法表，人们学习乘法时，都要花一些时间来背它。相比之下，二进制的乘法法则总共只有四条，即：

$0×0=0 \quad 0×1=0 \quad 1×0=0 \quad 1×1=1$

它不仅十分简单，便于记忆，且易于让机器实验。

为什么上亿网民上网也不会引发网络混乱

作为信息高速公路的因特网遍布全世界170多个国家和地区，它的用户目前超过1亿。为什么这么多人在网上各取所需时，网络不产生混乱呢？这是因为人们上网时必须遵守网络协议。

网络中的每台计算机在与其他计算机交换信息时必须遵守特定的规则和约定，即网络协议。

计算机通信涉及的领域比较多，如通信线路、传输技术、计算机硬件、软件、应用类别、安全等，内容比较复杂，因此计算机网络需要许多协议，才能使网上通信井然有序。

那么如何对计算机网络协议进行分类和管理呢？计算机科学中常用的分类和管理方法是按层次完成。例如，人们会话通信可以分为内容、语言和传输等三个层次。内容上，人们关心谈什么和如何谈；语言上，人们考虑语言（如普通话）和词汇以及如何把它们组织成句子；传输上，人们则考虑书信、电报和电话等通话手段以及如何利用它们实现通信。

为什么抛出去的溜溜球能够自动回到手中

从表面上看，溜溜球是一个再简单不过的玩具：它只是一个系在一段绳子上的线轴而已。不过如果玩法得当，溜溜球可以变得十分奇妙：一个出色的溜溜球玩家可以把溜溜球抛向各个方向，使它在空中盘旋，然后再猛地把它收回来。在溜溜球上，普通的绳子和塑料绳也焕发出了无限的生机。

玩溜溜球的感觉像变魔术，但实际上溜溜球是有原理可循的。不论是经典的溜溜球，还是近年来新出现的较复杂的自动溜溜球，都极好地运用了基本的科学原理。

溜溜球是最受欢迎、经久不衰的玩具之一。早在2500多年前，古希腊人就开始玩陶制的溜溜球。也有证据表明，中国人在更早的时候就发明了类似的玩具。无论就哪种情况而言，溜溜球都拥有悠久的历史，是除玩偶之外最古老的玩具。

早期溜溜球的绳子都紧紧地系在轮轴上。现代的溜溜球在20世纪20年代从菲律宾传入美国，它的绳子是绕在而非系在轮轴上。这使得溜溜球可以进行"睡眠"：在绳子末端进行旋转，而不立刻转回来。

溜溜球的物理原理非常简单。当我们把溜溜球放在手掌上时，它就具有了一定的势能。溜溜球的势能有两种不同的形式：

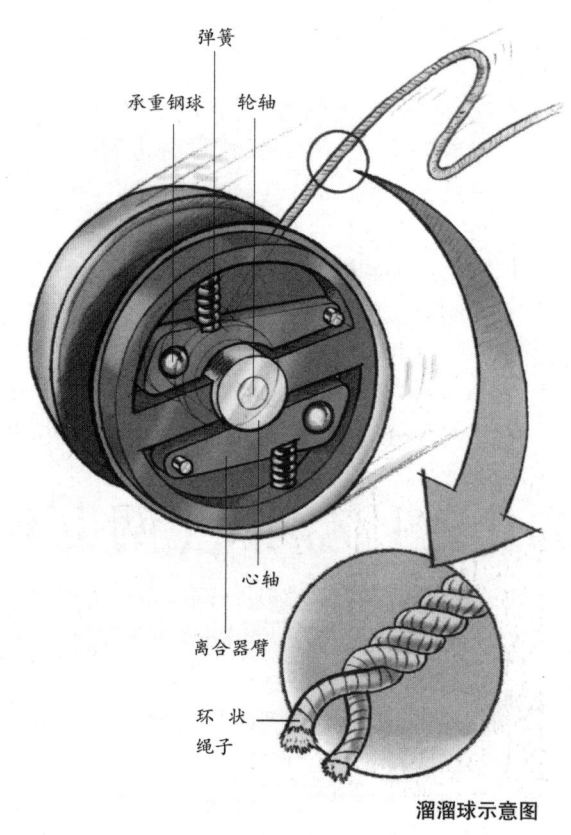

溜溜球示意图

溜溜球可以向上抛入空中，这使它具有重新落回地面的势能。

溜溜球的绳子绕在轮轴上，这样当轮轴上的绳子松开时，它就具有了可以进行旋转的势能。

松开溜溜球时，这两种势能转化为动能，溜溜球的线轴就会垂直落到地面（溜溜球的玩家也可以晃动手腕来加速其落地）。当溜溜球落地时，产生一定的线动量（以直线形式存在的动量）。同时，绳子松开后，线轴发生旋转，产生角动量（旋转动量）。当到达绳子末端后，溜溜球就无法再下落了。但由于具有大量的角动量，溜溜球还可以继续旋转。

这种旋转运动使溜溜球具有回转稳定性,即旋转物体可以不受旋转轴的影响。这一属性使溜溜球在转速足够快时,旋转轴可以与绳子保持垂直。

由于线轴不是牢牢系在绳子上,因此松开线轴时,溜溜球可以自由旋转。溜溜球的玩家只要把绳子稍稍抛出,就可以把溜溜球拉回来。拉力增大了绳子与轮轴之间的摩擦,轮轴会再次把绳子绕起来。当轮轴把绳子重新绕起时,为绳子提供了摩擦力,使更多的绳子被绕起。

怎样才能使溜溜球的线轴可以像溜溜球爱好者所描绘的那样,在绳子的末端"睡眠"呢?这一问题使溜溜球变得更加有趣。溜溜球爱好者们想尽各种办法使线轴保持"睡眠"状态,与此同时,他们也对绳子做出各种花式,使溜溜球按照这些花式进行旋转。另一项溜溜球技巧是"遛狗":使旋转的线轴沿着地面滚动,再将其拉回来。

多年来,溜溜球的制造商们对溜溜球进行了很多改进,使玩家们能够更容易地实现这些技巧。其中一项最简单的改进就是对溜溜球的质量进行重新分配,以改变其转动惯量。一个物体的转动惯量可以衡量该物体对旋转变化产生的反作用力。转动惯量由两个因素决定:物体的质量和物体与旋转轴之间的距离。物体质量越大,旋转就越困难,停止旋转也就越困难;物体与旋转轴之间的距离越大,旋转就越困难,停止旋转也就越困难。制造商们通过把溜溜球的质量集中在转盘边缘的方式,提高了溜溜球的使用性能。

另一个办法是进一步减小溜溜球的绳子与轮轴之间的摩擦。一个普遍采用的方法是在溜溜球的轮轴周围安装一个球状轴承组件,把轮轴与绳子分开。如果轴承润滑充分,它将大大减小摩擦力。摩擦力减小后,轮轴旋转起来会更容易,"睡眠"时间也会变长。

20世纪90年代,新款自动溜溜球问世。自动溜溜球的头号制造商Yomega公司在进行产品推介时,称这些溜溜球是"有头脑的溜溜球"。听起来这些溜溜球似乎真的具有一定的智商,它们准确地知道睡觉和起床的时间。不过,这里的"头脑"实际上是指一种离心式离合器。

和装有球状轴承的溜溜球一样,自动溜溜球里的绳子也不直接接触轮轴,而是绕在一个心轴上。轮轴装在溜溜球的两部分之间,旋转时从心轴的中间通过,但轮轴与心轴并不连接在一起。

当溜溜球转速较慢时,心轴与轮轴运转一致。离合器把轮轴与心轴固定在一起。离合器装在溜溜球的一个转盘中,包括两个带弹簧的金属臂。这两个金属臂一端承重,另一端与溜溜球的主体相连。当溜溜球处于静止状态或低速旋转时,弹簧向上挤压金属臂,阻止心轴运动。但当溜溜球旋转加快时,离心力会把金属臂承重的一端向外推出,阻止弹簧运动。这时金属臂把心轴松开,心轴和溜溜球的其他部分各自转动。

当你把溜溜球抛出时,它开始慢慢旋转。离合器被锁住,放松的心轴带动转盘旋转。当溜溜球的绳子快要接近末端时,溜溜球的转速变快,使得离合器把心轴松开。转盘的角动量使溜溜球继续旋转,但心轴可自行停止转动。最后,转盘的旋转也开始变慢，作用于金属臂上的离心力变小。当作用于承重端上的向外的离心力小于弹簧向内的作用力时，心轴上的金属臂就会收紧。此时，转盘的旋转运动重新从心轴开始，心轴把线重新缠绕，溜溜球就会回到你手中了。

钉子枪发射钉子的原理是什么

最流行的一种钉子枪是气体钉枪。在这种机器中，敲击的力量来自空气压缩机产生的压缩气体。

气体钉枪的设计十分简单，用压缩气体推动与支杆或叶片相连接的大活塞。如果枪膛内有钉子，叶片就会把钉子推出枪体。当你扣动扳机时，阀门就会打开，压缩气体就会流出。如果放松扳机，压缩气体就会被活塞堵住，另外一个阀门将会打开，这样高压气体就会冲出活塞室使活塞可以归位。

现在最新的一种钉子枪是点火钉枪。这种可携带的钉子枪与汽车中的活塞发动机的原理是相同的。

点火钉枪与气体钉枪非常相似，区别在于驱动活塞的压力来源。点火钉枪内部充满了可燃气体，一块滑板释放一些这种气体，使气体进入活塞头上方的燃烧室。燃烧室中的风扇使气体蒸发，并把它和其他气体混合。火花塞点燃气体，而后产生的爆炸将活塞推向下方。

当活塞滑动到原来的位置之后，一个阀门会打开释放废气。风扇还会帮助废气排出燃烧室。这时候钉子枪就准备完毕，可以钉下一个钉子了。

点火钉枪和发动机所做的工作差不多，只是它使用滑板，而不是常规的阀门来释放气体，排出废气。

大多数现代钉子枪都拥有第二个安全扳机，防止人们意外发射钉子。使用的时候，你需要扣下主扳机，冲着钉子表面按下第二扳机。

像手枪一样，压力钉枪以高速发射钉子，速度为 427 米/秒。使用你的锤子可能会伤到手指，使用压力钉枪将会让你十分安全。

为什么飞机上不能使用移动电话

为什么在飞机上严格禁止使用移动电话呢？

飞机在空中必须沿着规定的航线飞行，在整个飞行过程中，都要受地面航空管理人员的控制和指挥。飞行员利用机上的通信导航设备，同地面的指挥人员进行联系，操纵飞机驶向目的地。

飞机的导航设备利用无线电波进行测向导航。导航定向设备接收地面导航站发射的电磁波后，能立即测定飞机的准确位置。飞机的自动驾驶仪通过无线电波自动接收地面站的实时信息，并将其与标准信息进行比较，然后执行来自地面站和机上设备的指令。

移动电话也是通过电磁波传递信息。如果乘客在飞机上使用移动电话，移动电话辐射出的电磁波就会严重干扰机上导航、操纵系统，这些设备就会出现偏差，使飞机自动操纵设备错误操作，从而导致空难事故。

因此，为了保证飞机的飞行安全，各国航空公司都宣布飞机上禁止使用移动电话。

为什么计算机会产生"千年虫问题"

计算机系统的 2000 年问题，又简称 Y2K、千年危机或千年虫问题，是指由于计算机软、硬件系统以及使用数字化程序控制芯片的各种应用系统，只采用两位十进制数字来表示年份，当系统日期从 1999 年 12 月 31 日转入 2000 年 1 月 1 日时，用来表示年份的后两位十进制数字"00"，与 1900 年的"00"一致，计算机操作系统会误认为系统是 1900 年 1 月 1 日，从而破坏对年份日期进行计算的计算机系统带，给技术、政治、经济、法律等方面带来麻烦。它对金融、军事系统造成的危害最大。

"千年虫问题"看似简单，仿佛只要把原来表示年份的二位数字转换为可区分 20 世纪和 21 世纪的四位数字即可解决，但实际上要复杂得多。当进入转换工作的具体操作时，就会发现问题很棘手。不过，由于计算机专家的努力工作，人类已经解决了"千年虫"问题，顺利过渡到 21 世纪。

复印机是如何"克隆"文件的

如果你需要对重要的文件进行复制的话，你会怎样做呢？还会像复印机出现之前许多人的做法一样吗？或者再糟糕些，你能想象用手来重新抄写一遍文件有多么繁重吗？当我们等待复印件整齐地出现在纸盘中的时候，大多数人并不清楚复印机里发生了什么。但是想想看，的确很神奇，仅仅几秒的时间，就可以获得一份和原来的文件一模一样的文件。

使用复印机之前人们需要做如下步骤：

（1）打开复印机盖子。

（2）把要复印的文件面朝下放在玻璃上面。

（3）选择你需要的选项（印数、放大和颜色）。

（4）按动开始按钮。

这时候，复印机内部发生的事情让人惊奇。复印机依据一个基本的物理原理进行工作：异性电荷相吸。

在小时候，你可能玩过静电和气球。复印机就是很好地利用静电的一种机器。在复印机内部有一个特殊硒鼓，它和气球的作用相当，你可以使它带上静电。在复印机里面有一种很细的黑色粉末，称为墨粉。这个硒鼓一旦带上静电，就可以吸引墨粉颗粒。硒鼓和墨粉的 3 种情况就可以让复印机发挥神奇的作用：

硒鼓可以选择性带电，所以它只有一部分能够吸引墨粉。

墨粉对热量敏感,所以松散的墨粉颗粒一旦离开硒鼓,就会被吸附到带有热量的纸张上面。

硒鼓或者带子,是由光电导材料制成的。

复印机产生图像,并通过静电的形式形成在硒鼓上。原来文件上黑色的部分,在硒鼓上就形成了静电。原来是白色的部分,不会形成静电。你想要的就是让文件上的白色区域不要吸引墨粉。复印机的这种选择是通过光来完成的,它的英语单词中的photo就是希腊词语"光"的意思。

如果你把复印机拆开,你可能会被里面繁杂的部件惊呆。实际的影印过程仅仅依赖于几个关键的部件:

感光硒鼓或带:硒鼓基本上是一个金属辊子,是由半导体材料制造的光电导材料覆盖,如硒、锗和硅。

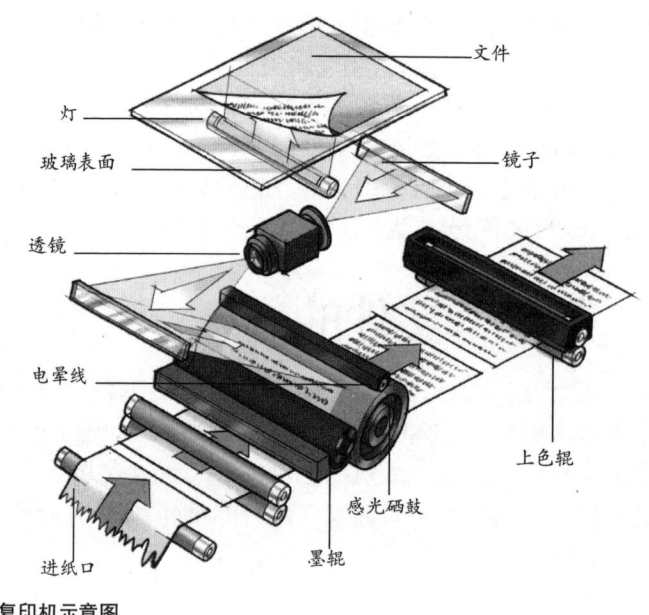

复印机示意图

电晕线:这些电线携带高电压,并将电压以静电的形式传给硒鼓和纸张。

灯和透镜:复印机使用一个普通的旧白炽灯或者紫外线灯来照射材料原件。与灯组件相连的镜子将反射光通过透镜照射到下面的硒鼓上。

墨粉:墨粉是很细的、带有负电荷的塑料粉末。

上色辊:上色辊把墨粉图像溶化并且按压到纸张上。

为了让复印机发挥它神奇的作用,光电导材料的表面必须由电晕线镀上一层正电荷。当你按下开始按钮的时候,一个强光灯将光线照射到你要复印的文件上面,同时硒鼓也开始转动。当光从文件的白色区域反射出来的时候,镜子把这束光反射到硒鼓的表面。就像热天穿着黑色衣服一样,原来的文件上面的黑色区域吸收了光,因此在硒鼓上面相应的区域不会显现出来。

在光所照射到的硒鼓的部分,光子的能量将电子撞击出光电导原子。

异性电荷相互吸引,所以覆盖在光电导材料表面的正离子就吸引了自由的电子。一个正离子和一个电子相结合,就形成了一个中性的粒子。带电粒子只待在硒鼓上面光线没有照到的部分,因为它不是被原来的文件反射过来的,暗区就被正文和插图所代替了。

硒鼓上暴露的区域轮流转过覆盖着墨粉的辊子，细小的墨粉颗粒被按压在硒鼓的表面。塑料墨粉带有负电荷，因此会被硒鼓表面的正电荷所吸引。电晕线掠过纸张，从而使纸张的表面带电。

硒鼓上新覆盖上墨粉的区域旋转到能够和带有正电荷的纸张相接触的程度。纸上带电区域所产生的引力要比覆盖在硒鼓的表面的墨粉的引力还要大，因此墨粉颗粒在硒鼓经过的时候仍然会吸在纸上。

为了使墨粉把图像成在纸张适当的位置，整张纸卷过上色辊的热辊子。热量把墨粉中的塑料成分溶化，从而把颜色融合在纸张上面。

传真机为什么能远程传送文件

虽然传真机直到 20 世纪 80 年代才变得普遍，可在一个世纪之前它就曾以这样或那样的形式出现了（第一个传真专利是在 1843 年获得的）。如果你回过头看看以前的设计，你就能够很好地了解今天的传真机是怎样工作的了。

大多数的传真机带有一个转动的硒鼓。要发传真的时候，你把一张纸放在硒鼓上，已印好的一面向外。机器的其他部分以如下方式工作：

（1）有一个带有透镜和灯的光传感器。

（2）光传感器与支杆相连，并且面朝纸张。

（3）当纸张在硒鼓上转动的时候，支杆向下运动至纸张的上面，并且从一端扫至另外一端。

换句话说就是，早期的传真机的工作原理类似于机床，只是支杆上面带了个光传感器。

光传感器能够聚焦并且观察纸张上很小的点，大约 0.25 平方毫米。纸张可能是黑色的，也可能是白色的。硒鼓在转动的时候，光传感器便可以逐一检查纸张的线条。在做这项工作的时候，光传感器可能是逐步实施，也可以盘旋进行。

为了通过电话线来传送信息，传真机使用一项非常简单的技术：如果光电管检测到的纸张的某一点是白色的，传真机会发出一种音频；如果是黑色的，传真机会发出另外一种音频。例如，传真机可能会发出 800Hz 的音频来代表白点，发出 1300Hz 的音频代表黑点。

在接收端，会有一个类似的转动的硒鼓设备，以及一种可以在纸上标记的笔。当接收端的传真机听到 1300Hz 的音频时，它会把笔放置在纸张上面；而当它听到 800Hz 的音频时，它会让笔离开纸张。

现代传真机没有转动的硒鼓，而且要更快一些，但是它的工作原理与以前的传真机是差不多的。

在发送端，某种传感器阅读纸张。现代传真机通常拥有一个进纸系统，所以它能够很容易的传送多页文件。传真机以标准的方式对观察到的黑点和白点进行编码，因此它可以通过电话线来传送信息。

在接收端，拥有一个可以在纸张上面标记黑点的系统。

你在办公室可以找到的一种典型传真机的正式名称为 CCITT（国际电报电话咨询委员会）或者 ITU—T（国际电信联盟远程通信标准化组）Group 3 传真机。Group 3 标记告诉我们关于传真机的 4 个问题：

1. 它可以与任意的 Group 3 机器进行沟通。
2. 它的水平分辨率为 8 像素 / 毫米。
3. 它有两种不同的垂直分辨率：

（1）标准：3.85 行 / 毫米。

（2）良好：7.7 行 / 毫米（另外还有超级分辨率。它并不属于官方 Group 3 标准，但是却比较常见，这种分辨率为 15.4 行 / 毫米）。

4. 它的最大数据传送率为每秒 1.44 万字节。如果线路中有很多噪音的话，传送率会降至 1.2 万字节、9600 字节、7200 字节、4800 字节或者 2400 字节。

传真机一般拥有一个 CCD（电荷耦合器件）或光电二极管传感阵列。它包括 1728 个传感器，8 像素 / 毫米，所以它可以一次扫描整个文件。纸张由一个小的荧光管照亮，这样传感器就拥有了一个好的视野。图像传感器用来寻找黑色或者白色。因而，文件的一行可以被 1728 个字节来代表。在标准模式中，文件具有 1145 行。那么整个文件的大小就是：

1728 像素 / 行 × 1145 行 = 最大 200 万字节信息

为了降低需要传送的字节数，Group 3 传真机使用 3 种不同的压缩技术：MH（霍夫曼版）、MR（读出改进版）和 MMR（二次读出改进版）。

这些技术的基本理念就是试图寻找颜色相同的字节。例如，如果一页纸上的行全是白色，那么现代传真机就会传送 12 字节，而不是扫描出所有的 1728 字节。这种压缩可以通过至少两种因素降低传送时间，对于很多文件来说，就节省了更多时间。一张含有白色部分较多的文件传送起来只需要几秒的时间。

文件扫描后的字节通过电话线进行传输，然后到达接收装置。字节随后被解码、解压，并且被重新排列成扫描前文件的模样。通常有 5 种方式来印刷传真，这取决于接收装置的不同：

热敏纸：当传真机在 20 世纪 80 年代开始进入办公室的时候，那时大多数的机器使用热敏纸。这种纸覆盖着化学物质，遇热就变成黑色。

热胶片：热胶片使用一纸宽的墨带，墨带上面的墨遇到热量的时候就会溶化到纸上面。从物理上说，它比热敏纸要复杂很多，但是比喷墨要容易很多。

喷墨：这项技术与喷墨打印机的技术相同。

激光打印机：这项技术与激光打印机的技术相同。

电脑打印机：传真实际上是由传真调制解调器（了解 Group 3 数据标准的调制解调器）接收的，然后作为图形数据被储备在电脑硬盘上，最后传送到电脑的普通打印机上。

医学奥秘

"巴氏消毒法"的发明
巴斯德发现病菌
巴斯德征服狂犬病
揭开王室"血友病"的秘密
探寻夜盲症的病因
怎样制造人造血液
怎样给身体换"零件"
…… ……

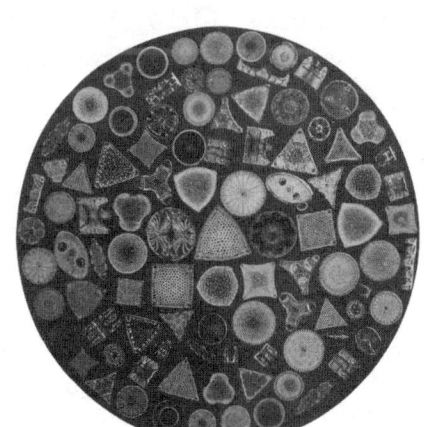

"巴氏消毒法"的发明

巴斯德不仅发现了病菌，发明了防止蚕病传染的方法，而且还发明了一种消毒方法。这种消毒方法后来成为食品工业中常用的消毒法之一，这就是"巴氏消毒法"。

巴氏消毒法是将食物加热到一定的温度，从而消灭食物中的杂菌，防止食物腐坏。关于这种消毒法的发明过程是一个很有意思的故事。

法兰西气候宜人，风光秀丽，非常美丽。世世代代的法国农民在葡萄园里耕耘劳作，培育出许多品种优良的葡萄。用葡萄和甜菜作为原料，可以酿制出甜美的葡萄酒。

但是，在酿造葡萄酒时，必须掌握分寸，酿酒过程中稍不留意，就会酿出比醋还酸的酒来。19世纪，随着法国葡萄酒酿造生产规模的不断扩大，为了防止酿酒过程中的酸败，葡萄酒的酿造火候的把握已成为葡萄酒商人们最关心的大事。于是他们找到微生物学家巴斯德，希望他能从事酿酒过程的研究工作，从而帮助解决葡萄酒变酸的问题。

巴斯德来到酿酒工厂，闻了闻正在发酵中的甜菜汁，甜菜汁发酵桶里泛出了白色泡沫。巴斯德在显微镜下观察他取来的少许发酵的汁液，发现镜下有许多淡黄色小球状物体，它们成群成簇地生长在一起，有的小球还向外长出一些芽。他认真思索，终于想起这些小球状物是酵母菌。一位叫做卡涅尔的法国学者也曾经观察过类似现象，认为葡萄和甜菜中的糖类转变为酒精必须通过酵母菌的帮助。

然后，巴斯德又来到已经变酸、但没有白色泡沫的酿酒桶前。他看到桶壁边缘有些地方长出一些灰白色的薄膜，酒的颜色也因为这些白膜而变得混浊。他同样取出一些汁液，并且从桶壁灰白色的薄膜上刮下一些东西，然后放在显微镜下检查。这时，他发现酒汁中的酵母菌被另外一类棒状的小物体取代了，这些棒状的物体在不停地活动着，而在那片灰色的薄膜里，棒状物体则更多了。

一夜没有睡觉的巴斯德苦思冥想，想找出一个答案。天快亮的时候，他终于明白了，是酵母菌使糖类发酵，而另外一些棒状的小东西破坏了酵母菌。回到实验室，他将那些灰白色的薄膜放在糖水里。几天后，那些棒状物并没有在糖水中产生。于是，他设计了一种新的液体，即将干酵母放在清水里煮沸，然后向过滤去渣的水里加入一些糖和碳酸钙，从而防止糖水变酸。最后，挑出针尖大小的灰白色薄膜，将它们一起放在培养皿内。两天过去了，培养皿里却没有变化发生，巴斯德有些惊讶，他沉不住气了。傍晚，他凑在煤气灯前仔细观察培养皿，发现了一些气泡。他从培养皿中的液体中取出一滴，放在显微镜下观察，又看到了那些小棒状的活物体，说明在培养液中棒状活物体已经开始了繁殖。接连几天，他都在重复着同样的实验，每次都有大量的棒状物出现。当他将盛有棒状物的液体放入新鲜牛奶中时，牛奶立即变酸了。于是，巴斯德找到了酒变酸的原因：是一些杂菌导致的，这些杂菌落入酒桶中，造成了酒的变质。他告诉酿酒商们，只要设法消灭这些杂菌，就能防止酒变酸。

巴斯德又研究了3年，终于找到了防止酒酸败的方法。这种方法很简单，只要将酿好的酒加温到62℃，经过30分钟，就可以消灭那些杂菌。因为这种方法是巴斯德发现的，人们就叫它为"巴氏消毒法"。

巴斯德发现病菌

有一种微生物叫做病菌，现代人对它并不陌生。但是，它在世界上已经存在了上亿年，而人类认识它却只有一百多年的历史。

1865年，欧洲蔓延着一种可怕的蚕病。健康的蚕宝宝因感染上这种病，一夜之间就死掉了一大批。这种神秘的疾病也侵袭了法国阿莱省的蚕种。许多靠养蚕为生的法国农民心急如焚，他们联名给巴黎高等师范学校微生物学家、化学家巴斯德教授写信，恳求巴斯德研究出克服疾病的方法，救救他们的蚕宝宝。

巴斯德来到蚕区。通过观察后，他发现了一种椭圆形的微粒，这种微粒存在于病蚕和桑叶上。这就是病源，教授兴奋起来。他发现这些微粒是活的，并能很快地繁殖后代。蚕就是因为吃了这种含病源的桑叶，才会得病死去，这种微生物能大量吞食蚕宝宝。巴斯德为人类发现的致病的微生物，被称为"病菌"，这也是人类首次发现致病微生物。

巴斯德把病蚕带回了巴黎实验室，并细心研究，两年以后，他终于找到了答案：通过有病的蚕卵，蚕病被一代又一代遗传下去。只要消灭了有病的蚕卵，就可以培养出健康的蚕群。于是，巴斯德打死产完卵的雌蛾，并加水把它磨成浆糊，放在显微镜下观察，如果发现成浆糊的雌蛾体内有病菌，就把它产的卵烧掉；没有病菌，就把它产的卵留下，用没有病菌的蚕卵繁殖后代，这样蚕病就不会传染。

1869年，法国养蚕业采纳了巴斯德首创的检种方法。他的伟大发现和制止病菌的理论挽救了濒临危亡的蚕丝业，拯救了法国的工业，繁荣了法国的经济。

巴斯德征服狂犬病

现在人们被猫或狗咬伤后，通常要到医院注射狂犬病疫苗预防狂犬病，再也不用害怕因狂犬病毒滞留体内而带来后患。说到狂犬病疫苗，则必须提到人工免疫方法的发明者巴斯德，是他征服了这种令人色变的疾病。

在巴斯德发明治疗狂犬病的方法之前，感染狂犬病的动物如果咬伤了人，狂犬病毒就会随着动物的唾液进入人体，对人的中枢神经造成损害。患者全身抽搐，出现昏迷、说胡话的现象，不久以后就会不治而亡。狂犬病又称恐水病，在狂犬疫苗发明之前，一直无药可治。

巴斯德是从60岁以后才开始对狂犬疫苗进行研制的。他发现，传染狂犬病毒性最强的部位是动物的脑和脊髓，给家兔注射了这样的脊髓液就能使兔子患病。由于有了先前制造鸡霍乱减毒活疫苗的经验，巴斯德对毒液的放置时间与毒性的关系十分注意，结果发现含有病毒的脊髓放置几天后，就会减低毒性。巴斯德先后给许多兔子接种了狂犬病毒，使它们发病，以便可以随时抽取病兔的脊髓。每天抽取一点病兔的脊髓，几星期后巴斯德得到了放置时间不同，毒性不同的脊髓液，分别给狗接种。

起初，为了使狗获得一次锻炼，也就是获得一次免疫力，巴斯德用的是放置时间最长，已没有毒性的脊髓液进行实验。以后逐渐用毒性越来越强的兔脊髓液给狗接种，最后一次接种的是刚放置了两天、毒性很强的脊髓液，结果狗平安无事。这说明狗对狂犬病的免疫力已很强了，即使给它接种新鲜疫苗也不会发病了。

巴斯德并不满足。他又以严谨的科学态度进行了大量重复试验，结果都获得了成功。1885年，巴斯德63岁时，狂犬疫苗终于制成了。他当众宣布，他研制的狂犬疫苗不仅可以治好已经被动物咬伤，得了狂犬病的人，而且还可以用这种疫苗防止人们被动物咬伤后得这种病。

巴斯德的狂犬疫苗很快得到了验证。1885年，第一个狂犬疫苗注射者是一个名叫约瑟夫麦斯特的9岁小男孩。这个小男孩十分勇敢，在疯狗冲过来的时候，挺身而出与疯狗进行了一番殊死搏斗，结果被狗严重咬伤，人们都认为他会很快丧命，但巴斯德收下了这个可怜的孩子。

巴斯德当时虽然已经做了不少动物试验，但对狂犬疫苗在人身上的使用效果却不太了解。况且，他不是医生，不能随便给人治病。但巴斯德想到这个孩子几天之内就会死于狂犬病，终于下决心一试。小男孩被疯狗咬伤60小时后，巴斯德在医生在场的情况下毅然给孩子注射了第一针狂犬疫苗，这一针狂犬疫苗是放置若干天的病兔脊髓液，以后注射的疫苗放置的时间逐渐缩短。连续注射13天以后，小麦斯特终于脱离了危险，保住了性命。

巴斯德用他的免疫疗法征服了狂犬病的消息迅速在全世界传播开来。国内外求医的电报、信件源源不断地飞向巴黎，捐助者纷至沓来。法国议会给他颁发了荣誉大勋章，法国人民以有巴斯德这样的科学家而感到自豪。俄国皇帝为了对他成功救治数名被疯狗咬伤的俄国农夫表示感谢，除颁发勋章之外，还专门捐赠10万法郎用于巴斯德研究所的建设。

巴斯德征服狂犬病为世界人民带来了福音，同时，也为世界微生物学和免疫学的研究作出了重要贡献。

揭开王室"血友病"的秘密

19世纪以来，在欧洲一些王室里，出现了一种非常神秘的"王室病"，这种病后来被称为"血友病"。奇怪的是，这种病的"传送者"为女性，而病人只有男性。科学家们在发现了这个奇怪的现象后，通过大量的实例调查慢慢地揭开了"血友病"的秘密。

在多年之后，科学家们才分析得出，欧洲"王室病"的传播者是英国历史上赫赫有名的维多利亚女王。她一生健康，活了81岁。但是这位集权力与荣耀于一身的女王却是一位"血友病"的隐性基因的携带者。

维多利亚身为大不列颠及北爱尔兰联合王国的女王和印度女皇，可以说是享尽了人间的荣华富贵。但是，也有让维多利亚烦心的事情。她的一个儿子很小就死于血友病。而她远嫁到欧洲奥匈帝国、俄国和西班牙等国王室的女儿们，其子女也出现了这种疾病。所以，"王室病"是当时血友病的代称。

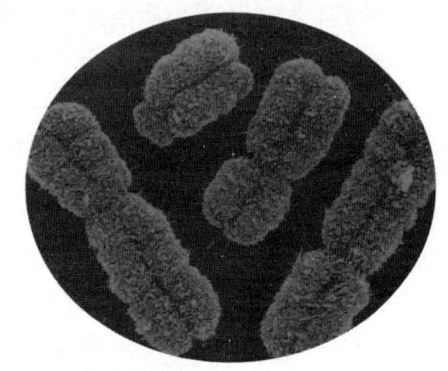

显微镜下的染色体

"血友病"究竟是一种什么样的病呢？原来，血友病患者的血液中缺乏一种被称为"第八凝血因子"的成分，一旦出血后，血液不会形成血凝块，所以很难止血。奇怪的是，将这种疾病一代一代遗传下去的"传送者"是女性，而病人却只有男性。

经过反复的试验和研究，科学家们发现血友病与色盲一样，属于与性别联系在一起的伴性遗传病。维多利亚女王身体细胞中的一条 X 染色体上带有血友病基因，而她没有患病的原因，是因为有另一条 X 染色体上所带的正常基因起到了保护作用，而当她把这个不利的隐性基因通过 X 染色体传给她的儿子时，由于没有了保护伞，男孩子患病就不可避免了。

至此，欧洲"王室病"之谜才被揭开了，"血友病"也真相大白了。

探寻夜盲症的病因

你听说过这样一种现象吗？有些人像鸟儿一样，他们的眼睛白天看东西非常清楚，但是到了夜晚就看不见了。这其实也是一种病，现在称之为"夜盲症"。

其实早在公元 7 世纪，当时正是中国隋、唐两代的交替时期，隋炀帝杨广命当时一位著名的医学家巢元方主编一部医学著作《诸病源侯论》。巢无方在这部书里，介绍了一种奇怪的"雀目病"，意思是"像鸟儿眼睛一样的疾病。"这种"雀目症"就是今天的"夜盲症"。

鸟儿为什么到了夜晚就看不清东西呢？您对这个问题可能百思不得其解。

原来，人的眼睛里有一种视网膜，它与视觉有密切的关系。有两种能够感光的细胞位于视网膜上，一种是视锥细胞，另一种是视杆细胞。视锥细胞专管强光和有色光的刺激，而视杆细胞专管弱光的刺激。视杆细胞中含有一种被称为视紫红质的感光物质，视紫红质是由维生素 A 和视蛋白结合而成的。如果人体缺少维生素 A，无法合成视紫红质，视杆细胞就不能发挥作用。因此，在晚上或光线很弱时，病人就看不见东西了。而鸟儿们又是怎么一回事呢？在鸟的视网膜内，视杆细胞本来就不存在，所以它们只能在白天活动，而蝙蝠之类的动物视网膜里没有视锥细胞，所以就只能在夜间活动。

世界上关于夜盲症的最早的医学报道见于 1684 年：一位英国医生威廉·布拉

格来到了英国在北美的殖民地纽芬兰岛上，他发现当地的夜盲症十分普遍。而患者大多为当地的劳动人民，如矿工和渔民。他们由于贫穷，吃不起昂贵的蔬菜、水果，而不得不常年吃些黑面包、咸肉、咸鱼、白糖和茶。

第一次世界大战时期，欧洲许多国家都卷入了战争，普通百姓过着十分艰难的生活，他们常常靠玉米糊、土豆之类为食。在这样艰苦的生活环境下，越来越多的人患上了夜盲症。这时，有一位学者对丹麦的夜盲症患者人数进行分析，发现如果该国某年的奶油、乳酪、牛奶、鱼类或鱼肝油的销售量多，那么这一年的夜盲症病人就少；而如果某一年上述食物的消费量小，夜盲症的病人就相应增多。

1923年，美国的两位医学家发现了维生素A，并且指出，患夜盲症的最主要原因就是缺乏维生素A。而鱼类、动物肝脏、胡萝卜中的维生素A含量丰富。这样，科学家就逐渐找到了明确、可靠的治疗夜盲症的方法。

怎样制造人造血液

自从发现了输血的秘密后，在病人大出血的情况下，如果能将同型血液及时输入体内，病人就不会出现失血性休克，从而脱离危险。科学家们因此设想，如果能研究出类似血液功能的"人造血液"，不就可以永久地解决这个难题了吗？

他们先从血液的研究做起，结果发现：红细胞中的血红蛋白有携带氧气的能力是血液中红细胞的最主要功能。如果能合成出血红蛋白，就容易解答人造血液的难题了。怎样制造这种血液代替品呢？科学家们苦苦地追寻着答案。无独有偶，一天，一只老鼠偶然掉进了汤锅，遂引发了科学家的灵感……

1966年的一天，美国一位医学家克拉克博士，正在实验室里认真地做实验。一只常用的实验动物小白鼠不知道从何处跑出来，却不小心掉进了盛有氟碳化合物的容器里。

许久以后，克拉克偶然回头，无意间发现了掉进容器里的小白鼠。令人惊奇的是，它仍然具有活力，这一偶然现象使克拉克忽然悟出：该不是氟碳化合物具有某种不为人知的"神奇"功能吧？

于是，他又找来一只小白鼠，将它放在盛有氟碳化合物的容器里，然后对眼前发生的一切仔细进行观察。小鼠在溶液中挣扎着，几个小时以后，小鼠仍然精力旺盛，奋力往外爬。如果小白鼠是掉进水里，过了这么长的时间，早就死了。

克拉克博士于是开始研究氟碳化合物。结果表明，这种溶液含氧能力相当强，甚至超过血液两倍。

目前，人造血液的研究仍在继续着。我们相信，坚冰已经被打破，科学家们的不懈努力终会取得成功，人类的血液短缺问题也将会得到有效缓解。

怎样给身体换"零件"

人的身体由很多部件组成，如果把人体比作一部由许多零件构成的大机器，那一点也不为过。惟一不同的是，人体是一个构造非常紧密、组织非常严格的有机体。如果某个部位出现问题，它不能像机器零件那样轻易地就可以换个新的零件。当然，现在的"换心"、"换肝"、"换肾"等成功的事例也不少。但是，面对着大自然的挑战，人体器官移植的道路上仍布满荆棘。

人体免疫排斥问题是科学家们在器官移植技术中遇到的最大难题。我们每个人的细胞中都存在着一种人体组织相溶性抗原，简称HLA，这种特殊的抗原专门对付不属于自己的外来组织。每个人具有各不相同的HLA，所以把别人的器官移植到病人身上时，病人的免疫系统就会辩认出这种外来的器官而加以排斥。在日常生活中，如果一根手指断了，它会一直断着，原因是人体细胞里的遗传基因已经高度特化了，断指处长手指的基因也不会被开启，只好由它断着。就连一小块损坏的皮肤，固执的基因也不肯让它重新长出来。

大自然赋予我们的免疫系统，给科学家出了一道难题，但还是有很多器官移植成功了。他们是如何做到的呢？原来，医生们采取了两个好办法：第一，使用免疫抑制剂，使病人的免疫系统变得迟钝，暂时认不出外来的东西，使植入的器官能较长时间地保留；第二，对提供器官者的HLA和病人的HLA进行对比，尽量使它们具有更多的相同处，减少排斥反应。

可是使用了免疫抑制剂后，又出现了新的问题：迟钝的免疫系统虽然不排斥外来器官了，但对外来有害病菌的抵抗能力也大大降低了，所以，病人往往避免不了感染，常死于肺部或其他部位的感染。

面对新的问题，科学家们又开始了新一轮的探索。经过研究，人们发现，主要是一种简称T的免疫细胞引起了组织排异反应，这种免疫细胞只占免疫系统的一小部分，如果能开发出只抑制它的药物，不就可以解决这个问题了吗？现在这种新药已经研制出来了，并在临床上取得了比较好的效果。

但是以上的办法都不能从根本上解决问题，因为人体的排异反应十分复杂。给病人提供不会引起排异反应的器官才是最根本的解决办法，相信经过科学家们的努力，人体换"零件"将能像机器换零件那样轻松自如。

寻找"产褥热"的病因

"产褥热"是一种非常可怕的疾病，它常发生在妇女分娩后，曾经夺去了很多妇女的生命。医生们一直在寻找这种疾病的原因，几个世纪以来，人们走过了一条不寻常的探索之路。

抗菌药物青霉素和磺胺在被发现之前，许多产妇都死于"产褥热"。所以，那时产妇分娩是一件非常危险的事情，有不少产妇没能跨越这道"鬼门关"。产褥热常在产后两三天开始发病……究竟是什么原因导致了这种病？人们在探寻着。

19世纪初，匈牙利医生塞麦尔维斯经过多次调查发现：在实习医生助产的产房里，产妇的死亡率比例较大。由此他推想，患有产褥热的产妇死亡后，实习医生经常要对尸体进行病理解剖，做完后，直接就进入产房，用没有经过认真清洗的手为其他产妇接生,在这种情况下,那些健康的产妇很容易被传染上疾病。

于是,他吩咐产房里所有的医生和护士,在检查产妇或接生前,都务必先要用漂白粉溶液将双手消毒,同样也要用漂白粉溶液浸泡产科器械。这项措施在他主管的病房实行后,产褥热的发病率明显地降低了。

塞麦尔维斯于1850年回到家乡布达佩斯,任一所医院的产科医师,与以前一样,他坚持在产房里使用漂白粉溶液为接生人员的双手和产科器械消毒。结果,产生了令人非常满意的效果,发生产褥热的产妇人数有了明显的下降。

后来,随着微生物领域内的细菌进入到人们的视野,医学界对细菌的研究逐渐深入,也发现了产褥热的病因,原来这个人间悲剧是由细菌感染造成的。而医生不干净的手和污染的医疗器械,充当了细菌的传递媒介。由此证明了塞麦尔维斯多年前论断的正确性。

至此,"产褥热"的病因才真正找到了,人们也开始踏上了治疗"产褥热"的科学之路。

列文虎克发现细菌

1632年,安东尼·列文虎克在荷兰的德尔夫特市出生。从小他就失去了父亲。16岁时,列文虎克在一家布店当学徒。当他积累了一定的经验之后,他自己也开起了一家布店。列文虎克有一个业余爱好,就是喜欢利用空闲的时间打磨玻璃透镜,而且常常磨到深夜。他用砂轮把玻璃磨成厚薄不同的透镜,并把它们嵌入到用金、银或铜制成的漂亮镜框中,然后拿它来观察物体。

用这种透镜看东西,可以观察到很细微的东西。经过二三十年的透镜研究,列文虎克的技术已经达到了炉火纯青的地步。后来,他又自行研创出了一种磨小透镜的方法。通过小透镜,他津津有味地观察着各种各样的小东西:纤细的羊毛在这面小透镜下,变得像一根粗大的木头;跳蚤虽然只有芝麻粒大小,可是腿的构造却十分复杂……他看蜜蜂的刺,看苍蝇的头,看植物的种子……每一次的仔细观察都会带给他无限惊喜。

一个偶然的机会成就了列文虎克,让他发现了细菌,尽管当时人们还不知道那种小生物就是细菌。

有一天,天空下起了瓢泼大雨。列文虎克的脑中突然产生了一个念头,这晶莹剔透的雨珠中会有什么东西呢?于是,他从屋檐下接回一些雨水,然后将一滴小雨珠放在他制作的透镜

列文虎克是第一个造出高倍精密显微镜的人。这种显微镜尽管只有一个很小的透镜,但是与以往的显微镜相比,其放大率要大得多,图像也要清晰精确得多。这种仪器可以将标本放大200倍,这样他就能够画出细菌的结构图。

用螺丝来调整标本的位置

用针固定标本

高放大率透镜

下仔细观察。看着看着，列文虎克突然惊喜地高声喊起来，在小透镜下的水滴中，竟有许多"小精灵"在不停地游动。他禁不住说道："它们多么微小啊！小得简直不像真实的东西，只有跳蚤眼睛的千分之一。但是它们确实在像陀螺一样转圈子啊……"

英国皇家学会的一位通讯会员格拉夫先生也住在德尔夫特市。列文虎克在小透镜下看到的雨珠中的"小精灵"的事情，引起了格拉夫先生的关注。为此，格拉夫写了一封信给英国皇家学会。信中写道："请允许列文虎克先生报告他的发现：在显微镜下观察的标本，有关皮肉的构造、蜜蜂的刺及其他。"

英国皇家学会也对列文虎克的发现产生了兴趣，但也有很多会员怀疑他是否真的看到了什么。于是，1677年11月15日，他们请列文虎克带着他的显微镜到学会来，演示他的发现。皇家学会的会员们按照顺序，一一走到显微镜前，仔细观察镜下的水滴。当他们也从镜下看到那些游动的"小精灵"时，大家都赞叹不已："列文虎克简直就是一个魔术师！"

此后，微生物领域里便多了"细菌"这个名词，而列文虎克则紧紧地与之联系在一起了。

细菌带有磁性之谜

1975年，布莱克摩尔博士在实验中发现了一个怪现象，当他在显微镜下观察含有微生物的水滴时，发现有些细菌很快地向显微镜靠北的一边移动。布莱克摩尔博士以为实验靠北面的窗子射入了更多的光线，诱使这些小东西朝北游动。于是，他换了一个位置，观测到的现象却与先前一样。他又试验了其他几种有可能影响细菌游动方向的因素，细菌并不受这些因素的影响仍旧向北边游动。

到底是什么力量促使这些细菌总是向北游动呢？布莱克摩尔想到鸽子能够依靠地球磁场来为自己导航的现象，他从中得到启示，是否是磁场影响了这些细菌的游动方向呢？他决定用磁铁试一试。当他在显微镜附近放一块磁铁再观察时，布莱克摩尔博士看到了更为奇妙

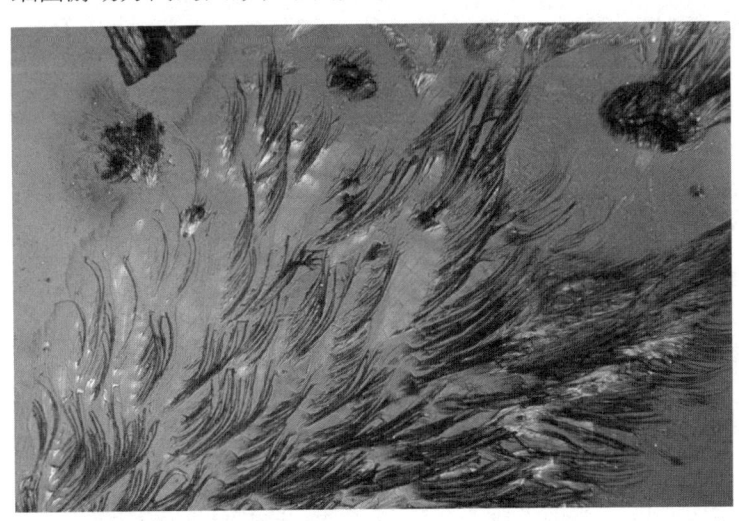

在显微镜下观察到：这些微生物总是朝向一个方向移动，到底是什么力量促使这些细菌向同一方向移动呢？如果是磁场，那么磁性细菌的定向运动是否能够导致现代"磁疗"的某些奇特效能呢？

的现象——细菌朝磁铁的北极方向游去。原来这些细菌具有磁性，在地球磁场的作用下它们总是朝北方运动，因此它们的运动是有定向性的。

科学家们在发现这种细菌后又想了很多问题，这些细菌感知磁场方向的能力从何而来？为什么它们总是朝北移动？他们经过反复试验，终于揭开磁性细菌的部分奥秘。原来这些细菌体中有一块很小很小的 Fe_3O_4（天然磁铁矿的成分）的单畴颗粒。在地球磁场中小磁石的两端像指南针似的指向南、北两极，细菌的"身体"也随着这种取向作定向移动。

既然有朝北游动的细菌，那么有没有朝南游动的细菌呢？科学家们经过不懈的努力，终于在地球的南半球找到了向南移动的细菌。原来，细菌的运动具有对称性，南半球的细菌大多数朝南运动；北半球的细菌大多数是朝北运动；赤道附近的细菌，向两个方向运动的数目大体相等。由于地球磁场是倾斜的，这些细菌的运动实际上也不是正南正北的。朝南运动的细菌在北半球向南向上运动，而在南半球则向南向下；朝北运动的细菌，在北半球向北向下运动，在南半球则向北向上运动。如果再给这些细菌加上一个脉冲磁场，这些细菌就可以逆向运动了。

许多研究者对这些古怪的小东西、这种古怪的运动产生了"古怪"的兴趣。但迄今人们还没有真正地深入认识它们的运动原因。但是磁性细菌的发现明确地指出生物和生物运动受地球磁场的影响，有可能某些"磁疗"的奇特效果就是基于这种原理呢！

为什么有的细菌能耐高温

细菌忍耐的温度极限有多高，人们一直有不同的看法。人们曾在90℃的温泉水中发现过细菌，而比其温度更高些的水中则未发现过任何的微生物。因而大多数专家认为，细菌的耐高温极限是90℃。绝大多数微生物在90℃以下就纷纷丧命，所以将水煮沸来杀菌一般来说还是管用的。

然而，与此同时，人们也在想，难道世界上的生命活动就不能超越90℃的极限了吗？后来的科学发现回答了这个问题。

1983年，在美国的加利福尼亚海湾入口的海底温泉中存在着一种高温细菌。发现这种新细菌的两位生物学家测得该处的水温是250℃，他们顿时被在如此高的温度中仍存在有生命力的细菌惊呆了。

人们都知道，水在常压下100℃时就要沸腾，变为蒸汽，这些来自海底火山的温泉处于2600米的大洋底部，压力高达265个大气压，所以形成了很奇特的高温水。

为了对这些高温细菌进行研究，科学家们采用特殊方法人工培育这些细菌。他们用金属钛制成可耐高温高压的全套设备，并在设备中营造了海底环境。科学家们对高温细菌进行了深入地化验分析，结果发现这类细菌的DNA构造十分异常，但从理论上说这种构造也只能使细菌在不超过120℃的水中生存。所以，可以断言高温细菌必定还有其他不为人知的特异之处。

科学家们经过不断的探索又发现了这类高温细菌的蛋白质分子中存在着某些

特殊类型的氨基酸,而这些氨基酸此前从未在其他任何生物机体中发现过。这类氨基酸中有多余的稳定化学键,使蛋白质具有极高的强度。另外,在其脂类化合物的结构上,也发现了分枝形化学键,使细菌可以经受住高温分子的猛烈撞击。

除此之外,科学家们认为,高温细菌对环境的适应一定是多方面的,在生物、化学方面必定也存在一些适应因素。后来发现硫元素在这类细菌的新陈代谢中起着主要作用。

高温细菌的发现在科学界引起了轰动,促使专家们必须重新考虑一些生物学方面的问题。如生命的起源问题,也许并不像专家们过去认为的那样,地球上的生命是在地球冷却之后出现的。传统观点认为温度高过一二百度是不会再出现生命的。如今,这些观点似乎都需要进行修正。

探究有益微生物群的神奇作用

这些生活在土壤中的微生物,在自然界的生物链中扮演着至关重要、不可替代的角色。它们能将遗留在土壤里的各种动植物尸体分解掉,这是土壤中微生物的最大贡献。地球上数亿年前就有生命存在,在这一漫长的历史中,死去的动物和植物不计其数。这就需要微生物将它们的尸体加以分解,然后,再将这些分解物运回到土壤中去供给新生命。如果没有微生物,结果是无法想象的,整个地球将到处都是动植物的尸体,这种景象实在是惨不忍睹。

之所以地球上不是这种境况,关键是土壤中的微生物不声不响地扮演了一个"清道夫"的角色。这是微生物对地球的一个巨大贡献。当然,有益微生物群的神奇作用还不仅仅是这些,后来,人们又发现了它们其他一些更神奇的作用。

最早真正开始研究微生物的神奇功能的是日本的农学博士比嘉教授。

1977年,比嘉教授被派往中东,在那里,他的主要工作是指导生活在沙漠地带的居民种植蔬菜水果。当地的西瓜由于受到一种无法防治的病害的袭击而大片的倒伏。那些被清理出来的西瓜病株被比嘉教授倒在厨房的排水沟里了。有一天,比嘉教授突然发现,一些新的根系从倒在水沟里的那些受到病害侵袭的西瓜植株上长了出来,这引起了他的注意。他想,以前那么多种农药都对这些病害没有效果,没想到现在这西瓜植株反倒不生病了。究竟是什么原因使这些西瓜植株重新焕发生机呢?他推测这与水沟里的某种微生物有关。从此以后他开始对微生物进行深入研究。

然而,令他失望的是,起先五年的研究并没有给他带来什么新的发现,他几乎已经准备放弃这项研究了。就在这个时候,比嘉教授无意中发现,在他倒弃废液的土地上有一片草长了出来,而且还长得格外旺盛。他又开始对这片草进行研究,经过反复的试验和深入地分析研究,他终于发现有几种微生物对植物生长影响很大,而且很快他就意识到这个发现其意义的不同寻常了。

于是在1986年,他就将自己的研究成果写成了论文,还于1993年写了一本叫做《拯救地球的大变革》的书。在这本书中他具体地阐述了如何将5科10属共80多种微生物培养成一种菌液，EM技术便是这种技术的英文简称。将这些有益的微生物组合在一起，不仅对抑制有害细菌的繁殖有效果，对生物的生长发育过程也有促进作用。这对于从根本上治理环境污染，改善地球生态系统，有不可忽视的作用。

这种细菌液的功效非常神奇，它可以使土壤中那些因长期施用化肥、农药而被伤害的微生物复苏，以此来改变土壤的质量，从而使植物恢复生机。

不仅如此，EM细菌液还有一些别的作用，例如，如果将少许EM粉放入厨房的垃圾袋里，封口后避光保存，冬季10～15天，夏季3～4天，这些垃圾就能够发酵成为无臭堆肥。此外用EM处理生活污水，还能使水质得到净化。

由于EM细菌液具有如此神奇的功效，这使得EM生物技术被世界各国广泛应用。应用这种技术的国家从中受益不少，如日本宫崎市等五个城市于1993年采用EM生物技术，使这5个城市生活垃圾的排放量减少了20万吨。这种技术还曾被用于处理日本千叶县一个被粪便污染的湖泊，结果使得湖水得到了净化。从那以后，世界上有越来越多的国家计划采用EM技术来治理河流的污染。

所以，土壤中的微生物在地球生态系统中有极其重要的作用，没有它们，后果是无法想象的。

青霉素是怎样被发现的

英国细菌学家弗莱明是青霉素的发现者，他是在一个偶然的机会中发现的。1928年夏季的一天，他像往常一样，在伦敦大学圣玛丽医学院的实验室里，正在研究有关机体中防御因子（特别是白细胞）抵抗葡萄球菌等致病因子的作用机理。为了研究葡萄球菌，他全身心地投入到实验中去，仔细观察这些细菌在培养过程中所发生的变化，研究影响这些变化的条件。然而每次都会有外来微生物捣乱，每当他将培养皿的盖子打开，取出里面的细菌，放在玻璃片上，准备拿到显微镜下观察时，那些飘浮在空气中的霉菌或细菌，总会"乘机"飘落到培养皿里。这些外来的微生物甚至还在培养皿中繁殖，这使得弗莱明的实验无法进行，对此，弗莱明真是伤透了脑筋。

然而有一天，弗莱明却在无意中从这些"不速之客"中找到了他多年来一直寻求的抗菌物质。那天，当他正准备用显微镜观察从培养皿中取出的葡萄球菌时，他发现在原来长了很多金黄色葡萄球菌菌落的培养皿里，长出了一种来自空气中的青绿色的霉菌菌落，而且这些物质已经开始繁殖。更使他惊讶的是，在这个青绿色菌落的周围，原来培植的葡萄球菌菌落竟然全被溶解了，而离得较远的葡萄球菌则依然生长着。弗莱明推测，这个青绿色的霉菌可能会分泌一种能够使葡萄球菌裂解的自然抗菌物质，而这种物质可能正是他多年来刻意寻求的。

自此，弗莱明开始把注意力放在这种青绿色的霉菌上。他把这个偶然发现的奇特现象详细地记录了下来，同时他还异常小心地把这些青绿色的霉菌从培养皿中分离出来，把它培养在液体培养基中，使其迅速繁殖。

在观察中弗莱明发现，这种青绿色的霉菌能分泌出一种极强的杀菌物质，这种物质还可以扩散，正是这种物质消灭了生长在它周围的葡萄球菌。他把这种青绿色的霉菌称为青霉菌。弗莱明从实验中观察到，即使葡萄球菌布满了培养皿整个平面，青霉菌周围仍旧没有任何细菌生长。这表明青霉菌能阻止细菌的蔓延，并且把它们消灭。

随后，弗莱明又研究如何将这种青霉菌的分泌物提取出来。他立即动手进行了实验，第一步，他把青霉菌接种到肉汤培养液中，让其迅速地繁殖。第二步，他把长满青霉菌的液体异常小心地进行过滤，得到一小瓶澄清的滤液。随后，他将这种滤液滴进已经长满了葡萄球菌的培养皿里。只用了几个小时，这种滤液就将原来长势旺盛的葡萄球菌全部消灭了。

然而，这还不能让弗莱明满足，他又开始研究这种霉菌对其他致病因子的作用。他在以前研究溶菌酶过程中建立起来的测定技术的基础上，将这种滤液用水稀释后重新做实验，他对这种培养液对各种致病菌的抑制性状进行鉴定。一系列的试验表

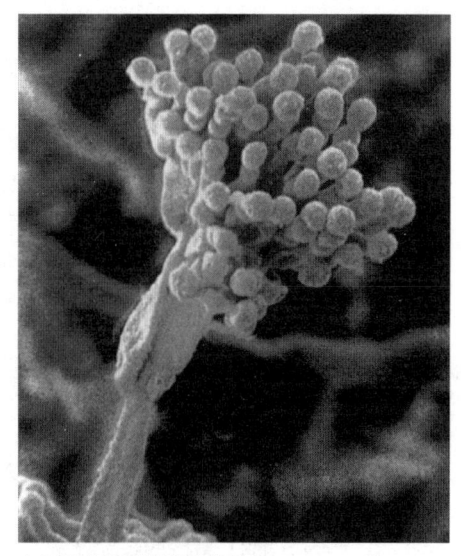

电子显微镜下的青霉素品种

明1∶1000浓度的培养液仍然能抑制葡萄菌的生长。而当时应用最为广泛的消毒剂石炭酸在1∶300的浓度时就失去了抑菌功效。此外，弗莱明还以十分凶恶的链球菌作为测试的对象，结果他发现，1∶100的培养液就能杀死它们。由于产生这种物质的是青霉菌，所以，弗莱明称这种物质为青霉素，这就是青霉素的发现过程。

虽然青霉素很早就被发现了，但隔了相当长的时间才被运用到医学上，这是因为提炼医用青霉素的过程相当复杂，要经过青霉素的培养、滤液的浓缩、提炼和烘干等一系列过程，弗莱明自己是无法单独完成的。因此，为了将培养液中的青霉素提取出来，他邀请了一些生物化学家合作。但是最后所有的试验都以失败告终，这是因为青霉素是一种很不稳定的化学物质，这种物质在一般的溶媒中很快会遭到破坏，因此他也一直没有获得过青霉素的提取物。

但是，这些并不能使弗莱明的决心动摇，因为他坚信，青霉素的应用前景是光明的。十多年以来，他一直在自己的实验室里耐心地、默默地将这个青霉素菌株一代一代的培育下去，功夫不负有心人，最后他终于取得了骄人的成绩。

1939年，弗莱明关于青霉素的论文引起了澳大利亚病理学家弗洛里的注意，他向弗莱明索取这种物质作进一步的研究。弗洛里和当时侨居在英国的德国生物化学家钱恩，在几位科学家的协助下，克服了种种困难，最后终于在1941年，从

青霉素滤液中将青霉素的粉末提炼了出来。经试验，即使把这种棕黄色的粉末稀释到二百万分之一，也足以使病菌丧生，这种青霉素粉末具有前所未有的巨大杀伤力。

青霉素第一次真正用在临床医学上是在1941年，它被用在一位被葡萄球菌感染的病人身上，效果良好。自此，青霉素的显著疗效得到了医药界的承认并开始广泛地普及开来。

病毒克星干扰素

说起干扰素的发现，还要追溯到60多年前。1935年，美国科学家用黄热病毒在猴子身上做试验。黄热病是一种由病毒引起的恶性病。这种人和猴子都会得的病有几种类型。他们先用一种致病性弱的病毒感染猴子，猴子安然无恙，可是再用致病性很强的黄热病毒感染同一只猴子，猴子竟然没有反应。这一现象使美国科学家得到启发：前一种病毒可能产生了某种物质，使细胞受新病毒的进攻时能自我防御。1937年，有人重复类似的实验，证实给经裂谷热病毒感染的猴子注射黄热病毒，猴子也没事。反复的实验证据让科学家们想到，生物界的病毒也存在着奇妙的互相干扰现象。

1957年，美国细菌学家萨克斯决心搞清"以毒克毒"的物质基础。经过大量的实验，他发现，在病毒的刺激下，细胞中会产生一种蛋白质，能抑制后来病毒的侵染。"萨克斯认为这种特殊的蛋白质能起到干扰作用，就将其命名为"干扰素"。

病毒之间的干扰作用和干扰素的发现，让科学家们很兴奋，也给了他们无穷的想象和启示。因为人类的许多疾病都是由病毒引起的，再好的抗生素也拿它们没辙，可是干扰素却是对付病毒的克星。要是能把干扰素制成药品就好了，那么人类的许多疾病不就有了迎刃而解的治疗办法了吗？

但是，要使干扰素成为药品，进入实际应用当中，必须有足够的量。那么，如何获得大量的干扰素呢？人们首先想到，用病毒刺激老鼠，让它们产生干扰素，再提取出来供人使用，但是这种方法失败了。原因是干扰素的活动场所很专一，老鼠体内产生的干扰素对人不管用。所以最理想的办法是用人自身产生的干扰素。

其实，我们生活的环境是被微生物包围着的，时时刻刻都要接触到许多微生物，其中病毒的侵染刺激也不少。科学家猜测，人的血液细胞里本身就存在干扰素。后来研究证明，这种猜测是有道理的，通过精密的血液分析，在人和许多动物的细胞中都找到了干扰素。

人们最初想到的是，通过血液制取干扰素。可惜，干扰素在血液中的含量实在是太少了，用大量的血液才能制得微量的干扰素，这种生产方式产量低得可怜，自然价格也就十分昂贵。治疗一个病人的费用高达几万美元，一般百姓只能望"药"兴叹，是名副其实的"贵族药"，干扰素无法得到普及、推广。

既然蛋白质是干扰素的本质，那么把制造成这种蛋白质的遗传基因找出来，转入大肠杆菌体内，让它们代劳进行大量生产，也许能行。经过科学家的试验，干扰素的批量生产便成为可能。1980年,终于实现了干扰素的批量生产,这是美国科学家的杰作,他们利用DNA重组技术构建了生产干扰素的基因工程。

如今,运用基因工程技术的国家有:美国、日本、法国、比利时、德国、英国以及中国等。通过DNA重组、大肠杆菌发酵等方法,大量获取各种干扰素。经过试验证明,这样制得的干扰素对乙型肝炎、狂犬病、呼吸道发炎、脑炎等多种传染病的病毒都有一定疗效。干扰素能减缓癌细胞的生长,是很有希望的防癌治癌药物,具有非常诱人的前景。

艾滋病病毒是人制造出来的吗

多数人认为艾滋病病毒是70年代初期由中非猴传染给人类的。中非大湖区土著居民为获得更强烈的性能力,常在男子和妇女的大腿、阴阜区和背部注入雄猴血和雌猴血。在卢旺达和扎伊尔交界的基伍湖岛屿上,猴血也成了伊治威人治疗不育、阳痿的妙药。艾滋病病毒正是通过这种途径从猴子身上传染给人类的。后来,中非逐渐开放,有些人移居城市,再加上社会文明风尚较差,性交混乱,因此酿成艾滋病大流行的灾祸。

然而,有些人提出了新的看法,认为艾滋病病毒是人制造出来的。

有人认为,艾滋病病毒原型就是"雅司病毒",这种病毒是日本战争狂的性病武器。太平洋战争初期,日军迅速占领了太平洋中的许多岛屿,为了不让这些岛屿落入美军手中。日本医生于1942年向日军参谋本部建议,日军在撤出岛屿之前,可先使岛上的妇女染上性病,利用土著妇女向美军传染性病病毒。1943年金马及助手研制出了"雅司病毒"。1944年,美军进攻日本"内防卫圈"的马里亚纳群岛,日本在该地区向美军展开了"性病攻击"。据说,在当年太平洋战争中,凡与土著妇女有过性接触的美国士兵,都染上了"雅司病毒",病状与艾滋病十分相似。

有人认为,是二战的谋划者——希特勒一手制造了艾滋病病毒。据说,1944年,希特勒召集了一批科学家,针对美国人研制了许多"软武器"。其中有一种称为"病毒Q"的生物武器,这种病毒可通过血液、精液等途径,破坏人类的免疫系统,最终导致死亡。希特勒认为,美国国民性生活随便,且有不少性狂热分子,"病毒Q"一传播便会很快扩散到美国。然而,希特勒的生物武器试验室在一次空袭时被炸毁,由此"病毒Q"就不为人知地流向了外界。现在的艾滋病病毒可能就是那时的"病毒Q"。

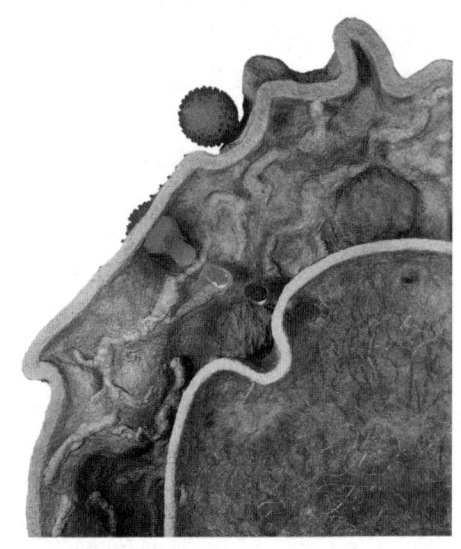

艾滋病毒入侵肌体

还有人认为，是美国人一手制造了艾滋病病毒。1986年，在第八次不结盟国家首脑会议期间，两位前民主德国的性病专家的研究报告——《艾滋病的性质和来源》中暗示了美国是艾滋病病毒的发源地。报告中披露："艾滋病的发生时期恰好是美国迪特里克堡生物实验室的运转时期。"此外，前苏联、英国、印度的报纸也纷纷指出，艾滋病病毒可能是美国的科学家由于某种原因或出于某种目的在实验室做实验时人为创造出来的。

尽管众说纷纭，但还没有哪一种观点得到证实，艾滋病病毒究竟是不是人制造的，目前仍是一个谜。

伦琴发现X射线

100多年前，X射线被发现。如今，这种射线已经被人类充分应用，像金属探伤、晶体结构研究、医学和透视等。尤其值得一提的是，X射线在医学领域的应用，使诊断和治疗疾病有了突破性进展，为病患者带来了福音。此外，X射线摄影也被用于生物科学中，以帮助人们找寻生物界的新规律，对医学等科学和工业的发展起到了很好的促进作用。

那么，这种奇妙无比、多用途的X射线是由谁发现的？又是如何被发现的呢？

1895年，德国符茨堡大学的校长伦琴，开始着手研究一个物理课题——阴极射线时，却意外地发现有一包用黑纸包得很好的照相底片全部感光了。这令他百思不得其解，于是，他反复试验，结果却是一样的。伦琴想：为什么以前从未发生过这种情况？问题是不是出在刚装在实验室内的阴极射线上呢？

为了揭开这个谜底，年过五旬的伦琴决定将全部精力投入到阴极射线的实验中来。同年11月8日傍晚，伦琴像平时一样，独自来到实验室，接着，他紧闭起实验室里所有的门窗，然后接通电源，检验黑纸是否漏光。忽然，在伦琴眼前闪烁出一道绿色的荧光。伦琴打开电灯一看，发现光源是离放电管2米远处的一个工作台上的氰化钡荧光屏。当他关掉阴极射线管的电源后，荧光屏就黯淡下来；当再次接通阴极射线管电源时，荧光屏又发出了荧荧的绿光。

伦琴兴奋极了，那天夜里，他不知反复实验了多少次，答案都是相同的。但令他感到奇怪的是：为什么阴极射线在空气中只能通过几厘米，而将其包裹在厚厚的黑纸包里时却能使2米外的荧光屏发光呢？伦琴一边琢磨，一边自言自语道："通电的是射线管，为什么荧光屏能发光呢？难道有某种未知的射线，射到荧光屏上，使荧光屏发光吗？"

于是，伦琴将手边的一本书挡在射线管和荧光屏之间，想看看这时的荧光屏会是什么样子。他往远一些的地方移动荧光屏，荧光屏依然光亮如前。看来，这种射线有能穿透固体物质的神奇本领。

当伦琴把手伸到射线管和荧光屏之间时，竟然看到自己的手影清晰地印在荧光屏上，更准确地说，是一只手的骨骼的黑影像。伦琴被眼前的一切惊呆了，他又仔细地看了看，没错，果然是一只手的骨骼，世上竟有能照出手的骨骼的射线！

这是人类首次看到活人身体内部骨骼的影像。

一连 6 周，伦琴都独自在实验室里研究这种新的射线，夜以继日，废寝忘食。

他拿来了木头、玻璃、瓷器、硬橡胶等物体放在这种射线前进行试验，发现这种神秘的射线都能穿透这些物体。接着，伦琴又对各种金属进行实验，得出的结论是除了铅和铂以外，其他金属都能被这种射线穿透。他还把照相底片放在射线管和荧光屏之间，发现底片可以感光。

最后，伦琴得出一个结论：这种奇异的射线是一种极具穿透力的新射线。由于伦琴在当时还没有能完全解释清楚这种射线，所以就将它命名为"X 射线"。

孟德尔发现遗传规律

1843 年，一位年轻的修士来到了奥匈帝国的布台恩（现在捷克共和国的布尔诺）修道院里，这位修士名叫孟德尔。尽管他是一位修士，但他非常喜欢自然科学。

4 年后，担任了神父的孟德尔仍然醉心于读书。1850 年，他参加当地的教师资格考试，但没有成功。他不甘心自己的失败，于是，第二年，孟德尔来到维也纳大学学习自然科学。3 年的努力学习使他的学问大增。回到布台恩后，孟德尔在一所技术学校里兼职担任自然科学教师，一直到 1863 年。

年复一年，日复一日，孟德尔就这样过着刻板的日子。每天孟德尔做完宗教的功课，就独自来到后院小小的花圃中。这个花圃是他的乐园。

孟德尔在花圃的花草和树木间，开辟了一小块菜地。从 1856 年起，他在菜地里开始了一项研究生物遗传规律的科学实验。这个实验无人理解，只有他才感兴趣。

他在花园的菜地上栽种了一些不同品种的豌豆，有高茎的、矮茎的；有开红色花朵的，有开白花的；有圆粒豌豆种子的，有皱粒豌豆种子的；有的豆荚饱满，有的不饱满；未成熟的豆荚有的是绿色，有的则是黄色等等。他选择了 7 种不同性状的豌豆来进行观察。

孟德尔选择豌豆作为观察对象的原因是什么呢？

原来，因为豌豆是严格自花授粉的作物，它的雌花和雄花的花蕊在开花以前已经开裂，并且都紧紧地包在花瓣里，所以能防止异花授粉所带来的干扰。而且，豌豆有稳定的遗传特性，不同性状的豌豆，其子孙后代的性状也相应有所不同。如开红花的豌豆的子孙后代也开红花，开白花的豌豆的后代也是开白花。

在实验中，孟德尔每次只观察一种性状的变化。比如，只观察红花与白花这一对性状的遗传，而不会去管其他性状。弄清楚一对性状遗传规律后，再去研究其他两对或三对的遗传规律。

孟德尔在实验中应用了统计的方法，这一点非常重要。统计方法就是在观察后代性状表现的同时，统计各类个体的数目，从而得出它们之间各自所占的比例。此外，对亲代、子一代、子二代等以后的各代的性状，孟德尔都做了记载。通过这些各代遗传性状的记录，他能方便地了解亲代与子代之间的遗传规律。

孟德尔从不间断地对豌豆进行了整整 8 年的观察，他发现，开白花的豌豆与开红花的豌豆之间互相杂交而产生的第一子代开的全部是红花,没有一株开白花。然后,孟德尔再将开红花的第一子代进行自交,在其产生的第二子代中,有3/4开红花,1/4开白花。这说明开白花的性状并没有消失,而是隐藏起来了,所以在第一代中没有表现出来,而在第二代中表现出来了。

从这些实验结果来看,孟德尔认为开红花的性状是"显性性状",开白花的性状是"隐性性状"。第二子代的豌豆,既表现出显性性状,也表现出隐性性状。他将这种品种不同的豌豆杂交后,表现出不同的性状特征的现象称为"性状分离"。

在对其他性状,如矮茎与高茎、皱粒与圆粒等7种不同性状的研究中,都发现了如开红花、白花一样的性状分离结果,而且第二子代间不同性状的比例相同,都为3:1。

孟德尔认为,相对的"遗传因子"(现在称为"基因")决定了生物的相对性状,开红花的豌豆和开白花的豌豆各有各的基因。他还用其他实验方法来验证了自己的结论。

除了分离规律外,孟德尔还发现了"自由组合规律"等其他一些规律。自由组合规律是指豌豆不同对的性状可以在下一代中自由组合。

1864年,在布台恩市自然科学学会的年会上,孟德尔宣读了论文《植物杂交实验》,但是,人们没能理解他的这篇论文,因为他的研究远远超过了那个时代科学发展的水平,所以没有人对他的研究感兴趣。

孟德尔于1884年去世。他生前孤独,逝世后却赢得了辉煌。直到他去世15年后,另外一些遗传学家才分别得出一些遗传规律,这些规律与孟德尔早先提出的观点相似。他曾经被遗忘的名字,终于被后人重新提起,他的学说也成为生物学的基本原理之一。

解读遗传密码

美国生物学家沃森还在学生时代时,就对基因研究产生了浓厚的兴趣。他意识到,理解基因的关键是了解DNA的结构。1951年,他在丹麦的哥本哈根大学进修生物化学。有一次,在意大利的生物学研讨会上,当他见到英国科学家威尔金斯利用X射线衍射技术发现的DNA结晶照片时,异常兴奋,于是他决定加入英国牛津大学卡文迪许实验室。

在那里,他遇到了一位比他年长12岁的年轻物理学家英国人克里克。克里克和他有着共同的理想,虽然他们两人学的专业不同,性格也迥然不同,但是,他们却成为了研究基因结构的"黄金搭档"。

当时,对于DNA的研究国际上很多科学家们都已从各个角度开始深入,但沃森和克里克的刻苦钻研使他们走在了前列。

沃森于1952年测出了烟草花叶病毒蛋白质外壳的结构,但是对DNA的研究仍然没有明显的进展。他们要解决的问题是DNA的主要成分——4种有机碱之间是怎样排列的。1953年的春天,沃森突然意识到这4种有机碱之间必然要结成稳定的"搭档",也许是以3个碱基为一组。他们随后从威尔金斯拍摄的DNA的X射线衍射图像中得到了启发,于是,这两个名不见经传的小伙子勾画出了一个DNA的双螺旋模型。

DNA被他们想象成两条栏杆组成的旋转梯子,而两条由糖和磷酸组成的长链就是栏杆,4种碱基对形成横档上的梯子。这个大胆的构想巧妙、奇特,它完全能解释已知的DNA作为遗传物质所应有的特征,并且清晰地表明了DNA是如何复制的。后来,这个模型在电子显微镜拍摄到直观图像后得到了证实。

1953年4月和5月,在著名的英国《自然》杂志上,两位默默无闻的年轻人——英国物理学家克里克和美国生物学家沃森,发表了他们共同完成的论文。在这篇划时代的论文中,他们提出DNA(即"脱氧核糖核酸")结构的双螺旋模型。

纽约美国自然博物馆内的DNA双螺旋结构分子模型,它是由威斯康星大学麦卡德尔记忆实验室的工作人员范·R·波特制作的。

发现DNA的双螺旋结构模型是20世纪生命科学发展的里程碑,人类从此找到了解读生命奥秘的"金钥匙"。从此,一个分子生物学的时代开始了。

兰斯坦纳发现人类的四种血型

在血型被发现之前,一代又一代的医学家为了探索血液中的秘密,在未知而神秘的领域中苦苦探索,就像在黑暗的隧道中摸索一样。尽管大自然中不断出现关于血液奥秘的启示,但人类却经历了几百年的艰苦历程,才最终发现了血液的秘密。

15世纪时,昏庸、年迈的罗马教皇英诺圣特患病后久治不愈。有人替教皇诊病后说,教皇的这种怪病要用小孩的血才能治愈。于是,凶残的教皇命令手下捉来3名年仅十几岁的无辜男孩,切开孩子们的血管,让鲜血流进一个大铜盆里,然后又将一些名贵药材掺到血液里,制成药剂,用一支大针管将这些血液输进教皇的血管里。3名男孩子因失血过多而痛苦地死去了,而那位教皇输血后也并没有恢复健康,反而感到胸闷气短,不久也倒地死了。这件残暴的输血事件可能是最早进行的输血尝试,它不仅导致供血者全部死亡,而且病人也痛苦地死去,这场残暴的尝试以失败而告终。

此后，又有人将动物的鲜血输入人体来治病，也没有成功。但勇敢者还在继续探索。布伦道是英国一位妇产科医生，他通过一场狗之间相互输血的成功实验，证明狗与狗之间确实可以输血，因此，他认为人之间也是能够输血的。1824年前后，他曾为产后大失血的8位产妇输了人血，其中5人获救，而其他3人则悲惨地死去了。这样截然相反的结果让布伦道很惊讶，为什么有人能存活下来，有人却比输血前更痛苦地死去呢？

潘弗克和兰多伊斯是德国的两位病理学家。他俩经过20多年合作研究，在1875年发现了溶血现象。当不同人的血液放在一起，有的互不相干，有的则发生溶血现象。这种溶血现象就是血液中的红细胞被溶解破坏而死亡。因而，只有在不产生溶血现象的人之间，才可以互相输血。

1868年6月14日，著名的血液研究专家兰斯坦纳出生于奥地利首都维也纳，长大后，他成了一名优秀的医生。1896年1月1日，兰斯坦纳来到维也纳卫生研究所，开始了在那里的研究工作。1897年，兰斯坦纳转入病理解剖学研究所工作。在那里，他进行了一系列富有成效的伤寒病菌的鉴定工作。随后，他开始深入研究血型、抗原、抗体和其他免疫因子，将化学引入血清学，这也是兰斯坦纳对医学科学的最主要贡献。

1900年，兰斯坦纳通过对人体的液体组织——血液的研究，发现了红细胞的凝集反应。即当一个人的血液中的红细胞与另一个人的血清混合后，有时这些细胞会凝成一团，其凝集相当紧密，即使用力振荡，也不能让它们散开。这种凝集反应见于人类的不同个体以及不同种的动物之间。这种红细胞凝集是血清免疫反应的一种表现。因为红细胞表面含有一些统称为凝集原（或称标记物）的抗原性物质，所以，红细胞在异体或异种血清作用下会发生凝集，而血清中则含有相应的统称凝集素的特异性抗体。当含有某种凝集原的红细胞遇到一种与它相对抗的凝集素时，就会发生一系列的凝集反应，使红细胞凝集成团。

经过广泛的实验和临床实践以及细致的交叉比较，兰斯坦纳选择不同的人，采集他们的红细胞和血清进行交叉反应。结果发现，有些场合的红细胞出现或大或小的凝集状，而有些场合红细胞则不会出现凝集现象。他发现在人类的红细胞中含有两种不同的凝集原，他称其为A和B。兰斯坦纳进一步确定了这些成分，并根据红细胞所含凝集原的不同，按字母表的顺序把人类血液分为四种基本类型：即A、B、AB、O型。凡是红细胞中含A凝集原者，其血型为A型；含B凝集原者，其血型为B型；含A和B两种凝集原者，其血型为AB型；两种凝集原都没有者，则其血型为O型。

"ABO型系统"的出现，引起了当时医学界的极大轰动，并使外科手术中的失血问题得到了解决。无数失血过多的伤病员，通过输入与自身血型吻合的他人血液而重获新生。

生物化学家巴纳德·狄克逊曾经说："每个接受过输血或器官移植的人都应感谢兰斯坦纳的发现。"

麦奇尼可夫发现白血球

有一天，麦奇尼可夫在研究水蚤的消化作用时，发现水蚤体内有一种能够游过去吞噬某种酵母菌的细胞。有一次，他随手在海星的身体里插进一根蔷薇刺，刺上有各种细菌。他观察到那种细胞很快就从各处游到蔷薇刺的周围，拼命围攻闯进来的细菌。这些现象使他产生了许多问题，他决心把这件事研究透彻。于是，他找来了一些透明的虫子，在这些虫子的身体里面注射了一些细菌。细菌在虫体里刚活跃起来，虫体里的那种细胞就很快围拢上去。结果是，如果进入虫体里的细菌很多，而且繁殖得较快，那种细胞就会被打败，虫子也会随之死亡；而如果进入虫体的细菌不多，它们就会被那种细胞吞噬，虫子依然正常地生活着。

经过多次研究，麦奇尼可夫终于弄清那种细胞是保护身体的"警卫战士"。他把这种细胞叫做"白血球"。根据他本人的解释，"白血球"在希腊文中的意思就是"吞噬细胞"，现在人们常常称其为"白细胞"。

白血球的大小比红血球（即红细胞）要大得多。它本身并没有颜色。医生在验血时，常常要对白血球进行染色才能看得清楚。

白血球平时是在人体和动物的血管里流动的。一旦有细菌入侵，它能很快地"游"出血管，奔向细菌入侵处。为了包围和吞食细菌，白血球根据情况随时变换自己的形状。它把细菌吃到肚子里，再放出一种叫酶的物质，把细菌消化掉。而最新的研究显示，白血球竟然可以施放一系列的化学毒气来杀灭细菌。

在人体每立方毫米的血液里，大约有4000～10000个白血球，平均约7000个。它游走于全身各个部位，如果细菌进入身体，它就通过"化学信使"传来的消息，毫不犹豫地杀灭来犯之敌，并且调动起全身的各种防御力量，一致对敌。例如，"巨噬细胞"就能吞噬白血球不能吞噬的较大的病菌；有种"补体"可以帮助溶解细菌；体内分泌的杀菌素、凝集素、抗毒素，同样是对付细菌的重要力量。病菌要是避开了白血球而逃向肝脏，肝脏会将其扣留；经过脾脏，又会被脾脏抓住不放；肾上腺、骨髓等处，也都能拦截这些细菌。

据估计，一个白血球就能够消灭20个入侵的细菌。当然，在发炎组织的脓液里，不仅有被杀灭的细菌，也有不少是死亡的白血球。虽然白血球只有10天左右的寿命，但它却是身体健康的有力保证。

如今，美国的癌症研究人员已经在研究用白血球杀死体内癌细胞的方法。他们抽出白血球，把它们放在一种特殊的溶液里培养几天，再将它们注入人体。这种经过特殊处理的白血球就能与癌细胞战斗了。

1997年俄罗斯科学家发现了白血球的新作用，认为它也参与了将吸进的氧气运送到全身去的工作；并且还能把氧"激活"，大大增加氧离子的数量，同时也提高了自身的杀菌能力。

白血球对身体至关重要，如果过少，就会严重影响机体的抵抗力，但也不能过多。除非妇女怀孕、婴儿初生等特殊情况，如果每立方毫米血液中的白血球超过1万，就应当引起重视，因为这一般都是有病的前兆。

奥秘世界

啤酒桶与叩诊法的起源

什么是叩诊法呢？就是当医生检查你的胸部时，他会用两只手相互叠在一起，右手在上，左手在下，左手紧贴你的胸壁，然后用右手的中指，向左手的中指叩击，于是就会有"蓬、蓬"的声音发出。这种方法，医学上称为"叩诊"。

叩诊法现在已成为每位医生的基本功了，而谈到叩诊法的起源，这里面还得提到一位医生，他是18世纪中叶奥地利的一位医生，名叫奥斯布鲁格，他首先采用了叩诊法来给病人进行诊断。

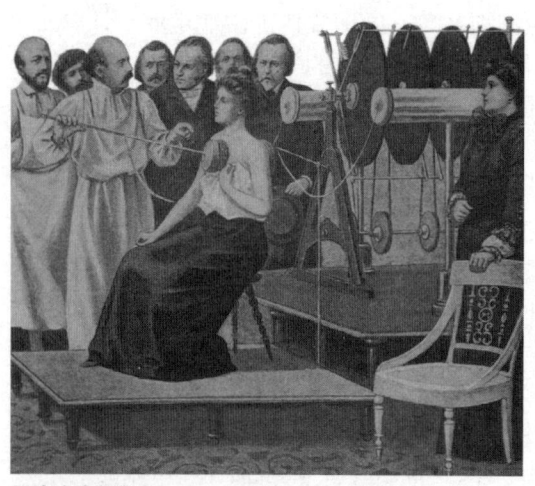

叩诊法诊断疾病

有一天，一位老年病人去世了。病人在去世前曾有胸痛症状，并伴有发热咳嗽现象，奥斯布鲁格很想弄清楚这位去世老人的病因，于是，他征得家属的同意，决定对尸体进行解剖。他将死者的胸腔切开后，一股淡黄色的液体顺着切口流出来。一个正常人的胸腔内主要有肺脏和心脏，以及一些大血管，而没有液体，如果发现胸腔积液，就可能患有胸膜炎。病因清楚了，但是，奥斯布鲁格仍在苦苦思索：既然胸腔中有液体存在，为什么不能早些发现呢？这个问题一直困扰着奥斯布鲁格，后来，他父亲检查酒桶内酒的存量的方法触动了他的灵感。奥斯布鲁格的父亲在乡间开了一间酿酒的作坊。他有着丰富的酿酒经验。不用把桶盖打开，就能知道桶里还有多少酒。只要用手指轻轻敲打酒桶，仔细听一下酒桶发出的声音；如果桶内盛满酒，敲打后发出的是沉闷的"吧、吧"声响；如果是空桶，敲敲桶底，会发出"蓬、蓬"的清脆声音。

父亲敲木桶的事启发了奥斯布鲁格。他想，人的胸腔也像一只空桶。如果有积水在胸腔内，就好像酒桶里盛了酒，发出的声音必然不同。

奥斯布鲁格想到这里，十分兴奋，连忙跑进病房内，对几位病人进行检查。结果发现胸腔内积水的病人发出的声音与其他的人不同。

奥斯布鲁格经过反复的实验和摸索，终于掌握了叩诊的技术。1761年，他的论文《新的诊断法》发表了。这在医学界引起了很大的轰动。

现在，尽管各种仪器和设备都很先进，但叩诊法仍然被医生们广泛运用。

受儿童游戏启发发明的听诊器

听诊器是医生们时刻不离身的诊断工具，它几乎成了医生的象征，然而听诊器是如何被发明的却鲜为人知。

雷奈克是听诊器的发明者,他是19世纪的法国医生。以前的医生给病人做检查时,需要把耳朵紧贴在病人的前胸,通过听心脏或肺部发出的声音来诊断病情。然而,如果遇到身体肥胖的病人,就不能准确地对症下药。

为此,雷奈克百思不得其解。有一次,他走在大街上的时候,看见几个小孩子在用一根木头做游戏。在木头一端的小孩用一根普通的别针划着木头,另一个小孩则在木头另一端用耳朵听别针划出的声音。看到这里,雷奈克突然有所启发。他赶紧回到病房,将一本软皮的书卷成圆筒状,然后把自己的耳朵贴近书筒的一端,书筒的另一端则放在病人的心脏部位。这时,雷奈克清晰地听到了心脏的搏动声,比以前直接用耳朵听更清晰。雷奈克因此欣喜万分。

雷奈克回到办公室后,一直坐在椅子上沉思,琢磨怎样制作一个适用的听诊工具。经过几次设计和实践,最后他用一根大约长30厘米左右的杉木,将中间挖空,做成管状,管子的直径约为3厘米,管心只有0.5厘米。为了便于携带,雷奈克把这根管子分成两截,并把这个听诊器雏形称为"探胸器"。因为这个造型奇特的听诊器像一只木笛,所以,当时的人们也把它称为"医者之笛"。

雷奈克用他的"探胸器"为病人听诊,听到了很多以前靠耳朵难以听清楚的声音,他分门别类地将这些不同的声音加以叙述,并且还为这些听到的声音起了名字。如果病人的支气管或肺部发炎,就能听到支气管痰鸣音、肺部罗音等等。直到今日,医生们依然沿用雷奈克描叙的这些术语。

雷奈克的《论间接听诊法》一书于1819年出版,书中详细介绍了采用听诊方法诊断疾病的经验。他的这一伟大发明,一直沿用到今天。随着时代的变化,虽然现代医生手中的听诊器不再是当年雷奈克木制的直管式样,但在检验胎儿心音时,妇产科医生们仍然习惯用木制的直管听诊器。

急诊室怎样安排病人接受治疗

去急诊室就诊是一件令人紧张而恐惧的经历。首先,我们不知道自己什么地方出了问题,会感到很害怕。而且,身处一个陌生的地方,并且周围都是不认识的人,也会让人感到不安。此外,我们还要忍受各种莫名的测试和检查,无法理解却还不能提出问题。

关于急救,最令人吃惊的就是导致人们必须接受急诊治疗的众多原因。急诊医生一个星期之内所见到的病因比其他任何一科的医生都要多。以下列举了一部分导致急诊的病因:

(1) 汽车、摩托车车祸。
(2) 运动受伤。
(3) 切割伤、骨折、烧伤和烫伤。
(4) 心脏病与胸口疼痛。
(5) 抽风、四肢失去功能或麻木。

(6) 视力或听力丧失。

(7) 失去知觉。

(8) 自杀或行凶倾向。

(9) 用药过量。

(10) 严重腹痛或者持续呕吐。

(11) 食物中毒。

(12) 因蚊虫叮咬、进食或用药引起的严重过敏反应。

护车呼啸着停了下来，病人被飞驰的急救床推着穿越走廊，然后几个人疯狂地与时间赛跑以挽救病人的生命，这便是急诊室最为经典的一幕。这是现实中会发生的一幕，并不罕见，但大多数发生在急诊室的情景并没有如电视里那样的戏剧化。每一位走进或者坐轮椅进入急诊室的病人，都有着特殊的通道……

医护人员在检查室检查病人

当病人到达急诊部门之后，首先要经过治疗分类这一关。在这里，由护士对每位病人的情况估测，决定治疗的紧急程度，通常分为下列3类：

(1) 情况紧急危及生命。

(2) 情况较为紧急，但不会危及生命。

(3) 情况不紧急。

这种分类能够避免常规病人接受医生检查，而使情况危急的病人只好等待治疗的情况出现，所以是十分必要的。负责治疗分类的护士对每一位病人的重要指数进行记录（体温、脉搏、呼吸频率和血压）。此外，护士还将了解病人目前的状况、相关病史、治疗情况和过敏症等，从而可以为病人进行治疗分类。

下一步就是登记，这个场景在电视上不常见，而且也并不那样激动人心。登记时，病人的重要数据会被记录在案。此外，相关人员还要求登记病人的社会保险、医疗保险、医疗补助以及卫生维护组织的相关信息。建立医疗记录十分必要，因为这样病人的病史、化验室化验、X光等信息都会被记录在同一个表格里，方便任何时间进行查阅参考。账单将通过这些信息计算出来。注意：无论病人有没有支付能力，他们都需要接受医疗审查。

如果病人生命垂危，或者是由救护车送来的，这一步骤将晚些时候在病人的病床前完成。

现在病人被带到了检查室。在这里，急救部门的护士将要搜集更多的信息，并且协助病人穿上专用衣服，以便病人接受检查。

有些地方的急救部门会进一步细化，分成几个独立的部门来更好地服务于病人。这些部门包括小儿急诊室、胸部疼痛急诊室、快速通道（针对小的伤情及疾病）、外伤急救中心（通常针对伤情严重的病人）以及观察室（针对不需要进行急救，但需要长期治疗或者多项诊断性检查的病人）。

当护士完成工作的时候，下面的任务将由急诊医生，或者接受过相关训练的医护人员如实习医生和住院医生，或者医生助理来承担。医生会询问病人更多详细的信息，如病人现在的病情、过去的医疗问题、家庭病史，并将对病人的身体各个系统进行完整的检查。然后医生将可能导致病人现在病症的原因进行列举，并列出一份清单，这就是所谓的鉴别诊断。

然后，根据病人的病症以及相关的身体检查，由医生推断出最为可能的诊断结果。如果这些信息不足以推断出诊断结果，那么病人则需要接受相关的诊断性检查。

依据病人各自的情况，将有下列3种情况出现：
(1) 病人住院。
(2) 病人可以离开医院。
(3) 病人被转移到更为适宜的医疗条件下接受治疗。

如果病人被诊断可以离开医院，他会接受相关的出院指导，这些会教授病人一些用药方法和治疗方法。病人的病情也将会得到跟踪关注。

病人如果需要转移到另外的地方接受治疗，这也是很必要的，因为在那里病人会得到更好的治疗。

为什么超声波能检查身体

超声波（或超声波检查法）是利用高频声波及其回声的医学图像技术。这项技术和蝙蝠、鲸鱼、海豚的回声测定以及潜水艇的声呐技术有相似之处。下面就是超声波的工作原理：

（1）超声波仪器通过探头将高频声波脉冲（1～5MHz）传给身体。
（2）声波穿越身体，到达组织的边界。
（3）有些声波反射回探头，而其他声波会继续传播直到到达另外一个边界并且得到反射。
（4）反射回来的声波由探头收集，并传回机器。
（5）超声波仪器对探头到达组织或器官的距离和每组回声所需时间进行计算。
（6）超声波仪器通过屏幕显示出距离和回声的强度，形成一个二维的图像。

在通常的超声波检查中，每秒有数百万计的脉冲和回声发出和返回。探头可以在病人的体表移动，与体表成一定的角度来获得图像。

一个基本的超声波仪器由传感器探头、CPU（中央处理器）、脉冲控制传感器几部分组成。如果我们了解了各个部分的功能，就能理解整个机器的工作原理。下面我们就分别来看看超声波仪器的各个组成部分。

传感器探头是超声波仪器的主要组成部分，它产生声波，并且接受回声。我们可以把传感器探头想象成超声波仪器的嘴巴和耳朵。

传感器探头通过名叫压电效应的原理来产生和接受声波。在探头中，有一个或者多个石英晶体，称为压电晶体。当这些晶体接通电流的时候，它们迅速改变形状。晶体迅速变化的形状或者说是震荡，会产生向外传播的声波。反过来说，当声波或压力波及晶体的时候，晶体也会释放出电流。所以，同样的晶体可以被用来发送和接收声波。探头还拥有吸收声音的东西，可以消除探头自身的反射；除此之外，它的声能透镜还可以将发出的声波进行聚焦。

传感器探头可以有不同的形状和体积。探头的形状决定视野范围，而它所发出的声波的频率则决定了声波穿透的深度和图像的清晰度。传感器探头可能包含一种或多种晶体成分；在多成分探头中，每一种晶体都有其自身特定的流程。多成分探头的优势在于，可以通过改变各种成分的通电时间来调整超声波的射线，这种调控对于心脏超声波来说尤为重要。除了一些可以在病人体表移动的探头之外，有些探头还被设计用来插入身体的开放部位（如食道），这样它们可以更加接近需要检查的器官（如胃部）进行更详细的检查。

CPU 是超声波仪器的大脑。CPU 基本上是一台电脑，其中包含微处理器、存储器、放大器以及为微处理器和传感器探头提供能量。CPU 向传感器探头输送电流来产生声波，并且接受探头所产生的电流，这些电流由回声产生。CPU 负责数据处理过程中所有的运算。在原始数据经过处理之后，CPU 在检测器上形成图像。CPU 还能够在硬盘上面储存处理过的数据和图像。

脉冲控制传感器使控制器（称之为超声波检查仪）可以设置改变超声波脉冲的频率和持续时间，并且能够改变机器的扫描方式。控制器所发出的命令被转换成变化的电流通向传感器探头中的压电晶体。

在过去的几年中，可以产生三维立体图像的超声波仪器被开发出来。在这些仪器中，通过在病人体表移动探头，或者转动插入的探头，可以得到一些二维的图像。然后，通过专门的电脑软件，二维的扫描再被合成为三维图像。

三维图像能够使我们对被检查的器官进行更好的观察，而且最好可以被用于：
(1) 恶性与良性肿瘤的早期检查。
(2) 前列腺肿瘤的早期检查。
(3) 检查结肠与直肠肿块。
(4) 为可能的活组织检查检测乳房病损。
(5) 观察胎儿发育情况，尤其是面部及四肢的畸形发育。
(6) 观察各个器官内部或者胎儿的血液流动情况。

多普勒超声波基于多普勒效应。当反射超声波的物体移动的时候，回声的频率会发生变化；当向靠近探头的方向移动的时候，声波的频率会升高，反之则降低。频率变化的程度决定于物体移动的速度。多普勒超声波对回声频率的改变进行测量，从而可以计算出物体移动的速度。多普勒超声波多用于测量心脏和主要血管中血液流动的速度。

CAT 扫描为什么能形成身体的三维图像

通常的 X 光成像基本上是阴影：我们身体的一边照射光线，而另一边骨头的轮廓就可以成像。

虽然阴影可以提供有用的信息，但是它们所呈现的物体的形状是不完整的。对于传统的X光机来说，也存在相同的问题。如果机器和小骨头之间有一块大骨头，那么这块大骨头的影子就会遮住小骨头。为了看清小骨头，病人就需要转动身体，或者移动X光机。

在CAT扫描机中，X光环绕病人四周，从上百个不同的角度进行扫描。电脑记录下所有的信息，然后合成一幅身体的三维画面。这就是CAT扫描的原理。

CAT扫描机像一个巨大的环形箱。病人躺在平台上面，然后缓缓进入箱体。X光管被固定在一个可移动的圆环上面，环绕在箱子内部边缘。圆环还装备了一组X光检测器，与X光管正好相对。

发动机带动圆环，这样X光管与X光检测器就能环绕病人的身体运动。每次完整的环绕，能够扫描病人身体横截面窄窄的一段。每次环绕一圈之后，控制系统将平台向箱内继续移动，这样X光管与X光检测器可以继续扫描身体下面的部分。

通过这种方式，机器便能记录身体所有的X光切面。电脑调控X光的不同强度，从而可以更好地扫描身体不同种类的组织。当病人完全通过机器后，电脑将每次扫描所得到的信息进行合成，然后形成详细的图像。

为什么矫正眼镜能矫正视力

由于我们在开发矫正眼镜方面做了如此多的工作，以至于有人仅仅想知道设计眼镜的初衷是什么。为了了解矫正眼镜是如何工作的，应先大体了解一下眼睛如何工作。

在我们的眼底有一层复杂的细胞，也就是我们熟知的视网膜。视网膜对光线起反应，并将光线的有关信息传送至大脑。大脑反过来将视网膜的所有反应全部编译成图像。由于眼睛是一个球体，所以视网膜的表面是弧形的。

当你在看一个物体时，有3件事肯定要发生：

(1) 该物体的图像必须被缩小以适应视网膜的大小。

(2) 散射的光线必须被集中到视网膜上。

(3) 该物体的图像必须被弯曲以适应视网膜的弧度。

为做到上述几点，眼睛利用了视网膜与瞳孔之间的晶状体和一种透明的覆盖物——角膜。晶状体可以被归为凸透镜类，因为它中间部分最厚，它和角膜一起将图像聚焦并照在视网膜上。

有些时候眼睛并不是聚焦的那么准确。造成这种情况有以下原因：

(1) 晶状体或角膜的表面可能不光滑，造成像差，导致物像失真。

(2) 晶状体不能改变自身的屈度来很好地适应图像，或者说晶状体无法做出适应性调节。

(3) 角膜本身形状不规则,导致视觉模糊不清。

许多视觉问题都在于眼睛无法将图像聚焦在视网膜上。以下是目前最为常见的几种问题:

(4) 近视:远处的物体看起来很模糊,这是由于图像通过晶状体与角膜后的焦点在视网膜之前造成的。近视可以利用凹透镜(近视镜)加以矫正,这种眼镜可以使成像的焦点后移。

(5) 远视:近处的物体看上去模糊不清,这是由于图像到达视网膜时还没有聚焦。远视可采用凸透镜加以矫正。双光镜片带有一个小附加成分,可以帮助远视的人阅读或做一些要离得很近才能完成的工作,例如缝纫。

(6) 散光:散光是由于扭曲而产生了第二个聚焦点。它可以由圆柱弧矫正。

眼镜可以用来矫正上述所有问题,还可以用来矫正复视(交叉眼)。眼镜可以通过移动图像来配合任性的双眼。矫正眼镜可以用来矫正像差,把焦点调整到视网膜上面,或者弥补其他异常情况。

理解光通过弧形眼镜的最好方法就是把它和三棱镜联系起来。三棱镜一边很厚,透过它的光线将会向最厚的部分弯曲(发生折射)。

一个眼镜就好比两个圆形的三棱镜组合在一起,通过眼镜的光线通常会向三棱镜最厚的部分弯曲。为了制造一个凹透镜,最厚的部分——眼镜的基部,会处于边缘的位置,而最薄的部分——反射点将处于中心。这种形状把眼镜中央的光线向四周发散,并且把焦点前移。眼镜越厚,焦点向前移动的位置越远。

为了制造凸透镜,眼镜最厚的部分要处于中央,而最薄的部分位于边缘。光线向中央折射,聚焦点向后面移动。眼镜越厚,焦点的位置就越靠近眼镜。

在眼睛前放置正确类型及度数的眼镜可以调整焦点的位置,弥补眼睛无法将图像聚焦在视网膜上的不足。

眼镜的强度决定于它的材料和弧度。眼镜的强度用D(屈光度)来表示,它表明光的折射程度。屈光度越高,眼镜越强。屈光度前的加号或者减号表示眼镜的类型。

凸透镜与凹透镜可以结合,最终的眼镜类型是两者的代数和。例如,一个+2.00D眼镜加上 −5.00D眼镜,得出:

[+2.00]+[−5.00]=−3.00 或者 3.00D 凹透镜

大部分处方包含 4 部分:

(1) 基部(球面)强度与类型(凸或凹)。
(2) 圆柱体强度与类型。
(3) 圆柱体轴线倾向。
(4) 双焦面强度与类型。

眼科医生的处方的一种简单形式可能像下面这样:

2.25−1.50×127 凸 +2.00

它的意思是:

(1) 一个 + 2.25 D 的球面弧(凸透镜)。

(2) 127 度的一个 −1.50 D 的圆柱体（凹圆柱体透镜与基部弧相加）。

(3) 额外的 +2.00 D 的双焦面。

完整眼镜的度数是 +2.25+(−1.50)=+0.75D，双焦面的度数是 (+0.75)+(+2.00)=+2.75D。如果你还有疑问的话，OD 指右眼，而 OS 指左眼。

验光中通常使用两种基本的眼镜形状：

(1) 球形眼镜就像被切掉一半的篮球，而且整个眼镜的弧形都是相同的。

(2) 柱状眼镜像从长度的方向被切开的管子。圆柱弧的脊柱（轴线）的方向决定了它的矫正方向。光线只能在这个方向上折射。圆柱弧通常用来矫正散光，因为轴线可以用来与角膜误差的轴线相匹配。

要制作眼镜，我们首先需要眼镜坯件。坯件由工厂制造并运往各个实验室，再制成眼镜的。眼镜的原材料被注入模子，它是直径约 10 厘米、厚度在 2.5~4 厘米间的圆盘。模子的底端形成球形。模子中可能含有弧度较大的一段，用来形成双焦面或渐进镜片。

矫正眼镜的材料可以是玻璃或者塑料，但如今塑料更为常见。虽然用于制造眼镜的塑料各不相同，但是制作过程基本一致。

实验室中病人的完整处方将给出以下细节：

(1) 完成的眼镜必须具有总度数（用屈光度表示）。

(2) 焦面的度数和大小（如果需要的话）。

(3) 圆柱弧的度数和倾向。

(4) 光学中心和任何三棱镜的所需细节。

实验室技术人员挑选一个眼镜坯件，它具有合适的焦面以及接近所开处方度数的基部弧。然后，为了使度数与处方完全吻合，技术人员需要在眼镜坯件的背面再做一个弧形。

在大多数实验室中，它们的设备适合研磨凹弧形，所以技术人员通常挑选强度大的凸透镜坯件。

如果基部弧过强，眼镜的背面会被研磨成凹弧形，这样就能降低眼镜最终的度数。

除了使用金刚石切割以及一些细节之外，玻璃眼镜与塑料眼镜的研磨和抛光过程大致相同。坯件一般是由相对较软的玻璃制成，而且必须经过回火，无论是利用化学物质还是热量，这样才能在插入框架之前增加它的强度。

给大脑植入芯片

马修·纳格尔是一名精力充沛的运动员，但是 2001 年 7 月，美国马萨诸塞州韦马斯附近的一场焰火表演之后发生了冲突事件，马修为了保护同伴而遭到恶意攻击，颈部被刺伤。匕首切断了他的脊髓，他从脖子以下都瘫痪了，只能在轮椅上生活。直到现在，20.3 厘米长的刀片还残留在脊柱中。

22 岁的马修只能靠呼吸器喘息，医生说他的身体不可能恢复运动了，他的前途一片渺茫。然而，科技总是帮助残疾人找到改善生活的途径。约翰·唐诺胡教授是罗得岛州布朗大学的神经技术学专家，从20世纪80年代以来一直在研究大脑如何把思维转换成动作。了解了神经"兴奋"的过程之后，他的下一个任务是把电脉冲翻译成计算机或机器能够识别的指令。在最初的实验中，他在猴子大脑中植入电极，让猴子学会了使用操纵杆玩电脑游戏。从猴子大脑中发出的电脉冲使它能够移动屏幕上的光标。在成功的鼓励之下，唐诺胡教授准备在人体上进行大脑之门的测试，希望通过把脑电波输入计算机帮助残疾人独立生活。

2004年6月，马修·纳格尔在马萨诸塞州的新英格兰西奈医院接受了3个小时的手术，成为第1个安装大脑之门的人。他头上钻了一个孔，将阿司匹林药片大小的芯片植入到大脑1毫米深的地方，位于感觉运动皮质的上面，人脑在那里产生控制手臂运动的神经信号。芯片上固定着100个极薄的电极，可以接收思维活动产生的电信号，然后通过导线输入计算机，对大脑信号进行分析。这些信号再经过解读，转换成光标的移动，使他仅凭思维就能实现对计算机的控制。

在3周的手术恢复期之后，马修接受了第1次试验。他面对着一台屏幕，上面的光标一直在移动，他随着光标移动方向想象手臂的运动。与他大脑芯片相连的计算机分别记录下光标上、下、左、右移动时他发出的脉冲信号，每个方向都对应着他大脑中一种特有的信号，然后给计算机编写程序，让它能识别出每一种信号，并由此移动光标。例如，他想"向下"，光标就向下移动。虽然马修不能移动肢体，但他学会了通过想象手臂动作来移动计算机屏幕上的光标。计算机屏幕与电视机遥控器面板相似，他只需把光标移动到某个图标上就能选中那个选项。他把光标放在图标上，等效于敲击鼠标。因此，他能够做一些打开电子邮件之类的事情，而这在以前是无法做到的。提姆·苏根诺在制造大脑之门的网络动力学公司工作，他说："我们实际上是把他的大脑和外部世界连在了一起。"

通过连接到房间各个装置上的软件，马修现在能够开关电视、转换频道并调整音量。他能利用思维控制人造手张开或握紧，还能让机器手臂传递糖果。他甚至能用计算机画画，玩弹球和俄罗斯方块之类的电脑游戏。

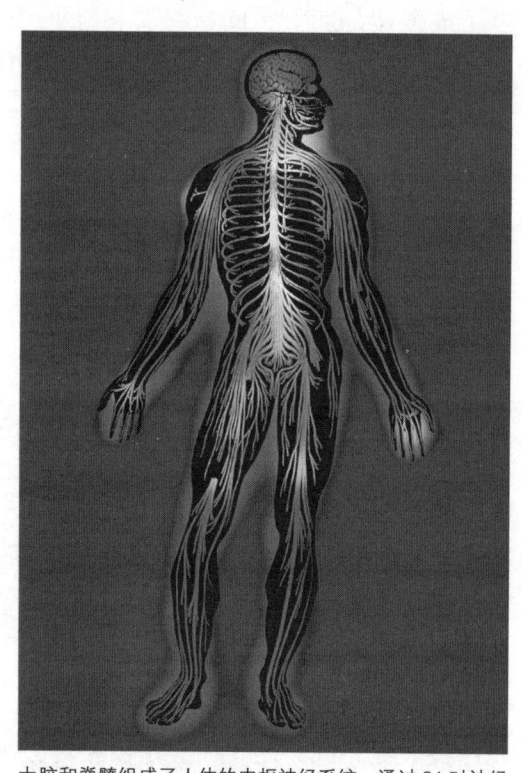

大脑和脊髓组成了人体的中枢神经系统。通过31对神经构成的网络，大脑把思维转换成动作。

有时候，大脑植入手术可以代替药物。神经外科医生在人脑中植入电极，用电信号来减轻长期的疼痛，消除帕金森病、癫痫症和抑郁症的症状。

唐诺胡教授希望大脑之门让重症患者能够通过思维移动轮椅、使用因特网、控制灯光、电话和其他装置，从而大大提高他们的生活质量，最终实现他们对自己肢体的控制。"如果我们知道如何把他的肌肉也装配上，他就能使用自己的手臂了。马修给我们带来了信心，但我们还是要保持谨慎，毕竟，这个技术目前只在他一个人身上得到了应用。前面的路还很长，但我们正在前进。"

马修·纳格尔还有更长远的目标，他希望下地行走。他说："我的生活已经发生了改变。我只想走路，用不用拐杖无所谓。我知道，过不了几年就能实现。"

"断头人"获救

受到这种重伤的人一般会死亡，少数人终生残废，但马科斯有幸遇到了柯蒂斯·迪克曼医生。迪克曼医生在圣约瑟夫医院的巴勒神经学协会工作，他当时正好在研究一种治疗马科斯这种创伤的技术，但是只在尸体上进行过实验。结果，马科斯成为世界上第1个通过这种实验性的手术保住生命的人。

由于脊髓和动脉没有严重受损，马科斯成为迪克曼医生手术的理想对象。手术中使用了两颗外科用的螺钉，从颈部后面将螺钉的一端固定在脊椎的第1节上，另一端固定在头骨基部。这时骨头回到了原位。然后医生从病人骨盆上取出一块骨头，修复了脖子和头部的连接。

迪克曼医生后来说："受了这种伤的人多数当场就死亡了，因为只有强大而猛烈的力量才会造成这种类型的伤口。我的手术与其他手术的不同之处在于，它能使病人做出大部分的颈部动作。因为一旦不能活动，病人就残废了。"

手术之后，马科斯带了4个月的固定架，架子罩着他的头，保持头部和颈部相对固定，有助于脖子恢复。他经历了几百个小时的漫长的康复期。结果手术大获成功，正如迪克曼医生保证的那样，他的脖子只丧失了5%的活动范围，这对于受伤如此严重的病人来讲是惊人的。事实上，几个月之后马科斯就能打篮球，享受生活了。他对事故没有什么印象，只是很高兴能活下来，还可以自由行走而不是瘫在轮椅上。他的确是个幸运的人。

首例人类舌头移植

过去对失去舌头的患者，医生会从小肠截取出一小块组织，移植到舌基上。虽然小肠柔软并有分泌黏液的功能，让患者嘴里感到舒服，但是它尺寸太小，口腔里还是空荡荡的。因此，患者的发音比较模糊，也无法吞咽，只能靠管子进食。奥地利医生希望能通过舌头移植消除这些障碍。他们面临的主要问题是如何有效地抑制免疫系统，防止移植组织发生排异反应。这是个特殊的问题，因为进食导致口腔环境无法保证消毒。但是嘴也可以自然而有效地保持自身清洁。

此前，舌头移植仅仅在动物身上进行过，但是很久之前，由9名医师组成的医疗组就开始准备把这项技术应用于人类了。科里斯坦·克尔默担任组长，他说："我们计划实施这个手术已经两年了，但我们同时需要患者和合适的捐献者。这种手术与以往的治疗方法相比，一个最大的优点就是使患者又拥有了舌头，并能移动甚至感觉到它。"

舌头来自于一位不愿透露姓名的捐献者，因为血型和舌头大小适合患者而被选中。另一个医疗组从脑死亡的捐献者体内取出舌头，马上提供给正在隔壁进行的移植手术，随即对捐献者停止生命维持措施。同时，克尔默的医疗小组在患者两耳之间做了一个切口，切除了舌头。然后他们将捐献者舌头上的肌肉组织、神经末端、动脉和静脉连接到患者嘴里。克尔默医生表示，他们已经把两条负责舌头运动的神经连接好了，还连上了2条感觉神经中的1条。

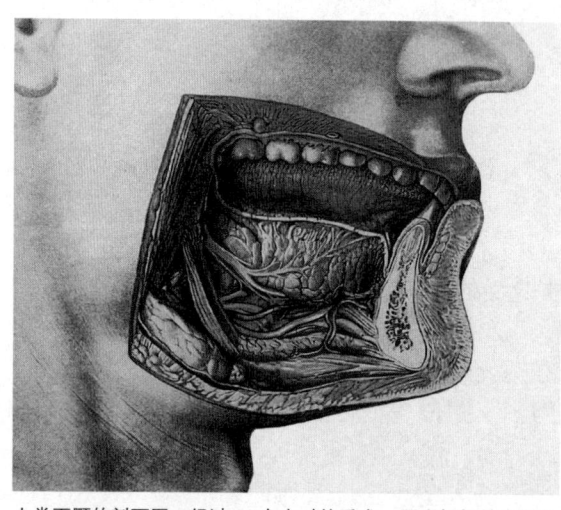

人类下颚的剖面图。经过14个小时的手术，医生把捐献者舌头上的肌肉组织、神经末端、动脉和静脉连到接受者嘴里。

罗尔夫·尤斯医生是小组中的另一名主要成员，他宣布手术成功时说："舌头现在看起来就像是他自己的——它色泽红润，血液循环很好。舌头只是稍微有点肿胀。这也是一个好征兆，意味着可能还没有发生移植排异反应。我们希望患者最终能正常进食和讲话。他不太可能恢复味觉，但是会有一些其他感觉，而最主要的，能够运动才是理想的效果。患者还年轻，在这个年纪就失去舌头是很残酷的，但是必须切除舌头，因为他的癌症已经到了晚期——他抽烟抽得太厉害了。"

虽然患者以后必须一直吃药来预防排异反应，但手术后还不到1个月，他就能学着说话并做出吞咽动作了，他能咽下自己的一部分唾液，还可以依靠气管里的一根管子让别人听懂自己的话。为了配合手术，他还进行了讲话治疗。

根据这个成功的病例，医院计划只要能提高口腔癌症患者存活概率，就进行舌头移植手术，而现在晚期癌症患者中只有50%的人实施手术。每年在移植手术中受益的患者将超过15名。在英国，人们必须积极参加器官捐献计划，而奥地利法律规定，医生有权使用任何死亡患者的器官，除非患者特别提出不捐献的要求。

然而，英国移植学会道德委员会主席彼得·罗提醒考虑做这种手术的人说："对许多需要抑制免疫力的疗法必须三思而行。抑制免疫力可能导致感染，从长远角度来讲有产生恶性肿瘤的危险，必须对移植带来的益处和多种危险认真衡量。"

脸部移植还遥远吗

以前人们曾经在脸部做过再植手术。1994年，印度北部一名9岁的女孩在一次可怕的事故中失去脸部和头皮。她父母用塑料袋装着她的脸火速赶往医院，医生成功地将血管连接好，并为她再植了皮肤。但是严重毁容的人一般只能从身体其他部位切下一小块皮肤组织移植到脸上。一些烧伤患者为了修复面容不得不做50多次这样的皮肤移植手术，效果却不理想。然而，全脸移植为恢复容貌和脸部功能带来了希望。

脸是人的重要特征，它是使我们区别于他人的最明显的特点，也表达着我们的个性。通过脸就能看出一个人的出身、血统和民族。人的情绪基本上都能通过面部表情表达出来，例如高兴、生气和焦虑的表现分别是微笑、咆哮和皱眉。缺少了这个信息系统就很难进行社交，因此人们盼望着能够出现恢复面部运动的移植手术。脸部包括多种具有特殊性质的皮肤，例如眼睑和嘴唇内侧不适合一般的皮肤移植，因为它们不能移动而且很敏感。对于脸部肌肉基本完好的患者，如果能连同皮下脂肪和深层血管移植整个脸部，他们饮水、进食和保持眼睛湿润的能力将大大提高。而对于深度毁容的患者，脸部移植也有可能修补面部肌肉，恢复必要的面部活动。

尽管许多国家的医生都希望能够实施面部移植手术，但是长达24小时的手术难度太大了。脸部运动一共要调动50多块肌肉，仅仅微笑就需要17块肌肉。做全脸移植的话，医生需要移植从发际线到下颌、两耳之间的皮肤、鼻子、嘴、唇、眼眉、眼睑、皮下脂肪、部分肌肉、鼻软骨和神经。然而最大的危险是排异反应。人体最难移植的组织就是皮肤，因为皮肤作为身体的第1道防线对外来组织异常敏感。这一点阻碍了外部器官的移植，例如手部移植。由于医生不知道免疫系统会对移植的皮肤产生多大的反应，所以使用抗排异药物具有一定的危险性。而接受器官移植的患者中，有15%的人不愿意服用抗排异药物，因此脸部移植的问题变得更加麻烦。一旦新的脸部组织受到排异，其伤害就不仅是精神上的，还是致命的。

人们还对带着一张死人的脸到处走有所顾虑。医生不知道移植后的脸与捐献者原来的脸有多相似，但是如果它使某些人回想起死者，就会引起精神方面的问题。英国移植学会道德委员会主席皮特·罗说："患者遇到的主要问题在于接受新的相貌。他们接受了新面孔，就可能连同别人的身份也一起接受，这就会对潜在的捐献者造成不良影响。捐献者曾是活生生的人，我们对尸体应当保持尊重。"

还有一个问题就是，需要接受捐献的人不少，捐献者却难找。捐献者的家人可能不同意移植，因为他们认为那样对死者不敬。有的人注意到，如果可以有偿提供死者的脸部，那么志愿提供器官的人就会减少。因此人们一致认为，只有死前表示同意捐献的人才能作为脸部捐献者。寻找合适的配型也同样困难。血型、大小和其他指标都要仔细考虑之后，才能最终确定将哪个捐献者的脸移植给哪个患者。死者家属也可能需要更多的时间来做出这种重大决定。

早在 1967 年克里斯迪安·巴纳德医生进行首例心脏移植手术的时候，热心于推进脸部移植的人就指出了类似的问题。脸部移植看似只是为了改善外貌，并没有挽救生命那么重要，但人们能否接受脸部移植呢？这还是个问题。

未来的视力

每年约有 10 万人接受角膜移植，但是出现排异反应的危险性较大，而且一旦病人发生了排异反应，再次移植就很难成功了。现在，有另一种解决办法，就是使用人工角膜进行移植。

这种手术需要先将人工角膜安装在捐献者相关的组织上，然后摘除病人受损的角膜，治好影响视力的缺陷，例如去除白内障，最后把人工角膜连同相关组织一起缝合在适当的位置。因为在人工角膜和病人组织之间使用了捐献组织作为"连接物"，形成三明治一样的结构，加强了人工角膜与病人眼部的结合，所以人工角膜可以取得成功。在传统的移植手术中，移植的是整个角膜，出现并发症的时候，移植片就会出现浑浊，阻碍光线进入眼睛，导致视力下降。

人工角膜的想法由来已久，19 世纪就有人提出来了。20 世纪 40 年代末以来，人们使用了许多种聚合体材料和移植技术，但是没能在人体上取得理想的效果。因此人们还要继续寻找合适的角膜材料。

20 世纪 90 年代末，澳大利亚西部狮子眼科学会的研究人员研制出了世界上第 1 种可变形的人工角膜。这种角膜由复合软塑料制成，优于以往的硬性人工角膜，因为它像真的角膜一样可以变形，更加耐用，而且可以整个植入人体而无需分成几部分移植。王明旭医生在田纳西州纳斯维尔的王氏眼科诊所使用这种新型的人工角膜实施了移植手术，他说手术初期的成功率达 80%。

美国哈佛大学的眼科专家克莱斯·达尔曼经过 15 年的研究，也发明了一种新的人工角膜。他用聚甲基丙烯酸甲酯制成角膜，这种材料也用于隐形眼镜。尼康·萨杜拉科是乌克兰的一名兽医，1966 年，他的角膜被化学物质严重烧伤，导致失明。他从未放弃恢复视力的希望，但是一直没有找到有效的治疗方法。2003 年，他搬到加利福尼亚生活，因为他的两个女儿都在那里。2004 年 5 月，尼康在萨克拉曼多接受了两个小时的达尔曼角膜修补手术。手术的第 2 天，盖在他右眼上的绷带解开之后，他终于亲眼看到了已经长大成人的女儿欧兰娜，上次看到女儿的时候她还只有 5 岁。手术之前，他的视力非常微弱，只有正常视力的人闭着眼睛时能感觉到光线强弱的程度。手术之后，他的视力恢复得很好，不论挂钟上的数字还是人脸上的细微之处，他都能看到。尼康说："在过去的 38 年中，我什么都看不见。但是现在我看得到每样东西，周围都是好看的颜色和人们。没做手术的时候我只能摸孙子们的小脸蛋，现在我可以看到他们长得有多漂亮了。"

罗斯玛丽·柯林斯来自伊利诺斯州芝加哥市，她也是达尔曼角膜修补手术的受益者。罗斯玛丽患有角膜疾病和青光眼，双眼视力越来越差。实际上，她的左眼已经失明 13 年了。在这期间，她做了多次手术，包括角膜移植，但以失败告终。

后来到了 2004 年春天，她在左眼植入了人工角膜。手术的第 4 天，她的视力就恢复到驾驶的视力要求。医生对她的恢复程度感到惊喜。

她兴奋地说："以前收到别人送来的花，我只能闻花的香味，但是现在我可以看到它们了！这影响到生活中的许多小事。例如每次我往牙刷上挤牙膏的时候都会弄得到处都是；倒水或咖啡的时候，也经常溢出来。而现在我让家人帮我做什么事的时候，他们就会说，'你能自己做了'。我不敢闭上眼睛，害怕醒来发现这是一场梦。"

200 年来，眼科医生一直渴望能够使用人工角膜治好失明。今天，人们拥有了精密的仪器、有效的药物和长期的跟踪护理，人工角膜移植的前景十分光明，那些用传统角膜移植未能得到治愈的病人也看到了希望。

奈杰尔·福尔伍德在兰开斯特大学从事英国人工角膜的研究，他坚持认为，虽然最近这项技术取得了成功，但是还存在着很大的提高空间。现在他希望用含水量较高的聚合体制成角膜。他想对人工角膜做出改进，这样它就能和传统的角膜一样植入人体，完全和眼睛结合在一起。他的目标是在 2010 年之前研制出这种角膜，他预计道："如果我取得了成功，人们就不用苦苦等待捐献者，直接从聚合体材料上切下来一块就行了，这和在白内障手术中使用塑料透镜相似。"

这些技术的进步给角膜受损者带来了希望。

人造心脏是怎样延续生命的

在美国，目前有 200 万～300 万之间的美国人患有心力衰竭，而且每年还有 40 万新的病例产生。根据美国权威机构的数据显示，心力衰竭每年会导致 3.9 万人死亡。直到最近，治疗严重心力衰竭的唯一方法仍是心脏移植。然而，美国每年仅有 2000 例的心脏移植手术，这就意味着上万名心力衰竭的病人因为缺少捐赠的心脏而死亡。

2001 年 7 月 2 日，心脏衰竭的病人有了新的希望，肯塔基州路易斯维尔市犹太医院的医生们实施了近 20 年来的第一例人造心脏移植手术。这次手术中所使用的由无机生物医药公司生产的非生物可植入替代型心脏是第一个完全独立的人造心脏，预期可以延长病人两倍的生命。

普通成人的心脏每分钟排血达 60～100 次。心脏收缩有如下两步：

第一步，左右心房同时收缩，将血液排入左右心室。

第二步，左右心室同时收缩，将血液排出心脏。

在下一次心脏跳动之前，心脏肌肉将会收缩。这就使血液可以重新充满心脏。

拥有人造心脏的病人仍然使用他们自然的心房，但他们的心室将由人造心脏所代替。它一次只能将血液从一个心室压出；所以，它把血液交替送入肺部和体内，而不是像自然心脏那样可以同时工作。人造心脏每分钟能够排出 10 多升血液，这足以维持日常活动。

人造心脏是极为复杂的医疗器械，但是核心机构十分简单：可以使液体来回运动的液压泵。下面就是人造心脏的工作原理：

液压泵：从理论上讲，这个液压泵和重型设备中的液压泵是相似的：力由一点经过不可压缩的液体传给另外一点。液压泵内的齿轮每分钟自转1万转来产生压力。

节流瓣：节流瓣打开或者闭合使液体从人造心脏的一边流向另外一边。当液体流向右边的时候，血液通过人造心室被压进肺部。当液体流向左边的时候，血液被压入身体的其他部分。

无线能量转换系统：这个系统也被称为经皮能量转换。这个系统包含两个线圈，一个在体内，一个在体外，这样可以通过电磁力把外部电池的能量经过皮肤传入体内，而不需要穿透表面。内部线圈接受能量，并把它传给内部电池和控制器。

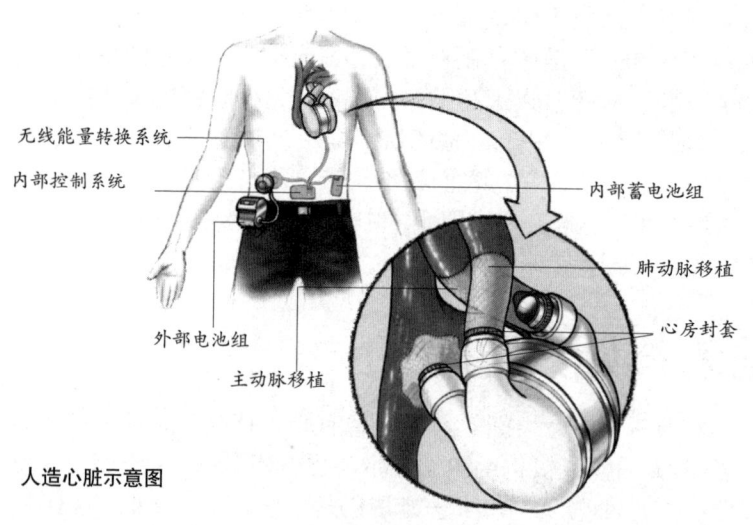

人造心脏示意图

内部电池：一个蓄电池组被植入病人腹部。这可以给病人30～40分钟进行洗澡之类的活动，而免于和外部主电池组相连。

外部电池：这组电池固定于腰带上面，可以围在病人的腰部。每个充电电池可以持续供给4～5小时的电量。

控制器：这个小的电子设备被植入病人腹壁。它管理并且控制心脏的跳动速率。

人造心脏由钛和塑料制成，质量为0.9千克，连接了右心房、左心房、主动脉和肺动脉。

人造心脏的植入手术是个复杂的过程。医生不仅要切开并且取出病人自然的左右心室，还需要把一个陌生的物体植入病人体内。病人需要放置在人工心肺机上，然后还需要移开。医生需要进行上百次的缝合，以便使自然心脏剩下的部分和人造心室吻合。移植物将人造心脏和自然心脏剩下的部分相连接。移植物是一种合成组织，它使人造设备和病人自然组织相连接。

下面是路易斯维尔大学外科医生罗伯特·多灵描述的手术过程：

（1）医生将能量转换线圈植入病人腹部。

（2）胸骨被打开，把病人放置于人工心肺机上。

（3）医生将病人自然的左右心室移走，留下左右心房、主动脉和肺动脉。这一手术步骤会花费2～3个小时。

（4）将病人自然的左右心房和心房封套缝合在一起。

（5）一个塑料模型被植入病人胸部的正确位置，以填充心脏。

（6）移植物裁减成适合的尺寸，并且与主动脉和肺动脉缝合到一起。

（7）把人造心脏植入病人胸部。医生使用快速连接器——类似于夹子一样的物体，将心脏和肺动脉、主动脉以及左右心房相连接。

（8）将所有器械中的空气排空。

（9）把病人从人工心肺机上面移下来。

（10）手术工作组确保心脏在病人体内工作正常。

使用死人的手

他说："请不要误会我。用假肢生活是完全能够接受的生活方式，但我只是想要更好一些——使用皮肤、骨头、肌肉和肌腱，而不是塑料、橡胶和电池。"在被选中之前，他必须通过许多测试，以确保他达到身体上的要求，并在心理上能接受使用死人的手。最后，在1999年1月24日下午，17名医生为他进行了长达14.5小时的移植手术，在捐献者的手和斯科特的左臂之间把动脉、静脉、神经和骨头连在一起。

手部移植是一个有争议的问题。在任何外科移植中，最大的问题就是排异反应。人体的免疫系统对"外来肢体"会自动产生强烈地排斥，这本来是抵御感染和疾病的重要保护机制，却给移植患者带来很大危险。虽然可以利用特效药来抑制免疫系统，但是这会产生严重的副作用，比如引起癌症、糖尿病和高血压。尽管在手部移植之后所使用的抑制免疫药物的剂量不会超过器官移植（诸如心脏、肺、肾脏、胰和肝脏），但是，抑制免疫药物可能会直接导致十分之一的手部移植者在术后10年内死亡。医生和医学伦理学家都对此表示关注，认为患者为了用人手代替假肢，应该承担手术的风险和抑制免疫药物带来的不确定后果。这些风险对器官移植来说是可以接受的，比如心脏或肾脏等维持生命的器官，但手不属于这一类。值得为一只手冒生命危险吗？因此对这个手术持反对态度的人说，把尚不成熟的研究应用于实践将会带来恶果。

尽管心存疑惧，马修·斯科特还是做出决定，并在后来成为世界首例成功的手部移植者。最初他每周进行6次强化治疗，

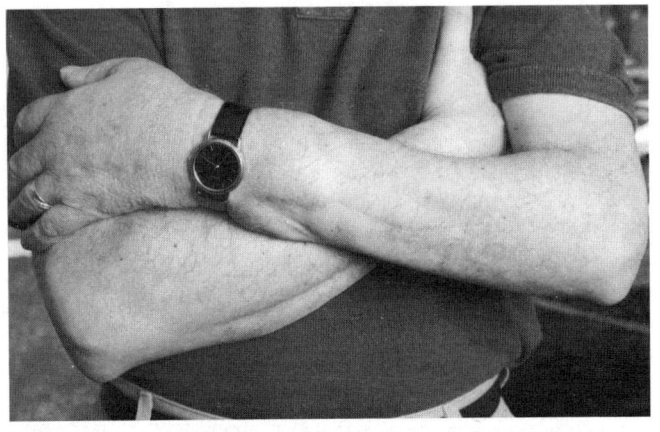

马修·斯科特在一次鞭炮事故中失去了左手，他在300多名申请者中被选中，成为美国第一位接受手部移植的患者。

并伴有恶心和消化不良,还经历了3个轻微的排异期,但是,随着时间的推移,这些不适逐渐减轻了。排异反应是通过药物治疗的,5年内唯一的并发症就是拇指患上了关节炎。这是手术之前医生就预料到的。他们说,这实际上是由于他的手指弹性太大了。

手术6年之后,他能用移植的手扔球、接球、开门、转门把手、踢足球、搬家具、端起杯子喝水、拨打手机、写名字、系鞋带等等。每年的检查结果也显示,他的病痛在好转,力气越来越大,感觉不同物体的能力也大大提高了。他的左手能感觉出冷热,也能分辨出粗糙和光滑的质地。

"手部移植消除了我不能做某些事的恼怒和挫败感,"他说,"现在我相信,如果不能做某件事情,通过一些治疗就可以了!我又能完成很多日常工作了,而以前用假肢是办不到的。"移植给他带来的最大方便是能够为孩子鼓掌。"能为孩子鼓掌是件重要而高兴的事。能一边用右手拿东西一边用左手开门也很不错。"

但他注定不能达到常人的水平,而且,尽管抑制免疫药物的剂量越来越小,但他后半生必须一直吃药。然而,他仍然很高兴能有一只新的手,认为不论是心理上还是身体上都值得这样做。他说:"手也许是仅次于声音的最富于表现力的东西。手的触摸和我们使用手的方式都能表达出很多信息。"他妻子说:"他非常喜欢敲鼓,现在终于能尽兴地敲了。他的心情好转很多,对自己也更加平和,情绪安定下来。"

实施移植手术的医疗组组长沃伦·C·布雷登巴克说,斯科特的"手部功能得到了很大程度的加强,拇指也更有力了"。他还补充道:"这是手部移植手术这么久以来最成功的一例,感谢马修和道恩。如果没有他们做的努力,就不会成功。他的左手和正常的手比起来还有差距,但是比假肢强很多。"

斯科特没有患上严重的疾病或感染,这为支持移植手术的人提供了证据,证明药物治疗的发展已经显著减轻了患者对植入的肢体产生的排异反应。

布雷登巴克说:"这告诉我们,认为皮肤具有很强的排异性而不能移植的旧观念是错误的。皮肤的反应确实比肌肉和肾脏强烈,但是如今的抑制免疫药物药效很好,在手部移植中可以使用和肾移植相同的剂量。所以,药物的发展保证了皮肤和其他软组织的存活概率和肾移植一样高。6年来马修的状况告诉我们,经过移植的手可以保持这么久,而且对于马修,还能继续保持相当长的一段时间。"

但是,许多医学专家还是对手部移植持怀疑态度。人们希望马修·斯科特的手术能为进一步的手部移植手术开启大门,而至今全世界只有不到30例此类手术,手部移植显得缺乏支持。这种怀疑的部分原因是世界首例手部移植的结果不理想。新西兰的克林特·哈勒姆于1998年移植了一只陌生人的手,但是新的肢体难以和身体相容。手的样子让人厌恶,因此他遭到一些朋友的躲避,没能得到大家的接受。他声明自己感觉比原来仅有一只半手的时候残疾程度更大,后来在2001年,他要求把新的手截去,因为他"在内心无法接受它"。

对马修·斯科特来说却没有这些问题。他还能想起手术后那个奇妙的时刻,他醒过来,发现左手上又有手指了。"那里不是一堆空空的带血的绷带,而是包裹着手指、形状突起的绷带。我永远也忘不了那一刻。"

干细胞移植

在人出生之前，胚胎干细胞产生出构成人体的其他200多种细胞。出生后，成人干细胞可以修复体内受损的细胞。人体的再生机理利用自身能力治愈伤口和疾病，保障各种细胞正常工作并应对可能发生的状况——但是对很多疾病它们无能为力。

目前，干细胞学还处于初级阶段。胚胎干细胞有产生200种细胞的能力，其功能远远大于成人干细胞，但是人们除了有道德上的顾虑，还担心使用起来可能遇到麻烦。例如，在老鼠身上使用胚胎干细胞，有时会导致大块的肿瘤。而使用成人干细胞危险性较低，因为当患者需要的时候，可以从自己身上收集，不会发生排异反应。科学家现在的目标是找出人体哪个部位能最有效地收集到干细胞。

事实上，在一些手术中已经在使用成人干细胞了。医院里常规的骨髓移植手术，从本质上讲就是干细胞移植，因为手术使用的细胞符合干细胞的定义，即它们能在人的一生中持续生长并产生神经组织。在探索成人干细胞移植手术的道路上，英国妇女金姆·古尔德是著名的一例。1998年5月，她骑的马在越野的最后一跳中跌倒，她被甩向空中，从此瘫痪。

"我摔在地上，脊柱一下子就折断了，"她说，"医生说我再也不能走路了，我就想：'不会的，出院之后就没事了。'事实证明我错了。事故发生后的几年中，我整天待在屋里，闷闷不乐。行动受到限制，不能出去，那真是太难受了。我的整个生活面目全非。"

古尔德太太尝试了无数的治疗方法都不见效，最后，她在里斯本接受了实验性的手术，从鼻腔取出干细胞移植到脊柱里。2003年10月，手术在埃加斯莫尼斯医院进行，持续了9个小时，由加洛斯·利马医生主刀。20世纪70年代末，佛罗里达州立大学的帕斯奎尔和阿里拉·古拉加德在干细胞研究方面取得了一些成果，利马医生以这些作为手术的基础。

他们发现，鼻腔里有一部分神经系统负责嗅觉，那里的神经元在人的一生中能够持续生长。这一点很重要，因为我们感冒的时候闻不到气味，但并没有永远失去嗅觉，病好之后又能复原。由此可以推断出，这些神经细胞属于干细胞。它是神经系统的一部分，终身具有自我更新能力。由于鼻腔组织里存在干细胞，能持续生长并产生神经组织，所以，它或许能用来修复受损的脊髓。

利马医生说："我反对使用胚胎干细胞，但并不全是由于道德原因。大自然让胚胎干细胞增殖，让成人细胞更替、修复，违反大自然的法则是危险的。在这里，是大自然在起作用，而不是我们。我让患者自己恢复，因为一旦把细胞植入你的脊柱，它就属于你了。很自然，只要有良好的环境细胞就会生长。一个干细胞在几个月，甚至几年内都能产生效果，所以我们希望在手术几年之后还能看到作用。所有患者的感觉神经和运动神经都有不同程度的恢复。他们在受伤以后还从来没有这样运动过,感觉过。有的人甚至恢复了膀胱及排便功能。"

手术之后,金姆·古尔德的右下半身、后腰和腹部肌肉开始恢复知觉。不到1年她就能爬行了。

她说:"我现在能很好地保持平衡,还能举起腿向前伸。我已经有6年无法行动了,而这一年的恢复非常显著。如果从别人或胎儿那里移植过来细胞总是会有危险性的,可能发生排异。但再生治疗是用病人自己的细胞更新、修复自己。只要有办法摆脱瘫痪,不用坐在轮椅上,我想任何病人都会尝试的。"

金姆·古尔德的情况比较特殊,因为移植使用的嗅觉组织会随着时间逐渐缩小,这样就需要考虑病人的年龄。而她当时已经43岁了,是接受这项手术的病人中年纪最大的。

乔伊·维伦也是利马医生的病人,原本在德克萨斯州教书。1999年10月,在科罗拉多落基山脉附近的峡谷发生了一起可怕的事故,她为了保护家人而受伤。

她回忆道:"我的孩子们坐在车的前排,我妈妈坐在后面。前排座位上一共有3个人。车开始倾斜,向前冲去,他们眼睁睁地看着我,我立刻跑出去。车就要冲向峡谷了。我跑的时候眼前浮现出孩子们随着车跌落的样子。到了车子前面,我试图用手臂让它停下来,这当然做不到。我记得当时感到车子朝我撞过来。我向后摔下去,脚被车压到了。我在车子下面翻滚,第3次挤压的时候我感觉到后背被压坏了。然后我仰卧着,身体被车子的后轮纵向碾过。他们说幸亏我的头歪着躲过了车轮,才没有丧命。当时我30岁,我想我这辈子算完了。"

虽然她父亲拉起手闸,保住了孙子们的性命,但乔伊·维伦不幸瘫痪,左半身从腰部以下不能动弹。

手术9个月之后她就有了好转,尽管进步并不像她想象的那样大。"我左腿恢复得最好。过去左腿总是冰凉的,而右腿又温暖又有劲;但现在左腿甚至比右腿还强壮,效果显著。我还感到更加疼痛,但是痛觉是最先恢复的感觉,所以这是好事。"她知道还需要长时间的恢复。"我当然希望手术之后能自由行走,像没发生事故一样,但我跟利马医生说,我从来没有任何奢求。"

杰弗里·雷斯曼教授是伦敦大学脊柱修复组主任,他对利马医生取得的成果非常感兴趣。他也研究过能否从患者鼻腔里提取干细胞,并安全

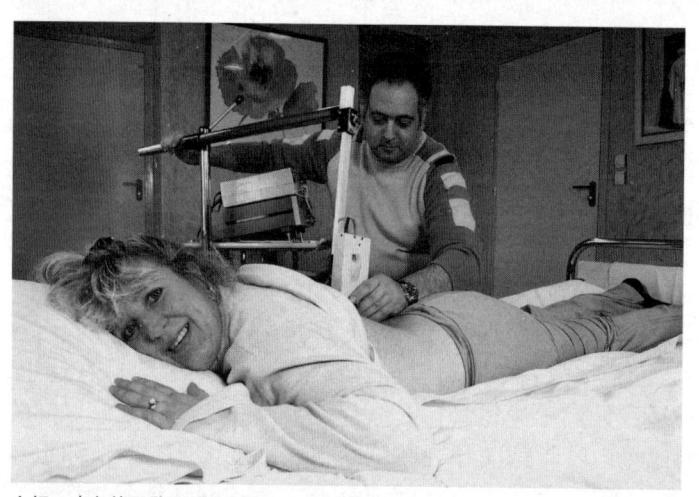

金姆·古尔德因坠马受伤而瘫痪,她接受了实验性的手术,从鼻腔中提取干细胞移植到脊柱里面。

有效地治疗脊柱损伤。雷斯曼的研究小组在老鼠身上做过实验。他们切断了老鼠控制前爪的神经，因此它不能用爪子正常爬行，也不能抓取食物。然后从老鼠鼻腔提取了干细胞，植入到受损神经周围。没过几个星期，手术就产生了明显的效果。

雷斯曼教授说："我们使老鼠恢复了爬行能力，还能控制前爪的运动，抓取东西——这正是那些手不能动的患者需要的功能。"后来雷斯曼教授把干细胞植入老鼠脊柱，也得到了同样满意的结果。他们发现干细胞有一种特殊的能力，可以与受损组织很好的结合，在断开的神经纤维之间搭建桥梁。

雷斯曼教授补充道："我们把干细胞移植到受伤部位，那里就恢复了功能。我们第1次将这扇大门拨开了一道缝。瘫痪者离开轮椅，中风病人好转，盲人恢复视力，失聪者重获听觉，这些将不再是梦想。如果我们能敞开这扇门，就能发现后面广阔的天地。如果成功，这将是一场革命。"

但他强调病人可能不会完全康复："如果一个人根本不能移动手臂，无法按开关、操作机器、开车，那么手术可以给他的生活带来很大变化，但是可能不会完全治愈。"

同时，韩国科学家公布说，他们用取自脐带血的干细胞为一名瘫痪20年的韩国妇女修复了脊柱，病人已经能下地行走了。20年前，黄美顺在一场事故中腰部和髋部受伤，此后一直卧床不起，但是在2004年11月召开的记者招待会上，她当场用助行架行走，并对记者说："这对我来说是个奇迹，我做梦也没有想到能够再次走路。"

据称这是世界上第1例此类移植手术。他们在婴儿出生的时候采集到脐带血，将干细胞分离出来并立即冷冻，经过一段时间的培养之后直接注射到受伤的脊髓处。不到两个星期，病人的髋关节就能动了，一个月之后，她的脚对刺激产生了反应，她还能利用助行架小步行走。医生对她的恢复之快感到惊喜，但同时承认还需要进一步的研究。韩国政府资助的脐带血银行的总裁韩勋说："在从冷冻的脐带血中分离出干细胞、寻找与病人基因配对的干细胞等方面还存在技术问题。"与使用胚胎干细胞不同，这种疗法不会引发道德方面的争议，而且脐带干细胞在病人体内基本不会产生排异反应。尽管还需要进行进一步的研究和实验，但鼻腔和脐带干细胞移植也许能为成千上万绝望的病人带来曙光。

未来的子宫移植术

很快就会有一种全新的方法帮助女人怀上自己的孩子了，这就是子宫移植。科学家最近预计说，在几年之内将出现第1例通过子宫移植产下的宝宝，但是这种观念引起了争议。

早在2000年世界上就出现了第1例子宫移植。接受手术的是26岁的珊迪·阿拉比亚，她剖腹产之后大出血，只好切除了子宫，但是她还想生孩子。移植的子宫来自一名46岁的捐献者，这一复杂的手术在吉达的法哈德国王医院进行。手术非常顺利，术后患者通过服药来防止新子宫出现排异反应。肾移植患者服用的也是这种药物,她们中就有许多人成功怀孕。在荷尔蒙的刺激下,珊迪的子宫内壁增厚到18毫米,足够怀孕所需,她还来了两次月经。但是可能由于子宫在盆腔中发生了移位,出现了血液凝固问题,因此99天之后医生不得不把子宫切除掉。

瓦法·弗吉教授是移植小组的带头人,他说尽管手术过程极其复杂,但这是一个"良好的开端"。其他妇科学家也表示赞同,说这种手术大有前途。理查德·史密斯是切尔西和威斯敏斯特医院的顾问妇科医师,他对《守护者》报说:"他们取得了很大的成绩。他们证明这项手术在技术上是可行的。"谈到患者终身都要服用抑制免疫力药物,他说:"我们一直认为,患者植入子宫,生下一两个孩子之后,子宫就可以取出来了,她们的服药时间只有几年。"

皇家妇产科医学院的皮特·鲍文希姆金斯也表示,他相信这项技术的发展最终能让没有子宫的女性成功生育。他说:"病例的子宫存活时间长达两个月经周期,这说明第1个难题已经解决了。"

然而,权威生育专家劳德·温斯顿反对将珊迪·阿拉比亚列为成功的病例。他说,血液凝固证明整个移植是失败的。"在以后的子宫移植过程中,如果把血液正在凝固的组织植入盆腔,患者的生命将受到威胁,还可能出现血栓症。不论在英国还是美国,从道德上讲这种行为都是不对的。"他还说,这个手术激起了不育女性的生育希望是"很遗憾"的事。"许多女性在生育年龄失去了子宫,还有的女性天生就没有子宫。但是,这种手术不能帮助她们。"

劳德·温斯顿一个主要的反对理由就是,在50年的试验中,正是因为血液凝固这个问题,子宫移植一直无法成功,包括动物试验。虽然劳德·温斯顿对手术表示反对,但是2002年,人类子宫移植还是前进了一步:瑞典科学家在老鼠身上进行了子宫移植并使之成功怀孕,这是第1次通过子宫移植使动物怀孕。这项研究是由哥德堡大学的麦茨·布兰斯罗姆教授领导的,他确信可以用从老鼠身上获得的成功经验为人类进行类似的手术。他说:"已经生育过的亲姐妹或母亲可以作为合适的捐献者,因为这样免疫和血液类型更容易配合。然后,你可以用植入的子宫怀上孩子,而你自己就曾在其中度过胎儿阶段。"他设想得很长远,甚至说最后可能把子宫移植到男人体内,然后注射荷尔蒙使之怀孕。但是,对子宫移植表示怀疑的人暂时还顾不得考虑男人生孩子的问题!

关键在于,子宫移植不同于其他器官移植,它并不是生存所必需的手术,因此它是不正当的,尤其是考虑到服用抑制免疫药物的危险性。然而,数千名生育年龄的女性拥有良好的卵巢却没有子宫,对她们来说子宫移植的重要性不应该受到轻视。这正如美国妇科学家路易斯·G·基思在《国际妇产科学报》上所写的:"某些人认为生育下一代是一生中最重要的事,所以对她们来说,为了生孩子而移植器官虽然不是生死攸关的,但也绝非轻率或可有可无的。"

克隆人

与其他移植一样,胚胎干细胞移植面临的一个问题就是组织排异,而这正是克隆所解决的问题。治疗性克隆就是仅仅以得到干细胞为目的创造人类胚胎,而不是为了创造一个新的人类。用这种技术可以克隆出患者的DNA,得到干细胞并使它们在所需组织内生长。科学家希望,这能够解决移植引起的排异反应。通过克隆胚胎得到干细胞也为科学研究提供了试验对象。但是有很多人反对任何形式的克隆人类胚胎或器官。反堕胎组织和天主教会把胚胎干细胞研究称为"非法的、不道德的、没有必要的"。2001年教皇约翰·保罗二世访问美国的时候,他对布什总统说,这种研究与杀婴一样罪恶。华盛顿一直争取美国立法禁止所有的克隆行为,而以英国为首的其他国家却允许医学试验性质的克隆。

这些问题都始于多利羊。1997年,爱丁堡罗斯林研究所的伊恩·威尔姆特教授从一只普通成年绵羊身上提取细胞,成功创造出世界上第1个体细胞克隆动物。这一突破性的研究引起了许多人的效仿,全世界许多家研究机构的科学家都开始尝试克隆各种各样的动物,而一些科学家宣称他们将克隆人类。这激起了道德方面的争议,多数想克隆人类的研究者强调说,他们研究的目的不是用克隆技术创造人类,而是为了研究战胜疾病的方法。但是在2001年,意大利生育学医生塞维利诺·安提诺里和美国学者潘诺斯·扎弗思宣布了他们的克隆人计划,引

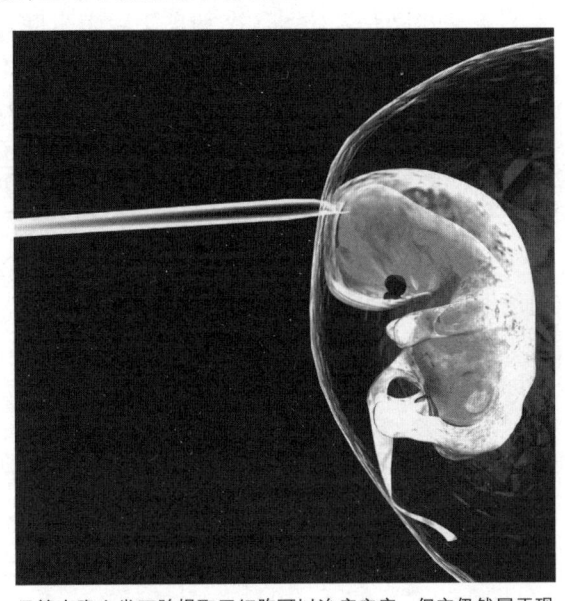

尽管克隆人类胚胎提取干细胞可以治疗疾病,但它仍然属于现在医学中最有争议的问题。

起了争论的热潮。同年,人类生育与胚胎机构决定使治疗性克隆合法化,但规定研究结束后必须消灭所有用于试验的胚胎。实际上,胚胎在发育14天之前就被消灭了,而且发育得从不超过针头大小。但是,许多反对者还是强烈要求区分医疗性克隆和生殖性克隆,并担心医疗性克隆可能导致产生克隆婴儿。反堕胎组织认为道理很简单:胚胎从存在的那一刻开始就是人类,完全没有理由为了试验而创造人类。

2005年,维尔姆特教授得到批准,可以从克隆的人类胚胎中采集干细胞用于治疗运动神经疾病(MND)。运动神经负责将信号从大脑传输给身体各处的肌肉,但是运动神经受到疾病的侵害之后就会导致肌肉无力。由于神经退化,尽管患者还保持清醒,但是呼吸、吞咽方面的肌肉运动会受到不同程度的影响。因此,MND患者确诊之后一般只能存活2~4年。

早在130年以前人们就发现了MND,但是医学家至今还不知道病因。2%的病因是一种称为SOD1的基因缺陷,8%是遗传性的,因此MND具有基因基础。

维尔姆特教授和他的研究小组正在研究一种克隆技术，叫做细胞核置换，就是将人类卵细胞的细胞核取出，用皮肤细胞之类的体细胞核代替，然后把卵细胞培育成胚胎。由于置换进去的细胞核来自 MND 患者，所以胚胎也患有 MND。胚胎发育到 6 天大的时候就被消灭了，在这 6 天的时间里，研究人员从中提取出干细胞，并培养成受 MND 影响的神经细胞。在这些细胞生长的时候，科学家第 1 次有机会对 MND 从开始作用到最后摧毁神经细胞的整个过程进行观察研究。维尔姆特教授说："这是一个强大的研究工具，我们的目标是弄清楚这种疾病。我们希望有一天能够由此找到治疗的办法。"

克隆的反对者获悉这个消息之后表示反对和愤怒，他们说科学家应该用其他方法来研究 MND，例如研究由于遗传疾病而体外受精不成功的胚胎。但是，伦敦国王学院胚胎植入遗传分析中心的皮特·布劳德教授指出："胚胎植入遗传分析表明，MND 与囊肿性纤维化和亨廷顿氏病这些遗传疾病不同，在发育出干细胞群之前胚胎就已经受到了影响，所以，除了使用克隆技术，没有其他办法能培育出合适的运动神经干细胞。"

2005 年 5 月，纽卡斯尔的科学家在阿里森·莫多克教授的带领下，宣布了英国第 1 例人类胚胎克隆。

鉴于对克隆人类胚胎的争论不断升温，医学道德学家、宾夕法尼亚大学生物伦理中心主任亚瑟·卡普兰表示，他相信争论会分成两个问题：治疗性克隆和生殖性克隆。"我认为最大的问题是：这样做真的就是创造了人类吗？能以备受争议的摧毁的办法让其他人受益吗？这才是关键所在。" 在以后的几年中，这个问题似乎还要继续讨论下去。

军事奥秘

安全高效的头盔枪

钻入坦克的神奇炸弹——蜈蚣地雷

舰船的梦魇——"飞鱼"导弹

均匀爆炸的炸弹——云雾弹

像乌贼一样喷雾的气幕弹

感觉敏锐的响尾蛇导弹

奔跑的袋鼠与军用汽车

…… ……

安全高效的头盔枪

头盔枪的诞生，使人们对枪的传统意识发生了改变。它是自动武器向攻防兼备、灵巧别致的方向发展的一个新的起点。

从外形上看，头盔枪与普通头盔没有什么区别，但从结构上分析，两者之间就大相径庭了。头盔枪的最上方是枪膛，即容纳子弹的地方。其前端是射出子弹的枪管，而后端则是用来排泄火药气体的喷口。光学瞄准镜装在头盔的前额处，它的瞄准线和枪膛轴线平行。当发现目标时，通过装在射手眼睛前面的反射镜和瞄准镜可以将目标准确地反射到人的视线以内，射手便可以依据需要操作电发火装置，向敌人进行点射或连续射击。

头盔枪有一个突出的特点，就是没有后坐力。这样，既提高了射击精度，又使枪的结构得以简化。它发射9毫米的无壳弹，子弹的初速达550米／秒。在100米以内，几乎是百发百中。

那么，是什么原因促使人们想到在头盔里装上枪的呢？

在第二次世界大战后，联邦德国的一些武器设计专家们在翻阅和整理有关二战的一些实战照片时发现，一名士兵将枪支放在由阵亡同伴的头盔堆起来的空隙中射击，就像是从小碉堡里向外发射子弹。这使设计家们顿受启发。

在经过设计家的研制和试验之后，称得上世界兵器史上一大奇迹的头盔枪就正式问世了。

更令人感到惊奇的是，这个小小的头盔枪在现代战争中发挥了重要的作用。当敌人突然使用核武器、化学武器或者细菌武器时，头盔枪上可开关的通气孔就会马上关闭，背囊中的输氧装置便会通过管道自动给士兵输送氧气。与此同时，前额处的瞄准镜也立即自动关闭，保护士兵的眼睛不受辐射等的伤害。

头盔枪的出现，使头盔枪变成了攻防兼备的武器，可以说是用盾牌来射杀敌人。在当今科学技术如此发达的情况下，将来会涌现出更多更新奇的枪械武器。

钻入坦克的神奇炸弹——蜈蚣地雷

蜈蚣的躯体背部呈暗绿色，腹部呈黄褐色，分为12节，节节都长着一对足。金黄色的脑袋上长着一对长触角和一对小聚眼，口部有一对大颚和两对小颚。那发达的爪使它爬行起来十分敏捷。在美国引发的一场研制机器人地雷的热潮中，蜈蚣的这些特点引起了日本军工专家的极大兴趣，并且他们很快就研制出一种"蜈蚣地雷"。

在美国国防部制定了空地一体作战的全球战略后，美陆军弹道研究所就曾预测到未来战场将采用机器人地雷。他们这样描述：进攻者面前的战场布满跳雷，于是敌人想方设法开辟出一条狭窄的通道，然而电子计算机比敌人更狡猾，它以1％秒的速度准确测定哪颗跳雷应该爆炸。

在这场研制机器人地雷的竞赛中，日本的军工专家想，那些国家研制的不论是轮式"跳雷",还是鸭式"飞雷",虽然千奇百怪,但是无一例外都是从攻击目标的外部实施进攻。这不仅使地雷的体积增长,容易暴露,从而降低战场上的生存力,而且必然要增大机器人地雷的破甲装药量和技术装置。这些弊端使他们联想到,如果能把机器人地雷制造成像蜈蚣或蛇那样,能从细微的小孔口甚至缝隙钻进工事、坦克等目标的内部爆炸,那将有以一当十、以一当百的作战效力。很快他们便研制出一种叫做"活动索状机械"的机器人地雷。

日本的军工专家便模仿蜈蚣的这种性能制造出一系列活动铰链和球状关节,每一节里都装有微型驱动器,装配起来的形态酷似蜈蚣。然后在"蜈蚣"的头部安装上"眼睛"、"大脑"和"耳朵"等"自寻的"装置。这样的话,当接受到目标电磁波、震动、红外辐射等信息后,便迅速通过电脑鉴别出目标的性质,并按预定计划决定是靠近目标钻入其内部,还是绕道而行另选目标或者就地潜伏,待机而动。

据资料显示,日本研制的这种"蜈蚣"机器人地雷,可以任意穿行于障碍物之间,甚至能机智地走出"迷宫",灵活而又隐蔽地爬到坦克等重要装甲目标里或其薄弱部位,然后自行起爆。这种"蜈蚣"地雷还能悄然爬进深入地下的指挥所、导弹阵地等关键目标的工事内,以至输油管路中实施爆破。

舰船的梦魇——"飞鱼"导弹

现代武器中有不少都是根据仿生学原理发明的,像前面讲到的"蜈蚣炸弹"就属此类。而导弹家族中有一位成员是通过模仿飞鱼的飞行技能而设计出来的,它就是闻名世界的"飞鱼"导弹。

众所周知,反舰导弹是一种被用来攻击敌方舰船的进攻性武器。但因舰艇装备众多的雷达,导弹飞行过高很容易被敌方发现,导致导弹或被拦截,或被规避,这样一来,导弹便很难发挥作用。为了减小敌方舰船防御系统的威胁,同时,提高反舰的突防能力,武器专家苦苦思索。突然,飞鱼的影子在一位专家脑海中一闪,他顿时变得兴奋起来。

飞鱼是一种海洋鱼类。它生有一对像鸟翅膀一样的胸鳍和一只可以掌握飞行方向的尾鳍。当遇上蝴鳅鱼、金枪鱼等追赶它时,它会用长而有力的尾鳍猛击海水,使身体腾空而起,从而能以极快的速度冲出水面,然后展开胸鳍,"飞"到离水面8～10米的高度,以大约每秒20米的速度在空中滑翔150～200多米的距离,从而摆脱了敌人的追击。

法国武器专家在了解了飞鱼的习性及特征后,受到飞鱼掠海面做超低空飞行的独特技能的启发,同时,由于舰船雷达存在超低空"盲区",专家们模仿飞鱼低空飞行技能,专门设计了能避开舰船雷达探测、可在掠海面5米低空飞行的空对舰反舰导弹。

"飞鱼"导弹一诞生,便在实战中显示了巨大的威力。在1982年英阿马岛之战中,阿根廷飞行员利用"飞鱼"导弹曾一举击沉了被称为"皇家海军骄傲"的英国现代化驱逐舰"谢菲尔德号"。

均匀爆炸的炸弹——云雾弹

当今世界,瓦斯爆炸事件时有发生,几乎世界各地都曾发生过这样的惨剧,令人不寒而栗,这也促使人们从不同的角度去思考、研究。也许大多数人都在考虑如何防止或避免瓦斯爆炸,但武器专家们却从瓦斯爆炸中受到启发,研制出了一种云雾弹。

研究杀伤武器的兵工学家发现,成整体性的气体爆炸的威力几乎均匀分布,从而造成面状破坏。这是由于具有扩散性而且无孔不入的气体一旦被引爆,气体就会使目标全身同时爆炸开来所致。于是,云雾弹便应声而出。

作为世界上最大的军火制造者和推销者,美国把发生在1967~1973年的越南战争当做他们的新武器试验场。在美国的侵越战争即将失败的前夕,一天,隆隆作响的美军飞机从越军阵地上掠空而过,团团白色"云雾"随着飞机在低低的空中出现。只见"云雾"迅速向一起聚拢,接着,随着一道闪光划破了长空,"云雾"爆炸,虽然爆炸声不足以达到山崩地裂的程度,但其爆炸产生的冲击波却使工事坍塌,雷场起爆,横尸遍野,越方在美军的这次空袭中损失惨重。后来,经军事专家分析,这种"云雾"其实是美军研制的气体炸弹,其爆炸威力可与低当量的核弹相比拟。

在这种被称为"气浪弹"、"窒息弹"的炸弹体内,因为装填了一种具有沸点低、易挥发等特性的新型燃料空气炸药,其威力大增。这种炸药从弹体内撒出,便迅速与空气混合,并立即气化,形成气溶胶状云雾;当其与氧气混合达到一定比例时,"云雾"一经点燃,便会在几微秒内骤然爆炸,并形成威力比普通炸药爆炸要高5倍以上的巨大气浪。尤其是这种"云雾"的比重比空气大,所以,气体会像水一样流向低处,钻进工事、坦克的内部爆炸。同时,因为燃料空气炸药爆炸时,会快速消耗空气中的大量氧气,造成爆炸区内骤然极度缺氧,从而加大危害程度,导致人员窒息、机械停转。

美国海军陆战队在作战过程中已使用了一种安装在两栖装甲车上的燃料空气扫雷系统。

奔跑的袋鼠与军用汽车

人类在研究生物的超能力、揭示种种奥秘的同时,开始模拟生物的优异形态、结构和机能。现在,广泛应用于化学、航海、电子、自动化控制和指挥等各个领域的仿生学,已突破对生物体的原型模仿,开始寻找生物界生命运动的规律。

袋鼠的前肢短小,后肢粗大,腹前有一只供幼鼠发育成长的育仔袋。袋鼠还长有一条粗长的尾巴,有时候站立起来,还可以用尾巴支撑。袋鼠的奔跑速度和跳跃能力非常惊人,尽管育仔袋中装着幼仔,它也能在广阔的澳大利亚草原上随心所欲地奔跑、跃跳，疾驰如飞。

专家们注意到袋鼠的起跑姿势非常奇特，它们不采用站立式起跑，而是先将身体弯曲下去，采取蹲踞式起跑。这样一来，袋鼠降低了身体重心，起动、奔跑和跳跃时便增加了向前的水平分力和巨大的冲力。同时也充分利用了袋鼠形体结构上的特点，尤其是极好地发挥了它那强有力的后腿的蹬伸作用，这样使袋鼠能立即摆脱静止的状态，获得较大的起动初速度。

专家们研究认为，袋鼠的这种起动姿势是符合生物学原理的。从生物力学的角度来分析，肌肉在收缩前先拉长，可以有效提高肌肉的张力，有利于发挥肌肉的收缩能力。袋鼠的蹲踞式起跑能拉长臀肌、大腿前面的四头肌和小腿后面的三头肌，使这些肌肉处于收缩前的绷紧状态。当后蹬起动时，就会产生相当大的爆发力，加之蹲踞起跑时，其身体重心低，支撑反作用向前的分力大，所以袋鼠能产生巨大的前冲力，从而提高了起动时的初速度。

科学家从袋鼠起跑的状态中受到启发，制成了时速达 50 千米的极地越野车和无轮汽车，它们在机动作战中也立下了赫赫战功。

刀枪不入的坦克"铠甲"

坦克是一种威力巨大的常规武器，普通炸弹对它无可奈何，但破甲弹和反坦克导弹的出现使坦克受到了威胁。在这种情况下，如何使坦克更坚固就成为亟待解决的问题。于是，科学家们给坦克穿上了一身新式的"铠甲"。

这种"铠甲"里面装有炸药，用薄钢板制成，外形和普通扁平盒子一样，在它的四角或两端钻有螺孔，从而可以将它固定在坦克装甲上。

这种盒子里装的炸药是钝感炸药，一般不会起作用，甚至普通的机枪子弹或炮弹破片击中它也不会引起爆炸。但是，如被反坦克导弹或破甲弹击中，它会立即爆炸，爆炸所产生的气流会将导弹和破甲弹弹头部产生的金属射流搅乱、冲散，使其不能击穿坦克装甲，从而起到了保护作用。因此，人们把它叫做反应装甲或反作用装甲，也有人称其为"爆炸式装甲"或"爆炸块装甲"等。

反应装甲的重量轻，体积小，易于制造、安装和维护，而且价格也较低廉，可以说是新式坦克的护身法宝。

战场实际使用证明，反应装甲能使破甲弹或反坦克导弹的破甲能力大大降低，降低程度为 50%～90%，这相当 10 倍于同样重量普通装甲的防护效能。

坦克示意图

早在 1982 年爆发的黎巴嫩战争中，以色列军队就给他们的坦克安装了这种装甲。在这次战争中，由于有这种新时装的保护，以色列被对方击毁的坦克仅数十辆，而没有使用这种装甲的叙利亚和巴勒斯坦解放组织被击毁的坦克多达500多辆，其中还有10多辆被捧为"骄子"的前苏联制造的T-72坦克。

此后，反应装甲引起了人们的注意，英国、美国、法国、前苏联等许多国家不仅对它进行了详细的研究，而且组织人员仿制这种装甲，来装备自己的坦克。美国很快为它的一些海军陆战队的M60A1主战坦克安装了这种装甲。前苏联的行动则更为迅速，在一年多的时间内为7000辆T-72、T-80坦克安装了反应装甲。

然而，世界上没有绝对的强者，这种装甲并非牢不可破。随着反坦克武器的不断发展，坦克若想生存，就必须不断改进其反应装甲的性能。

贝壳激发的灵感——复合装甲车

贝壳是一种坚固的物质，并且质量很轻，这激发了科学家们开发轻型材料的灵感——这样的材料可以使坦克装甲变得更加坚固，从而制造出新型复合装甲车。

研究人员通过研究发现，贝壳有着十分巧妙的构造。由于这两种软体动物堆砌生物组件的技巧非常高超，所以，这些贝壳的硬度是原料碳酸钙的十倍。

十字切开的鲍鱼壳在普通显微镜下看上去是由一层层的碳酸钙组成的，这些碳酸钙厚度仅有0.2毫米，不过，在显微倍数提高以后，可以看到每一层碳酸钙又是由更多的每层厚约0.5微米的层状结构组成的。仔细观察就会发现，这些薄层是由一种有机糖蛋白胶将一排排头尾相接的微型碳酸钙"砖块"固定而成的。这些薄层是互相错开的，每块"砖"码放在另两块头尾相接的"砖"上面。海螺壳则有更加精细的结构，它的一排排的微型"砖块"以人字形排列。

坚硬物体对贝壳的撞击，可能会使贝壳上出现穿透数层微型"砖块"的直线状裂痕。但是粘住"砖块"的有机胶最终会化解这种破坏。这种化解也许并不能完全消除裂痕，但它可以使裂痕的位置沿胶粘层有所改变，其宽度也比原先变窄了。这个过程还会持续下去，直到碰撞的能量被吸收，壳体停止开裂为止。由于裂痕不能沿直线穿过"砖块"层，使得贝壳不但不会破裂，而且还会像原来一样坚固。

深受贝壳研究启发的武器研究专家们已经制造了新型复合装甲材料，这种材料是仿造鲍鱼壳的结构制造的，坚固而轻巧，是坦克的新铠甲。

新型复合装甲材料的研制成功，对于提高装甲车的战场生存能力，争取战争的主动性，具有很大的帮助。

喷水的乌贼与军用气垫船

在海军的传统水面舰艇中，无论是航空母舰，还是巡洋舰、驱逐舰、护卫舰，都属于排水型舰艇。这些舰艇虽然威力无比，但在航速上却有很大的局限性。因为水的密度是空气密度的800多倍，舰艇在水面上排水行进时阻力很大，因而很难提高航速。所以，长期以来，人们就设想能用一种技术将船体托离水面，像飞机一样在空气中快速航行。

有"海中火箭"之称的乌贼在海洋中游动的最大速度可达每小时150千米，是海洋中游得最快的动物。是什么原因使乌贼游得如此之快呢？科学家研究发现，乌贼在游泳时与一般的鱼类靠鳍游泳的方式不同，乌贼身体下面长着一个漏斗管，它喷水的反作用力使乌贼飞速前进，这种反作用力足以使乌贼从海下跃上约7~10米高的空中。

科学家受乌贼游动原理的启发，他们发现如果安装一个气囊在船底，将压缩空气打入气囊，如打开气囊时，从船体的周边喷出的空气就能形成一个气垫，这个气垫会将船体托出水面。

20世纪60年代，科学家设计出了全垫升式气垫船。这种气垫船是根据乌贼游动的原理设计的，在这种船的四周，有一圈用来延伸周边射流的、用尼龙橡胶布制成的柔性围裙。安装了这种围裙的船，就像安装了轮胎的汽车，可以航行在水面、陆地或沼泽上，具有极好的快速性和两栖性，由于它的这种特性，这种气垫船便被迅速地应用在了军事上。

但在使用中，这种全垫升式气垫船的局限性也暴露了出来，即在大风浪中航行时容易产生侧飘且失速较大，所以从前在军事上，只制造小型全垫升式气垫舰艇。

后来，科学家在对全垫升式气垫船进行改进后，发明了侧壁式气垫船。它像一只倒置的盆，在它的气腔中充入压缩空气，内部压力增大，当压力增大到一定值时，船体便会被气垫压力产生的升力托出水面。侧壁气垫船比起全垫升式气垫船来，其显著的优点是具有良好的稳定性和操纵性，而且由于其气腔中的空气不易流失，比起全垫升式气垫船，它在消耗更小功率的情况下，能产生更大的托力，同时它还具备较高的续航能力和航速，所以适合建造大中型的战斗舰艇、小型航母和军需补给船等。在军事上比起全垫升气垫船来，这种气垫船有更显著的优势和更好的发展前途。

模仿猪嘴的发明——防毒面具

如果问你防毒面具和猪嘴有什么共同之处，你可能会说它们不过形状有些相似而已。但实际上，防毒面具的发明是根据猪嘴而来的。

1914~1918年，德军与英法联军为夺取比利时伊伯尔的地盘而进行了激烈的较量。英法联军凭着坚固工事，誓死抗战，打退了德军一次又一次进攻。

1915年4月的一天，一股西北风从德军阵地方向吹来，这时已是夕阳西下，英军第五阵地沐浴在暗红色的晚霞之中。一个英国士兵将脑袋伸出掩体，望见在对面异常弯曲的德军阵地前沿上，突然升起了黄绿烟雾。这位英军士兵见后，大声呼叫，其他的英军士兵都伸长脖子，好奇地注视着那奇特的烟雾。

在西北风的推动下，烟雾形成一人高的烟墙，以很快的速度飘向英军阵地。英军士兵还不知道他们正面临着恶魔的侵袭，仍然对这股烟雾七嘴八舌地议论不停，当黄绿色的烟雾飘临阵地时，英军士兵立刻觉出了有一股难闻的、带有强烈刺激性的气味，令人无法忍受、阵地上顿时人人眼泪、鼻涕流个不停，咳嗽声此起彼伏，感到有一只无形的手在扼住自己的脖子一样，透不过气来，头晕目眩，两腿一软就倒了下去。

原来，德军首次使用了化学毒剂，以打破欧洲战场长期僵持的局面。他们在阵地前沿设置了5730个装有氯液的钢瓶，当顺风时，便向英法联军阵地打开了瓶盖，释放出180吨氯气，导致中毒的英法联军达1万余人，其中丧命的就有5000多人。

然而，野猪居然在毒气中幸存下来。生物学家对此事产生了很大的兴趣。在反复研究和试验后，发现猪在嗅到刺激性气味时，便拼命用嘴巴拱地来躲避这种刺激，它把土拱松后，嘴巴就伸入泥土之中，含有毒气的空气经过土壤颗粒过滤后，就变得无害了。因此，野猪幸运地避免了这次灾难。

揭开了这个秘密之后，英国军事科学家深受启发，他们做成了像猪嘴巴一样的防毒面具，这种面具是用木炭颗粒做过滤层，内装可以过滤毒气的材料，成为世界上第一批防毒面具。后来经过多次改进，防毒面具采用的过滤材料更为先进可靠，吸附化学毒剂的本领更大，其防毒原理与猪鼻子的功能一样。

蛙眼的秘密与电子蛙眼

青蛙是完全借助于眼睛来捕食的，但是，如果我们把青蛙置于一个笼子中，里面放满已被杀死的虫子，青蛙却"拒绝"吃食，最后饿死在笼子里。科学研究发现，青蛙对于不会动的虫是感觉不到的，在蛙眼的视网膜中，具有只能识别飞来的虫的神经细胞。

经深入研究发现，蛙眼看到的世界和我们所看到的世界有很大的区别。蛙眼视网膜中的神经元重叠在三层上。第一层约有100万个视细胞，第二层约有与第一层数目相同的双极细胞，第三层约有50万个神经节细胞。根据其输出纤维连接场所的不同，第三层神经节细胞又分为五大组：第一大组是轮廓检测器，功能是准确地检出物体的轮廓。第二大组是虫检测器，约占神经节细胞数目的1/2，这组的神经元体积小于3°～5°，主要功能是对比背景明暗，并对向视野中心飞来的凸体产生响应。第三大组的神经节细胞是事件检测器，只有产生时间上的明暗变化时才发出响应。第四大组是转暗检测器，当周围全部都变暗时它就会发出响应，它可以及时发现作为青蛙天敌的大动物的接近，以进行自卫。最后一组是用来检测绿色（意味着是水）的。这五组神经节细胞中有四组是

将电子蛙眼用于舰船的雷达系统上，能准确而快速地识别出敌我目标。

检测图形的，还有一组检测颜色。

通过对蛙眼结构进行深入研究，科学家发现它的里面有四种神经细胞，这四种神经细胞就是四种"检测器"。

"电子蛙眼"是近年来人们根据青蛙眼睛的视觉原理成功地研制而成的一种军事目标检测器。这种电子蛙眼能准确无误地识别出特定形状的物体，如同真的蛙眼那样。把电子蛙眼装入雷达系统后，雷达系统能准确而快速地识别出特定形状的舰艇、飞机和导弹等。尤其是能够区别真假导弹，防止以假乱真。电子蛙眼能在交通要道指挥车辆行驶，防止碰撞。它还能应用于机场上，可以监视飞机的起飞和降落，如果发现飞机即将发生碰撞，它可以报警。

探测非金属地雷的狗鼻子探雷器

地雷和探雷器是一对冤家对头，传统地雷都是金属壳地雷，其外形和内部装置没有什么差别，因此在电子探雷器的探测下几乎难以藏身。面对这种情况，地雷专家又制造出了非金属壳或无壳地雷。这下可把扫雷专家们难住了。

就在扫雷专家们束手无策之时，探雷犬的使用收到了意想不到的效果。这种狗非常机敏，能发现埋藏在地下30厘米深的炸药和地雷。它对新布设的地雷场，发现率达75%以上。

狗之所以具有如此高超的探雷本领，过去人们普遍认为这是因为它的嗅觉非常灵敏。但是真正的谜低仍未揭穿。

现在，高科技终于揭开了这个谜。通过现代细胞学研究发现，狗约有22亿个嗅觉细胞分布在鼻腔内约150平方厘米的面积上，而人仅有500万个嗅觉细胞，仅占鼻腔上部粘膜的很小一部分，因此，狗比人的嗅觉要灵敏千百倍。据试验，狗对200万种不同物质、不同浓度的气味都能分辨出来。

探雷装备专家深受启发，试图研制出一种"狗鼻子探雷器"。这种探雷器可以通过探测炸药挥发的气体来探测地雷。他们想，一般地雷中总是装填有炸药的，炸药的气味又总会不断地向外扩散，通过仪表信号，便可发现埋设在地下带有炸药的地雷。

通过多次试验，他们终于研制成功了一种崭新的探雷器。这种探雷器上有个微型吸气泵，当吸入了带有炸药气体的空气时，便立即发出报警信号，从而发现地雷。

不用火药却威力十足的电热枪

枪从诞生以来，一直是用火药来发射枪弹的。火药有其优点，但也限制了枪械的进一步发展。长久以来，武器专家们一直在努力研制一种新型枪械，这种枪不再使用火药发射弹头，这就是电热枪。

最初摆在武器专家们面前的一个问题是，用何种能源来代替火药，并能保证枪弹射出时的速度足够高。经过无数次的试验，人们发现电能是一种安全而高效的能源。用外部电源提供必要的能量，通过放电产生高温高压气体，同样可以推动弹头高速前进。基于这种想法，武器专家们发明了一种电热枪。电热枪的初速度比目前的常规枪械的初速度要大得多，其值可高达5000米/秒，这是火药枪械望尘莫及的。

电热枪的工作原理是利用一种名叫等离子气体作为弹头的推动剂推动弹头前进的。这种气体由正离子和自由电子组成，不带电，但具有高导电性。在枪和枪弹上装有高压电极，而在弹壳内装有液体，在扣动扳机的发射瞬间，以脉冲放电的方式将弹壳内的液体转化为等离子气体，而弹头则在产生的等离子气体的推动下高速旋转飞出枪口。

电热枪中需要使用一种液体，科学家认为最理想的液体是液化氢，但这种液化氢使用起来不安全，易发生爆炸。由于最终推动弹头的是等离子气体，而它可以从水中电离出来，因而常用水作为工作液体，目前，人们使用硫－锂电源，用电脉冲放电方式从水中电离出氢离子，从而产生所需的等离子气体。国外有一家公司研制成一种口径为5.5毫米左右的电热枪，其采用硫－锂电池，初速度高达1440米/秒。

尽管如此，电热枪还远未发展成熟。电热枪目前还存在一些关键性技术问题尚待解决。例如，电热枪的枪弹结构复杂，而且射速较低，蓄电池一次充电只能发射30次。枪的造价也较高。目前，专家们正在积极研究这些问题，寻找解决方案，预计将来电热枪将会成为步兵的杀手锏。

潜望镜对蟹眼功能的模仿

见过螃蟹的人都会发现，它的眼睛十分奇特，可以随意地伸缩，这样便于观察外界。军事上所用的潜望镜正是模仿蟹眼而发明的。

螃蟹的眼睛长在眼柄上。由于它能随时将眼睛收回到眼窝内，因此，它能很好地保护自己的眼睛。尤其特别的是，一些洞居或埋栖的蟹类的眼柄很长，从而能增加其视野。这些长眼柄还能在螃蟹潜伏于泥沙下或洞穴中时，只需从泥沙里伸出这对眼柄，而不需移动身体，就能对地表上面的情况了如指掌。

不仅如此，螃蟹的眼睛是复眼，与蜻蜓眼及蝇眼结构相似，都是由许多单眼组成。它的一个复眼约由1000个单眼组成，有每个单眼中，有12个排列成结状的细胞。这些细胞一旦捕获到进入单眼的光，就会将其送往输出细胞的树枝状晶体(输入接头)。如果把光线加到蟹眼上，输出细胞便会产生大小基本与光强度的对数成正比的脉冲。

但是，就信息处理方面而言，重要的是要了解蟹眼中的各个单眼是如何进行信号交换的，并通过信号交换来清晰地辨认出所见对象的轮廓这一问题。为了搞清这一问题，科学家们做了一些实验，在这些实验中，他们用光带在蟹眼上移动。首先把复眼遮盖起来，仅留出一小孔，使光线仅仅能照到一个单眼上。于是，科学家们发现螃蟹的单眼的输出呈阶梯状变化,去掉遮盖物后,输出就变了。科学家们据此得出结论,即在复眼中,相邻的几个单眼互相协作,把入射光线的明暗变化,也即图形的轮廓强调出来,从而产生容易辨认的效果。由此看来,蟹眼无疑是一副天生的精密的潜望镜。

蟹眼的特异功能引起了军事装备研究人员的注意,他们模仿蟹眼伸出长长的眼柄观察情况这一原理,并应用了光学的折射原理,研制成了用于观察外部情况的军事潜望镜,这种军事潜望镜在第一次世界大战末期被应用于坑道、堑壕甚至潜艇中。

替代火箭发射的超级大炮

用大炮来代替火箭发射卫星,你会相信吗?这不是科幻故事,而是不少科学家努力探索的目标。为此,他们已经进行了多次火炮探空实验,并取得了一些进展。

火炮探空试验所使用的火炮,不是普通火炮,而是由正服役的、去掉膛线、加长身管的制式火炮改制而成。以较小口径火炮来说,将美军M107型175毫米加农炮装在T76型炮架上,改装成L92.4型177.8毫米探空火炮,又将T123型120毫米加农炮改装成L70型127毫米探空火炮。而大口径火炮则是由美国海军MKl型406毫米舰炮改装成424毫米探空火炮。

1991年6月,美国亚拉巴马大学曾向太空成功地发射了重321克、飞行速度达4.58千米/秒的塑料弹丸。1993年,美国《太平洋星条旗报》发表了一条引人注目的消息,该消息称:为了验证超高速轻气炮将有效载荷送到高空的可行性,美国劳伦斯·利弗莫尔研究所打算用管身长达47.2米的大炮试射5千克重的炮弹。预计炮弹的飞行速度可达每秒4千米。试验成功后,这家研究所将在范登堡空军基地通过其建造的一门更大型的火炮,向太平洋上空发射能达到434千米高空的炮弹。继而,为了能把有效载荷送上月球轨道,科学家们还将研制一种全尺寸的火炮。

很明显,这样做的目的是想用大炮代替火箭来发射卫星。果然,在1994年初,美国这家研究所对外宣布了其更令人惊奇的计划:他们将建成口径达1.7米、用于卫星发射的超级大炮。这种大炮发射的卫星以前都用火箭运载。这门大炮被命名为"儒勒·凡尔纳"火炮,其名字来源于法国科幻小说家儒勒·凡尔纳,以此来纪念这位伟大的小说家。

也许,用探空轻气炮向月球或月球轨道发射炮弹(有效载荷)这一目标很快就会实现。

用地下核爆炸制造大地震

地震是一种破坏力极强的自然灾害,往往会造成生命和财产的巨大损失,因此人们谈"震"色变。但是,在军事领域,利用地下核爆炸制造大地震却成为攻击敌方的一种手段,甚至发展为一种武器系统,称为"地震武器"。

20世纪60年代末期,前苏联地震研究专家通过一场核爆炸试验,惊奇地发现,核弹在地下爆炸经过若干天后,会引起数百至数千米以外的某个地区发生强烈地震。随后,他们对实爆试验记录进行了分析。通过这些分析数据,他们验证了地下核爆炸确实会引发地震的说法。

这个发现具有重大军事价值,通过人为引发地震,造成山崩、海啸,来破坏敌方军事设施、武器装备,杀伤敌方有生力量,并最终造成敌国的经济崩溃,这是一种全新概念的战略。据此原理,能制造出一种新型战略性武器。

不久,苏联便以巴库地震研究所为中心,建立了有22个相关的科研部门与其协作的专门研究机构。1975年,前苏联领导人勃列日涅夫曾向公众暗示,国内已经研制成功了地震武器。

此后,科学家们不断推进更实用并有既定目标的地震武器试验。试验结果表明:引爆一枚1万吨级当量(相当于梯恩梯炸药1万吨)的核弹,在一定地区和一定深度的地下,能诱发相当于里氏5.3级的地震,而一枚10万吨级当量的核弹爆炸的威力则更大,它能诱发里氏6.1级的地震。

在激烈的核竞赛年代,西方军事大国高度重视前苏联研制地震武器这一动向,他们也加紧对这种武器进行研究。冷战结束后,美国于1993年在内华达又进行了一次地下核爆炸试验,这次试验引发了一场发生在洛杉矶东部的强烈地震。

据俄国专家估算,地震武器的造价甚高,制造一个地震武器系统,大约需要15亿美元。目前,真正意义上的地震武器尚未问世,这种地震武器还处于研制、开发阶段。

如何打赢数字化战争

头盔式瞄准摄像机能在不影响正常观察的情况下将目标锁定,并将前线的情况拍摄下来,及时传送给指挥部。

我们常说未来的军队是数字化军队,未来战争也将是数字化战争。那么,在数字化战争中要想取胜依靠什么呢?军事专家们预言,打赢战争的主要武器是士兵加计算机。

这是一场"数字化战争",在战争中,各级指挥部的指挥手段全是数字化的图像系统。在每架战斗机或运输机上、坦克内、炮手位置上以及每个士兵的头盔上都装有摄像机,摄像机能随时向指挥部发送前线的作战情况、敌方情况、友邻部队情况等,其发送的方式是数字化图像。而指挥部则通过计算机把命令变成数字化图像,并迅速将命令传递到各种武器装备和士兵们的数字化图像荧屏上,并且随时进行跟踪。这样的战争是高技术的电子战争。因此,各国都积极发展军事科技,力图取得电子优势。

而美国在这一领域的探索更加积极,已在2000年装备了第一支数字化军队,到2010年,计划把美国国内所有地面部队的装备都数字化。

美国陆军首次使用"数字化"坦克进行的战斗演习是发生于无人峡谷的大规模模拟战争。在这次战斗演习中,每辆车上都装有一台由计算机网联结在一起的膝上计算机,从计算机的屏幕上或者从安装在车中的较大的显示器上,作战人员选择观察数据。计算机能收到来自卫星、无人驾驶飞机、侦察机和其他途径的情报,这些情报会被汇集到后方的一个中央指挥所。然后,计算机系统把所有这些数据都转换成标识图像,并由一排计算机控制。工作人员通过这些计算机,在屏幕上连续监视这些数据。许多士兵背着小型个人计算机,穿着装有各种传感器的军服,戴着嵌有通信用的卫星计算机的头盔和传感器,佩戴嵌有超小型微处理器的武器。士兵可以用全球定位系统接收机报告自己的位置。卫星能跟踪4平方千米演习场上的各处装有全球定位系统接收机和发射机的车辆。

也许,在未来战争中,双方士兵将不会碰面,而是通过计算机进行电子战的较量。

夜蛾、蝙蝠之战对现代电子战的启示

现代战争已越来越向高技术领域发展,其中电子战是各国军事发展的重头戏。不过,这种高技术战争所需的许多技术、装备的发明,却是从夜蛾、蝙蝠之战之中获得的启示。

蝙蝠是夜蛾的天敌,它的探测系统是动物世界最奇妙的。美洲有一种白蝙蝠,拥有一种探测系统。这种探测系统能在一秒钟内发出300组超声波,还能准确地接收和分辨同等数目的回声。凭借这个探测系统,它只需几分之一秒就能发现并捕获到昆虫。这样,捕获几十只小昆虫只需花它短短1分钟时间。然而,即使面对如此强大的对手,小小的夜蛾也能巧妙摆脱蝙蝠的追捕。夜蛾的这种神奇本领,引起了许多科学家的兴趣,他们开始研究夜蛾的身体构造。

原来,夜蛾身上长有一种位于腹间凹处的奇妙的鼓膜器。这种鼓膜器的作用酷似"耳朵"。其外面是一层角褶皱和鼓膜,里面有气囊、感撅器和鼓膜腔。腔内的两个听觉细胞和一个非听觉细胞的神经纤维相互平行,从而形成一束和主神经干联接的鼓膜神经,这种鼓膜神经能通向胸神经节。夜蛾凭借这个鼓膜器就能够截听到蝙蝠发出的超声波。那么,在夜蛾、蝙蝠之战中,夜蛾是如何摆脱蝙蝠追捕的呢?

当距离夜蛾 5 米高、30 多米远的蝙蝠出现时，夜蛾的鼓膜器就能分辨到蝙蝠的超声波，并得到警报。一旦蝙蝠发现夜蛾，就会发出更高频率的尖叫声以便迅速确定夜蛾的位置。为了躲避蝙蝠的追捕，夜蛾则启动其足部关节上的振动器，发出一连串的"咔嚓"声，干扰迷惑蝙蝠，从而减弱蝙蝠的定位能力。同时，夜蛾身上纷纷竖起的绒毛也能吸收蝙蝠发射来的超声波，由此减弱蝙蝠探测系统的作用。当蝙蝠紧盯着夜蛾不放的时候，夜蛾的鼓膜神经脉冲到达饱和点，夜蛾就能立即知道危险已迫在眉睫。这时候，夜蛾就会不断改变飞行方向，兜圈子、翻筋斗、螺旋式地下降，或者缩起双翼，急剧降落到地面，钻进草丛中溜走。有时，为了争取主动，夜蛾会自己发射超声波，及早辨别蝙蝠的动向及所处的位置，以便在蝙蝠发现自己之前提早跑掉。主动侦察，提前发现敌情；及早报警，早做防御准备；以及积极干扰，迷惑天敌是夜蛾反蝙蝠追杀的战术特点。

夜蛾、蝙蝠之战对现代电子战具有重要的启示。作为高技术战的电子战包括电子干扰、电子侦察和电子摧毁 3 个核心内容。其中，电子干扰主要是利用电子干扰装备，在敌方电子设备和系统工作的频谱干扰范围内，对敌方的无线电通信、雷达、无线电导航、无线电遥测、敌我识别、武器制导等设备和系统进行电磁干扰。从而造成敌人通信中断、指挥瘫痪、雷达迷茫和武器失控，最终陷入挨打的被动境地。由于电子干扰的作用巨大，因而，它成为电子战中的重要形式。

1991 年，以美国为首的多国部队就是依仗强大的电子战能力，在海湾战争中，运用多种电子干扰手段造成伊拉克指挥失灵、通信中断、武器失控，让伊军通信中断，指挥瘫痪，成为"聋子"、"瞎子"。而后他们又"地毯式"地轰炸了无还手之力的伊拉克。在一定意义上说，美军等多国部队在海湾战争中，主要依靠电子战取得了胜利。

目前，各国的军事科学家们正在加紧研究夜蛾的反蝙蝠战术，并加以仿效和改造，力图创造出一种能提高电子防御作战能力的新的反电子战术。他们模仿夜蛾的鼓膜器，研制出了"电子侦察预警机"。同时，通过对夜蛾足部关节上的振动器的研究和仿效，研制出了"电子干扰迷惑机"以及模拟夜蛾绒毛的"电磁吸波器材"。这些新的科研成果被广泛用于飞机、导弹、舰艇、坦克等重要装备上。

可以像积木一样搭配的枪

大家都玩过积木吧，用一些正方形、三角形等形状的积木，可以搭成许多好玩的东西。有一种枪可以通过组装变成各种不同类型的枪。有趣的是，这种枪的设计者就是从玩积木中获得的灵感。

美国工程师奥格思·姆·斯通纳是世界上第一支小口径步枪——M16 式 5.56 毫米自动步枪的设计者。

有一次，斯通纳偶然看到孩子们玩积木游戏，他们用积木搭成不同的房子、飞机、汽车等各种东西。斯通纳一下子被吸引住了。心想，既然积木块能搭成各式各样的器具，那么枪应该也可以用一种枪的基本部件为基础，换用不同枪托，枪管等部件，组成不同的枪种。于是，他连忙着手进行试验和研制。经过几年的努力，斯通纳终于在1963年试制成了这种积木式枪，叫做"斯通纳枪族"。

斯通纳枪族是一种典型的组合式枪族。它的口径为5.56毫米，基本通用部件有机匣、枪机、复进簧、发射机构等，换上不同的枪管、枪托、瞄准器等16种专用或部分共用的部件，就可组成自动步枪、冲锋枪、弹链供弹机枪、弹匣供弹轻机枪、车用机枪、带三脚架的中型机枪等6种枪，其中主要的就是自动步枪和轻机枪。这种枪族设计巧妙，组装速度快，很适合作战的需要。

枪族在结构和设计原理上并没有多少新奇之处，但它的出现却引起了人们广泛的注意和重视。这是因为它有下列优点：一是便于批量生产，成本低，方便枪支弹药的后勤供应；二是操作简便，掌握了其中的一种枪，就能使用其他几种，也简化了训练；三是各种枪支零件在作战中可以相互换用，能使战斗任务得以顺利完成；四是枪的战斗性能可以根据需要随时进行改变；五是便于枪支弹药的维修保养和管理。

斯通纳枪族问世后，世界各国相继研制成了很多种枪族。例如，德国的HK5.56毫米枪族，苏联的AK7.62毫米枪族等。这些枪族大都以步枪为基础，当然，也有少数是以班用轻机枪为基础的。

坦克为什么被誉为"陆战之王"

作为一种火力强大、装甲坚固、机动快速的陆战武器，坦克的外形和结构很像乌龟：炮管犹如乌龟伸着的头；坚固的装甲像乌龟的坚硬外壳；发动机和动力传动装置则像乌龟的心脏。它既能在陆上驰骋，也能在水中浮渡和潜行。

坦克都带有整套的火控系统。火控系统包括火炮瞄准镜、激光测距仪、电子弹道计算机、双向稳定器、夜视仪、无线电传感器、电子或液压操纵系统、控制与显示装置等。无论白天还是黑夜，停止还是行进状态，火控系统都能又准又快地确定火炮射击的方向和距离，保证火炮迅速地瞄准和击毁敌方的目标。

坦克的车体和炮塔上有许多小窗，这些小窗上安有潜望镜、主动红外夜视仪、微光夜视仪、被动红外夜视仪等光学仪器，它们就像一只只明亮的"眼睛"，使车里的人看到坦克外部的情况。坦克拥有一双"铁脚板"——履带，即使是在一般轮式汽车难于通行的地域，它都可以通行。坦克能够攀登80厘米到1米高的垂直崖壁，能够跨越2.5~3米宽的壕沟，此外，还能爬30度左右的陡坡。

轰炸机为什么被称为"空中堡垒"

轰炸机的载弹量很大，多是亚音速飞机，能投掷包括常规炸弹、鱼雷、核弹在内的各种炸弹，也能发射空对地导弹。轻型轰炸机载弹3~5吨；中型轰炸机载弹5~10吨；重型轰炸机载弹10~30吨。轰炸机的威力惊人，美国的B-52飞机，能在几秒钟之内投下100多枚炸弹，破坏范围可达长1500米、宽400米，轰炸形成的弹坑间隔约为 15～20 米左右,弹坑的直径 6～7 米,深约 3 米。几架轰炸机投下数十吨的炸弹,就能把一个中小城市炸毁。

轰炸机投弹方式主要有低空投弹、中空俯冲投弹、高空水平轰炸等。美国的 B-1、B-2A、B-52,俄罗斯的图 -26 等都是现在世界上比较先进的轰炸机。

预警机为什么要背一个蘑菇状的大圆盘

预警机主要用于高速、精确地实施侦察、警戒、指挥等任务,特殊情况下,它也能像普通战斗机那样对敌人发起攻击。

预警机的机背上有一个蘑菇状的大圆盘,里面安装有先进的电子侦察设备——敌我识别器,以及一套进行高精度、高速度数据处理的计算机系统。战斗中,它可以长时间停留在空中,就像一座在空中飞行的指挥部。借助先进的电子侦察设备,预警机在任何气候条件下,都能探测到 900 多千米以外的目标,并能同时跟踪识别近百个甚至数百个敌我目标。预警机将探测到的地面坦克大炮的调动、海上舰艇的活动及空中飞机的飞行情况,及时送入计算机系统进行快速处理并随时通知己方部队,从而调整战术,更加稳准狠地打击敌人。

为什么间谍枪很难被发现

间谍枪往往制作得十分精致,还常常巧妙伪装,十分便于秘密携带。

手杖枪一度比较流行,它看起来像一件精美的工艺品,带有雕刻得十分华丽的玉制手柄。手柄拧下来就会发现这是一支手枪,有些手杖枪还带有刺刀。

烟盒枪的外观和普通香烟没有区别,但揭开锡纸,烟盒枪里面露出的却是一根 6.35 毫米口径的枪管。烟盒枪的侧面装有压杆式触发器,手指一按,子弹就会射出。打火机枪的枪管才 1.27 厘米长,能够和触发器一起隐藏在打火机的盖子里。

做成钥匙式样的钥匙枪,它的柄打开后能装填子弹,指扣触发器则安装在钥匙柄上。

公文箱枪和普通手提包看起来没有多大差别,而里面却装着一支短管的带有消音筒的来复枪。箱子的提手下有一个铜环,扣动铜环会使触发杆启动扳机,从箱子的小孔中就会射出子弹。公文箱枪的声音很小,一般不易觉察。

为什么激光枪能百发百中

激光枪用激光当子弹,射击单个敌人,可使之失明、死亡或因衣服着火而丧失战斗力,也可射击激光或红外测距仪、夜视仪的光敏元件,使其损伤、失灵。

激光枪是美国人于 1978 年发明的,它与普通步枪差不多,包括激光器、激励源、击发器和枪托 4 部分,能够与步枪一样方便灵活的使用。还有一种枪是用激光进行瞄准的,激光照到目标上后,子弹会顺着激光射向目标,百发百中。如果这种枪再安装上红外望远镜探测器，就能在漆黑的夜晚射中 1600 米以内的目标。

还有一种外形和大小与派克钢笔相仿的袖珍式激光枪，重量才 0.5 千克，能够像钢笔一样带在身上。它能在距人几米处毫无声响地烧毁衣物，烧伤皮肉，不知不觉中使人致命，还能在十几米外使人失明。

外层空间会成为未来战争的第四战场

人类在借助航天技术进入广漠无垠的外层空间的同时，某些国家的军备竞赛也有了新的领域。由此，在未来的军事冲突中，陆、海、空以外的第四战场——外层空间有可能步入战争。

外层空间所发生的军事对抗叫航天战，它包括外层空间及其同地面、空中之间的攻防行动。航天战主要取决于军用航天器。这类武器大致可分 2 类：一类是支援地面军事力量的卫星，包括通信卫星、导航卫星、测地卫星等，它们作为现代军事力量的耳目、神经，正在对地面军事行动产生越来越大的影响；另一类是能攻击敌方航天器的反卫星系统，包括反卫星卫星和激光、粒子束武器等各种空间能束武器。

未来的航天战将逐渐形成一套新的战略战术作战原则和方法，并将在从作战指挥到战斗保障方面形成一个独立的组织体系，最终将产生一支新的军种——航天军。

为什么称远警雷达为"千里眼"

军事上远距离监视的任务由远警雷达担任。远警雷达能及时将入侵的敌机、导弹情况报告给指挥机关，甚至还可以对国境线外敌人飞机、导弹的活动情况进行监视。它的主要特点就是看得远。

要使雷达看得远，必须提高雷达发射机和接收机的灵敏度，装备大的天线。因此，远警雷达一般都比较庞大，其探测距离多在四五百千米以上。

两倍音速的飞机通常 10 分钟可以飞 400 千米，如果远警雷达的探测距离为 500 千米，那么从发现敌机到敌机飞到雷达上空，就有 12 分 30 秒的时间，从而为歼击机、高炮部队、导弹部队做好战斗准备提供了宝贵的时间。

海军航空兵飞行员的救生衣有什么特点

海军航空兵的飞行员救生衣易于识别，能产生较大的浮力，还能够防止鲨鱼的袭击。它多为背心式，胸围设有 4 个填充木棉的浮囊，浮囊的突出部设有吹气管，落水人员可通过自行吹气增加救生衣的浮力，使上半身浮出海面。救生衣设有电台的挂钩和装有染色剂、抗风火柴、防鲨剂、急救包等物品的救生物品袋。飞行员发现空中有飞机寻找自己时，可使用海水染色剂染红海水以使救援人员尽快发现自己；漆黑的夜晚时，可点燃抗风火柴指示自己的位置；发觉可能遭受鲨鱼袭击时，可用防鲨剂保护自己；如果身体已经受伤，则可用急救包自行包扎。另外，物品袋内还有一定数量的海水淡化剂、救生口粮和供落水人员判断方向的指南针。

美军飞行员救生衣是世界上最先进的救生衣，它配有无线电信标机，飞行员一旦在海上跳伞，无线电信标机便会自动发出军用紧急呼救信号，报告呼救者的位置。救援飞机收到呼救信号，便可立即跟踪前往出事地点进行救援。

为什么国际公约禁止化学武器的使用

1915年4月的一天，在德国军队和英法联军作战的比利时的伊伯尔地区，一道黄白色的气浪在德军的阵地上升起，并向英法联军的阵地吹去。英法联军很快有人咳嗽、打喷嚏、流泪不止，甚至窒息倒地，阵地内顿时一片混乱，许多官兵丢下枪支、火炮，逃离战场，德军从而一举占领英法联军的阵地。这次化学战使英法联军1.5万人中毒，其中5000人死亡。

这次化学突袭是化学武器第一次用于战场，此后化学战的规模逐渐变大。据统计，第一次世界大战的交战国共使用了45种毒剂，毒剂总重量达12.5万吨，共有130多万人受到了化学毒剂的伤害。

由于化学武器对于人体有巨大的伤害，世界人民强烈谴责给人民带来灾难的化学战。1925年禁止化学武器的国际公约在日内瓦通过，但有些国家从不遵守这项公约，并未停止化学毒剂的使用和研究，第三代化学武器已经有所发展。

基因武器为什么能使人类面临灭绝的危险

利用遗传工程学的方法，人为改变致病微生物的遗传基因，从而培养出危害性更大的新的生物战剂，这就是基因武器的奥秘。转移生物战剂中"致病力强的基因"，可以制造出致病力更强的战剂；或转移"耐药的基因"，可以制造出更耐药的战剂；一起转移几种有害的基因，就可以制造出危害更大的生物战剂。

已有报道表明美国已经完成了具有抗四环素作用的大肠杆菌的遗传基因和具有抗青霉素作用的葡萄球菌的拼接，拼接的分子被引入大肠杆菌中，从而培养出对上述2种抗菌素都具有抵抗作用的新大肠杆菌。前苏联也研究把剧毒的眼镜蛇毒素的基因和流感病毒基因的拼接，企图培育出具有眼镜蛇毒素的新流感病毒。人们如果受到这种新病毒的袭击，会同时出现流感症状和蛇毒中毒的症状，导致瘫痪和死亡。有些国家还企图利用遗传工程学的方法制造"种族武器"，从而有选择地对某些民族和种族进行灭绝。

电击枪是如何用来自卫防身的

我们倾向于将电看成是一种对人体有害的力量。如果被闪电击中，或者将手指伸进插座中，电流足以使人致残，甚至有可能致死。但如果电压很小，就不会对人体造成什么伤害。事实上电是人体中最有用的要素之一，人几乎做任何事情都需要用到体内的电能。

例如，当你想要弯腰系鞋带的时候，你的大脑便会从神经元发出一种形式的化学电能，直达你的臂部肌肉。同时，电信号便会通知神经元来释放一种化学通信物质：神经传递素，把信息传递至肌肉细胞。这种化学物质使肌肉向正确的方向收缩用来将鞋带系上。

通过这种方式，身体的不同部位利用电能来互相联系。这真有点儿像电话系统或网络。特殊模式的电通过各种线路来传递可识别的信息。

电击枪的基本原理就是将人体内部电流的这种通信打乱。电击枪能够产生高伏特数、低安培数的电流。用简单的话来说，这就意味着在电荷后有很大的压力，但强度不大，也就是压强不大。

当你将电击枪触及攻击你的人并按下开关后，电荷就会进入他的身体。由于有着较高的电压，电荷会穿过厚重的衣物和皮肤，但由于电流强度只有3毫安，电荷不足以对攻击者的身体造成伤害，除非你需要多电他一段时间。

高伏特数的信号会将许多混乱的信息倾倒进攻击者的神经系统。这将导致发生下列事情：

(1) 电荷会与攻击者的脑电波相结合。这就像将一股外部电流接入电话线：原始信号将会被不规则的噪音所混合，很难从其中破译出任何信息。如果这些通信线路断掉的话，攻击者便很难对其肌肉的动作进行控制，而且他自己也会处于混乱和不平衡状态。他的身体会暂时处于部分麻痹状态。

(2) 电流能够产生与人体电信号相仿的脉冲频率。这样，电流就会使攻击者的肌肉在短时间内大量做功。但这种信号没有指明做功的具体运动方向，所以这种做功纯粹是为了消耗攻击者的能量储备，从而使其变得十分衰弱以致无法行动（理想状态下）。所有这些都是发生在细胞级别的微观运动，所以你看不见它在发生，即攻击者不会发生颤动或抖动。

电击枪的最终目的是使攻击者无法行动，你可以将电作用于他的肌肉和神经。由于人全身布满肌肉和神经，所以你将电击枪接触攻击者的哪个部位就不那么重要了。电击枪的效能取决于各种电击枪的型号、攻击者的身材，以及他的意志力。电击枪的效能还取决于你将电击枪接触攻击者的时间长短。

传统的电击枪有的设计较为普通，它的尺寸和手电筒差不多大小，采用普通的9伏电池供电。电池将电荷输送至电击枪的增压电路，该电路利用增压变压器将电压升高几千倍，比较典型的是升高到2万~15万伏之间。电容器利用电位差持续充电，并将电荷释放至电极，也就是电路的使用端。

电极就是两块位于电路之间的简单触针或导电板，它们之间相隔一定距离。电极之间有不同的高电压。如果你将两者之间的空隙用导体（如攻击者的身体）连接起来，电流脉冲将会试图从一极到达另一极，也就会将电导入攻击者的神经系统。

近年来，绝大多数型号的电击枪都有两对电极：一对在内，一对在外。外侧的两个电极，也就是充电电极，它们之间的空隙设计的相对较大。只有当你主动将电击枪触及攻击者，电流才会发生作用。如果电流没有能够经过这两个电极，它就会经过内侧的两个电极：检测电极。这对电极距离相对很近，以至于电流可以在电极之间穿越。这是因为活动的电流可以将电极间空隙中的空气电离，同时制造出可见的电火花和打火的声音。这种显示主要是为了起到威慑作用：攻击者的所见所闻使他明白你是一个有武器的人。一些电击枪靠的就是这种吃惊的成分而不是警告的成分。这些型号的电击枪被伪装成雨伞、手电筒或其他日常生活用品，可以使攻击者措手不及。

机关枪是如何发射子弹的

与左轮枪、来复枪或其他现代枪炮一样，机关枪以子弹作为弹药。子弹由一个起爆雷管、一些推进剂和一个弹头组成。枪栓实质上是一个用来击发子弹的弹簧式活塞。当弹簧带动枪栓前进时，枪栓推动子弹进入枪膛（枪管前面的区域）。扳机延伸至撞针，撞针击发起爆雷管，雷管点燃推进剂，推进剂爆炸时产生的气压将弹头推出枪管。

使用标准的来复枪时，你在每次射击后需要将枪栓拉回，以退出弹壳，塞入新子弹，再进行下一次射击。机关枪的一个基本设计思路就是用推进剂的爆炸力带动一个小的机械装置来完成上述动作。只要射手向后扣动扳机且弹药是有效的，子弹的爆炸力便使所有机械运动起来以保持持续射击。如果射手松开扳机，枪就会停止射击。

机关枪利用子弹能量的方式通常有3种：后坐式系统、反冲式系统和导气式

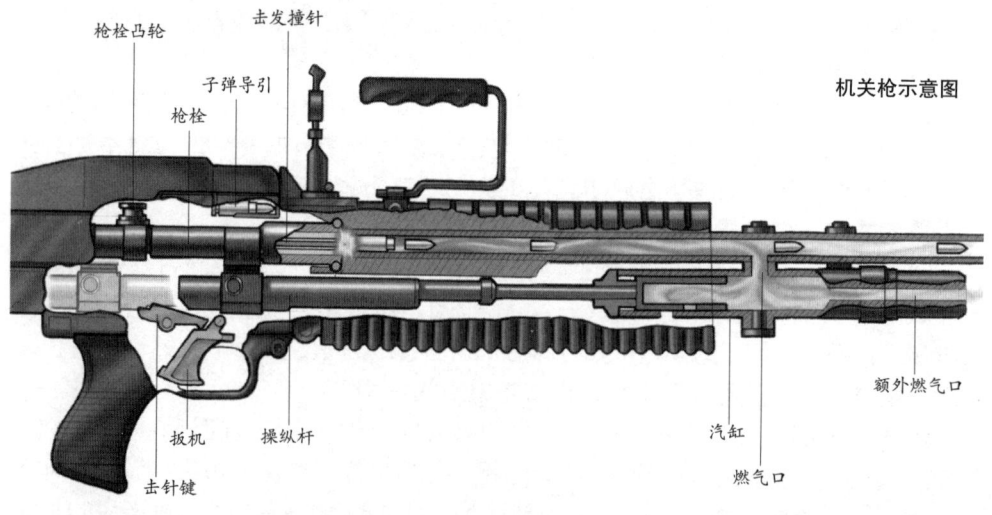

机关枪示意图

系统。

后坐式机关枪：这种机关枪根据力的相互作用原理而工作。当你将子弹上膛并射出时，向前的冲力会产生反方向的力作用于枪膛。来复枪的后坐力只能使枪冲击射手，而后坐式机关枪则不然，整个枪管会向后移动，并暂时锁在枪栓上。枪栓与枪管随后分离，枪栓继续向后运动，碰撞枪后部的弹簧。弹簧将枪栓再次向前推进，进行下一次射击。当所有动作都在进行的时候，由枪栓的滑动带动弹射和装弹装置。

反冲式机关枪：在反冲式机关枪中，推进剂爆炸产生的气压将枪栓推回，而枪管是固定在枪身内的，因此只有枪栓做前后运动。同后坐式机关枪一样，由枪栓的滑动带动弹射和装弹装置。

导气式机关枪：这种机关枪同反冲式机关枪相似，但它还有一些附加装置。它的主要附加装置就是一个小活塞，在与枪管连接的汽缸中做前后滑动。枪管的敞开使子弹爆炸产生的向前气压冲击至汽缸（当子弹已经出膛时）。这股气体带动着活塞，并推动与活塞相连的枪栓向后运动。与利用爆炸向后的力来带动枪栓不同，这类机关枪是利用枪管内更强劲的向前气压来工作的。

你可以将机关枪内所有的装置看作是一条自动化装配线。不同种类的机关枪，其特殊的装置布设有着很大的差别，但你可以从检验一种代表性型号来知晓其工作原理。附图是一种简单的导气式弹链供弹的轻型机关枪。

这种枪的主要驱动装置为操纵杆与枪栓。汽缸中爆炸产生的气压推动操纵杆向后运动。连接操纵杆与枪栓的为一滑动装置。

弹链供弹的机关枪通过供弹机将连接好的子弹一颗颗送入枪膛。连接在枪栓顶部的凸轮使供弹机运转。当枪栓移动时，凸轮在一个长形带阴膛的滑槽中，先向后再向前滑动，这个滑槽连接在一个绕轴旋转的杠杆上。这个杠杆连接在一个专有弹簧的抓钩上——停留在弹链顶端上的弯形夹状物。当杠杆向左转动时，抓钩便伸出并卡住一颗子弹。当杠杆向右转动时，抓钩便将弹链拉入枪内卡好。

在枪内部，弹链上的下一颗子弹位于子弹导引装置上。当枪栓向前滑动时，它就会卡住子弹并将其推离导引装置。导引装置则卡住金属弹链不使其向前运动。

位于枪栓前部闭锁凸耳边缘的退壳器卡住子弹底部的边沿。当枪栓向前运动时，枪栓推动子弹进入装弹斜道。斜道将子弹下压，以使其快速移动至退壳器边缘，与枪膛成一条线。当枪栓被推入枪膛时，位于闭锁凸耳内的凸轮便进入枪身中的螺旋阴膛，凸耳在阴膛转动并锁进膛中。

当枪栓锁住时，操作杆和与其相连的滑动装置保持着运动。其中，滑动装置将撞针顶出枪栓，并撞击雷管。这时雷管爆炸，引起推进剂爆炸，然后子弹便射出枪管。当子弹经过燃气口时，爆炸产生的热气进入起稳压器作用的汽缸，并带动操纵杆后退。

操纵杆退回撞针，然后将枪栓推回枪后部。当操纵杆与枪膛脱离时，闭锁凸耳向反方向再次旋转，此次扭转动作使退壳器将空弹壳从枪膛中抛出。枪栓与相连的子弹迅速向后移动，经过装有弹簧的弹射装置。弹射装置把弹壳从退壳器上弄松并旋压出退壳孔。然后这整个一系列过程又从新开始。

有许多自动武器如突击步枪，利用弹盒而不是弹链供弹。弹盒是一个在底部装有弹簧条的容器。弹簧将一排子弹一颗一颗地向上推至枪膛的机械装置中。弹盒使用起来相对更轻、更方便，但与弹链不同，它只能装少量的子弹。

防弹衣是怎样做到防弹的

随着16世纪枪、炮等热兵器的发明，盔甲这种无敌于天下的状况消失了。这是因为子弹的能量足以击穿好几层薄金属板。当然，你可以增加传统金属盔甲的厚度，但这样很容易使盔甲变得十分笨重，导致人无法穿戴。直到20世纪60年代，工程师们才发明出一种值得信赖的防弹衣，而且这种防弹衣穿戴起来较为舒适。与传统盔甲不同，这种软式防弹衣不是由金属板制作的，而是由高级纤维织物制成的，这种织物能够被缝成背心和其他柔软的衣物。

现代防弹衣分为两类：硬式防弹衣和软式防弹衣。

硬式防弹衣是由硬陶瓷或金属板制成，工作原理与中世纪骑士使用的铁质盔甲基本相同：其坚硬程度足以将子弹挡住或弹开。

虽然硬式防弹衣比软式防弹衣提供了更多的保护能力，但却要笨重得多。当有较高几率遭袭威胁时，警察和军事人员们可能会穿戴这种硬式防弹衣。但在平时，他们则穿戴软式防弹衣。有些软式防弹衣在提供保护的同时，还拥有很强的舒适性，就像穿普通衬衫或夹克一样。

作为防弹衣的核心装置，一块软式防弹材料在工作时就像普通的网一样。为了了解该防弹衣的工作原理，我们首先来想一下足球球门的构造。球门后方有一张球网，这张球网是由许多长度较长的绳索组成，它们互相交错在一起，并系在球门框和边框上。当你将球射向球门时，球具有一定量的动能，并具有一定的向前的惯性。当球撞击网底时，它在该撞击点被球门绳索弹回。每条球门绳索都由门框一边伸展至另一边，通过增大受力区域，分散了在足球撞击点产生的能量。

能量能够被分散到远处是因为绳索都交错在一起。当足球撞击处于水平设置的绳索时，这条绳索便会拉动所有与其交错的垂直设置的绳索，这些垂直设置的绳索又会拉动所有水平设置的绳索。通过这样的方式，整张球网都用来分散足球的撞击力，无论撞击点位于何方。

如果你将一块防弹衣材料置于高倍显微镜下，你能够看到类似球网的结构。长长的纤维丝线能够交错成一张相当严密的网。当然，子弹运行的速度比足球要快得多，因此制作防弹衣的材料就需要更加坚韧。最常见的制作防弹衣的材料就是杜邦公司的凯夫拉纤维。凯夫拉纤维的质量很轻，就如同寻常衣物的纤维一样，但它比一块同样质量的钢要坚硬5倍。当有物体绞进这张严密的网时，它能够吸收极大的能量。

当你将足球射入球门时，球网会被撞到很靠后的位置，并逐渐使球滑落。球网是一个很好的设计，因为它能够阻止足球冲破阻挡并直接落地。但是防弹材料并不能被撞得如此向后，因为这样一来防弹背心便会沿撞击点向后运动较长的距离，从而对穿戴防弹衣的人造成伤害。由于撞击集中在一块较小的区域，这种情况下造成的钝伤会引起一些内部伤害。

防弹背心需要将钝伤分散至整件背心，这样某一点的压强就不会太大了。要做到这一点，防弹材料必须编织得很紧。一般来说，纤维个体是弯曲的，这样可以增强它们的密度和在每一点的厚度。为了使其更加坚硬，材料被涂上一层树脂物质，并被两层玻璃膜夹在中间。多层带这样夹层的玻璃网构成了防弹背心的防护体系。

当然，身穿防弹衣的人依然能够感觉到子弹的撞击力，但这是作用在整个躯干上的撞击力而不是在某块较小区域内。如果一切都正常的话，被击中并不会受到很大的伤害。

由于单一一层防弹材料无法做到被撞击后变形的距离小于合适值，所以防弹背心由多层不同材质所组成。每一层网都可以降低一点儿子弹的速度，直到子弹完全停止。这种材质还能够使子弹的撞击部位变形。最终，弹头全部散开，如果此时你冲着墙抖防弹衣的话，会有撞击形成的粉末落下来。这个大量消耗子弹能量的方法，我们称之为"蘑菇式"。

一定要注意的就是：没有一种防弹背心能够做到完全无法穿透，没有一件防弹衣能够保证你在攻击中毫发无损。目前有许多种类的防弹衣，它们在性能上有所差异。

通常，防弹衣中防弹材料层数越多，其提供的防护力也就越强。有些防弹背心能够依需要来增加防弹材料的层数，其中一种常见的做法是在防弹背心内外增加一些口袋。当需要增强防护力时，可以往口袋中插入金属或陶板。

在美国，防弹衣是依据其防护能力来分级的。虽然警察在有能力利用高级防弹衣获得强力防护时，却穿戴Ⅰ级防弹衣的做法显得有些奇怪，因为它只能抵御相对较小口径子弹的射击，但穿戴低级防弹衣的决定却有很好的借口。通常，高级防弹衣比起低级防弹衣来说体积臃肿并且相当沉重，这就导致了一些问题：

(1) 警察在穿戴笨重的防弹衣的同时却丧失了灵活性，这就阻碍了他们的正常工作。

(2) 攻击方更为关注重型防弹夹克而不是薄薄的防弹背心，而且更倾向于向没有防护的部位瞄准。

(3) 重型防弹衣的穿着不适感容易使警察将其脱掉，从而导致没有任何防护能力。

为什么核弹拥有毁灭性的破坏力

核弹能够利用将原子核聚集在一起的力量。核能被原子以两种基本形式释放出来：

(1) 核裂变：你能够借助一个中子将原子核分裂成两个较小的部分。这种方法通常包括使用铀的同位素铀-235、铀-233或钚-239等。这个过程被核电站发电所使用。

(2) 核聚变：你能够将两个较小的原子，通常是氢或氢的同位素（氘或氚），相结合以制造一个较大的原子（氦或氦的同位素）。这就是太阳如何发光发热的。

在这两种基本形式的任意一种中，所释放出的能量都是巨大的。例如，一个棒球大小的铀-235所包含的能量等同于400万升汽油所包含的能量。你可以把它想象为400万升的汽油装在一个1.4立方米的空间内，可以想见核弹的能量密度多大了。

一颗裂变式核弹使用如铀-235等原料来制造核爆。铀-235是少数几种可以人工裂变的元素之一，这种独特优势使它成为建造核电站和生产核弹都很有用的物质。如果一个自由的中子进入铀-235的原子核内，原子核就会毫不犹豫地吸收该中子，变得极不稳定，并立即开始裂变。

一旦原子核开始吸收中子，它就会分裂成两个较轻的原子，并同时逸出2～3个新的中子，逸出的中子数量取决于铀-235原子是如何分裂的。当两个新原子被置入新位置时，随即放射出伽马射线。人工裂变过程中有3件事使裂变变得更为有趣：

(1) 铀-235获取通过其附近的中子的概率是比较高的。在一个正常工作的核弹中，每次裂变都会有一个以上的中子逸出，并导致下一次裂变的发生。这种状态被称为超临界状态。

(2) 铀-235获取中子并裂变的这一过程持续时间非常短，只有10^{-12}秒左右。

(3) 当原子裂变时，令人难以置信的巨大能量会以热量和伽马射线的形式释放出来。一次裂变产生的能量取决于裂变产物与中子加在一起的质量与铀-235本身的原子质量之差。在质量上的落差都转化为了能量，并遵循着$e=mc^2$的公式。

在一颗裂变式核弹中，裂变物质必须保持为不会导致裂变的独立亚临界体，以防止提前爆炸。临界体是指可裂变物质能够发生核裂变反应的最小质量。核弹制造者有两种常用的将质量结合起来的技术：枪触发和爆聚触发。

(1) 枪触发裂变式核弹

最简单的将亚临界体汇集的方法就是使用枪将一个亚临界体打入另一个亚临界体。一颗小型子弹被从铀-235圆棒中取出，放在长管的尾端，并在其后设置了爆炸物。铀-235圆棒则在长管的另一端，中子发生器放在圆棒的尾端。爆炸物推进子弹在枪管中向前移动。当子弹进入圆棒，就会触及发生器并开始裂变反应。

在广岛爆炸的"小男孩"核弹就是这种枪触发裂变式核弹，拥有1.45万吨当量，其效率约为1.5%。也就是说，爆炸前发生核裂变的1.5%的物质，将其余的放射性物质全部消耗光了。

(2) 爆聚触发裂变式核弹

这种爆聚触发设备是由铀-235或钚-239的球形材料外包高爆炸药构成的。高爆炸药爆炸后产生冲击波，并重压在由铀-235或钚-239构成的内核上，导致裂变反应的开始。在长崎爆炸的核弹"胖子"就属于这种类型，它拥有2.3万吨当量，效率为 17%。

稍晚一些的型号由铀-238 球体为主，内部为钚-239 的亚临界体外包高爆炸药。高爆炸药爆炸后，驱使钚的亚临界体结合为一个球体，这就形成了两股冲击波，一股向内，一股向外。这些冲击波会使核弹内部密度增大为普通爆聚触发裂变式核弹的 2.5~4 倍，并且会释放出更多的能量。

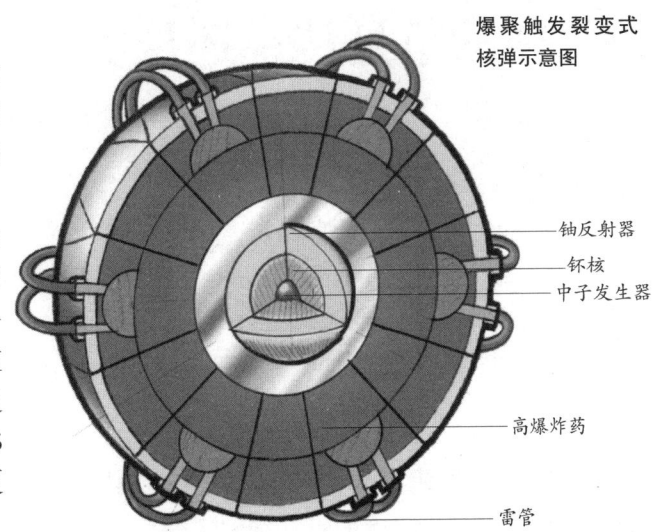

爆聚触发裂变式核弹示意图

铀反射器
钚核
中子发生器
高爆炸药
雷管

聚变式核弹，也被称为热核炸弹，较之裂变式核弹，有着更高的当量和更高的反应效率。为制造出聚变式核弹，你必须在高温下创造出足够的压力，将氢原子融合在一起。为做到这一点，一个裂变式核弹负责制造热量和压力，这样就可以起爆聚变式核弹了。

在弹体内，需要有一个爆聚触发裂变式核弹和一个铀-238 圆棒，称为反射器。在反射器内是氘化锂（可以制造用来发生聚变反应的氚），在铀圆棒中心有一个钚-239 的空心棒。起爆核弹会导致下列事件的发生：

（1）裂变式核弹的爆炸放射出 X 射线和伽马射线。

（2）很高的热量导致反射器膨胀并燃烧殆尽，并向内挤压氘化锂。

（3）这种压缩的冲击波导致钚棒的裂变。

（4）正在裂变的钚棒放出辐射、热量和中子。

（5）中子与锂相结合成为氚。

（6）这种高温与高压的环境会导致氘-氚和氘-氘发生聚变反应，最终导致核弹爆炸。

所有这些事件发生在 1/6000 亿秒内，其中裂变式核弹爆炸的时间为 1/5500 亿秒，聚变过程需要 1/500 亿秒。聚变的结果是一次巨大的爆炸：1000 万吨当量。

核弹若以人口众多的城市为目标实施爆炸会造成巨大的毁灭。很多方面都导致了损失：

(1) 爆炸产生的高温热浪。

(2) 爆炸产生的冲击力。

(3) 辐射。

(4) 放射性原子粉尘（放射性灰尘颗粒云团及掉落的核弹残片）。

一个大型的热核炸弹能够将几千米之内的一切统统抹去，连比这更远处的建筑物也会遭到破坏。

特洛伊战争是传说还是史实

古罗马的著名盲诗人荷马，在他不朽的史诗中描述过一场伟大的战争：特洛伊战争。

在距离希腊和土耳其的达达尼尔海峡几英里之外，有一座名叫希沙立克的小山耸立着。按历史学家希罗多德、金诺芬、普卢塔克及希腊和罗马的其他一些古典作家的说法，这儿就是特洛伊城——荷马史诗中提到的特洛伊——的所在地。这些古典的希腊人虽然不能确定荷马是否真的到过特洛伊，但是他们却坚信荷马所描述的战争在历史上实有其事，而且他们也确信这场战争就发生在希沙立克及其附近。

就在那样一个人神界限特别模糊，人类很像神灵而神灵身上又表现出太多人性的时代，特洛伊成为这一时代人神之中最伟大者交锋的场所。很多事情发生在这儿，特洛伊国王普里阿摩斯的儿子帕里斯，把世界上最美的女人海伦从希腊带到这里；希腊国王阿伽门农为了夺回海伦，率领他的军队来到这里；后来，在这个战场上，希腊最伟大的战士阿喀琉斯，杀死了帕里斯的哥哥赫克托耳。在荷马史诗《伊利亚特》的最后一幕，特洛伊国王普里阿摩斯与阿喀琉斯谈判请求归还他儿子的尸体并停战。

在史诗《奥德赛》中，故事并没有到此结束。帕里斯为他的哥哥报仇，给了阿喀琉斯的脚踵致命的一击，杀死了这位伟大的希腊勇士。而希腊人则通过"木马计"，潜入特洛伊城内并最终摧毁了它。此后特洛伊的黄金时代也就结束了。

历史上很多人认为这是历史史实，并真正发生在希沙立克。但是，自从18世纪开始，学者们对此提出了质疑。许多人怀疑特洛伊曾经发生过战争，甚至更有一些人怀疑荷马的存在，至少怀疑荷马作为一个单独的个人而非一系列诗人的存在。

到了19世纪下半叶，只有极少数学者相信荷马史诗是对历史上的真实事件的记录。而相信特洛伊——假如它真的存在过的话——就在希沙立克的人则更少。然而还是有人相信特洛伊的存在，这其中包括业余考古学家弗兰克·卡尔弗特——美国驻这一地区的领事。19世纪60年代中期，卡尔弗特与其合作者德国富翁海因里希·谢里曼对希沙立克进行了发掘，发现了古典时期的神殿和一些高大的建筑物。后来，曾做过谢里曼助手的威廉·德普费尔德继续进行他未竟的事业。德普费尔德发现了更多的大房屋，一座瞭望塔，300码长的城墙，另外，还有许多的迈锡尼时代的陶器。

他据此认为，这就是荷马的特洛伊。事实上，他所发现的瞭望塔和宽敞的街道、高大的房子非常符合诗人的描绘。

德普费尔德的看法一直流行，直到40年后，一支美国探险队在卡尔·布利根的带领下来到希沙立克。布利根认为，特洛伊的覆灭，绝对不可能是希腊人的入侵造成的。因为城墙的一部分地基发生了移动，而其他部分则似乎彻底倾坍了。他认为这种破坏不可能是人为的，可能是一场地震导致如此。

不管怎么说，谢里曼、德普费尔德、布利根这三位考古学家都相信希沙立克就是荷马的特洛伊的所在地，虽然他们寻找到的具体地点不同。后世的学者和考古学家们都会从他们那儿感到振奋。最让人动心的证据来自于赫梯文明的遗址，从那儿解读的赫梯文中有关于普里阿摩斯和帕里斯的记载。

当然，今天的很多学者都不再急于得出结论——至少不会像谢里曼、德普费尔德或布利根那样得出富有戏剧性的结论。他们认为，对于赫梯的楔形文字泥板，可以有多种解释。这些泥板尚不足以证明历史上确曾有过普里阿摩斯或帕里斯这样的人物——更不用说赫克托耳、海伦、阿喀琉斯或阿伽门农了。

直到现在，多数学者认为，他们无法确定特洛伊战争是否真的发生过。但是，有一点可以确定的是，在希沙立克曾有过宏伟的城市，曾指出这一点的谢里曼是正确的。

古罗马远征安息的大军失踪之谜

公元前53年，古罗马"三巨头"之一的克拉苏率军远征安息（今伊朗），出师不利，兵败卡雷城，克拉苏本人被杀。他儿子率领的第一军团6000余人拼死突围成功。但突围之后却杳无音信，罗马人几番寻找也得不到他们的影踪。

1947年，英国汉学家德效谦在《古代中国之骊靬城》一文中发表看法，他认为卡雷战役中突围的罗马第一军团士兵已经来到中国。在中国古代，罗马帝国被称为骊靬，后改称大秦。中国骊靬城的出现，应该与外国侨民有关。而且，骊靬城出现在中国是公元前20年，正好是古罗马帝国向安息要求遣返战俘的时间。骊靬城的出现绝非偶然。

许多历史学家们据此又查阅大量史书，从班固所著的《汉书·陈汤传》中找到新的证据。该书记载，公元前36年，北匈奴郅支单于攻占乌孙、大宛，威胁中国西域地区。汉武帝派都护甘延寿和都护副校尉陈汤出兵至康居，剿灭郅支单于。汉军在康居见到一支奇特的军队，"土城外有重木城"拱卫，"步兵百余人，夹门鱼鳞阵，讲习用兵"。西汉军队把这支军队降服后，又将俘虏的士兵全部收编。后来，西汉政府又在祁连山下设立骊靬县，安顿了这批俘虏的士兵。

经过研究后，历史学家认为，只有古罗马军队采用构筑"重木城"防御工事和用圆形盾牌连成鱼鳞形状的防御阵式。所以这支军队可能就是卡雷战役中突围而出的普布利乌斯领导的罗马第一军团的残部。

澳大利亚专家戴维·哈里斯也对此进行了深入分析，推断这支奇特军队就是克拉苏东征部队的残部。当年他们从帕提亚的卡雷突围之后，辗转各地。后来又突破安息东部防线，进入中亚，被郅支单于收编为雇佣军。在公元前36年西汉与郅支之战中被陈汤收降，带回中国。他还根据材料推断，骊靬城旧址就在甘肃省永昌县境内。

另外，中国、澳大利亚和前苏联的一些史学家也对此进行深入研究，他们找到一张公元前9年绘制的地图，根据地图指示，确认骊靬县就是现在的焦家庄乡者来寨。

但是也有一些持不同意见的人否定戴维·哈里斯的推断。他们说，"重木城"和"鱼鳞阵"并非是完全属于罗马人的军事艺术。在中国，编木或夯土为城古已有之，外城为郭、内城为城是中国古代通制。而且，《左传》中记载，中国古代也曾使用"鱼鳞阵"，当时其正式名称叫"鱼丽阵"。

因为在对骊靬古城遗址发掘过程中没有取得什么有价值的成果，所以人们推断骊靬古城可能早已深埋地下，成为城下之城。

还有一些学者们认为，即使当初罗马人确曾到过此地，经过与当地居民2000年的通婚、融合，面貌恐怕早已大大改变，不再具有当初的特征。

另外也有人认为，这个地区外来人口一直比较复杂，很难依据现在那些地区存在酷似欧洲人的居民这一事实判定罗马人后裔生活在这里。

西班牙"无敌舰队"覆灭之谜

顾名思义，"无敌舰队"就是天下无敌。然而，西班牙的"无敌舰队"却上演了一出"以多负少"的悲剧，"天下无敌"变成了"人尽可欺"。

为了争夺海洋霸权，西班牙和英国于1588年8月在英吉利海峡进行了一场举世瞩目、激烈壮观的大海战。这次海战，西班牙实力强大，武器先进，战船威力巨大，且兵力达3万余人，号称为"最幸运的无敌舰队"。而当时英国军队规模不大，整个舰队的作战人员也只有9000人。两军相比，众寡悬殊，西班牙明显占据绝对优势。但是，出人意料的是这场海战的结局以西班牙惨遭毁灭性的失败而告终，"无敌舰

"无敌舰队"溃败
画中描绘了1588年侵入英国的西班牙"无敌舰队"在英国舰队的炮火轰击下慌张撤退的情景。

队"几乎全军覆没。从此以后西班牙急剧衰落，海上"霸主"的地位被英国取而代之。

为什么强大的"无敌舰队"竟然在寡弱对手面前不堪一击，一战而负呢？大致有三种意见。

一是基础说。西班牙的强盛，只是表面上的暂时的虚假繁荣。西班牙国王腓力二世加强专治统治，搜刮民财，连年征战，专横残忍，挥霍无度，激起了广大人民的愤恨，国内危机四伏。这次战争根本是不得民心的。

二是指挥失当说。另有学者认为，"无敌舰队"的惨败是由于国王用人不当造成的。1588年4月25日，国王在里斯本大教堂举行授旗仪式，任命大贵族西顿尼亚公爵为舰队总司令，率领舰队远征。西顿尼亚出身于名门望族，在贵族中有较高威望，深得国王信赖，所以被任命为舰队统帅。但是他本来是一名陆将根本不懂海战，对指挥庞大的舰队在海上作战毫无经验，而且晕船。对这项任命他始料不及，根本没有任何思想准备和信心指挥这场战争。他也曾要求腓力二世另请高明，但未被获准。试想，这样的将领指挥海战，哪有不败之理？

三是天灾说。这种说法认为"无敌舰队"遇上了天灾，而不是人祸。它首先遇到的对手，是非常可怕而又无法战胜的大西洋的狂风巨浪。这是进军时机选择不当造成的。在"无敌舰队"起航不久即遇到大西洋风暴的袭击。"无敌舰队"许多船只被毁坏，淡水从仓促制成的木桶中漏出，食物大量腐烂变质，水手们疲惫不堪，大多数步兵也因为晕船而失去战斗力。"无敌舰队"还没有与英国交战先折兵，战斗力大大受到削弱。不得已，西顿尼亚带着这样一支失去战斗力的舰队与英军开战，从而导致厄运的发生。回国时，在苏格兰北部海域，再次遇到大风暴，一些舰船又被海浪吞噬或触礁沉没。至此，"无敌舰队"几乎已全军覆没。

虽然"不以成败论英雄"，但胜者为王，败者为寇。看来，"无敌舰队"覆亡的原因值得所有的军事家深思。

刘邦在"白登之困"中是用美人计脱身的吗

中国古代中原政权和匈奴的战争一直就没有断过，尤其是在汉代，同匈奴的战争更是汉王朝心中的一块重石。汉高祖刘邦，就曾因"御驾亲征"，与匈奴人大战而被困白登，几遭覆没。

汉高祖刘邦建立汉朝后，让韩王信迁到代国，建都在马邑。匈奴兵攻打韩王，并用大军包围了马邑。韩王信因为受到汉朝猜忌，失去了信任，他害怕遭到诛杀，率领众军在马邑投降匈奴。

韩王信投降匈奴后，使得匈奴对汉王朝的实情了解得更加清楚，因而率领大军南进，越过句注山，向太原郡进发，不几日，便抵达晋阳城下。汉高祖亲自率领大军追击，当时正赶上天降大雪，天寒地冻，士卒冻掉手指的十有二三。这时候冒顿单于假装败走，来引诱汉兵。汉军果然中计追击。冒顿把老弱病残兵暴露在外，而将精兵隐蔽起来，于是汉高祖带领32万汉军乘胜追击。他率前队兵马首先到达平城（今山西大同市东北），由于汉军大都是步兵，大队人马尚未赶到。正在这时，冒顿单于令 10 万精锐骑兵突然出击，把汉高祖重重包围在白登山（在平城东）。汉高祖被包围 7 天 7 夜，汉军内外不能互相接济军粮，士兵们 7 天未能吃上饭。而匈奴的骑兵士气高涨，西方皆骑白马，东方皆骑青马，北方皆骑黑马，南方皆骑红马。

汉高祖陷在匈奴骑兵的重重包围之下，又没有军粮的接济，粮食断绝，情势万分危急。

这时，陈平献给高祖一计。他让画家画了一名美女，连夜派人从小道将美女图送给了单于的后妃阏氏。并且告诉她："汉朝皇帝被困在这里，想把汉朝的这位美女献给单于。"阏氏害怕如此一来，自己便要失宠于单于，所以就对冒顿单于说："汉朝天子也有神灵保佑，即使我们得到了他们的土地，也不一定能够占有它。"于是，匈奴网开一面，汉军才得以突出重围。更有一些人说，陈平用数百个傀儡做成美女登城的样子，阏氏看见之后，怀疑是汉军献给单于的，惟恐夺了自己的宠幸，因此才为汉军解了围。

这次大战是汉王朝建国后与匈奴大军的第一次全面的交锋，最后却以汉高祖的白登被围和用计脱险而告终。至此，汉高祖对匈奴非常忌惮，并屡次告诫子孙毋与其轻开边衅。

横行欧洲的匈奴王阿提拉是军事天才吗

1500 多年前，匈奴王阿提拉给他同时代的人留下深刻的极可怕的印象。在公元 449 年，一位罗马历史学家曾经到匈奴王阿提拉的根据地瓦拉齐亚进行访问。在这位罗马历史学家的笔下，匈奴王阿提拉是一个十分丑陋的侏儒，扁鼻子、头大、肩部宽阔，几根胡须疏疏落落地长着。而另一位见过阿提拉的历史学家则说："为表示他高人一等，并非他人能及，匈奴王常常高视阔步；匈奴王还有骨碌骨碌不停地转眼球的习惯，仿佛对他带给人们的恐怖颇为自得。阿提拉相当信奉鬼神之说，而且大字不识，但是被罗马人统称为'野蛮人'的所有部落民族，几乎都是这样。然而阿提拉一定聪慧过人，对如何驾驭蛮人极其在行，并且人人都愿意服从他的命令。"

一般人常把阿提拉的名字与另一位 13 世纪强横的蒙古霸主成吉思汗相提并论，但这却极不公正。成吉思汗虐待俘虏且纵容手下四处抢掠；阿提拉却明白毁坏战利品有害无益这一道理。他行军打仗，并不残暴，他认为与其把俘虏杀死，不如让他们做些有益的事。跟成吉思汗一样，阿提拉也不择手段追求绝对权力。阿提拉在公元 445 年杀死了与他共同执政 11 年的兄弟布赖达，但阿提拉对于被他所击败的文化较高的敌人，则要比成吉思汗以及别的野蛮民族更懂得加以礼待。在把罗马帝国大片土地攻下的同时，他甚至让罗马训练的官员在自己的朝廷里任职。虽然他最后获得的财富，比他在贫困之时最荒诞的梦想要多得多，但自始至终这些财富并没有败坏他。他自奉甚俭这一点，甚至连批评他是"十分丑陋的侏儒"的罗马历史学家，也写道他吃的是普通肉食，用的是木盘子，他的部下则用银盘盛放"山珍海味",尽情吃喝。

当时能够孤军抵挡阿提拉在欧洲北部横冲直撞的武装力量,一支也没有,至于士无斗志、面临瓦解的罗马帝国,更是难敌其锋芒。

阿提拉死时年仅47岁,犹如他一生的其他事迹,他的死也极富神秘的传奇色彩。他那时在意大利,正决定再娶青春年少的少女依丽迪科做新娘。一对新人在觥筹交错的喜宴之后,进入洞房,以后便一点动静也没有了,直到次日晌午,左右猜想可能出了事故,便闯入新房,看到依丽迪科处于昏迷状态,而阿提拉,则在血泊之中仰卧着,显然是因为鼻子不停地出血而死的。他是不是被年轻新娘谋害的?有些记载说她被指控,但是似乎匈奴人并不认为她有罪。根据传统,一批选出来的骑士安葬了阿提拉,随即这些骑士便被处死殉葬。(据传,骑士一个个被割断喉咙绑在马鞍上,所骑的马则被牢牢地绑在坟墓周围,成为一队非常恐怖的殉葬仪仗。)

阿提拉横扫欧洲,所向披靡。

拿破仑为何会惨败滑铁卢

法国伟大的皇帝拿破仑在滑铁卢遭受了最后的一击。

1815年6月14日,拿破仑入侵比利时战争开始了。

6月17日傍晚,拿破仑带领军队向高地进发,与英军相遇。

6月18日清晨,拿破仑与威灵顿开始战斗,当时拿破仑大约有7.2万士兵,威灵顿有7万。拿破仑和威灵顿在等待援军的到来,前者等的是元帅格鲁布,后者等待的则是布吕歇尔。

法军继续着对英国军队左翼的进攻。一个半小时后拿破仑看见圣兰别尔东北方有军队向这边赶来,他认为这一定是格鲁布,因为他已经给格鲁布传达过好几次命令,让他立即赶来了。遗憾的是来的军队是布吕歇尔而不是格鲁布。布吕歇尔从格鲁布的追击下逃脱并且绕过法国元帅的视线赶到了这里。拿破仑并没有因此而想到撤退;他认为格鲁布应该会很快到达,那时两支军队一定可以把英军打败,拿破仑派遣一部分骑兵去迎战布吕歇尔,对一开始就被自己重创的英军左翼及中心，拿破仑命内伊继续攻打。

黄昏时，拿破仑亲自带领他的近卫军攻击英军。正在这时，法军的右翼传出了呼喊声和枪炮声：带领3万人的布吕歇尔赶到了战场。拿破仑相信格鲁布马上就能赶到，所以他仍旧带领着近卫军向前猛攻。但很快大批英国骑兵冲向了法国近卫军，近卫军伤亡惨重。这个时候，拿破仑仍在等，格鲁布仍没来！

排成了方阵的近卫军一面抵抗着英军的进攻，一面保卫着拿破仑慢慢撤退。

这场战争，英国及其同盟国死伤2.2万余人，而法国则死伤2.5万余人。法国这次损失了所有炮队，惨败而归。离开了滑铁卢，拿破仑得知几十万英军主力军已准备向法国进攻，而几十万俄军也咄咄逼人，即将到来。这些让拿破仑彻底绝望了。格鲁布迟迟未到毁灭了法国军队。

曹操赤壁战败之谜

北宋大文豪苏轼曾以"谈笑间，樯橹灰飞烟灭"来写周瑜统领吴国军队火烧曹操战舰，从而于赤壁大败曹军的战绩。千古以来，人们也都认为史实就是如此。可是，随着社会进步，近些年来，有论者提出了许多关于火攻论的质疑。他们认为曹操之所以会失败，是因为军队遭遇疾病瘟疫，导致战斗力丧失，而不是由火攻造成的。更为详尽的是：他们说是血吸虫病造成曹军赤壁战败的。

血吸虫论者也是根据史籍提出这一论点的。如陈寿在《三国志·魏书·武帝纪》中叙述赤壁之战时，并未提及"火攻"这件事。他说，曹公到了赤壁，与孙刘军大战，不占上风。后来发生瘟疫，士兵大部分都死了，于是带领部队回去。从曹军主帅曹操在战后写给孙权的一封信中可看出，他不承认失败是因为遭到火攻，其中写到："赤壁之战，有疾病侵袭，我烧船而退，使周瑜白捡了这个好名声。"而曹操所说并不是唯一凭证，《吴书·吴主传》中也有曹操自己烧掉战船一说："曹公烧剩余船而退败。"由此，论者认为，火攻一说不足以取信。曹军失利主要原因就是疾疫，即血吸虫，其理由是：

第一，大量调查资料表明，与赤壁之战有关的地区为血吸虫病发区，尤其是湖南、湖北一带。

第二，论者根据赤壁之战的时间与血吸虫病的易感季节推断，血吸虫病的流行季节正好是曹军迁徙、训练水军的秋季。曹军从陆地战转战水中，是最容易染上此病的。血吸虫在人体中的潜伏期为一个月，它们在一个月以后才会使人出现急性症状。所以曹军在训练时已经染上此病，个把月后，进入冬季决战时期，此病已进入急性期，致使曹军遭受此病折磨，不堪一击。孙刘联军也同样是水上训练和作战，为什么不会染上血吸虫病呢？关于这个问题，论者认为：这要根据人免疫力的强弱来看。孙刘联军长期居住于南方疫区，具有一定抵抗力，即使得此病，也不会这么严重。曹军都是北方人，抵抗力差，所以患此病的症状严重，因而溃败。

然而，血吸虫病说也不可尽信，它比火攻论的争议还要多。《新医学》1981

年11期与《文江报》1982年5月25日就这个问题相继载文展开争论，他们认为：

第一，曹操在邺而不是在疫区江陵训练水军，那里不是血吸虫病疫区，感染的可能性不是很大。

第二，史书确实记载曹操烧船退军一事，但烧船的地点不在赤壁而在巴丘，时间不在赤壁大战时，而在曹军兵败退到巴丘时。

第三，血吸虫病的潜伏期一般在一个月左右。少数在两个月以上，潜伏期越长，发病的症状也就越轻，所以即使曹军在秋季患上了血吸虫病，到大战爆发时才发病，曹军的身体状况也不会很糟糕。

第四，曹操的水军大部分是居于血吸虫病流行区的湖北人，跟孙刘联军的免疫力没有什么差别，除此之外，补充给曹操的刘璋军队也是来自疫区的四川的士卒，所以，孙刘联军在免疫能力上与曹军没有高低强弱的分别。

火攻论不可尽信，血吸虫病说也有缺陷，那么，曹操在赤壁战败的原因到底是什么，只能作为一个千古之谜留存于人们心中了。

成吉思汗的骑兵为何能横行欧亚

毛泽东曾写道："一代天骄，成吉思汗，只识弯弓射大雕。"然而，就是这个只识弯弓射大雕的大汗，曾攻略欧亚大陆的广袤土地，令当时的欧亚诸国人闻风丧胆。

蒙古骑兵向来所向披靡，百战百胜，攻城略地，少有败绩。那么，他们为何能征惯战呢？蒙古人打起仗来固然有许多办法，并且也善用策略，但是蒙古骑兵迅速、服从、骠勇、顽强的精神却是他们胜利的重要因素。蒙古骑兵纪律严明，即使因小事违反军纪，也动辄受笞刑或受死。所以，蒙古骑兵打起仗来非常勇猛，快速灵敏，无可匹敌。

骑兵的勇敢是从小训练出来的，他们从3岁大就被绑在马背上，从此，一生几乎都在马背上度过。蒙古马气力、耐力也非常惊人，驮着骑者，能日行120千米，而且途中只需要休息一次，喝水进食。这样使得蒙古军队占尽优势，他们能迅速集中兵力，从而造成人马众多，声势浩大的假象。

蒙古军队的组织异常严密，而且调动起来灵便迅速。1万名战士分成10个千人队，一队分为10个百人队，这1万名战士由大汗的一个亲戚或亲信指挥。2万人可组成一军。另外，大汗亲选1万名"体格矫健，技能好"的人，组成精锐的"护卫军"，在平时分为4班宿卫，战时随大汗出征。

虽然全军的统一命令是由快马下达，但是将在外君命有所不受，个别将领在作战时享有极大自主权力。军队消息非常灵通，在大军前面有斥候部队，随时将敌情送回军队总部。

而且在斥候部队前面还有大量敌后探子，他们潜入敌城打探情报，扰乱人心。蒙古人特别喜欢结交商人，并招募商人从事谍报工作，可能是大多数商人惟利是图，比较容易予以收买吧！

此外，蒙古大汗还有一种最有力的武器，就是计划周详，时时刻刻对敌人施行心理战术。如果大汗想攻取的繁盛城市不愿意投降，那么，他们最终一定逃不掉屠城的下场。当时最大而最兴盛的撒马而罕和内沙布而两城，就由于这个原因先后被夷为平地，居民无一幸免。这个消息传开后，别的城市就不敢抵抗。但是有的即使投降也不一定能避过厄运。基辅城中的俄罗斯王公投降前虽得到宽大保证，但最后还是给扔在饮酒祝捷的桌下活活压死。阿富汗西北边境赦拉特城的居民在听到赫免消息后走出城外，却被全部杀死，整座城也被夷为平地。

甲午战争中日军登陆之谜

1895年中日甲午战争以中国的失败而告终，当时日军首先在山东登陆，但对于具体位置却说法不一。

一说荣成登陆。甲午战争时期的荣成在今荣成县城崖头东北80多里的龙须岛西部。甲午战争期间在北洋舰队"定远"舰任职的陈兆锵持此说。在《中日战役情况》中陈兆锵写道："日敌又用陆军在荣城（成）登陆，亦是由背进攻，各炮台又落敌手。"

二说龙须岛登陆。持此说者较多。海军提督丁汝昌在日军登陆的当天，将日军活动情况电告李鸿章，电文中说："两船向龙须岛驶，二十二船在灯塔处或二英里或八英里游弋，必是倭船有登岸之举。"北洋海军复之时，办理威海营务处二品衔候选道牛昶昞、办理北洋海军营务处三品衔候选道马复恒和会办沿海水陆营务处二品衔山东登莱青道东海关监督刘含芳三人向李鸿章禀报海军复之经过，《会陈海军复之禀》中有记载说："至十二月二十五日（公元1895年1月20日），倭以水陆劲派自龙须岛登岸，破荣成县城，攻桥头等隘。"

日军荣成湾登陆

三说落凤港登陆。落凤港位于龙须岛南侧、荣成湾的北端。山东巡抚李秉衡在日军登陆的第二天电告清廷称："昨调倭、里岛防营折赴龙须岛，尚未赶到，而倭人于落凤港登陆，径薄荣成县。"甲午战争期间曾一度上书言事的易顺鼎说："二十五日，倭以运船四十艘，载陆兵由落凤港登岸，扑荣成县。"

四说荣成湾登陆。日方中日战争资料《日清战争实纪》一书持此说。《实纪》中记载说："自二十日未明至二十二日正午，搭载第二、第六师团士兵的各船都到达荣成湾陆续登陆。"还说，"我陆军决定以此地为登陆地，完全是由于八重山舰侦察的功劳。这样，在金州的大山第二军司令官亦从大连出发，二十日到达荣成湾，即时登陆入荣成县。"

五说金山嘴登陆。在日军登陆的第二天，当时镇守威海卫南帮炮台的总兵刘超佩，将日军登陆和中国军队抵抗的详细情况电告李鸿章，电文中这样说："二十五日早四点钟，倭船三四十只在龙须岛、倭岛、里岛游弋，嗣在于龙须岛、倭岛交界之金山嘴水深处下兵……贼兵蜂拥而上，枪队不能存身，退回荣成。"

美国为何选择在日本投放原子弹

对于美国在日本投掷原子弹的意图如何，传统的观点认为：其最终目的只是为了缩短第二次世界大战，避免美军伤亡，同时对苏联炫耀一下原子弹的威力。而且，在投掷原子弹后第二天，杜鲁门就发表声明，让日本接受提出的条件，早日投降，否则的话，日本只会自取灭亡。

但是有些日本学者对上述看法提出了质疑。1986年3月，金子郭朗在日本《文艺春秋》特别号上发表《美国选择广岛投掷原子弹的原因》一文。

文章说，日本驻华盛顿的7名记者通过查阅美国国会中当时美国政府的有关机密文件和有关人员的日记、著作后发表观点：避免100万美军阵亡的说法是不可信的。当时美军绝密文件《日本登陆作战纲要》记载，美军准备在日本进行两场登陆作战，一是九州，二是关东平原。在拟制这份纲要时，美总参谋部曾征询过西南太平洋军司令部的意见，得到的答复是九州登陆作战的头30天将死亡5万多人，而麦克阿瑟坚持认为事实上不会有那么多伤亡。总之，不论从哪个文件也找不到死亡100万人的推算数字。所以，他们认为宣称避免100万美军阵亡完全是一种夸张，是为了使投掷原子弹的行为正常化。

记者们根据所查阅的资料证明，在原子弹研究初期，美国就已确定对日使用原子弹，他们把它当作一种"巨大的实验"。美国还曾计划把这种未有充分把握的原子弹用来轰炸集合在特鲁克群岛的日本舰队，以避免万一原子弹不爆炸的机密泄露。随着原子弹的试验成功，他们坚持要实施有视界爆炸投掷，目标选择在人口集中、没有遭到普通轰炸的城市，以便科学家同行观测原子弹的功能，检测其威力。这是原因之一。

另有一个原因是，美国迫于议会强大的压力而最终决定使用原子弹，因为美国研制这两颗原子弹耗资巨大，花了20亿美元。

奥秘世界

希特勒偷袭苏军的"巴巴罗萨"空战

苏联人民以顽强的斗志挫败了气势汹汹的德国法西斯侵略者,给了德国人一个很大的教训。然而,苏联人也付出了惨重的代价。

1941年6月22日夜,希特勒一手发动"巴巴罗萨"作战计划。成千上万颗绰号为"恶魔之卵"的球型炸弹使苏联空军蒙受了巨大损失,那么在"巴巴罗萨"空战中损失的飞机到底有多少?

这必然是个不小的数目,据德军4个航空队向德国空军总司令赫尔曼·戈林报告说:德国空军轰炸机炸毁了来不及起飞的苏军飞机1489架。此外,德军战斗机及高炮部队击落了升空的飞机322架,共计1811架。德军自己也不敢相信在如此短的时间内竟能获得如此的战绩。与此同时,戈林密令空军总司令部的军官们分别到各个已被占领的苏军机场,依据飞机残骸进行一次统计调查。调查进行得很快,一份秘密调查报告呈送至戈林面前:"巴巴罗萨"空战的战果不止1811架,而是2000架以上。报告说,准确的数字已无法核实清楚,但肯定在2000架以上。

因为戈林没有对此事展开进一步深入调查,所以人们都对此战果的报道持怀疑态度。是4个航空队初报战果时的错误,还是空军总司令部的军官们秘密调查统计的错误?航空队与总司令部的军官们会不会勾结起来虚报战功?因此,对德国空军来说,"巴巴罗萨"空战的战果是个谜。两次战果统计,相差竟达200架飞机,这个数字可不小。

而且,在"巴巴罗萨"空战以后,苏联空军并没有公布损失飞机的数字。战争结束以后,苏联国防部出版社发行了6卷本的《苏联伟大卫国战争史》。该书称,苏联空军在"巴巴罗萨"空战的第一天里损失飞机1200架,其中单在地面上被炸毁的就有800架。

苏联与德国公布的数字相差竟达600~800架,这差不多是一个中等国家整个空军的实力。令人奇怪的是,苏、德双方对于升空后被击落400架飞机的数字,统计出来的结果是相同的。数字的大出大入

日尔曼战车推进苏联。入侵苏联使德意志的一只脚踏入坟墓。

在于地面飞机的损失,而地面飞机的损失数字说什么也比空中击落的飞机数字易于统计。

斯大林在当天早晨曾命令西部军区将所有飞机均加以伪装。但是斯大林的命令并没有得到执行,苏联空军的新旧飞机均没有加任何隐蔽,而是整整齐齐地排列在跑道上,就像接受阅兵似的。大部分飞机来不及升空便被炸毁了。

德国纳粹为何没有研制成功原子弹

1934年4月,德国汉堡大学教授保尔·哈代克向德国最高统帅部进言,建议尽快开展核武器的研究。

1939年9月26日,在柏林德国军备规划局组建了核研究机构——铀协会,这一协会以著名的物理学家维尔那·海森贝格和奥托·哈恩为首。它的成立标志着德国将"铀计划"正式纳入了军事科研的轨道。1940年12月德国建成了第一个研究性原子反应堆,而且它掌握了金属铀的提炼技术,这样德国就已基本具备了研究原子弹的基础。第二次世界大战爆发后,对新武器的需求使德国加速了研制原子弹的步伐。

英国通过其情报部门很早就已知晓德国研究原子弹的计划,它们密切地监测着德国的一举一动。他们深深知道,一旦德国拥有了原子弹,后果将会不堪设想。为了防止德国的研究计划,英国准备实施破坏行动。为了断绝德国生产武器的重要原料,他们决定首先摧毁维蒙克工厂的重水储备设施。为此,他们制定出一个代号为"新手"的作战计划,空投伞兵炸毁维蒙克工厂。"新手"计划于1942年11月19日深夜开始启动,但因为天气原因和使用滑翔机经验的不足,导致了行动失败,40多名伞兵全部牺牲。

英国当局不甘心失败,立即决定再次行动,阻止德国制造原子弹,必要时不惜一切代价。他们挑选了6名挪威特种部队成员组成一个偷袭小组,制定了新的代号为"炮手"的计划,准备通过挪威地下组织的协助炸毁维蒙克工厂。为了确保此次行动的成功实现,他们对这6名小组成员进行了为期2个月的特种训练。

1943年2月26日,"炮手"计划开始执行,6名特工被秘密投到维蒙克工厂附近的地区。他们在与挪威地下组织联系上后,马上开始了行动。他们秘密潜入守卫森严的工厂,在工厂的要害部门安放了大量炸药,然后迅速撤离。很快,一声巨响震天动地,摧毁了生产重水的主要设备和近1吨左右的重水。英国人非常兴奋,他们认为至少要用两年的时间德国人才能恢复生产。可是没有想到德国8个月后就恢复了重水的生产。虽然盟军没有想到德国人的速度会如此之快,但这次行动的成功还是为他们的最后胜利赢得了宝贵的时间。

随着局势的发展,更多国家介入了这场大战,也开辟了更多的战场。形势对德国越来越不利,德国更加快了原子弹的研制进程。而盟军也毫不松懈,他们决定彻底摧毁德国的原子弹原料生产基地。1943年,盟军总司令艾森豪威尔命令美国驻欧洲的空军轰炸维蒙克工厂,这次轰炸使维蒙克工厂几乎完全丧失了生产能力。德国对此迅速做出决断，把秘密储藏的重水和生产设备运回德国继续工作。盟军通过情报部门很快便获悉了这一消息，他们很快就搞到了重水和设备运输所行的路线。知己知彼，百战百胜，他们派出特工在运输轮船所经过的深水区放好了定时炸弹。当德国的运输轮载着重水和生产设备经过时，炸弹准时爆炸了，那些"宝贝"全部葬身湖底。盟军历经千难万险，终于彻底摧毁了德国的原子弹制造计划。

"黄色计划"的神秘魔力

说起"黄色计划"，不得不提起一个人：弗里茨·埃里希·冯·曼斯坦因。"1945年受到我讯问的德国将军们一致认为曼斯坦因元帅业已证明是德国陆军中能力最强的指挥官，他们曾经期望此人出任陆军总司令。"军事历史学家利德尔·哈特如是说。

1939年9月，德国实施"白色计划"，闪击波兰。曼斯坦因在波兰战争中担任德国南方集团军群（司令为伦德斯泰特）司令部参谋长。波兰战争结束之后，德国陆军总司令部根据10月9日的希特勒批令而制订发布"黄色计划"。

曼斯坦因在深入研究"黄色计划"的内容和全面分析作战双方的情况之后，认为"黄色计划"有模仿"施利芬计划"之嫌，难以出奇制胜，故而主张：西线攻势的目标应该是陆地寻求决战；攻击的重点应该放在A集团军群方面而不应该放在B集团军群方面，A集团军群应从地形复杂却能出敌不意的阿登地区实施主攻，挥师直指索姆河下游，这样才能全歼比利时的盟军右翼，并为在法国境内赢得最后胜利奠定基础；B集团军群的兵力应由2个集团军增到3个集团军，此外还需增加强大的装甲部队。此即著名的"曼斯坦因计划"的要旨。曼斯坦因的主张得到A集团军群司令伦德斯泰特的赞同。从1939年10月到1940年1月，A集团军群司令部先后以备忘录的形式6次向陆军总

游弋在空中的德国轰炸机

司令部提出上述建议，仍未得到同意。直至1940年2月17日，在希特勒的副官施蒙特的帮助下，他才"得以当面向希特勒陈述我们的意见"，并得到希特勒的完全同意。2月20日，陆军总司令部颁发包含曼斯坦因建议的作战计划。结果，

德军在战争发起后的6个星期内横扫西欧诸国,大败盟军。然而,这个"黄色计划"从一开始到最后实施并非一帆风顺。

对于发生的这场战争,美国参议员威廉·鲍瑞(Willam Boran)称其为"虚假的战争",英国首相张伯伦称之为"模糊的战争",而对德国人来说,它是"坐着的战争"。自从阿道夫·希特勒的强大战争机器在1939年9月消灭了波兰,英法联军就一直无所事事地呆在马其诺防线,与在塞哥弗雷德的德军对峙,直到德军突然发起奇袭之前,英国和美国的很多报纸专栏作家都预言这场虚假的战争将会褪色,最终将以各回各的老家收场,各方都不会有任何人员和财产损失,盲目乐观的情绪彻底地笼罩住了盟军的心。

1940年1月10日,一架德国轻型飞机沿着比利时边界飞行因引擎故障在比利时境内紧急迫降。飞机上的两个人侥幸活了下来。他们穿着便服,但他们实际上是德国军官。后来,他们被带到了附近的比利时军队总部。

被带走的两人其中一个是德军少校瑞恩伯哥。哨所的房间火炉烧得很旺,随着时间推移,比利时士兵开始松懈了。突然,瑞恩伯哥少校跳起来,将藏在大衣口袋里的一沓纸扔进了炉火。这时,比利时的地方长官艾米利奥·罗致上尉飞快地跑到火炉边伸手将已经开始燃烧的纸卷拿了出来,他的手被严重烧伤。

没有说一句话,瑞恩伯哥冲上去抢罗致的左轮手枪,俩人在地上扭打起来。紧接着,其他比利时士兵冲进来制服了这个发疯的德国少校。"我完了,"瑞恩伯哥叫道,"我永远也不能原谅我所做的!我不是想杀你,我是想自杀。"

被火烧焦的纸片被比利时的情报机构拼了起来,上面写着"德军行动命令",接着是"西线的德军将在北海和摩泽尔河之间发动进攻……"以及一些诸如荷兰堡垒、第七飞行集团军、坦克团的字眼。这不正是一份关于德国进攻法国和低地国家(指荷兰、比利时、卢森堡——译者注)的秘密计划吗?比利时的将军们简直不敢相信自己的眼睛,这些纸片究竟是个什么样的阴谋?

为了弄个水落石出,比利时情报机构允许瑞恩伯哥与德国驻布鲁塞尔的武官文赫·威林戈少将通话,并在隔壁进行窃听。电话里瑞恩伯哥向威林戈汇报说自己已经成功地将"黄色计划"烧掉,威林戈少将显然被这个厚颜无耻的谎言骗了过去。由此,比利时人确信,这个计划确有其事。

柏林,狡猾的希特勒陷入狂怒之中,因为他根本不相信瑞恩伯哥所说的一切。希特勒的密友陆军将军威海尔姆·凯特尔说,"他唾沫横飞,使劲地用手擂墙,几乎疯了似的咒骂手下人鲁莽和愚蠢的行为。"这次失误几乎使他的西进计划夭折,也难怪他会发疯。

直到德国的情报机构汇报说,英法两军的部署没有任何变化时,希特勒才放下了心,命令"黄色计划"按原样进行。

1940年1月12日,罗马,意大利王子的妻子玛丽·朱丝打电话给外长——墨索里尼的女婿西亚诺伯爵。她带着哭腔告诉他,德军将要进攻她的祖国比利时。西亚诺是一个秘密的反纳粹主义者,他向玛丽·朱丝透露了进攻的消息,并建议她应毫不犹豫地立即通知比利时国王雷鲍德。

在其他方面，叛逃的德国间谍偷窃了德军记载有"黄色计划"的文件；英法的侦察飞机也发现德国步兵和装甲车在德国边界大规模集结。更重要的是，英国最秘密的密码破译机构截获并破译了数百个德军的无线电信号，这些信号表明，"黄色计划"即将实施。

以上的这些大量信息都证明从1940年初，希特勒正在谋划着在西线对英法联军进行大规模的进攻。并且盟军，特别是比利时人得到了诸多的直接或间接的消息。

此外，一个名叫约瑟夫·穆勒的著名律师4月30日这一天从慕尼黑到达罗马。穆勒是一个虔诚的天主教徒，他此行是来执行一个他一生中最重要的使命：尽力通知英国和法国希特勒要实施"黄色计划"，他带着"黑色管弦乐队"（以铲除希特勒为目的的严密组织）的领导们精心准备、措辞严谨的文件，文件中明确表示希特勒很快将在西线发动进攻。文件被穆勒交到了他的老朋友雷伯教父手里。接着，雷伯教父迅速通知了耶稣会士默耐斯牧师，并联系到了比利时驻罗马大使利文霍，然而这位大使竟然对文件的内容不以为然。但奇怪的是，第二天，也就是5月2日，大使又改变了主意，他立刻向布鲁塞尔发出了警报。

5月9日，250万德国军队分成102个师，其中9个装甲师，6个摩托化师，集结在法国、比利时和荷兰边界。荷兰使馆武官金伯特·塞斯得到希特勒已经下令实施"黄色计划"的消息后，也曾经打电话给比利时驻德国使馆武官和总部设在海牙的荷军总司令部，用预先安排的代码告诉他的上级，"明天黎明绷紧弦"！进攻时间定在第二天也就是1940年5月10日的凌晨3：30。塞斯发出警报几个小时后，德国军队如雪崩般地向森林密布的南部城市亚琛(Aachen)集结。

5月10日凌晨，不到两小时，大批斯图卡式俯冲轰炸机、德国步兵和装甲车一起冲过了边界，横扫中立的比利时和荷兰。事先得到的许多关于进攻的情报丝毫没有帮助盟军减轻慌乱和手足无措。德军战斗进程之迅速和战果之巨大令很多人感到吃惊。

在接下来的6周中，德军把英国军队赶出了欧洲大陆，征服了法国、比利时、卢森堡和荷兰。英军在慌乱中几乎把所有的武器装备和运输工具都留在了敦克尔刻。

对于这次盟军的溃败很多人都十分不解，为什么盟军的高级将领对德国实施"黄色计划"的反应如此迟钝且毫无准备呢？难道是"黄色计划"有什么特殊的魔力让那么多人都对其视而不见吗？这仍是二战中的一个难解之谜。

"东方马其诺防线"为何土崩瓦解

乌苏里江边的虎头枢纽据点是日本关东军精心设计并驱使1万多名中国劳工耗时6年修筑的坚固要塞，号称"东方马其诺防线"。

1945年8月8日22时50分，前苏联向日本宣战。8月9日0时，苏地面部队在对日作战最高司令官华西列夫斯基的指挥下从3个方向向关东军展开了猛烈进攻，同时空军对中国东北的主要城市和日军的主要防御设施实施了大规模的空袭，空降部队则在长春、沈阳等城市实施机降，像一把尖刀插向了日军的腹部。日本关东军被分割成数块，南北不能相顾。

在随后的战斗中，日本关东军大多一战即溃，但在一些局部战斗中，日军仍负隅顽抗，其中尤以虎头要塞之战最为激烈。当时有1900余名日军在此坚守。苏军久攻不下，便改换战术，先用训练有素的哥萨克狙击手封锁日军的火力点，在控制了要塞的洞口和通气孔后，将汽油灌入地下工事，用燃烧弹点着，使不少日军被烧死或窒息而死。苏军还将自动火炮开到要塞的坑道口边，近距离用火炮直接对洞口内连续轰击。最后，虎头日本守军除约70人逃跑外，其余全部被击毙。

战前苏军统帅部估计，结束对日作战短则两三个月，长则需要半年以上。因为，日本关东军虽然在兵力和武器装备上较之苏军处于下风，但他们毕竟有近百万之众，在中国东北已经营14年，熟悉当地的地形、民情，还建造了大量坚固的防御工事。可事实上交战仅13天关东军就土崩瓦解，1945年8月22日，在长春关东军演习场，关东军山田乙三司令官率97名将领向苏军投降，个中缘由令人深思。

其实就在1945年4月德国宣布投降后不久，前苏联便开始着手对日作战的准备。为了达到突袭成功的目的，前苏联军方可算是煞费了一番苦心。由于前苏联在远东的铁路线距离边境只有2~4千米，苏军在运输过程中实施了周密的伪装，在靠近边境地区，白天只少量增加运输车次，夜晚进行"饱和"运输；为了不让日军发现战略意图，苏军部队到达集结地域后，严格保持无线电静默，并控制人员的户外活动，一切的准备工作都在秘密的进行之中。

但是，如果把所有的成功都归结于苏军的保密措施，隐蔽作战企图，似乎并不能彻底解释在关东驻扎了14年的日本军队溃败的原因。的确有军事研究人员曾对此提出过质疑：关东军怎么可能对其3个多月的大规模兵力调动毫无察觉？

根据新近公开的日本军方秘密档案显示：造成日军疏忽的主要原因是，日军在战略判断上出现了失误。日军一直将美军视为盟军对日作战的主力，特别是美国投下原子弹后，日军将美军可能对日本本土的登陆行动作为防御的重点。对于苏军是否会攻击日本，虽然也考虑过，但最终认定前苏联没有把握在两个月（8~10月）之内击败关东军，因为10月份以后中国东北就要进入冬季，他们是不会选择在天寒地冻的环境下对日作战，所以即使前苏联红军发动全面进攻也应该是在来年春季以后。基于以上的判断，日军非但没有对苏军的秘密部署有所察觉，没有任何准备，就在苏军利用雨夜发动全面进攻的时候，关东军司令官山田乙三甚至还在丹东找歌舞伎寻欢作乐。

人们不妨假设一下，如果日军能够对苏军行动提前有所判断的话，恐怕苏军很难在半个月之内就击溃关东军。未来高技术战争具有突发性、节奏快、初战就是决战的特点，这对战略判断提出了更高的要求。指挥员在作出判断时，应将科学的定性分析方法和定量分析方法有机结合，充分运用信息技术手段，对战略形势、敌我力量对比、敌军可能的行动等诸多因素进行由此及彼、由表及里的动态分析，从而为正确决策奠定坚实的基础。

对于"东方马其诺防线"的失陷，还可以听到这样的一些声音：在前苏联军队的大举进攻下，日军只在个别防御地段作过一些顽抗，而且只是处于一种被动挨打的消极防御水平，根本没有主动的反击，这才是他们失败的必然原因。

1945年9月2日，日本在东京湾美国军舰"密苏里"号上签署投降协议，日本外相重光葵和总参谋长梅井义辉，在美军总司令麦克阿瑟将军面前签署了投降书。

然而事实是不是这样呢？据曾经参加过这场战争的日本退伍老兵回忆，当时日本关东军在东北全境层层布防，并在一些险要地段精心构筑坚固防御堡垒，形成数道防线，希望以分兵把口、分层狙击的战术手段抵抗苏军的进攻。但是，当时苏军来势汹汹，以机械化部队进行快速的大纵深作战。"他们先是在日本关东军的薄弱防御地段打开缺口，然后立即扩大突破口，高速向纵深推进，再以空降部队的纵深机降，使日军的防御体系彻底瓦解。"

就此观点，克劳塞维茨也曾指出："纯粹的防守同战争的概念是完全矛盾的，在战争中防守只能是相对的。"

无论是因为战略上的判断失误，还是因为没有处理好进攻和防守的关系，"东方马其诺防线"的失陷依然成为日本法西斯军队彻底失败的标志性战役，这一战役留给人们的也不仅仅是战斗本身，究竟日军的失败是必然还是偶然都将由后人来评说。

"金唇"——无法破译的绝密技术

一项代号为"自白"的间谍行动曾经让美国蒙羞达8年之久。从1945年到

1951年，克格勃开始窃听美国驻前苏联大使馆内的活动情况。这项成功的窃听行动既是前苏联特工引以为荣的惊世之举，也是世界间谍史上屈指可数的经典之作。

从1933年11月16日前苏联与美国正式建立外交关系那天起，克格勃特工就盯上了美国驻苏使馆，对其进行监听与监视成为他们工作中的重要部分。为了更详细具体地了解美国使馆的内情，1938年起，克格勃开始向美国使馆放飞"燕子"。

所谓"燕子"其实是克格勃的职业特工，她们装扮成国家芭蕾舞剧院演员，利用美国外交官们好色的弱点，再加上自己沉鱼落雁的美貌，于是很轻易地便飞进美国外交官的卧房。不久"燕子"们就已经探明，会议室、武官处、密报室及大使办公室都设在使馆大楼顶层，那里正是整个使馆的"要害"所在。与此同时，那些负责守卫使馆大楼的前苏联女兵也顺利地和潇洒的美国男士搞好了关系。

1943年，德黑兰会议结束后，斯大林向克格勃领导人贝利亚下达了死命令，要对美国大使阿维列拉·卡里曼的办公室进行窃听，可以不惜一切代价、动用一切手段。重压之下贝利亚与手下高参们开始设计窃听使馆心脏部位的行动方案，可谓绞尽了脑汁。

1943年12月17日，贝利亚得意地向斯大林报告他们已经完全准备好了针对美国使馆专门设计的窃听设备，其性能"无与伦比"，功效"令人称奇"。而且它还有个非常特别的名字，叫"金唇"。于是，利用这种特制"窃听器"对美国大使办公室进行窃听的行动也被命名为"金唇行动"。因为"金唇"窃听器既不需要电池，也不需要外来电流，所以使当时的反窃听设备无法捕捉到任何信号，代表了当时的世界顶级水平。300米以内大耗电量振荡器所发出的微波脉冲都能够被"金唇"捕捉到，更奇特的是它的工作寿命可以无限延长。从外表上看，"金唇"就像一个带尾巴的蝌蚪。

为了把"金唇"顺利地放到大使办公室，前苏联特工机关将美国使馆对面居民楼里的居民全部换成克格勃工作人员，每逢星期天，伪装成"家庭主妇"的克格勃女中士们都要在阳台上抖落和晾晒地毯及被褥，试图以非常自然的姿势把灰尘大小的"蝌蚪"撒到美使馆大院内。

然而，费尽了心机的克格勃特工人员并未达到目的。后来，他们还精心设计了一起火灾，但是扮成消防队员的特工人员却始终没找到进入卡里曼大使办公室的机会。

几次失败之后，克格勃的高参们并没有放弃，这次他们想出将安有窃听器的礼品送给美国大使的妙计。于是，二十几种木制及皮制的贵重工艺品送进了克格勃高官的会议室，但是，窃听器研究权威、前苏联科学院院士贝尔格和伊奥费却对选定的礼品给出了一致认定，这些礼品都不能胜任运载"金唇"的使命。于是，克格勃只得根据"金唇"的特殊性重新制作相应礼品。

1945年2月9日，前苏联宣布在黑海之滨举行"阿尔台克全苏少先队健身营"开营典礼，为了把美国大使卡里曼从莫斯科引到克里米亚，并在开营典礼上接受由少先队员赠送的"礼品"，克格勃制定出一整套诱引方案。2月，前苏联特工以前苏联少先队员的名义向罗斯福总统及丘吉尔首相发出敬请光临的邀请。请柬中用尽了动听的词句，诚挚感谢两位政治家在战争期间对前苏联人民的帮助。宣扬"平等与博爱"的美国人绝对不会拒绝孩子们的邀请，克格勃摸准了美国人的心理。果然，百忙之中无法到场的美国总统和英国首相相应地委派了两国驻苏大使出席。于是，美国大使卡里曼如期从莫斯科赶到黑海之滨出席开营典礼。

开营典礼上，前苏联少先队员用英语合唱美国国歌，气氛渐入佳境。孩子们纯真稚嫩的歌声让卡里曼大使完全丧失了戒备和警惕，就在这时，一枚精美绝伦的巨大木制美国国徽由四名前苏联少先队员抬着送到卡里曼大使面前。紧接着，瓦列里·勃列日科夫马上殷勤地向贵宾们讲述这枚国徽的做工及用料是如何讲究，用了多少种珍贵木料，前苏联工匠的制作工艺是如何高超精湛。果然，卡里曼大使情不自禁地发出惊叹："天哪！我把它放在哪儿才能不辜负孩子们的一片心呢？"勃列日科夫不失时机地低声对卡里曼说，"挂在您的办公室最合适不过，英国人肯定会嫉妒得发疯。"

随着这枚内藏前苏联克格勃"金唇"窃听器的美国国徽被悬挂在卡里曼办公室，代号为"自白"的克格勃窃听美国大使的行动开始启动。自1945年2月起，这一行动共持续了8年。4任美国大使在8年间来了又走，国徽以其无与伦比的艺术美感赢得了4位美国大使的钟爱，每一位新大使到任后从墨水瓶到地板砖全部更换一新，甚至大使办公室的窗帘及家具色调也相应做了些改变，以与这枚国徽相匹配，而这枚美国国徽却始终安然无恙。

直到1960年5月，华盛顿才公开"金唇"的秘密，在此之前美国中情局始终没有勇气公开他们的"耻辱"。美国驻联合国代表卡勃特还将"金唇"窃听器拿到安理会常任理事国的会议上做了一番展览。但是，"金唇"的秘密技术却始终无法破译，美国特工和英国特工曾多次试图制作同样的窃听器，但都以失败告终。时至今日，"金唇"的秘密依然无法解开。

谁编制了神奇的"无敌密码"

第二次世界大战中，英国倾全国之力，破译了德国的"谜语机"密码，为战胜纳粹德国作出重要贡献；美国则破译了日军密码，由此发动空袭，击毁日本大将山本五十六的座机。丘吉尔说，密码员就是"下了金蛋却从不叫唤的鹅"。

《孙子兵法》云："知己知彼，百战不殆。"破译敌军密码，始终是交战双方梦寐以求的捷径。同时，如何保证自己的密码不被敌人破译也让交战双方费尽了心思。二战中美国曾经有一套"无敌密码"就创造了这样一个不可破译的神话。

那些沉默了半个多世纪的"特殊密码员"终于从美国总统布什手中接过了美国政府最高勋章——国会金质奖章。当年，正是他们编制的"无敌密码"，为盟军最终胜利立下了汗马功劳。

攻占硫磺岛是美军在太平洋战争中打的一场经典战役，美军把旗帜插上硫磺岛的照片，成为美国在二战中浴血奋战的象征。硫磺岛战役结束后，负责联络的霍华德·康纳上校曾感慨地说："如果不是因为纳瓦霍人，美国海军将永远攻占不了硫磺岛。"

当时，康纳手下共有 6 名纳瓦霍密码员，在战斗开始的前两天，他们通宵工作，没有一刻休息。整个战斗中，他们共接发了 800 多条消息，没有出现任何差错。

攻占硫磺岛战役中"无敌密码"大显了身手。而编制这种"无敌密码"的人又是谁呢？

一个叫菲利普·约翰逊的白人提议用纳瓦霍语编制军事密码。约翰逊的父亲是传教士，曾到过纳瓦霍部落，能说一口流利的纳瓦霍语，而在当时，纳瓦霍语对部落外的人来说，无异于"鸟语"。这种语言口口相传，没有文字，其语法、声调、音节都非常复杂，没有经过专门的长期训练，根本不可能弄懂它的意思。极具军事头脑的约翰逊认为，如果用纳瓦霍语编制军事密码，将非常可靠而且无法破译。因为根据当时的资料记载，通晓这一语言的非纳瓦霍族人全球不过 30 人，其中没有一个是日本人。

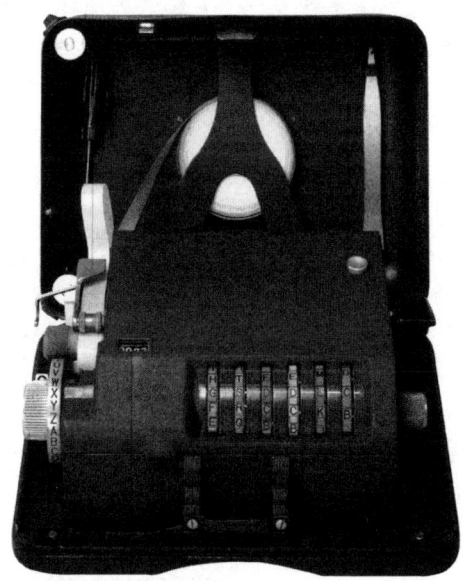

换字器 M-209 密码机

1942 年初，该建议由约翰逊提出，他说，如果用纳瓦霍语编制密码，可将用机器密码需要 30 分钟传出的三行英文信息，在 20 秒内传递出去。

美国太平洋舰队上将克莱登·沃格尔接受了约翰逊的建议。1942 年 5 月，29 名纳瓦霍人作为第一批密码编译人员征召入伍，在加利福尼亚一处海滨开始工作。不久，根据纳瓦霍语创建的 500 个常用军事术语的词汇表制作完成。由于没有现代军事设备的专门词语，因此代码中经常出现比喻说法和拟声词。

此后的太平洋战争期间，420 名纳瓦霍族人加入了密码通讯员的行列，他们几乎参加了美军在太平洋地区发动的每一场战役。用纳瓦霍语编制的密码被用来下达战斗命令，通报战情，为最终打败日本军国主义者起到重要作用。

除了纳瓦霍语外，在欧洲战场，美军在二战中使用的另一种印第安语——科曼切语密码也大显身手。据说现年 78 岁的查尔斯·希比蒂是目前唯一在世的科曼切语密码员，目前居住在俄克拉荷马。根据老人回忆，当年报纸上的征兵广告说"征召年轻的科曼切人。要求未婚、无家庭拖累、会说本族语。"特别是在语言方面要求极为严格，必须十分流利。

在科曼切语创建的由 250 个军事术语组成的词汇表里，轰炸机成了科曼切语中的"怀孕的鸟"，一天，一个黑发、留着卓别林式胡子、表情严肃的德国男子的照片送到希比蒂手中，"我们需要给这个人起一个代号。"希比蒂看了看照片想起了他看过的欧洲新闻短片，于是说："'疯了'怎么样？或者'疯狂'？"最终，真的决定用"疯狂的白人"来称呼这个元首，而此人就是希特勒。

1944年1月，诺曼底登陆战役中，当希比蒂登上犹他滩时，指挥官命令他："通知总部我们成功登陆了，现正准备占领敌方阵地。"顶着炮弹掀起的沙子和海水，希比蒂掏出无线电发报机，迅速用科曼切语发出了这条信息。科曼切密码通讯员希比蒂发出了第一条登陆诺曼底的信息。海滩上，炮弹和曳光弹不断在头顶上爆炸，一阵静电干扰之后，无线发报机传来信息："收到。守住滩头阵地，弄清敌人方位。增援部队很快抵达。完毕。"

在诺曼底滩头大显神通之后，对于这种密码，纳粹德国的情报部门也绞尽了脑汁，始终未能找到破译的方法。

无论是纳瓦霍族密码员还是科曼切族密码员都没有因为他们的巨大贡献在战时或战后获得表彰。因为当时的五角大楼认为这些密码员在接下来的冷战中可能再派上其他重要用场，因而不宜暴露，并命令他们严格保守秘密。但是，随着密码技术的进步，这些古老的密码已经完全成了古董，于是密码员们才终于获得了迟到的荣誉，但他们当中的大多数都已经默默无闻地离开了人世。

对这迟到了半个世纪的表彰，布什也不胜感慨。他说："他们勇敢地工作，出色地完成了自己的任务……他们对国家的贡献值得所有美国人尊敬和感谢。"当年的 29 名印第安纳瓦霍族人，编制出了这套"无敌密码"，现在，其中 25 人已离开人世，这些人的名字将永远消失在历史的长河中，就像他们未曾来过一样。

建筑奥秘

埃及的金字塔是怎样建造的
古埃及金字塔仅仅是法老的葬身之地吗
如何解释金字塔里的超自然现象
巴比伦空中花园
罗得岛巨人雕像之谜
耶路撒冷的哭墙之谜
重见天日的古罗马庞贝城
…… ……

埃及的金字塔是怎样建造的

小时候用积木搭起一座座"宫殿"的时候，你有没想过要把它搭成一座高达数百米的巨大建筑？如果让你用每块重达数十上百吨的巨石来搭建它，你又会怎么做呢？

在尼罗河河谷与撒哈拉沙漠的汇合地吉萨，矗立着古代世界的金字塔。胡夫金字塔是其中最高的一座，金字塔用巨石砌成，石块之间不用任何粘着物，而是由石块与石块相互叠积而成，人们甚至很难将一把锋利的刀片插入石块之间的缝隙，金字塔到现在已经历了近5000年的风风雨雨，至今它仍傲视长空，巍峨壮观，令人赞叹！

那么，金字塔是怎样建造的呢？这一问题曾引起了许多学者研讨的兴趣，但他们的说法不大一样。

一般认为是这样建造的：首先采石，工匠们把加工过的平整光滑的巨石用人或牛拉的木橇运往现场。由于木橇运行需一条平坦的道路，这就需要先修路，据估计仅这项工程就花去了将近10年的时间。可是，他们又是如何把一块块巨石一直垒到百米以上的高度呢？据传，工匠们先把地面一层砌好，然后堆起一个与第一层一样高的土坡，这样，就可以沿着土坡把石块拉上第二层。以此类推，等到塔建成后，再将土坡移走，让金字塔显露出来。在技术非常落后的古代，进行这样巨大的工程是异常艰苦的。这些金字塔的建成，充分显示出建造者已经掌握了相当丰富的物理学和数学知识，表现了古代埃及劳动人民的聪明才智。

对于埃及人建造金字塔的巨石是用天然石块加工而成，还是另有别的制法？有专家对此作了深入研究。法国化学家戴维杜维斯认为，建造金字塔的巨石不是天然的石块，而是人工浇注而成的。为此，这位科学家进行了一些试验，他对从金字塔上取下的小石逐个加以化验，化验结果表明，这些石块是由人工浇注的贝壳石灰矿组成。他又据此推测，当时埃及工匠建造金字塔时，很有可能先把搅拌好的混凝土装进筐里，再抬上正在建造中的金字塔。另外，他还在石块中发现一缕大约有1英寸长的头发。这缕头发很可能就是古埃及人聪明才智和辛勤劳动的见证。他的这一见解吸引了世界学术文化界的广泛注意。

为了揭开披在金字塔身上的神秘的面纱，1978年3月，日本早稻田大学古代埃及调查室组织了一支考古实验队，采用模拟古代埃及人造塔的方法，在古塔的前面建造了一座新塔，其规模相当于原塔的1/4。首先是如何采石。实验队先在石面上凿出连成点线的小孔，然后打进木楔子，通过不断敲击直至产生裂缝。而且，至今在阿斯旺采石场上，还可找到残留有木楔子痕迹而未切割下来的石料。由此可见，这个办法可能与当年的方法相符合。石块又如何搬到现场呢？他们以木橇载着石块，用人力牵引，慢慢运至工地。最后，实验证实了古埃及人在没有现代化机械起重设备的条件下，仍然可以把一块块巨石砌上去，直至墓室最上一层的三角形尖顶。这个实验向人们揭示出古埃及人正是建造金字塔的真正主人。

建筑奥秘

古埃及金字塔仅仅是法老的葬身之地吗

　　金字塔是人类文明史中的一项伟大奇迹,更是永恒的谜团,数千年以来,它矗立在古老的尼罗河畔,迎曙光,浴暮霭,闪着神奇的智慧之光。然而,关于金字塔的起源问题,经过历代学者的激烈的论争,至今仍众说纷纭。

　　在中世纪,很多作家都认为,在埃及粮食充裕时期,金字塔是用来储藏粮食的大仓库。近几年来,金字塔被人描述为与日晷仪和日历、天文观测台、测量工具甚至与神秘的外星生命相联系的东西,把金字塔当作天外宇宙飞船的降落点。

　　然而,大部分有声望的埃及学者认为金字塔是法老们的坟墓。这一理论也最能被人们所广泛接受。金字塔散布于尼罗河的西岸,根据埃及神话,这里与通往来世的路途相通。考古学家们在金字塔附近发现了许多在葬礼仪式中使用的小船,据说,这些小船就是法老们驶向来世的工具。

　　许多金字塔中都有石棺或木棺,这早已被证实。19世纪之前,在石棺上或在石棺附近发现的神秘图画被确定为用来帮助法老们从一个世界通往另一个世界的咒语。

　　然而,一个铁的事实却让坟墓理论缺乏了最主要的依据,就是学者们在金字塔中找不到法老们的尸体,而且许多法老好像建造了不止一个金字塔。

　　20世纪著名的物理学家库尔特·门德尔松坚持认为法老们建造金字塔的目的是在到处是散落的部落的时代巩固埃及的国家地位,而金字塔不是坟墓。门德尔松的理论使坟墓理论不能解释的问题得以解决。

　　还有一些人认为金字塔中没有尸体,却有大量的陪葬品,说明金字塔是衣冠冢——死去的法老们的纪念碑,但不是他们真正的坟墓。

　　绝大多数埃及学者仍然认为,尽管金字塔也具有其他用途,但它们首先是作为坟墓而被建造的。它们的周围环绕着其他坟墓,这些坟

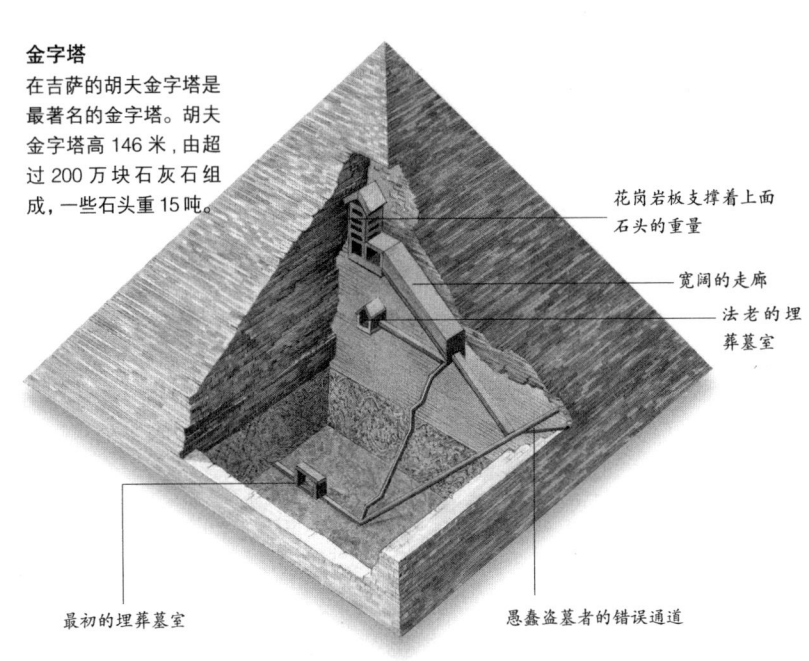

金字塔
在吉萨的胡夫金字塔是最著名的金字塔。胡夫金字塔高146米,由超过200万块石灰石组成,一些石头重15吨。

花岗岩石板支撑着上面石头的重量

宽阔的走廊

法老的埋葬墓室

最初的埋葬墓室

愚蠢盗墓者的错误通道

墓的主人在当时的地位都在法老之下。

另外，关于金字塔的一个折中的观点认为，金字塔可以被理解为古代建筑进步的标志之一，这一种建筑从矩形、平顶、砖泥结构的坟墓开始，今天我们称之为古埃及墓室（里面曾经发现过尸体）。然后，建筑师们开始把一个平顶结构垒在另一个上，这样就建成了今天被我们称为"台阶式金字塔"的建筑物，其中最著名的那些现在仍坐落在撒哈拉地区开罗南部。

几乎所有的延续了埃及文明的东西都关系到了死亡，死亡好像成了他们宗教、文学的限定力量。法老们认为，他们的目的不是今生而是来世，不管是通过小船、台阶还是借助太阳光，只要能成功即可。因此，金字塔被设计成能存放他们遗体的式样，也就是坟墓，这是目前一种最合理的推测。

不过科学是永无止境的，历史在延续，人类的天性在于探索无限的未知世界，随着科学的发展，随着探索者们坚持不懈的努力和灵感的产生，金字塔之谜一定会真相大白，也许一个新的、不为人知的理论又摆在世人面前，也许又有更多的谜团不能解开，到那时又会怎样呢？

如何解释金字塔里的超自然现象

很多人之所以不相信埃及金字塔出自人类之手，在很大程度上是因为围绕着它出现了很多神秘的超自然超时代现象。如果仅仅以为金字塔是生命和能量的源泉，那就错了，金字塔正以它神秘的恐怖手段，阻止人们进一步探索。而迄今为止，也没有人能对这些现象做出令人信服的解释。

金字塔向人们显示了它奇特的结构效应：保存在其中的食物不易腐烂，鲜花不易枯萎；进入金字塔参观的游客也会感觉不一样。对金字塔内部的测定，表明它是一个很好的电磁波的共鸣器，它能够接收许多波段的能量，杀死细菌。有的科学家利用金字塔小模型做实验，发现只要方位放得对，它能使刀片锋利，有机物脱水。

科学家们试图揭开金字塔内部构造的奥秘，然而屡遭失败。他们发现，似乎一些残留的古代电磁技术依然在保护金字塔，使后人无法窥探它的秘密。有人做过试验，利用宇宙射线对巨石堆进行穿透显示，用以透视金字塔内部结构。虽然试验做得很内行，但是电子计算机等现代仪器在同一区域的记录从来没有稳定过，每天都得出完全不同的记录曲线。这种现象违反了一切已知的科学法则和电子学理论，而且在科学上是不可能的。该试验以毫无结果而告终。究竟是什么能量储存在金字塔内部一直干扰了现代的科学实验呢？这种能量也许与金字塔的死亡效应不无联系。

1922年，人们发掘了公元前18世纪去世的图坦卡蒙国王的陵墓，墓穴入口处赫然写道："任何盗墓者都将遭到法老的诅咒！" 科学家理所当然地蔑视"法老的诅咒"，然而厄运和灾难却一再证明法老诅咒的效力。

先是发掘的领导人之一卡纳冯公爵被蚊虫咬了一口，突然发疯去世。接着，参观者尤埃尔因落水溺死,参观者美日铁路大王因肺炎猝死,用x光照相机给国王木乃伊拍照的新闻记者突然休克而死,另一名发掘者、肯塔博士的助手麦克、皮切尔先后去世,死因不明,皮切尔的父亲跳楼自杀,送葬汽车又轧死了一名8岁儿童。在发掘后3年零3月的时间内,先后有22名与发掘有关的人神秘地去世。胡夫金字塔上也有一段可怕的铭文:"不论是谁骚扰了法老的安宁,死神之翼将在它的头上降临。"

开罗大学伊瑟门塔亚博士认为:木乃伊体内存在着一种曲霉细菌,感染者会呼吸系统发炎,皮肤上出现红斑,最后因呼吸困难死亡。美国《医学月刊》曾刊登一篇调查报告:100名曾经到过金字塔观光的英国游客,在未来10年内死于癌症的竟达40%,而且,年龄都不大。而那些胆大妄为,胆敢爬上金字塔顶的人,都很快出现昏睡现象,无一生还。最近,迈阿密贝利大学的化学教授达维多凡从金字塔中检验出衰退的辐射线,很显然,这正是英国游客患癌的主要原因。但是,金字塔外却没有这种辐射。可见,金字塔的结构可以防止放射线的外泄。因此,达维多凡提出了一个推断: 金字塔是史前外星人的核废料储存所。但是这种推测似乎与金字塔结构效应相矛盾。

近年来,对在埃及一些金字塔和未被发掘的古墓的新发现,又进一步提供了考古学上的可能证据。众所周知,科学界在进入20世纪70年代以后才开始研究和成功制造人造心脏,时至今日,人造心脏仍然未能取代天然心脏的地位。但是日本考古学家和埃及专家合作,对一具金字塔中的男童木乃伊进行研究后发现,在他体内有一副状似心脏的仪器。这副仪器是经过精密的外科手术安装进去的。这个死时年纪约为10岁的男孩,已经在金字塔中安眠了5000年之久,他体内的这颗人造心脏是从何而来呢?

彩色电视机在现代社会中的应用也不过几十年的时间。然而,有人在尼罗河畔从未被发掘的古墓中,竟然发现了一台酷似电视机的仪器。这台彩电安装有四面三角形的荧光屏,屏的四周镀有黄金,机件是用质地极为坚固的金属钛制造的,它的动力来自太阳能电池。不过,它只有一条线路,只能接收一个电视台的图像。专家们把这台古代电视机与古墓中所存的手工艺品一起通过碳-14年份鉴定,证实它已有4200年以上的历史。目前这台电视机虽然已经基本失灵,但太阳能电池仍能正常工作。

发现者认为,这可能是来自另外的文明世界的礼物,通过它可以与后来的世界保持联系。也就是说,它属于古代来访者遗留的星际通讯工具。这种说法得到了出自金字塔中其他发现的支持。在一个距今3000余年的金字塔中,科学家发现了一副古老的UFO图案。在这幅壁画上,UFO被清楚地绘成一种倒转了的碟子形状。这是否表明,早在数千年前,外来文明的使者就乘坐着UFO来到地球,与古埃及人彼此沟通了。

作为更利于人们推测的直接证据,考古学家们最近在大金字塔进行内部设计技术研究时,发现塔内密室中藏有一件冰封的物件。探测仪器显示该物体内部有心跳频率及血压,这使人相信冰封底下是某种具有生命力的生物。据同时在塔内发现的一卷象形文字资料记载：5000年前，一辆飞天马车从空中坠落在开罗附近，并有一名生还者。古卷中称这位生还者为"设计师"。考古学家联想到塔中的冰封生物可能就是参与金字塔设计与建造的外来世界的智能使者。所谓飞天马车可能就是我们今天所说的UFO的星际交通工具。

那么，发现于金字塔中的千年不化的冰格是怎样制造出来的？是否可以唤醒冰封状态中的外来使者呢？金字塔是否既是法老陵墓又是星际联系的文明标志呢？

科学家们普遍认为金字塔内确实存在一种超自然的因素，能够产生一种超自然的力量，而这种超自然的因素是什么呢？为什么能够产生超自然的力量呢？这种种问题，目前仍然没有结论。

巴比伦空中花园

在2500年前，一名希腊经师写下了眩人耳目的七大奇观清单：罗得岛巨像、奥林匹亚宙斯神像、埃及金字塔、法洛斯灯塔、巴比伦空中花园、以弗所阿提密斯神庙以及毛索罗斯王陵墓。这位经师说：七大奇观，"心眼所见，永难磨灭"。这就是所谓世界七大奇观的由来。

巴比伦空中花园当然不是建在空中，这个名字纯粹是出自对希腊文 pmaddeisos 一字的意译。其实，pmaddeisos 一字直译应译作"梯形高台"，所谓"空中花园"实际上就是建筑在"梯形高台"上的花园，后来蜕变为英文 pmadise（天堂）。

巴比伦空中花园是什么时间建造的呢？

一般认为，巴比伦空中花园是在幼发拉底河东面，距离伊拉克首都巴格达大约100千米，是在巴比伦最兴盛时期尼布甲尼撒二世时代（前604～前562年）建造的。

千年古都巴格达曾是阿拉伯鼎盛时期阿拔斯王朝的首都，向来以文学艺术和雕塑绘画著称于世，世界名著《一千零一夜》

巴比伦城门复原图
古巴比伦城是人类古代文明的一大发源地，也是世界文明史上的一个著名古都。它是巴比伦文化的象征和结晶，建于4000多年以前。现巴比伦遗址坐落在巴格达东南90千米处，与巴比伦省会哈莱相距10多千米。

中许多故事的出处都在巴格达。然而，美丽的巴比伦空中花园究竟在哪里呢？

据历史记载，巴比伦是前626年迦勒底人建立的新巴比伦王国的遗址，主要由阿什塔门、南宫、仪仗大道、城墙、空中花园、石狮子和亚历山大剧场等建筑组成。遗址一直埋在沙漠中，直到20世纪初才被发现。而汉谟拉比（前1792～前1750年）时代的古巴比伦王国遗址，至今还被埋在18米深的沙漠底下。

在遗址宫殿北面外侧不远的一堆矮墙中间是一个深深的地下室，散发出一种异样的味道，原来这就是空中花园的所在地，阿拉伯语称其为"悬挂的天堂"。据说，花园建于皇宫广场的中央，是一个四角锥体的建筑，堆起纵横各400米、高15米的土丘，共有7层，每层平台就是一个花园，由拱顶石柱支撑着，台阶并铺上石板、芦草、沥青、硬砖及铅板等材料，眼前只有盛开的鲜花和翠绿的树木，而不见四周的平地；同时泥土的土层也很厚，足以使大树扎根；虽然最上方的平台只有20平方米左右，但高度却达105米（相当于30层楼的建筑物），因此远看就像似一座小山丘。

更有历史学家放言道："从壮大与宽广这一点看，空中花园显然远不及尼布甲尼撒二世宫殿，或巴别塔，但是它的美丽、优雅，以及难以抗拒的魅力，都是其他建筑所望尘莫及的。"前1世纪作家昆特斯·库尔提乌斯这样描述这座空中花园："无数高耸入云的树林给城市带来了荫蔽。这些树有12英尺之粗，高达50英尺。从远处看去，如荫的灌丛让人以为是生长在高大巍峨、树木繁盛的山上森林。"

然而这么豪华的"天堂"现在却什么也看不到了，只有一段修复后的低矮墙中残留的一小块原址遗迹，旁边有一口干枯的老井。据说这就是当年空中花园的遗存品，但经过考证，现在仍不能确认这就是真正的空中花园遗址，因为这里离幼发拉底河20多千米，而资料记载空中花园就在河边上。事实上，大半描绘空中花园的人都从未涉足巴比伦，只知东方有座奇妙的花园。而在巴比伦文本记载中，也没有一篇提及空中花园。所以真正的空中花园在哪里，至今没人能说得清楚。

至于为什么要建造奇特的巴比伦空中花园，古代世界就有两种不同的说法。

一种说法是，前1世纪中叶，西西里岛的希腊历史学家狄奥多罗斯在他的40卷《历史丛书》中提及，"空中花园"由亚述女王塞米拉米丝供自己玩乐所建。空中花园或许真的曾名噪一时，但塞米拉米丝却实无其人，她只是希腊传说中的亚述女王。

另一种说法是，巴比伦祭司、历史学家贝罗索斯（前3世纪前期）写过一部向希腊人介绍巴比伦历史和文化的著作，曾提及前614年巴比伦国王去世，新国王尼布甲尼撒即位后，迎娶了北方国米提之女安美依迪丝为妃。而米提是一个山国，山林茂密，花草丛生。米提生长的王妃，骤然来到长年不雨的巴比伦，触目皆是黄土，不觉怀念起故乡美丽的绿丘陵来。她日夜愁眉苦脸，茶不思，饭不想，这可急坏了巴比伦国王。怎么办呢？他请来了许多建筑师要他们在京城里建造一座大假山。经过几年的营造，也不知花费了多少奴隶的血汗，一座大山终于造好了。山上还种上了许多奇花异草。这些花木远看好像长在空中，所以叫做"空中花园"。花园里，还建造着富丽堂皇的宫殿，国王和王后得以饱览全城的风光。据说，米提公主从此兴高采烈，思乡病一下子消失得无影无踪。

虽然空中花园已全部为荒漠所吞噬，但同伊甸园一样，空中花园的传说一直吸引了无数人。很长时间以来，许多古代的著作对它是否真的存在过表示疑问。19世纪，德国考古学家罗伯特·科德卫发现了一些证据，他认为可以证明空中花园确实存在过。第一条线索是若干个石拱，它们可以轻易支撑住树林、土壤、岩石以及导水管的巨大重量。接着，他又发现一根轴，从屋顶一直延伸到地面，这可能就是一口井，空中花园的水也就是从这里抽取。进一步的研究表明，屋檐正下方的地面曾用于某种形式的储存。这极可能是一个蓄水库。今天美索不达米亚一带气候干燥、缺少石材，空中花园离幼发拉底河又有一段距离，而花园的花离不开水，那么它是如何解决供水问题的呢？如果真是这样的话，在水泵发明几个世纪前，水又是如何被运到屋顶花园的？

前1世纪的历史学家兼作家斯特拉博曾记载："有专门的旋转式螺旋桨把水送到屋顶。这些螺旋桨的功能就是不断地从幼发拉底河抽取水源以播洒滋润整个花园。"尽管人们一直把这种旋转式螺旋桨视为阿基米德螺旋泵，并且由于它能够较好地输送大量水源，最终引发了全世界农业的革新，然而奇怪的是，古代文卷中没有一处特别提到巴比伦曾使用过这种水泵。可这种水泵却被另一位统治者亚述国王塞纳恰诺波使用过，他的都城设在尼尼薇，横跨巴比伦西北部的底格里斯河。

专家们认为，空中花园应该要有完善的输水设备，由奴隶不停地推动着连系的齿轮，把地下水运到最高层的储水池中，再经过人工河流往下流以供给植物水分。同时美索不达米亚平原没有太多石块，因此研究员相信花园所用的砖块定是与众不同，相信它们被加入了芦苇、沥青及瓦，狄奥多罗斯甚至指出空中花园所用的石块加入了一层铅板，以防止河水渗入地基。

事实究竟如何呢？迷人的空中花园，将无尽的谜尽藏腹中。还有待于进一步考证。

罗得岛巨人雕像之谜

希腊邮票上的罗得巨像——太阳神赫利俄斯穿着短裤，头戴太阳冠冕，左手按剑于腿上，右手托着火盆在头顶上，双腿叉开立于两座高台上，背后是海港，胯下是出入口航道。那样的巨像该有多大？据说神像高约32米，以450吨青铜铸成，站立的石座高达四五米，巨人的手指头有几人合抱之粗，大腿中空，内部可居住一家人。

罗得巨像建于公元前292～前280年，历时12年完成。巨像与希腊神话中的一则故事有关：远古时代，希腊诸神争夺神位而混战，宙斯最终成为最高的统治之神。宙斯给诸神分封领地时，唯独忘了出巡天宫的太阳神赫利俄斯。等到赫利俄斯归来时，宙斯指着隐没于爱琴海深处的一块巨石，封给赫利俄斯。巨石欣然升出海面，欢迎太阳神的到来。赫利俄斯以爱妻之名命名那里为罗得岛。

后来的历史渐渐失去了神话色彩。前 408 年,罗得国控制爱琴海几个岛屿,向地中海沿岸殖民,引起雅典、斯巴达、马其顿、波斯人的嫉恨与恐慌。前 305 年,波斯的季米特里国入侵罗得岛,全岛居民撤守罗得城。波斯人围困一年未能攻陷,只好撤离该岛。走时匆忙,将攻城装备和大批兵器遗弃于城下。罗得人感谢太阳神的保佑,决定将收集的金属器材熔化铸造一尊赫利俄斯的神像。铸成的巨大铜像立于港口,雄镇海疆。

巨像坠倒的时间确认在前 225 年。在一次大地震中太阳神像坍塌,倒在原地。这就是说,神像立于基座不过 55 年,这可能是罗得巨像记载不详的原因之一。

巨像倒地后,断成几截,后人记载称:"底座只剩下巨像的双脚,其他部分全散落地上,露出中间的铁质骨架。"

罗得人认为这是"神的意志",不愿再加修复。后来罗得城从破坏中复苏,繁荣不减当年,要复原巨像毫无问题,然而再也找不到像以前的艺术大师,只好任其自然了。

巨像散落后,为何消失得无影无踪?此谜有三解:

第一,公元 653 年,阿拉伯人占领罗得岛,看中了神像残骸的巨大物质价值,击碎躯体,搬走碎块,运往意大利,变为废铜出售。

第二,铜像可能被人盗走,赃船在海上遇风沉没了。

12 世纪的编年史,记载了阿拉伯人捣毁巨像的细节:阿拉伯人用粗绳系住巨像残腿,甩力把它拉倒在地,将大块残体打碎以便于搬运,甚至就地起炉生火,将碎铜熔为锭块。在整个搬运过程中,阿拉伯人动用了 980 匹骆驼才将金属碎片运完。搬运使用了骆驼,金属残片显然是从陆路运走,即从罗得岛渡海运到最近的土耳其大陆,再以骆驼运到阿拉伯某地。若运去意大利出售,必然要装船海运,哪里还用得着骆驼?上述记录属于追记,并不全然可信。但加强了阿拉伯人毁灭铜像的可信性,排除了就地熔化铸为其他器械或盗运沉海的两种猜测。

第三,难道铜像残骸真的躺在地上达 887 年之久才被阿拉伯人拿走?不大可能。大概坠地不久便被入侵者或当地人就地熔化制成其他器械了。罗得岛从公元前 2 世纪开始,历经罗马帝国、拜占庭、阿拉伯、土耳其的统治。罗得人视太阳神像为圣物,肯定不会自行捣毁。只有信奉基督教、伊斯兰教的外族,才会将"异教"的偶像摧毁。在罗马帝国时期,恺撒、庞培等帝王、贵族都曾到过罗得城游览,他们对太阳神巨像的精巧与庞大惊叹不已。罗马人不可能当废金属处理掉,很有可能运回本土收藏起来了。

然而,这仅仅是猜测而已,太阳神巨像的下落就像它的铸成一样,千百年来一直都是个谜。

耶路撒冷的哭墙之谜

耶路撒冷是犹太、基督、伊斯兰三大宗教的圣地。耶路撒冷最有名的是 1 平方千米的老城,老城最有名的是东南角面积仅 0.135 平方千米的圣殿山。圣殿山是圣城中的圣城，阿拉伯世界与以色列冲突中最敏感的耶路撒冷问题，其实就是圣殿山的归属问题。耶路撒冷地处三大洲要冲，历经37次征服，8次被毁。犹太、基督、伊斯兰教各在这里统治过500、400、1200多年，留下各种宗教遗迹200多处。圣殿山周围正是各宗教遗址相互重叠、难分彼此的地方，所以结怨深远、难以化解。圣殿山被犹太人奉为圣地是因为传说犹太先祖亚伯拉罕在此领受上帝旨意、祭献儿子；他的孙子雅各在此和天使摔跤，并被赐名"以色列"（神角力）。为了纪念犹太民族最神圣的地方，相传在公元前1010年，所罗门王开始在摩利亚山（现在的圣殿山）建设圣殿，以便存放约柜、诺亚方舟等圣物，圣殿于公元前957年竣工。建成后的圣殿长30米、宽10米、高15米，雄伟非常，号称是上帝的所在。但好景不长，公元前586年，巴比伦王杀到这里，他摧毁了圣殿，赶走了犹太人。直到公元前538年波斯王居鲁士灭巴比伦后，犹太人才被允许返回，并得到归还的5000多件圣殿物品。公元前516年，犹太人动手在第一圣殿的原址上补建第二圣殿。不想公元70年，罗马王镇压犹太人起义，竟将重建的圣殿彻底焚毁，只留下西墙墙基的一段。后人收集残石，在墙基上垒出了一堵墙。罗马时期，每年11月9日圣殿毁灭日这天，才准许世界各地的犹太人到圣殿西墙遗址祈祷。饱受苦难的犹太人面对圣殿的残垣断壁总忍不住唏嘘哀哭，"哭墙"因此得名。正是这堵墙在2002年7月出现了极其不寻常的现象，这面巨大的石墙中间的一块巨石上出现了一道水渍，经过几天风吹日晒依然如此，既不扩大，也不消失。难道这真是"哭墙"的"泪水"？人们议论纷纷。

　　哭墙"哭了"，这令不少极端正统的犹太教人士激动不已，因为在犹太教传说中，哭墙流泪是犹太救世主弥赛亚降临的先兆。也有人说，"这是上帝正打开通往和平的道路，人民将有感应，朝此方向前进"。而一些犹太教的神秘教派说，在他们的典籍中预言，若哭墙流泪的话，是世界末日的先兆。一时间，各种说法纷纷而起，有的人为之欣喜，而有的人为之惊恐。难道这些水渍真是哭墙的泪水吗？

　　哭墙是犹太教圣殿两度修建、两度被毁的遗迹，是犹太民族2000年来流离失所的精神家园，也是犹太人心目中最神圣的地方。犹太人相信它的上方就是上帝，所以凡是来这里的人（无论是否为犹太人）都一律戴小帽，因为他们认为，让脑袋直接对着上帝是不敬的。哭墙边上，每天都会有很多犹太人自动分成男女两拨，分别在哭墙的南北两段祈祷，他们常常手捧《圣经》，一边祈祷，一边点头（根据犹太教规，凡是念到圣人名字的时候必须点头），有的人更搬把椅子面对哭墙，一整天都沉浸在与上帝的对话中，犹太人的做法使哭墙更显得神秘与崇高。所以很多人纷纷传说这是哭墙"哭了"，但也有人不相信这些传说，一位在哭墙祈祷的犹太青年称，哭墙出现水渍并不是最近才有的，而是一种经常出现的自然现象。他说，这种现象在一年半前就出现过，当时查明，原因是哭墙另外一侧用于滴灌的水管发生渗漏，而渗漏的速度和蒸发的速度正好相抵，所以水渍能够长时间既不消失也不扩大。研究人员也对此进行了考察，以色列文物局会同有关地质和文物专家对哭墙水渍现象进行了调查分析，最后专家们得出的意见证实"哭墙之泪"

其实并不神秘。以色列文物局在发布的调查结论中说，这一现象虽然不像一年半前那样，是由于渗水形成的，但也属自然现象，是由于一种长在石头中间的植物腐烂后引起的。也有专家指出"这不像是水迹，看来是植物的分泌物"。但没有人解释为何其他一样有植物的石墙没有水迹，对水迹为什么不蒸发也不扩散，也都没做出合理的解释。

"哭墙的泪水"虽然被专家们证实是一种自然现象，但人们仍旧在希望，有一天和平会降临这片土地。那时，人们将不再互相杀戮，不再流泪，而哭墙也会恢复它本来的称呼——西墙，到那时，哭墙也将不再流泪！

重见天日的古罗马庞贝城

在意大利半岛西南角坎佩尼地区有一座历史悠久的历史名城——庞贝城。它曾经是罗马富人寻欢作乐的胜地；它曾经是一座人口超过2.5万人的酒色之都；它也曾经是一座背山面海的避暑小城。然而在一夜之间，这一切都灰飞烟灭了。

公元79年8月24日这一天，维苏威火山醒过来了。刹那之间，火山喷出的灼热岩浆遮天蔽日，四处飞溅；浓浓的黑烟，裹挟着滚烫的火山灰，铺天盖地地降落到庞贝城。令人窒息的硫磺味弥漫在空气中，弄得人头昏脑胀。很快，厚约5.6米的熔岩浆和火山灰就毫不犹豫地将庞贝城从地球上抹掉了。

1748年，一位当地的农民偶然发现了埋葬于地下1000多年的庞贝城。即使到今天，庞贝城也只有3/5被考古学家们发掘出来，仍有许多死难者、器具和建筑物被深深地掩埋在地下，尽管如此，富丽堂皇的庞贝城也使人们产生无限暇想。

庞贝城占地面积1.8平方千米，用石头砌建的城墙周长4.8千米，有塔楼14座，城门7个，蔚为壮观。纵横的4条石铺大街组成一个"井"字形，全城被分割成9个区，每个城区又有很多大街小巷相通，金属车轮在大街上辗出了深深的车辙，历历在目，仿佛马车刚刚驶过一般。

在大街的十字路口都设有高近1米、长约2米的石头水槽，用来向市民供水。那么水槽里的水又是从哪里引来的呢？原来水槽与城里的水塔相通。水塔的水则是通过砖石砌成的渡漕从城外高山上引进来的，然后分流到各个十字路口的公共水槽中，这个系统也为贵族富商庭院的喷泉和鱼池供水。

庞贝城里还有3座大型剧场，其中最大的一座剧场位于城东南，建于公元前70年，可容纳观众2万人，也可以当做角斗场，当年人与人、人与兽的角斗就曾在这里举行。

这座大型剧场的东侧还有一座近似正方形的圆形体育场，边长约130米，场地三边用圆柱长廊围住，黄柱红瓦，金碧辉煌，场地正中是一个游泳池。这个体育场估计能容纳观众1万余名。

城西南有一个长方形广场，是全城政治、经济和宗教中心，四周建有官署、法庭、神庙和市场。城市至少建有一座公共浴室，不但冷热浴、蒸汽浴样样俱备，还附有化妆室、按摩室，装修也十分到位，墙上还用石雕和壁画装饰着。

庞贝城遗址充分反映了古罗马社会的道德沦丧，一部分人沉溺于酒色，纸醉金迷，生活糜烂。庞贝城明显有两多：一是妓院多，二是酒馆多。不堪入目的春宫画画满了妓院的墙壁，各种淫荡的脏话在墙壁上随处可见，城内酒店林立，店铺不是很大，酒垆与柜台都在门口，酒徒可以站在柜台外面喝酒，酒鬼们在一些酒店的墙壁上留下了信手涂鸦的歪诗邪文，至今依稀能够辨识出来。

比起埋在地下20～30米深且被新城覆盖的赫库兰尼姆，庞贝城埋在地下平均深度为3.6米，较易发掘，但要运走那么多的泥石，也不是一件容易的事。目前，整个庞贝遗址就是一座博物馆，用外墙围住，不准任何人居住，更不准车辆入内，而在遗址外围，逐渐形成了一座几万人的游览城市。

一座死城在科学家们的努力下重见天日。它反映了古罗马时代城邦居民的日常生活，是一座世界少有的天然历史博物馆。

克里特岛山的迷宫是寝陵吗

在中国古代，认真思考生死问题的人们把人的身体称为"逆旅"，意思是身体只是灵魂在尘世间暂时歇脚的一个寓所。生和死，住所和寝陵，真的是没有什么分别吗？

4000年前，地中海克里特岛山上居住的是迈诺斯人，他们专门从事航海贸易，创造了比希腊还早的物质文明，而且成为一个光辉灿烂的文化中心。

世人早已不记得迈诺斯曾有的文明及成就了。3000多年来，世人对迈诺斯文明的了解，除了那个广为流传、有关克里特岛国王迈诺斯及其半人半牛、藏身黑暗地下迷宫的贪婪怪物弥诺陶洛斯的神话以外，几乎是一无所知了。然而，英国考古学家艾文斯爵士在20世纪初叶，把迈诺斯首都诺瑟斯的遗址发掘了出来。这次发掘的工程相当浩大，耸人听闻。诺瑟斯城自身就很大，加上所属港口，一共有近10万居民。但这座庞大建筑物是艾文斯最轰动一时的发现，他同大多数考古学家一样认为那座建筑物是王宫，属多层建筑结构，其中有好几层筑在地下。其建造之奇、藏品之丰，为世人所惊叹。王宫中有以海洋生物、雄壮公牛、舞蹈女郎和杂技演员为题材的色彩鲜明的壁画。另外，还有许多石地窖；有斧头的残片、铜斧乐器；以及一个以小片釉陶和象牙包金加镶水晶造的近1米见方的棋盘。细加琢磨的雪花石膏在看似国王的宝座上、在接待室的铺路石板上、在那些显出典型迈诺斯建筑风格的上粗下细的柱子上、在门道附近闪闪发光。

那么，这座富丽堂皇、结构复杂的巨大建筑真的是一座王宫吗？虽然历史学家和考古学家一般都同意这种说法，但德国学者沃德利克则不赞同，而且其说法好像有所依据。在1972年出版的一本书中沃德利克说："诺瑟斯这座宏伟建筑，绝对不是国王生时居所，而是贵族的坟墓或王陵。"依据沃德利克的说法，被大多数考古学家所认为的是用作储藏油、食物或酒的大陶瓮，其实是用来盛放尸体。尸体被放在里面后，加入蜜糖浸泡以达到防腐的目的；石地窖则被用来永久安放尸体；壁画代表的是灵魂转入来生，并且把死者在幽冥世界所需物品画出来。沃德利克还认为那些精密复杂的管道,不是为活人设置的,而是为了防腐措施的需要。

为了支持自己的说法,沃德利克提出几项很有意思的事实,比如说诺瑟斯这座建筑物的位置,绝对不是建筑王宫的绝佳位置,因为它所处的地方过于开敞,四面受敌,如若有人从陆上进攻即无从防卫。同时当地没有泉水,必须用水管引水,水量很难供应那么多居民。"王宫"及附近范围内也无一望即知是马厩和厨房之类的房屋,这里的居民难道不需要交通工具和食物?至于那些被认为是御用寝室的房间,更都是些无窗、潮湿的地下房舍,在气候和暖、风和日丽的地中海地区,绝不可能选择这样的地方来居住。

新巴比伦王国修建过通天塔没有

如今的人们,已能利用航天飞机深入宇宙,更能用望远镜探望宇宙深处的秘密,但人们还是很向往更遥远的天外,希望能达到世界的顶端。这种愿望自古有之。

基督教经典著作《旧约·创世纪》第11章曾有这样一段记述:古时候,天下众多的人口,全都说着同一种语言,人们在向东迁移时,走到一处叫示拿的地方,发现那里是肥沃的平原,就定居下来。他们商定在这里用砖和生漆修建一座城和高耸通天的塔,以此传播声名,免得四处流散。这件事惊动了耶和华,他看到城和大塔就要建成,十分嫉妒人们的智慧和成就,便施法术变乱了人们的口音,使人们的言语各各不同。结果工程不得不停顿下来,人们从此分散到了世界各地,大塔最终没有建成,后人把这座大塔称作巴别,"巴别"就是"变乱"的含义。

如何看待《圣经》中这段记述,史学界众说纷纭,有的人认为《圣经》中这段传说,有所根据,主张《创世纪》记载的那座大塔的原型,就是古代两河流域(即示拿)新巴比伦王国时代巴比伦城内的马都克神庙大寺塔。这座大寺塔,被称作埃特曼安基(意为天地之基本住所)。它兴建于新巴比伦国王那波帕拉沙尔(公元前626年~公元前605年)在位时,到其子尼布甲尼撒(公元前604年~公元前562年)在位时才建成。这一传说也反映了新巴比伦王国时代,巴比伦城内居民众多、语言复杂的情况。公元前5世纪古希腊历史学家希罗多德在其所著的《历史》一书第1卷181节中,记载了如下事实:"在这个圣域的中央,

巴比伦宝塔式建筑遗迹

有一个造得非常坚固、长宽各有一斯塔迪昂（古希腊长度单位，约合185米）的塔，塔上又有第二个塔，第二个塔上又有第三个塔，这样一直到第八个塔。人们必须循着像螺旋线那样地绕过各塔的扶梯走到塔顶的地方去。那里有一座宽大的圣堂。"希罗多德说塔共11层，可能是把塔基的土台或塔顶的庙也计算在内了。公元前331年马其顿亚历山大到巴比伦时，这座大塔已非常破败。为了纪念自己的武功，亚历山大曾有意重建此塔，可是，据估算，光是清除地面废料，就需要动用1万人，费时2个月。由于工程浩大，亚历山大只好放弃了这个打算。

相反，有的学者不同意《圣经》中提到的通天塔就是新巴比伦时代马都克神庙大寺塔的观点，认为在巴比伦城内，早在新巴比伦时代以前就曾有两座著名的神庙，一座叫做萨哥——埃尔（意为"通天云中"），一座叫做米提——犹拉哥（意为"上与天平"），它们很可能就是关于通天塔的传说的素材。但是，有关这两座神庙，没有更多的史料可以提供参考。

英国伦敦塔的神秘力量来自何处

在伦敦有一座神秘的堡垒，由许多金字塔组成。人们都把它叫做伦敦塔。围绕着伦敦塔有许多传奇的故事。这里曾放置着许多王室珍宝，很多人都曾在这里看见白色的幽灵和鬼魂，这里还曾经被当作监狱……总之，伦敦塔是一个充满传奇色彩的地方。伦敦塔的布局很像一个矩形，有两条护城墙保护着风特尔夫的最初建筑——白塔。在里墙内有13座小塔围绕在它的四周。6个面向河流的塔护卫着外墙，在东北角和西北角各有一座雄伟的堡垒。从法律意义上讲，伦敦塔仍是卫戍部队的驻地及皇家领地。伦敦塔和巴黎的巴士底狱十分相似。这座塔的最邪恶的目的是用作监狱，特别是用来关押那些反对国家的人。

伦敦塔是许多有关鬼魂作祟报道聚集的焦点。这些鬼魂总与发生在塔内的故事有关。有报道说，瓦特·罗利爵士的鬼魂曾沿着塔楼的通道悄无声息地从上到下行走，顺着他在被关押年月里散步的路线，一个牢房又一个牢房地依次走过。一个穿着白色裙子的女人常常会出现，在塔楼间的草地上随后又消失，来去的速度总是一样。人们猜测她是亨利八世某个不幸的王妃。晚上监听的岗哨声称他们曾听到过盖伊·福克斯被刑讯逼供财宝藏在何处，他在拉肢刑架上被拉抻受刑时发出一阵阵的惨叫声。

很多人都曾在塔中被处死。可怜娇小的简·格蕾夫人是那些在塔中被处死的名人中的一个。

在简夫人被处死403年后，1957年2月12日，有一个在伦敦塔值勤的士兵十分肯定地说，他看到了简的幽灵就在城垛上面游荡。他马上叫起另一个守卫，据那位说他们所见的的确是简夫人的鬼魂。人们常见的鬼魂还有不幸的安妮·博林的幽灵，据说她的鬼魂经常在她的家，诺福克的布立克林大宅中出现。在次普敦大院，亨利八世其他几个不幸的妻子好像都在死后回过魂。就是在伦敦塔，人们也见到过安妮的鬼魂，据说有许多目击者见到一个没有头的女性鬼影经常出现在王后寝宫的周围，那是她在被处死前被禁闭的地方。

根据这些报道和传说，我们似乎可以认为伦敦塔是一个"幽灵的世界"。那么真的有鬼魂吗？那些目击证人看到的不会是自己的幻觉么？那些游荡的幽灵是在给自己鸣冤么？这些鬼魂又来自何处？现代科学无法解释这些的问题。伦敦塔在人们心目中仍是一个古老而又神秘的地方。

海底墓群之谜

大约在半个世纪以前，考古学家们就已经发现在西太平洋的密克罗尼西亚联邦的近海区域内的珊瑚礁群内，有一处用石柱群围起来的神秘的海底墓群。

密克罗尼西亚联邦是在1986年独立的一个袖珍国，人口仅数千人，首都设在波纳佩岛，是一个与世隔绝的、相当落后的国家，居民绝大多数都是渔民，岛国的四周围绕着美丽的珊瑚礁群，是一处旅游胜地。

在水位高涨的时候，这个小岛看上去与其他孤立在大洋中的小岛并无两样，但是在水位退去的时候，人们就可以清楚地看到露出水面的珊瑚礁群——在礁群间有工程十分浩大的人工建成的水道，50多条人工渠道的周围则有无数建筑得十分坚固的石柱，这些石柱群都是由一根根圆形石柱组成，比马路上的水泥电线杆稍微细一些。据当地人说，这里是历代酋长的墓地，因不愿意外人侵扰亡灵，所以将坟墓建在活人难以进出的海礁中。

1920年，日本生物学家、东京大学教授杉浦来到了该岛。当时的密克罗尼西亚是日本托管地，为了揭开海下墓地之谜，他的随行人员抓来了一名酋长，逼他说出墓地的秘密。酋长说："这是万万说不得的,岛上的酋长终身供奉的海上女神(即希腊神话传说中海上会唱歌的女妖，海上行驶的船只向着歌声驶去，就会被海浪吞没），保佑着海底的亡灵。任何人去惊动墓地的主人，都会惹怒女神，从而遭到惩罚。"

杉浦认为这是无稽之谈，就叫手下对他严加拷打，酋长被迫说出了进入墓地的秘密通道，但几天后便遭到雷击身亡。

杉浦依酋长之言从秘密通道进入了一个海底坟墓，并且获得了墓地的第一手资料，回来以后杉浦就闭门谢客，一头扎进了资料堆里，加速研究海底墓地之谜，准备让真相大白于天下，但不久，他突然暴病而亡。杉浦家人为了实现其夙愿，委托历史学家泉清一教授续编译遗稿，然而令人感到害怕的是，泉清一教授也突然死亡。大家想起了杉浦生前对他们所说的"海上女妖的诅咒"，说凡是想对这墓地进行研究的人必然会暴卒而死，吓得研究者将所有资料全部焚毁。

几年后，又有一位不信邪的德国考古学家伯纳不远万里来到了这个充满了神秘色彩的岛国，他摸清了海底坟墓的地理形势后，筹备了物资和人员。但是就在他准备动工发掘的前夕，伯纳又一次遭到了暴毙的命运，"女妖的诅咒"再次发生了"威力"。此后人们对这块神秘的地方采取敬而远之的态度，科学家们也把它列入了与百慕大三角洲同样神秘的"人类科学未知"的范围内。

到了1970年，日本生物学家白井洋平到西太平洋去调查海洋生物，顺便对这个神秘的海底墓地进行了一次专业外的探险活动。他租了一条小机动船，带了两名随从，在一个晴朗的下午，趁落潮时驶入了一个被石柱包围的小岛。

他们刚踏上岛，就看到一座用玄武岩柱垒起来的神庙状建筑物，石墙还分内外两重。正当他们从外侧进入内侧时，刚才还是晴空万里的天空忽然乌云密布，接着就电闪雷鸣，顷刻间大雨就劈头盖脸地浇了下来。三人被这突变的天气惊呆了，他们回过头来逃出"神庙"，上船后急速调转船头，驶离了这块神秘之地。令人感到惊奇不已的是，小船刚一离开，立即就雨停日出，乌云散尽，天空又恢复了晴朗。

当天晚上，白井洋平去请教一位当地的酋长。酋长对他说："这里根本没有下过一滴雨，这是死者不让你们进入他们的墓地而发出的警告。你们若再敢冒犯，保护它们的海神是不会放过你们的，说不定会掀翻你们的船，叫你们有去无回。"

最近，美国的一个科学调查小组来到了该地，并带来了许多先进的科学探测仪器和雷达设备，通过对石柱样本的碳化测定，科学家认为其建造年代为公元1200年左右。石柱与岛北的火山玄武岩相同，由此推测，石柱的材料来自岛北的采石场，就地加工后运到此处安装。在公元12世纪该岛的统治者是兴盛的萨乌鲁鲁王朝，这个王朝共维持了200多年，当时岛上总人口约3000人。

据调查小组估计，如果要在200年内完成规模这样庞大的工程，至少需要动员1万名劳动力。因为单石柱的数量就达上万根之多，而当时岛上全部可以使用的劳动力还不足1000人。这就留下了一个历史之谜。专家们认为，要揭开这个历史之谜，首先必须做到的是取出墓中的棺木和随葬品，但要做到这一点，则必须跨越"诅咒"之门，战胜海神的"报复"，才能进入墓地进行考古发掘工作。

复活节岛上的神秘石像

复活节岛是世界上最偏远的地方之一，它位于茫茫无际的南太平洋水域。1722年，荷兰人首先发现了这个小岛，那天刚好是复活节，因此这个岛被称为复活节岛。此后的几十年内，西班牙等欧洲探险家们曾经一次又一次地登上此岛，因为人们不仅对这个荒岛上的土著居民很好奇，而且对岛上的上百尊巨石雕像更感兴趣。复活节岛虽然孤处一方，但那些遍布全岛的石像却世界闻名。这些有着非常明显特征的石像被当地人称为"莫埃"：他们有神态各异的长脸，向上略微翘起的鼻子，前突出的薄嘴唇，略向后倾的宽额，垂落腮部的大耳朵，刻有飞鸟鸣禽的躯干，还有垂在两边的手，石雕独特的造型使它们别具风采，使人一眼就能认出它们。此外，有些头上还戴有圆柱形红帽子的被当地人称为"普卡奥"的石像，远远看去这些红帽子就像具有尊贵和高傲色彩的红色王冠。

这些石雕人像的造型一致，都是表情呆滞、脸形瘦长的那种。这说明其加工制作者使用的模本是统一的。从未见过的石像造型所表现出来的奇特风格，充分说明了它是未受外来文化影响的本地作品。当然也有些学者指出，它们的造型与远在墨西哥蒂纳科瓦的玛雅即印第安文化遗址上的石雕人像十分相似。难道是古代墨西哥文化影响过它？但墨西哥在复活节岛数千米之外，这几乎是不可能的。

在充分研究了小岛各处分布的600多尊石像和几处采石场的规模等情况后，众多学者一致认为这份工程没有5000个身强力壮的劳动力是不能完成的。他们做过一项试验，十几个工人忙一年才能雕刻一尊不大不小的石人像。利用滚木滑动装置似乎是岛民解决运输问题的唯一办法，这种原始的搬运办法虽然可以将这些庞然大物搬运到小岛上的任何角落，但这必定要花费巨大的劳动量。令人不解的还在于，当雅各布·罗格文初到复活节岛时，岛上几乎没有树木，因此利用滚木装置运送巨石人像的可能性也不大。

调查者们在拉诺拉库山脉还找到了几处采石场。采石场上到处分布着像切蛋糕似的被人随意切割的几十万立方米的坚硬岩石。这些加工好的巨石人像被运往远方安放，但是数以百计未被加工的石料依然躺在采石场上，加工了一半的石像中还有一尊极为奇妙的石像，它的脸部已雕凿完成，但是后脑部还和山体相连。这件成品只需几刀就可与山体分离，但是它的制作者好像忽然发现了什么，匆匆离去，将它留在这里。

不可思议的还有戴着石帽的石像，这批石雕人像重的超过50吨，小的重约2.5吨，单单石帽就是件吨位沉重的庞然大物。制作者究竟如何将它们从采石场上凿取出来，怎样加工制作，又通过什么途径将它们运往远处安放的地方，并能牢牢地将它们耸立在石像头上？由于前几个世纪岛上居民还没有使用铁器，这一切都那么令人费解。而且工地上的许多作品，尽管进度并不相同，但是看上去似乎是同时停工的，那么小岛上究竟发生了什么事情呢？地质学家们研究之后，发现复活节岛是座火山岛，但是在人类在此居住以前并没有发生过火山爆发。

20世纪40年代，挪威科学家托尔·海尔达尔提出了复活节岛上曾居住过南美印第安人的观点，并认为是他们建造了这些莫埃人像。为了证实自己的推断，海尔达尔决定孤身穿越太平洋，他造了一个简陋的木筏，开始了自己的行动。木筏随着信风和洋流一路向西漂去，实际的距离大大超过了复活节岛。101天以后，一直在海中漂泊的木筏在塔希提岛东面一个荒凉的小岛上靠岸。

海尔达尔激动万分，因为航行证明了一只简陋的木筏横渡太平洋的可能性。当然这还只是一种可能性，是否真的发生过这样的事情还不能确定。要证明南美洲人的确曾在复活节岛上生活过还需要更多更充分的证据。海尔达尔的推断似乎得到了岛上的一

复活节岛上神态各异的石像

些口头传说的支持，因为岛上的居民曾提到一个这样的民族：他们将耳朵刺穿并在耳垂上挂上重物，人为地把耳朵拉长。这些耳朵很长的人曾经在很长一段时间里统治了小岛，后来那些短耳朵的人感到不满，于是奋起推翻了他们。由于那些莫埃人像的耳朵几乎都垂到了肩上，所以海尔达尔推断它们是由那些"耳朵很长"的人建造的。那么这些人是从哪里来的？岛上居民传说他们来自东方，但那里仅有一望无际的海洋……

然而后来的一些理论却否认了海尔达尔的推想。首先，通过放射性碳元素测定年代法表明，早在公元5世纪之前，岛上就有人居住了，而莫埃人像则最早建造于公元900～1000年之间。而且后来的许多研究也证实岛上的居民是从波利尼西亚迁移过来的，而不是从南美洲迁移过来的。从语言学的角度进行分析，岛上居民使用的文字更接近波利尼西亚的文字；对他们的骨骼进行研究，岛上的居民也更接近于东南亚人。

最早来到复活节岛上的是波利尼西亚人这一观点得到了普遍认同，因为这一结论能在一定程度上解释为什么能够建造那些巨大的雕像。由于波利尼西亚非常盛行祖先崇拜，因此那些莫埃人像可能是由岛上的家族或部落建立起来的用以纪念先人的墓碑。马克萨斯群岛还有一种在死者的雕像上放上一块石头，以示哀悼的传统。而在莫埃人像顶部盖上红石头很可能就是由这种传统演化而来的。

复活节岛上的石雕人像不断地被人写入游记、见闻和回忆录里，变得日益神秘起来。现在，这些石雕人像随着科技的发展和电视的普及已经家喻户晓了，但是仍有许许多多的谜团困扰着人们，而岛上的那些石雕人像仍屹立在那里，俯视着岛上络绎不绝的游人。

"黑色犹太人"是否建造了独石教堂

在埃塞俄比亚首都亚的斯亚贝巴以北50千米的拉利贝拉，海拔2500米的约瑟夫主教山麓隐藏着一座"教堂城"。从地面看去，山坡没有什么建筑物。走近一看，11座石构教堂全部没于地下，建筑物顶端与地面齐平。原来这是世界上独一无二的独石教堂。

独石教堂于1974年被重新发现。距多年考证，它已荒废了600多年。此地原名罗哈，11～14世纪曾作为扎格王朝的首都约300年，后来以国王的姓氏而易名为"拉利贝拉"。

扎格王朝1181～1221年在位的国王拉利贝拉，征调5000匠人，用30年时间凿成独石教堂。扎格王朝为什么要雕凿独石教堂呢？据说是为了安全和隐蔽，避免外族的入侵。另一种说法是出于宗教上的考虑和需要：教堂必须同大地连成一体，建筑根植于大地，上联天体，使上界和下界浑为一体，以取得上帝的庇佑。这些教堂兼宗教、政治、军事三项功能于一身，是王室的住地、祈祷场所和防御要塞。独石教堂纯粹是宗教建筑群，周围没有民用建筑和石镇，那么教士们靠什么供养自己？有人说独石教堂曾经作过国都，实在令人怀疑。

拉利贝拉处于火山凝灰岩地带，岩石裸露，群山被染上斑斓的色彩。工匠首先选择完整的没有裂缝的巨岩，除去表层浮土和软岩，往四周挖12～15米深的深沟，而后在巨岩内预留墙体、屋顶、祭坛、柱、门、窗，将空间凿掉，精雕细刻，修饰镂空窗户，最后成为一座宏丽的教堂。在兴建独石教堂当中，不能排除使用黑色犹太人的可能性。

所谓黑色犹太人，是指埃塞俄比亚的一个古老民族，为犹太人和埃塞俄比亚人的混血种。他们自称是公元前10世纪犹太国王所罗门和埃塞俄比亚女王示巴的私生子的后裔。历史学家认为此说并不可信。黑色犹太人应是公元前8世纪，亚述国俘获的以色列战俘流落到埃塞俄比亚后与土著混血的后裔。这支混血人在公元初繁衍到上百万人，后来大部分皈依基督教，成为王族的中坚，大部分国王都宣称属于"所罗门血统"，而坚持信仰犹太教的混血人则遭大规模屠戮，残部一部分沦为奴隶，一部分逃进北部的锡缅山隐居下来。扎格王朝属于"土著血统"，与犹太人势不两立，对犹太人绝不会手软，在当时劳动力严重缺乏的情况下，估计肯定使用了犹太奴隶。后来的扎格王朝，正是被"所罗门血统"的绍阿王朝取代的。那些"顽固不化"坚持信奉犹太教的黑色犹太人，被称为"法拉沙"，意为"外来户"、"逃亡者"，最后只剩5万人，处于与世隔绝的原始状态。

20世纪70年代，在头人"回耶路撒冷"的号召下，法拉沙人真的"逃亡"了，携家将雏，不畏万难，向北方的苏丹国迁徙，准备出走以色列，结果被苏丹国围在难民营内。在美国的帮助下，以色列架设了"空中桥梁"，实施秘密的"摩西行动"，派出运输机接运自己的"子民"，历时10年，运走黑色犹太人3万多人。至此，纯种的黑色犹太人在埃塞俄比亚基本绝迹了。

有人说，当时应该已经有垒砌法等比较先进的建筑技术，而拉利贝拉还是采用原始的凿岩造屋方法是因为这些先进技术失传了。凿岩造屋的水平比垒砌法低吗？这是不能自圆其说的。何况，独石教堂内有许多石碑式的雕刻品，怎么能说是技艺失传呢？这类石碑属于记功、祭祀类纪念碑，高达几十米，重四五百吨，类似于埃及的方尖碑，直到今天仍然是埃塞俄比亚古建筑的标志。

到底是什么人开凿了独石教堂，至今依然没有结论。

泰姬陵真的是印度王修建的吗

美丽的泰姬陵闻名于世，不仅是因其建筑成就，更是因为一个美丽的爱情故事。大家都知道，它是印度莫卧儿帝国皇帝沙·贾汉为他美丽的皇后泰姬所建造的。谁要怀疑这一点，是要冒很大的风险的——人们已经不愿接受别的说法了。

屹立在印度亚格拉近郊亚穆纳河畔的泰姬陵，华丽的壮观，气势磅礴，是世界七大建筑奇迹之一。长期以来，人们一直关注着这一奇迹。

泰姬陵的构思和布局是一个完美无比的整体，它充分地向人们展现了伊斯兰建筑艺术的庄严肃穆、气势宏伟、富于哲理。那么，谁是这一宏伟壮观杰作的设计和建造者呢？目前,对于这座建筑物的设计者和艺术风格流派问题，大致有三说。

"波斯伊斯兰说"。数十年来,《大英百科全书》的作者一直认为,泰姬陵的建造者是沙·贾汉皇帝。主要设计者是波斯人(一说土耳其人)乌斯泰德·伊萨,由他负责全部事务,没有一个印度人参与构思。

"欧亚文化结合说"。这一说法的代表人物是英国旧牛津学派的印度史学家史密斯。他认为,泰姬陵是"欧洲和亚洲天才结合的产物"。意大利人吉埃落米莫·维洛内奥和法国建筑师奥斯汀·德·博尔多等诸多欧洲文艺复兴时代的建筑大师均参加了设计,且在艺术风格上具有西方影响。印度穆斯林史学家莫因·乌德—丁·艾哈迈德驳斥了这种说法,他在1904年写的《泰姬的历史》一书,完全否认这座具有典型的伊斯兰艺术的建筑物是出自西欧文艺复兴时代大师们的构思。

"主体艺术印度说"。持这一看法的学者中,有已故的印度著名史学家马宗达(公元1888~1980年)。他说,在探讨这一设计功劳归于谁时,不应忘却印度自身的因素。泰姬陵的平面图和主要特点与苏尔王朝舍尔沙的陵墓和莫卧儿胡马雍的陵墓,在建筑上有师承关系;就建筑材料——纯白大理石及其上面的宝石镶嵌工艺水平而言,在西印度的拉杰普特艺术中早已存在,不能把此陵的设计和建造完全归功于波斯的影响和支持作用;由于莫卧儿时代对西方已开放,东西方文化交流日趋扩大,西方艺术的某些因素可能会对印度建筑风格带来影响,这也是符合历史逻辑的。

奥克教授在17世纪对印度作过5次访问,回国后写成《印度之行》(3卷)一书。但他本人并没有看到泰姬陵何时动工,如何动工的,也没有目睹它建造完成,更何况他不会讲波斯语和印地语。因此,他的道听途说之言,令人难以置信。另外,一些与塔维尼埃同时代的欧洲旅行家,在他们写的游记和报告中,均未提及此陵。第三点是,英国一些考古发掘报告书中,亦无专门考证泰姬陵的记载,甚至连19世纪末就任印度考古总监的坎宁安勋爵也不曾访问过泰姬陵,考虑到亚穆纳河河水的涨落,早在建陵前就已经有人修筑河堤与城墙,它们绝对不会是沙·贾汉所建。第五点疑点是,波斯文编年史《帝王本纪》和穆斯林史学赛·穆·拉蒂夫撰写的《历史上和记述中的亚格拉》(公元1896年)记载:"选择陵墓的遗址,原是曼·辛格王公的一座圣殿,但现今已归属其孙子贾因·辛格的财产了。"结合以上几点,戈德博尔得出的结论是:沙·贾汉从来没有建造过泰姬陵,他只是在印度教王公的圣殿的基地上,拆除和搬迁一些他不需要的东西,进行了改建。这种说法令人惊奇,也很新颖,但至今仍令人难以接受和信服。

印度尼西亚"千佛寺"之谜

《木乃伊归来》等电影,以及科学家们一直以来的探索工作,使人们对埃及金字塔的探秘保持了长久而强烈的关注热情。而印度尼西亚的"千佛寺"中也有许多神秘之处,知道的人恐怕就少一些了。

佛教是在印度产生的,是由释迦牟尼创立的,然而,世界上最大的佛塔却不在印度,而是在印度尼西亚。印度尼西亚的婆罗浮屠与中国的长城、埃及的金字塔、柬埔寨的吴哥寺并称为东方文明的四大奇观。

婆罗浮屠是世界石刻艺术宝库之一。佛塔基座上刻有160块浮雕，这些浮雕都是根据佛本生经故事刻出来的。中部五层塔身和围墙上也刻有1300块精美浮雕，描绘了佛祖解脱之前和日常生活的情景，但也不都是佛教的传说，有一些反映的是民间传说事故，有423尊塑像。这些浮雕刻画人物栩栩如生，形象逼真。

这座佛塔的名字中融合了印尼文化，并不是印度佛教文化简单的移植。"婆罗"一词来自梵文，是"庙宇"的意思，"浮屠"是古爪哇文，意为"山丘"，"婆罗浮屠"即为"山丘之庙"。佛塔的数量很多，佛像也很多，庙中佛像有1000多尊，大型浮雕1400余幅，所以，在爪哇历史中，这座佛塔又被称为"千佛寺"。后来佛塔被后人发掘出来，一大批学者纷纷前来对它进行研究。然而，时至今日，它的秘密仍未被揭开。

秘密之处首先在于建筑。关于佛塔的建筑年代在任何史料中都没有明确的记载。据考古学家们考证，从跋罗婆文写的碑铭上看，那些建筑年代久远，大约在公元772～830年间，具体什么时间却无法确定。另外，佛塔的设计者究竟是什么人，没有地方考察，而仅能从民间传说中寻找一点影子，即可能是萨玛拉罗国王。

其次，塔内众多的佛像、雕石均有着深刻的含义。然而，它却不是容易为今人所理解的，迄今为止世人理解的仅占20%。如《独醒图》表现了富贵不淫；《救世图》赞扬佛的慈悲宽宏；《身教图》则教育人们不要因因相报，而剩下的大部分佛像雕石令人都已经很难理解其深刻含义了。

还有一个秘密是数字。在婆罗浮屠的整个建筑中，多次用到了"8"、"10"等数字。三层圆台上的小舍利塔的数目分别为32、24、16，塔内佛总共有504尊，全部都是8的倍数。佛塔建筑中所有舍利塔的数目是73。而"73"的个位数与十位数之和恰好是10，这是佛教中一种圆空、轮回的教义的体现。另据传说，原来塔内佛像总数为505尊，后来由于塔顶原来的佛像修行圆满，达到涅槃，远走高飞了，所以现在只剩下504尊。原佛像数505这三位数之和也是10，这与舍利塔的总数目具有相同的道理，即从0出发，经过9个实数后，回复到0，故10等于0。佛像在数字方面时时都注意体现教义。

佛塔中类似的谜还很多。随着时间的推移和科学技术的发展，婆罗浮屠佛塔那神秘的面纱正在被人们一层层地揭开。可是，这其中需要许许多多的工作和付出，它的发现还有待于进一步努力。

古印加人为何要建造"空中之城"

恐龙灭绝了，猛玛象消失了，它们留下了化石；印加人搬家了，他们留下一座空城：马丘比丘。这一切，在人们的脑中都留下了一个"为什么"。

为寻找传说中"消失了的城市"，美国探索家海瑞姆·宾汉姆及其探险队于1911年6月24日来到了波涛汹涌的圣河——乌鲁班巴河峡谷，在云雾缭绕的山顶上，他们发现了已经被废弃了近一个世纪却依然雄伟壮丽的"空中之城"——马丘比丘这座神秘的古城。

根据传说，这里是印加帝国的缔造者曼科·卡帕克的出生地，它位于印加帝国首都库斯科以北118千米处，名字取自它所在的山峰，字面意思是"老山峰"。它三面临河，一面靠着白雪皑皑的萨而坎太山，地势极为险要。正是因为如此，它才躲过了西班牙征服者和天主教传教士的侵扰与破坏，得以完整保留。

城中建筑极具宗教色彩，凡是磨制光滑、对缝严整的建筑均为神庙，且都配备三扇窗，缝与缝之间没有任何黏合物粘接，连最锋利的刀片也插不进去。墙上的每一块石头都像是在玩拼图一样被巧妙地连接起来，与其他的印加遗址的风格大相径庭。

"神圣广场"位于城市中央，一座巨大的日晷矗立着，马丘比丘人通过它来测定每天的时刻。在古城的一端还有著名的太阳神庙和"拴日石"，印加人希望用拴日石永远留住他们心中至高无上的神——太阳——万物生命和希望的起源。

勤劳的马丘比丘人还在城堡对面的山峰上筑出一层层梯田，并在每一层开凿了引水渠，引来雪水浇灌农田，企望获得丰收。

拥有如此美丽而逍遥的空中之城，马丘比丘人却弃之而去，没有任何留恋，没有任何说明，到底是什么原因呢？很多人认为是因为西班牙征服者的原因，可是，根据历史记载，当年侵略者的铁蹄并未能够踏向这里，并且，考古学家在研究中发现，早在1533年，西班牙人征服印加帝国之前，马丘比丘人就已经离开了这座美丽的"空中之城"！即使真的是因为西班牙人的入侵，想想印加帝国的雄厚实力，拥有了万骑精锐的印加人，居然不敢和100多人的西班牙入侵者做殊死的战斗？恐怕说不过去。

很难说清到底是为什么，天灾？部落战争？奴隶反抗？种种怀疑都没有任何痕迹能够说明。今天的考古学家在绵延的安第斯山脉中，陆续发掘到许多印加帝国的遗迹，证明印加人确实是抛弃了他们美丽的家园，在荒芜的山地中再建他们理想的国度。

印加人和马丘比丘为后人留下无法解释的谜题：

为什么要在如此之高的地方建这样的一座城市？

他们为什么又弃之而去？

根据当时的生产力发展水平，他们是用什么工具切割、运输那些建筑用的大石头的？

马耳他地窖的用途何在

1902年，马耳他岛上的一群建筑工人在施工的时候发现了一座人工开凿在坚硬岩洞里的地窖。更令人惊奇的是，里面竟存有七千骨骸。那么这座地窖到底有什么用途呢？

岩洞内的石室众多，好像一座迷宫，但同时又间间相联。石室上下共3层，最深处离地面10米。地窖开凿工程十分浩大，建筑风格与马耳他许多古墓和庙宇基本相同，不同的只是别的庙宇建在地面上。

考古学家在地窖内越是往下发掘，越发觉得它不像是一座庙宇，因为在里面埋藏着7000具骨骸。根据与其风格相似的庙推测，这座地窖可能建成于4500年前。

我们对这些居民所知不多，但从他们留下来的精美的建筑，可见他们具有卓越的建筑天才。在一间"神谕室"里，有一堵墙壁被削去一块，后面有一间状似壁龛、仅容一个人的石室。一个人在里面讲话，声音可以传遍整个石室，且一点也不失真。在石室靠近顶处，沿四周墙壁凿了一道脊壁，人的声音就顺着这条脊壁向四处传播，设计人显然明白这样设计能产生特殊的传声效果。

因为发现了这个回声室，考古学家便推测这座地窖是有宗教用途的建筑，这石室有可能是祭司的传谕所。当时祭司一定是男性，但崇拜的对象大概是个女神，因为在地窖里考古学家发现了2尊女人卧像和几尊肥大的、可能是以孕妇为蓝本的侧卧像。这些证据表明地窖可能是个崇拜地母的地方。

然而，在一个不大的室内，竟然存放了7000个人的遗骸，恐怕不能仅仅用宗教用途来解释。骸骨不是一具完整的尸骨，因为那么狭小的地方根本容不下那么多尸体。室内骨殖散落，表明是从其他地方移葬过来的，这种埋葬方式，在原始民族中非常普遍。这样，地窖就成了善男信女们长眠安息之地了。这座地下庙宇到底是供人祭祀之地，还是供死者安息之地呢？难道马耳他岛上的这些居民的宗教也包括崇拜死者吗？

也许随着历史车轮的滚滚向前，一切都将尘封在历史的记忆之中。神秘的马耳他地窖将永远是一个未解之谜。

雄伟壮观的"太阳门"之谜

在层峦叠嶂的安第斯高原上，有一个名叫提亚瓦纳科的小村庄，它位于秘鲁东南部靠近玻利维亚边境的地方。小小的提亚瓦纳科村本身并没有什么出奇之处，但在村庄附近却有一个散落在长1000米、宽400米范围内的大遗迹群。这就是世界闻名的前印加时期的提亚瓦纳科文化遗址。

遗址被一条大道分成两部分，大道一侧是阶层式的阿加巴那金字塔，另一侧是至今仍保存得很完整的卡拉萨萨亚建筑，在卡拉萨萨亚西北角就是美洲古代最卓越的古迹之一——太阳门。

太阳门是由一整块重达百吨以上的巨石雕刻而成的，它高3.048米，宽3.962米，中间凿开了一个门洞。据说，每年9月21日黎明时分，第一缕曙光总是会很准确地从门中央射入。

这座雄伟壮观的太阳门是怎样建造起来的呢？它又有什么用处呢？对于这些疑问，至今还没有人能做出正确的解答。

关于太阳门的来历，在当地有两种传说，一说是由一双看不见的大手在一夜之间把它建造起来的，另一说是由一个外来的朝圣者变出来的。

然而，传说毕竟是传说，代替不了历史事实。为了弄清太阳门的真实来历，许多国家的学者们做了大量艰苦卓绝的工作,也取得了很多重要的进展。

美国考古学家温德尔·贝内特用层积发掘法,证明太阳门和其他一些建筑是在1000年正式建成的。这里曾经是一个宗教圣地,朝圣的人们跋山涉水去那里参加仪式,可能在朝拜的同时采运了石料,建造起了神殿,而太阳门就是这座神殿的一部分。

提亚瓦纳科的巨型太阳门
提亚瓦纳科的巨型太阳门是由一块重约100吨的石头雕凿而成。比雕凿这座巨门更富挑战性的是将此巨石从数千米以外的采石场运来,据此,考古学家们展开了种种推测。

以上观点得到了很多学者的支持,但如果真是这样的话,却有一些事情不好解释。据估计,在当时要把数十吨甚至上百吨重的石块从5千米外的采石场拖拽到指定地点,每吨至少要65人和几里长的羊皮拖绳,这样就得有一支2.6万人左右的队伍,而要解决这支大军的吃住,非得有一个庞大的城市才行,这在当时还没有出现。

著名的玻利维亚考古学家卡洛斯·桑西内斯认为,提亚瓦纳科曾经是一个举行宗教仪式的中心场所,而太阳门则是卡拉萨亚庭院的大门。门楣的图案反映了宗教仪式的场面。

阿根廷考古学家伊瓦拉·格拉索则认为,太阳门可能是阿加巴那金字塔塔顶上庙堂的一部分,理由是它作为一个凯旋门或庙堂的外大门,显得过于矮小,尤其是中间的过道,高个子如不弯下腰就通不过去。

美国的历史学家艾·托马斯则认为,这里并不是一个宗教中心,而是一个大商业中心,或者说文化中心。阶梯通向之处是中央市场。

1949年,前苏联的几位学者成功地破译了太阳门上的部分象形文字,发现它是个石头天文历,只不过它不是一年365天,而是290天,即在一年中的12个月里,10个月24天,2个月25天。这样的历法在地球上有什么用呢?于是有人推测提亚瓦纳科文明来自外星世界,它是某一时期外星人在地球上建造的一个城市,太阳门是外空之门。

又有人根据这里的另一处象形文字,发现太阳门上留有大量天文方面的记载,记录了2.7万年前的天象,其中还有地球捕获到卫星的天象,而当初卫星的"一年"是288天。由此就可以得出结沦,太阳门是当时人用来观察地球卫星用的。

然而,这种解释本身就难以让人信服。在2.7万年前,最先进的地球人还处于石器时代，他们有这样高深的天文知识和高超的建筑技能吗？

"太阳门"的秘密还需要人们进一步探索。

令人惊奇的土耳其地下城市

世界上有许多神奇而又古老的地方，土耳其的卡帕多基亚就是其中之一。它位于土耳其的格尔里默谷地，有许多奇形怪状的石堡，这一地貌是由火山熔岩硬化后形成的。真正使卡帕多基亚闻名世界的是这里地下城市的发现。

迄今为止，人们在这一地区发现了大约36座地下城市。其中并不是所有的都像卡伊马克彻或代林库尤附近的地下城市那么大，但都称得上是城市。现在人们已经描绘出了这些城市的俯视图。熟悉这一地带的人认为，地下城市的数量肯定比这要多。现在所发现的地下城市相互间都相通，以一系列地道连接在一起。连接卡伊马克彻和代林库尤的地道，足有10千米长。

地下城市确确实实存在着，可谁是它的建造者呢？它们是什么时候建成的？用途又是什么？对此，人们众说纷纭。当然也有人举出具体的史实加以考证。史实之一是，据记载在基督教诞生早期，这一新生宗教的信徒为了寻找避难之地来到了此地。最早的一批大约在公元2世纪或3世纪至此，以后一直延续到拜占庭时期，也就是阿拉伯军队攻打君士坦丁堡（即今伊斯坦布尔）的时候。然而考古学家发现他们并不是真正的建造者，因为在他们到来之前地下城市就已存在。

这一带的地基是由凝灰岩构成的，因为附近就是火山群。只要有黑曜岩，即火石，地基就十分容易被凿空，而火山在这一地区十分常见。就这样，也许花了不过一代人的时间，地基就被掏空了。地下城市大多是超过13层的立体建筑。在最低的一层，人们甚至发现了闪米特时代的器物。

问题是人们修建这些地下城市有什么用途？他们为什么要躲避在地下？一个最有可能的原因是由于对敌人的畏惧。那么谁又是敌人呢？

首先，假设地面上的敌人拥有军队，在地面上，他们肯定能看到耕种过的土地和没有人烟的房屋。而地下城市里建有厨房，炊烟将通过通气井冒出地面，很容易被敌人发觉。要把呆在鼠洞般的地下城市里的人们饿死或者憋死是一件轻而易举的事。所以，有研究者推测，人们恐惧的不是地面上的敌人，而是能飞行的敌人。这个猜测是否有道理呢？

当然有。根据闪米特人在他们的圣书《科布拉·纳克斯特》中的记载，我们知道所罗门大帝曾经利用一只飞行器把这一地区搞得鸡犬不宁。不仅他本人，他的儿子，所有服从他的人，也都曾乘坐过飞行器。阿拉伯历史学家阿里·玛斯乌迪曾描述过所罗门的飞行器，并大致介绍了他的部族。当时的人类对于飞行器现象产生恐惧，这是很有可能的。也许他们曾被剥削、奴役过，所以每当报警的呼喊响起来的时候，人们就纷纷逃进地下城市。当然这种说法也仅仅是一种推测。人们至今仍不知道土耳其地下城市的真正用途，但神秘的地下城市却引起人们更多的关注。

奥秘世界

希巴姆土质摩天大楼不塌之谜

在面向阿拉伯海的也门东部,有一片干旱的哈达拉毛谷地,黄沙中隐伏着一簇白色的建筑物,就像沙漠中的海市蜃楼,由土垒成的摩天楼高耸入云,气度非凡。这就是被称为"世界人类文化遗产"之一的希巴姆土城。

高大的城墙围护着中世纪的土城。城内560多幢大楼高低错落,鳞次栉比,坐北朝南,蔚为奇观。楼房高者十几层,低者六七层,其中30座清真寺格外堂皇。4座宣礼塔居于全城制高点,不时传来祈祷声。美国纽约市中心的曼哈顿岛是世界上摩天楼聚集的地方,沙漠中难得见到高楼,希巴姆因此享有"沙漠中的曼哈顿"的盛誉。

在这里,所有楼房除了清真寺外,屋顶全部都无房檐,墙面直切,窗户朝里开,没有外部的阳台,也没有外部廊柱。这些土楼都是生土坯建造的,外部涂以白灰浆,具体做法是:将泥土拌和骆菲草和谷壳,打造成型,风干而成泥砖,层层垒高。几百年来,无一倒塌,就像水泥建筑一样完好如初,真是令人难以置信。是什么原因使得希巴姆土质大楼能够经受住几百年的风风雨雨而没有损坏呢?科学家们也难得其解。

有人说,土质摩天楼不塌有赖于希巴姆人超群的建筑技艺。早在前1020年,希巴姆就已经是一个鼎盛的小王国的中心。城市就是以萨巴王朝末代国王希巴姆的名字命名的。公元前2世纪,哈达拉毛的骆驼商队往返于巴比伦和谷地之间,希巴姆是个热闹的贸易城市。公元前6年,克尔苏王朝卡希耶国王在希巴姆建了行宫。

7世纪,穆罕默德创立伊斯兰教,哈达拉毛谷地是最早皈依的一个地区,因而出了许多传教士。这些宗教职业者跨过阿拉伯海和亚丁湾,到各国去传播《古兰经》,商人随之前往开展对外贸易。他们带回财富和先进的文化技术,在13世纪前后营建楼房,"摩天楼"蔚然成林。然而,建筑中最伤脑筋的是方圆百里内无石可采,人们只能就地取材,以泥代石垒楼。自然的限制,为人类留下了泥楼奇观。

但大多数人认为这一说法显然是不够全面的。只要注意一下当地的干旱气候和粘土质量,就可以看到人为因素并不是主要因素。这里终年基本无雨,就算有雨也是那种湿不了屋墙的毛毛小雨,最重要是年降水量和每次的降水量都非常低。兼之泥土极粘,与草筋凝固后如同混凝土块,风雨难以侵蚀泥屋,所以可安然屹立。

那么建造希巴姆城所用的黏土为何如此之黏呢?

希巴姆城附近的哈达拉毛谷地实际上是已经枯干的河床。2.5万年前,无数细流汇成大河,汹涌奔腾流过此地,两岸森林十分茂密。以后,地球气候剧变,中东地区由湿润型转为干旱型,干涸的河床留下15千米宽的狭长谷地。干河谷土壤肥沃,又有地下潜泉,滋润着枣椰树林,成为沙漠中的绿洲,吸引着游牧部落来此定居。

土楼群还能屹立多少年?近年来谷地地下水位上升,直接威胁着地上掘土建筑的安全。联合国教科文组织正与也门政府合作，筹款组织维修加固，以阻止这一人间奇迹毁在这代人手里。

斜而不倒的意大利比萨斜塔

意大利比萨斜塔修建于1173年，由著名建筑师那诺·皮萨诺主持修建。它位于罗马式大教堂后面右侧，是比萨城的标志。开始时，塔高设计为100米左右，但动工五六年后，塔身从3层开始倾斜，直到完工还在持续倾斜，在其关闭之前，塔顶已南倾(即塔顶偏离垂直线)3.5米。1990年，意大利政府将其关闭，开始进行整修。

在实际工作中，许多专家对比萨斜塔的全部历史以及塔的建筑材料、结构、地质、水源等方面进行充分的研究，并采用各种先进的仪器设备进行测试。比萨中古史学家皮洛迪教授研究后认为，建造塔身的每一块石砖都是一块石雕佳品，石砖与石砖间的粘合极为巧妙，有效地防止了塔身倾斜引起的断裂，成为斜塔斜而不倒的一个因素。但他仍强调指出，现在当务之急是弄清比萨斜塔斜而不倒的奥妙。

从事观测该塔的专家盖里教授根据比萨斜塔近几年来倾斜的速度推测出，斜塔将于250年后因塔身的重心超出塔基外缘而倾倒。但是公共事务部比萨斜塔服务局的有关人员却针对盖里教授的看法提出了反驳，认为只按数学方式推算是不可靠的，比萨斜塔是"一个由多种事实交织成的综合性问题"。另一些研究者通过调查发现，比萨斜塔塔身曾一度向东倾斜，尔后又转向南倾斜，他们同样认为250年后该塔会不会倒不能局限于简单的假设和预测。

当然，最关心斜塔命运的自然是比萨人，尽管他们也对斜塔的倾斜感到担忧，但更多的是骄傲和自豪，为自己的故乡拥有一个可与世界上任何著名建筑媲美的斜塔而感到自豪。他们坚信它不会倒下，他们有这样一句俗语：比萨塔像比萨人一样健壮结实，永远不会倒下去。他们对那些把斜塔重新纠正竖直的建议深恶痛绝。如1934年，相关部门在塔基及四周喷入90吨水泥，实施基础防水工程，塔身反而更加不稳，向周围移动，倾斜得更快。

人们目前还难以预言比萨斜塔今后的命运,但仍感叹它斜而不倒的壮观景象。

秦兵马俑之谜

"世界第八大奇迹"、"人类文明的精神瑰宝"——秦始皇兵马俑一出土面世，便引起无数赞叹，无数惊奇，然而，随之而来的是无数谜团，其中的一个就是，这些兵马俑的主人真的是秦始皇吗？

最著名的一号俑坑，由6000件陶人陶马组成一个长方形军阵。整个军阵由3部分组成：前面是210个弓弩手组成的前锋部队，中间是6000人的铠甲俑组成的主体部队，后面是35乘驷马战车，战车两侧各有一排保护驭手的侧翼部队。这些武士俑身高1.75～1.95米，均按秦军将士形象塑造，体格魁伟，服饰逼真，神态生动，他们手执戈、矛、戟、铩等各种兵器，严阵以待。陶马则高1.5米，长2米，高大健硕，肌肉丰满，表情机警，栩栩如生，匹匹都如同即将奔赴疆场的骏马。经判断，一号坑为"右军"，二号坑为"左军"，三号坑为"指挥部"，四号坑为"中军"。

人们认为，只有统一全国的秦始皇，才具有组织和指挥这支钢铁队伍的气度和能力。秦始皇死后，才可能有这么一支驻扎在京城内外的大军。因此，这些俑坑就应该是秦始皇的陪葬坑，这些兵马俑就是他的殉葬品，是毫无疑义的了。

可是，有人经考证否定了这个结论，提出了一堆疑问，使这个公认的看法变成了扑朔迷离的谜团。

秦兵马俑1号坑

其一，军阵之谜。

在一号坑和二号坑里，发掘出战车，并和步兵、骑兵组成方阵，形成一种作战方式。但是在《文献通考》、《菽园杂记》、《淮南子》、《史记》等古籍中，这不是秦始皇时期的军阵。那么，兵马俑也就不该属于秦始皇了。

其二，武士之谜。

四个俑坑中的大部分兵士均穿战袍、腿扎行縢、足登浅履、精梳着各种头髻，没有一个人戴攻坚作战的头盔，没有着护身铠甲。秦始皇怎么能用这样无战斗力的军队征战南北吗？

其三，武器之谜。

秦统一六国后，为防止旧贵族反叛，下令收缴全国的兵器，销铸成钟座和各重24万斤的12个大铜人，违者诛杀。然而，在兵马俑坑中竟出土了大批的步兵使用的矛、戟、铍等长柄武器及劲弩。这都是违禁的，因此，当时的人是不可能如此做的。

其四，服饰颜色之谜。

秦统一六国之后，规定"衣服、旌旗、节旗皆为尚黑"的制度，一律着黑色，可是俑坑中的武士俑们，身上穿的却是五颜六色、鲜明艳丽，是不符合历史事实的。

那么，到底兵马俑的主人是谁呢？

学者陈景元在《大自然探索》1984年第4期发表的《秦俑新探》一文中，详细考证了俑坑中出土的铜铖的年代顺序和武士俑身上的铭文，认定这些兵马俑属于秦昭王之母，秦宣太后。这位太后本是楚国人，生前嫁到秦国，专权41年。这些兵马俑是她的仪仗队,是护送她的亡灵回老家的。

然而,上海《社会科学》杂志1985年第2期发表刘修明的文章,对上述说法又提出两个问题,使这个说法难以成立。其一,俑坑出土的兵器比秦宣太后晚50年。谁也不会把当代的新式兵器加到半个世纪前的死者的坟墓中去。兵器之一名为"相邦吕不韦戈"属于秦始皇时代的三年、四年、五年、七年之物。兵器之二名为"寺工"长铍。"寺工"一词最早出现在秦始皇二年,是专铸墓葬兵器的官署。况且这些兵器出土时,土层并没有被挖掘过的痕迹。其二,是秦宣太后的葬地。《史记》中明确记载"宣太后死,葬芷阳骊山"。实际,芷阳在骊山南麓,而兵马俑坑在骊山北麓,方向正好相反,一个是言之凿凿的史实,一个是明确无误的实地,结论根本不同。

千军万马,浩浩荡荡的兵马俑,到底为谁生,为谁死,"为谁辛苦为谁站",谁又能解开这千古之谜呢?我们只有拭目以待了。

秦始皇为何将阿房宫取名"阿房"

好东西总要被毁掉,也许是因为遭天妒。圆明园被焚于英法强盗之手,英法强盗为人们所痛恨和唾骂。然而项羽一把火烧掉阿房宫,人们却似乎不是那么恨他。

秦始皇灭六国,完成统一大业之后,自以为功德盖过三皇五帝,于是在首都咸阳大兴土木,建宫筑殿,供自己享用,所建的宫殿中规模最大的便是阿房宫。本来,"阿房"只是前殿的名字,但因直到秦灭之宫殿都还未竣工,所以就把整座宫殿称为阿房宫了。

阿房宫汇聚了当时全国各地宫殿建筑的优点,规模空前,气势宏伟,它"离宫别馆,弥山跨谷,辇道相属",蔚为大观。《史记》记载:"先作前殿阿房,东西五百步,南北五十丈,上可以坐万人,下可以建五丈旗。周驰为阁道,自殿下直抵南山,表南山之颠以为阙,为复道,自阿房渡渭,属之咸阳。"《汉书·贾山传》中记载:"起咸阳而西至雍,离宫三百,钟鼓帷帐,不移而具。又为阿房之殿,殿高数十仞,东西五里,南北千步,从车罗骑,四马骛驰,旌旗不挠,为宫室之丽至于此。"

那么,这座宫殿为何取名"阿房"?历代记载说法不一,经查考发现,主要有以下三种观点:第一种观点认为"阿房"一名是由于宫址靠近咸阳而得名的。《史记·秦始皇本纪》正义引《括地志》云:"秦阿房宫曰阿城,在雍州长安县西北一十四里。按宫在上林苑中,雍州郭城西南面,即阿房宫城东南面也。"所以,颜师古说:"阿,近也,以其去咸阳近,且号阿房。"第一种观点是以地址定名。第二种观点则是从阿房宫的建筑风格加以分析,认为"阿房"一名是根据"四阿旁广"的形状来命名的。阿,在古意中有曲处、曲隔、庭之曲的解释。杜牧的《阿房宫赋》中说此宫"五步一楼,十步一阁,底腰缦回,檐牙高啄",正体现了阿房宫"阿"的特点。所以,《史记》索隐中解释此宫名时说:"此以其形命宫也,言其宫四阿旁广也。"第三种观点认为,"阿房"一名是由于宫殿建筑在大陵上而得名。这一观点出自《汉书·贾山传》，传中注释为："阿者，大陵也，取名阿房，其言是高若于阿上为房"。意思是，阿房宫因宫殿建筑在大陵上而取名。考古发掘有力地证明了这一观点。古阿房宫的遗址所在地是今西安市郊约15千米的阿房村一带。发掘的遗址表明，当年的阿房宫坐落在地势高峻的丘陵上，至今这里还有宫殿的高大地基。另外，在阿房村村南附近，有一个高殿遗留的大土台基，周长31米，高约20米；据考证在村西南还有一个是阿房宫前殿遗址的高大夯土台基，东西长约1200米，南北长500米至600米，最高处8米左右。阿房宫就是建在这些高峻的台基之上。

上面的这三种观点都是言之凿凿，很难判定孰是孰非。所以，这座千古留名的宫殿的取名之谜，只能留待后人的进一步发现来解开了。

悬空寺之谜

悬空寺位于山西浑源县，距大同市65千米，是国内仅存的佛、道、儒三教合一的独特寺庙。属于国家重点文物保护单位。悬空寺始建于1400多年前的北魏王朝后期，北魏王朝将道家的道坛从平城（今大同）南移到此，古代工匠根据道家"不闻鸡鸣犬吠之声"的要求建成了悬空寺。悬空寺距地面高约50米，悬空寺建造的位置山势陡峻，两边是直立100多米、如同斧劈刀削一般的悬崖，而悬空寺就建在这悬崖上，它给人的感觉像是粘贴在悬崖上似的，从远处抬头望上去，看见的是层层叠叠的殿阁，只有数十根像筷子似的木柱子把它撑住。而悬空寺顶端那大片的赭黄色岩石，好像微微向前倾斜，马上就要塌下来似的。于是有不少人用建在绝壁上的"危楼"来描述悬空寺，那么这座绝壁上的危楼又是怎么建造的呢？它又为什么要建造在悬崖绝壁上呢？又是什么原因使它历经千年仍旧保存得如此完好呢？

近些年来，专家们对悬空寺进行了多次实地考察，提出了许多新观点。有专家认为悬空寺之所以能够建在悬崖上，主要是由"铁扁担"把楼阁横空架起。专家们介绍说，从三官殿后面的石窟侧身探头向外仰望，会发现凌空的栈道只有数条立木和横木支撑着。这些横木又叫做"铁扁担"，是用当地的特产铁杉木加工成为方形的木梁，深深插进岩石里去的。据说，木梁用桐油浸过，所以不怕被白蚁咬，还有防腐作用。这正是古代修筑栈道的方法，悬空寺就是用类似修筑栈道的方法修建的，把阁楼的底座铺设在许多"铁扁担"上。与此同时，也有专家指出悬空寺之所以能够悬空，除了借助"铁扁担"之力以外，立木（即柱子）也立下了汗马功劳。这些立木，每一根的落点都经过精心计算，以保证能把整座悬空寺支撑起来。据说，有的木柱起承重作用；有的是用来平衡楼阁的高低；有的要有一定重量加在上面，才能够发挥它的支撑作用，如果空无一物，它就无所借力而"身不由己"了。还有专家认为悬空寺全寺40间殿阁，表面看上去支撑它们的是十几根碗口粗的木柱，其实有的木柱根本不受力，所以有人用"悬空寺，半天高，三根马尾空中吊"来形容悬空寺。而真正的重心撑在坚硬岩石里，利用力学原理半插飞梁为基。也就是在山崖上先开凿好窟窿，将粗大的飞梁插到这些窟窿里，这插到山里的一大半支撑着楼体，露在外面的一小半便是楼阁的"基石"。这样，看上去像是空中楼阁平地而起，实际上楼阁的重心在山体。悬空寺到底是怎样建造的，专家们各持己见，争论不休。

那么悬空寺又为什么要建造在悬崖绝壁上呢？又是如何保存得如此完好呢？人们也是说法不一。有人说以前这里暴雨成灾，只好把寺建在悬崖上，悬空寺处于深山峡谷的一个小盆地内，全身悬挂于石崖中间，石崖顶峰突出部分好像是一把伞，使古寺免受雨水冲刷。山下的洪水泛滥时，也免于被淹。也有人说以前这里是南去五台、北往大同的交通要道，悬空寺建在这里，可以方便来往的信徒进香。而且浑河河水从寺前山脚下流过，当时常常暴雨成灾，河水泛滥，人们以为有金龙作祟，便想到建浮屠来镇压，于是就在这百丈悬崖上悬空修建了寺院。另外，也有人指出这里的山势好像一口挂起来的锅一样，中间凹了进去，而悬空寺恰好就建在锅底。这种有利的位置，不仅使得塞外凛烈的大风不能吹袭悬空寺，而且寺院前面的山峰又起了遮挡烈日的作用。据说，在夏天的时候，悬空寺每天只有3个小时的日照时间，这也正是悬空寺为什么能够历经千多年风吹日晒，仍然牢牢地紧贴在峭壁上的重要原因之一。近些年有专家指出，悬空寺之所以历经千年而保存得如此完好，除上述原因外，也归功于它奇特的建造。悬空寺除一进寺门有一条长不及10米，宽不到3米的长方寺院可容数十人外，其余楼台殿阁尽由狭窄廊道和悬梯相连，游人只能鱼贯缓行，不会造成拥挤现象，这就大大减轻了游人对廊道和悬梯的压力。另外也有专家认为悬空寺还有一个与众不同的特点，就是"三教合一"。在寺院北端的最高层，有座三教殿，我国佛、道、儒三大教派的释迦牟尼佛、老子、孔子端坐一殿。自古以来，各教派为赢得百姓崇信，各执己见，争论不休，故天下寺殿多是分立，而悬空寺却将三教融入一殿，实为罕见。而悬空寺内佛、道、儒三教兼有，历代朝野臣民对其都倍加爱护，这也是其完好无损的一个重要原因。

远望悬空寺，其凌空欲飞，似雏燕展翅；近观，如雕似刻，镶嵌在万仞峭壁。"飞阁丹崖上，白云凡度封。蜃楼疑海上，鸟道滑云中"。古代诗人用这样优美的诗句赞美悬空寺，并非夸张。唐朝大诗人李白游完悬空寺，大笔一挥，写下"壮观"二字。明代旅行家徐霞客当年游历到此，惊叹悬空寺为"天下巨观"。悬空寺以其独特的建筑风格和文化内涵吸引着古往今来的游人，那一个个至今尚未被世人解答的谜也给悬空寺增加了几分神秘。

为何称西夏王陵为"东方金字塔"

970多年前，西北大地耸立着一个与宋、辽鼎立的少数民族王国——"大夏"封建王朝，西夏语为"大白高国"。因其位于宋、辽两国之西，历史上称之为"西夏"。它"东尽黄河，西界玉门，南接萧关，北控大漠，地方万余里，倚贺兰山以为固"，雄踞塞上，立朝189年，传位十主。13世纪，蒙古迅速兴起并日渐强大，开始对外扩张和掳掠，西夏便成为蒙古对外扩张的首要目标。1227年，成吉思汗包围西夏都城兴庆府达半年，威震四方的成吉思汗虽战无不胜，但西夏人拼死抵抗，双方陷入苦战之局。经过一番惊心动魄的战斗，蒙古大军攻下了西夏都城兴庆府，接着在城里四处抢掠、大肆屠杀，铁骑所到之处，白骨蔽野。历时189年，曾在中国历史上威震一方的西夏王朝灭亡了，党项族也从此消失。只有贺兰山下一座座高大的土筑陵台——西夏王陵，仍然默默矗立在风雨之中，展示着神秘王朝的昔日辉煌。于是，西夏王朝留给后人的，只剩下这些历史遗迹和一个又一个难解之谜。元人主修的《宋史》、《辽史》和《金史》中各立了《夏国传》或《党项传》，但没有为西夏编修专史，这无疑给研究人员增加了困难。近年来，研究人员试图从那些废弃的建筑、出土文物和残缺的经卷中，寻找西夏王国的踪迹，以求破译众多谜团。

从20世纪70年代开始，考古人员对矗立在荒漠中的西夏王陵进行了科学的考察和研究，清理了一座帝王陵、四座陪葬墓、四个碑亭及一个献殿遗址，并从中发现了一些很珍贵的西夏文物。这些文物中有西夏文字，有反映西夏人游牧生活和市井生活的绘画，有各式各样的雕塑作品，有"开元通宝"、"淳化通宝"、"至道通宝"、"天禧通宝"、"大观通宝"等各个时期的流通钱币，有工艺精巧的各类铜器、陶棋子等文物。更让人惊讶的是，这当中出土了大量造型独特的石雕和泥塑。与此同时，考古工作者还对陵区进行了多次全面系统的测绘与调查，陆续发现了新的大小不等的陵墓。发现的陵墓从15座增加到70多座，后又增加到200余座，截至1999年共发现帝陵9座、陪葬墓253座，其规模与河南巩县的宋陵、

东方金字塔——西夏王陵
西夏陵园在明代以前被掘被毁，地面建筑只剩遗址，但仍保存着大量的建筑材料和西夏文，这对破译西夏王陵留给世人的独特谜题有着重大的价值。

北京明十三陵相当。东西5千米，南北10多千米，总面积50多平方千米，如此规模的皇家陵园在中国实属罕见。人们还惊奇地发现，在精确的坐标图上，9座帝王陵组成一个北斗星图案，陪葬墓也都是按星象布局排列！为什么要这样排列呢？至今仍没人能够解释。

西夏王陵和其他陵园相比，有自己的特点。西夏王陵三号陵园陵城和角阙形制具有西夏佛教的显著特点。研究人员在清理陵塔墙基周围的堆积物时，未发现有登临顶端的任何形状的阶梯、踏步，角阙附近也仅发现大量的砖瓦及脊兽残片，而未发现明显的方木支撑结构，由此专家们推测角阙之上应为一种实心的，用砖瓦、脊兽垒砌的高低错落的塔式建筑，而决非可以拾级而上的厅台楼阁，而在此出土的铜铃应为佛塔角端悬挂的装饰物。研究人员说这种在陵园中修建的佛塔式象征性建筑目前尚属首见，这可能与西夏尊崇佛教有直接关系。另外陵园所有角阙和门阙皆由一座座大小不一的佛塔组成，与陵塔遥相呼应，形成一座气势恢弘的具有浓郁民族特色的建筑群。研究人员推想，西夏王陵应是以高大宏伟的密檐塔状陵台为中心，四周围绕高低相间错落有致的佛塔群，从而使整个陵园充满尊崇佛法的宏大气势，突出了西夏王陵别具一格的建筑特色。

西夏王陵另一个与众不同之处是它放置石像的位置。石像生自东汉创制以来，列于陵园正门外的神道两侧，成夹道之势。而西夏却将月城作为列置石像生之地，与传统的正门外神道两侧置石像生完全不同。考古工作者从月城残留的遗迹现象中，已找出了四条摆放石像生的夯土台基，台基呈窄长条形，南北长41.5米，东西宽3.7～3.9米。月城出土了数百块石像生碎块，研究人员根据石像生碎块的分布状况分析，一条夯土台阶上可能有5尊石像生，两条台阶上约摆放石像生10尊。三号陵园石像生的摆放状况可能是4排20尊，改变了宋陵将石像生群列于神道两侧一字排开的做法，这样使石像生更加集中、紧凑，缩短了陵园的南北纵向距离，形成了"凸"形的基本结构，与宋陵方形布局有明显不同。研究人员认为，把文臣武将集中摆列在月城，突出了皇家陵园的威严和气势。西夏陵月城的设置不同于宋陵，研究人员认为西夏陵园平面可能是仿国都兴庆府城之平面。陵园前凸出的一块，是仿常见的城门外之瓮城，突出了月城保卫陵园（陵城）的作用，可见西夏人仍按古代"视死如生"的丧葬要求设计陵园。另外，研究人员在西夏王陵还发现了中原地区陵墓所没有的塔式建筑。据此有关专家推测，西夏王陵可能吸收了我国秦汉以来，特别是唐宋陵园之所长，同时又受到了佛教建筑的巨大影响，使汉族文化和佛教文化、党项民族文化三者有机地结合在一起。

西夏王陵以其独特之处吸引着众多研究者，而那一个个未解之谜也给它增加了几分神秘，使它备受人们的关注。

众说纷纭的明孝陵

据说，明孝陵是明代开国皇帝朱元璋和皇后马氏的合葬陵墓，坐落在紫金山南独龙阜玩珠峰下，东毗中山陵，南临梅花山，是南京最大的帝王陵墓，也是我国古代最大的帝王陵寝之一。

明孝陵规模宏大，建筑雄伟，形制参照唐宋两代的陵墓而有所增益。陵占地长 22.5 千米，围墙内宫殿巍峨，楼阁壮丽，南朝 70 所寺院有一半被围入禁苑之中。陵内植松 10 万株，养鹿千头，每头鹿颈间挂有"盗宰者抵死"的银牌。为了保卫孝陵，内设神宫监，外设孝陵卫，有近 1 万军士日夜守卫。

明孝陵是明太祖朱元璋的陵寝建筑，但其地宫的具体位置在哪里，众说纷纭，史无定论。加之曾有朱元璋下葬时 13 个城门同时出殡和葬于南京朝天宫、北京万岁山等民间传说，因此朱元璋是否真的葬在明孝陵也成为数百年来人们心中挥之不去的谜团。

谜团之一：朱元璋是否葬在独龙阜？

专家们采用的精密磁测技术是根据物体磁场原理，通过探测地下介质（土、石、砂及人工物质）磁场的空间分布特征，根据其空间磁力线分布图像的不同，输入计算机分析，来判别地下掩埋物是否存在及其形制的。

最初的测网布置乃以明楼为中心。探测结果发现这条中轴线上没有想象中的地下构筑物。通过异常的向东南延伸的磁导信号，找到了宝城内明孝陵地宫的中心位置，确认朱元璋就葬在独龙阜下数十米处，而且这座地下宫殿保存完好，排除了过去流传的地宫被盗之说。

谜团之二：墓道入口在哪儿？

在对明楼中轴线以北的测网资料分析中，通道状并无连续的异常，相反以东拐向东南的线状异常。而且这种隧道状构筑物的异常是连续的，长度达到 120 米，具有一定宽度，内径为 5～6 米。同时判断，该隧道状构筑物的入口之一位于明楼东侧的宝城城墙之下。

经地表调查，在相应的宝城城墙上可看到两处明显的张性破裂的裂口和下沉错位的痕迹，由此推测这里很可能就是隧道状构筑物即地下宫殿的入口之一。

谜团之三：墓道弯曲是岩石"做怪"？

明孝陵与历代帝王陵寝相比，有许多不同之处，其中之一就是墓道弯曲不直。

通过探测，结果发现竟是两种不同的岩石所致。明楼以北的山坡，地下由两种不同岩石组成，西侧是下中侏罗纪的砾岩，东侧是稍晚的长石石英砂岩。这两种岩石本身的磁性差异很大，更奇怪的是，这两种不同岩体的接触界面呈南北走向，并且位置也靠近明楼中轴线，开始时被误认为是墓道。

由于西侧岩石硬度强，开挖困难，专家根据宝城内的地质特征，认为不排除存在这样一种可能：当年明孝陵的建筑工程主持者已注意到本地岩石的磁性差异，而修改了原有的施工方案。

明孝陵地宫确实在独龙阜下，其墓道偏于宝城一侧的做法，起因是什么，目前尚不可知，但这种做法一直影响到明代后来的帝陵规制。如北京明十三陵中已发掘的定陵，其墓道入口便是偏向左侧，与孝陵墓道正好相反，但避免把墓道开在方城及宝城中轴线上却是它们共同遵循的法则。

谜团之四：宝顶表面巨大的卵石有什么用？

考古人员还发现独龙阜山体表面至少 60% 的地方是经过人工修补堆填的，宝顶上遍布有规则排列的大量巨型卵石。

经过研究分析，这些巨型卵石是当年造陵工匠用双手从低处搬运上去的，是帝陵美学的要求，还是为了防止雨水对陵表的冲刷和盗陵者的掘挖？

明孝陵坐北朝南、依山傍水，堪称风水宝地。它留给世人的这些谜团也散发着神秘魅力，给后人留下了广阔的想象空间。

北京古城墙为何独缺一角？

《光绪顺天府志》说，北京城雉堞 11038，炮窗 2108。内城周长约四十里。墙高三丈五尺五寸，围栏高五尺八寸，通高四丈一尺三寸。明洪武、永乐年间都重修加固城垣。宣德九年，以五城神机营军工和民夫修城垣。这时才把城垣外壁包上砖。正统元年到四年才建成九门城楼和桥闸、月城（平常叫瓮城）和箭楼等。城垣内壁也包上砖。各城门外立牌楼，内城四隅各立角楼。城外挖濠建石桥。嘉靖年间又在南边增修了二十七里的外城。修建北京城一直是"皇极用建，永固金汤"的大事。

全城以前门至地安门为中轴，正南正北，整齐如划。从 1972 年和 1975 年美国发射的两颗地球资源卫星在北京上方 900 多千米的高空拍摄的卫星照片上看，最为清晰的就数明代修建的内城城墙形象了。一般说来，城墙应修筑成方形的，我国的一些古城大都如此。可是北京内城城垣的西北角却不呈直角，城墙到了这里，却成了东北－西南走向的。这究竟是为什么呢？

长期以来，人们一直解不开这个谜。

有人从地形上进行分析：元时大都的北城墙，在现今德胜门和安定门以北五里处，至今遗迹犹存。它的西北角并无异常，是呈直角的。明代重修北京城，为了便于防守，放弃了北部城区，在原城墙南五里处另筑新墙。新筑的北城墙西段穿过旧日积水潭最狭窄的地方，然后转向西南，把积水潭的西端隔在城外，于是西北角就成了一个斜角。明初时，积水潭的水远比现在要深得多，面积也大得多。为了城墙的坚固和建筑的需要，城墙依地形而呈抹角是合乎情理的，所以这种观点被很多人所接受。

第二种说法是，从国外卫星影像分析，北京城西北角既有直角墙基的影像，又有斜角的墙基影像。这两道墙基的夹角为 35°～36°，正东正西墙基线正位于元代海子西北端北岸附近，和东段城墙在同一纬线上，这说明这里确实曾修过城墙。可是为什么没有修成呢？通过卫星影像还可以看到，从车公庄到德外大街有一条地层断裂带，正好经过城的西北角与那段直角边斜向相交。现在的北京城是明朝永乐年间修建的，建城时北京城四角都是直角。但明清两代，北京及其附近地区经常发生强烈地震，每次地震北京城西北角从西直门到新街口外这段城墙都要倒塌。虽经重修多次，但无论建得怎样坚固，总是被地震震塌。据考证，原来地下地基不牢，可能有活断层。皇帝陛下不得不屈服于地震的威力，决定将西北角的城墙向里缩一块,避开不稳定地段。以后北京地区虽又经历几次地震,城墙却再没有倒塌。这就是为什么缺一个角的原因。

第三种说法是,北京城的设计处处都有含义,其中不修全可能是因为上天的暗示。如紫禁城这个名字取自紫微星垣,紫微星垣系指以北极星为中心的星群。古人认为紫微星垣乃是天帝的居所,而群星拱卫之。所以自汉以来皇宫常被喻为紫微。为佐证这个说法,紫禁城内特意设有七颗赤金顶(分别是五凤楼四颗,中和殿、交泰殿、钦安殿各一颗),喻北斗七星。有七星在此,谁能说不是天上宫阙?所以北京城墙缺一角必然有什么含义。其中就有这么一个故事,在明初年,燕王修建北京城,命手下的两个军师刘伯温和姚广孝设计北京城的图样。他们俩在设计的时候,不知为什么眼前都出现了哪吒的模样,他们很害怕,哪吒说不用害怕,我是上天派来的,告诉你们要如何建造都城,你们按我手中的图建造吧。于是两个人就都各自照着画了。姚广孝画到最后,吹来了一阵风,把哪吒的衣襟掀起了一块,他也就随手画了下来。后来建城的时候,燕王下令:东城照刘伯温画的图建,西城照姚广孝画的图建。姚广孝画的被风吹起的衣襟,正好是城西北角从德胜门到西直门往里斜的那一块,所以至今那里还缺着一个角呢!

北京城墙到底为什么缺少一角现在仍不得而知。令人叹息的是,北京城墙现已拆除怠尽,城墙缺一角之谜也许将永远不得破解。

中国故宫为何称为紫禁城

故宫旧称紫禁城。明永乐四年至十八年,明成祖开始修建故宫,历经明、清两代 24 个皇帝在此执政。

紫禁城为皇家宫殿,红墙黄瓦,金碧辉煌,为什么称皇家宫殿为紫禁城呢?大致有如下三种说法:

故宫

一种说法认为这与古时候"紫气东来"的这个典故有关。传说老子出函谷关,有紫气从东至,被守关人看见,未久,老子骑着青牛冉冉而来,守关人便知道这是圣人。守关人请老子写下了著名的《道德经》。因此紫气便被认为具有吉祥含义,预示着帝王、圣贤和宝物出现。杜甫的《秋兴》诗曰:"西望瑶池降王母,东来紫气满函关。"

从这以后古人就把祥瑞之气称为紫云,传说中的仙人居住的地方称为紫海,将神仙称为紫皇,把东京城郊外的小路称为紫陌。紫气东来,象征吉祥,由此可知紫禁城中"紫"大有来头。皇帝居住的地方,防备森严,寻常百姓难以接近,所以称为紫禁城。

另一种说法认为紫禁城的来历与迷信和传说有关。皇帝自命为是天帝之子,即天子。天宫是天帝居住的地方,也自然是天子居住之地。《广雅·释天》曰:"天宫谓之紫宫。"因此皇帝住的宫殿就被称为紫宫。紫宫也称为紫微宫,《后汉书》说:"天有紫微宫,是上帝之所居也,王者立宫,象而为之。"《艺文类聚》记:"皇穹垂象,以示帝王,紫微之则,弘诞弥光。"

还有一种说法认为紫禁城的来历与古代"皇垣"学说有关。古时,天上星垣被天文学家分为三垣、二十八星宿及其他星座。三垣指太微垣、天市垣和紫微星垣。而紫微星垣是代称天子的,处于三垣的中央。紫微星即北斗星,四周由群星环绕拱卫。古时有"紫微正中"之说和"太平天子当中坐,清情官员四海分"之说。

既然古人将天子比作紫微星垣,那么紫微垣也就成了皇极之地,所以称帝王宫殿为紫极、紫禁、紫垣,"紫禁"的说法早在唐代即已有之。王维《敕赐百官樱桃》诗曰:"芙蓉阙下会千宫,紫禁宋樱出上兰。"北京故宫占地1087亩,南北长961米,东西宽753米,周长约7华里,全部殿堂屋宇达9000多间,四周城墙高10余米,称这座帝王之城为紫禁城不仅名副其实,且含天子之城的意思。考察故宫中的建筑,象征着"天"的崇高和伟大的太和殿,位于故宫中极,是最高大突出的地方;象征着天和地的乾清、坤宁二宫紧密相连接;它们两侧的日精、月华二门,象征着日和月;而象征着十二星辰的东西六宫以外的数组建筑则表示天上的群星。这些象征性的建筑群,拱卫着象征天地合璧的乾清、坤宁二宫,以表明天子"受命于天"和"君权神授"的威严。

故宫的旧称——紫禁城,从"星垣"学来看,其命名与建筑设计可以说是高度统一、珠联璧合的。

中国明十三陵中为何十二陵上都无碑文

明王朝自朱元璋创立后,历经几百年,其间有辉煌也有没落,资本主义的萌芽就是从由明王朝培养出来的,在中国历史上,它占有举足轻重的地位。明王朝为历史留下许多不解之谜,仅其明十三陵的无字碑之谜,便给后人留下许多想象的空间,这里面蕴藏着何种奥秘呢?

在这十三陵中,只有明成祖朱棣的石碑上有碑文,这块长陵石碑,正面刻有"大明长陵神功神儒碑"字样,下面刻有朱棣儿子明仁宗亲自题写为其父歌功颂德的3000余字的碑文。既然十三陵中的第一陵有碑文,其余十二陵为什么不刻上碑文呢?

顾炎武在访向十三陵之后,写出的《昌平山水记》中,他这样说,传说嗣皇帝谒陵时，问过随从大臣，"皇考圣德碑为什么无字？"大臣回答说："皇帝功高德厚，文字无法形容。"而《帝陵图说》给出了另外一种解释，《帝陵图说》写道，明太祖朱元璋曾说：皇陵碑记，都是大臣们的粉饰之文，不能教育后世子孙。他这一批评，使翰林院的学士们，再不敢写皇帝的碑文了。后来，写碑文的任务，便落在嗣皇帝的肩上。所以孝陵（太祖）碑文是成祖朱棣亲撰，而长陵（成祖）的碑文，是明仁宗朱高炽御撰。

但明仁宗以后各碑的碑文，为何嗣皇帝不写了呢？依照这种说法，长、献、景、裕、茂、泰、康七陵门前，并没有碑亭和碑。到了嘉靖时才建，嘉靖十五年（公元1536年）建成，当时礼部尚书严嵩，曾请世宗撰写七陵碑文，可是嘉靖帝迷恋酒色，又一心想"成仙"，哪有心思写那么多的碑文，因此就空了下来。

世宗以外的各皇帝，看到祖碑上无字，自己也就不便只为上一代皇帝写碑文，但如果都写的话，也没有太多的精力。因此，一代一代的皇帝传下来，就出现了这些无字碑。实际上，自明朝中期以后，皇帝多好嬉戏，懒于动笔，而最主要的原因是，如不加以粉饰，他们所谓的"功德"已给不能直言了，因而这些皇帝干脆不写了。

还有人认为，这些皇帝做法是效仿武则天。因为"武则天是一个聪明的人，'无字碑'立得真聪明，功过是非让后人去评论，这是最好的办法"。这些皇帝们知道自己有可以肯定的地方，但同时肯定也有应该否定的地方。他们知道对自己的一生人们会有各种各样的评价，碑文写得好坏都是难事，因此才决定立"无字碑"，功过是非由后世评说。

不管这些说法怎样，到现在，这些无字碑还在十三陵中，同它们身后的皇帝一起，真正是做到了"功过是非由后世评说"。